가장 독창적인 현대 신약 학자 중 하나인 헤이스의 진정한 걸작. 복음서의 완전한 신학적 (구약) 읽기 탐구에 위기를 느끼는 사람이라도 복음서 자체가 구약을 어떻게 신학적으로 사용하고 있으며 어떻게 우리를 동일한 곳으로 인도해 주는지, 포괄적이고, 정교하며, 심히 유용한 설명에 마음을 사로잡히게 될 것이다.
—로완 윌리엄스(Rowan Williams, Master, Magdalene College, University of Cambridge)

『복음서에 나타난 구약의 반향』에서 리처드 헤이스는 비할 데 없는 예리한 지각을 가지고 사복음서를 읽어낸다. 기저 텍스트인 이스라엘 성서에 주의를 기울이면서, 수 세기간 지속되어 온 어둡고 그릇된 추측으로부터 벗어나 각 복음서 저자의 비전이 드러나게끔 하고, 또한 우리의 상상력을 새롭게 사로잡는다. 헤이스의 문체는 우아하면서도 그 논지는 대단히 설득력 있다.
—수전 개럿(Susan Garrett, Dean and Professor of New Testament, Louisville Presbyterian Theological Seminary)

리처드 헤이스는 또 하나의 놀라운 책을 저술했다. 『바울서신에 나타난 구약의 반향』에서처럼 탁월한 문학적 감수성과 박식함을 보여주면서, 지금은 고전이 된 이전 작품보다 더더욱 중요한 주장을 산출해낸다. 복음서에서 히브리 성경 암시의 토대를 주의 깊게 추적함으로써 헤이스는 이러한 작업들이 이스라엘, 이스라엘의 성경, 이스라엘의 하나님과 얼마나 끈끈하게 연결되어 있는지를 보여준다. 이 작품의 신학적 함의는 말 그대로 놀랍다. 헤이스는 주해와 주장을 아주 명징하게 만드는, 청명하고 뚜렷한 문체로 이 모든 것을 그려낸다.
—다니엘 보야린(Daniel Boyarin, Author of The Jewish Gospels: The Story of the Jewish Christ [2012], University of California, Berkeley)

이 독보적인 책은 철저함과 우아함을 동일하게 엮어내면서, 결론에서는 학문적인 엄정함과 기독교의 대담한 확신을 결속시킨다. 리처드 헤이스는 이 책에서 구약성서에 대한 복음서 저자들의 다양한 접근 방식을 흥미진진하게 해설해낸다. 내가 거듭해서 돌아보게 될 것이라고 확신하는 책이다.
—사이먼 개더콜(Simon Gathercole, Reader in New Testament Studies and Fellow, Fitzwilliam College, University of Cambridge)

획기적인 연구서 『바울서신에 나타난 구약의 반향』이 출간된 지 대략 사반세기가 지난 지금, 리처드 헤이스는 예수에 관한 네 정경 복음서 이야기 안에서 성경의 다성부적 공명을 인상적으로 분석하고 또한 이에 따른 상호텍스트적 의미 효과가 어떻게 내러티브의 의미와 수사학적 일관성에 실질적으로 기여하는지를 보여줌으로써, 신약 저작 내에서 상호텍스트성 논의를 지속적으로 이끌어가도록 자극하고 있다. 지식의 넓은 영역을 탐구하고 텍스트의 복잡한 현상을 종합하는 헤이스의 능력으로 인해 『복음서에 나타난 구약의 반향』은 신약성서 본문 이해가 구약과 어떠한 관련이 있는지 흥미를 가지고 있는 모든 독자들에게 필독서로 자리매김할 것이다.

—마티아스 콘라트(Matthias Konradt, Lehrstuhl für Neutestamentliche Theologie, Theologische Fakultät, Universität Heidelberg)

리처드 헤이스는 주요 저작을 집필할 때마다 이전에는 상상할 수 없었던 가능성을 바라볼 수 있도록 우리의 눈을 열어주었다. 이 새로운 책도 역시 그럴 것인데, 여기서 펼쳐지는 더더욱 깜짝 놀랄 만한 풍경은 신선한 주해와 신학으로 초대한다. 『복음서에 나타난 구약의 반향』은 우리가 사복음서를 읽는 방식에 대해 각기 서로 다르게 생각하도록 도전한다.

—N. T. 라이트(N. T. Wright, Research Professor of New Testament and Early Christianity, University of St Andrews)

이 도발적인 책에서 헤이스는 우리의 상상을 전환하는 것을 목적으로 한다. 사복음서가 이스라엘 성경을 어떻게 채택하는지, 수많은 성경 반향을 사용함으로 예수 이야기를 어떻게 창출해 내는지 철저히 논의함으로써, 헤이스는 사복음서 성서 신학의 기초를 다진다.

—외르크 프라이(Jörg Frey, Chair of New Testament Studies, University of Zürich)

리처드 헤이스의 『복음서에 나타난 구약의 반향』은 우리로 하여금 오랫동안 듣지 못했던 이스라엘 성경의 풍성한 화음을 듣게끔 인도해준다. 『바울서신에 나타난 구약의 반향』에서와 마찬가지로 헤이스는 마가나 마태와 같은 신약 저자들이 복음을 드러내는 데 사용했던 몇몇 인용구를 뽑아내기 위해 손을 뻗는 대신, 문학적 병행 및 저자의 영향, 전체 영역을 '뒤집어 엎는' 코페르니쿠스적 혁명을 수행한다. … 복음서 저자들의 단조로운 말 대신, 이제는 확연히, 혼합된 멜로디의 화음, 천상의 다성부로 성서의 노래들이 밝고 찬란하게 터져나와 하나님이 통치하신다는 '좋은 소식'을 드러낸다.

—데이비드 뫼스너(David P. Moessner, A. A. Bradford Chair and Professor of Religion, Texas Christian University)

한 위대한 학자가 자기 역량의 정점에 서서 성취한 걸작, 『복음서에 나타난 구약의 반향』은 내가 평생 동안 다시 찾게 될 책이다. 헤이스는 복음서 기자들이 히브리 성서를 다양하게 사용하는 방식을 깊고도 명료하게 추적한다. "마음이 뜨겁지 아니하더냐?"라는 결론의 표제는 엠마오 도상 이야기에서 가져온 것인데, 저들은 실제로 그러했고, (작금의 제자들도) 그러할 것이다.

—앨런 제이콥스(Alan Jacobs, Distinguished Professor of Humanities in the Honors Program, Baylor University)

복음서에 나타난 구약의 반향

리처드 B. 헤이스 지음

이영욱 옮김

복음서에 나타난 구약의 반향

지음   리처드 B. 헤이스
옮김   이영욱
편집   김덕원
교정교열   김요셉, 이상원, 이찬혁
색인   박이삭

발행처   감은사
발행인   이영욱
전화   070-8614-2206
팩스   050-7091-2206
주소   서울시 강동구 암사동 아리수로 66, 401호
이메일   editor@gameun.co.kr

종이책
개정1쇄   2022.02.28.
ISBN   9791190389488
정가   46,800원

전자책
전자책1쇄 2022.02.28.
ISBN   9791190389495
정가   39,800원

Echoes of Scripture in the Gospels

Richard B. Hays

1. 모든 역주는 소괄호 안에 '—역주'로 표기하였습니다.

2. 원서에서 사용되고 있는 콜론(:)은 '직접 인용' 또는 '예시'의 경우에만 살려두었고, 세미콜론(;)은 '열거'의 경우에만 살려두었습니다. 대시 기호(dash: —)는 강조 용법 그대로 사용하려고 했습니다. 종종 원서에 '대시 기호'가 없더라도, 문장의 '엔드 포커스'(end focus: 문장 마지막에 오는 강조점)를 (수사학적 효과의 질감[texture]은 전혀 다르지만) '대시 기호'로 대치한 경우도 더러 있습니다.

3. 각주의 가독성을 위해 cf.는 '참조'로 e.g.는 '예'로 옮겼고, 그 외 esp.나 *et passim* 같은 기타 각주 용어는 그대로 두었습니다. 각주 내에서 인명과 서명 역시 번역하지 않고 그대로 실었습니다.

4. 성경 본문은 개역개정판을 중심으로 하되, 구두점(인용부호, 쉼표, 마침표 등등)이 주는 직관적인 효과를 염두에 두고, 이 구두점을 최대한 활용하고자 수정하여 사용했습니다. 반면 외경의 경우는 공동번역개정판을 기초로 이 책 문맥의 필요에 따라 약간 수정했습니다. 문자 그대로 사용한 경우는 성경 참조점 뒤에 '개역' 또는 '공동'이라고 표시했습니다.

5 성'경'은 (종교적) '문서 전체 집합'을 가리키는 데 사용했고(정경의 범위가 어떠하든지 상관없이, 심지어 범위가 있든지 없든지 상관없이), 성'서'는 성경의 개별적인 책을 지칭할 때 사용했습니다. '성경'과 '성서' 용어 사용에 신학적 함의를 전혀 담지 않았습니다.

6. 헤이스가 말하는 성경(Scripture)이란 '이스라엘의 성경'의 준말로서 '이스라엘의 성서 전통들'을 가리키며, 후대에 기독교의 구약성경(Old Testament)이라 불리게 된 문서들과 거의 맞닿아 있습니다('거의 맞닿아' 있는 이유는 기독교 구약 정경 39권에는 포함되지 않지만 칠십인역 전통에는 포함되는 문서까지도 '[이스라엘의] 성서'로 지칭하기 때문입니다). 따라서 여기서 지칭하는 '성경' 또는 '성서'는 통상적으로 기독교의 신약성경 개념까지 포괄하지 않습니다. (이와 관련하여, 본서의 제목은 '복음서에 나타난 성서의 반향'이라고 하는 것이 정확하겠으나, 이럴 경우 '신구약의 반향'이라고 오독할 여지가 있기에 불가피하게 '구약의 반향'으로 옮깁니다.)

7. 본서에서 '상호텍스트성'이라고 번역된 intertextuality라는 용어는, 신학 내에서 주로 '상호본문성', '간본문성', '본문간상관' 등으로 번역되나, 본문(text)뿐 아니라 다양한 매체(text)를 다루는 문학·예술 분야에서는 예외 없이 '상호텍스트성'이라는 번역어를 사용합니다. 성서학에서 사용되는 intertextuality라는 용어 역시, 문학비평가인 쥘리아 크리스테바(Julia Kristeva)와 롤랑 바르트(Roland Barthes)가 썼던 개념으로, 헤이스에 의하여 도입된 것이기에 '상호텍스트성'이라는 번역어를 그대로 사용했습니다. 아울러 이는 번역어의 사회성 역시 고려한 번역어입니다. ('텍스트성'이라는 용어를 포기할 수 없었던 이유는, 다시 말해, '본문성'이라는 용어를 포기한

이유는, 헤이스가 말하는 '상호텍스트성' 개념에는 활자화된 문서, 곧 문서화된 텍스트뿐 아니라 [시각화된 문서 없이] 단순히 청각화된 텍스트[예, 가설적 구두 전승]를 포괄하기 때문입니다.)

8. allusion은 문학비평 용어로 '간접 인용' 또는 '덜 분명한 인용문 내지 짤막한 인용어구'를 가리킵니다. 본서에서는 '암시' 또는 '인유'로 옮깁니다. 단순히 (형태적) 참조점을 지칭할 경우 '암시'로, 이 참조점의 의미와 관련할 때에는 '인유'로 옮깁니다. 둘 모두를 포괄할 때는 '암시/인용'으로 옮겼습니다.

9. 본서의 핵심 용어 중 하나인 metalepsis는 '환용'으로 옮겼습니다. 이는 문우일, "상호텍스트성에서 미메시스 비평까지," 「신약논단」 19/1 (2012): 313-351에 나타난 번역어를 차용한 것입니다. 아울러 metalepsis와 비교되곤 하는 metonymy가 '환유'로 옮겨진다는 점도 염두에 두었습니다.)

10. program/programmatic은 '프로그램' 또는 '프로그램적/프로그램화된'으로 옮깁니다. 이는 복음서 저자에 의해 설계된 일종의 "패러다임", "콘트롤링 패턴"(controlling pattern)을 가리킵니다.

나의 진정한 동반자
주디(Judy)를 위하여

"이것은 주께서 만드신 날이니,
우리가 기뻐하고 또 이 날에 즐거워합시다."
시편 118:24

서문

저는 본서의 출판이라는 독특한 상황에 있어서 독자들을 위해 몇 가지 설명을 덧붙일 필요가 있다는 것을 느꼈습니다. 더불어 제가 이 원고를 완성할 때 받았던 특별한 도움의 손길에 대해서도 상투적인 감사 그 이상으로 표현해야 할 것 같습니다. 이것들을 설명하기 위해 간략하게 제 이야기를 하는 것이 필요할 듯 합니다.

학문 세계에 발을 들여놓은 이래로 첫 20년 동안, 저는 주로 바울신학에 관심을 기울였습니다. 제가 연구한 주제들 중에는 이스라엘의 성경을 미묘하고 다방면으로 사용하는 바울의 방식에 관한 것이 있습니다. 이 질문에 대한 제 연구는 결국 두 책을 낳게 되었습니다. 『바울서신에 나타난 구약의 반향』(*Echoes of Scripture in the Letters of Paul*, 1989; 여수룬 역간, 2017)과 『상상력의 전환』(*The Conversion of the Imagination*, 2005; QTM 역간, 2020; 이 책은 본래 2005년에 출판되었지만, 주로 2000년 이전에 쓰인 논문들을 모은 것입니다)이 그것이지요. 2001-2002년에 안식년을 가지면서, 저는 바울에 관한 제 해석학적 관찰이 어떻게 복음서 연구에도 유익하게 작용할 수 있는지 생각하기 시작했습니다. 물론, 복음서에 관한 이차적인 문헌들은 방대하기에, 진지하게 이 연구 영역에 들어가기 위하여, 저는 많은 숙제들을 안게 되었습니다. 그렇게, 2001년부터 2008년까지, 제 연구와 가르침을 정경 복음서에 집중시켰고, 결국 복음서 기자들이 어떻게 구약을 해석했는지에 관한 문제들을 다루는 예비적인 논문들을 낼 수 있었습니다.

저는 2008-2009년의 또 한 번의 안식년 기간 동안 이 책을 진지하게 쓰기 시작했습니다. 이 기간의 전반부는 케임브리지에서 보냈는데, 이때 저는 연구교수로 클레어 홀(Clare Hall)에 거주하면서 틴데일하우스(Tyndale House) 도서관을 사용할 수 있었습니다. 안식년 후반부에는 프린스턴에 있는 신학연구소(Center of Theological Inquiry)에서 보냈습니다. 2009년 말까지 공관복음 주요 장들에 관한 초고를 완성했고 요한복음에 대한 작업에 돌입했지요.

듀크대학교로 돌아온 후, 2010년 초 기대치 않았던 듀크신학교 학장 자리를 요청받았고, 이 책에 대한 작업은 거의 멈추게 되었습니다. 2010년부터 2015년 여름까지, 학장이 해야 하는 수많은 행정 처리에 제 시간을 쏟아야 했고, 완성되지 않았던 이 책의 원고는 책상 서랍 안에서 오랜 시간 동안 시들어갔습니다. 약간은 다듬을 수 있었지만, 그저 약간에 지나지 않았지요.

하지만 2013-2014년에 케임브리지에서 홀스강연(Hulsean Lectures)을 요청받았을 때에 의미 있는 진보가 있었습니다. 이 강연이 무르익었을 때, 저는 완성되지 못했던 훨씬 두꺼운 제 원고에서 일정 부분을 발췌하여 복음서에 나타난 "신적 정체성 기독론"에 관한 질문에 특별히 집중했습니다. 이 강연으로 인해 제 논지는 날카로워져 이 책의 서론부를 쓸 수 있었으며, 강연을 맺으면서는 복음서 프로젝트의 틀을 짤 수 있었습니다. 강연의 열렬한 반응으로 인해—그리고 특히 이 강연을 진행하고 교회의 유익을 위하여 강좌를 책으로 출판할 수 있도록 끊임없이 격려해준 제 아내

주디(Judy)로 인해—홀스강연을 작은 책으로 만들기로 결정했고, 이는 2014년에 『거꾸로 읽기』(*Reading Backwards: Figural Christology and the Fourfold Gospel Witness*)라는 제목으로 출판되었습니다. 베일러대학교출판부의 캐리 뉴먼(Carey Newman) 박사는 이 프로젝트를 지지하고 출판을 재촉하는 데 결정적인 역할을 해주었습니다.

2015년 봄, 저는 2016-2017년 또 한 번의 안식년을 갖기를 바라는 마음으로, 학장으로서의 임기를 2016년 여름에 마무리하고자 하는 의사를 내비쳤습니다. 이는 오랫동안 지연된 작업을 마치고자 함이었지요. 그런데 바로 몇 달 후, 예기치 못한 상황이 이를 가로막았습니다. 2015년 7월에 갑자기 췌장암 진단을 받게 된 것입니다. 이 청천벽력과 같은 소식에 따라 저는 즉각 학장직을 내려놓고 치료를 받아야 했습니다. 제가 지금 이 글을 2015년 10월 초에 쓰고 있는데, 두 달 동안의 항암화학요법과 항암방사선치료가 추후의 수술을 견디게 할 만큼 충분히 효과적이었는지는 아직도 모르겠네요. 만일 효과적이었다면 제 병의 경과가 어떻게 될지 모르겠습니다. 만일 그렇지 않다면 추정컨대 제 삶은 얼마 남지 않았을 것입니다.

이 난처했던 개인적인 이야기는 지난 두 달간의 놀라운 사건들을 설명하기 위해 필요했습니다. 새뮤얼 존슨(Samuel Johnson)의 유명한 이야기처럼, 죽음을 목전에 두었을 때에 놀라운 집중력을 발휘할 수 있었다는 것 말입니다. (저는 존슨이 교수형을 앞둔 어떤 사람의 말을 인용한 것으로 알고 있는데, 제 상황과는 다르지만 전하고자 하는 핵심은 관련이 되지요.) 개인적인 일들을 정리하고, 가능한 모든 시간들을 가족들을 위하여 보내는 것 외에, 이 위기의 순간에 수행되어야 할 단 하나의 거대하고도 두드러진 학문적 과업이 있다면, 가능한 한 '그 책'을 완수하는 일이었습니다. 아내 주디는 비통함에 잠겨 있으면서도 우리가 캐리 뉴먼을 방문하여 할 수 있는 일에 대해 논의하도록 권유했지요. 그래서 8월, 캐리는 브레인스토밍과 기획회의를 위해 더럼에서 며칠을 보내게 되었습니다.

저 때의 대화를 통해 이 작품을 완수하고 빠르게 출판하기 위한 긴급하고도 야심찬 계획이 세워졌습니다. 저는 항암화학요법과 항암방사선치료를 마치는 동안 책상에 틀어박혀 절반을 채 쓰지 못한 요한복음 부분과 서론 및 결론을 마치기로 했습니다. 캐리는 제 친구와 동료들 중 초고의 각주들을 세심히 가다듬고, 업데이트하며, 완성하는 데 기꺼이 동의한 네 명을 한 팀으로 꾸려 각각의 복음서 부분을 맡겼습니다. (저는 이하에서 각각의 이름을 언급하며 감사를 표하고자 합니다.) 이 작업은 놀랍게도 짧은 시간 안에 마무리됐습니다. 캐리는 자신이 "약간의 편집"(light copyediting)이라고 불렀던 작업을 수행하여 베일러대학교출판부 편집자들에게 원고를 넘겨주었고, 편집자들은 이를 조판에 넣고 며칠이 지나지 않아 제게 장별로 되돌려주었습니다. 심지어 제가 서론과 결론을 쓰기 전에 말이지요. 두어 달이 채 되지 않아 놀라운 결과를 볼 수 있었습니다. 이 책의 실질적인 내용이 완성된 것입니다. 베일러의 편집자들은 각주에서 참고문헌을 추출하고, 색인을 만들고, 최종 교정본을 읽고, 제작하는 이 모든 고된 일들을 맡아주었습니다.

『복음서에 나타난 구약의 반향』의 독자들은 그 내용이 『거꾸로 읽기』(Reading Backwards)의 내용과 어떠한 차이가 있는지 알 필요가 있습니다. 앞서 설명했듯, 홀스강연은 대부분 이 책이 완성되기 이전의 원고에서 발췌한 것입니다. 따라서 이 책이 『거꾸로 읽기』에서 확장됐다든지 발전된 것이라고 생각하는 것은 옳지 않습니다. 오히려 상황은 그 반대입니다. 곧, 『복음서에 나타난 구약의 반향』은 (『거꾸로 읽기』의) 모체(parent) 내지 전거(precursor)라 할 수 있습니다. 따라서 『거꾸로 읽기』를 이미 탐독한 독자들은 『복음서에 나타난 구약의 반향』 안에 먼젓번에 출판된 작품(『거꾸로 읽기』)에 담긴 것과 실질적으로 동일한 자료가 대거 포함되어 있다는 것을 알게 될 것입니다. 몇몇 부분은 살짝 개정되기는 했지만 말이지요. 추산컨대 본서의 내용 중 1/4 가량은 홀스강연 원고 내지/그리고 먼젓번에 출판된 『거꾸로 읽기』에 포함되어 있을 것입니다. 하지만 이 책에서는 (공통적으로 나타나는) 상당 자료들이 이스라엘의 성경을 읽는 복음서 저자들에 관한 더욱 폭넓은 연구 위에 놓여있습니다. 『복음서에 나타난 구약의 반향』은 신적 정체성 기독론에 관한 물음에만 국한되지 않습니다. 그보다도 저는 이 책을 통해 네 복음서 각각에 나타나는 성경 해석과 해석학을 전체적으로 밝히려고 했습니다.

불가피하게 이 책을 빠르게 제작하면서 발생한 몇 가지 단점들이 있습니다. 주의 깊은 독자라면 동일한 증거가 중복되어 나타난다든지 한차례 이상 똑같은 이야기를 반복해서 설명한다든지 하는 식의 몇몇 잉여적인 부분들을 발견할 수 있을 것입니다. 충분한 세상과 시간이 주어졌다면 (world enough and time: 앤드류 마블[Andrew Marvell]의 "To His Coy Mistress"의 시구를 반향함—역주) 그러한 반복을 가다듬도록 원고를 세심하게 살펴보았을 것입니다. 하지만 이 정도 두꺼운 책에서는 이따금 발생하는 반복이 불필요하기보다 오히려 더 도움이 될 수 있을지 모르겠습니다. 마찬가지로 이 저작을 완성하는 데 단지 몇 주가 아니라 일 년이 주어졌었다면 제 방법론에 대하여 더욱 충분한 이론적 설명을 개진할 수 있었겠지요. 또한 상호텍스트성(intertextuality)과 표상적 주해(figural exegesis)에 관한 다른 연구들을 다루는 더욱 확장된 비평에 참여했을 것입니다. 그러나 부차적인 이론을 다루는 담론에 너무 많은 지면을 할애하지 않은 것이 독자들에게는 더 좋을 것입니다. 결국에 중요한 것은 일차적인 본문들을 실제로 읽고 해석하는 것이니까요.

『거꾸로 읽기』에서처럼, 저는 복음서 저자들의 이스라엘 성경 사용

양상을 탐구하기 위해 이전에 출판된 일부 자료들을 다시 사용하고/사용하거나 수정할 수 있도록 허락해준 학술잡지 관계자들과 출판사들에 감사를 표하고 싶습니다. 본래 "Can the Gospels Teach Us How to Read the Old Testament?"(Pro Ecclesia 11 [2002]: 402-18)에 출판되었던 일부 내용을 본서에 포함시키고 수정할 수 있도록 허락해준 학술잡지 Pro Ecclesia에 감사를 드립니다. 마찬가지로 "The Canonical Matrix of the Gospels"(in The Cambridge Companion to the Gospels (ed. Stephen C. Barton; Cambridge: Cambridge University Press, 2006, 53-75)에 실린 제 논문의 자료를 사용할 수 있도록 허락해준 케임브리지대학교출판부에 감사의 마음을 전합니다. 본서의 마태복음의 몇몇 부분들은 남아프리카 학술잡지인 HTS Teologiese Studies/Theological Studies의 "The Gospel of Matthew: Reconfigured Torah"(HTS Theological Studies 61, nos. 1-2 [2005]: 165-90)에서 개작되었습니다. 누가복음에서는 "Reading the Bible with Eyes of Faith: The Practice of Theological Exegesis"(Journal of Theological Interpretation 1 [2007]: 5-21)의 몇몇 단락을 수정해서 사용했습니다. 요한복음 부분은, "The Materiality of John's Symbolic World"(in Preaching John's Gospel: The World It Imagines [ed. David Fleer and Dave Bland; St. Louis: Chalice, 2008], 5-12)에서 짤막한 단락들을 가져왔습니다. 또한 다음의 논고들에서도 발췌했습니다: "Reading Scripture in Light of the Resurrection," in The Art of Reading Scripture (ed. Ellen F. Davis and Richard B. Hays; Grand Rapids: Eerdmans, 2003), 216–38; "The Liberation of Israel in Luke–Acts: Intertextual Narration as Countercultural Practice," in Reading the Bible Intertextually (ed. Richard B. Hays, Stefan Alkier, and Leroy A. Huizenga; Waco, Tex.: Baylor University Press, 2009), 101–17; "Intertextuality, Narrative and the Problem of Unity of the Biblical Canon," in Kanon und Intertextualität (ed. Stefan Alkier and Richard B. Hays; Kleine Schriften des Fachbereichs Evangelische

Theologie der Goethe-Universität Frankfurt/Main, Band 1; Frankfurt am Main: Otto Lembeck, 2010), 53–70; "The Future of Scripture," *Wesleyan Theological Journal* 46 (2011): 24–38.

이 서문에서 여전히 제가 해야 하는 일은 이 작업들이 결실을 맺도록 기여해준 분들에게 가장 깊은 감사를 표하는 것입니다. 『거꾸로 읽기』 서문에서 저는 그 책을 쓰는 데 있어 지적으로 도움이 되었던 다른 학자들을 언급하고, 저를 어떤 식으로든 심사숙고하여 도와주고 격려해준 많은 사람들과 기관들에 감사를 표하고자 상당히 긴 감사의 글을 작성했습니다. 이 지면에서 그 많은 이름들을 반복해서 언급하지는 않겠지만 독자들이 저들에게 주의를 기울여주었으면 합니다. 『거꾸로 읽기』에서 이 두꺼운 책으로 발전시키는 데 있어서 저들에게 빚진 것과 감사의 말들은 여전히 중요하기 때문이지요. 하지만 저는 여기에서 간략하게만 몇몇 사람에게 감사를 표할까 합니다. 이들이 없었다면 『복음서에 나타난 구약의 반향』을 그렇게 빠른 시간 내에 완성할 수 없었을 것입니다.

가장 먼저 캐리 뉴먼에게 감사의 마음을 전합니다. 뉴먼은 대화 상대자이자 선견자(visionary)이며 지휘자(impresario)이자 치어리더와 같았습니다. 그리고 한정된 시간 내에 불가능하다고 생각했던 일을 완수한 "특공대"의 대장이었지요. 캐리의 격려와 조직적인 기술이 없었다면 이 책은 아직 실현되지 못한 꿈과 같이 슬프게도 여전히 제 서랍 속 자료로 남아있었을 것입니다.

둘째, 저는 베일러대학교출판부(Baylor University Press)의 모든 스태프에게 감사를 드립니다. 이들은 세세한 원고를 흡사 마법 지팡이를 휘두르듯 놀라운 속도로 조판하여 주었습니다. 디자인/제작 부장인 다이앤 스미스(Diane Smith)는 이 책을 실물로 만들어낸 최고 마법사였지만, 거기에 있는 많은 사람들—특히 제니 헌트(Jenny Hunt)와 케이드 제럴(Cade Jarrell)—도 보

이지 않는 무대 뒤에서 이 책을 눈 깜짝할 사이에 완성하기 위해 엄청나
게 고된 섬김을 감당해주었습니다.

　　셋째, 제 연구 조교인 크리스 블룸호퍼(Chris Blumhofer)는 제가 필요한
자료를 찾아주고, 이 책에 나타나는 모든 그리스어와 히브리어를 교정하
고 인쇄에 적합하도록 변환하여 주었으며, 원고에 있는 수많은 오류들을
잡아내고, 출판사와 소통하는 데 대단히 힘써주었습니다.

　　넷째는 각주들의 틈새를 메꾸어주는 보람 없는 작업을 기꺼이 맡아주
었던 네 명의 친구들에게 말로서는 할 수 없는 감사의 마음을 전하고 싶
습니다. 본서의 공관복음 부분에 있는 많은 각주들은 제 원고에 이미 완
성되어 문서화되어 있던 것들이며, 성서적 일차문헌들에 대한 긴 설명과
언급이 있는 대부분의 각주들은 전적으로 제 작업의 결과물입니다. 그러
나 더욱 많은 곳에서 저는 "Luz가 이에 대하여 말한 것을 보라" 내지
"Wright, *NT and the People of God*를 참고하라"와 같은 어구로 참조점 표
시(placeholder)만 했었더랬지요. 더구나 더욱 많은 다른 곳에서 중요한 이차
문헌들, 특히 2009년 이후에 소개된 작품들은 포함하고 있지 않았었습니
다. 그래서 캐리 뉴먼은 네 명으로 구성된 팀을 매우 빠르게 구성하여 각
주들을 최신의 것으로 보완하면서 이를 충분히 출판할 만한 정도로 끌어
올렸습니다. 그들은 매우 능숙하고 신속하게 작업하면서 이 책을 다른 연
구들(scholarship)과 적절히 관련짓는 데 상당히 공헌했습니다. 이에 저는 각
주 작업들이 진실로 공동의 노력의 결과라는 점을 인정하고 싶습니다. 모
든 팀원들이 이 과업에 참여해준 그 노고에 대하여 깊은 감사의 마음을
전하는 바입니다. 팀원들은 다음과 같습니다.

　　- 마가복음 각주: 세인트 앤드류스 대학교, 데이비드 모핏 박사(Dr. David Mof-

　　　fitt, the University of St Andrews)

- 마태복음 각주: 휫워스 칼리지, 조슈아 레임 박사(Dr. Joshua Leim, Whitworth College)

- 누가복음 각주: 듀크 신학교, 케빈 로워 교수(Prof. C. Kavin Rowe, Duke Divinity School)

- 요한복음 각주: 풀러 신학대학교, 메리언 톰슨 교수(Prof. Marianne Meye Thompson, Fuller Theological Seminary)

　데이비드, 조쉬, 케빈은 모두 제가 듀크대학교에 교수로 있을 때에 신약학 박사과정을 밟았습니다. 이제 이 세 명 모두를 동료이자 친구로 여길 수 있게 되어 기쁩니다. 그리고 메리언은 오랜 친구이자 신학학이라는 포도원에서 함께 일하는 일꾼이었지요. 이 책에서 메리언의 작업은 특별히 인정받아야 합니다. 왜냐하면 제가 쓴 요한복음 부분 원고는 공관복음 부분들에 비해 훨씬 얇았기 때문입니다. 메리언은 (웨스트민스터 존 낙스[Westminster John Knox]의) NTL(New Testament Library series) 요한복음 주석을 마치자마자 이 책의 요한복음 각주들을 위해 수고하는 데 자원해주었습니다. 요한복음에 관한 그녀의 방대한 지식 덕분에, 제가 제한된 시간과 도구들을 가지고 다루었을 때 기대되는 것보다, 독자들에게 더욱 유용하고 완전한 원고가 마련될 수 있었습니다. 그렇기 때문에 진정한 의미에서 이것은 제 책이 아닙니다. 이것은 공동의 과제로 부름을 받은 친구들과 학자들로 이루어진 공동체의 산물입니다.

　이 모든 과정에서 제 아내 주디는 없어서는 안 될 역할을 해주었습니다. 주디는 표지 디자인과 내지 조판에 관하여 캐리 및 저와 긴밀히 논의했지요. 그녀는 본서의 주장들에 대해 면밀히 질문하기를 계속했고, 이 과업을 완수할 수 있을지 의심이 드리우는 어두운 순간들마다 저를 격려해주었습니다. 또한 제가 책상 앞에 앉아 일하는 동안, 함께 소중한 시간을 보내고자 하는 우선순위 바람들을 계속해서 포기했습니다. 저로 하여금 수년에 걸쳐 학문적인 작업을 하게끔 이끌어온 고집스러운 소명 의식을, 오로지 그녀만이 이해할 것입니다. 그리고 이 소명이 그녀와 우리 둘을 어떻게 희생시켰는지, 오로지 저만 조금 알고 있을 뿐입니다. 주디는 한발 한발 내딛는 일상의 걸음 가운데 진정한 저의 동반자였고, 저로 하여금 우리가 매일의 삶을 빛나게 해야 한다는 사실을 상기시켜 주곤 했습니다. "이것은 주께서 만드신 날이니, 우리가 기뻐하고 또 이 날에 즐거워합시다." 그녀의 마음에 새겨진 이 말씀은 부활을 예표하는 시편 118편으로부터 온 것입니다. 이 모든 이유로 인해, 그리고 수천수만 가지 이상의 이유로 인해, 이 책을 그녀에게 바칩니다.

리처드 B. 헤이스

더럼(Durham), 노스 캐롤라이나(North Carolina)

2015년 10월 7일

서론:
이스라엘 성경을 표상적으로 읽기

복음서 저자의 눈으로 구약을 읽는 것?

1523년, 마르틴 루터(Martin Luther)는 오경을 독일어로 번역하면서 독일의 독자들이 구약성경의 가치를 제대로 평가해야 하는 이유에 관해 설명하는 서문을 작성했다. 추정컨대, 그때에는 지금과 마찬가지로, 교회 내에이른바 신약성경이 더욱 순수하고 영적이라고 생각하면서 이스라엘의 성경을 경시하거나 무시하는 경향이 있었던 것 같다. 루터가 쓴 것은 이렇다.

> 구약성경을 거의 염두에 두지 않는 사람들이 있습니다. 그들은 구약이 유대 민족에게만 주어졌고 이제는 과거의 이야기만을 담고 있는 낡아빠진 책이라고 생각하지요. … 그러나 그리스도는 요한복음 5장에서 "성경이 나에대하여 증거하고 있으니 그것을 탐구해 보아라"라고 말씀하셨습니다. …그 구약성경을 멸시하지 말고 부지런히 읽을 필요가 있습니다. … 그래서여러분의 의견들과 감정들을 무시하고 구약성경을 거룩한 것들 중 가장 고

상하고 고귀한 것으로, 그리고 결코 충분히 탐구하기 어려울 만큼 아주 풍부한 광산으로 여기십시오. 이는 하나님이 여러분 앞에 담으신 바, 모든 교만함을 꺾을 수 있을 정도로 단순한 겉모습 안에 있는 신적인 지혜를 찾기 위함입니다. … 여기서 여러분은 그리스도가 담겨 있는 구유와 강보를 발견하게 될 것입니다. … 이 강보는 단순하고 초라하지만, 그 안에 놓인 그리스도는 진정한 보물입니다.[1]

"그리스도가 담겨 있는 구유", 이것은 인상적인 이미지이며 루터가 즐겨 사용했던 방식의 생생한 수사(trope)다. 여기서 루터는 무엇을 하고 있는가? 그는 누가복음의 탄생기사를 **표상적으로**(*figurally*) 읽으면서, 구유 이미지를 구약이 예수 그리스도를 담고 있음을 지칭하는 메타포(metaphor)로 사용하고 있다. 마치 예수가 구유 안에 초라한 강보에 싸여 있는 것처럼, 그렇게 그리스도 역시 율법, 선지자의 글, 시편이라는 강보에 싸여 있다는 것이다.

우리는 이렇게 생각할 수도 있을 것이다. 곧, 루터는 구약에 대한 표상적 읽기를 정당화하기 위해 신약을 표상적으로 읽고 있다고 말이다. 우리가 그 문제를 오직 이렇게 표현할 때, 즉 우리가 오직 표상적 읽기를 수용할 때 비로소 성경이 예수 그리스도를 증거한다는 요한복음의 진술을 이해할 수 있게 된다. 그리스도는 구약 안에 메타포적으로 감싸여 있는 보물이다. 하지만 그리스도가 감싸여 있다면 이는 그가 포함되어 있다는 것뿐 아니라 부분적으로는 강보에 감추어져 있다는 것을 암시한다. 기독교의 성경을 해석하는 자들은 베들레헴의 목자들처럼 먼저 마구간과 같은

---

1. Martin Luther, "Preface to the Old Testament," in vol. 35 of *Luther's Works* (ed. E. Theodore Bachmann; Philadelphia: Muhlenberg, 1960), 235-36. 나는 Tucker Ferda 로 인해 이 대목에 주의를 기울일 수 있었다.

비천한 공간에 들어가야 하며, 그리고 나서 거꾸로 읽음으로써(이곳에서는 '신약에 비추어 구약을 읽음으로써'를 의미—역주) **"성경을 탐구하여"** 강보를 풀어 거기에 누워 계신 그리스도를 드러내야 한다.

네 복음서의 네 저자들은 모두 흥미롭게도 서로 다른 방식으로 루터가 추천한 일종의 표상적·기독론적 읽기를 구현하고 재현해냈다. 실제로 루터는 정확히 이 복음서 저자들로부터 해석학적 전략을 배운 것처럼 보인다. 마태, 마가, 누가, 요한이 루터에게 메타포적 성경 읽기를 가르쳤다는 바로 그 이유로 인해 루터는 구약이 "그리스도가 누인 구유"라고 담대하게 선포할 수 있었던 것이다.

하지만 "표상적 읽기"란 무엇을 의미하는가? 에리히 아우어바흐(Erich Auerbach)의 고전적인 정의는 이러하다.

> 표상적 해석은 두 사건들이나 인물들 사이를 연결 짓는데, 이때 첫 번째 것 [사건/인물]은 자기 자신뿐 아니라 두 번째 것[사건/인물]을 지시하고, 동시에 두 번째 것은 첫 번째 것을 포함하거나 성취시킨다. 한 표상의 양극단은 시간의 간극으로 분리되어 있지만, 양자는 모두 실제 사건 내지 인물로서 시간성(temporality) 안에 존재한다. 이들은 모두 역사적 삶이라는 끊김이 없는 흐름(flowing stream) 속에 담겨있고, 저들 사이의 상호의존성에 대한 이해, '인텔렉투스 스피리투알리스'(intellectus spiritualis, "정신적 개념/이해")는 곧 정신적 행위(spritual act)다.[2]

---

2. Erich Auerbach, *Mimesis* (Princeton: Princeton University Press, 1968), 73 [= 『미메시스』, 민음사, 2012]. 또한 Auerbach의 상세한 논문, "Figura," in *Time, History, and Literature: Selected Essays of Erich Auerbach* (ed. James I. Porter; trans. Jane O. Newman; Princeton: Princeton University Press, 2014), 65-113을 보라.

결과적으로 **예보**(prediction)와 **예표**(prefiguration) 사이에는 상당한 차이가 있다. 표상적 성경 읽기에서는 저자들—또는 이들이 이야기하고 있는 극중 인물들—이 그리스도를 (미리 알고서) 예보 내지 예견(anticipating)하고 있었다고 가정할 필요가 없다. 오히려 표상적인 대응을 식별하는 일은 필연적으로 앞을 내다보는 것(prospective, "장래적")이기보다 뒤를 돌아보는 것(retrospective, "회고적")이다.[3] 회고적인 인식 행위는 **정신적 개념/이해**(intellectus spiritualis)다. 한 표상의 두 양극은 "연속적인 흐름" 안에 있는 사건들이기 때문에 오직 두 번째 사건이 발생하고 첫 번째 사건에 새로운 의미 패턴을 부여한 후에야 비로소 둘 사이의 연관성을 식별할 수 있다. 하지만 일단 대응되는 패턴이 파악되면, 두 번째 사건은 첫 번째 사건으로부터 더 깊은 의미를 부여받아 표상의 의미론적 영향(force)은 양쪽 방향으로 흐르게 된다.[4] 이러한 이유로 성경의 표상적인 해석에 의존하는 해석학적 전략은 ·

3. 이를 설명하는 또 다른 방식은 표상적 읽기가 **생산**(production)보다는 **수용**(reception)의 상호텍스트성에 초점을 두는 상호텍스트적 해석 형태라고 말하는 것이다. 이러한 범주에 대한 설명으로는 다음을 보라. Stefan Alkier, "Intertextuality and the Semiotics of Biblical Texts," in *Reading the Bible Intertextually* (ed. Richard B. Hays, Stefan Alkier, and Leroy A. Huizenga; Waco, Tex.: Baylor University Press, 2009), 3–21.

4. Auerbach의 작업에 기초해서 기독교 신학 전통에서 표상적 읽기에 대해 가장 밝게 비추어주는 분석은 여전히 Frei의 것으로 남아 있다. Hans W. Frei, *The Eclipse of Biblical Narrative: A Study in Eighteenth and Nineteenth Century Hermeneutics* (New Haven: Yale University Press, 1974), esp. 18–37 [= 『성경의 서사성 상실』(가제), 감은사, 2022 근간]은 개신교 개혁가들의 표상적 읽기를 보여준다. Auerbach 및 Frei 와 관련한 철저한 해설과 비판을 위해서는, John David Dawson, *Christian Figural Reading and the Fashioning of Identity* (Berkeley: University of California Press, 2002) 를 보라. Dawson은 Daniel Boyarin을 따라서 이 학자들을 알렉산드리아의 Origen 과 대화하게 하고, 표상적 읽기에 대한 Origen의 접근 방식이 성경에 대한 "이전의 유대적 의미들을 대체하는 것이 아니라 확장시킨다"라고 주장한다. 이는 "영(spirit)은 훼손하는 것이 아니라 대신에 문자의 완전한 의미를 이끌어내기" 때문이다(217; 고딕 강조는 추가됨). Dawson의 해석에 따르면 Origen의 표상적 주해의 두드러진 강

성경 내러티브 안에 깊은 신학적 일관성을 창조하는데, 이는 "정경의 통일성을 단일한 의미 패턴의 복잡한 누적으로 제시한다."[5]

이러한 식의 표상적 읽기—예수의 삶과 죽음, 부활 사건이 "성경에 따라" 발생했음을 선포하는—는 신약 메시지의 핵심이다. 사복음서는 모두 율법(Torah)과 선지자, 시편이 예수를 신비롭게 예표한다고 선언한다. 네 번째 복음서 저자는 다음과 같이 간결하게 이야기했다. 곧, 루터가 언급했던 요한복음 5장의 동일한 구절에서, 예수는 "너희가 모세를 믿었더라면, 나를 믿었을 것이다. 모세는 나에 대해 기록했기 때문이다"(요 5:46)라고 선언하신다.

그러나 물론 이러한 식의 읽기는 근대의 역사비평이 도래한 이래로 주류에서 완전히 벗어나게 됐다. '모더니티'(modernity, "근대성")가 기독교 신앙에 관해 가지고 있는 불신들 중 하나는 기독교의 선포가 히브리 성경에 대한 왜곡과 오독의 경향성에 의존하고 있다는 것이다. 지난 2세기 동안 학계에서 일반적으로 행해진 역사비평에 따르면 이스라엘의 성경에 대한 신약의 기독론적 읽기는 특징적으로 큰 문제가 있다. 곧, 신약성서들은 (구약) 본문의 본래 의미(original sense)를 왜곡하고 오독했다는 것이다.

한 가지 예로서, 독일의 저명한 신약학자 우도 슈넬레(Udo Schnelle)의 『신약 신학』(Theology of the New Testament)에 나타난 다음과 같은 인용구를 생각해보자. "성서 신학(biblical theology)은 이러한 이유들로 불가능하다. (1) 구약은 예수 그리스도에 대해 침묵한다. [그리고] (2) **십자가에 달려 죽은 자의 부활**은 고대의 어떤 의미 형성 체계와도 통합될 수 없다."[6] 성서 신학이

점은 "고전적인 기독교인의 삶이란 이미 있던 것을 약간 다르게 변형시킨, [과거와] 연속되는 삶이라는 그의 인식"에 놓여 있다(214).

5.   Frei, *Eclipse*, 33.

6.   Udo Schnelle, *Theology of the New Testament* (Grand Rapids: Baker, 2009), 52; 강

불가능한 이유로 슈넬레가 들었던 두 가지 이유가 신약 저자들의 명백한 증언과 직접적으로 모순된다는 것에 주목해보자. 신약 저자들은 구약이 예수 그리스도에 대해 침묵하고 있다고 전혀 생각하지 않았고, 예수의 죽음으로부터의 부활은 이스라엘의 전체적인 "의미 형성 체계"를 결정적으로 통합시키는 해석학적 단서를 제공한다고 주장했다.[7] 슈넬레가 할레-비텐베르크(Halle-Wittenberg) 대학교—루터의 본고장과 슈넬레 사이의 지리적 근접성은 16세기 이래로 성서학이 지나온 해석학적 거리를 역설적으로 두드러지게 한다—에서 신약학과 학장을 맡고 있다는 것은 아이러니가 아닐 수 없다.[8]

　　슈넬레의 견해가 특이한 것은 아니다. 슈넬레의 솔직한 진술은 세심한 관심과 신학적 반성이 필요한 일련의 문제들에 초점을 두고 있는 것이 분명하다. 역사비평적 읽기 전략들—자체로서 불확실한(contingent) 역사적 전략들—은 기독교 신학에 있어서 수많은 난관들을 만들어냈다. 복음서 기자들은 왜 그렇게 놀라운 방식으로 성경을 읽는가? 기독교 신앙은 다른 누군가의 거룩한 문서들을 마음대로 가져다가 사용할 것을 요구하는

조는 원문에 있던 것. 독일어 원문: "Eine Biblische Theologie ist nicht möglich, weil 1) das Alte Testament von Jesus Christus *schweigt*, 2) die Auferstehung *eines Gekreuzigten* von den Toten als kontingentes Geschehen sich in keine antike Sinnbildung integrieren lässt," in *Theologie des Neuen Testaments* (Göttingen: Vandenhoeck & Ruprecht, 2007), 40. Schnelle는 또한 성서 신학이 불가능한 세 번째 이유를 제시한다. "구약은 신약을 이해하는 데 필요한 가장 중요한 문화적·신학적 배경으로 간주될 수 있지만 결코 유일한 배경은 아니다." 부정할 수 없는 이 참된 관찰이 어째서 성서 신학 서술을 **불가능하게끔** 만드는 것인지 나는 잘 모르겠다.

7.　Richard B. Hays, "Reading Scripture in Light of the Resurrection," in *Art of Reading Scripture* (ed. Ellen F. Davis and Richard B. Hays; Grand Rapids: Eerdmans, 2003), 216-38 [= 『성경 읽기는 예술이다』, 성서유니온선교회, 2021]을 보라.

8.　그러나 나의 바람은 이 책으로 인해 성경을 공부하는 많은 학생들이 고향에 도착해서 그 자리가 어디인지 처음으로 알게끔 하는 것이다.

가? 이러한 문제들이 우리 신학 안에서 깊이 있게 다루어지는 경우는 드
물다.

이 책에서 나는 복음서 저자들이 우리로 하여금 상상력의 전환을 요
청하고 있다고 주장할 것이다. 우리가 복음서 저자들의 눈으로 성서적 문
서—그래서 세계 역시도—를 봄으로써 우리의 생각과 상상력이 열릴 때에
비로소 성경을 바르게 읽는 법을 배우게 될 것이다. 그 해석학적 가능성
을 탐사하기 위해 우리는 네 복음서 저자들이 실제로 이스라엘의 성경을
새롭게 교정된 시각으로 읽었던 표상적 방식을 면밀하게 다루어야만 한
다. 각각의 저자는 예수의 정체성을 묘사하고 그 의미를 해석하기 위해
구약을 어떻게 활용하고 있는가? 그들의 읽기는 일관성 있고 설득력 있
는 성경 해석 방식으로 이해될 수 있는가?

우리는 복음서에 친숙하기 때문에 성서 해석 행위에 의해 빚어진 엄
청난 해석학적 혁명을 알아보지 못할 수도 있다. 로완 윌리엄스(Rowan Wil-
liams)는 『지식의 상처』(The Wound of Knowledge) 첫 장에서 이 혁명을 예리하게
묘사했다: "기독교 신앙은 깊은 모순을 경험하면서 시작됐다. 곧, 당시의
종교 범주에 큰 의문을 제기하게 함으로써 수 세기에 걸쳐 종교적 언어를
재정립하게끔 했던 경험 말이다."[9] 물론 이 "깊은 모순의 경험"이란, 세계
를 향해 하나님의 구원을 가져온 예수의 십자가 처형이다: "하나님의 목
적이 가진 역설(paradox)은 정죄받고 죽은 한 사람으로 인류(flesh)를 만들어
낸 것에 있다."[10] 물론 복음서 저자들은 정죄받아 죽은 예수가 죽은 자들
가운데서 승리하여 부활했다고도 증언한다. 그렇지만 윌리엄스의 표현은
초기 기독교가 선포한 구원 사건으로서의 예수의 죽음이 가졌던 곤혹하

---

9.   Rowan Williams, *The Wound of Knowledge: A Theological History from the New Testament to Luther and St. John of the Cross* (Eugene, Ore.: Wipf & Stock, 1998), 1.

10. Williams, *Wound of Knowledge*, 3.

고도 직관에 반하는(counter-intuitive) 성격―그 사건의 의미를 이해하고자 노력했던 공동체가 직면했던 해석학적 복잡성뿐 아니라―을 강조하고 있다.

윌리엄스가 언급하고 있는 "종교적 언어의 재정립"이란 이스라엘 전통 및 가장 초기의 예수 이야기를, 서로 대화하며 십자가와 부활 사건에 비추어, **회고적으로 재해석하는** 후속 과정을 일컫는다. 다시 말해, 새로운 계시 사건들에 비추어 **거꾸로 읽어내는 과정**이라고 할 수 있다. 우리는 이스라엘의 성경을 재해석하는 신약 저자들의 작업에서 신약성경 자체 내에 존재하는 이 "재정립"의 시작을 보게 된다.

복음서 저자들이, 물려받은 "종교적 범주"에 대해 의문을 제기하고 재정립하고 있다 하더라도, 복음서가 구약의 종교적·문화적 모판(matrix)에서 나왔다는 것에는 분명한 의미가 있다. 예수와 첫 제자들은 이스라엘의 성경에 의해 형성된 상징적 세계에 속했던 유대인이었다. 즉, 저들이 가졌던 세계 해석 방식과 하나님의 구원 행위에 대한 소망은 근본적으로 하나님이 이스라엘을 대하시는 성경 이야기에 따라 결정됐다. 그렇기 때문에 최초기 기독교 공동체가 예수 이야기를 전하고 또한 재진술하기 시작하면서 예수의 삶과 죽음과 부활을 이스라엘의 성경 이야기(즉, 추후에 기독교인들이 구약이라고 부르게 된 문헌들)와 관련하여 해석하게 된 것은 당연한 일이었다. 우리가 가진 네 정경 복음서의 저자들은 이 스토리텔링(storytelling) 전승의 상속자로서 예수의 가르침과 활동을 보여주려 했을 뿐 아니라 고대 성서 이야기의 연속선상 절정부가 되는 예수의 무참한 죽음과 궁극적인 신원을 보여주려 했던 초기 기독교 공동체의 열정 어린 관심―우리가 알 수 있는 한 예수 자체에 대한 관심―을 공유하고 있었다.

그러나 현대 기독교 신학에 있어서 (예수와) 이스라엘 성경 사이에 존재하는 내러티브 연속성에 대한 이 예리한 인식을 잃어버리는 순간―무의식적으로 간과하든 고의적으로 거부하든 간에―어려움이 발생한다. 오늘날

기독교의 많은 회중들은 사실상 신학과 실천에 있어서 순전히 마르키온
주의자들(Marcionite)과 같다. 예배 가운데 구약을 읽지도 않고 구약을 읽더
라도 거의 설교하지 않는다는 말이다. 유대교는 율법주의적인 들러리며
예수는 우리를 그 율법주의적인 종교로부터 구원해주신 분으로 간주된
다. 나는 한번은 신학교에서 수업 시간에 어떤 학생이 이렇게 말하는 것을
들은 적이 있다: "유대교는 하나님의 심판을 **두려워하도록** 만드는 가혹한
종교이지만, 예수는 우리로 하여금 온 마음과 영혼과 힘을 다해 하나님을
사랑하도록 가르치기 위해 오셨습니다." 안타깝게도 이 진지했던 학생은
마가복음 12:29-30에서 예수에 의해 인용된 '네 마음과 영혼과 힘을 다하
여 하나님을 사랑하라는 명령'이 신명기 6:5로부터 왔다는 사실과 이 구
절이 유대 전통에서 매일 드리는 기도의 핵심이라는 사실을 알지 못했다.

　이 학생의 말에 무의식적으로 반영된 마르키온주의자적 편견은 많은
교회의 신학적 상상력에, 특히는 신약학의 특정 분야들에 악영향을 미쳐
왔다. 말하자면, 복음서에서 구약 및 흡사한 모든 것들이 "진짜가 아닌
것"이자 신학적으로 위험한 것—특정한 사람들에 대한 선택, 거룩과 정결
에 대한 명령, 하나님의 종국적 세상 심판에 대한 기대—으로 분류됐다.
이 모든 것은 예수가 "실제로" 가르치신 바 붉은 글씨로 된(대부분의 일반적
인 성경책에는 예수의 말씀이 붉은 글씨로 표시되어 있다—역주) 진정한 예수 자료에서
제외됐다.

　이것은 디트리히 본회퍼(Dietrich Bonhoeffer)가 생애 마지막 즈음 우리의
삶과 이해가 구약에 기초하고 있다는 것의 중요성에 대해 썼을 때 염두에
두었던 것과 같다: "누군가가 아주 즉각적이며 아주 직접적으로 신약성경
과 부합한다고 느끼거나 (실제로) 부합한다면, 내 생각에, 그는 기독교인이

아니다."[11] 본회퍼는 자신이 처한 역사적 배경 안에서 기독교를 유대적 뿌리로부터 분리시키려는 이교적이고 악의적인 "독일 기독교"와의 생사를 건 투쟁에 참여했다. 21세기 초 우리는 서로 다른 문화적·정치적 도전에 직면하고 있지만 기독교 신앙의 뿌리를 구약성경에 두는 일은 그다지 시급하지 않다. 이 책에서는 본회퍼의 경고의 마음으로 복음서 저자들이 이스라엘 성경과의 깊은 관계를 가지고서 자신들의 메시지를 전달한 방법을 추적해보려 한다.

이 책의 계획: 범위와 구조, 방법

이 연구 영역을 탐구해 본 사람은 누구나 네 가지 정경 복음서에서 성서적 인용, 암시/인유(allusions), 반향(echoes)에 대한 방대한 상호텍스트적 관계망(network)을 완전하게 설명해내는 일이 얼마나 불가능한 일인지 알고 있다. 더욱이 이러한 연구에서부터 외부로 파급되는 역사적·신학적 문제는 복잡하고도 무수하다. 그렇기에 이 책이 추구하는 바와 그렇지 않는 바를 미리 기억해둔다면 책을 읽는 데에 도움이 되리라 생각한다.

범위

무엇보다도 이 연구는 '역사적 예수'에 관한 것이 아니다. 나사렛 예수가

---

11. Dietrich Bonhoeffer, *Widerstand und Ergebung: Briefe und Aufzeichnungen aus der Haft* (ed. Christian Gremmels, Eberhard Bethge, and Renate Bethge, in collaboration with Ilse Tödt; Gütersloher: Chr. Kaiser, 1998), 226 [= 『저항과 복종』, 대한기독교서회, 2010]. 독일어 원문: "Wer zu schnell und zu direkt neutestamentlich sein und empfinden will, ist m. E. kein Christ." 나는 이 참조점을 Ellen Davis에게 빚졌다.

성경을 해석한 방법을 재구성하거나 자신의 소명과 정체성을 이해한 방식을 들여다보려는 시도가 아니다.[12] 이러한 식의 재구성 작업은 매력적이면서도 아마도 어떤 목적에 있어서는 중요하겠지만 필연적으로 복음서 "뒤에 놓인" 사실과 사건에 대한, 그리고 이 문서들이 발생한 전승/발전 과정에 대한 일련의 복잡한 가설적 판단들을 포함하고 있다.[13] 이 책은 복

---

12. 이 주제와 관련해 예수 자신의 성경 및 문헌 사용 문제를 다루는 서론적 연구는 Steve Moyise, *Jesus and Scripture: Studying the New Testament Use of the Old Testament* (London: SPCK, 2010; Grand Rapids: Baker Academic, 2010), esp. 79-121에 나온다.

13. 역사적 예수 탐구의 가설적 특징과 자기-기만적 방법론의 순환성 경향을 분석한 고전은 Albert Schweitzer, *The Quest of the Historical Jesus* (Minneapolis: Fortress, 2001; 독일어 원서: *Geschichte der Leben-Jesu-Forschung* (Tübingen: Mohr, 1913) [=『예수 생애 연구사』, 대한기독교출판사, 1986]이다. 그 작업의 사변적인 성격은 예수의 초상에서 신적인 분위기(aura)와 메시아 가면을 벗겨내려는 대중적인 시도에 가장 생생하게 드러난다. 이러한 식의 축소적인 "역사적 예수" 설명에 대해서는 다음을 보라. 예, John Dominic Crossan, *The Historical Jesus: The Life of a Mediterranean Jewish Peasant* (San Francisco: HarperCollins, 1991) [=『역사적 예수 연구』, 한국 기독교연구소, 2012]; Bart D. Ehrman, *How Jesus Became God: The Exaltation of a Jewish Preacher from Galilee* (New York: HarperOne, 2014) [=『예수는 어떻게 신이 되었나』, 갈라파고스, 2015]; Robert W. Funk, Roy W. Hoover, et al., *The Five Gospels: The Search for the Authentic Words of Jesus* (New York: Macmillan, 1993). 이들 중 마지막 책에 대한 나의 비평적 평가(review)에 대해서는 Richard B. Hays, "The Corrected Jesus," *First Things* 43 (1994): 43-48을 보라. 하지만 원칙적으로 비슷한 방법론적 어려움은 복음서가 예수가 행하고 말씀하신 일을 역사적 사실로 설명하고 있음을 보여주려는 학자들의 노력을 여전히 따라다닌다. 그러한 범주에 속하는 작품의 예는 다음과 같다. Ben Witherington III, *The Christology of Jesus* (Minneapolis: Fortress, 1990); N. T. Wright, *Jesus and the Victory of God* (London: SPCK, 1996; Minneapolis: Fortress, 1996) [=『예수와 하나님의 승리』, CH북스, 2004]; idem, *How God Became King: The Forgotten Story of the Gospels* (New York: HarperOne, 2012) [=『하나님은 어떻게 왕이 되셨나』, 에클레시아북스, 2013]. 예수를 시온으로 돌아오는 야훼의 재현으로 보는 Wright의 광범위한 설명은 많은 논란을 일으켰다. 그가 복음서, 특히 마태복음에 나타나는 중요한 신학적 주제를 식별했음은 의심의 여지가 없다. 하지만 나는 이러한 자아개념(self-conception)을 가설화된 역사 속 예수에 투영하고 있는 그의 확신에 전혀 동의하기 어렵다.

음서 저자들이 쓴 복음서의 **문학적** 형태와 질감(texture)을 더욱 겸손하게
다루면서, 이스라엘의 성경을 불러일으키는 방식에 주의를 기울임으로써
저들의 목소리를 명료하게 식별하는 데에 그 목적이 있다. 이 과업은 여
전히 매우 **역사적**이지만, 우리가 가진 예수에 대한 주요 자료들에 앞서는
사건들을 추측하여 재구성하기보다는 현존하는 문서들을 분석하고 설명
하는 일을 수반한다.

둘째, 이것은 복음서에 나타나는 전통들을 생산하고 수용하고 전달한 공동
체들의 사회적 배경에 대한 책이 아니며, 또한 어떤 필사 전통(scribal school)에
대한 특정 가설이나 복음서 저자의 사회적/지리적 위치에 대한 가설을
옹호하려고 시도하지도 않는다.

셋째, 이것은 초기 기독교 공동체가 이스라엘 하나님의 체화로서의 예수에
대한 믿음을 어떻게 현저하게 발전시키게 되었는지 설명하려는 책이 아니다. 이
러한 측면에서 이 책은 그 목적에 있어서 최초기 교회 역사의 아주 이른
단계에 있었던 "고"기독론의 발전에 대한 신선한 견해를 주장—내 판단으
로는 옳지만—하려는 다른 최근의 연구들과 그 목적이 다르다.[14]

---

14. 예, Larry Hurtado, *One God, One Lord: Early Christian Devotion and Ancient Jewish
Monotheism* (Edinburgh: T&T Clark, 1988) [= 『유일한 하나님, 그리고 예수』, 베
드로서원(피터스하우스), 2021]; idem, *Lord Jesus Christ: Devotion to Jesus in Earliest
Christianity* (Grand Rapids: Eerdmans, 2003)를 보라. 이 책들은 예수의 신성에 관
한 기독교 신앙의 기원을 후대 헬레니즘 환경으로 보는, 널리 퍼지고 더 오래된
종교사학파(*Religionsgeschichtliche Schule*)의 이론에 도전한다. Hurtado는 이른 시
기에 유대 회집에서 예수를 예배했다는 증거를 강조했다. 그는 이 현상을 유대교
에 더 일찍이 있었던 천사 내지 "신적 대리자" 숭배의 "변이"(mutation) 또는 "변
종"(variant)으로 설명하려 한다. 이 책(『복음서에 나타난 구약의 반향』)에서는 복
음서의 신적 정체성 기독론에 대한 원인론적 질문을 탐구하지는 않는다. 하지만
이 독특한 발전에 있어서 초기 연대와 유대 환경에 관하여 Hurtado의 주장이 확
실히 옳았다고 제안할 것이다—비록 예수의 신적 정체성 고백의 출처가 더욱 이
른 시기에 있었던 유대교의 신적 대리자 모델이라는 특정 가설에는 내가 설득되지

대신 이 책은 네 복음서 저자가 이스라엘 성경을 다시 읽는 방식—이스라엘의 성경이 복음서 이야기들에 나타난 중심인물을 예표하고 조명하는 방식뿐 아니라—에 특별히 주의를 기울임으로써 정경 복음서에 나타나는 이스라엘과 예수, 교회의 내러티브 서술을 설명한다. 간략히 말하자면 이는 상호텍스트적으로 본문을 면밀히 읽어내는 연습과도 같다. 이러한 읽기는 바로 위 단락에서 개괄한 어려운 역사적 질문들을 탐구하는 데 신선한 관점을 제공하여 도움을 줄 수도 있겠지만 그것이 본 연구의 당면한 과제는 아니다.

이 책에서 취한 접근 방식에 대한 한 가지 가능한 비평은 다음과 같다. 곧, 상호텍스트적 내레이션(narration)을 사용하는 복음서 저자들에게 있어서 이러한 접근 방식은 뛰어난 문학적 창조성을 사용하는 저들의 시대착오적 관점을 전제하고 있는가? 복음서 기자들은 기발한 상상력으로 허구를 만들어내기 위해 이미 주어져 있는 전통들의 단편들을 고의로 조작하고 있는가? 이러한 식의 우려는 이 책에 나타나는 몇몇 개념들에 대해 응답하는 복뮤엘(Markus Bockmuehl)과의 예리한 서신 교환을 통해 명료하게

는 않았지만 말이다. Hurtado의 작업에 대한 중요한 전거를 위해서는 다음을 보라. Martin Hengel, *Between Jesus and Paul: Studies in the Earliest History of Christianity* (Philadelphia: Fortress, 1983; repr., Waco, Tex.: Baylor University Press, 2013). 다른 수많은 학자들은 정경 복음서가 예수의 신적 정체성을 강조하는 방식을 강조하기 위해 서로 다른 노선을 따라 주장해왔다. 특히 다음을 보라. Richard Bauckham, *God Crucified: Monotheism and Christology in the New Testament* (Grand Rapids: Eerdmans, 1999); idem, *Jesus and the God of Israel: God Crucified and Other Studies on the New Testament's Christology of Divine Identity* (Grand Rapids: Eerdmans, 2008) [= 『예수와 이스라엘의 하나님』, 새물결플러스, 2019]; C. Kavin Rowe, *Early Narrative Christology: The Lord in the Gospel of Luke* (BZNW 139; Berlin: De Gruyter, 2006; Grand Rapids: Baker Academic, 2009); 그리고 수많은 흥미로운 비틀기(twists)가 나오는, Daniel Boyarin, *Border Lines: The Partition of Judaeo-Christianity* (Philadelphia: University of Pennsylvania Press, 2004); idem, *The Jewish Gospels: The Story of the Jewish Christ* (New York: The New Press, 2011) [= 『유대배경으로 읽는 복음서』, 감은사, 2020].

표현됐다.

> 저는 다른 방향으로 작동하면서도 동등하게 중요한 힘의 역학(dynamic)이 없는지 궁금합니다. 저들[복음서 저자들—역주]의 구약성경에의 참여는 구약의 (신적) **주장**과 저들에게 미치는 **영향**의 측면에서, 단순히 성경을 "사용"했다기보다도, 적어도 구약 본문 자체의 작용(agency)에 있어서 만큼은, 실제 사실(matter of fact)이면서 동시에 [구약]성서 저자들의 의도의 일부인 것처럼 보입니다. **해석학적 타자**(*hermeneutical Other*)로서의 성경이 저들의 사물/현상(things)에 대한 관점에 충격(thunderstruck)을 주었기 때문에 저들은, 자신들이 말하듯이, (구약을) 말하고 있다고 할 수 있을까요? 다시 말해, 비평가들에게 조작 장치나 계략(strategy)으로 보이는 것이 복음서 저자들에게는 단순히 하나님이 저들 가운데 행하신 새로운 실재(reality)를 확고하게 가리키는 충실한 신적 말씀으로 보일 수 있습니다.[15]

복뮤엘이 조심스럽게 말한 대척점(counterpoint)을 여기서 인용한 이유는 주로 복뮤엘을 지지하기 위함이며, 또한 복음서 기자들이 공상적이고도 프로메테우스적인 시적 창조성에 몰두했다고 주장하는 것이 아님을 명확히 하기 위함이다. 실제로 복뮤엘이 제안했듯 복음서 저자들은 예수

---

15. Markus Bockmuehl, 이메일 교환, 2014년 6월 13일; 강조는 본래의 것. 또한 그의 중요한 책, *Seeing the Word: Refocusing New Testament Study* (Grand Rapids: Baker Academic, 2006)도 참조하라. Bockmuehl의 관심은 Hans Frei에 의해 해석된 바 John Calvin의 표상적 읽기 관점과 공명한다: "Calvin은 표상적 읽기가 시간 순서(sequence)에 있어서 앞쪽을 향하는 읽기라고 분명히 주장하고 있다. 현실(reality)의 의미 패턴은 앞쪽을 향하는 움직임과 분리될 수 없다. 이는 뒤쪽을 향하는 단절된 관점과 앞쪽 움직임 사이의 결혼의 산물이 아니다. … 유일한 정신적 행위는, 그것이 만약 충실한 해석이라고 한다면, 창조의 행위라기보다 이해의 행위—사물들의 방식을 실제적으로 따라가는 미메시스(mimesis) 행위—다"(*Eclipse*, 36).

이야기에 비추어 이스라엘 성경을 새롭게 만남으로써 그 패러다임을 깨
뜨리는 영향에 "충격을 받았을"(thunderstruck) 것이다.

오래전에 썼던 나의 책, 『바울서신에 나타난 구약의 반향』(*Echoes of Scrip-
ture in the Letters of Paul*)에서 나는 바울의 구약 해석은 "발견적"(heuristic) 상호
텍스트성의 예라기보다는 "변증적"(dialectical)이라고 주장함으로써, 이와
같은 것을 표현할 방법을 모색하고 있었다.

> 이 두 모방 방식의 차이는 시인이 기저 텍스트 자체의 의미를 어느 정도로
> 인정하고, 어느 정도로 대답하며, 어느 정도로 통합하려는지에 달려 있다.
> … 그 과거의 전거는 파생된 텍스트 안에서 말하기를 계속한다. … 바울의
> 복음 선포는 구약의 복(blessing)을 필요로 하고, 이스라엘의 이야기를 증거
> 하는 구약은 복음에 관한 모든 표현들을 형성한다. 또한 구약성경은 오직
> 복음에 비추어 볼 때에 종말론적인 일관성이 생긴다.[16]

바로 이와 같은 식의 변증법적 상호 작용이 복음서 저자들의 특징적
인 해석학인 표상적 해석의 실천 안에 고착되어 있다. 이 변증법이 어떻
게 복음서 내러티브 안에서 작동되는지 설명하는 것이 이 책의 과제가 될
것이다.

이 점을 논하는 또 다른 방식은 복음서 내러티브가 단순히 교훈을 위
한 교묘한 허구가 아님을 언급하는 것이다. 오히려 복음서 내러티브는 증
언이다. 우리가 해야 할 일은 내러티브를 증거하는 네 복음서 저자들의 행
위에 귀를 기울이면서 **어떻게 이스라엘의 성경과 예수 이야기가 서로 융합되**

---

16. Richard B. Hays, *Echoes of Scripture in the Letters of Paul* (New Haven: Yale University Press, 1989), 176–77 [= 『바울서신에 나타난 구약의 반향』, 여수룬, 2017].

어 촉매 작용을 일으켜 저들의 증언을 형성하는지 분별해내는 것이다.

구조

이 책의 구성은 단순하다. 이 서론에 이어 네 복음서에 각각의 장(chapter)을 할애하면서, 각 복음서의 독특한 음성을 들으려 노력하고 저들의 내러티브 안에서 성경을 이끌어내는 방식—명시적으로 암시적으로—을 설명한다.

이 네 개의 각 장은 다음과 같이 오중으로 구성된(fivefold) 발견적 패턴을 동일하게 따른다.

- 이스라엘 성경의 해석자로서 복음서 저자: 개요
- 이스라엘의 이야기를 재-서술하기 위해서 복음서 저자는 성경에 어떻게 호소하며(invoke), 성경을 어떻게 불러일으키는가(evoke)?
- 예수의 정체를 서술하기 위해서 복음서 저자는 성경에 어떻게 호소하며(invoke), 성경을 어떻게 불러일으키는가(evoke)?
- 교회와 세상과의 관계를 서술하기 위해서 복음서 저자는 성경에 어떻게 호소하며(invoke), 성경을 어떻게 불러일으키는가(evoke)?
- 요약 결론: 복음서 저자의 독특한 성경해석학 발견하기

마지막 장에서는 복음 이야기를 전하는 작업에 있어서 각 복음서의 해석학적 접근 방식의 유사점/차이점에 대해 살펴볼 것이다. 네 가지 서술 전략의 장점은 무엇이며, 잠재된 위험성은 무엇인가? 저들 사이의 공통점은 무엇이며, 서로를 구분하는 긴장은 무엇인가? 마지막으로, 우리가 이스라엘의 성경을 저들이 읽었던 동일한 방식으로 읽어도 되는가? 그리고 만일 그렇다면, 어떤 신학적 결과들이 잇따르게 되는가?

네 명의 정경 복음서 저자들을 모두 성경의 독자로 다루는 데 있어서 몇 가지를 언급하고 변호할 필요가 있다. 요한복음을 교리적 발전에 있어서 더욱 발전된 단계 및 '더욱 높은' 기독론을 반영하는 후대의 본문으로 간주하는 것은 현대 복음서 연구에서 흔한 일이다. 이 비평적 관습으로 인해 이러한 식의 연구를 공관복음에만 집중하고 요한복음을 이 무리에서 제외할지, 계속적인 연구를 위해 요한복음을 포함시킬지에 대한 질문은 자연스럽게 발생한다. 하지만 공관복음 저자들이 이스라엘의 성경을 불러일으키는 방식을 더 깊이 연구하면 할수록, 공관복음 내에서 이스라엘의 성경을 잠재적으로 가져오는 공통된 방식이 요한의 방식과 밀접하게 관련되어 있다는 인식이 점차적으로 커지게 된다. 분명 요한은 자신만의 독특한 내러티브 작풍(idiom)과 양식(style)을 가지고 있지만—네 복음서 저자가 그러하듯—결국 마태, 마가, 누가와 더불어 예수가 단순히 하나님의 아들일 뿐 아니라 실제로 이 세상에 임재한 하나님의 체화(embodiment)라는 사실을 증언한다. 이러한 이유로 요한을 고려 대상에서 제외하게 되면 사중 복음서의 중요한 측면들을 놓치게 되고, 신학적으로 고찰할 때 드러나는 것보다 더욱 모호한 비평적 합의를 지속하는 결과를 낳게 된다. 따라서 이 연구는 초기 교회의 교부들, 무엇보다도 이레네우스(Irenaeus)의 인도를 따라 이스라엘 성경에 대한 표상적 해석의 정당성과 네 복음서 저자의 상보성(complementarity)을 확인하는 데 이를 것이다. 실제로 이 두 가지 확신은 해석학적으로 끊을 수 없는 하나의 끈으로 얽혀있다.

방법

이 책의 구조적 설계는 간단하지만 이때 사용되는 해석적 방법론은 조금 복잡하다. 이 연구에서는 네 정경 복음서가 모두 구약에 의해 형성된 상징적 세계에 깊이 뿌리박혀 있다고 상정한다—곧, 현대 비평 관용구

로 요점을 말하자면 복음서의 '생산 백과사전'(encyclopedia of production: '저작
기반' 내지 '저작 배경'을 의미—역주)이 상당 부분 이스라엘의 성경으로 구성되
어 있다는 것이다. 이는 고대의 이교적인 그리스-로마의 상징적 세계가
복음서에 있어서 하찮은 것이라는 말이 아니라 부차적이라는 말이다. 복
음서 저자들의 기독론적 확신을 구성하는 것은 주로 이스라엘의 거룩한
문서와 전통을 해석학적으로 전용하고 변형하면서 발생했기 때문이다.
그러므로 복음서는 이스라엘 성경의 이야기와 시가 제공하는 문화적 지
식의 틀 안에서 성서 본문들을 인용하고 불러일으키면서 예수의 삶, 죽음,
부활의 의미를 집요하게 표현해낸다. 이는 복음서 본문에 대한 분별력 있
는 해석을 위해서는 전거 본문(precursor texts: 앞에 놓인 본문, 곧 [구약]성경을 의
미—역주)을 되살려내고 탐구하는 일이 필요하다는 것을 의미한다.

복음서 저자들이 성경을 연상시키는 일부 방식은 간접적인 특징을 지
닌다. 곧, 명백한 인용 도입구 내지 긴 자구적 인용문 없이 성서의 본문, 사
건, 인물이 언급되는 식이다. 이는 놀라운 것이 아니다. 모든 문학—실제로
모든 인간의 담화—은 상호텍스트적 요소를 포함하고 있기 때문이다.[17]

우리는 '인용', '암시/인유'(allusion), '반향'이라는 용어를 사용하여 복
음서에서 상호텍스트적으로 성서를 언급하는 부분들을 대략적으로 분류
할 수 있다. 이 용어들은 상호텍스트적 연관성의 스펙트럼, 곧 가장 뚜렷
한 참조 형식에서부터 가장 흐린 것까지 대략적으로 보여주는 표지다.
'인용'은 일반적으로 인용 도입구(예, "기록된 바")로 시작하거나 기나긴 단어
들의 사슬, 때로 하나의 문장, 또는 더욱 긴 문장이 출처와 동일하게 자구
적으로 반복되는 특징을 가지고 있다. '암시/인유'는 보통 전거 본문과 몇

---

17. 상호텍스트적 현상에 대한 비판적 접근에 대한 논의를 위해서는 Hays, Alkier, and
    Huizenga, *Reading the Bible Intertextually*를 보라.

몇 단어들이 동일하거나 적어도 어떤 식으로든 명백하게 유명한 인물이
나 사건을 언급하면서 독자들이 상호텍스트적으로 연관성을 형성할 수
있게끔 신호를 보낸다. 인유 개념을 저자의 의도 개념과 분리하기는 어렵
다. (저자가) 앞선 본문을 암시적으로 참조했음을 독자가 인지하지 못한다
면 인유가 포함된 본문의 의미는 모호해지거나 아주 미약해질 것이기 때
문이다. '반향'은 가장 흐릿하고 따라서 항상 논란거리가 되는 상호텍스
트적 참조의 형태다. 기민한 독자들은 단지 하나의 단어나 구만을 가지고
앞선 본문을 회상해낼 수 있을 것이다. 반향을 듣는 독자는 반향이 포함
된 본문의 문자적 의미를 넘어서서 의미의 잔존물(surplus)을 생산하는 어
떤 섬세한 의미를 읽어낸다. 하지만 통상적으로 반향된 언어를 듣지 못하
는 독자라 하더라도 본문의 표면적 의미를 이해할 수 있다.[18]

  복음서에 나타나는 이러한 세 가지 상호텍스트적 참조 형태를 다룸에
있어서 독자는 어떤 상호텍스트적 연결이 '환용/메탈렙시스'(metalepsis)로
알려진 시적 효과를 창출할 수 있다는 점에 주의를 기울여야 한다. 환용
이란 전거 본문을 소량 인용하거나 반향할 때 발생하는 문학적 기법으로
서, 이때 독자는 오로지 파편적 반향이 유래한 본래 문맥을 회상하거나
복구해내어 두 본문을 나란히 놓고 대화시킴으로써 반향의 의미를 파악
할 수 있다. 이러한 상호텍스트적 연결의 표상적 효과는 두 본문 사이에
서 진술되지 않았거나 또는 억압되었지만 서로 유사한 지점에서 발생한
다.[19] 우리의 복음서 연구가 전개되면서 우리는 복음서 저자들이 이스라엘

---

18. 성서 본문 내에서 인유와 반향의 역할에 대한 간략한 설명은 Hays, *Echoes of
    Scripture in the Letters of Paul*, 14-21을 보라. 더욱 깊은 논의와 설명은, Richard B.
    Hays, *The Conversion of the Imagination: Paul as Interpreter of Israel's Scripture* (Grand
    Rapids: Eerdmans, 2005), 27-45 [= 『상상력의 전환』, QTM, 2020]를 보라.
19. 환용(metalepsis)의 수사(trope)에 대한 충분하고 정교한 논의를 위해서는 John
    Hollander, *The Figure of Echo: A Mode of Allusion in Milton and After* (Berkeley:

성경에 의해 창조된 "공명하는 의미의 동굴"[20] 안에서 기록하면서 독자로
하여금 성서의 전거를 듣고 되살려내도록(activate) 손짓하는 인유적 내러티
브의 많은 경우를 확인하게 될 것이다.

이는 어떤 신비스러운(arcane) 이론-중심의 방법론이 아니다. 그것은 인
간의 언어와 스토리텔링이 통상적으로 작동하는 방식에 단순히 주의를
기울이는 것과 관련한 문제다.[21] 이를 보여주기 위해 하나의 멋있으면서도
현대적인 예를 들어보고자 한다.

버락 오바마(Barack Obama)는 2008년 미국 대통령으로 처음 당선된 날
밤 감명적인 승리 연설에서 청중들에게 "역사의 **능선**(arc) 위에" 손을 얹고
"다시 한번 더욱 밝은 희망을 향해 **굽어질**"(on the arc of history and bend it once
more toward the hope of a better day) 수 있다고 선언했다. 이 어구는 마틴 루터
킹 주니어(Martin Luther King Jr.)의 연설에서 나온 격언을 반향한 것이다: "우
주의 도덕적 **능선**은 길지만 이는 정의를 향해 **굽어진다**"(The arc of the moral
universe is long, but it bends toward justice). 오바마의 선언은 분명 킹을 직접 인용

University of California Press, 1981)를 보라.

20. Hollander, *Figure of Echo*, 65.

21. 미묘한 상호텍스트 참조에 대한 상호문화적으로(interculturally) 만연한 현상은
John Miles Foley, *Immanent Art: From Structure to Meaning in Traditional Oral Epic*
(Bloomington, Ind.: Indiana University Press, 1991)에 의해 광범위하게 입증됐다.
Foley는 『호메로스』(*Homer*)에서 『베어울프』(*Beowulf*), 세르비아-크로아티아 구
전 이야기에 이르는 전통적인 구전 서사시를 연구하는 민속학자다. 이 자료에서
Foley는 Hollander가 영미시 전통에서 관찰한 것과 비슷한 것에 주목했다. 곧, 가
장 중요한 것은 때때로 무언으로(unsaid) 남고, 독자나 청자는 마음으로 알고 있
던 과거 텍스트를 배경으로 표현된 것을 해석하기 위해 미묘한 상호텍스트적 단
서를 집어들어야 한다. 이 장치로 생성되는 의미 효과는 전통의 다양성과 교차 지
점(transpositions)에 따라 다르다. Foley는 이 현상을 "환유적 지시성"(metonymic
referentiality)이라고 묘사했다. 곧, 구전 서사시에서 발화된 단어는 청중의 기억 안
에 저장된 다른 "텍스트"를 환유적으로 암시하거나 지시하는 기능을 한다.

한 것은 아니었다. 두 발화 사이의 자구적 연결이 단지 두 단어, 곧 "능선"(*arc*)과 "**굽어지다**"(*bend*)에 의존하고 있기 때문이다. 하지만 분명 오바마의 문장은 청중이 미국 시민권 투쟁이라는 도덕적 유산을 다시 한번 받아들이고 정의로운 사회를 위한 저들의 노력을 새롭게 환기할 수 있도록 만들어주는 청각적인 반향이었다.[22]

이 예는 문학적 반향이 미묘한 의미의 변화를 만들어낼 수 있는 방식을 보여준다. 킹의 어구는 청중들에게 저들의 투쟁이 불가피하게 압도적이며 더 큰 섭리에 따른 목적("우주의 도덕적 능선")에 속했다는 **확신**의 말로 기능했다. 반면 킹의 말을 연상시키는 오바마의 어구는 청중들에게 더 나은 세상을 만들기 위해 다시금 힘을 쏟으라는 **권고**의 말로 기능했다. 이때 꺾을 수 없는 초월적인 계획(*design*)에 대한 명확한 호소는 나타나지 않고, 오히려 인간 주체성의 필요가 강조된다. 하지만 킹의 유산의 반향은 오바마가 옹호했던 정치적 행동에 초월적 기운을 불어넣었음이 분명하다.

오바마의 스쳐지나가는 반향이 실제로 킹 목사의 역사와 시민권 운동을 가리키는 손가락이라는 것을 확신하려는 청중에게 이 확신은 오바마가 얼마 후 청중들에게 더 나은 세상으로 가는 여정이 길어질 수도 있음에 주의를 줄 때 생긴다: "우리는 거기에 일 년 안에, 아니면 한 임기 내에 이르지 못할 수도 있지만, 제가 약속하는 바 미국은 … 한 국민/백성으로서 거기에 이르게 될 것입니다." 이때 1968년, 운명의 날, 멤피스(Memphis)에서 있었던 킹의 마지막 예언적 연설에 대한 반향이 명명백백하게 울려퍼진

---

22. Obama 연설의 수사학적 기술에 관한 넓은 설명을 위해서는 다음을 보라. James Wood, "Victory Speech," *New Yorker*, November 17, 2008. Martin Luther King Jr.가 유명한 "나는 꿈이 있습니다"(I Have a Dream) 연설에서 셰익스피어(Shakespeare), 성경, 독립선언문, 찬송가("My Country 'Tis of Thee")를 인유로 사용한 도움이 될 만한 예를 위해서는, Dale C. Allison Jr., *The Intertextual Jesus: Scripture in Q* (Harrisburg, Pa.: Trinity International, 2000), 1-2을 보라.

다: "저는 약속의 땅을 보았습니다. 저는 여러분과 함께 가지 못할 수도 있습니다." 오바마의 청중이 연설에서 실제로 이렇게 크게 울리는 반향을 듣지 못하거나 그 의미를 파악하지 못할 가능성은 적다. 오바마는 킹이 모세의 역할을 표상적으로 가정한 것과 관련하여 여호수아의 겉옷을 메타포적으로 가정했다. 킹/모세는 사람들을 속박의 끝자락에서 약속의 땅으로 인도했고 이제 오바마/여호수아는 자신의 지도하에 (미국) 국민/백성 전체가 젖과 꿀, 정의가 흐르는 약속의 땅에 들어가고자 하는 희망에 불을 붙였다. 2015년 내가 이 글을 쓸 때 입(entering)-가나안에 대한 약속은 2008년에 못지않게 종말론적으로 멀리 있는 것 같다. 하지만 아직 성취되지 않은 종말론조차도 미국 정치사에 있었던 정의에 대한 열망과 출애굽 이야기 사이의 표상적 일치를 가리키는 적절한 표지로 해석될 수 있을 것이다.

반향을 상기시키는 이 독특한 예에서 독자들이 수사학과 정치에 대해 어떻게 생각하는지와 관계없이 나의 요점은 단순히 상호텍스트적 반향이 어떻게 **시적으로** 작용하는지를 간단하게 보여주는 데 있다. 이러한 식의 예들은 한없이 다양해질 수 있다. 이는 우리의 담론이 본질적으로 상호텍스트적이고 인유적이기 때문이다. 바로 위에서 사용했던 예에서 언어의 의미론적 영향력을 완전히 파악하기 위해서는 독자가 이전 텍스트의 반향을 듣고 거꾸로—오바마에서 킹으로, 출애굽으로—생각해서 (두 텍스트 사이에서) 적절하게 어울리고 밝게 비추어주는 병행점을 포착해야만 한다. 복음서의 언어도 이와 같은 방식으로 작동한다. 복음서 이야기들을 주의 깊이 해석하려면 저자들이 이스라엘 성경으로부터 상호텍스트를 불러일으키는 데 지속적인 주의를 기울여야 한다.[23]

---

23. 일반적인 상호텍스트적 해석에 대해서는 나의 논문, "'Who Has Believed Our Message?' Paul's Reading of Isaiah," in *Conversion of the Imagination*, 25-49을 보라. 이 문제에 대한 더욱 전문적인 소개는 Alkier, "Intertextuality and the Semiotics of

복음서의 성경 내적(intrabiblical) 상호텍스트성을 탐구할 때 우리는 복음서 저자들의 언어가 히브리어 마소라 텍스트(MT)보다는 통상적으로 칠십인역(LXX)이라고 불리는 이스라엘 성경의 고대 그리스어 번역본과 가장 강하게 공명한다는 것을 발견하게 된다. 이는 복음서 저자가 그리스어를 읽는 독자들을 위해 그리스어로 글을 썼기에 놀라운 일이 아니다. 그래서 이 책에서는 히브리어보다도 그리스어로 된 구약 본문들을 자주 언급했다. 하지만 독자들은 이스라엘의 성서 본문들을 그리스어로 번역하는 것과 더불어 기독교인들이 이 그리스어 역본들을 수집하여 그리스어 "구약"이라는 책 형태로 만든 것은 긴 시간을 요했던 복잡한 역사적 과정이라는 것을 인지해야만 한다. 그렇기에 복음서 저자들이 접근할 수 있었던 정확한 본문 형태에 대한 물음은 복잡하게 얽혀있다.[24] 이 책은 이러한 현상을 심도 있게 연구하려거나 이를 둘러싼 고도로 전문화된 논쟁들에 기여하려고 의도된 것이 아니다.[25] 단순하게 진행하기 위해 나는 전통적인 관습을 따라 신약의 (구약)성서 인용들에 나타나는 다양한 고대 그리스

Biblical Texts"에 나와 있다.

24. 마태와 요한이 사용한 성서 본문의 언어학적 특징을 다루는 면밀한 본문 연구에 대해서는 다음을 보라. M. J. J. Menken, *Matthew's Bible: The Old Testament Text of the Evangelist* (BETL 173; Leuven: Peeters, 2004); idem, *Old Testament Quotations in the Fourth Gospel: Studies in Textual Form* (Kampen: Kok Pharos, 1996).

25. 다음을 보라. Karen H. Jobes and Moisés Silva, *Invitation to the Septuagint* (2d ed.; Grand Rapids: Baker Academic, 2015) [= 『70인역 성경으로의 초대』, 기독교문서선교회, 2012]; Martin Hengel, *The Septuagint as Christian Scripture: Its Prehistory and the Problem of Its Canon* (OTS; Edinburgh: T&T Clark, 2002); Natalio Fernández Marcos, *The Septuagint in Context: Introduction to the Greek Version of the Bible* (Leiden: Brill, 2000); Emanuel Tov, *The Text-Critical Use of the Septuagint in Biblical Research* (3d ed.; Winona Lake, Ind.: Eisenbrauns, 2015); J. Ross Wagner, *Reading the Sealed Book: Old Greek Isaiah and the Problem of Septuagint Hermeneutics* (FAT 88; Tübingen: Mohr Siebeck; Waco, Tex.: Baylor University Press, 2013).

어 본문 형태들을 "칠십인역"에서 온 것으로 지칭했지만 이 일반적 명칭에 감추어져 있는 본문의 복잡성에 대해 인지하고 있다.

여기에서 간단히만 다루어볼 또 다른 방법론적 문제는 복음서들 사이의 문서적 의존 가능성—다른 종류의 상호텍스트성—에 관한 질문이다. 이 복잡한 문제는 당면한 연구의 주요한 주제는 아니지만 독자들은 피상적으로나마 이 사안에 대해 내가 가지고 있는 견해를 설명해주기를 바랄 수 있다.

나는 마가복음이 네 정경 복음서 중 가장 먼저 쓰였으며 마태복음과 누가복음이 모두 마가복음을 자료로 사용했다는 신약 학자 대다수의 일치된 견해에 동의한다. 하지만 마태복음과 누가복음이 "Q"로 불리는 공통적인 가설 자료를 독립적으로 사용했다는 주장에는 무게를 두지 않는다. 그러한 자료에 대한 사본이 현존하지 않고 남아 있는 최초기 기독교 문서들 중 이에 대해 언급하는 어떤 문서도 존재하지 않는다. Q라는 가설 자료를 염두에 두기보다 누가복음이 마태복음을 알고 있었고, 이러한 방식으로 두 복음서 사이의 자구적인 일치를 설명할 수 있다는 주장도 마찬가지로 동일하게 개연성—실제로 더욱 큰 개연성—이 있는 것 같다.[26] 하지만 이 책에서 전개되는 해석들은 신약 연구에 있어서 이 고전적인 문제에 대한 해결책에 의존하지 않는다. 이어지는 장에서는 복음서가 이끌어내는 구약 상호텍스트의 관점에서 네 복음서 각각을 읽어내고, 이러한 상호텍스트가 복음서들의 개별적인 문학적·신학적 구성 안에서 어떻게 기능하는지를 묻는다. 누가가 마태를 자료로 사용했다는 것을 확신할 수 있다면 몇몇 사안들에 대해 더욱 구체적인 결론을 도출할 수 있다. 그러나 이 증거들의 본질상 확실성을 보장하지는 않기에, 우리는 복음서 기자들의 마

---

26. Mark Goodacre, *The Case against Q: Studies in Markan Priority and the Synoptic Problem* (Harrisburg, Pa.: Trinity International, 2002)을 보라.

가복음과 구약 사용을 인지하는 것 이상으로 저들의 출처에 대한 어떤 특정 이론에 기대지 않고서 누가복음과 마태복음 읽기에 집중할 것이다.

마지막으로 이스라엘 성경에 대한 복음서 저자들의 해석 연구에 있어서 언제나 자연스럽게 등장하는 한 가지 우려는 저들의 기독론 중심적 해석이 사실상 유대교를 묵살시키고 이스라엘과 교회 사이의 관계에 있어서 적대적인 대체주의(supersessionist) 이해를 낳게 하지는 않는지 여부다. 이 문제는 중요하면서도 복잡하게 얽혀있다. 유대교-기독교 사이의 대화를 둘러싼 까탈스러운 신학적 문제를 해결하는 것은 당면한 연구 범위를 넘어선다. 그렇지만 나는 이 책에 포함된 해석적 관찰들이 초기 기독교의 내러티브들이 이스라엘의 성경에 얼마나 깊이 뿌리 내리고 있는지 명확히 보여줌으로써 건설적인 대화를 실질적으로 촉진시킬 수 있기를 바란다. 정경 복음서 저자들에 의해 수행되는 일종의 표상적 해석이 이스라엘의 거룩한 문서들에 대한 거부가 아니라 회고적으로 변형시킨 해석학이라는 점을 보는 것이 특히 중요하다. 표상적 읽기는 표상적으로 일치하는 바 앞서 존재했던 반대편 극단을 폐하는 것이 아니라, 반대로 본래의 실체를 직시하게 하고 앞서서 누구나 이해할 수 있었던 것을 넘어서는 의미를 발견하게 한다. 이러한 인식이 이스라엘의 성경에 대한 유대인과 기독교인 사이의 해석적 차이를 해결해주지는 않겠지만 적어도 당면한 문제를 명료하게 해주고, 최선의 경우에는, '쉐마'(Shema)에서 선포된 한 분이신 하나님을 섬기려는 분열된 두 공동체 사이에 정중한 대화의 장을 마련해줄 것이다.

미리 지도 그리기

이러한 예비적인 관찰을 통해 이제 탐험을 떠날 준비를 마쳤다. 우리의 목적은 각 복음서 저자들의 신학을 포괄적으로 설명하는 것이 아니다. 더구나 상이한 본문들을 조화시키고 차이점들을 다듬는 것도 우리의 목적이 아니다. 그보다도 우리는 각 복음서 기자들이 예수를 증거하는 독특한 내러티브를 구성할 때 이스라엘의 성경을 사용하는 방식에 귀를 기울이고자 한다.

이를 잘 듣기 위해 각 복음서에 대해 세 가지 경험적(heuristic) 질문들을 던질 것이다. (1) 우리는 각 복음서 저자들이 성경을 상호텍스트적으로 참조하면서 **이스라엘**의 이야기를 어떻게 이끌어가고 재서사화하는지(renar- rates) 물을 것이다. (2) 우리는 각 복음서 저자들이 세상을 변화시키는 **예수**의 의미를 해석하기 위해 성서의 이야기/이미지를 어떻게 사용하는지에 귀를 기울일 것이다. 마지막으로 (3) 우리는 각각의 복음서 기자들이 이스라엘의 성경으로부터 비롯한 본문들을 통해 **교회**(즉, 예수를 따르는 공동체)의 이야기를 어떻게 형성하기 시작했는지 물을 것이다.

이스라엘로부터 예수로, 교회로 향하는 서술의 전개는 이미 공통된 내러티브의 하부 구조(구약 내러티브—역주)를 가정하고 있지만, 네 복음서 저자가 이 내러티브를 형성하는 방식은 전연 다르다. 각각은 이스라엘의 성경 해석에 독특한 문학적·신학적 감각/감수성(sensibility)을 동반하면서, 각각은 뚜렷이 구별되는 시적 음성으로 이야기한다. 우리는 차례대로 각각의 목소리에 귀를 기울일 것이다.

이 음성을 들을 때에 우리는 예수의 이야기와 더욱 오래되고도 기나긴, 하나님과 함께하는 이스라엘의 여정 이야기 사이에 표상적인 융합(fu- sions)을 발견하면서 네 복음서 저자들이 모두 **거꾸로 읽어나가는 작업**에 깊이 관여하고 있음을 발견하게 될 것이다. 이제 이러한 융합체를 탐사하는 작업으로 넘어가보자.

제1장
마가복음:
비밀의 전령

"너희에게는 하나님 나라의 비밀이 주어졌으나,
외인들에게는 모든 것이 비유로 주어진다."

§1. "너희는 듣는 것을 주의하라": 성경 해석가, 마가

마가복음은 묵시론적 긴박감으로 둘러싸인 신비한 이야기, 곧 십자가에 초점을 두고서 차분하고 내밀한(enigmatic) 소망으로 끝나는 이야기를 들려준다. 이 신비한 내러티브의 핵심 이미지 중 많은 경우가 이스라엘의 성경으로부터 비롯한 것이기에, 실제로 그 이미지의 중요성을 인지하지 못한다면 마가의 메시지를 거의 이해할 수 없을 것이다. 그런데 마가복음은 마태복음과는 달리 예수 이야기와 구약성경 사이의 일치됨을 명시적으로 언급하지 않는다. 이 연결 작업은 독자들에게 맡겨졌다. 이러한 이유로 많은 독자들은 마가복음에 나타난 구약성경의 중요성을 과소평가해왔다.[1] 마치 제자들이 수수께끼 같은 비유에 대해 골몰할 때 훈계했던 예수처럼, 마가는 자신이 성경을 능숙하면서도 암시적으로 사용하는 것과 관련하여 독자들에게 이렇게 속삭이는 것 같다: "너희는 듣는 것을 주의하라. 너희가 측량하는 대로 너희도 측량을 당할 것이고 또 더 당하게 될 것이다. 가진 자는 더 받을 것이며, 가지지 못한 자는 그 가진 것마저 빼앗기

---

1. 특별히 명료한 예를 위해서는, Richard A. Horsley, *Hearing the Whole Story: The Politics of Plot in Mark's Gospel* (Louisville, Ky.: Westminster John Knox, 2001)를 보라.

게 될 것이다"(막 4:24-25).

따라서 우리는 마가복음에서 들리는 소리에 귀를 기울이면서 이 책 서론에서 개요한 세 가지 발견적(heuristic) 질문들을 던짐으로써 마가의 성경 해석에 초점을 맞추고자 한다: (1) 마가는 어떻게 성경을 가져다가 이스라엘의 이야기를 재진술하는가? (2) 마가는 어떻게 이스라엘의 성경을 끌어다가 예수의 정체성을 설명하는가? (3) 마가는 어떻게 이스라엘의 성경으로 세상과 관련한 교회의 역할을 진술하는가? 우리의 논의는 마가가 명시적으로 인용한 구절들에 집중되겠지만, 이 명백한 인용구들은 분명하게 진술되지 않은 더욱 넓은 맥락과 함의들을 향해 계속해서 손짓한다―마치 부활하신 주가 마가복음 마지막 장면에 나타나지 않듯 말이다 (막 16:1-8). 마가복음을 충실하게 읽기 위해 우리는 무대 뒤편에 있는 지시(pointers)에 따라야만 한다.

§2. 묵시적 심판과 기대:
마가복음 내러티브에 나타난 이스라엘 이야기

내러티브 배경

마가가 이스라엘의 이야기를 어떻게 이어가는지 살펴보기 위해서는 예수가 나타나시는 장면에 앞서 먼저 이스라엘 이야기의 형태에 대한 마가의 이해를 고려해야 한다. 마가복음은 마태복음이나 누가복음과는 달리 내러티브에 대한 서론적인 틀을 거의 제공하지 않지만, 마가의 진술에는 이스라엘이 위기의 순간에 봉착했음이 전제되어 있다. 마가의 드라마에 막이 오르면, 우리는 이스라엘이 여전히 이방인의 손아귀 아래, 바벨론 포로기—적어도 메타포적으로—가운데 있음을 확인하게 된다.[1] 하나님이

---

1. 복음서 해석에 있어서 이스라엘의 계속되는 포로기(유배기) 이미지의 중요성은 특히 N. T. Wright, *Jesus and the Victory of God*; idem, *The New Testament and the People of God* (Christian Origins and the Question of God 1; Minneapolis: Fortress, 1992) [= 『예수와 하나님의 승리』, CH북스, 2004]에 의해 강조됐다. 또한 James M. Scott, ed., *Exile: Old Testament, Jewish, and Christian Conceptions* (JSJSup 56; Leiden: Brill, 1997)을 보라. Wright가 복음서 본문에서 이 모티프에 주의를 기울이는 것은 분명히 옳지만, 1세기 모든 유대인이 스스로를 문자적으로 포로기에 살았다고 여겼다

과거에 베푸신 은혜에도 불구하고 백성들은 현재 무력하고 혼란스러우며 결핍된 상태에 있다. 이들은 "목자 없는 양과 같다"(막 6:34). 하나님이 다윗 왕국을 회복하고 이스라엘의 고통을 끝낼 "메시아"(Χριστός: 8:29, 14:61; 개역 성경에서는 "그리스도"—역주)를 보내신다는, 잘못된 형태지만 널리 퍼져 있던 소망이 있었다(10:47, 11:9-10). 이 상황이 너무 심각했기에 오직 하나님의 간섭만이 구원을 가지고 올 수 있었다.

이스라엘의 비참한 어려움에 대한 그러한 진단은 결코 전례가 없었던 일이 아니다. 마가는 이스라엘의 성경, 특히 시편과 예언서 안에서 그 전거들(precursors)을 찾았다. 예를 들어, 이사야서의 마지막 부분에서 이사야

는 추정은 과장일 것이다. 그러한 주장들은 이스라엘이 (문자적으로 바벨론이 아닌) 그 땅(이스라엘 본토—역주)에 있다는 거부할 수 없는 사실과 예수 시대에 결국 예루살렘에 성전이 기능하고 있었다는 사실에 의해 제한되어야 한다. 따라서 복음서 저자들의 "포로" 이미지 사용은 메타포의 성격으로 이해되어야 한다. Wright의 초기 저작 중 일부는 제2성전기 유대 민족의 상태를 문자적으로 "포로"로 해석하고 있다고 이해될 수 있지만, 가장 최근의 주요 작품에서는 자신의 입장을 변호하면서 폭넓은 해설을 제공한다(*Paul and the Faithfulness of God* [Christian Origins and the Question of God 4; London: SPCK; Minneapolis: Fortress, 2013], 139-63 [= 『바울과 하나님의 신실하심』, 1-2권, CH북스, 2015]). 한 핵심 단락에서는 다음과 같이 해석한다: "그렇다면 이러한 의미의 연속선상에서 '포로'는 무엇을 의미하는가? 답은 이렇다. 신명기와 레위기에서 언급된 저주의 때, 곧 이스라엘이 … (우스울 정도로 야심찬) 약속된 세상에 대한 주권을 아직 소유하지 못한 채, 여전히 신성모독, 악한 우상 숭배, 부도덕함으로 이방 민족의 통치 및 (흔히는) 가혹한 처우에 종속되어 있는 한 지속될 저주의 때 말이다"(150). 그리고 나서 신중한 논의의 결론부에서 자신의 입장을 다음과 같이 정리한다: "이는 신명기[27-30장]와 다니엘[9장]이 결합된 것인데, 이것들은 제2성전기의 바리새인을 포함하여, **상당히 많은 유대인에 관한 복**잡하지만 단일한 **내러티브**에서 이 계속되는 순간을 특징짓는 **가장 적합한 지배적 메타포로서 '포로'를** 강조하게끔 몰아가는 핵심 자료[즉, 제2성전기 유대 문헌]에 규칙적으로 다시 등장한다"(162, 강조는 첨가됨). 고딕체로 된 어구에 적절히 힘을 실어 생각하자면 Wright의 견해에 대한 다양한 반박을 경감시키는 데 큰 도움이 될 것이다. 사실상 이러한 "포로" 해석은 복음서의 묵시적 이미지를 대부분 메타포로 읽어야 한다는 Wright의 주장과 방법론적으로 일치한다.

는 하나님이 "하늘을 찢어 여시고 내려오셔서" 백성들을 구원하시기를 열렬히 간구하고 있다.[2]

> 하늘에서 내려다보시고,
>
> 당신의 거룩하고 영광스러운 처소에서 보십시오.
>
> 당신의 열심과 권능이 어디에 있습니까?
>
> 당신의 마음과 당신의 긍휼에 대한 갈망이
>
> 제게서 떠났습니다.
>
> 아브라함이 우리를 알지 못하고
>
> 이스라엘이 우리를 인정하지 않더라도
>
> 당신은 분명 우리의 아버지시며,
>
> 주의 이름은 옛적부터 우리의 '구속자'이십니다.
>
> 오, 주여, 어찌하여 우리를 주의 길에서 벗어나게 하시며
>
> **우리 마음을 완고하게 하여 주를 경외하지 않게 하십니까?**
>
> 당신의 종들을 위하여 돌아오시고,
>
> 당신의 유업이 되는 지파들을 위하여 돌아오소서.

2.　현대 성서 비평학에서는 전통적으로 이사야서를 오랜 시간에 걸쳐 저작되어 합성된 책으로 간주한다. 여기에서 인용된 본문은 "제3이사야"(사 56-66장)에 속한다. 하지만 마가복음 저자와 같은 1세기 해석가들은 정경 이사야서 내 그러한 세분화된 구분을 알지 못했을 것이다. 나는 "이사야"라는 이름을 사용함으로써 이사야서가 복합 저자에 의해 쓰였음을 부인하려는 것이 아니다. 그보다도 나는 정경 예언서의 내포저자(implied author), 곧 마가가 복음서 서두에 명시적으로 언급된 예언자의 음성("선지자 이사야")을 가리키고 있다. Christopher R. Seitz, "How Is the Prophet Isaiah Present in the Latter Half of the Book? The Logic of Isaiah 40-66 within the Book of Isaiah," in *Word without End: The Old Testament as Abiding Theological Witness* (Grand Rapids: Eerdmans, 1998; repr., Waco, Tex.: Baylor University Press, 2005), 168-93; repr. from *JBL* 115 (1996): 219-40을 보라.

당신의 거룩한 백성이 잠시 당신의 성소를 차지하였지만,

이제는 우리의 대적들이 그곳을 짓밟았습니다.

우리는 오랫동안 당신이 다스리지 않는 자와 같이 되었으며,

주의 이름으로 불리지 않는 자와 같이 되었습니다.

오, 당신은 하늘을 찢어 여시고 내려오소서.

그리하면 산들이 당신의 임재 앞에서 흔들려―

불이 섶을 사르며

불이 물을 끓이는 것과 같이―

대적들은 당신의 이름을 알게 될 것이며,

민족들은 당신의 임재 앞에서 떨게 될 것입니다!

우리가 기대하지 못했던 놀라운 일을 하셨을 때,

당신은 내려오셨고, 산들이 주 앞에서 떨었으니,

당신 외에는 자기를 기다리는 자들에게 이같이 하신 하나님을

옛적부터 아무도 듣지 못하였고 어떤 귀로도 듣지 못하였으며

눈으로 본 자도 없습니다. (사 63:15-64:4)

예언자는 어째서 이렇게 다급하게 부르짖고 있는가? 이사야는 마음이 완고하고 주의 길에서 벗어난 백성들을 바라보고 있다(사 63:17). 또한 거룩한 성 예루살렘이 외세에 의해 짓밟히는 것을 보았다(63:18). 하나님이 이스라엘을 영광스럽게 구원하셨던 것을 기억하고는 있지만(63:7-14) 현재는 더 이상 다스리지 않으시는 것처럼 보인다(63:19). 하나님은 뒤로 물러나 하늘의 문을 걸어 잠그고 자신의 얼굴을 백성들에게 숨기고 계시는 것만 같다(64:7). 이 어려운 상황 가운데 이사야는 하나님이 이스라엘을 향한 사랑을 기억하고 도우셔서 잠잠했던 하늘의 문을 열고 다시 한번 구원의

능력을 보여주시기를 간구한다.

이 묵시적인 기도는 마가복음 내러티브의 무대가 된다. 이 이사야 본
문을 마가가 명백하게 인용하지는 않았지만, 예수의 세례 이야기에 암시
되어 나타난다(막 1:9-11). "예수가 물에서 올라오실 때에 즉시 하늘이 **찢어
져 열리고** 성령께서 비둘기와 같이 자신에게로 **내려오는** 것을 보셨다"
(1:10). 세 공관복음 기자들 중 오직 마가만이 과격한 표현의 분사인 "찢어
져"(σχιζομένους)를 사용하고 있으며, 마태와 누가는 예수의 세례 기사를 다
루는 병행본문에서 보다 중립적인 표현인 "하늘이 열렸다"(마 3:16:
ἠνεῴχθησαν; 눅 3:21: ἀνεῳχθῆναι)를 사용하고 있는데, 이는 칠십인역(Septuagint)
의 어구를 반영한 것이다. 마가복음은 좀 더 생생한 동사를 사용하여 구
약에서 동사 '카라'(קרע, "찢다")가 하늘과 관련하여 나타나는 유일한 용례
인 이사야 64:1(63:19 MT)의 히브리어 본문 전승을 더욱 강하게 암시한다.[3]
이 암시는 우리에게 마가가 이사야를 특별히 염두에 두고 있었다고 가정
할 만한 근거를 제공해준다.[4] 마가에 따르면 복음이란 이사야의 간구에
대한 하나님의 대답이다. 곧, 하늘을 찢고서 예수에게 내려오는 성령은 하
나님의 종말론적인 구원 사역이 시작되고 있음을 보여준다. **하나님은 다시
한번 이스라엘을 다스리러 오셨다.**

이스라엘의 성경의 다른 많은 구절들, 특히 시편이 이와 유사한 구원

---

3.   구약에서 이 동사가 사용된 대부분의 용례는 애도의 표시로 옷을 찢는 것을 가리
    킨다(예, 창 37:34; 욥 1:20). 막 1:10에 나오는 히브리어 동사의 놀라운 반향은 마가
    가 구약 히브리어 형태 본문 내지 어떤 그리스어 번역본—히브리어 선본(*Vorlage*)을
    LXX보다도 더욱 문자적으로 번역한—을 알고 있었음을 보여주는 여러 사례 중 하
    나다.

4.   Ivor S. Buse, "The Markan Account of the Baptism of Jesus and Isaiah LXIII," *JTS*
    7 (1956): 74-75. 이 통찰은 특히 Joel Marcus, *The Way of the Lord: Christological
    Exegesis of the Old Testament in the Gospel of Mark* (Louisville, Ky.: Westminster John
    Knox, 1992), 49–50, 58 [= 『주님의 길』, 성서와함께, 2012]에 의해 깊이 발전됐다.

의 갈망을 불러일으키기 위하여 인용될 수 있었을 것이다. 1세기 유대교에는 시대가 혼란스럽고 하나님의 약속이 성취되지 않았으며 하나님이 모든 것을 바로잡기 위해 극적으로 움직이셔야 한다는 생각이 만연했다.[5] 말하자면, 이스라엘은 '하나님 나라'의 도래를 기다리고 있었는데, 이는 사후에 가게 되는 내세와 같은 개념이 아니라 하나님이 이스라엘에 대해 왕위를 다시 행사하시고 이스라엘이 회복되며 정의가 실현되는 나라, 곧 구체적인 역사 현실에 관한 것이었다.[6] 하지만 마가는 독자들이 이러한 이스라엘의 비통함과 갈망에 대해 잘 알고 있을 것이라고 생각했기에 이 모든 것들을 설명하는—또는 예수 시대와 약 40년 후인 마가복음 저작 시기 사이의 유사점들에 대하여 설명하는—공간을 마련하지 않았다. 마가는 로마 군대의 예루살렘 성전 파괴 직후나 그 격변의 사건이 이르기 전 불안의 시대에 글을 썼다.[7] 어느 경우든 마가복음은 그러한 설명이 거의 필요 없는 독자들을 전제로 하고 있다.

하지만 하나님의 나라의 도래가 반드시 모든 사람에게 좋은 소식은 아니었다. 이스라엘 예언서의 주요한 주제들 중 하나는 도래하게 될 "주의 날"이 불의한 인간들을 향한 하나님의 심판의 날이라는 것이었다.

---

5. John J. Collins, *The Apocalyptic Imagination: An Introduction to Jewish Apocalyptic Literature* (2d ed.; The Biblical Resource Series; Grand Rapids: Eerdmans, 1998), esp. 130-31, 153-76, 194-232 [=『묵시문학적 상상력』, 가톨릭출판사, 2006]의 연구를 보라.

6. Wright, *New Testament and the People of God*, 302-7.

7. Joel Marcus, "The Jewish War and the Sitz im Leben of Mark," *JBL* 111 (1992): 441-62; idem, *Mark 1-16: A New Translation with Introduction and Commentary* (AB 27-27A; New York: Doubleday, 2000, 2009), esp. 33-39 [=『앵커바이블 마가복음 1』, CLC, 2016]. Marcus는 이러한 사건들에 대한 암시를 근거로 마가복음의 저작 날짜/장소를 매우 구체적으로 특정하려고 했다. 그의 제안은 독창적이지만 불가피하게 사변적일 수밖에 없다.

아아, 슬픈 그날이여!

주의 날이 가까웠으니,

전능자가 보내신 파멸과 같이 그날이 올 것이다. (욜 1:15)

그러한 이유로 "오, 이스라엘이여! 너의 하나님 만나기를 예비하라!" (암 4:12)라는 외침은 위로의 말이 아닌 무서운 경고의 말로 들려져야 한다. 아모스 선지자는 가난한 자들을 짓밟으며 자만하고 있는 민족에 대해 엄숙한 하나님의 경고를 선언한다.

아아, 슬프도다. 주의 날을 사모하고 있는 자들이여!

어찌하여 너희가 주의 날을 사모하는가?

그날은 어둠의 날이요, 빛의 날이 아니니라. (암 5:18)

불법과 압제를 극심히 싫어하시는 하나님이 오셔서 모든 것들을 바로잡으시겠지만—아모스의 암울한 선언과 같이[8]—이 작업에는 필시 하나님의 언약을 깨뜨리고 피조물들을 오용한 자들의 책임을 묻는 날이 동반된다. 이것이 바로 하나님 나라의 전령으로서 먼저 온 세례 요한이 회개의 메시지를 선포한 이유다(막 1:4). 따라서 이스라엘은 하나님의 오심을 준비

---

8.   대부분의 현대 비평가들은 아모스 9:11-15에 나오는 회복 예언이 후대에 첨가된 것이라고 보았다. 하지만 정경 형태에서 아모스서는 다른 예언서, 특히 정경 이사야를 특징짓는 바로 그 심판, 멸망, 회복 패턴을 분명히 나타낸다(Brevard S. Childs, "Amos," in *Introduction to the Old Testament as Scripture* [Philadelphia: Fortress, 1979], 395-410 [=『구약정경개론』, 대한기독교출판사, 1987]를 보라). 초기 교회에 아모스 예언—특히 LXX 형태로—의 중요성에 대한 증거를 위해서는 행 15:13-21을 보라.

하는 차원에서 악한 길에서 돌이켜야만 했다. 결과적으로 종말론적 회복의 주제는 이스라엘의 성경과 마가복음 둘 모두 안에서 피할 수 없는 심판 주제와 불가분 엮여 있다.

앞으로 살펴보겠지만 마가는 구약 본문들을 가져다가 이러한 주제들을 새롭게 직조해낸다. 마가는 이스라엘의 이야기를 재진술하여 예수의 삶과 죽음 안에서 결국 하나님이 하늘을 찢어 여시고 내려오셨다는 것과 그리스도이신 예수 안에서 심판과 회복 모두가 구약에 예표된 방식으로 이스라엘에게 임했음을 보여주려고 했다. 회복에 대한 하나님의 강력한 선언은 마가가 '또 에우앙겔리온 뚜 테우'(τὸ εὐαγγέλιον τοῦ θεοῦ, "하나님의 좋은 소식")라고 묘사한 예수의 묵시적 가르침의 핵심이 된다(1:14b-15b): "때가 찼고, 하나님의 나라가 가까이 왔다"(1:15a). 마가는 예수 안에서 이스라엘의 이야기가 하나님이 작정하신 절정에 이르렀다고 선언하고 있다.

그런데 이 절정은 또한 극적인(dramatic) 복잡성을 내포하고 있는 순간이다. 심판이나 회복이 완성에 이르지 못했기 때문이다. 구약에 희미하게 나타난 심판과 회복이 예수의 가르침과 행동 안에서 재현되었지만, 이 이야기는 아직 끝나지 않은 채로 남아 있다. 마가는 종말론적인 긴박함을 가지고 글을 쓰면서 여전히 권세를 가진 인자(the Son of Man: 문자적으로는 "사람의 아들". 이 책에서는 '인자'로 번역한다—역주)가 도래할 미래를 고대하고 있다(14:24-27, 14:62). 마가와 독자들은 (여전히) 하나님 나라가 완전하게 드러나기를 기다리고 있기에 회개하고 하나님 나라의 메시지를 받으라는 명령, 곧 예수 당시의 본래 청중들이 직면했던 것과 동일한 명령을 받고 있는 것이다. 그러므로 보는 눈과 듣는 귀가 있는 사람들(8:18)은 예수 이야기 안에 있는 하나님 나라의 예기적인 계시를 이해하게 될 것이지만, 그렇지 않은 사람들은 복음에 눈 멀고 귀 먹은 채 남게 될 것이다.

우리는 여기서 아주 복잡한 내러티브 상황을 만나게 된다. 하나님의 파멸하는 능력을 목도하고서도 많은 사람들, 특히 종교 지도자들은 눈먼 채 저항하고 있다.[9] 그래서 하나님 나라의 도래에 관한 예수의 선포는 권위자들, 곧 하나님의 포도원인 이스라엘을 지키고 있는 "악한 주인들"과 갈등하게 된다(막 12:1-12). 우리는 이 충돌의 결과로 하나님 나라에 저항하는 사람들, 즉 유대 지도자들과 이방의 통치자들이 마찬가지로 멸절하게 될 것을 기대할지도 모르겠다. 그 대신 마가의 이야기는 놀랍게도 하나님의 '사랑하는 아들'이자 하나님 나라 메시지의 전달자인 예수의 폭력적인 죽음으로 전개된다. 어떻게 이것이 '좋은 소식'의 사건이 될 수 있는가? 이에 대해 묻는 것이 하나님 나라의 신비의 핵심에 다가서는 것이다.

따라서 우리의 과제는 마가가 네 가지 내러티브 줄기들(피할 수 없는 심판, 종말론적 회복, 계속되는 이스라엘의 저항, 하나님의 아들의 충격적인 죽음)을 기술하기 위해 이스라엘 성경을 어떻게 미묘하게 사용하는지 탐구하는 것이다. 마가는 각각의 줄기가 성경에 이미 예표됐다는 것을 알고서, 예수 이야기를 진술하는 데 필요한 언어와 이미지를 성경 안에서 발견했다.

---

9. 마가의 내러티브 세계 내에서 예수의 반대자에 대한 유용한 특징화는 David Rhoads, Joanna Dewey, and Donald Michie, *Mark as Story: An Introduction to the Narrative of a Gospel* (2d ed.; Philadelphia: Fortress, 1999), esp. 116–22 [= 『이야기 마가』, 이레서원, 2003]를 보라. 마가복음 내 저들에 대한 평가에 사탄의 세력과 종교 지도자들 사이의 상호 작용이 적절히 반영되어 있지는 않지만, 마가는 플롯에서 귀신을 제어하는 예수의 권세와 인간 대적자들 사이에 지속되는 갈등의 긴장을 인지하고 있다(82-84).

피할 수 없는 심판

심판과 새 출애굽에 대한 선구자(막 1:1-3)

마가복음 서두에서는 몇 차례의 능숙한 필치로 현재가 위기의 시기이며 궁극적으로 하나님의 구원 약속이 임박했다는 소망을 자아낸다.

> 하나님의 아들 예수 그리스도의 복음의 시작이다. 선지자 이사야의 글에
> 이와 같이 기록되어 있다.
> "보라, 내가 네 앞에 내 사자를 보낸다.
> 그가 네 길을 예비할 것이다.
> 광야에서 외치는 자의 소리가 있다.
> '주의 길을 예비하고
> 그분의 길들을 곧게 하라.'"

물론 이 인용구는 단지 이사야에서만 유래한 것이 아니라 출애굽기와 말라기의 어구가 혼합된 것이다. 그러면 마가는 왜 이 인용을 이사야의 것으로 이야기하고 있는가? 단순히 혼동한 것일까? 이 분명한 불일치는 마가가 실제로 구약성경 본문에서 직접 인용하기보다 초기의 메시아 증언 모음집에서 인용했다는 증거로 받아들여졌다.[10] 하지만 "이사야 선지자"에 대한 혼합된 인용은 무지에서 비롯한 것이 아니라 신학적인 의도가

---

10. Rendel Harris, *Testimonies* (2 vols.; Cambridge: Cambridge University Press, 1916-1920), 1:49, 2:64-65; Martin C. Albl, *"And Scripture Cannot Be Broken": The Form and Function of the Early Christian "Testimonia" Collections* (NovTSup 96; Leiden: Brill, 1999), 21을 보라.

반영되었을 가능성이 더욱 크다.[11] 여기에서 이사야가 언급된 것은 마가복음의 개념적인 틀이 이사야의 새 출애굽에 놓여 있음을 표시한다.[12] 특히 이사야 선지자의 이름을 명명함으로써—그리고 이사야 40장에서 발췌한 단어들, 곧 포로기의 종식 희망을 선언하는 이사야의 중추적 선언으로 인용이 절정에 이르게 함으로써—마가는 자신의 독자들에게 예수 그리스도의 '에우앙겔리온'(*euangelion*, "좋은 소식/복음")이 이사야의 예언적 비전의 모판(matrix), 즉 하나님이 시온으로 돌아와 이스라엘을 회복하실 것이라는 비전 안에서 읽혀야 한다는 사실을 가리키고 있다.

하지만 동시에 마가복음 서두에는 하나님이 정결하게 하는 심판 주제도 들린다. 마가복음 1:2에서 "이사야 선지자"의 것으로 진술된 인용구는 말라기 선지자의 침울한 경고를 연상시키는 말로 시작된다.

> 보라, 내가 나의 사자를 보내어 나의 앞에서 길을 예비하게 할 것이며, 너희가 찾는 주가 돌연히 자신의 성전으로 돌아올 것이다. 너희가 기뻐하는 그 언약의 사신, 참으로 그가 이제 올 것이다—만군의 주가 말씀하신다. 하지만 그가 오시는 날에 누가 견딜 수 있겠으며, 그가 나타나실 때에 누가 설 수 있겠느냐? 그는 제련하는 자의 불과 같고, 빨래하는 자의 비누와 같기에, 은을 제련하

---

11. Marcus, *Way of the Lord*, 17가 바르게 관찰했던 것처럼 말이다.

12. Rikki E. Watts, *Isaiah's New Exodus and Mark* (WUNT 2/88; Tübingen: Mohr Siebeck, 1997), 90. Watts가 관찰한 것처럼 "이것은 마가에게 있어서 오랫동안 기다려온 야훼가 왕/전사로 오심이 시작됐다는 것과 이와 더불어 이스라엘의 종말론적 위로가 개시되었음을 시사한다: 이스라엘을 민족들의 손에서 구원하실 것, 곧 집으로 향하는 이스라엘의 포로기 여정과 궁극적으로는 야훼가 임재하는 장소인 예루살렘에 도착하는 것." 이러한 새 출애굽 주제 설명이 마가복음에 서술된 실제 사건과 나란히 놓일 때 심각한 해석학적 긴장이 발생한다. 이 긴장은 마가의 다른 성경 인유들에 비추어, 마가의 열려 있는(open-ended) 미래 종말론에 비추어 해석되어야 한다.

고 연단하는 자와 같이 앉아서 레위 자손들을 정결하게 하시어, 그들이 주에게 의로운 제물을 드리게 될 것이다. 그때에는 유다와 예루살렘의 제물이 옛날과, 지난 시절처럼 주를 기쁘게 할 것이다. **그때 내가 심판하러 너희에게 다가갈 것이다.** 주술하는 자와 간음하는 자, 거짓 맹세하는 자, 품삯으로 일꾼들을 억압하고 과부와 고아를 억압하는 자, 나그네를 박대하는 자, 그리고 나를 경외하지 않는 자에게 내가 증인으로 즉시 나설 것이다. (말 3:1-5)

말라기에서 하나님의 길을 예비하기 위해 보냄을 받은 사자는 엘리야, 곧 주가 돌아오셨을 때에 저주로 땅을 심판하지 않기 위하여 백성들의 마음을 돌이키는 사역을 맡은 선지자와 동일시된다(말 4:5-6). 마가는 요한이 "낙타의 털옷을 입고 허리에 가죽 띠를 했다"고 보도함으로써 엘리야 이미지(왕하 1:8)를 분명하게 회상시키면서 은연중에 요한과 엘리야의 동일시를 강화한다.[13] 따라서 마가에게 있어서 광야에 있는 이 거친 선지자의 모습은 무엇보다도 하나님의 임박한 심판 표징이 된다. 더 나아가 말라기 3장 인유는 의로운 제물을 드리기 위해 정화될 필요가 있는 예루살렘 성전 체계를 비판하고 있다—이것은 마가 내러티브 안에서 나타날 것들을 예시한다(특히 막 11:12-25, 13:1-2을 보라). 이 서두의 인용구에서 말라기의 반향을 들은 독자들은 마가가 정결하게 하시는 하나님의 심판의 불이 임박했음을 경고하고 있다고 이해하게 될 것이다.

기독교인들이 구약을 최종적으로 구성할 때 선지서들을 구약의 끝에 두고서 마지막 말씀으로 말라기(마지막 소선지서)를 배치한 것은 우연이 아니다. 즉, 이들은 주의 오심을 위해 백성들의 마음을 예비시키는 엘리야의

---

13. 막 9:9-13은 요한과 엘리야 사이의 연결을 강화한다. 이 본문에 대해서는, Marcus, *Way of the Lord*, 94-110을 보라.

도래와 심판에 대한 말라기 메시지가 예수 이야기의 서론으로서 세례 요한의 선포를 예표하고 있음을 보았다. 마가는 이 정경 순서가 결정되기 훨씬 이전에 복음서를 기록했지만 저 해석학적 논리를 예상했다. 곧, 마가는 자신의 이야기의 시작과 정경 마지막에 위치한 말라기를 매끄럽게 연결 짓는 세구에(segue: 한 악장이나 악부를 끊지 않고 연결시키는 것—역주)를 통해 능숙하게 이야기를 시작한다.[14] 오리게네스(Origen)나 히에로니무스(Jerome)와 같은 초기 기독교 해석가들은 마가복음 서론부의 인용구가 이사야의 자구적인 인용구가 아니라 (여러 본문이) 병합(conflation)된 것임을 알고 있었기에, 이사야와 더불어, 말라기 경고의 신탁을 또 다른 마가복음 인용 자료로 이해하곤 했다.[15]

하지만 이렇게 교부들이 말라기를 마가복음의 시작 인용구의 출처로 강조했지만, 마가복음 1:2의 어구는 말라기 3:1(LXX)보다도 출애굽기 23:20(LXX)과 더욱 유사하다. 이하의 비교를 살펴보자(볼드체는 자구적인 일치를 가리킨다).

막 1:2   **ἰδοὺ ἀποστέλλω τὸν ἄγγελόν μου πρὸ προσώπου σου,**

             ὃς κατασκευάσει τὴν ὁδόν σου·

출 23:20   καὶ **ἰδοὺ ἐγὼ ἀποστέλλω τὸν ἄγγελόν μου πρὸ προσώπου σου**

             ἵνα φυλάξῃ σε ἐν τῇ ὁδῷ ὅπως εἰσαγάγῃ σε εἰς τὴν γῆν ἣν ἡτοίμασά σοι

---

14. 대조적으로 유대식 정경 성서 배열은 성문서(오경과 예언서를 제외한 책들—역주)를 마지막에 두고 있기에, 이스라엘 이야기는 예루살렘 성전이 재건되고 하나님의 백성이 예루살렘으로 올라갈 수 있다는 고레스 왕의 칙령으로 끝난다(대하 36:22-23). 이러한 자료 배열로 인해 두 번째 성전이 파괴된 후에 그러한 정경 성서의 결말에는 매우 다양한 식의 자유로운 종말론이 부여됐다.

15. Origen, *Commentary on John* 6.24 (AEG 1:279-80); Jerome, *Letters to Pammachius* 57.9 (NPNF2 6:116).

말 3:1   ἰδοὺ ἐγὼ ἐξαποστέλλω τὸν ἄγγελόν μου

                καὶ ἐπιβλέψεται ὁδὸν πρὸ προσώπου μου

마가복음 1:2과 출애굽기 본문을 연결시키는 것 역시 해석학적으로 매우 중요하다. 이것이 다른 측면 곧, 심판과 회복의 변증법적인 관계 중 긍정적인 면을 부각시키기 때문이다. 이 출애굽기 본문은 시내산에서 하나님이 이스라엘 백성을 약속의 땅인 가나안으로 인도하기 위해 천사/사자(ἄγγελος)를 보내시기로 모세에게 약속하는 장면에서 가져온 것이다.

> 내가 네 앞에 한 천사를 보내어(LXX: ἐγὼ ἀποστέλλω τὸν ἄγγελόν μου πρὸ προσώπου σου), 너를 길에서 보호하고 내가 예비한 곳으로 너를 인도할 것이다. 그 앞에서 삼가 조심하고 그의 목소리를 청종하며, 그에 대하여 반발하지 말라. 내 이름이 그에게 있으니, 그가 너희의 반역을 용서하지 않을 것이다. 하지만 너희가 그의 목소리를 온전히 청종하고 내가 말한 모든 것을 행하면, 내가 너의 원수들에게 원수가 되고 너의 대적들에게 대적이 될 것이다. (출 23:20-22)

이 본문을 반향함으로써 마가는 세례 요한이 단지 (말라기의 인유가 암시하듯) 심판의 목소리를 내는 자일 뿐 아니라, 약속의 땅으로 인도하는 새로운 선구자임을 기술적으로 암시한다.[16] "내가 너의 면전에 나의 천사를 보

---

16. Marcus (*Way of the Lord*, 12-47)는 마가의 사 40:3 사용을 새 출애굽 모티프에 대한 강력한 증거로 여기지만 이 모티프의 신호로 출 23:20은 비교적 거의 강조하지 않는다. Richard Schneck (*Isaiah in the Gospel of Mark*, I-VII [Bibal Dissertation Series 1; Vallejo, Calif.: Bibal, 1994], 35-36)은 출 23:20의 중요성을 인지하고서, 이 인유가 말 3:1 및 사 40:3과 더불어 마가에게 있어 출애굽 모티프의 중요성을 암시한다고 말한다. 하지만 그는 말 3:1에 울리는 권고를 배움으로 적절하게 들어내지 못

낼 것이다"라는 것은 보호와 승리 및 광야 방황의 끝을 의미하는 약속의 말씀이다. 하지만 이 어구는 또한 세상을 향해 전진하는 "하나님의 복음"이, 가나안을 차지할 때와 같이, 적대적인 현재 땅 소유자 세력에 반하는 운동의 시작일 수도 있음을 암시한다. 이 제안은 이어지는 마가복음 내러티브—예수는 악한 힘들에 대하여 공격적인 자세를 보이셨는데, 저들은 예수가 자신들을 파멸하기 위하여 오셨다는 사실을 즉시 알았다—에 의해 충분히 입증된다(예, 막 1:24; 참조, 3:23-27, 5:1-20).

마가복음 1:2에서 출애굽/정복[17] 언어의 반향을 인지한 독자는 다음과 같은 통찰이 곧바로 확고하게 되는 것을 발견하게 된다. 하나님이 보내신 사자는 또한 "'주의 길을 예비하고 그분의 길들을 곧게 하라'라고 외치는 광야의 소리"다(막 1:3; 사 40:3 인용). 이사야에서 선지자는 두 번째 출애굽으로 상징되는 바 포로 생활의 끝을 선언한다.[18] 이스라엘이 하나님의 능력

한다. Watts (*Isaiah's New Exodus*, 63-67)는 출애굽 반향에 충분히 귀를 기울이지만 보호에 대한 적극적 약속보다도 훈계의 기능을 강조한다(출 23:21). 그는 더 나아가 말 3:1이 출 23:20에 대한 아이러니한 재구성이며(71-72) 마가에게 있어서 말라기 참조가 더 큰 영향을 미쳤다고 주장한다(86-87). Krister Stendahl (*The School of St. Matthew and Its Use of the Old Testament* [2d ed.; ASNU 20; Lund: Gleerup, 1968], 47-54)은 출 23:20과 말 3장이 (후대에) 유대교 회당 성구집(lectionary) 안에서 관련됐다는 것을 관찰했다. 이 사실은 저 구절들의 연결이 마가 이전에 이미 유대교에서 통용됐을 가능성의 증거가 될 수 있다. 이 성구집의 편찬과 연대에 관한 물음을 위해서는 다음을 보라. Jacob Mann, *The Bible as Read and Preached in the Old Synagogue: A Study in the Cycles of the Readings from Torah and Prophets, as well as from Psalms, and in the Structure of the Midrashic Homilies* (The Library of Biblical Studies; New York: KTAV, 1971); Ben Zion Wacholder, *Essays on Jewish Chronology and Chronography* (New York: KTAV, 1976).

17. Willard M. Swartley (*Israel's Scripture Traditions and the Synoptic Gospels: Story Shaping Story* [Peabody, Mass.: Hendrickson, 1994], esp. 95-153 [= 『이스라엘의 성경 전승과 공관복음서』, 대서, 2010])는 공관복음 내러티브의 배경으로서 출애굽/정복 전승과의 관련성을 날카롭게 관찰했다.

18. B. W. Anderson, "Exodus Typology in Second Isaiah," in *Israel's Prophetic Heritage:*

으로 광야를 지나 시온으로 되돌아가게 된다는 말이다. "새 출애굽"으로
표현되어 포로에서 되돌아가는 이사야의 시적 이미지는 마가복음을 구성
하는 중심 이미지가 된다.[19] 이사야가 이전의 출애굽 이미지를 가지고 이
후 바벨론 포로 중에 있는 이스라엘에 대한 하나님의 구원을 묘사한 것과
같이, 그렇게 마가도 예수를 통해 능력으로 다시 오시는 하나님을 소개하
기 위해 출애굽기 23:20과 이사야 40:3, 곧 과거 두 차례 있었던, 이스라
엘에 대한 하나님의 구원을 연상시키는 본문들을 사용한다. 이 이미지는
묵시적인 성격을 가지고 있으면서 하나님의 강력한 구원의 능력을 강조
한다. 이사야에게 있어서 "'주의 길'은 광야를 통과하시는 야훼(Yahweh) 자
신의 길, 곧 승리의 행진을 의미"하는데,[20] 이는 이스라엘을 격려하며 구원
하시는 하나님의 능력을 보여준다. 이와 마찬가지로 마가복음에서 "주의
길을 예비하라"는 것은 "최선을 다하라"는 것이기보다는 "능력의 하나님
이 이스라엘을 구원하기 위하여 행진 중이시라는 것을 인정하라"를 의미
한다.[21]

Essays in Honor of James Muilenburg (ed. Bernhard W. Anderson and Walter
Harrelson; New York: Harper, 1962), 177–95의 고전적인 논문을 보라.

19. Marcus, *Way of the Lord*; Watts, *Isaiah's New Exodus*.
20. Marcus, *Way of the Lord*, 29; 본래의 강조.
21. 말 3:1과 사 40:3의 히브리어 본문에 나타나는 "길을 예비하라"(פנה דרך)는 어구
    는 마가의 병합된(conflated) "이사야" 인용문에 있는 어구와 엮는 연결 고리를 제
    공한다. 하지만 흥미롭게도 자구적인 연결은 히브리어 본문에만 존재한다. LXX는
    이 부분을 번역할 때 다른 그리스어 동사를 사용했기 때문이다.

	MT	LXX
말 3:1	ופנה-דרך לפני	καὶ ἐπιβλέψεται ὁδὸν πρὸ προσώπου μου
사 40:3	פנה דרך יהוה	ἑτοιμάσατε τὴν ὁδὸν κυρίου

이 본문들 사이에 연결되는 단어가 히브리어에만 존재하기에 마가복음이 사용하고
있는 전통 또는 마가는 막 1:2-3에서 가져온 본문 저변에 있는 히브리어를 알았던

따라서 갑작스럽고도 강력한 서론을 통해 마가는 이스라엘을 약속의 땅으로 인도하겠다는 하나님의 약속(출 23장), 이스라엘에게 임박한 심판을 경고하기 위한 사자를 보내시려는 하나님의 뜻(말 3장), 회복과 새 출애굽에 대한 하나님의 위로의 말씀(사 40장)을 인유하면서 자신의 이야기를 재빠르게 구성해낸다. 이것은 마가가 독자들로 하여금 예수 이야기를 위해 구약성경의 배경을 찾도록 명백하게 단서를 제공하는 몇 안 되는 부분 중 하나다. 하지만 이 단서들은 매우 명백한 신학적 함의들로 가득 차 있기에, 마가복음의 독자들로 하여금 뒤따라 나올 모든 내용을 서두에 희미하게 제시된 내러티브의 모체와 관련하여 해석하도록—마가의 내러티브 세계와 더욱 조화를 이루게 하기 위해—초대하거나 또는 그렇게 해석하도록 몰아간다.[22] 일단 우리가 이것을 이해하게 되면 마가가 독자들로 하여금 이스라엘의 이야기를 표상적으로 읽도록 재촉하고 있음을 알게 될 것이다. 즉, 마가복음 1:1-3은 이스라엘의 이야기에, 예수 안에서 결정적으로 드러

것으로 보인다. Marcus (*Way of the Lord*, 15-17)는 다른 주석가들의 흐름에 다소 반대되지만 마가 자신이 말 3:1과 사 40:3 사이 연결을 창조한 책임자라고 주장한다. 하지만 동일하게 중요한 것은 출 23:20과 사 40:3 사이의 단어의 연결을 제공하는 것은 마소라 텍스트에는 없는 칠십인역의 동사 ἑτοιμάζω다.

출 23:20 ἵνα φυλάξῃ σε ἐν τῇ ὁδῷ ὅπως εἰσαγάγῃ σε εἰς τὴν γῆν ἣν **ἡτοίμασά** σοι
사 40:3 **ἑτοιμάσατε** τὴν ὁδὸν κυρίου εὐθείας ποιεῖτε τὰς τρίβους τοῦ θεοῦ ἡμῶν

출애굽기에서는 하나님이 이스라엘이 들어갈 땅을 "예비하셨다"(ἡτοίμασά). 이사야에서는 외치는 소리를 듣는 자들이 "주의 길을 예비하라(ἑτοιμάσατε)"라는 권고를 받는다. 그러나 두 경우 모두, 하나님이야말로 일차 행위자(agent)로서 그 땅의 백성을 자유롭게 하고 회복하는 분이시다. 하나님의 길을 예비하는 것은 그의 오심을 인정하고 기다리는 것이다.

22. Watts의 연구는 1:2-3의 혼합된 인용문이 마가의 유일한 편집적 인용으로서 마가복음 전체를 해석하기 위한 결정적인 틀을 제공한다고 주장한다는 점에서 특히 유용하다(*Isaiah's New Exodus*, esp. 55-90).

난 하나님의 구원 행위에 대한 예표가 다층적으로 포함되어 있음을 암시한다. 이 사실로부터, 앞으로, 들을 귀가 있는 자라면, 듣게 될 것이다.

종말론적 심판에 관한 또 다른 공명들

하나님의 종말론적 심판 주제는 종종 구약과 공명을 이루면서 마가복음 내러티브를 통해 계속해서 들리게 된다. 후대의 기독교 독자들에 의해 종종 간과되는 그러한 공명 중 하나는 예수가 시몬과 안드레를 제자로 부르시는 장면에서 발견할 수 있다: "나를 따라오너라. 그리하면 내가 너희를 사람들을 낚는 어부들(ἁλιεῖς)이 되게 할 것이다." 기독교 설교자들은 보통 이 본문을 복음 전도자로 부르는 내용으로 이해한다. 말하자면, 제자들이 외부인들을 "낚아서" 교회 안으로 데리고 오는 역할을 부여받았다는 것이다. 하지만 구약 예언서를 배경으로 낚시 이미지를 고려한다면 예수의 부르심에서 매우 다른 의미의 울림을 들을 수 있다. 실제로 예레미야는 이 이미지를 이스라엘에 대한 심판 묘사에 사용한다.

> 주의 말씀이다. 이제 내가 많은 어부들(LXX: ἁλεεῖς)을 보내어 그들을 낚게 하고, 그 후에 내가 많은 사냥꾼을 보내어 모든 산과 모든 언덕과 바위틈에서 그들을 사냥하게 할 것이다. 내 눈이 그들의 길 위에 있기에, 그들이 내 앞에서 숨을 수도 없고, 내 눈앞에서 그들의 죄악을 감출 수도 없을 것이다. 또한 내가 먼저 그들의 악과 죄를 두 배로 갚을 것이니, 이는 그들이 섬기는 가증스러운 우상들의 몸뚱이로 내 땅을 더럽혔고, 그들의 혐오스러운 것들을 내 기업에 가득하게 했기 때문이다. (렘 16:16-18)

여기에서도, 예레미야 신탁의 본래 문맥에 회복과 심판이 복잡한 방식으로 섞여있음을 확인할 수 있다. 바로 앞의 구절(16:14-15)은 하나님이 포로 생활 중인 이스라엘을 저들의 땅으로 다시 데려오실 것에 대해 이야기하기 때문이다. 그럼에도 하나님이 소환하시는 "어부"는 심판의 대리자로서, 하나님이 "그들의 악과 죄를 두 배로 갚으실 수" 있도록 사람들을 잡아들인다. "낚시" 이미지에 대한 이와 비슷한 의미는 부유한 사마리아 여성들에 대한 아모스의 통렬한 정죄에서도 찾아볼 수 있다.

> 사마리아 산에 있는 바산의 암소들아, 이 말을 들으라. 너희는 가난한 자들을 학대하고 궁핍한 자들을 압제하며 자기 남편들에게 "마실 것을 가져오라!"라고 말한다. 주 하나님이 자신의 거룩하심으로 맹세하셨다. "보라, 사람들이 너희를 갈고리로 끌어가고, 너희 남은 자들을 낚시로 그렇게 할 때가 이를 것이다." (암 4:1-2)

'할리에이스 안트로뽄'(ἁλιεῖς ἀνθρώπων, "사람들을 낚는 어부들")이라는 어구는 이 잊을 수 없는 문화적·시적 전통의 메타포들 안에서 들려져야 한다. 이러한 배경으로 본문을 들여다볼 때 시몬과 안드레에 대한 예수의 부르심은—세례 요한과 마찬가지로—임박한 심판 선포에 참여하라는 부르심으로 이해되어야 한다. 실제로 이후에 확인할 수 있는 제자들에 대한 예수의 가르침들은 하나님의 심판을 전하되 저들의 말을 듣지 않는 자들에게는 발의 먼지를 떨어 버리는 식의 사역을 정확하게 제시한다(막 6:10-12). 사실 제자들의 사명이 궁극적으로는 길 잃은 무리들을 치유하고 돌보는 데 있는 것으로 드러나기는 하지만(6:13, 37a; 참조, 10:24-25), 우리가 마가복음 **서두**의 부르심 내러티브에 있는 낚시 메타포와 관련된 심판의 배음(overtones)을 듣는다면, 정죄에서 자비로의 사명의 변화를 더욱 인상적으로 인지하게 될 것이다.

다른 마가복음 구절에는 구약성경의 심판 이미지가 더욱 명료하게 나타난다. 예를 들어, 농부가 낫으로 추수하는 비유적인 이미지(ἀποστέλλει τὸ δρέπανον, 막 4:29)는 하나님이 주의 날에 "심판의 골짜기"에서 민족들을 심판하신다는 요엘서 이미지에 대한 반향이다: "곡식이 익었으니, 너희는 낫을 대라(LXX: ἐξαποστείλατε δρέπανα). 포도즙 틀이 가득 찼으니, 너희는 와서 밟아라. 그들의 악이 크기에 포도주 통이 넘치는도다"(욜 3:13[4:13 LXX]). 이것 외에도, "한 눈으로 하나님 나라에 들어가는 것이 두 눈을 가지고 게헨나(Gehenna: 예루살렘 부근에 있는 힌놈의 골짜기로, 주로 지옥에 대한 메타포로 사용된다—역주)에 던져지는 것보다 낫다. 거기에서는 **벌레도 죽지 않고 불도 꺼지지 않는다**"(막 9:47-48)라는 예수의 무시무시한 경고는 이사야의 마지막 문장에서 직접 가져온 이미지로, 하나님에게 거역한 자들의 종말론적인 운명을 그려내고 있다(사 66:24). 또 하나의 예를 언급하자면, "과부의 가산을 삼키며"(막 12:38-40) 자랑스러워하는 서기관에 대한 예수의 경고 역시 토라에 나타난 바 과부와 고아를 해하는 자들(출 22:22-24)을 향한 하나님의 열렬한 진노 묘사에서 기인했다. 아마도 마가의 이 심판 본문에 대한 배경으로서 특별히 중요한 것은 **법**을 조작하여 가난한 자들을 압제하는 자들에 대한 이사야의 신탁일 것이다.

> 아, 악한 법을 만드는 자들과
> 불의한 법령을 제정하는 자들아,
> 빈곤한 자들에게 정의를 가리고
> 나의 가난한 백성들의 권리를 빼앗으며
> **과부들을 너희들의 노략물로 삼고**
> 고아들을 너희들의 먹이로 삼았구나!
> 징벌의 날에, 파멸이 먼 곳에서 올 때 너희가 어떻게 하려느냐?
> 포로들 아래 엎드러지지 않기 위하여

살해당한 자들 아래에 쓰러지지 않기 위하여

너희가 누구에게 도움을 구하러 도망하겠느냐?

너희의 부를 어디에 두겠느냐?

이 모든 것으로도 주는 진노를 돌이키지 않으실 것이며

주의 손은 여전히 펼쳐져 있을 것이다. (사 10:1-4)

이와 같이 이 모든 본문들에서 마가는 자신이 속한 1세기의 배경 아래서, 하나님의 진노와 심판의 이미지를 구약성경에서 가져와 때가 이르렀고 구약에서 선언된 심판이 임박했음을 경고한다.

성전에서의 예언적 행동(막 11:15-19)

하지만 마가가 구약에 있는 예언적 심판 자료를 표상적으로 사용한 가장 눈에 띄는 실례는 아마도 예수가 예언적인 가두 연극(street theater) 행위로 성전에서 환전하는 자들의 상을 엎으신 절정 장면에 나타난다.[23] 마가가 이 사건을 무화과나무 저주 이야기 사이에 삽입함으로써[24] 성전에서의 행동이 성전과 권위자들에 대한 하나님의 심판을 예언적으로 표징하

---

23. 다시 언급하자면 나는 마가가 이 사건을 만들어냈다고 제안하려는 것이 아니다. 반대로 나는 마가가 서술하고 있는 이 사건이 실질적인 역사일 가능성이 매우 크다고 생각하고, 실제로도 예수의 활동에 대해 우리가 이용할 수 있는 가장 안정적인 정보의 조각 중 하나다(참조, E. P. Sanders, *Jesus and Judaism* [Philadelphia: Fortress, 1985], 61-90, 319-27) [= 『예수와 유대교』, 알맹e, 2022 근간]. 그러나 당면한 논의의 목적에 있어서 우리의 관심은 이야기를 들려주기 위해 마가의 내레이션이 구약의 자료를 가져오는 방식에 있다.
24. 이른바 마가의 샌드위치 구조는 마가복음의 특징적인 양식이다. James Edwards가 보였듯이 이 문학적 장치는 감싸고 있는 내러티브(bracketing narrative)의 신학적 목적에 단서를 제공하곤 한다(James R. Edwards, "Markan Sandwiches: The Significance of Interpolations in Mark's Narratives," *NovT* 31 [1989]: 193-216을 보라).

고 있다는 것은 널리 인정돼왔다.[25] 이 사건을 충분히 해석하기 위해서는 상인들과 환전하는 자들을 쫓아내신 후 예수가 하신 말씀에 주의를 기울여야 한다. 우리는 여기에서 또 다른 구약 본문들이 섞여 있는 것을 확인하게 된다. 이번에는 이사야와 예레미야다.

> "이렇게 기록되어 있지 않느냐?
> '내 집은 모든 민족들이 기도하는 집이라고 불릴 것이다.'
> 하지만 너희들은 그것을 강도들의 소굴로 만들었다." (막 11:17)

이사야 56:7에서 비롯한 이 명백한 인용구는 본래 하나님의 구원이 드러나는, 종말론적으로 회복된 예루살렘에 대한 이사야의 비전에 속해 있다(사 56:1). 여기에서 구원 질서의 두드러진 특징은 **이방인들**이 시온산에 와서 하나님의 백성과 나란히 하나님을 찬양하게 될 것이라는 데 있다.

> 내가 이들[외부인들]을 나의 거룩한 산으로 인도하여
> 기도하는 나의 집에서 그들을 기쁘게 할 것이며,
> 그들의 번제물과 희생 제물을 나의 제단에서 즐거이 받아,
> **나의 집은 모든 민족들이 기도하는 집이라 불리게 될 것이다.**
> 그리하여 이스라엘의 쫓겨난 자들을 모으시는
> 주 하나님이 말씀하시기를,

---

25. William R. Telford, *The Barren Temple and the Withered Tree: A Redaction-Critical Analysis of the Cursing of the Fig-Tree Pericope in Mark's Gospel and Its Relation to the Cleansing of the Temple Tradition* (JSNTSup 1; Sheffield: JSOT Press, 1980), 216–18, 231–33, 238–39; Sharyn Echols Dowd, *Prayer, Power, and the Problem of Suffering: Mark 11:22-25 in the Context of Markan Theology* (SBLDS 105; Atlanta: Scholars Press, 1988), 39–55; Sanders, *Jesus and Judaism*, 61–90.

"내가 이미 모은 자들 외에

다른 사람들을 모아 그들에게 더할 것이다." (사 56:7-8)

이 본문을 인용함으로써 마가는 예수의 항거 행위를, 성전을 장터로 바꾸어버린 성전 지도자들에 대한 정죄 행위로 묘사하는데, 저들은 외부의 "이방인의 뜰"을 어지럽히고, 기도하기 위해 거기에 모인 이방의 "다른 사람들"이 예배하는 장소로 적합하지 않게 만들었다. 상인들을 내쫓으심으로써 예수는, 표상적으로, 모든 민족들이 이스라엘의 포로 귀환자들과 함께 참여하게 될 하나님 나라의 회복된 예배를 위한 길을 마련했다. 그리하여 예수의 하나님의 성전 심판에 대한 표식이면서 동시에 예루살렘의 종말론적인 회복을 내다보고 있는 표식이 된다.[26] 환전하는 자들과 장사꾼들에 대한 예수의 예언자적 비판은 이 종말론적 비전을 전제하고 있다.

우리는 또한 상인들을 쫓아내시는 예수의 행동을 스가랴의 마지막 장에 나오는 비슷한 환상에 비추어 해석할 수도 있다. 이 후기 예언서는 민족들이 예루살렘에 모여 예배할 것을 기대하면서 마지막에 예루살렘 전체가 하나님에 의해 거룩하게 될 때, "그날에 만군의 주의 집에는 더 이상 상인들이 없을 것이다"(슥 14:21)라는 예언으로 결론 맺는다.[27] 이것이 스가

---

26. 즉, 예수는 단지 현재의 관행을 개혁해서 이방인들로 하여금 성전 바깥뜰까지 최소한의 접근을 허용하고자 노력하는 것이 아니다. 그보다도 예수의 상징적 행동은 더욱 근본적으로 모든 민족이 이스라엘과 더불어 성전에 들어가 하나님을 찬양하게 될 미래를 가리키고 있다.

27. 마가가 슥 14:21을 언급하고 있다면 "상인"(כנעני)에 대한 언급은 LXX과는 다른 히브리 본문 전승에 대한 마가의 지식을 보여주는 더욱 간접적인 증거가 된다. LXX은 이렇게 읽는다: καὶ οὐκ ἔσται Χαναναῖος οὐκέτι ἐν τῷ οἴκῳ κυρίου παντοκράτορος ἐν τῇ ἡμέρᾳ ἐκείνῃ. 여기에서 가능한 히브리 전승에 대한 암시는, Marcus, "No More Zealots in the House of the Lord: A Note on the History of

라서의 결론 문장이라는 사실은 특별한 수사학적 의미를 부여해준다. 따라서, 성전에서 사고 파는 자들(τοὺς πωλοῦντας καὶ τοὺς ἀγοράζοντας ἐν τῷ ἱερῷ)에 관한 마가복음 이야기에 스가랴의 자구적인 반향이 나타나지는 않지만, 이사야 56장과 더불어 스가랴 14장이 예수의 예언적·상징적 행동을 해석하기 위한 개념적 기반(matrix)을 제공하고 있다고 보는 것은 무리가 아니다. 이는 곧 예루살렘의 종말론적 회복의 도래를 표징한다.

동시에, 종말론적인 회복과 대조적으로, 성전 지도자들이 하나님의 집을 "강도들의 소굴"(σπήλαιον λῃστῶν)로 만든 것에 대한 예수의 비판은 확실히 예레미야의 성전 설교(렘 7:1-8:3)를 인유하고 있다. 저 유명한 본문에서 하나님은 예레미야로 하여금 "주의 집 문에 서서" 통렬한 비판과 파멸 예언을 전달하라고 명하신다. 마가의 "강도들의 소굴" 인유의 참뜻을 이해하기 위해 우리는 먼저 예레미야가 이 흥미로운 어구를 사용했던 문맥을 상기해야만 한다.

그러므로 이스라엘의 하나님, 만군의 주가 말씀하신다. "너희의 길과 행실을 고쳐라. 그리하면 내가 너희로 이곳에서 살 수 있게 할 것이다. 너희는 '이것이 주의 성전이며, 주의 성전이고, 주의 성전이다'라며 속이는 말을 믿지 말라. 만일 너희가 진정으로 너희 길과 너희 행실을 고친다면, 만일 너희가 진정으로 서로 정직하게 행한다면, 만일 너희가 이방인과 고아와 과부를 억압하지 않고, 이곳에서 무죄한 피를 흘리지 않으며, 만일 너희가 다른 신들을 따라 스스로를 해하지 아니한다면, 내가 너희와 함께 이곳, 즉 내가 너희 조상들에게 내어준 이 땅에서 영원 영원히 살 것이다. 보라, 너희는 무익한 거짓말들을 믿고 있다. 너희는 도둑질하고, 살인하고, 간음하고, 거짓 맹세하고, 바알에게 제물을 바치며, 너희가 알지 못하는 다른 신들을 따르면서, 내 이름으로 일컫는 이 집에 들어와 내 앞에 서서 말하기를 '우리는 안전하다!'고 한다—그리고 오직 이 모든 가증스러운 것들을 행한다. 내 이름으로 일컫는 이 집이 너희 눈에는 강도들의 소굴(LXX: σπήλαιον λῃστῶν)로 보이느냐? 내가 역시 보고 있다는 것을 너희는 알 것이다. 주의 말씀이다.

(렘 7:3-11)

예레미야의 심판 신탁은 성전 파괴에 대한 주의 선언으로 맺어진다(렘 7:13-15). 결과적으로 예수가 성전에 들이닥쳐 환전하는 자들의 상을 엎으시고 예레미야의 **강도들의 소굴** 이미지를 불러일으키셨을 때, 이 인유가 예레미야의 예언적 선포의 더욱 넓은 문맥을 회상시킨다는 것과 저 행동이 특히 마가복음 13:1-2에서 예언된 성전 파괴를 전조한다는 것은 의심의 여지가 없다. 실제로 마가 내러티브의 이 부분(11-13장)은 성전과 지도자들에 대한 예수의 예언적 비판에 끊임없이 집중되어 있다. 예컨대, 예수는 돌아온 다윗과 같은 왕으로서 예루살렘에 들어가 성전 파괴를 예표하는 예언적 상징 행위들을 행하시기도 하고(11:1-25), 이 행동으로 예루살렘에서 여러 유대 지도자들과의 일련의 논쟁을 발생시키기도 하며(11:27-12:44), 도래할 나라의 산고(birth pangs)의 일환으로 성전 파괴를 예언하기도 한다. 예수와 예레미야 사이의 일치는 우연이 아니다. 이는 내러티브의 극적인 논리에 반드시 필요하다.[28]

---

28. Sanders (*Jesus and Judaism*, 61-76)는 성전에서 보이신 예수의 행동이 성전 파괴를 상징하는 예언적 행동이라고 강력히 주장했다. 그러나 이상하게도 그는 11:17에 있는 예레미야 인유를 부차적인 것이자 불분명한 것으로 일축했다(66-67). 실제로 Sanders는 복음서 저자들이 "강도의 소굴"에 관한 인용구를 사용하여 예수의 멸망 위협에 관한 당혹스러운 역사적 사실을 덮어버리고 "예수가 부정직에 대해 매우 정당히 항의하신 것처럼 보이게"(75) 하려 했다고 제안한다. 그는 예레미야 인

하지만 우리가 저 인유를 놓칠 수도 있는 경우를 대비해 마가는 예수의 비탄과 예레미야 본문을 연결시키는 또 하나의 단서를 제시한다. 무화과나무 저주 사건(11:12-14, 20-21)은 신실하지 못하고 열매 맺지 못한 민족의 멸망을 재현한 (일종의) 비유인 예수의 성전 행동을 감싸는 틀이 된다. 이 비유의 의미는 구약을 전거로 삼지 않더라도 자명하겠지만, 말라버린 무화과나무 이야기는 명백히 예레미야 8:13의 심판 신탁을 반향한다.

> 주의 말씀이다. 내가 그들을 모으기를 원할 때에,
> 포도나무에 포도가 없으며,
> 무화과나무에 무화과가 없고
> 잎도 말라 버릴 것이니,
> 내가 그들에게 주었던 것들이 없어질 것이다.

이와 같이 마가의 내러티브는 예수와 예레미야를 표상적 관계로 엮는다. 예레미야가 신실하지 못한 이스라엘을 말라버린 무화과나무로 이야

유가 정확히 성전의 임박한 파괴―예레미야가 자기 세대에게 예언했던 것―를 의미하는 효과가 있을 것이라고 생각하지 못했다. 내 생각에 이 명백한 간과는, 예수의 행동을 개혁의 요구―동물 희생제사라는 추정상 혐오스러운 성전의 관행을 "정화"하는―로 보는 시대착오적인 개신교의 해석을 거부하는 데 우선순위를 두었던 Sanders의 관심을 통해 설명될 수 있을 것 같다: "예수가 성전의 정결함에 관심이 있었다고 기록하고 있는 신약 학자들은 친숙한 개신교 사상을 염두에 두고 있는 것 같다. 곧, '정결한' 예배는 말씀에 있고, 모든 외적인 의식(rites)은 제거돼야 한다는 것이다"(67-68). 이러한 읽기―그리고 저들이 막 11:17을 사용한 것―에 대한 Sanders의 비판을 감사히 받아들이면서 동시에 우리는 성전의 행위를 멸망 예언으로 해석하는 Sanders의 주장이 "강도의 소굴" 인유의 더 큰 맥락에 주의를 기울일 때 지지되고 강화될 것이라고 말할 수 있다. 이러한 사고의 노선은 마가의 신학을 분석하는 데 분명 이점이 있다. 더불어 역사적 인물 예수가 자신의 말과 행동을 예레미야를 따라 형성했음을 부인할 이유는 없을 것이다.

기한 것 같이 예수는 나무를 말라버리게 하는 상징적인 행위로 이스라엘의 운명—또는 적어도 성전의 운명—을 예표하셨다. 예레미야가 불의와 우상 숭배를 일삼으며 평화와 위로를 말하는 거짓 선지자들과 제사장들을 비난하듯, 그렇게 예수도 예레미야의 겉옷을 취하여 다시 한번 성전 체제를 정죄하셨다. "강도들의 소굴"이라는 어구와 말라버린 무화과나무 이미지는 상상력 넘치는 이미지를 제공해준다. 이 연결 고리를 파악한 독자들에게 있어서, 표면에서 잔물결을 일으키는 함의들은 분명하다. 예레미야 시대에 이스라엘 위에 내려졌던 심판이 예수 시대에 성전을 향하여 다시 한번 드리우게 된다는 것이다.[29]

이스라엘의 종말론적 회복에 대한 예표들

하지만 우리가 위에서 살펴본 바와 같이 심판과 파멸의 위협은 이스라엘의 구원과 회복을 이루겠다는 하나님의 궁극적인 계획 안에 있는 더욱 근본적인 약속과 결코 분리되어서 들리지 않는다. 우리는 이미 다가올 심판의 선포와 관련하여 이러한 소망의 주제가 나타나는 수많은 본문들을 살펴보았다(예, 막 1:2-3, 1:10, 11:17). 마가의 이야기는 결국 처음에서부터 시작하여 "좋은 소식"을 전한다. 이제, 마가가 구약의 언어와 이미지에 기대어 좋은 소식을 설명하는 많은 본문 중 몇 가지를 살펴보려 한다.

세례 요한이 잡힌 후 예수는 갈릴리에 와서 "하나님의 복음(τὸ εὐαγ-

---

29. 렘 8:13은 후대 랍비 전통에서 성전 파괴를 애도하는 엄숙한 날, '티슈아 베아브'(Tishah be-Av)를 위한 '하프타라' 읽기(haftarah reading: 회당 모임에서 예언서를 규칙적으로 읽는 관습—역주)의 시작부에 사용되곤 했다(이는 Telford, *Barren Temple*, 143에서 주목된 바 있다).

γέλιον)"(막 1:14)을 선포하셨다. 명사 '에우앙겔리온'(εὐαγγέλιον)은 칠십인역에 전혀 나타나지 않지만, 이와 관련된 동사 '에우앙겔리조'(εὐαγγελίζω, "복음/좋은 소식을 전하다")는 군사적 승리의 소식을 설명하는 맥락에서 반복적으로 나타난다: 예를 들어, "내 주 왕이여, 좋은 소식이 있습니다(εὐαγγελισθήτω ὁ κύριός μου ὁ βασιλεύς)! 오늘 주 하나님이 당신을 대적하여 일어났던 모든 권세로부터 당신을 구원하셨습니다"(2왕국 18:31 LXX = 삼하 18:31).[30] 칠십인역 이사야 52:7에서는 동사 '에우앙겔리조'(εὐαγγελίζω)의 분사를 사용하여 승리하신 하나님이 시온에 돌아와 예루살렘을 회복하실 것이라는 선포를 묘사한다.

> 나는 … 평화를 전하는 자의(εὐαγγελιζομένου) 발과 같이, 좋은 소식을 전하는 자(εὐαγγελιζόμενος)와 같이, 시온을 향하여 "너희 하나님이 통치하실 것이다"라고 말하며 구원을 알릴 것이다.

여기서 하나님은 이전에 사로잡혀 있던 예루살렘을 향하여 승리를 선포하는 승리의 왕으로 묘사된다. 복음(εὐαγγέλιον)은 "주가 시온으로 돌아오시는 것"(사 52:8)에 대한 소식이다.[31] 이사야가 사용한 이 용어는 마가가 말하는 복음의 배경을 제공해준다.[32]

---

30. 이 동사의 비슷한 사용은 다음을 보라. 1왕국 31:9; 2왕국 1:20, 4:10, 18:19, 20, 26; 3왕국 1:42; 대상 10:9; 시 67:12 LXX; 솔로몬의 시편 11:1; 참조, 시 39:10 LXX; 95:2 LXX; 렘 20:15

31. 좋은 소식의 선포가 열국(nations)으로부터 조공을 모으는 것과 관련 있는 사 60:6과 좋은 소식이 억눌린 자의 해방을 포함하고 있는 사 61:1을 보라. εὐαγγελίζω의 유사한 사용에 대해서는 욜 2:23과 나 1:15을 보라.

32. εὐαγγέλιον 용어(더욱 특징적으로 복수 εὐαγγέλια)는 로마 제국의 선전(propaganda)에도 중요했다. 이는 이 장(chapter) 마지막 부분에 논할 것이다.

이사야 40:3이 이미 두드러진 역할을 하고 있는 마가복음 1장에서 예수의 복음 선포에 대한 두 번의 언급(1:14-15)은 이사야 40:9에 반복적으로 사용된 '에우앙겔리조'(εὐαγγελίζω, "복음을 전하다")를 반향한다.

> 시온에 좋은 소식을 전하는 자여(ὁ εὐαγγελιζόμενος),
> 높은 산 위에 올라가라.
> 예루살렘에 좋은 소식을 전하는 자여(ὁ εὐαγγελιζόμενος),
> 너의 목소리를 힘껏 높여라.
> 소리를 높이고, 두려워 말며, 유다의 성읍들에게 말하여라.
> "여기에 너희 하나님이 계신다." (사 40:9)[33]

우리가 주목한 바와 같이 마가는 자신의 이야기가 이사야의 새 출애굽 예언 성취와 예루살렘에 대한 하나님의 왕적 통치 회복에 초점을 둘 것이라고 독자들을 예비시켰다(막 1:3). 그러므로 예수가 "하나님 나라"를 선포하는 형태를 가진 '또 에우앙겔리온 뚜 테우'(τὸ εὐαγγέλιον τοῦ θεοῦ, "하나님의 복음")를 선포하면서 나타난다면 이는 예수의 메시지가 이사야 40장의 회복의 예언과 함께 합창으로 들려져야 한다는 것에 대한 분명한 증거가 된다. 이사야의 언어에 푹 잠겨있던 독자라면 예수가 오랫동안 아직

---

33. 나의 번역. LXX에서 "시온"과 "예루살렘"이라는 단어는 호격이 아니다. MT와 대조적으로, 이 도시에 명령형 동사 "올라가라"와 "높여라"를 적용할 수 없다. 그보다도 시온과 예루살렘은 문법적으로 두 분사의 간접 목적어다. 이것들은 좋은 소식을 전하는 사자가 **대상으로 삼는** 청중이다. 이러한 구조는 이 절 마지막 부분에 나오는 "유다 성읍들에게 말하라"는 명령과 평행을 이룬다. 영역본 독자는 Handel의 음악에 나와서 잊기 어려운 "오, 시온에 좋은 소식을 전하는 자여"라는 KJV의 번역 어구로 인해 바로 이 해석에 친숙할 것이다. KJV는 LXX와 Jerome의 불가타(Vulgate)의 독법을 따르고 있다: *tu quae evangelizas Sion ... quae evangelizas Hierusalem.*

이뤄지지 않은 이사야의 소망의 성취를 선포하고 있는 것으로 이해할 것이다.

마가에 따르면 예수가 선포하신 메시지에는 확고히 묵시적 내용이 있다: 예컨대, "때가 찼고(πεπλήρωται ὁ καιρός), 하나님 나라가 가까이 왔으니, 회개하고 복음을 믿으라"(막 1:15). 시간이 (문자 그대로) "찼다"는 것은 묵시적인 이미지로 다니엘 7:22("… 지극히 높은 분의 성도들을 위하여 판결이 내려졌고, 성도들이 그 나라를 받을 때가[LXX: ὁ καιρός] 이르렀다")과 같은 본문의 사고 세계를 반영하고 있다. 유대의 묵시적 상상력 안에서 역사는 하나님에 의해 결정되고, 이로써 중추적인 사건들은 섭리의 이정표에 따라 발생하게 된다.[34] 마가복음 1:15에 나타난 예수의 말씀은 묵시적 역사 이해를 활용하면서, 또한 하나님의 예정된 간섭의 순간이 마침내 임박했다는 사실에 대한 강렬한 소망을 자아낸다.[35] 어떻든 간에, 때가 찼고 하나님 나라가 확실히 임

---

34. 역사를 이렇게 도식화하는 논의와 예시는 Collins, *Apocalyptic Imagination*, 63–64, 155–57을 보라.
35. 예수의 메시지가 선포되어야 하는 묵시적 기대의 지평은 토빗 14:5과 같은 본문에 의해 더욱 명료하게 드러난다.

> 그러나 하느님께서는 그들에게 다시 자비를 베푸시고 이스라엘 땅으로 되돌아오게 하시고 성전도 재건하게 하실 것이다. 그런데 그들은 하느님께서 정하신 때가 오기까지는(ἕως πληρωθῶσιν καιροὶ τοῦ αἰῶνος) 그 성전을 예전 것만큼 훌륭하게는 짓지 못할 것이다. 때가 되면 이스라엘 사람들이 포로 생활로부터 돌아와 예루살렘을 찬란하게 재건할 것이고, 이스라엘의 예언자들이 예언한 대로 하느님의 성전도 그 곳에 세울 것이다. (공동)

물론 예수 시대, 예루살렘에는 헤롯 대왕이 거대한 규모로 증축한 성전이 있었다. 그럼에도 우리가 보았듯 예수는 성전을 심히 비판하시고 성전의 멸망을 예고하셨다. 성전에 대한 예수의 입장은 쿰란 언약 체결자들의 더더욱 급진적인 태도와 유사하다. 저들은 두 번째 성전과 제사장직을 부패한 것으로 간주하고 궁극적으로 자신들의 지배권 아래 새 성전 건축을 기대했다. 성전 두루마리(*Temple Scroll*)의 본래 출처가 어디든 간에 쿰란 문서 가운데 저 두루마리가 존재한다는 것은 언약 체

박했다는 예수의 핵심적인 선포는 하나님이 이스라엘을 근원적으로 재건하실 것에 대한 기대를 불러일으킨다.

이 기대는 예수가 자신의 메시지를 선포하고 자신의 이름으로 권위를 행사하도록 **열두** 제자를 부르시는 행동에 의해 더욱 강화된다(3:13-19a, 6:7-13). 예수의 하나님 나라 선포 맥락에서, 이 행동은 이스라엘의 열두 지파에 대한 상징적인 재구성으로 이해돼야 한다.[36] 흥미롭게도 마가는 이 상징을 강조하기 위해 어떠한 구약 본문들에 관한 직접적인 인유도 제시하지 않는다. 하지만 열둘이라는 숫자가 가진 상징적 가치에 대한 마가의 강조를 고려할 때(6:43, 9:35), 독자들이 이 숫자의 중요성을 간과할 것이라고 생각하기는 어렵다. 다시 한번, 들을 귀 있는 자는 들을 것이다.

실제로 마가는 이스라엘의 종말론적인 운명을 가리키는 다른 상징들을 가지고 자신의 내러티브를 생생하게 만든다. 예를 들어, 마가복음 비유장의 절정인 겨자씨 비유에서(4:30-32), 뿌려진 씨앗은 자라서 "큰 가지를 내고, 이로써 공중의 새들은 그 그늘 아래에 둥지를 틀 수 있게 된다"라고 말한다. 이것은 에스겔 17:23-24에 대한 명백한 인유로서, 이 구약 본문에서 하나님이 어린 백향목 가지를 "우뚝 솟은 높은 산 위에" 심으신 것은 다윗 왕국의 회복을 상징한다.

> 내가 그것을 이스라엘의 우뚝 솟은 높은 산 위에 심을 것이니,
>
> 그러면 그것이 가지들을 내고, 열매를 맺어,
>
> 웅장한 백향목이 될 것이다.

결자들이 이상적인 성전을 묘사했고 그러한 묘사에 내포된 바 두 번째 성전에 대한 비판적 태도를 취했음을 확증해준다(John J. Collins, *Apocalypticism in the Dead Sea Scrolls* [New York: Routledge, 1997], 58-60을 보라).

36. Sanders, *Jesus and Judaism*, 98-106.

그 아래에 모든 날개 가진 새들이 살 것이다.

곧, 온갖 종류의 새들이

그 가지의 그늘 아래에 둥지를 틀게 될 것이다.

들판의 모든 나무들은

내가 주인 것을 알게 될 것이다.

마가는 에스겔의 이미지를 반향함으로써 예수가 계속해서 메타포적으로 말하고 있는 나라가 저 예언적 환상의 성취로 이해되어야 함을 암시한다. 에스겔의 웅장한 백향목은 (마가복음에서) 변혁적으로/메타포적으로 대체되어 가능성 없어 보이는 겨자씨가 되는데, 이렇게 성취가 이루어지는 방식은 분명 놀랍다. 그래서 예수의 청중들은 계속 당황하게 되고, 하나님 나라의 메시지는 신비로 남아있게 된다. 그럼에도 이 신비를 해결하기 위해서는 예수에 의해 선포된 나라가 에스겔에 의해 예언된 이스라엘의 회복과 연속선 위에 있다는 상징적인 주장을 염두에 두어야 한다.

또한 예수의 치유 사역을 편집·요약하고 있는 중요한 본문에서 마가는 예수의 행동을 새 출애굽/포로 귀환에 대한 이사야의 기대와 상징적으로 연결한다: "사람들이 매우 놀라며 말하기를, '그가 모든 것을 훌륭하게 행했다. 귀가 먼 자들을 듣게 하시고, 말 못하는 자들을 말하게 한다'"(7:37). 예수에 관한 이 유명한 찬사의 충만한 의미는 이사야 35:5과 대위법적으로(counterpoint) 읽을 때만 제대로 드러난다: "그때 보지 못하는 자들의 눈이 열릴 것이며, 듣지 못하는 자들의 귀가 열릴 것이다." 마가복음 내러티브 안에서 우리는 듣지 못하고 말하지 못하는 자의 치유를 목격했고(7:32-35), 보지 못하는 자의 눈이 열린 두 가지 사건 중 첫 번째 사건을 접하게 된다(8:22-26; 참조, 10:46-52). 이사야 35장 인유는 이 모든 치유 기사들이 예수의 전능한 행위 안에서 사막의 대로를 통해 포로 생활에서 돌아오는 이사야의 소망 성취—적어도 성취의 시작—에 대한 단서로 읽혀야만 한다는 사실을 제안한다.

> 주의 속량을 받은 자들이 돌아와
>
> 노래하며 시온에 이를 것이니,
>
> 그들의 머리 위에 영원한 기쁨이 있을 것이며,
>
> 그들은 기쁨과 즐거움을 얻을 것이고,
>
> 슬픔과 탄식이 사라질 것이다. (사 35:10)

마가는 치유 사건들이 종말론적인 새 출애굽에 관한 이사야의 약속과 이러한 식으로 연결되어야 한다는 사실을 명시적으로 말하지 않는다. 하지만 마가복음 1:1-3에서 주어진 포괄적인 단서가 주의 깊은 독자들에게 충분한 지표로 기능해야 한다. 그리고 나서 우리는 민족 구원에 대한 이사야 예언 가운데 또 다른 인유들이 들리는 곳에서 우리의 귀를 쫑긋 세워야 한다.

반면, 마가는 예수에 의해 선포된 하나님 나라가 충만하게 이르렀다고 착각하지 않았다. 모든 복음서 기자들 중 마가는 성취 주장에 대해 가장 과묵하며, 종말론적 변증법에 있어서 "아직 오지 않은"이라는 측면에 가장 민감하다. 이러한 마가의 태도는 예수의 부활 모습에 대해 전혀 이야기하지 않는 이유 중 하나를 보여주는 사례일 것이다. 부활에 대한 언급으로 마가의 이야기는 맺어지지만 부활하신 주의 모습에 대해서는 언급하지 않음으로써, 마가는 독자 공동체로 하여금 마가복음 13장에 나타난 종말론적 담화의 결론에 따른 바로 그 기대를 가지고서 기다릴 것을 제안한다. 여기서 예수가 제자들에게 하신 말씀은 마가복음 모든 독자를 향한 일반적인 훈계가 된다: "내가 너희에게 하는 이 말은 모든 사람에게 하는 말이니라. '깨어 있으라!'"(막 13:37).[37] 따라서 마가복음 13장의 종말론적인 담화에서 약속된 성취는 여전히 미래의 소망임이 분명하다.

> 그러나 그 날에, 그 고난 후에, 해가 어두워지고 달이 그 빛을 내지 않으며, 별들이 하늘에서 떨어지고, 하늘에 있는 권세들이 흔들릴 것이다. 그때에 사람들은 인자가 큰 권능과 권세로 구름과 함께 오는 것을 볼 것이다. 그때에 그가 천사들을 보내어, 사방으로 부는 바람처럼, 땅 끝에서 하늘 끝까지 그의 선택받은 자들을 모을 것이다. (막 13:24-27)

마가복음 13:24-25에 나타난 우주론적 묘사는 주의 심판의 날에 대한 예언적 이미지, 특히 이사야 13:10과 34:4, 요엘 2:10을 반향한다. 하지만 더욱 중요한 것은 인자(사람의 아들)의 오심과 택하신 자들을 모으는 이미지를 구약성경으로부터 직접 이끌어낸 방식에 있다. 하늘의 구름과 함께 오시는 인자에 관한 다니엘서의 환상적인 장면은 마가복음 내러티브에서 대단히 중요하다.

> 내가 밤중에 환상으로
> **인자 같은 이가**
> **하늘의 구름과 함께 오는 것을 보았다.**
> 그는 옛적부터 계신 분에게 와서
> 그 앞에 모습을 드러냈다.

---

37. 마가복음의 종말론적 관점에 대해서는 Richard B. Hays, *The Moral Vision of the New Testament: Community, Cross, New Creation: A Contemporary Introduction to New Testament Ethics* (San Francisco: HarperSanFrancisco, 1996), 85-88 [= 『신약의 윤리적 비전』, IVP, 2002]을 보라.

그에게 권세와

영광과 나라가 주어지고,

모든 백성들과 민족들과 언어들이

그를 경배하게 될 것이다.

그의 권세는 영원한 권세로서

사라지지 않을 것이며

그의 왕국은 결코 멸망치 않을 것이다. (단 7:13-14)

이 환상은 본래 이스라엘의 신원(vindication)을 다루는 다니엘서 문맥에 속해 있다. 다니엘의 꿈에 나타나 각기 다른 이방 나라들을 나타내는 네 가지 이상한 짐승들과는 달리(단 7:1-8), 다니엘 7:13-14의 인간의 형상("인자 같은 이")은 하나님이 마침내 정당성을 입증하시고 높이실 이스라엘을 상징한다[38]—우리는 사무엘하 7:12-16과 시편 89:19-37의 약속에 따라서 "하늘이 지탱하는 한"(89:29) 다윗 왕국이 영원히 서게 된다는 것에 주목할 수 있다. 마가복음 13:24-27에서는 이스라엘의 종말론적 신원에 대한 다니엘의 이미지와 이스라엘의 소망에 대해 지속적으로 성경에 나타나는 또 다른 이미지, 곧 흩어졌던 이스라엘이 모든 땅에서 돌아와 약속의 땅에 다시 거하게 되는 이미지를 혼합시킨다.

> … 그때에 너희 주 하나님이 너희를 포로 생활에서 돌아오게 하시고 너희를 긍휼히 여겨, 너희 주 하나님이 너희를 돌아보시고 너희를 흩으셨던 그 모든 민족들로부터 너희를 모으실 것이다. 만일 너희가 세상 끝에 가 있더라도, 너희 주 하나님이 거기에서 너를 모으고, 거기에서 너를 데려오실 것이다. 너희 주 하나

---

38. 단 7장 해석에 대해서는 Wright, *New Testament and the People of God*, 291-97을 보라.

님이 너희를 네 조상이 차지했던 땅으로 돌아오게 하시고 너희가 그 땅을
얻게 하실 것이며 그분이 너희를 너희의 조상보다 더 잘되고 번성하게 하
실 것이다. (신 30:3-5)

"너희는 어서 북쪽 땅으로부터 도망하여라." 주의 말씀이다. "이는 내가 하
늘에서 사방에서 부는 바람처럼 너희를 흩어 버렸기 때문이다." 주의 말씀이다.
"바벨론에 살고 있는 너희는 시온으로 피하여라!" 이와 같이, 만군의 주가
(그의 영광을 나에게 보내신 후에) 너희를 약탈한 민족들에 관하여 말씀하신다.
"진실로, 너희를 치는 자는 곧 내게 가장 소중한 이를 치는 자와 같다." (슥
2:6-8)

그날에 주가 그분의 손을 두 번째로 펴셔서 그 남은 백성, 곧 앗수르와 애
굽과 바드로스와 구스와 엘람과 시날과 하맛과 바다의 모든 섬들에서 남은
자를 회복하실 것이다. 그가 열방들을 향하여 깃발을 높이시고 이스라엘의 쫓
겨난 사람들을 모으실 것이며 유다의 흩어진 백성을 땅의 사방에서부터 모으실
것이다. (사 11:11-12)

이 구약성서 본문들—여기에 더 추가될 수 있다—을 배경으로 할 때
두 가지가 명확해진다. 첫째, 마가복음 13장의 묵시적인 비전은 우주의 파
괴에 관한 것이라기보다는 **이스라엘의 회복**에 관한 것이다.[39] 둘째, 예수가

---

39. Correctly, Wright, *Jesus and the Victory of God*, esp. 339-68, 513-19. 참조, R. T.
France, *The Gospel of Mark: A Commentary on the Greek Text* (NIGTC; Grand Rapids:
Eerdmans, 2002), esp. 497-501 [= 『NIGTC 마가복음』, 새물결플러스, 2017]. 우주
의 멸망 관점에 대한 최근의 변호를 위해서는, Edward Adams, *The Stars Will Fall
from Heaven: Cosmic Catastrophe in the New Testament and Its World* (LNTS 347;
London: T&T Clark, 2007), 133-66을 보라.

예언하신 극적인 사건들은 마가의 내러티브 세계에서는 **아직 발생하지 않**
은 것들이기에, 결과적으로 마가의 이야기에서는 독자들에게 저 사건들
을 인내를 가지고 기대하도록 가르친다(막 13:28-37). 예수의 부활은 이 예언
들의 진리를 확증하는 징표이며, 따라서 이 부활을 믿는 공동체는 마가복
음을 통해 약속된 공동체의 종말론적인 회복도 믿게 된다.

　(요한복음과는 대조적으로) 마가복음 어디에서도 이러한 소망이 영적인 것
으로서 내세에 관한 것이라는 표지는 나타나지 않는다. 그렇다면 마가는
종말론적인 소망과 현재의 고통 사이의 긴장을 어떻게 다루고 있는가?
마가는 긴장을 유지하고 독자들이 주의를 기울이면서 믿도록 독려한다.
도래할 회복의 현실은 무엇보다도 역설적으로 예수의 죽음으로 보증됐
다. 예수의 마지막 만찬 이야기에서 예수는 자신의 임박한 죽음을 하나님
의 언약을 재확인하는 일종의 희생으로 해석했다: "이것은 많은 이들을
위하여 흘리는 나의 피, 곧 언약의 피다. 내가 진정으로 너희에게 말하니,
내가 하나님 나라에서 이것을 새것으로 마시는 그날까지 포도나무에서
난 것을 결코 더 이상 마시지 않을 것이다"(막 14:24-25). "나의 피, 곧 언약
의 피"라는 상징적인(portentous) 어구는 두 가지 구약 본문을 반향하고 있
다. 첫째는 출애굽기 24:8인데, 여기서 모세는 하나님과 이스라엘 백성들
사이에 시내산 언약을 맺으면서 피를 가져다가 백성들에게 뿌리며, "주가
이 모든 말씀에 대하여 너희와 함께 맺은 **언약의 피를 보라**"라고 선포했
다. 그 피는 상징적으로 이스라엘을 하나님에게 묶고, 하나님을 이스라엘
에게 묶는다. 두 번째 본문은 스가랴 9:11인데 이 또한 마찬가지로 중요하
다. 여기에서는 고대의 언약 언어를 포로기의 끝과 회복의 약속에 적용시
킨다.

　　너에게 대해서도, 너와 맺은 **언약의 피** 때문에

내가 너의 갇힌 자들을 물 없는 구덩이에서 내보냈다.

스가랴처럼, 마가는 변화된 역사적 상황 속에서조차 저 언약을 이스라엘에 대한 하나님의 궁극적인 구원을 보장하는 약속으로 해석했다. 하지만 최후의 만찬 장면에서 이 모티프는 해석학적으로 비틀어진다. 즉, 예수 자신의 피가 지금의 언약을 인치는 표가 된다. 마가복음 본문은 "새 언약"에 대하여 말하지 않는다. ("새"라는 단어를 포함하고 있는 마가복음 14:24 사본은 나중에 누가복음 22:20에 조화[harmonization]된 것이다.) 마가는 분명 예수를 통해 새로운 일이 일어나게 됐다고 생각하고 있지만(참조, 막 2:21-22), 마지막 만찬 이야기가 내는 효과는 상당히 다르다. 즉, 이는 예수의 죽음이 처음에 모세에 의해 제정된(출 24:8) 이스라엘과 하나님 사이의 언약과 직접적인 연속성 위에 있음을 확증한다. 예수의 피는 언약의 피, 곧 이스라엘과 하나님을 연결하는 피다. 따라서 이 피는 스가랴의 예언을 따라 지금 갇힌 자들을 자유하게 하는 약속의 말씀을 담고 있다. 저 피로 인침을 받은 모든 자들은 자신들을 위해 피를 흘린 왕과 함께 다시 한번 포도주를 마시게 될 나라의 도래를 기대하며 **기다리라는** 가르침을 받는다. 그리하여 마가에게 있어서 예수의 죽음은 하나님과 이스라엘과의 언약을 **해석학적으로 재정의하고 재확증한다.**

이 모든 본문들에서 우리는 마가가 종말론적인 이스라엘의 회복에 대한 소망의 비전을 투사하기 위해 구약 이미지를 사용하고 있음을 확인했다. 분명한 것은 이스라엘이 예수를 향한 충심(allegiance)에 의해 재설정됐다는 사실이다. 여전히 역사 속에서 구체적으로 (이스라엘 백성으로) 인지되는 백성이 남아 있기는 하지만 말이다. 마가복음은 심판과 약속의 예언적 메시지를 놀라운 방식으로 전하여, 예수보다 앞에 있던 사람들이 예상할 수 없었던 방식으로 이스라엘을 결정적으로 정죄하면서 소망을 제시한다. 하지만 마가복음 메시지의 윤곽은 하나님 나라에 대한 예수의 선포 배경 및 내용을 제시하는 구약 본문들 없이는 이해하기 어려울 것이다.

눈먼 이스라엘의 저항

하나님에 의해 선택된 백성이 하나님의 종말론적 목적을 아는 특권을 받았다는 것은 유대 묵시 사상의 특징적 주제다. 하나님의 구원 행위에 눈먼 외부인들은 마치 세상이 하나님의 통치를 받지 않는 것처럼, 현재의 억압적인 질서가 미래까지 무기한 계속될 것처럼 살아간다. 그러나 선택 받은 자들은 진리에 대한 지식으로 위로를 받고 하나님의 정의가 드러나기를 간절히 기다린다. 묵시적 저작들의 한 가지 기능은 하나님의 구원 목적을 드러내는 것인데, 이는 종종 신비하고 상징적 기호 형태(coded form)로 드러난다. 마가복음이 "묵시" 장르에 속한 것은 아니지만 묵시적 세계관의 중요한 요소들을 공유하고 있으며, 구약의 예언서에 뿌리를 두고 있는 바 하나님의 종말론적인 행위에 눈먼 인간 모티프를 포함하고 있다. 하지만 마가의 손에서 이 모티프는 신학적으로 중요한 수정 과정을 거치게 된다.[40]

마가복음의 플롯이 전개되면서 예수와 당대의 유대 종교 지도자—특히 서기관들과 바리새인들—사이의 갈등이 고조되고 있음을 확인하게 된다. 예수는 저들의 마음의 완악함에 탄식을 하시고(막 3:4) 이사야 29:13—

---

40. Elizabeth E. Shively의 최근 연구서인, *Apocalyptic Imagination in the Gospel of Mark: The Literary and Theological Role of Mark 3:22-30* (BZNW 189; Berlin: De Gruyter, 2012)는 마가복음 내러티브의 철저히 묵시론적 성격을 독특하고도 명료하게 보여준다.

더 넓은 문맥을 보자면 눈 멀고 무감각한 유다에 대한 개탄(사 29:9-12을 보라)―을 인용하며 비판하신다(막 7:6-7). 이는 복음을 이해하지 못하는 제자들에 대한 관심을 포함하여, 이스라엘의 복음 이해 부족에 대해 끊임없이 관심을 보이는 마가에게 있어서 우연한 반향이 아니다. 예수가 하나님 나라를 선포하고 하나님의 회복 능력을 보여주는 사역을 행했지만, 제자들을 포함한 이야기 속 대부분의 인물들은 예수의 메시지를 이해하지 못하고 당혹스러워했다.

비유의 목적(막 4:11-12)

마가는 예수의 비유, 주로 씨 뿌림과 추수 비유가 모여 있는 마가복음 4장에서 이 문제에 초점을 두었다. 예수가 씨 뿌리는 자의 비유로 많은 무리들을 가르치신 후에(4:1-9), 제자들은 그에게 조용히 다가와 간접적으로 가르치신 방식, 곧 비유에 대해 물었다. 여러 세대의 신약 해석가들을 당황하게 만든 예수의 대답은 바로 자신의 메시지를 감추기 위해 의도적으로 비유로 말씀하셨다는 것이다.

> 그[예수]가 그들에게 말씀하셨다. "너희에게는 하나님 나라의 '뮈스테리온'(μυστήριον)이 주어졌으나 바깥 사람들에게는 모든 것이 비유들로 주어진다. 이는,
>
>> '그들이 보고 또 보아도 이해하지 못하고,
>>
>> 듣고 또 들어도 깨닫지 못하게 하여,
>>
>> 그들이 돌아서서 용서받지 못하게 하기 위함이다.'"
>
> (막 4:11-12; 사 6:9-10을 인용함)

'뮈스떼리온'(μυστήριον, "신비" 또는 "비밀")이라는 용어는 종종 묵시적인

본문들에 나타나서 선견자들에게 계시된 감추어진 진리를 가리킬 때에 사용된다. 예를 들어, 다니엘이 느부갓네살 왕의 상징적인 꿈을 해석하기 위해 왕 앞에 갔을 때에 다음과 같은 말로 꿈 해석하기를 시작했다: "어떠한 지혜자들이나, 주술가들이나, 마술사들이나, 점쟁이들도 왕이 물으신 **신비**에 대답할 수 없습니다. 오직 하늘에 계신 하나님만이 **신비**를 드러내실 수 있는데, 그분이 느부갓네살 왕에게 마지막 날에 될 일을 알려 주셨습니다"(단 2:27-28; 참조, 2:47). 그러나 마가복음 문맥에서 제자들이 예수의 말씀을 이해하지 못하고 있는 것으로 계속해서 묘사되기에, 여기서 하나님 나라의 신비를 받은 자들로 나타나는 것은 이상하다. 저 말씀은 예기적인 것으로서, 예수의 십자가와 부활 이후에 가서야 의미를 깨우치게 되는 바 제자들에게 주어진 비밀 보증에 대한 표시로 이해되어야 한다.[41] 마가가 이 "신비"의 내용을 어떻게 이해했는지에 대해서는 나중에 다룰 것이다. 지금은 예수의 메시지가 명료하게 청자 친화적인 용어로 표현되지 않고 모호하게 신비 속에 감추어져 있다는 것에만 주목할 것이다. 비유로

---

41. 제자들을 이해하지 못하는 것으로 묘사한 마가복음이 반박의 목적을 가지고 있다는 이론이 20세기 비평학에서 대두됐다. 이 관점에서 마가는 헬레니즘적 기독교 형태를 대변하면서 최초기 유대-기독교 공동체의 핵심인 본래 예수 따르미들의 평판을 떨어뜨리려고 했다(Theodore J. Weeden, *Mark-Traditions in Conflict* [Philadelphia: Fortress, 1971]). 하지만 이러한 가설은 마가 내러티브 전체를 읽는 데 실패한 처사다. 마가복음 전체 맥락에 따르면 제자들은 결코 마지막에 제외되지 않고 예수의 마지막 언약-체결 만찬에 포함되며 부활 후 부활하신 예수에 다시 합류하도록 부름을 받는다. 또한 제자들을 이야기 내에서 "나쁜 사람들"로 해석하기를 주장하는 독자에 대해서는 오로지 영웅과 악당만 있는 편협하고도 단순한 내러티브 이해를 가졌다는 인상을 지우기 어렵다. 사실 내러티브의 독특한 특징 중 하나는 마음의 복잡성을 드러내고 등장인물과 독자가 발전과 변화를 통과하도록 이끄는 힘(capacity)에 있다. 마가복음에 나오는 제자들의 역할을 더욱 문학적으로 예리하게 읽은 것으로서, Robert C. Tannehill, "Disciples in Mark: The Function of a Narrative Role," *JR* 57 (1977): 386-405을 보라.

된 가르침으로 인해 메시지는 감추어진다.

　　이러한 간접적 전략의 이유는 이사야의 예언자적 소명 부분을 인용함으로 설명된다(사 6:1-13). 성전에 대한 예수의 예언자적 비판이 예레미야를 모델로 하고 있듯이, 여기에서 우리는 예수가 자신의 사역을 이사야의 "이 백성들의 마음을 둔하게 하고 귀를 막으며 눈을 가리는"(6:10) 신적 사명과 동일하게 놓고 있다는 것을 확인할 수 있다. 하나님이 이사야를 불러 백성들의 감각을 무디게 하신 일은 독단적인 심술이 아니라는 점을 인식하는 것이 중요하다. 오히려 이는 인용된 이사야서 바로 앞장에 상세하게 기록되었듯 이스라엘의 불의와 우상 숭배에 대한 구체적인 심판을 가리킨다: "이는 그들이 만군의 주의 가르침[תורה, "토라"]을 저버리고 이스라엘의 거룩하신 분의 말씀을 멸시하였기 때문이다[5:24c]." 저들이 하나님의 말씀 듣기를 거부하였기에 아예 듣지 못하고 보지 못하게 만드신 것이다. 이는 구약성경이 생명 없는 우상들을 반복적으로 비난할 때 나타나는 바와 같이 우상 숭배 죄에 대해 특히 적절한 처벌이다.

> 민족들의 우상은 은과 금,
>
> 곧 사람의 손으로 만들어진 것이다.
>
> 그들은 입을 가졌으나 말하지 못하고,
>
> 눈이 있어도 보지 못한다.
>
> 귀가 있어도 듣지 못하며,
>
> 그 입에는 호흡도 없으니,
>
> 그것을 만드는 자는 그것과 같이 되며,
>
> 그것을 의지하는 자도 다 그렇게 될 것이다. (시 135:15-18)[42]

---

42. 또한 시 115:4-8을 보라. 이 모티프에 대한 논의를 위해서는 G. K. Beale, *We Become What We Worship: A Biblical Theology of Idolatry* (Downers Grove, Ill.: Inter-Varsity,

비유의 효과가 모호하게 하는 것이라는 이상한 가르침을 전하는 이 비유 장의 위치는 심판으로서 눈 멀게 하는 것이라는 이사야 5장과 6장의 논리를 그대로 따르고 있다.[43] 마가복음 3:20-35의 바알세불 논쟁에서 예루살렘에서 내려온 서기관들(3:22)은 예수의 축귀 사역을 "악령의 통치자"에게 돌림으로써 하나님 나라의 치유와 회복 사역에 눈을 감았다.[44] 그러한 이유로 저들은 하나님 나라의 "외부인"이 됐다.[45] 따라서 예수의 비유는 저들을 진리에 더욱 눈 멀게 하는 결과를 낳는다.[46] 마가복음 3-4장과 이사야 5-6장 사이의 이러한 구조적 비교 안에서 이사야 5:1-7에 나타난 열매 맺지 못한 포도원 비유는 마가복음 4:3-9에 나타난 씨 뿌리는 자 비유와 나란히 오게 된다. 따라서 후자의 비유는 말씀의 열매를 맺지 못한 자들에 대해서는 심판을 선언하는 반면, 좋은 땅에 떨어진 씨에 대해서는 종말론적 복을 약속하게 된다.

그래서 마가에게 있어서 모든 것은 예수에 의해 선포된 하나님 나라의 말씀을 주의 깊게 듣는 것에 달려있다. 마가는 마태복음의 다른 문맥에 흩어져 있는 전통적인 말씀들(마 7:2, 13:12을 보라)을 한 데 엮어내어 예수의 가르침을 들으라는 다급한 권고를 창출해낸다.

2008), 44-47 [=『예배자인가, 우상숭배자인가?』, 새물결플러스, 2014]; 그리고 Watts, *Isaiah's New Exodus*, 190-93을 보라.

43. Watts, *Isaiah's New Exodus*, 183-210.
44. 또한 3:1-6에 나오는 바리새인들의 "마음의 완고함"을 보라.
45. 예수의 가족처럼 말이다(막 3:31-35).
46. 3:29과 4:12 사이에서 반향을 울리는 관계에 주목하라: "누구든지 성령을 모독하는 자는 결코 사함을 얻지 못할 것이다."/"모든 것을 비유로 하심은 저들이 돌이켜 사함을 받지 못하게 하기 위함이다." 참조, Shively, *Apocalyptic Imagination*, 79-80.

예수가 그들에게 말씀하셨다. "너희가 듣는 것에 주의하라. 너희가 저울질하는 대로 너희도 저울질 당할 것이고, 또 더 당하게 될 것이다. 가진 자는 더 받을 것이고, 가지지 못한 자는 그 가진 것마저 빼앗길 것이다." (막 4:24-25)

"빼앗는" 하나님의 행위는 정확하게 이사야 6:9-10과 마가복음 4:11-12에서 묘사된 것이며, 마가의 이사야 6:9-10 사용은 이미 예수의 메시지를 거부한 자들에 대한 심판을 강조하면서 저들을 외부인들로 만들어 버린다.[47] 그런데, 이러한 해석이 마가복음 3장에서 4장으로의 내러티브 이동을 이해하는 데는 도움이 되지만 마가복음 플롯의 아이러니를 충분하게 설명해주지는 않는다. 마가의 내러티브는 계속해서 내부자와 외부인 사이의 구분을 약화시킨다—이렇게 기존의 묵시적 담론과 어느 정도 거리를 두고 있다(묵시 전통에서는 내부자와 외부인이 극명하게 구분된다—역주). 심지어 하나님 나라의 신비를 받은 제자들도 이해하지 못하는 어리석은 자들로 남는다.

마가 내러티브의 경첩부 직전에서(막 8:27-9:13), 예수는 결국 제자들의 둔함에 대해 분개하셨다. 예수는 메타포를 사용하여 저들에게 "바리새인들의 누룩과 헤롯의 누룩을 주의하라"(8:15)고 경고하셨다. 주의 깊은 복음서 독자는 바리새인들과 헤롯파가 예수를 죽이려고 공모했던 사건을 기억하겠지만(3:6), 예수의 표상적인 가르침을 해석하는 데 능숙하지 못했던 제자들은 배를 타는 여정에 충분한 빵을 가져오지 못한 것을 책망하시고 있다고 생각하며 노심초사했다. 이 삽화는 예수가 군중들을 기적적으로 먹이신 두 번째 이야기(8:1-10) 직후에 나타나기에, 이에 대한 제자들의 실질적 염려는 특히 어리석은 것처럼 보인다. 예수는 결국 인내하지 못하시

47.　Watts, *Isaiah's New Exodus*, 208.

고 마음이 굳어진 외부인들의 상태를 묘사했던 것을 명확하게 상기시키는 언어로 나무라셨다: "어찌하여 아직도 빵이 없는 것에 대하여 이야기하고 있느냐? 너희가 아직도 이해하지 못하고 깨닫지 못하느냐? 너희 마음이 굳어졌느냐? 눈이 있어도 보지 못하고 귀가 있어도 듣지 못하느냐? 너희가 기억하지 못하느냐?"(8:17-18). 마가복음 4:12에 나타났던 분명한 이사야의 반향에도 불구하고, 질문을 던지는 예수의 언어는 예레미야 5:21과 에스겔 12:2—두 본문 모두 신실하지 못한 백성들에 대한 추방과 심판을 예언하고 있다—에 더욱 가깝다. 이렇게, 당황한 제자들은 마가복음 3장의 서기관들과 바리새인들처럼 하나님 나라의 외부인이 된다. 마가는 복음서 전반부를 마무리하면서 제자들뿐 아니라 자신의 독자들을 노골적이고도 애처로운 질문에 주의를 기울여 대답하도록 초대한다: "너희가 아직도 깨닫지 못하였느냐?"(막 8:21).

보고 듣는 것에 있어서 실패한 이스라엘에 대한 구약의 기록을 사용하고 있는 이 본문들에서 마가는 선지자들에 의해 예언된 시나리오를 완성하기 위해 사람들을 눈 멀게 하는 것이 필요하다고 결코 설명하지 않는다. 이와 동일한 본문(사 6:10)을 가지고 사람들의 믿지 못함을 필연적인 신적 질서에 입각해서 설명하려고 했던 요한복음과는 대조적으로, 마가복음 4:11-12은 결코 "비유의 모든 것들은 선지자에 의해 예언된 것을 성취하기 위함"이라고 말하지 않는다.[48] 대신에 마가는 예수의 비유적인 가르침을 이사야의 예언적 활동에 대한 **병렬/유비**로 묘사하면서 청중들 안에서 (이사야와) 동일한 결과를 산출해낸다. 다시 말해, 비유 장에서 마가는 예수가 직면한 저항이 하나님에 의해 미리 기록된 것이라고 말하지 않는다. 오히려 이 저항은 이스라엘 이야기의 우연한 전개의 일부인 것처럼 보이

---

48. 대조적으로, 마 13:11-15을 보라.

며, 구약 인용들은 이사야 시대의 이스라엘과 예수가 비유에서 지칭한 이
스라엘 사이의 표상적인 일치를 보여준다. 양쪽의 역사적인 배경에서 모
두, 이스라엘은 하나님의 말씀에 귀를 기울이지 않았다.

악한 포도원 농부들의 비유(막 12:1-12)

예루살렘에서 내러티브가 절정을 향해 흐르면서, 예수는 이스라엘 이
야기의 플롯을 요약해서 보여주는 비유를 말씀하셨다. 보는 눈과 듣는 귀
를 가진 사람들에게 있어서, 이 비유는 예수 자신의 운명에 대한 플롯의
절정을 전조한다.

이 비유의 의미는 열매 맺지 못한 포도원에 관한 이사야의 노래(사 5:1-
7)를 상호텍스트적 관계 안에서 볼 때 비로소 완전하게 드러나게 된다. 예
수가 포도원 주인의 행동에 대한 묘사를 시작하자마자 이사야 본문이 반
향으로 울려퍼진다: "어떤 사람이 **포도원을 만들고, 울타리를 치고, 술틀을
위하여 땅을 판 후, 망대를 세웠다**." 이때 각각의 세부적인 요소들의 순서는
약간씩 다르지만 이는 이사야 5:2에서 직접 가져온 것이다. 마가복음 12:1
의 그리스어 단어는 칠십인역의 것과 거의 정확하게 일치한다.[49] 인용된
어구의 자구적 밀접함으로 인해 우리는 이 비유를 이사야 노래의 재현으
로 기대하게 된다. 하지만 예수의 이야기에는 이사야서가 놀랍게 변형되
어 있다. 이사야서에서 포도원 주인은 열매 없는 포도원에 대해 분노를
표출한다. 포도원을 조심스럽게 아끼면서 관리하였지만 바라던 소출을
얻지 못했기 때문이다: "포도를 맺기를 기대하였으나 들포도를 맺었다"
(사 5:2c). 이에 포도원 주인은 포도원에 대해 불만을 제기하면서 포도원을
더 이상 보호하지 않고 망가지게 하겠다는 의사를 내비친다. 이사야 노래

---

49. 그러나 마가는 LXX의 προλήνιον 대신 ὑπολήνιον를 "포도주를 짜는 틀"(pit for the
   wine press)로 사용한다.

의 마지막 절(5:7)은 이 이미지의 의미에 대한 모호함을 전혀 남겨두지 않는다.[50]

> 만군의 주의 포도원은
>
> 이스라엘의 집이며
>
> 유다의 백성은
>
> 그분이 기뻐하시는 나무이다.
>
> 그분은 그들에게 정의를 기대하셨으나
>
> 도리어 살육이었고
>
> 공의를 기대하셨으나
>
> 보라, 부르짖음이 들린다.

그러나 예수의 말씀에서 포도원 이미지는 전혀 다른 용도로 변화된다. 우리는 여전히 포도원을 이스라엘이라고 이해할 수 있지만 문제는 거기에 있지 않다. 문제는 포도원이 포도를 더 이상 생산하지 못한다는 데에 있는 것이 아니라, 소출을 정당하게 포도원 주인에게 돌려주기를 거부한 파렴치한 농부들에 의해 관리됐다는 데 있다. 실제로 이들은 주인의 사신들에게 반복적으로 폭력을 행사했다(막 12:2-5).

이 모든 의미는 예수에 대해 마음이 완고한 대적들에게조차도 완전히

---

50. 여담이지만 이 예는 예수가 자신의 비유 해석을 제공하는 것이 불가능하다거나 심지어 특이한 경우가 아니었음을 보여준다. 현대 비평가들은 일반적으로 씨 뿌리는 자의 비유 해석(막 4:13-20) 같은 본문을 후대에 부차적으로 첨가된 전통으로 간주하는 경향이 있다. 그러나 사 5:7은 표상적 담화가 이미 이스라엘의 예언 전통에서 명시적으로 해석되는 경우가 있었음을 분명하게 입증해준다. 이는 막 4:13-20이 진정한 예수 전통(dominical tradition)이라는 것을 **증명해주지는** 않지만, (적어도) 진정성에 반박하는 일부 주장을 약화시켜준다.

명료하다. 이 비유는 성전 뜰에서 환전하는 자들과 상인들의 판을 뒤집어엎은 예수의 권위에 도전하는 "제사장과 서기관, 장로들"을 향한 것이었다(11:27). 이 지도자들은 이사야 노래에 대한 예수의 즉흥적인 리프(riff)가 이제 자신들을 하나님에 대한 의무—백성들을 돌보는—를 다하지 않는 악당으로 삼고 있다는 것을 즉각 알아챘다(12:12). 예수가 성전을 "강도들의 소굴"(막 11:17/렘 7:11)로 만들었다고 비판함으로써 성전이 멸망할 것이라는 예레미야의 예언을 방금 저들에게 상기시켰기에, 저들은 예수의 비유에 비추어 불순종한 제사장들과 당대의 백성들에 대한 예레미야의 더욱 날카로운 비판 역시 기억할 수 있었을 것이다.

> 너희 조상이 애굽 땅에서 나온 날부터 오늘에 이르기까지, 내가 끊임없이 내 모든 종들, 곧 예언자들을 그들에게 보내고, 날마다 보냈다. 그런데 그들은 내 말을 듣거나 귀를 기울이지 않았으며, 목을 뻣뻣하게 했다. 그들은 자신들의 조상보다 더 악을 행했다. (렘 7:25-26)[51]

예수의 비유에서 포도원 주인이 보낸 "많은" 종들은 예레미야의 심판 신탁에 나타난 "내 모든 종들, 곧 예언자들"과 일치한다. 그리하여 예수가 개작한 이야기는 하나님의 종들을 거부한 이스라엘의 오랜 역사를 비판하는 예레미야의 인도를 받으면서, 동시에 불충실한 당대 종교 권위자들을 민족의 파멸을 불러오는 흉악한 악당으로 비판하는 데 초점을 맞추고 있다. 여기에 나타나는 강조점의 전환은 놀랍다. 비난의 화살이 이사야의 노래에서처럼 전체 백성을 향하는 것이 아니라 제사장, 서기관, 장로를 향

---

51. 렘 25:4-7에 나오는 비슷한 본문은 특히 흥미롭다. 이는 예언자들이 이스라엘에게 회개를 요청하면서 저들이 "주가 너희에게 주신 땅에 남게" 될 것이라고 묘사하기 때문이다.

하기 때문이다. 지도자들이야 말로 백성들이 하나님을 거부한 것에 대해 책임이 있는 자다. 그렇기 때문에 이 비유의 절정에서는 이사야에서처럼 포도원에 심판이 내려지는 것이 아니라 **농부들에게** 심판이 선언된다: "그러면 포도원 주인이 어떻게 하겠느냐? 주인이 와서 농부들을 죽이고, 그 포도원은 다른 이들에게 줄 것이다"(막 12:9). 지도자들에게 심판이 있을 것이며 이스라엘을 돌보는 일은 새로운 농부들에게 맡겨질 것이다. 이 결과는 우리가 마가복음 다른 곳에서 본 바, 이스라엘의 심판과 회복 주제에 대해 프로그램화된(programmatic) 강조점과 전적으로 일치한다.

하지만 예수의 비유에는 독특한 요소가 하나 더 있다. 예레미야는 예언자들에 대한 거부를 오랜 기간의 과정으로 말하는 반면, 예수 이야기의 과정은 단일한 절정을 향하고 있다.

> "그에게는 아직 한 사람, 곧 **사랑하는** 아들이 있었다. 마지막으로 그를 보내면서 '그들이 내 아들은 존경하겠지'라고 말했다. 하지만 농부들은 서로 말하기를 '이 사람은 상속자이니, 자, 우리가 그를 죽여 버리면 그 유산이 우리 것이 될 것이다'라며, 그를 잡아 죽여 포도원밖에 내던졌다." (막 12:6-8)

마가복음 독자들은 내러티브의 결정적인 순간에 이미 두 차례의 언급, 즉 예수의 세례 장면과 변화산 사건에서 "사랑하는 아들"에 대한 언급을 만난 적이 있다. 양자의 경우 모두, 하늘의 음성은 예수를 "나의 아들, 사랑하는 자"(막 1:11, 9:7)로 규정했다. 따라서 "사랑하는 아들"(12:6)에 대한 마가의 언급은 불가피 그 비유에 대한 기독론적 해석을 불러일으키게 된다. 즉, (이 비유의) 사랑하는 아들은 예수 자신으로, 성령을 받은 자이자 (1:10), 권능으로 하나님 나라를 가져올 자다(9:1). 여러 차례 예언자들이 거절된 후 하나님은 포도원에 대한 권위를 되찾기 위해 마침내 예수, 사랑하는 아들을 보내셨다. 하지만 예수에게 닥칠 운명은 저가 이미 반복적으로 예언했던 바와 같이 폭력적인 것이다(막 8:31, 9:31, 10:32-34, 10:45). 말하자면, 악한 포도원 농부들 비유는 수난 내러티브를 예고하고 있다.

사랑하는 아들이 맞게 될 이상한 운명은 이스라엘의 유산에 푹 젖어 있는 독자들에게 놀라운 일이 아닐 것이다.[52] 이스라엘의 성경 이야기 안에서 사랑하는 아들은 이상하게 반복적으로, 의도된 것이든 성취된 것이든, 폭력의 희생양이 된다. 원형이 되는 사건은 이삭을 제물로 바치는 아브라함 이야기인데, 여기서 하나님은 아브라함에게 명령하신다: "네 아들, 곧 네가 사랑하는 너의 외아들 이삭을 데리고 모리아 땅으로 가서 내가 네게 말해주는 한 산 위에서 그를 번제로 바쳐라"(창 22:2). 칠십인역의 언어는 마가의 기독론적 전환을 더욱 효과적으로 예표한다: λαβὲ τὸν υἱόν σου τὸν ἀγαπητὸν ὃν ἠγάπησας τὸν Ισαακ ("네가 사랑하는 자, 아들 이삭을 취하라"). 주인(하나님)이 사랑하는 아들을 위험한 곳에 보내는 예수의 이야기는 이스라엘의 더욱 오래된 이야기와 공명한다.

창세기 22장이 섬뜩하게 보이기는 하지만 유대 해석가들은 오랫동안 이것을 구원 이야기로 이해해왔다. 즉, 아브라함의 복종과 이삭의 순종이 민족을 위한 구원이 된다는 것이다. 아브라함의 신실한 순복을 아신 하나님은 마지막 순간에 천사를 보내셔서 아브라함의 손을 멈추게 하셨다. 그럼에도 구원론적으로 말하자면 하나님은 마치 희생 제물이 바쳐진 것처럼 간주하셨다. 결과적으로, '아케다'(Akedah) 전승, 곧 이삭을 "결박"한 사건은 이스라엘이 장차 하나님의 자비를 확신할 수 있는 토대가 된다.[53] 마

52. Jon D. Levenson, *The Death and Resurrection of the Beloved Son: The Transformation of Child Sacrifice in Judaism and Christianity* (New Haven: Yale University Press, 1993).
53. Shalom Spiegel, *The Last Trial: On the Legends and Lore of the Command to Abraham to Offer Isaac as a Sacrifice: The Akedah* (trans. J. Goldin; New York: Pantheon,

가는 "사랑하는 아들"이라는 형용 어구를 사용함으로써 이삭의 희생 제물 이야기가 예수의 비유 저변에서 반향되게 하였고, 이는 포도원 주인의 아들의 죽음이 반드시 이야기의 암울한 결말을 의미하지는 않는다는—죽음이 반드시 최종 결말은 아니라는—사실을 이야기해준다.

마찬가지로 중요하게도 요셉 이야기 역시 이 비유와 관련하여 대위법적으로 반향된다. 악한 포도원 농부는 "자, 이제 그를 죽이자(δεῦτε ἀποκτεί- νωμεν αὐτόν). 그러면 그 유산이 우리 것이 될 것이다"(막 12:7)라고 말하면서 요셉을 시기해서 제거하려고 음모를 꾸민 요셉의 형들의 말을 정확하게 반복한다(창 37:20 LXX). "자, 이제 그를 죽이자"라는 구체적인 표현은 구약성서 다른 곳에서는 나타나지 않는다. 스치듯 지나가는 이 반향을 인지한 독자는 요셉이 형제들에 의해 구덩이에 던져졌으나 나중에는 애굽 전역을 통치하고 기근의 때에 가족들을 구하게 되는 사건을 상기할 것이다. 요셉의 이 표상적인 "부활" 역시 예수의 운명을 전조한다.[54] 이러한 이유로 악한 포도원 농부들 비유는 마가복음 12:9에 나타나는 심판의 위협으로 끝나지 않는다. 대신에 이 비유는 계속되어—마가복음 이야기 맥락에서—십자가에서 죽은 하나님 아들의 부활과 신원을 가리키는 시편 118편의 축전(celebratory) 인용으로 끝난다.

1967). Also, Nils Alstrup Dahl, "Promise and Fulfillment," in *Studies in Paul: Theology for the Early Christian Mission* (Minneapolis: Augsburg, 1977), 131; Donald Juel, *Messianic Exegesis: Christological Interpretation of the Old Testament in Early Christianity* (Philadelphia: Fortress, 1988), 12-13, 80-87.

54. Gary A. Anderson, "Joseph and the Passion of Our Lord," in Davis and Hays, *Art of Reading Scripture*, 198-215. 요셉의 형들과 저들이 죽이려고 했던 요셉의 관계가 회복된 것이 악한 소작인, 이스라엘의 눈먼 지도자들의 궁극적인 운명을 전조할 수 있을지 하는 질문은 흥미롭다.

> 건축자들의 버린 돌이
>
> 모퉁이 머릿돌이 됐다.
>
> 이것은 주가 행하신 일이며,
>
> 우리 눈에 놀라운 일이다. (막 12:10-11; 시 118:22-23을 인용함)[55]

부활을 염두에 두지 않는다면 이는 비유에서 이해할 수 없는 결론이 된다. 실제로 마가복음 12:10-11은 비유에 조화되지 않는, 부차적인 첨가물로 간주되곤 한다. 그러나 요셉 이야기에 대한 반향은 은연중에 비유와 케리그마(kerygma: 여기서는 예수의 부활 메시지를 의미—역주) 사이를 모형론적으로 연결해낸다. 부활에 비추어 볼 때 사랑하는 아들을 죽이는 것은 인간의 거절과 하나님의 신원에 대한 더욱 큰 드라마, 곧 요셉 이야기와 시편 118편에 이미 예표된 드라마의 일부가 된다. 그러므로 악한 소작인들의 비유는 하나님의 구원 행위에 대한 마가의 더욱 큰 이야기를 알레고리적으로(allegorical) 재현한 것이다. 동시에 이 비유는 독자에게 예수의 정체를 이해하게 해주는 단서를 제공한다.

그러면 마가는 이스라엘의 이야기를 재진술하기 위해 구약을 어떻게 사용하는가? 이스라엘 성경 이야기의 연속편(continuation: 마가의 이야기를 가리킴—역주)은 복잡하다. 이스라엘은 오랫동안 억압된 포로의 상태에 있었지만 마가는 예언서, 특히 이사야서를 가져다가 하나님이 갈망하시던 이스라엘의 구원이 마침내 이르렀음을 선포한다. 세례 요한과 예수가 선포한 하나님 나라의 도래는 묵시적 사건으로서 이사야의 새 출애굽 비전—

---

55. 시편 118편의 다른 기독론적 사용에 대해서는, 행 4:11; 엡 2:20; 벧전 2:7을 보라. 또한 J. Ross Wagner, "Psalm 118 in Luke-Acts: Tracing a Narrative Thread," in *Early Christian Interpretation of the Scriptures of Israel* (ed. Craig A. Evans and James A. Sanders; JSNTSup 148; Sheffield: Sheffield Academic, 1997), 154-78을 보라.

하나님이 사막에 길을 내셔서 능력으로 백성들을 시온으로 돌아오게 인도하시는—의 성취다. 이 강력한 신적 임재는 이스라엘의 죄와 우상 숭배에 대한 심판뿐 아니라 하나님의 공의롭고 자비로운 질서의 회복도 수반한다. 제사장이나 서기관과 같은 이스라엘의 지도자들은 예수의 하나님 나라 선포와 새로운 율법 해석(revision of the law)을 거부하였기에 회복될 이스라엘과는 반대로 우둔해지고 눈 멀게 됐다. 그리하여 저들은 예수를 대적하면서 하나님의 심판 그늘 아래서 행동한다. 이들이 "사랑받는 자" 예수를 반대한 것은 결국 이스라엘 이야기의 절정, 곧 예수의 십자가형으로 이어지게 된다. 하지만 마가는 시편 118:22-23을 인용함으로써 이 이야기가 결코 폭력과 죽음, 허무로 끝나는 것이 아님을 암시한다. 포도원은 다른 사람들의 손에 맡겨져 언젠가는 풍요롭게 될 것이며 정당한 주인을 위해 다시 열매를 산출하게 될 것이다.

§3. 십자가에 달리신 메시아, 예수

이스라엘의 이야기에 관한 마가의 연속편을 살펴보면서 우리는 이야기를 이끄는 중심인물인 예수에 반복적으로 초점을 맞추게 된다는 사실을 확인했다. 예수는 하나님 나라의 도래를 선언하셨고, 심판과 회복의 표징을 나타내 보이셨으며, 하나님에 대한 이스라엘의 저항을 정면으로 받으신 분이다. 이는 놀라운 발견이 아니다. 마가복음의 첫 문장부터 "예수 메시아, 하나님의 아들"(막 1:1)의 정체성과 행동을 지속적으로 강조하고 있으니 말이다. 지금까지 우리는 주로 이스라엘의 이야기를 변형시키는 예수의 도구적인 역할에 주목해왔다. 이제는 내러티브 안에 있는 예수 자신의 특징에 관심을 두려 한다. 마가의 성경 인용과 인유는 이스라엘 이야기의 절정에 서 있는 이 위엄서린 인물의 정체를 조명하는 데 어떠한 역할을 하는가?

마가 이야기의 중심부에서 예수는 제자들에게 결정적인 질문을 한다: "그러면 너희는 나를 누구라고 하느냐?"(막 8:29). 어떤 이들은 세례 요한이 되살아났다고 하거나, 하나님의 승리의 선구자로 기다리던 엘리야가 돌아왔다고 하거나, 하나님이 계속해서 보내고 계신 선지자들 중 하나라고 이야기했다(8:28). 마가에게 있어서 이러한 대답들은 불충분하고도 잘못된 것이다. 예수의 질문은 마가복음 전반부를 통해 제자들이 목격한 경이로움에 대한 적절한 대답을 확실하게 이끌어내려는 것이었다. "당신은 메시아십니다"라는 베드로의 대답은 분명히 옳다. 이는 마가가 이야기를 시작하면서 예수를 '크리스또스'(Christos: '메시아'의 그리스어—역주)라고 칭하는 것과 일치하기 때문이다(1:1).[1] 하지만 예수는 갑자기 제자들에게 자신에 대해 아무에게도 말하지 말라고 명하셨다.

이 이상한 침묵 명령은 빌리암 브레데(William Wrede)의 이론, 곧 마가복음에 나타난 "메시아 비밀" 이론의 기초가 됐다. 브레데의 가설에 따르면, 역사적 예수는 메시아라고 주장한 바가 없으며 오직 후대의 교회에 의해 메시아로 고백됐을 뿐이다. 따라서 마가는 예수를 메시아로 고백하는 교회의 케리그마와 팔레스타인의 비메시아적(nonmessianic) 예수-전승 본문 사이에 존재하는 당황스러운 간극에 직면했다. 마가는 이 문제를 변증적인 구조, 곧 메시아 비밀을 직조함으로써 해결했다. 즉, 예수는 당시 고의적으로 자신의 메시아 정체를 숨기고, 생애 동안 제자들로 하여금 비밀을 지키도록 요구했다.[2] 다양한 이유들로 인해 이 이론은 브레데가 제안했던 형식으로 수용될 수 없다—특히, 예수가 제자들에게 알리지 말라고 하신 것은 마가복음 8:30을 제외하고 대부분 "메시아" 칭호나 메시아에 대한

---

1. 이해할 수는 없지만, Horsley (*Hearing the Whole Story*, 250)는 1:1이 복음서의 원문의 일부가 아니며 "후대 필사본 전통에 추가된 것"이라고 제안했다. 이 추측을 지지해주는 본문 증거(textual evidence)는 없다. 1:1에서 확인되는 유일한 불확실성은 "하나님의 아들"이라는 어구다. Ἰησοῦ Χριστοῦ ("예수 그리스도")라는 어구는 현존하는 모든 그리스어 마가복음 사본에 나타난다.

2. Wilhelm Wrede, *Das Messiasgeheimnis in Den Evangelien* (Göttingen: Vandenhoeck & Ruprecht, 1901); William Wrede, The Messianic Secret (trans. J. C. G. Greig; Cambridge: J. Clarke, 1971) [= 『윌리엄 브레데의 메시야의 비밀』, 한들출판사, 2018].

기대와는 아무 관련이 없기 때문이다.[3] 그렇지만 브레데가 마가복음에 나타난 주요한 모티프, 곧 비밀에 싸여 파악하기 어려운 예수의 진정한 정체에 관심을 가진 것은 옳다. 만일 우리가 예수의 특징을 나타내기 위한 마가의 구약 사용에 세심하게 주의를 기울인다면 우리는 이 난제를 해결하기 위한 브레데의 제안 이외의 이유들을 발견하게 될 것이다.

마가가 예수의 정체를 정의하기 위해 이스라엘의 성경을 사용하는 방식을 탐구해보면 네 가지 주제가 가장 두드러지게 나타난다: (1) 다윗 자손의 왕 예수, (2) 인자(사람의 아들) 예수, (3) 이스라엘의 하나님 예수, (4) 십자가에 달린 메시아 예수.[4] 이 네 가지 이미지 중 세 가지는 마가의 기독론의 핵심 요소로 널리 인정되어 왔다. 그러나 마가가 실제로 인간 예수를 **이스라엘 하나님의 체화된 존재**로 묘사한다는 제안은 거의 고려되지 않았다. 실제로 이러한 제안은 오늘날에 이상하고도 당황스럽게 들릴 것이다. 처음 그러한 주장에 직면했던 1세기의 청중들이 그랬을 것처럼 말이다. 나는 이어지는 지면에서, 마가가 전하는 이러한 차원의 메시지에 대한 부주의는, 대부분의 경우, 간접적인 방식을 존중하며 예수의 신적 정체를 암

---

3. Marcus, *Mark 1–16*, 525-27을 보라.
4. 분명히, 다른 이미지들이 사용됐지만 이 네 주제가 마가복음에서 가장 큰 역할을 한다. Richard Horsley는 모세와 엘리야 전통이 "지도자들에 대항하여 이스라엘의 개혁(renewal)을 선도하는 인기 있는 예언자[들]"로 이해되며, 마가의 예수 이야기 이해와 관련한 일차적인 "예언자 본문"(prophetic scripts)을 제공한다고 주장한다 (*Hearing the Whole Story*, 231-53; 인용은 235). 마가복음에는 예수를 분명 모세/엘리야와 모형론적으로 연결 짓는 몇몇 본문이 포함되어 있다. 모세의 경우, 막 6:30-44, 9:38-41, 엘리야의 경우, 막 5:21-43, 6:15을 보라. 이 두 인물은 모두 변화산 사건(9:2-8)에 예수와 함께 등장한다. 모세 모형론이 마가 기독론의 중요하면서도 부차적인 모티프(마태가 나중에 더 완전하게 발전시킬 모티프)이기는 하지만 Horsely는 예수와 엘리야 사이의 동일시가 실수라든지 적어도 부적절하다는 마가의 명시적인 지시를 충분하게 고려하지 않았다(막 6:14-16, 8:27-30). 마가에게 있어서 엘리야는 예수의 오실 길을 준비하는 세례 요한이다(막 9:9-13).

시하는 구약 반향을, 미묘하고도 신비하게 사용하는 마가의 방식을 듣지 못한 결과라고 주장하려 한다. 더 나아가, 위에서 구분한 네 가지 기독론적 모티프가 이전 전승들의 통합되지 않은 잔재로서 내러티브 안에 각기 따로 매달려 있는 것이 아니라고 주장할 것이다. 마가는 이 모티프들을 하나로 엮어내어 놀라우면서도 밀접히 결합된 예수 인물 묘사를 제시한다. 네 가지 중 어떤 하나를 분리시켜 낸다면 이는 마가의 복음 메시지를 잘못 해석한 결과다. 네 이미지는 중심인물에 대한 마가 내러티브 표현의 (다양한) 측면들로서 함께 읽혀야만 한다.

예를 들어—가장 쉬운 예를 들자면—예수를 다윗 자손의 왕-메시아로 해석할 때 이 귀속의 근거를 십자가 죽음과의 변증법적 관계 안에서 이해하지 않는다면 심각하게 오도하게 된다. 우리가 네 가지 이미지들을 각기 차례대로 다루겠지만 이미지들을 분리하여 읽는 것은 합창 리허설에서 개개의 성부를 각기 부르는 것과 마찬가지다. 음악 작품의 효과는 오직 모든 성부가 함께 들릴 때에만 인지될 수 있다. 함께 모아 듣는 인지적 행위는 마가의 기독론적 내레이션을 다루는 이 지면(§3. 십자가에 달리신 메시아, 예수—역주)의 결론에서 시도될 것이다.

다윗 자손의 왕, 예수

표제와 세례 이야기에 나타난 왕에 관한 인유들

예수의 정체를 언급하는 마가복음 첫 문장을 읽은 독자들은 다윗 유산의 상속자, 예수에 대한 설명을 기대하게 된다: "하나님의 아들, 예수 그리스도의 복음의 시작이다." 여기에서 "그리스도"(Χριστός)라는 용어는 고유명사가 아니라 직분을 가리키는 말로서, "기름 부음을 받은 자"를 의미한다. 마가복음에는 이 용어가 여섯 차례 나타나며, 이 중 5회는 분명 "[그] 메시아"(the Messiah; 막 8:29, 12:35, 13:21, 15:32, 15:32)라는 칭호로 이해된다.[5] 이 칭호의 왕적 의미는 특히 15:32에서 행인들의 조롱을 통해 나타난다: "메시아, 이스라엘의 왕(ὁ Χριστός ὁ βασιλεὺς Ἰσραὴλ)이여, 지금 십자가에서 내려 와 보라." 다윗계 통치자에 대한 명칭으로 '크리스또스'를 사용하는 것은 기독교가 만들어낸 혁신이 아니다. 예컨대, 시편 18:50(17:51 LXX)은 이렇게 이야기한다.

> 주가 **자신의 왕**에게 위대한 승리를 주시며,
>
> **자신의 기름 부음 받은 자**에게(τῷ Χριστῷ αὐτοῦ) 인애를 베푸시니,
>
> 다윗과 그의 후손에게 영원히 베푸신다.

이 구절의 동의어 평행법은 '크리스또스'가—적어도 이 구절에서—다 윗계 왕을 가리키는 형용어라는 것을 보여준다.[6] 다윗 왕조의 몰락 후 이 러한 본문들은 이스라엘 왕국을 회복할 기름 부음 받은 왕의 오심을 예표 하는 것으로서 종말론적으로 읽히게 됐다.[7] 다윗 왕에게 고하는 나단 선

---

5. 또 다른 경우는 막 9:41인데, 여기서 칭호의 해석은 가능하지만 분명하지는 않다.
6. LXX 시편에서 '크리스또스'(Christos)를 왕적 의미로 사용한 다른 예로, 시 2:2; 19:7; 83:10; 88:39, 52; 131:10, 17을 보라. 시 89편과 132편(LXX: 88편과 131편)은 특히 중요하다. 거기서 '크리스또스' 칭호가 영원한 다윗 계보에 대한 약속이 반복 되는 문맥에서 왕에게 적용되기 때문이다. 또한 고대되던 다윗계 통치자가 솔로 몬의 시편 17:32; 18:1, 3, 5에서 '크리스또스'로 명칭되고 있는 것도 중요하다(John J. Collins, *The Scepter and the Star: The Messiahs of the Dead Sea Scrolls and Other Ancient Literature* [ABRL; New York: Doubleday, 1995], 53–56).
7. 특정 시편에 나타나는 칭호는 이들 중 일부가 제2성전기에 종말론적 용어로 읽혔 음을 시사한다. Brevard S. Childs, "Psalm Titles and Midrashic Exegesis," JSemS 16 (1971): 137–50; Martin Rösel, "Die Psalmüberschriften des Septuaginta-Psalters," in *Der Septuaginta Psalter: Sprachliche und theologische Aspekte* (ed. Erich Zenger; HBS

지자의 말에서 볼 수 있듯 그러한 왕에 대한 기대는 다윗 왕국이 영원히 설 것이라는 성서의 약속에 뿌리를 두고 있다.

> 네 날들이 다 차서 네 조상들과 함께 누울 때에, 내가 네 몸에서 나올 네 후손을 네 뒤에 세우고, 그의 왕국을 견고하게 할 것이다. 그가 내 이름을 위하여 집을 지을 것이요, 나는 그의 왕국의 보좌를 영원히 견고하게 할 것이며, 나는 그의 아버지가 되고 그는 내 아들이 될 것이다. (삼하 7:12-14a)[8]

물론 본래 내러티브 배경에서 이 예언은 솔로몬에게 적용된다. 그러나 이는 이스라엘의 포로기 경험 후에 사해문서에 속한 메시아 문헌 모음집(florilegium)에서 확인할 수 있듯 메시아 예언으로 재사용됐다.

> 그리고 "야훼가 너에게 집을 지을 것이라고 선[언하신다.] 내가 네 후손을 일으켜 그의 나라의 보좌를 영[원히] 견고하게 할 것이다. 나는 그에게 아버지가 되고 그는 내게 아들이 될 것이다." 이것은 마지막 날에 시[온에서] 율법 해석자와 함께 [일어나게 될] "다윗의 가지"(를 가리킨다). "내가 무너진 다윗의 장막을 일으킬 것이다"(암 9:11—역주)라고 기록된 것처럼 말이다. 이것은 이스라엘을 구원하기 위해 일어날 "무너진 다윗의 장막"(을 가리킨다).[9]

32; Freiburg: Herder, 2001), 125–48, here 137–39을 보라.
8.   또한 시 89:3-4, 132:11-12을 보라.
9.   4QFlor 1.10–13는 Florentino García Martínez, *The Dead Sea Scrolls Translated* (2d ed.; Leiden: Brill; Grand Rapids: Eerdmans [jointly published], 1996), 136 [= 『사해문서』, 1-4권, 나남, 2018]의 번역에 따라 인용했다. 여기서 삼하 7:12-14와 더불어 인용된 다른 본문은 암 9:11이다—흥미롭게도 이 본문은 행 15:15-17에서 핵심적인 증거 본문으로도 등장한다.

이렇게 마가복음을 시작하는 단어들은 다윗의 왕좌를 다시 세우고 모든 것을 바로 잡을 미래의 왕에 대한 그러한 기대를 자아낸다.

"하나님의 아들" 칭호가 마가복음 1:1 원문에 속한다면(이 칭호가 본래 원본에 존재했는지 여부는 사본학적 논쟁거리다—역주) 왕으로서 예수의 정체성을 강화할 것이다.[10] 시편에서 왕은 하나님의 "아들"로 칭송받는데 이는 왕의 초자연적 태생에 대한 믿음 때문이 아니다. 하나님의 아들이란 시편 2:6-8에 나타난 왕위 즉위 찬가에서와 같이 특별히 선택된 지위와 왕으로 받아주시는 하나님의 총애를 표현하는 방식이다.

> "내가 나의 왕을 나의 거룩한 산, 시온에 세웠다."
>
> 내가 주의 칙령을 말할 것이다.
>
> 그분께서 내게 말씀하셨다.
>
> **"너는 내 아들이다.**
>
> 오늘날 내가 너를 낳았다.
>
> 너는 내게 구하여라. 그리하면 내가 민족들을 네 유업으로 줄 것이니,
>
> 네 소유가 땅 끝까지 이를 것이다."

이 본문은 예수가 세례를 받을 때 하늘로부터 들려오는 음성 안에서 크게 반향되어 울려퍼진다: "너는 나의 아들, 사랑하는 자다. 내가 너를 기뻐한다"(막 1:11). 따라서 "하나님의 아들" 칭호가 마가복음 1:1의 원문에 있

---

10. 본문비평(text-critical) 문제에 대해서는 다음을 보라. Bruce M. Metzger, *A Textual Commentary on the Greek New Testament* (4th ed.; Stuttgart: Deutsche Bibelgesellschaft, 1994), 62 [= 『신약 그리스어 본문 주석』, 대한성서공회, 2016]; Bart D. Ehrman, *The Orthodox Corruption of Scripture: The Effect of Early Christological Controversies on the Text of the New Testament* (New York: Oxford University Press, 1993), 72–75; Marcus, *Mark 1–16*, 141.

든지 없든지 간에, 이어지는 세례 기사는 예수를 시편 2편에 나타나는 다윗계 왕의 "아들"과 암시적으로 연결 짓는다. 더 나아가, 마가복음 1:2-3에 나타난 이사야 40장의 중요성을 고려할 때 우리는 여기에서 이사야 42:1의 희미한 배음(overtones)을 들을 수도 있다: "내가 붙드는 나의 종, 내가 택한 사람, 내 마음이 기뻐하는 사람을 보라. 내가 내 영을 그 위에 두었으니, 그가 민족들에게 공의를 가져올 것이다."[11] 만일 마가복음 1:11의 하늘의 음성이 이 본문을 반향하고 있다면, 시편 2:7의 기름 부음 받은 다윗계 왕과 이사야 42:1의 종 사이의 의미의 융합은 마가 기독론을 이해하는 데에 중요한 역할을 하게 된다.[12] 이와 동일한 융합이 변화산 사건에서 구름으로부터 들리는 음성에 나타난다: "이는 내 사랑하는 아들이다(ὁ υἱός μου ὁ ἀγαπητός). 너희는 이 아들의 말을 들으라!"(막 9:7). 이렇게 마가는 예수에 대한 왕 칭호를 두 배로 강화한다. 세례 이야기에서 하늘의 음성은 예수를 향한 말이었고, 변화산 사건에서는 겁에 질린 제자들을 향한 말이었다.

어쨌든 마가복음이 시작되는 몇 줄 내에서 마가는 독자들에게 예수를

---

11. 막 1:11이 사 42:1을 반향한다는 세부적인 설명은 Marcus, *Way of the Lord*, 48-56, 72-75을 보라. 막 1:11이 이 본문을 가리키고 있다면 이는 마가가 히브리어 본문 전통을 앞에 놓고 있는 것(presuppose)처럼 보이는 또 다른 경우가 된다. "나는 매우 기뻐한다"(I am well pleased)는 어구는 LXX보다는 히브리어 רצתה נפשׁ (my soul delights, "나의 영혼이 기뻐한다")와 매우 밀접하게 상응하기 때문이다. 사 42:1 LXX는 προσεδέξατο αὐτὸν ἡ ψυχή μου ("나의 영혼이 그를 받아들였다")로 읽는다. 마가의 어구, ἐν σοὶ εὐδόκησα (in you I am well pleased, "네 안에서 내가 매우 기뻐한다")는 히브리어 선본(*Vorlage*)에 대한 독자적인 번역이거나 적어도 MT에 더 가까운 그리스어 역본을 반영한 것처럼 보인다.

12. 또 다른 종 본문에서 이사야서의 종은 하나님에 의해 "기름 부음을 받았다"고 일컬어지기도 한다: "주의 영이 내게 임했다. 이는 그가 내게 기름을 부으셨기 때문이다"(사 61:1). 아마도 더더욱 흥미롭게도 시 89:38-39과 89:50-51에서는 "기름 부음 받은 자"와 "종"이라는 용어가 동의어적 평행으로 사용됐다. 마가가 이 본문들을 인용하지는 않았지만 이는 메시아 이미지와 종 이미지 사이의 연결이 얼마나 쉽게 이루어질 수 있는지 보여준다.

기름 부음 받은 다윗계 왕과 관련해서 이해해야 한다는 것을 암시한다. 결과적으로 "하나님 나라가 가까이 왔다"(막 1:15)는 예수의 선포를 들을 때, 우리는 이를 다른 무엇보다도 베일에 싸인 예수의 왕위 선언으로 보게 된다. 마가복음 1:11에 나타나는 시편 2편의 반향은 예수의 세례를 왕의 기름 부음으로 몰래 전환시키고, 이어서 예수 자신의 주권을 암시적으로 주장하듯 하나님 나라에 대한 선포가 뒤따라나오게 된다. 하지만 이들 중 어느 것도 마가복음 1장에 명백하게 드러나지 않는다는 것이 마가 내러티브의 전략적 특징이다. 오직 시편 2편과 이사야 42장의 반향을 듣는 독자만이 선명하게 들리는 마가복음 서론부에 심겨진 다윗 왕의 중요성을 인지하게 될 것이다.

예수의 행위에 나타난 다윗 모형론

이어서, 마가의 두 가지 안식일 논쟁 중 첫 번째 이야기에서 예수는 제자들이 곡식 잘라 먹는 것을 허용하면서 다윗을 예로 들어 자신의 권위를 정당화하신다(막 2:23-28). 이러한 암시적인 다윗 모형론은 할라카적 논쟁(halakhic controversy: 세부적인 율법 해석에 관한 논쟁—역주)에서 예수의 주장을 지지하게 된다. 이는 예수의 지위가 사무엘상 21장에 나타나는 다윗의 지위에 병행되기 때문이다. 즉, 다윗과 같이 예수는 이스라엘에게—함께 도망하는 무리를 제외하고—아직 권위를 인정받지 못했지만 기름 부음 받은 왕이다(참조, 삼상 16:1-13).

(다윗 모형론을) 더욱 부각시켜주는 것은 마가의 기적적인 두 급식 기사 중 첫 번째 이야기다(막 6:30-44). 예수는 주린 군중들을 보시고 "그들을 불쌍히 여기셨는데, 이는 **그들이 목자 없는 양과 같았기 때문이다**"(6:34). 저자의 이러한 부연 설명은 이스라엘 성경 중 두 본문을 환용적으로(metaleptically) 상기시킨다. 첫 번째는 모세의 후계자를 세울 때 "주의 회중이 목자

없는 양 같이 되지 않도록"(민 27:17) 하나님에게 요청하는 장면이다. 하나님이 지명하신 계승자는 여호수아였다(그리스어: Ἰησοῦς, "예수"). 마가복음 6:34에서 확인할 수 있는 이 본문에 대한 반향은 모세/여호수아 모형론을 암시하면서, 예수를 모세의 계승자로 묘사한다. 이러한 읽기는 이어지는 사건, 곧 광야에서 수천 명을 먹이신 사건으로 분명하게 확증된다(막 6:35-44). 하지만 전체적으로 마가는 예수의 모습을 새로운 모세로 계속하여 그려내지는 않는다.

"목자 없는 양"에 대한 두 번째 반향의 경우는 이스라엘의 거짓 목자들에 대한 에스겔의 예언적인 기소에 나타나서 마가 특유의 기독론과 총체적으로 관련되어 있음을 드러낸다.

> 아, 자신들만 먹는 이스라엘 목자들아! 목자들이 양 떼를 먹여야 하지 않느냐? 너희가 그 기름을 먹으며, 그 털로 옷 입고 살진 양을 잡으나 너희가 양 떼는 먹이지 않는다. 너희가 그 연약한 자를 강하게 하지 않고, 병든 자를 고치지 않으며, 상한 자를 싸매 주지 않고, 쫓겨난 자를 돌아오게 하지 않으며, 잃어버린 자를 찾지 않고도 도리어 너희는 폭력과 잔혹함으로 그들을 다스렸다. 그래서 그들은 목자가 없기 때문에 흩어지고, 흩어져서 모든 들짐승의 먹이가 됐다. 내 양 떼가 모든 산과 모든 높은 언덕에서 헤매고, 내 양 떼가 온 땅에 흩어졌으나 찾거나 구하는 자가 없다. (겔 34:2b-6)

이 인유는 다윗계 왕을 목자로 세워 이스라엘의 흩어진 무리의 곤경을 해결할 것을 약속하고 있기에, 이 에스겔 신탁은 예수를 다윗계 왕으로 묘사한 마가를 이해하는 데 중요하다.

> 내가 그들을 먹이는 한 목자, 곧 나의 종 다윗을 그들 위에 세워, 그들을 먹일 것

이다. 곧, 그가 그들을 먹이는 목자가 될 것이다. 나 주는 그들의 하나님이

되고 내 종 다윗은 그들 가운데 왕이 될 것이다. 나 주의 말이다. (겔 34:23-24)

따라서 예수가 마가복음 6장에서 군중들을 먹이셨을 때, 이는 단지 출

애굽 시 모세가 만나로 백성들을 먹인 사건을 상징적으로 재현하는 것일

뿐 아니라 에스겔의 예언에 약속된 다윗 왕위의 회복을 예표하는 것이다.

"나의 종, 다윗"의 역할을 가정하자면 예수는 단지 무리를 먹이는 자일 뿐

아니라 거짓 목자들이 하지 못했던 일을 성취하는 분이시다. 곧, 예수는

병든 자를 고치며, 잃은 자를 찾으신다(참조, 겔 34:4). 이 두 모티프(출애굽과

다윗 왕위)는 서로 경쟁적 대체 관계라기보다 상호보완적 관계로 보아야 한

다. 이는 구약성경, 특히 이사야에 그려진 새 출애굽이 이스라엘에 대한

하나님의 통치권의 회복을 완성(telos)으로 삼고 있기 때문이다. 결과적으

로 마가복음 6장에 나타난 구약의 인유들은 우리로 하여금 예수를 출애

굽 모형론과 에스겔의 회복된 나라에 관한 비전을 통합하는 왕적인 인물

로 인식하게 한다.[13]

다시 한번 말하지만 이러한 연관성들은 마가복음 내러티브의 기저 텍

스트(subtext: 마가복음 인유의 출처가 되는 [구약]성서 본문—역주)를 들을 수 있는 귀

를 가진 독자들만이 인지할 수 있다. 마가의 방식은 연결을 명료하게 만

드는 것이 아니기 때문이다. 실제로, 마가 이야기는 구약성경과 연결되어

있지만 이 연결성이 (이야기 내에서) 언급되지 않기에, 예수를 메시아적 왕으

로 표상적으로 동일시하는 것은 무지한 독자들에게뿐 아니라 이야기 내

---

13. 마가가 모세와 예수 사이의 유비를 지속적으로 발전시키지는 않았지만 특히 출애

굽 동안 왕과 목자로서의 모세 개념이 제2성전과 이후 랍비 문서 가운데 발견된다

는 점은 주목할 만하다(Wayne A. Meeks, *The Prophet-King: Moses Traditions and the

Johannine Christology* [NovTSup 14; Leiden: Brill, 1967]를 보라).

인물들에게도 역시 감추어져 있다—베드로가 가이사랴 빌립보에서 고백할 때까지 말이다.

바디매오의 찬송

극적인 아이러니를 좋아하는 마가의 특징에 부합하게 다윗계 상속자로서 예수의 정체를 가장 명확하게 알고 발설했던 것은 바로 눈먼 사람이었다. 제자도에 관한 마가복음의 핵심 부분 결론에서 예수의 예루살렘 여정 중 발생하는 마지막 삽화는 눈먼 거지인 바디매오와의 만남이다(막 10:46-52). 바디매오는 예수가 오신다는 소식을 듣고 "다윗의 자손, 예수여, 내게 자비를 베푸소서!"라고 외치기 시작했다. 사람들은 잠잠하게 하려고 애썼지만, 바디매오는 더욱 큰 소리로, 반복적으로 다윗의 자손인 예수를 찬송했다. 이러한 반복의 내러티브적 효과는 독자로 하여금 바디매오를 향한 동정심을 불러일으키고 예수를 부르는 방식의 정당성을 입증하게 하면서 바디매오를 막는 군중들을 등지게 하는 데 있다. 예수는 바디매오를 선택하여 치유하시고,[14] 그의 믿음을 칭찬하심으로 이 효과를 강화했다. 이 기록의 마지막 문장은 상징적인 의미로 가득 차 있다: "즉시로, 그가 보게 되어 예수를 길에서 따랐다"(10:52). 마가복음의 중심적인 제자도

---

14. Dennis C. Duling ("Solomon, Exorcism, and the Son of David," *HTR* 68 [1975]: 235-52)와 Bruce D. Chilton ("Jesus Ben David: Reflection on the Davidssohnfrage," *JSNT* 14 [1982]: 88-112)은 "다윗의 자손" 언어가 마가복음에서 메시아적인 것이 아니라, 몇몇 전승에서 치유자와 축귀자와 동일시되는 솔로몬과 예수 사이를 연결 짓는다고 주장했다. 하지만 이 언어의 메시아적 요소는 특히 더욱 넓은 맥락을 고려할 때 부정하기 어렵다(특히 Marcus, *Way of the Lord*, 151-52을 보라). 솔로몬에 관한 전승의 요소들이 여기에서 작동하고 있더라도, 이것들은 칭호에서 상기되는 메시아적 배음(overtones)과 대립하지 않는다(그래서 Stephen P. Ahearne-Kroll, *The Psalms of Lament in Mark's Passion: Jesus' Davidic Suffering* [SNTSMS 142; Cambridge: Cambridge University Press, 2007], 138-44을 보라).

부분은 눈먼 자를 고치는 이야기로 둘러싸여 있다(8:22-26, 10:46-52). 첫 번째 이야기는 치유 과정이 부분적이고 점진적인데 이는 예수의 정체와 사역에 대한 제자들의 머뭇거리는 이해와 표상적으로 맞닿아 있는 반면, 두 번째 본문의 치유 과정은 즉각적이고 완전한데 이는 제자도에 대한 예수의 가르침의 완성을 의미한다. 바디매오는 **길에서 예수를 따름으로써** 부자 청년이 근심했던 바(10:21-22)를 행하는 제자의 전형이 된다. 이전에는 눈먼 자였지만 이제는 진정으로 보고, 이에 따라 행동하며 길에서 예수를 따랐다.

하지만 아직 풀리지 않은 질문이 우리를 성가시게 한다. 즉, 바디매오가 예수를 "다윗의 자손"으로 알았던 것은 눈이 먼 것을 표하는 것인가? 아니면 예수가 칭찬한 믿음에 대한 통찰 있는 표현인가? 이 칭호는 예수의 제자가 사용하기에 적합한 것인가? "다윗의 자손"이라는 칭호가 옳지 않다든지 적절하지 않아서 실제로 예수가 마가복음 12:35-37에서 거부하신 것은 아닐까?[15] 마가복음 12장은 자체적으로 세심하게 들여다볼 필요가 있지만, 10장 끝에는 바디매오의 찬송이 틀렸다는 언급이 나타나지 않는다. 바디매오가 부른 예수의 호칭은 마가의 패턴에 자연스럽게 맞아떨어진다. 곧, 마가복음에서 주변부에 있는 외부인들은 예수를 올바르게 인식하고 믿음으로 반응한다는 것이다. 우리는 이미 한센병 환자(1:40-44), 유출병을 앓는 여인(5:25-34), 수로보니게 여인(7:24-30), 더러운 영을 가진 소년의 아버지(9:14-29), 예수의 축복을 받기 위해 어린 아이들을 데려온 사람

---

15. Paul J. Achtemeier, *Mark* (Proclamation Commentaries; Philadelphia: Fortress, 1986), 56–58; Rudolf Bultmann, *The History of the Synoptic Tradition* (trans. John Marsh; rev. ed.; New York: Harper & Row, 1968), 136–37 [= 『공관복음 전승사』, 대한기독교서회, 1970]; Horsley, *Hearing the Whole Story*, 20.

들(10:13-16) 이야기에서 비슷한 패턴을 목격했다.[16] 이렇게 이어지는 사건
(series)의 절정—마가복음 내러티브 안에서 장차 일어나게 될 절정의 사
건—은 십자가 아래 있었던 백부장의 고백이다(15:39). 이 중 어떤 경우에도
마가는 예수에 대한 외부인들의 인식을 교정해야 한다고 암시한 적이 없
다. 오히려 각각의 경우에 외부인들의 대담한 말과 행동은 이야기에서
"내부" 인물들의 관점을 교정하는 역할을 한다. 마가는 독자들에게 외부
인들이 하는 말을 존중하도록 가르친다. 그리하여 제자들이 예수에 대해
끊임없이 어리석게 오해(예, 막 10:35-45)한 이후에, 바디매오가 예수를 가리
켜 '다윗의 아들'이라고 외친 것에 우리는 귀를 기울일 필요가 있다.

예수의 승리에 찬 예루살렘 입성

여기에 바로 뒤따라 나오는 이야기는 예수의 예루살렘 입성 과정으로
(막 11:1-11) 바디매오가 예수를 다윗 자손의 왕으로 인지했던 것을 극적으로
강화시켜준다. 나귀를 타고 예루살렘에 들어가려는 계획을 실행함으로
예수는 은연중에 스가랴 9:9의 메시아 예언을 불러일으키신다.

> 시온의 딸아, 크게 기뻐하라.
> 예루살렘의 딸아, 크게 외쳐라.
> 자, 너의 왕이 너에게로 오시나니,
> 그분은 의기양양하시며 승리를 거두신 분이다.
> 그분은 겸손하셔서 나귀를 타실 것이니,
> 나귀 새끼인 어린 나귀다.

---

16. 이 축귀 기사에 유사하지만 구별되는 모티프가 나온다. 거기서 귀신은 예수를 올바
르게 알아본다(막 1:21-28, 3:10-11, 5:1-20).

　　예수는 갈릴리에서부터 계속 걸어오셨고 예루살렘에서 언덕 너머로 단 2마일(약 3.2킬로미터—편주) 떨어진 베다니에 도착하셨을 때 비로소 어린 나귀를 타려 하셨다. 따라서 이러한 방식으로 예루살렘에 들어가려는 것은 분명 연출된 상징적 제스처다. 하지만 스가랴 본문을 인용한 마태복음과는 달리 마가는 이 제스처에 대한 명백한 해석을 제공하지 않았기에, 보는 눈을 가진 사람만이 이해할 수 있을 것이다. 저들은 스가랴 9장을 회상하면서 나귀에 타고 예루살렘에 들어가는 이 인물이 "에브라임의 병거와 예루살렘의 전쟁하는 말을 끊"고 "열방에 평화를 전"하는 분이라는 것을 알아챌 것이다(슥 9:10).

　　예수의 상징적 제스처는 이야기가 전개되면서 사라지지 않고, 시편 118:25-26에 근거한 찬가를 부르는 "그를 따르는 무리"—우리가 추정하는 바, 바디매오 역시 포함하여—에게 여전히 남아 있다.

> 호산나!
> 주의 이름으로 오는 자는 복이 있다!
> **다가올 우리 조상 다윗의 나라는 복이 있도다!**
> 지극히 높은 곳에서 호산나! (막 11:9-10)

　　"다가올 우리 조상 다윗의 나라는 복이 있도다!"라는 문장은 시편 118편에는 나타나지 않지만 예수의 예루살렘 입성 시 상연되는 드라마를 해석하고 있다. 예수는 (아직은) 왕이라고 명시적으로 불리지는 않지만 현재 예루살렘을 통치하고 있는 권세들에 도전하는 종말론적 소망인 다윗의 "다가올 나라"를 선포하는 자로 칭송받고 있다. 최소한, 군중들의 노래는 단지 더 큰 축하 행사의 일부분일 뿐이며[17] 예수에 대한 특별한 찬송이 아니라 "주의 이름으로 오는 자"라는 시구는 예루살렘에 오는 그 어떤 순례자에게도 적용될 수 있었다.[18] 하지만 이러한 읽기는 군중들이 지위를 인정하는 행동, 곧 예수의 길 앞에 겉옷과 종려나무 가지를 폈다는 마가 이야기의 세부적인 양상(막 11:8)을 설명하지 못한다. 그럼에도 마가는 이 사건에 대해 여전히 묵묵부답이기에 독자는 이 내러티브 저변에 깔려 있는 구약 본문에 귀 기울여야 한다. 단서는 더욱 분명해졌지만 들을 귀를 가진 독자들도 군중들의 노래의 의미를 다소 놓칠 가능성이 여전히 남아 있다. 예수의 왕위는 선포되기보다는 어렴풋하게 그려진다.

다윗의 자손에 대한 예수의 수수께끼

마가복음에서 예수의 정체를 다윗계 왕으로서 가리키고 있는 많은 본문들에 비추어 볼 때, 12:35-37에서 메시아(Christos)가 다윗의 자손이라는 서기관의 견해에 분명하게 반박하고 있는 예수를 우리는 어떻게 이해할 수 있는가? 이 본문은 때로 다윗계 메시아사상(Davidic messianism)을 분명히

---

17. 이 묘사의 몇 가지 특징은 유월절보다도 초막절에 속한 것처럼 보인다. Charles W. F. Smith ("No Time for Figs," *JBL* 79 [1960]: 315-27)는 (1) "호산나" 외침, (2) 초막절 기간에 예배자들이 가져와야 하는 '룰라빔'(*lûlābim*, "종려나무")을 기억나게끔 하는 가지의 존재, (3) 완전한 것은 아니지만 초막절과 관련된 시 118편의 영향에 주목했다. 예수가 이 가을 절기에 실제로 예루살렘에 입성하셨다는 제안이 간혹 제기된다(T. W. Manson, "The Cleansing of the Temple," *BJRL* 33 [1951]: 271-82, here 276-82; Smith, "No Time for Figs"를 보라). 그것이 옳다면, 초막절과 유월절을 긴밀히 배열한 것은 마가 내러티브에서 놀라운 상징적 효과를 낳는다. 곧, 초막과 관련된 민족의 회복 주제가 애굽의 속박으로부터 이스라엘의 탈출을 기념하는 유월절과 중첩된다—그리고 이 내러티브들의 결합된 의미는 슥 9:9에서 평화로운 왕으로 입성하는 예수의 모습에 집중된다.

18. 예, Morna D. Hooker, *The Gospel according to Saint Mark* (BNTC; London: A&C Black, 1991), 256.

반박하는 데 사용된다. 예수는 지금 바디매오를 칭찬하셨던 것과 같은 칭호를 반박하고 계신 것인가? 여기에서 우리는 지금까지 배운 것처럼 마가가 독자들에게 요구하는 바를 아주 주의 깊고 미묘하게 읽어야 한다.

예수의 불가사의한 질문은 성전에서 벌어진 일련의 광범위한 논쟁 담화 결론부에 나오는데(막 11:27-12:34), 여기서 예수는 다양한 유대 지도자들, 곧 제사장들, 서기관들, 장로들(11:27-12:12), 바리새인들과 헤롯파(12:18-27), 사두개인들(12:18-27), 마지막으로 예수에게 호의적이었던 한 명의 서기관(12:28-34)과 지혜를 겨루신다. 예수는 자신에게 도전하는 이 모든 사람들을 당황하게 하고 끝내 서기관의 승복을 이끌어낸다. 곧, 그는 예수의 가르침을 토라의 진정한 해석으로 인정했다. 이 순환적인 자료의 결론에 이르러 마가는 우리에게 이렇게 말해준다: "그 후에 아무도 감히 예수께 더 물을 수 없었다"(12:34). 마가복음 12:35-37에 있는 예수의 질문은 새로운 내러티브를 시작하는데, 여기에서는 예수가 질문자가 되신다.

> 예수가 성전에서 가르치실 때에, 말씀하셨다. "어떻게 서기관들은 그리스도가 다윗의 자손이라고 말할 수 있느냐? 다윗 자신이 성령으로 다음과 같이 이야기했다. '주가 나의 주에게 말씀하셨다. "내가 네 원수들을 네 발 아래에 놓을 때까지 너는 내 오른쪽에 앉아 있어라."' 다윗 자신이 그를 주라고 불렀다면, 그가 어떻게 다윗의 자손이 되겠느냐?" 그러자 큰 무리가 그분의 말씀을 즐겁게 들었다.

가장 먼저 인식해야 할 것은 이 단락이 (질문에 대한) 전적인 부정이 아니라 수수께끼의 형태를 가지고 있다는 것이다. 예수는 시편 110:1을 인용하여 질문하신 후 다음 질문을 던지셨다. 두 번째 질문을 문자 그대로 번역하자면, "어디로부터(πόθεν) 그가 **그의** 자손[이라고 하는가]?"이다. 일반적이지 않은 그리스어 어순(πόθεν αὐτοῦ ἐστιν υἱός)은 소유대명사를 강조한다. 마태와 누가는 질문이 어색하다고 느끼고서 마가의 '뽀텐'(πόθεν, "어디로부터")을 '뽀스'(πῶς, "어떻게", 마 22:45; 눅 20:44)로 고쳤다. 마가복음에 나타난 이 질문은 메시아가 다윗의 자손임을 증명해주는 다른 본문을 요구하는 것으로 이해될 수 있다. 그러나 이 같은 질문은 서기관들에게 당황스러운 것이 아니었다. 이들은 많은 증거들에 쉽게 접근할 수 있었기 때문이다.[19] 예수의 질문은 오히려 시편 110:1 자체의 논리에 대한 도전으로 이해하는 것이 좋다: "이 본문 어디에서 너희는 메시아가 다윗의 자손이라는 생각을 할 수 있느냐? 본문은 메시아가 다윗의 주라고 하고 있지 않느냐?"

가이사에게 세금 바치는 문제로 바리새인들과 헤롯파를 당황하게 하셨을 때와 마찬가지로(막 12:13-17)―권력자를 꼬집는 일은 청중 입장에서 언제나 즐거움의 원천이다―여기서도 예수가 서기관들보다 우위에 있다는 것을 본 군중들은 그를 인정했다. 다윗과 메시아 사이의 직계 관계를 부정하는 데 군중들이 특별히 기쁨을 느꼈을 이유는 없다. 그보다도 저들은 성경 전문가들을 능가하는 예수의 탁월함을 음미하고 있었다. 예수는 전통적인 서기관의 가르침을 문제 삼는 매우 인상적인 본문을 하나 떠올리셨다.

하지만 예수의 질문 또한 수수께끼와 같다. 예수가 염두에 둔 것은 메시아가 다윗의 자손임을 무턱대고 부정하는 것이 아닐 것이다. 해결책은 오히려 처음부터 난제를 만든 범주들을 재고하는 데 있을 수 있다. 마가는 독자에게 메시아가 단순히 다윗의 자손 그 이상이라는 것을 인식하도록 도전한다.[20] "다윗의 자손"이라는 칭호는 예루살렘을 통치하는 외세를 몰아내고 이스라엘에 대한 통치권을 수복하는 군사 지도자에 대한 민족

---

19. 참조, 위에서의 시 18:50 인용.

20. Hooker, *Gospel according to Saint Mark*, 292.

주의적 소망과 관련되곤 했다. 이 칭호를 그러한 군사적 메시아에 대한 기대로 사용하는 초기 증거는 예수 생애 이전에 쓰인 『솔로몬의 시편』에 나타난다.

> 주여, 그들을 보시고 그들 위에 왕을 세워주십시오.
> **다윗의 자손을** 세우셔서 당신의 종 이스라엘을
> 당신이 아시는 때에 다스리게 해주십시오.
> 하나님이여,
> 그에게 능력을 더하여 주셔서 불의한 통치자들을 물리쳐 주시고,
> 예루살렘을 짓밟아 멸망케 하려는 이방인들을 쫓아주십시오. …
> 유업으로 주신 땅에서 죄인들을
> 지혜롭고 의롭게 쫓아내 주시고,
> 토기장이의 그릇처럼 죄인들의 오만함을 깨뜨려주시며,
> 쇠 지팡이로 그 모든 존재를 부수어 주시고,
> 그의 입의 말씀으로 불법의 민족들을 파멸해주십시오. …
> 그는 거룩한 백성들을 모아
> 의의 길로 인도할 것이며
> 그는 주, 그들의 하나님으로 인해
> 그 족속들을 심판할 것입니다. …
> 그는 하나님의 가르침을 받아
> 그들 위에 의로운 왕이 될 것입니다.
> 그가 통치하는 날에는 백성들 가운데
> 불의가 없을 것입니다.
> **이는 그들의 왕이 주 메시아가 되고,**

모두가 거룩한 백성이 될 것이기 때문입니다. (『솔로몬의 시편』 17:21-24, 26, 32)[21]

　　이것이 "다윗의 자손"이 의미하는 바라면, 예수는 이미 제자들에게―그리고 마가복음 독자들에게―이 칭호가 자신의 사명을 묘사하는 데 적절한 것인지 의심할 만한 충분한 이유를 주셨다. 사람들의 배척과 자신의 끔찍한 죽음에 대해 거듭 예언했고(막 8:31, 9:30, 10:32-34), 자기를 따르려는 자는 타인에게 스스로를 내어주기 위해 온 자신의 모본을 따라 타인 위에 군림하는 것이 아니라 종이 되어야 한다고 가르치셨다(10:42-45). 분명 이러한 가르침은 일반적인 메시아 기대에 부합하지 않는다. 그렇지만 예수가 인용하신 시편(110편)에는 메시아의 원수에 대한 정복이 나타난다: "내가 네 원수들을 네 발 아래에 놓을 때까지." 하지만 시편 110편에 전제된 기록이 메시아의 군사적 혁명을 다루는 것은 아니다. 오히려 메시아는 하나님의 우편에 앉아 하나님이 대적들을 무찌르시기를 기다린다.

　　이러한 관찰에 비추어, 예수의 수수께끼를 더 잘 읽는 방식은 다윗 후손의 메시아를 거부하는 것이 아니라 바로 그를 **재정의**하는 것으로 보는 것이다.[22] 성령의 감동을 받아 말하고 있는 다윗(막 12:36)은 다른 종류의 메시아, 곧 하늘의 영광으로 칭송되는 면에서 자신보다 더 위대하신 분, 전쟁 무기로 싸우지 않으시지만 하나님이 변호하시고 승리를 가져다주실 것을 신뢰하는 메시아를 내다보았다. 물론 이 수수께끼에 대한 해석은 십자가와 부활에 비추어 오직 회고적으로만 이해될 수 있다. 하나님의 보좌 우편에 앉아 고통받는 메시아(Christos)라니! 제2성전기 유대교 세계의 어

21.　R. B. Wright, in James H. Charlesworth, ed., *The Old Testament Pseudepigrapha* (2 vols.; Garden City, N.Y.: Doubleday, 1983-1985), 2:667의 번역.

22.　참조, Stephen H. Smith, "The Function of the Son of David Tradition in Mark's Gospel," *NTS* 42 (1996): 523-39.

느 누구도 그런 개념을 예상할 수 없었다. 따라서 악한 포도원 농부의 비유와 같이(12:1-12) 다윗의 자손에 대한 예수의 수수께끼도 마가복음의 더욱 큰 이야기 안에서 회고적으로 읽을 때에만 뚜렷해진다.

다른 많은 사람들과 같이 이 지점에서 마가는 이스라엘 전통과의 연속성을 확인하는 동시에 혁신적인 변화를 주장한다. 예수는 바디매오가 인식했던 것처럼 그리고 '크리스또스'라는 칭호가 주장하는 것처럼 다윗의 자손인 메시아다. 하지만 '크리스또스'의 의미는 새로운 키(key)로 전조되면서 반전된다. 메시아는 새로운 군사 지도자 이상이며 왕위를 주장하는 자 그 이상이시다. 그분은 하늘에 앉아 다윗의 주로 인정될 하나님의 아들이시다. 다윗의 후손 이미지는 결국 "너무 승리에 가득 차 있으면서도 충분하게 승리를 드러내지 못한다." 이것이 승리를 충분하게 드러내지 못한 이유는 우주적·묵시적 영역에 있는 초자연적인 대적에 대한 메시아의 승리를 보여주지 못하기 때문이다. 동시에 너무 승리에 가득 차 있는 이유는 고통과 죽음을 승리의 수단으로 간주하지 않기 때문이다.[23] 그렇지만 결정적인 점은 마가 내러티브가 다윗 후손의 왕으로서 예수의 정체를 거부하지 않고, 도리어 이 불가사의한 수수께끼를 통해 독자들로 하여금 저 동일시에 내포된 더 큰 의미, 변혁적인 새 이미지를 그리도록 요구한다는 것이다.

마가복음에서 가장 명료한 왕 이미지가 수난 기사에 나타나는 것도 그런 이유에서다.[24] 예수는 "유대인의 왕"으로 채찍질을 당하고 조롱을 받

---

23. Marcus, *Way of the Lord*, 149–50.

24. Donald H. Juel, *Messiah and Temple: The Trial of Jesus in the Gospel of Mark* (SBLDS 31; Missoula, Mont.: Scholars Press, 1977), esp. 81-83, 107, 212; Frank J. Matera, *The Kingship of Jesus: Composition and Theology in Mark 15* (SBLDS 66; Chico, Calif.: Scholars Press, 1982); Marcus, *Way of the Lord*, 150.

으셨는데(막 15:16-20), 십자가에 새겨진 칭호가 이러한 예수의 정체를 보여 준다(15:26). 제사장들과 서기관들은 "메시아, 이스라엘의 왕이여, 지금 십 자가에서 내려와 우리가 보고 믿게 해보라"(15:32)라고 외치며 예수를 조 롱했다. 그렇지만 복음서 독자는 역설적으로 이 조롱이 참이라는 것을 인 지한다. 예수는 진정으로 이스라엘의 왕이시지만, 십자가에서 내려온 것 이 아니라 견딤으로써 왕위를 증명하셨다. 예수의 죽음은 왕위를 재정의 한다—하지만 왕위를 포기하는 것은 아니다. 실제로, 대제사장의 심문에 대한 놀라운 대답에서 예수는, 독자들이 복음서 첫 문장에서 알게 된 사 실과 같이, 자신이 '크리스또스'임을 확언하셨다(14:61-62). 로완 윌리엄스 (Rowan Williams)는 이렇게 썼다.

> 대제사장 앞에 계신 예수는 세상에 어떠한 영향력도 행사할 수 없다. 그는 자신이 가질 수 있었을 어떤 권세도 모두 박탈당했다. 법정 앞에서 벗겨지 고 묶인 채, 그는 세상이 어떻게 돌아가는지와 아무 관련이 없다. … 바로 지금 이 순간에 예수는 자신이 누구인지 명료하게 이야기한다. … 하나님 의 "내가 그다"(I am)라는 대답은, 인간의 힘의 흔적이 전혀 남아있지 않을 때, 인간의 권위, 심지어 인간의 자유와 전혀 관련이 없을 때, 사형 선고를 받은 포로가 말할 때, 들을 수 있는 대답이다.[25]

따라서 반복하자면 다윗 후손의 왕위 모티프는 거부된 것이 아니라 예수 이야기에 의해 변형됐다—"다윗 모형론이 구성되고 해체됐다."[26] 하 지만 모형론이 해체됐다기보다는 예수 이야기에 의해 재형성됐다고 보는

---

25. Rowan Williams, *Christ on Trial: How the Gospel Unsettles Our Judgment* (London: Fount, 2000), 6-7 [= 『심판대에 선 그리스도』, 비아, 2018].

26. Marcus, *Way of the Lord*, 137.

것이 더 정확할 것이다. 메시아의 원수가 그의 발등상이 되는 종말론적 현실(시 110:1)은 마가복음 11:27-12:34의 논쟁들에서 예수가 성전에서 취조하던 자들을 단호히 잠잠하게 만드셨을 때 이미 예기적으로 재현됐다. 사실 12:35-37 수수께끼의 의미는 이 긴 이야기의 시작부에서 성전 권위자들이 제기한 질문에 대한 예수의 진정한 대답이라는 데 있다: "네가 무슨 권세로 이것들을 행하는 것이냐? 누가 너에게 이것들을 행할 권세를 주었느냐?"(11:28). 저들의 모든 반대들을 막아낸 후 예수는 결국 종말에 하나님의 우편에 앉게 될 권세를 자신에게 주신 분이 하나님임을 암시한다. 마침내 그의 발 아래 놓이게 될 대적들은 논쟁 담화에서 무기력한 자들로 예표되고, 저들의 입은 결국 닫히게 된다.

영광스러운 인자, 예수

마가복음 12:35-37은 하나님 옆에 앉게 될 예수의 종말론적 지위를 넌지시 인유함으로써 예수가 단순히 이스라엘이 기다리고 있던 기름 부음 받은 왕이 아님을 암시한다. 곧, 예수는 그보다 더 고귀한 존재다. 이 이야기 더 앞부분(특히 9:2-8의 변화산 이야기)에 예수의 더욱 높은 지위에 대한 다양한 암시들이 있었지만, 대조적으로 예수의 분명한 자기-해석은 임박한 고난과 죽음에 반복적으로 천착되어 있었다(예, 막 8:31-9:1, 9:12, 9:30-32, 10:32-34, 10:42-45). 하지만 마가복음 12장에서 예수와 예루살렘 지도자들 사이의 상호 관계는 베일이 걷히고 시편 118:22-23(12:10-11)과 110:1(12:35-37) 인용을 통해 종말론적 영광의 일면이 드러나기 시작한다. 이 본문들에 암시된 영광은 이어지는 장들에서 마가가 예수를 영광스러운 인자(사람의 아들)의 모습과 동일시함으로 더욱더 완전히 드러난다.

고난에 대한 이전의 각각의 예언에서 예수는 자신에 대해 "인자"라는 이해하기 어려운 명칭을 사용하셨다. 이 칭호의 유래에 대해서는 끝없는 논쟁이 있어 왔다.[27] 이 명칭을 예수가 실제로 자신에 대해 사용한 것인가? 그렇다면 그 의미는 무엇인가? 여기에서 이 논쟁을 다루려는 것은 불가능할 뿐더러 불필요하기도 하다. 우리의 관심은 이 칭호의 출처 문제가 아니라 마가복음 내에서 저 칭호의 의미에 관한 것이기 때문이다. 이 문맥에서 "인자"의 의미는 예루살렘에서 이야기가 절정에 가까워질 때에 나타나 두 본문에 의해 밝히 드러난다(막 13:24-27, 14:62). 각각의 경우에, "인자"는 다니엘 7:13-14에서 이스라엘의 종말론적 신원에 대한 상징으로 나타나는 영광스러운 인물과 연관되어 있다. 이 본문들이 마가복음 플롯에서 매우 결정적인 지점에 나타나기에 마가가 예수의 정체를 서술하기 위해 성경을 어떻게 사용하는지 이해하려는 시도는 대단히 중요하다.

다니엘서의 영광스러운 인자에 대한 첫 번째 언급은 마가복음 13장에 있는 예수의 묵시적 담화의 극적인 절정에 나타난다. 예수가 성전 파괴를 예언한 후, 베드로, 야고보, 요한, 안드레는 이러한 대재앙이 언제 일어날지, 그리고 재난의 징조는 무엇인지 묻는다(13:1-4). 예루살렘 성과 성전이 내려다보이는 감람산에 앉아서 예수는 새 시대의 "산고"에 대한 긴 설교(13:5-37)를 시작하시면서 많은 시험, 박해, 성전의 타락, 거짓 메시아와 거짓 선지자의 출현에 대해 경고하셨다. "멸망의 가증한 것"(13:14)이라는 불길한 어구는 이방 통치자들에 의해 더렵혀질 성전에 대한 다니엘의 그림

---

27. 간결하고 신중한 연구는 다음을 보라. Marcus, *Mark 1–16*, 528-32. 또한 다음을 보라. Delbert Burkett, *The Son of Man Debate: A History and Evaluation* (SNTSMS 107; Cambridge: Cambridge University Press, 1999); Simon J. Gathercole, *The Pre-existent Son: Recovering the Christologies of Matthew, Mark, and Luke* (Grand Rapids: Eerdmans, 2006), 253-71.

을 직접적으로 인유한다(단 8:11-13, 9:27, 11:31, 12:11).[28] 독자들에게 눈짓하면서
마가는 이 인유가 어떤 해설 없이 파악되기를 기대한다: "너희가 멸망의
가증한 것이 서지 못할 곳에 선 것을 보게 된다면, (읽는 자는 깨닫기를 바란다.)
그때 유대에 있는 자들은 산으로 도망해야 한다." 여기에서 "멸망의 가증
한 것"이라는 독특한 어구는 예수의 담화를 다니엘서의 묵시적 역사 묘사
에 분명하게 연결 짓고 마가복음 13:24-27에서 다니엘서의 승리한 인자가
도입되는 길을 예비한다. 다니엘의 묵시적 시나리오는 마가복음 13:19에
나타난 다니엘 12:1의 반향에 의해 더욱더 강화된다.

> 단 12:1 LXX 그날은 환난(θλῖψις)의 날이 될 것이니, 이는 나라가 처음으로 존재
> 한 이래로 그때까지 그러한 것은 없을 것이다.
> 막 13:19 그날들에 환난(θλῖψις)이 있을 것이니, 그와 같은 환난은 하나님이 창
> 조하신 세상의 시작부터 지금까지 일어난 적이 없었고 앞으로도 결코 일어
> 나지 않을 것이다.

이러한 배경에서 예수는 몇몇 예언서로부터 가져온 언어로 환난의 끝
을 예언하셨다.

> 그때, 그 환난(θλῖψις) 후에,
> 　해가 어두워지고,
> 　달이 그 빛을 내지 않으며,

---

28. 다니엘서에서 이 인유는 기원전 168년 예루살렘 성전에서 제우스를 위한 제단을
세운 안티오코스 4세 에피파네스(Antiochus IV Epiphanes)의 행동을 얇은 베일로
가린 채 가리키고 있다(마카비1서 1:54-61). 이제 마가는 이 사건을 최후의 어떤 성
전 모독에 대한 예언적 전조로 취했다.

별들이 하늘에서 떨어지고,

하늘에 있는 권세들이 흔들릴 것이다.

그때 사람들은 **인자**가 큰 권능과 권세로 **구름과 함께** 오는 것을 볼 것이다.

그때 그가 천사들을 보내어, 땅끝에서 하늘 끝까지 사방에서 그의 선택받

은 자들을 모을 것이다. (막 13:24-27)

마가복음 13:24-25(해와 달이 어두워지고 별이 떨어지는 것)에 나타난 우주적 징후는 이사야 13:10, 요엘 2:10, 3:15, 이사야 34:4(LXX)에서 유래했다.[29] 이 우주적 징조는 "주의 날"을 그리고 있는데, 이는 특별히 이사야서에서 바벨론과 이스라엘을 압제한 이방 민족에 대한 하나님의 심판과 관련이 있다. 마가의 언어는 이 본문들을 직접 인용하지 않고 반향한다. 하지만 구름과 함께 오시는 인자에 관한 언급은 다니엘 7:13-14에 대한 명백한 인유다.

밤중에 내가 환상을 보니,

인자 같은 이가(ὡς υἱὸς ἀνθρώπου)

하늘의 구름과 함께 오는 것을 보았다.

그리고 옛적부터 계신 분 앞에 인도됐다.

그에게 권세와 영광과 나라가 주어지고,

모든 백성들과 나라들과 다른 언어들을 말하는 자들이 그를 경배하니,

그의 권세는 사라지지 않는 영원한 권세이며,

그의 왕국은 결코 멸망하지 않을 왕국이다.

영역본 NRSV는 다니엘 7:13의 주요 어구를 "사람 같은 존재"라고 옮

---

29. 또한 욜 2:31; 겔 32:7-8; 암 8:9.

기면서 본래 의미를 잘 살리고 있다. 다니엘의 환상에 마지막으로 등장하는 형상은 인간의 모습을 하고 있는데, 이는 앞서 언급된 무시무시한 네 짐승, 곧 이스라엘을 다스리는 이방 제국들을 상징하는 짐승들과 대조된다. 마침내 하늘의 왕위를 갖게 될 "인자 같은 이"란 "지극히 높으신 이의 거룩한 백성"인 이스라엘을 상징한다. "저들의 왕국은 영원한 왕국이며, 모든 권세자들이 그들을 섬기며 복종하게 될 것이다"(7:27).

우리는 이 배경에 비추어 보면서 마가복음 13:26에 나타난 "인자"가 곤경으로부터 신원될 이스라엘 백성에 대한 상징으로만 해석될 수 있다고 생각할지 모른다. 그러나 이 복음서 전체에서 마가는 우리에게 인자를 개인적 인물이라고 생각할 만한 풍부한 이유들을 제시한다—실제로, 예수는 땅에서 죄를 사하는 권세를 가지고 계시며(2:10), 고통을 받고 거절당하셨고, 궁극적으로 심판하실 분이며(8:38), 우리가 살펴본 바와 같이, 하늘의 영광과 권세를 가지실 분이다(13:26). 이 모든 역할에 있어서 인자는 분명 이스라엘을 대표하는 개인이다. 그의 운명은 이스라엘의 운명을 예표하고 체화한다. 그럼에도 인자는 개인의 독특한 정체성을 가지고 있다. 마가복음 13:27이 가리키고 있는 것처럼 인자는 단순히 선택받은 자들을 **상징하는 것이 아니다.** 그는 선택받은 자들을 모으기 위하여 천사들을 **보내는** 고귀한 존재다.

독자가 마가의 상호텍스트적 단서를 따랐다면 13장에 나타난 묵시적 담화의 메시지는 분명할 것이다. 예수는 성전에 심판을 선언하면서(11:12-21) 돌 위에 돌 하나라도 남기지 않을 것이라고 예언하셨다(13:1-2). 성전 파괴—하나님과 이스라엘의 제의적 관계를 위한 신성한 장소의 파괴—는 하나님의 백성들이 겪게 될 일련의 종말론적 고통 중 하나인, 충격적인 사건이 될 것이다. 그럼에도 성전의 파괴는 이스라엘을 향한 하나님의 자비의 끝을 의미하지 않는다. 예수가 고난을 받고 죽임을 당하신 후에, 궁극적으로 영광과 권세를 가진 인자로 나타나 약속된 나라로 백성들을 다시 모으실 것이다. 마가복음 13:27은 신명기 30:3-4의 언약적 약속을 상기시킨다.

> 주 너의 하나님이 너를 회복시키시고 너를 긍휼히 여기실 것이며, 주 너의 하나님이 너를 흩으셨던 그 모든 민족들로부터 너를 다시 모으실 것이다. 만일 쫓겨났던 네가 세상 끝에 가 있더라도, 주 너의 하나님이 거기에서 너를 모으고, 거기에서 너를 데려오실 것이다.

따라서 예수는 고난을 견디라는 권고 중에(예, 막 13:7-13) 자신의 종말론적인 승리와 언약 백성 이스라엘의 회복을 약속하신다.

그런데 마가복음 13:26-27에 나타난 "인자"가 예수인가? 본문은 이를 명시적으로 말하지 않는다. 이 구절은 마가복음 8:38처럼 모호하다. 내러티브 문맥에서 분리해서 생각해보면 예수가 아닌 다른 미래의 인물을 가리키는 것 같다. 실제로 역사적 예수를 추적하는 어떤 학자들은 미래에 올 인자에 관한 말들(sayings)이, 예수의 본래 예언으로서, 장차 올 인물을 가리키고 있다는 가설을 세웠다.[30] 그러나 그러한 읽기는 오직 저 말들이 내러티브 문맥으로부터 인위적으로 추출되었을 때만 가능하다. 우리가 살펴본 바와 같이 마가복음은 다른 해석을 지지한다. 마가에게 있어서 "인자"라는 칭호는 전적으로 예수에게만 연결된다(2:10, 28; 8:31; 9:12, 31; 10:31, 45; 또한 14:21, 41도 보라). 하지만 이 참조점들을 명시하지 않고 약간 얼버무리는 방식은 마가의 특징적인 기술이다. 곧, 마가는 이해할 수 있는 독자들이 단서를 연결시키고 예수의 정체를 인지하도록 남겨둔다.

---

30. Bultmann, *History of the Synoptic Tradition*, 15–16, 120–25, 136–37, 150–63.

이 간접적인 방식은 마침내 대제사장, 제사장, 장로, 서기관 들의 공의
회 앞에서 예수가 심문 받는 장면의 절정에서 깨진다(막 14:53-65). 대제사
장은 예수에 대한 거짓되고 불충분한 증언과 예수의 침묵에 좌절하고 결
국엔 직설적인 질문을 던진다. "네가 메시아, 찬양받으실 분의 아들이
냐?" 그리고 결국 모든 단서들, 베일로 가리던 것들, 비밀스러운 회피 이
후에 예수는 침묵을 깨셨다: "내가 그다"(I am).[31] 이 본문은 이전에 예수를
다윗의 후손 메시아로 가리켰던 증거들에 대한 결정적인 확증이다. 물론,
메시아로 주장하는 것이 불법이거나 신성모독적인 것은 아니다. 실제로,

---

31. Richard Horsley는 이 지점에서 막 14:62을 마태복음과 누가복음의 더욱 회피적
인(noncommittal) 평행점과 조화시켜 다시 쓰면서, 가설적인 "더욱 초기의 마가
복음 판본에서는 … 예수가 빌라도뿐 아니라 대제사장에게도 '네가 그렇게 말
하고 있다'(You say so)라고 대답했음이 거의 분명하다"고 제안했다(*Hearing the
Whole Story*, 252). 약간의 후대 사본들(Θ, f[13], 565, 700, 2542ᶜ)은 14:62에서 "너
는 내가 [그라고] 말하고 있다"(You say that I am)고 읽는데, 이는 조화시킨 병합
("너는 [그렇게] 말한다" 독법과 "내가 [그다]" 독법을 합쳤다는 의미—역주)이 거
의 확실하다. 분명 이 본문 증거의 약점을 파악했을 Horsley는 이러한 사본들을 언
급하지 않고, 대신에 사본학적으로(textually) 입증되지 않은 가설, 곧 다른 공관복
음 저자가 마가를 따랐지만 나중에 어떤 편집자에 의해 변경됐다는 정경 이전 마
가(precanonical Mark) 가설을 제안한다. 이 사변적인 제안을 통해 Horsely는 마가
를 다른 정경 자료의 오염을 받지 않은 하나의 "전체적인 이야기"로 읽겠다고 선언
한 자신의 프로그램을 갑자기 포기했다. Horsley는 이 한 가지 경우에서 마태와 누
가를 마가 해석의 신뢰할 수 있는—우리에게 사실상 마가의 이야기로 전해 내려온
놀랍도록 독특한 문서(문서가 독특하다는 것은 본문비평에서 원문성[originality]
을 담보하는 중요한 특징이다—역주)보다도 더욱 신뢰할 만한—안내자로 다룬다.
이 이상한 방법론적 결함은 마가가 예수를 다윗계 메시아로 묘사했음을 부정하
는 Horsely의 프로그램화된 아젠다(agenda)를 통해 주도된 것이다. 사실 막 14:62
는 Horsely의 읽기를 넘어뜨리는 거치는 돌이다. (나는 이 예에서 Horsely가 자신을
"문자적으로 도전받은"[vii] 것으로 묘사한 것을 정확히 보여주고 있음을 확실하게
본다. 그는 내러티브상 오랫동안 미루어두었던 예수의 명시적인 정체 선포가 가진
압도적이고 극적인 영향을 인지하지 못했다.) 문자적으로 더더욱 능숙한 평가를 위
해서는, Williams, *Christ on Trial*, 5-9을 보라.

한 세기 후 랍비 아키바(Akiba)는 로마에 대한 제2차 반란의 지도자인 바르 코흐바(Bar Kokhba)가 메시아라고 주장했다.[32] 만일 예수가 단순히 "내가 그 다"라고 말했다면 대담한 주장이기는 하겠지만 법적 처벌의 이유가 될 수 는 없었을 것이다. 하지만 예수는 한층 더 강조했다: "내가 그다. '너희는 인자가 권능자의 오른편에 앉아 있는 것'과 '하늘의 구름과 함께 오는 것'을 볼 것이다." 여기에서 대제사장의 반응—공개적으로 신성모독한 것으로 예 수를 고발한—은 다니엘의 찬양받는 인자에 대한 언급이 예수에게 직접 적용되는 것으로 이해해야 함을 보여준다. 예수의 선언은 다니엘 7:13-14 을 인자가 구름과 함께 하늘에서 땅으로 내려올 예언으로 해석한 것이 아 니다. 오히려 이 본문은 본래의 문맥상 의미와 일치하게 인자가 하늘의 왕좌에 오르는 모습을 묘사한 것이다.[33] 이는 대제사장이 예수의 대답을 신성모독으로 간주한 이유를 보여준다. 곧, 예수는 하늘에 올라 하나님의 옆에 앉게 될 것을 주장하고 있는 것이다(참조, 또한 더 앞에서 인용된, 막 12:35-37 에 나타나는 시 110:1).[34]

이야기는 재빠르게 예수의 정죄와 십자가 처형으로 진행되지만 다니 엘 인용의 의미를 이해한 독자는 놀라운 계시를 보게 된다. 즉, 사형을 언 도받은 이 죄수는 종말론적 인자로서 적절한 때에 충만한 영광으로 나타 날 것이다—또는, 적어도 독자는 이것이 사실인지 결정해야 한다. 이는 이 스라엘의 메시아인 예수인가? 어떤 인간 왕보다 더욱 큰 영광과 위엄을 가진 초인적 인물이기도 한가? 그가 없어지지 않을 영원한 권세를 받게 되는가?

---

32.   타아니트 68d. Collins, *Scepter and the Star*, 63.

33.   Wright, *New Testament and the People of God*, 291-97.

34.   Daniel Boyarin, *The Jewish Gospels: The Story of the Jewish Christ* (New York: New Press, 2012), 56-59 [= 『유대배경으로 읽는 복음서』, 감은사, 2020]를 보라.

이스라엘의 하나님인 예수?

　　마가의 세심한 플롯 구성은 예수의 정체를 둘러싼 비밀을 점차 정교하게 구성한다. 마가복음 초반에 예수는 엘리야나 다른 옛 선지자와 비견될 만한 강력한 기적을 일으키는 인물이다(예, 막 6:15). 이야기의 다른 지점에서, 예수의 말씀과 행동은 모세, 여호수아, 예레미야의 말과 행동에 모형론적으로 상응하는 것처럼 보인다. 플롯이 예루살렘에서 절정을 향해 진행되면서 예수가 이스라엘의 왕으로서 다윗 유산의 상속자라는 단서들은 매우 풍부하게 나타난다. 예수에 관한 이러한 각각의 이미지는 사역과 정체에 대한 일부 측면을 조명해주지만, 이는 모두 일시적이고 부분적이며 불충분하다. 예수는 인자에 대한 비밀스러운 선언을 제외하고는 자신의 신분에 대해 직접적인 말을 회피하고 삼간다.

　　마가복음 14:62에 나타난 계시적 선포, 곧 인자에 관한 절정의 말씀은 결국 비밀을 드러내는 것 같다. 계속해서 회피하고 지연시킨 끝에, 예수는 마침내 자신이 "복되신 분의 아들, 메시아"라는 것과 세상에 권세를 행사하는 인자로서 하늘에 올라 종말론적인 존귀를 얻게 될 것을 모호하지 않게 선언한다. 이 놀라운 주장은 전부는 아니더라도 이전에 지나쳤던 많은 것들을 설명한다. 예수가 궁극적으로 하나님과 나란히 통치한다면, 이제 우리는 예컨대 그가 어떻게 토라를 자유로운 주권을 가지고서 자신 있게 재해석할 수 있는지 더 완전하게 이해하게 된다(예, 막 2:23-28, "인자는 안식일의 주인이다"; 참조, 7:1-23). 변화산의 신비한 사건(9:2-8)을 예수가 가진 하늘 영광에 대한 예표로 이해할 수도 있다. 또한 예수를 위대한 선지자 또는 기대되는 바대로 다윗계 왕으로 해석하는 것조차도 왜 충분하지 않은지 이해하게 된다. 말하자면, 예수는 더욱더 위대한 자이기 때문이다. 선지자나 메시아(messiah)의 범주는 틀리지 않다. 다만 이들은 불완전하며, 완전하게 영광스러운 정의를 행하지 못한다.

하지만 다니엘의 충분한 문맥에서 이해되는 "인자"라는 칭호에도 신비감이 남아 있다. 예수에 대한 마가의 인물 묘사는 더더욱 복잡하고 파악하기 어렵기에, 우리는 이야기 전반에 흩어져 있는 몇 가지 단서들을 가지고 연구를 진행하게 된다. 만일 마가의 다니엘 7장 언급을 통해서 예수가 영광의 하늘에 앉으신 종말론적 인자와 동일시된다면, 이스라엘의 하나님을 가리키는 "옛적부터 계신 분"과의 관계를 어떻게 이해해야 하는지에 대한 문제가 불가피 대두된다. 이스라엘의 하나님이 자신 앞에 다른 신들을 허용하지 않는 질투하시는 하나님이시라면(출 20:1-3; 신 5:6-7), 그렇다면 하늘의 왕좌에 앉아 영원한 권세를 행사하는 이 인물은 누구란 말인가?[35] 법정 장면에서 예수의 놀라운 자기-폭로에 비추어(막 14:62), 우리가 놓쳤을 수 있는 예수의 정체에 대한 더욱 깊은 단서가 있는지 확인하기 위해서는 전체적인 이야기를 기억하면서 다시 읽어야 한다.

그리고 다시 읽으면서 우리는 이 복음서에 흩어져 있는 수많은 구절을 발견하는데, 이는 불편한 진리—**예수와 한 분이신 이스라엘의 하나님의 동일시**—에 대한 암시를 제공한다. 예수가 아버지와 하나인 '로고스'(*Logos*, "말씀")라고 명시적으로 선언하는 요한복음과는 달리, 마가는 분명한 존재

---

35. Alan F. Segal (*Two Powers in Heaven: Early Rabbinic Reports about Christianity and Gnosticism* [Leiden: Brill, 2002; repr., Waco, Tex.: Baylor University Press, 2012])은 후대 랍비들이 "하늘의 두 권세"에 대해, 개중에도 단 7:13-14과 같은 묵시론적 본문을 예수에게 적용한 신약 저작들을 포함하여, 다양한 유대 전승에 반대했음을 보여주었다. Daniel Boyarin ("The Gospel of the Memra: Jewish Binitarianism and the Prologue to John," *HTR* 94 [2001]: 243-84)은 이 "이단"(heresy)을 억누르려는 랍비들의 노력에도 불구하고 어떤 형태의 "이위신론"(binitarianism)이 "팔레스타인과 디아스포라 유대인들의 종교적 코이네(Koine: 문자적으로는 '공통 언어'를 뜻함—역주)"라고 도발적으로 주장했다(260). 이 연구들로 묘사된 전통들은 마가 내러티브의 예수 묘사를 그럴듯하게 이해할 수 있는 배경을 제공한다.

론적 선언을 회피한다. 그럼에도 마가복음은, 어떤 측면에서 이해되기를 거부한 채, 예수를 하나님 존재의 체현(embodiment)으로 제시한다.[36] 마가는 이런 주장을 결코 명시적으로 내어놓지 않는다. 직접 제시하는 것은 너무나도 문제시될 법 하기 때문이다. 사실 아무 대책 없이 "예수가 이스라엘의 하나님이다"라고 말하는 것은—내가 지금 하고 있는 것처럼—용의주도한 마가의 내러티브 전략과는 상충된다. 마가에게 있어서 예수 안에 있는 하나님 임재의 특징은 수난 기사 이전의 몇몇 본문들이 가리키고 있는 것처럼 구약에 대한 수수께끼 같은 인유를 통해 오직 간접적으로만 접근할 수 있는 신비다.

마가복음 1:2-3: 누가 주(Kyrios)인가?

마가복음 서론부의 혼합된 인용에는 이미 예수의 신적 정체성에 대한 주요한 단서를 포함하고 있다. 마가는 말라기 3:1, 출애굽기 23:20, 이사야 40:3의 인용들을 엮어 짜면서 세례 요한을 새 출애굽과 이스라엘 회복에 대한 선구자로 묘사한다. 세례 요한의 메시지는 곧 오실 "더욱 능력 있는 자"의 길을 예비한다(막 1:7-8). 그런데 더욱 능력 있는 자란 누구인가? 예수의 신비한 정체성은 마가가 인용한 이사야의 언어로 강력하게 제시된다: "주의(κυρίου) 길을 예비하고 그분의 좁은 길들을 곧게 하라"(1:3b; 사 40:3을

---

36. Bauckham (*God Crucified*, esp. 25-42)은 최초기 기독론이 예수의 행동과 성격을 이스라엘의 유일하신 하나님의 것과 동일시했다는 주장을 설득력 있게 펼쳤다. 이 신적 정체성 기독론은 하나님에 대한 유대교의 단일신론적 이해를 진지하게 받아들인다. 말하자면, 유대교의 유일신론은 신의 추상적 속성보다도 하나님이 누구신지에 대해 더욱 관심을 가졌다. 그러한 관점을 통해 우리는 신약 저자들이 예수에게 부여한 행동과 성격(예, 경배를 받아들임, 용서를 제공함, 피조물을 통제함, 하나님의 보좌를 공유함)이 어떻게 이스라엘의 유일하신 하나님의 정체성 안에 포함되는지 보게 된다.

인용함).

이사야 40장에서 "주"란 시온으로 돌아와 모든 것들을 바로 잡으실 이스라엘의 하나님(히브리어 본문에서는 יהוה)이며, "주의 길"이란 하나님이 광야를 통해 포로 귀환의 승리 행렬을 이끄실 길을 의미한다는 데에는 의심의 여지가 없다. 인용구인 이사야 40:3을 전체적으로 보면 다음과 같다: "광야에서 주의 길을 예비하라, 광야에서 **우리 하나님을 위한 대로를** 곧게 하라." 이사야에 나타난 예언적 비전의 강조점은 구원의 근거가 되시는 "야훼의 임재의 실제적 귀환"에 있다.[37] 이 연결은 몇 구절 후에 아주 확실해진다.

> 시온에 좋은 소식을 전하는 자여,
> 높은 산 위에 올라가라.
> 예루살렘에 좋은 소식을 전하는 자여,
> 너의 목소리를 힘껏 높여라.
> 소리를 높이고, 두려워 말며,
> 유다의 성읍들에게 말하여라.
> "여기에 너희 하나님이 계신다."
> 보라, 주 하나님이 능력으로 오실 것이며
> 그의 팔로 유다를 다스리실 것이다.
> 유다의 상급이 주께 있고,
> 보응이 주 앞에 있다. (사 40:9-10)

그러므로 두 가지 요점은 놓칠 수 없이 확실하다. 곧, 이사야 40장은

---

37. Watts, *Isaiah's New Exodus*, 80.

'뀌리오스'(Kyrios: "주 하나님")가 통치하러 오신다는 것을 예언하고 있는데, 마가는 요한이 예수의 오심을 위한 길을 특징짓는 데 이 예언을 사용한다. 유일한 문제는 마가의 경우에 이사야가 말하는 '뀌리오스'와 예수가 사실상 동일시된다는 추론을 명백하게 이끌어낼 수 있는지 하는 것이다. '뀌리오스'는 (누가복음과는 달리) 예수를 지칭하는 일반적인 마가식 별칭이 아님에도, 마가의 몇몇 본문들은 이 칭호를 예수에게 연결시킨다(2:28, 11:3, 12:36-37).[38] 마가복음 5:19도 여기에 추가되어야 한다. 거기에서 예수는 귀신들렸던 자에게 "네 집으로 가서 네 친구들에게 **주가** 네게 얼마나 많은 일들을 행하셨는지 전하라"라고 말씀하셨다. 또한 5:20에서는 이 사람이 집으로 가서 **예수가** 자기에게 얼마나 많은 일을 행하셨는지 전했다고 덧붙이고 있다. 따라서 마가복음의 서두는 예수의 나타나심을 주가 시온으로 돌아오신다는 이사야의 예언의 성취로 이해하도록 돕는 것처럼 보인다.

마가복음 1:3을 이렇게 읽는 것에 대해 제기되는 반박이 곧바로 주어진다. 곧, 마가가 예수를 '뀌리오스'로 묘사했다면, 이사야 40:3의 마지막 행을 바꾼 이유는 무엇일까?

사 40:3c LXX εὐθείας ποιεῖτε τὰς τρίβους τοῦ θεοῦ ἡμῶν.

("우리 하나님의 길들을 곧게 하라")

막 1:3c εὐθείας ποιεῖτε τὰς τρίβους αὐτοῦ.

("그의 길들을 곧게 하라")

인용구를 축약한 마가는 예수를 "우리 하나님"으로 칭하기를 예비하

---

38. Marcus, *Way of the Lord*, 38-39.

고 있을지 모른다.[39] 그런데 "**주의 길을 준비하라**"(1:3b)와 "**그의 길들을 곧
게 하라**"(1:3c)라는 두 행의 평행은 일반적으로 동의어로 간주된다. 따라서
마가복음의 이사야 40장 인용구가 본래 본문의 의미를 그대로 전달하고
있다면,[40] 이 복음서 서두에 예수의 신적 지위에 대한 암시적인 주장이 있
다고 볼 수 있다.[41]

　　이 하나의 인용구를 근거로 마가가 예수를 구약의 '뀌리오스'와 결정
적으로 동일시했다고 결론 내리는 것은 성급하다. 게다가 마가가 예수의
활동에 대한 기조(keynote)로 이사야 40:3을 선택한 이유에 대해 의아해 하

---

39. 도움이 될 만한 대조를 위해서는 요 20:28을 보라. 여기서 도마는 부활하신 예수를
ὁ κύριός μου καὶ ὁ θεός μου ("나의 주, 나의 하나님")로 부른다.

40. 흥미롭게도 5세기의 언셜사본(uncial manuscript) W는 사 40:3-8 전체를 포함하도
록 사 40장 인용을 계속 진행한다. 이는 분명 마가복음 원문을 반영한 것이 아니지
만 일부 초기 독자들이 마가 인용구에서 더 완전한 이사야 인용 구조(framework)에
예리한 관심을 가졌음을 보여준다.

41. Simon Gathercole은 최근의 연구서 *The Pre-existent Son* (249-52)에서 몇몇 중요
한 독일 학자들에 따라 막 1:2("보라, 내가 네 길을 예비할 내 사자를 네 앞에 보낼
것이다. …")의 성경 인용문이 하늘의 법정 발화로 이해되어야 한다는 제안을 조
심스럽게 전개하면서, 하나님 아버지가 아들에게 곧 세상에 갈 사명을 준비하라
고 전하는 "역사 이전의 장면"(prehistoric scene)을 상상하게끔 한다. 우리는 물
론 히브리서(예, 히 1:5-14)에 이런 식의 성경 읽기에 대한 방대한 예(analogies)
를 가지고 있다. 마가 내러티브 내에도, 12:35-37에 매우 분명한 예가 하나 있다.
여기서 우리는 시 110:1의 어구를 들을 수 있다: "하늘에서 다른 이에게 말하는
한 '뀌리오스'(Kyrios)"(Gathercole, *Pre-existent Son*, 251; Johannes Schreiber, *Die
Markuspassion: Eine Redaktionsgeschichtliche Untersuchung* [BZNW 68; Berlin: De
Gruyter, 1993], 238에서 인용). 흥미롭게도 시 110:1은 히 1:13에도 나오는데, 이때
하나님이 예수에게 하신 말씀으로 명시적으로 해석된다. 예수의 **신적 정체성**에 관
한 문제보다도 예수의 **선재성**(*pre-existence*)에 관한 문제에 논의의 초점을 두고 있는
Gathercole이 막 1:2-3과 관련하여 이 해석을 받아들일지는 확실하지 않다. 전체적
으로 보아 이 본문을 신적 정체성에 대한 언급으로 읽는 것은, 마가가 다시 한번 내
레이션의 빈 공간에 뜻 깊은 모호함을 남겼음에도, 가장 가능성 있는 해석으로 보
인다.

지 않는다면 우리는 참으로 부주의한 독자일 것이다. 저 구절은 예수의 정체를 고정하거나 결정해주기보다 예수 그리스도의 모습(막 1:1)이 이사야 40장의 자유롭게 하고 위로하는 '퀴리오스'와 어떻게 관련될 수 있는지에 대한 물음을 도발적으로 던지게 한다. 어떤 모호함이 마가 이야기의 서두 주변에 도사리고 있다. 우리는 이 장면에 등장하는 예수 안에서 이사야의 열렬한 기대가 베일에 싸였지만 명료하게 성취됐다고 보아야 하는가? 마가의 암시적인 이사야 인용은 그러한 읽기에 대한 가능성을 창출하고 긴장감을 고조시켜 우리가 이야기 내에서 더욱 많은 단서들을 찾도록 만든다.

마가복음 2:7: 하나님 한 분 외에 누가 죄를 용서할 수 있는가?

중풍 병자 치유 사건(막 2:1-12)은 마가복음 논쟁 담화의 첫 부분에 속하였는데(2:1-3:6) 예수의 신적 정체성에 관한 추가적인 단서를 제공한다. 형식이 매우 복잡한 이 이야기에서[42] 예수는 단지 극적인 치유를 행하실 뿐 아니라 죄를 용서할 수 있는 권세에 대해서도 주장하신다. 여기에 명시적인 구약 인용은 나타나지 않지만 회의적인 서기관들의 질문이 구약을 배경으로 읽힐 때 의미의 파문을 느낄 수 있다: "이 사람이 어찌 이같이 말하는가? 이것은 신성모독이다! 하나님 한 분 외에 누가 죄를 용서할 수 있는가?"[43]

---

42. Bultmann, *History of the Synoptic Tradition*, 14-16을 보라.

43. Marcus (*Mark 1-16*, 222)는 이 질문의 어구(τίς δύναται ἀφιέναι ἁμαρτίας εἰ μὴ εἷς ὁ θεός, 문자적으로 "한 분이신 하나님 외에 누가 죄를 사할 수 있는가?")가 쉐마(신 6:4)를 떠올린다고 바르게 주장했다. 예수가 부자 질문자를 만났을 때도 동일한 어구가 반향된다(막 10:18): τί με λέγεις ἀγαθόν; οὐδεὶς ἀγαθὸς εἰ μὴ εἷς ὁ θεός ("너는 왜 나를 선하다고 하는가? 한 분이신 하나님 외에는 선한 자가 없다"). 분별력 있는 독자는—이 복음서의 다른 증거들에 비추어—부자 질문자가 자신이 알고 있는 것보

믿지 못하는 서기관들의 항거에 함의되어 있듯, 이스라엘의 성경에서 죄를 사하는 권세가 오직 하나님 한 분에게만 속했다는 것은 의심의 여지가 없다. 죄는 하나님을 거스르는 것이기에 오직 하나님만이 죄를 없이 하실 권리가 있다. 몇 가지 핵심 본문이 서기관들의 질문에 대한 근거로 마음에 떠오를 수 있다. 특히 출애굽기 34:6-7에서는 하나님이 시내산의 모세에게 나타나 두 번째 돌판을 주시는데, 이때 죄 사함과 관련된 하나님의 정체성이 엄숙하게 선포된다.

> "주는, 주는, 긍휼히 여기고 은혜롭고 노하기를 더디 하고 인애와 진실이 많은 하나님이며, 수천 대까지 인애를 베풀고 악과 허물과 죄를 용서하지만 벌 받을 자는 결단코 면죄하지 않고 아버지의 죄를 자손 삼사 대까지 벌하는 하나님이십니다."

우리는 여기에서 하나님이 죄를 용서하시기는 하지만 죄인은 용서하지 않으신다는 주장 사이의 관계를 어떻게 이해해야 하는가 하는 성가신 문제에 관심을 가질 필요가 없다. 당면한 문제와 관련된 핵심은 이스라엘의 이 중심적인 신앙 고백이 죄 용서를 하나님의 성품에 속한 것으로 가정한다는 것이다. 이와 마찬가지로, 마가복음 2장의 서기관들은 이사야 43:25을 상기하고 있었을 수도 있다: "나, 곧 나는 나를 위하여 네 죄들을 지워버리는 자니, 내가 너의 죄들을 기억하지 아니할 것이다."[44]

전적으로 이해할 만한 서기관들의 반박에 대해 보인 예수의 반응은 중풍 병자에게 일어나 걸으라고 명령하는 것이었다. 이는 인자로서 땅에서 죄를 사하는 권세에 대한 가시적 표징이었다(2:8-11), 인자의 권세에 대

다 더욱 참되게 말했음을 인지하게 될 것이다.

44. 신적 죄 용서에 대한 비슷한 설명에 대해서는, 사 44:22; 시 103:3, 130:3-4을 보라.

한 언급은 마가가 나중에 모든 땅에 대해 인자가 가진 권세를 강조하면서 다니엘 7장을 명백하게 불러일으킬 것을 전조한다.[45] 마가복음 2:10의 "너희로 알게 하려 함이다"라는 어구는 모세가 애굽에서 바로(파라오)를 반박했던 어구를 반향한다.

> "히브리 사람의 하나님, 주가 이렇게 말씀하시기를, 내 백성을 보내서 그들이 나를 섬기게 하라. 내가 이번에는 모든 재앙을 너와 네 신하들과 네 백성들에게 보내서, 너희로 온 땅에 나와 같은 이가 없음을 알게 하려 함이다 (so that you may know)." (출 9:13b-14; 참조, 출 18:10, 22; 10:2)

따라서 마가복음 2:10에 나타나는 반향은 이제 마음이 완악해진 서기관들이 바로(파라오)의 마음과 같으며—마가복음 3:5이 확증하는 바와 같이—저들이 바로와 같이 하나님의 권세에 저항했기에 하나님의 심판을 받게 될 것임을 암시한다.

하지만 예수의 정체와 관련한 질문은 여전히 남아 있다. 하나님 한 분 외에 누가 죄를 용서할 수 있는가? 혹자는 마가복음 2:10을 읽으면서 인자인 예수가 죄를 사하기 위해 하나님으로부터 위임받은 권세를 땅 위에서 행사하고 있다고 생각할 수도 있겠지만,[46] 이미 언급한 바 '뀌리오스'로서의 예수의 정체에 비추어 볼 때(1:3) 마가복음 독자는 적어도 죄를 사하

---

45. Marcus, *Mark 1-16*, 222-23.
46. "그러므로 마가에게 있어서 하늘의 하나님은 여전히 궁극적인 죄 용서자로 계시지만, 역사의 절정에서는 지상 영역에서 은혜로운 뜻을 수행할 '인자'에게 자신의 사면의 권세를 위임하셨다"(Marcus, *Mark 1-16*, 223). 또한 Rudolf Pesch, *Das Markusevangelium* (2 vols.; HTKNT 2; Freiburg: Herder, 1976), 1:160-61; Hans-Josef Klauck, "Die Frage der Sündenvergebung in der Perikope von der Heilung des Gelähmten (Mk 2, 1-12 Parr)," *BZ* 25 (1981): 243.

는 주권적 권세가 단지 위임된 것이 아닐 수 있음을 고려할 것이다.

마가복음 4:35-41: 도대체 이분이 누구이시기에 바람과 바다까지도 복종하는가?

마가복음 첫 두 장이 예수의 신적 정체성에 대한 통찰에 불을 붙였다면, 마가복음 4:35-41에서 풍랑을 잠잠하게 하신 이야기는 불에 부채질을 하는 것과 같다. 배로 갈릴리 바다를 건너가면서 예수와 제자들은 작은 배를 집어삼킬 만한 풍랑을 만나게 된다. 예수는 곤히 잠드셨지만 제자들은 공포에 사로잡혀 예수를 깨우면서 물었다. "선생님, 저희가 죽게 된 것을 돌보지 않으십니까?" 그러자 예수는 풍랑을 꾸짖으시며 바다에게 잠잠하도록 명하셨다. 이 명령이 즉시 효과를 발휘했을 때 예수는 제자들의 믿음 없음을 나무라셨다. 저들은 두려워하며 서로 물었다. "도대체 이분이 누구이시기에 바람과 바다까지도 복종하는가?"

도발적으로 마가는 이 질문에 대답하지 않는다. 이는 이야기 선상에 매달려 있다—독자가 대답하도록 남겨 두었다. 이스라엘의 성경에 정통한 독자에게 가능한 답은 오직 하나뿐이다. 바로, 이스라엘의 주 하나님만이 바람과 바다에게 명령하고 혼돈스러운 자연의 힘을 정복할 수 있으시다. 예수가 바다를 잠잠하게 하신 이야기의 배경으로 시편 107편 본문이 생생하게 공명한다.

> 배를 타고 바다에 나가
> 대양에서 장사하는 이들은
> 주가 하신 일과
> 그분의 놀라운 일들을 깊은 곳에서 보았다.
> 주는 폭풍에게 명령하셔서 일으키고
> 바다의 파도를 치솟게 하신다.

그들이 하늘에 올랐다가 깊은 바다로 떨어지니,

그 재난에 그들의 용기가 녹는다[참조, 막 4:40].

그들이 술 취한 자처럼 비틀거리고 흔들리니,

그들의 지혜가 아무 소용이 없었다.

그때 그들이 고통 중에 주께 부르짖으니,

주가 그 고난에서 그들을 이끌어 내셨다.

주가 폭풍을 잠잠하게 하시니,

바다의 파도가 잔잔해졌다[참조, 막 4:39].

그것들이 조용해지니, 그들은 기뻐하였고

그들이 바라던 항구로 주가 그들을 인도하셨다.

주의 인애로 인하여 주께 감사하라.

사람들에게 하신 놀라운 일로 주께 감사하라.

백성의 회중에서 주님을 높이고

장로들의 모임에서 주님을 찬양하여라. (시 107:23-32)

이 두 기록 사이의 유사성은 너무나 놀라워서 마가복음 4:35-41이 저 시편에 근거한 미드라쉬 이야기(midrashic narrative)처럼 보일 정도다. 만일 그렇다면, 마가 이야기에서 예수의 역할이 정확하게 시편 107편의 주에게 부여된 역할이라는 것에 비추어 봤을 때 우리는 예수의 정체에 대해 어떻게 결론 내릴 수 있는가?

시편 107편은 바람과 파도에 대한 하나님의 권세를 말하는 구약의 유일한 본문이 아니다.

바다가 태에서 터져 나올 때

누가 문으로 그것을 막았는가?

> 그때에 내가 구름으로 바다의 의복을 만들고
>
> 흑암으로 바다의 강보를 만들었고,
>
> 그곳에 경계를 정하며
>
> 문과 빗장을 만들고 말했다.
>
> "여기까지는 네가 올 수 있으나, 더 이상은 안 되기에,
>
> 너의 당당한 파도가 여기에서 그칠까?" (욥 38:8-11)

> 주는 맹렬한 바다를 다스리시며,
>
> 파도가 일어날 때, 잠잠하게 하십니다. (시 89:9; 참조, 시 65:7)

욥기 본문은 바다에 대한 하나님의 주권 주제가 창조 모티프로 이해될 수 있음을 보여주면서, 바다로 상징되는 태초의 혼돈에 대한 하나님의 승리로서 고대 근동의 공통된 창조 이미지를 표현한다(참조, 창 1:1-10). 물과 마른 땅을 분리하시는 하나님의 행동은 욥기 26:10-12 및 시편 104:5-9과 같이 주가 바다를 "꾸짖는" 이미지—마가복음 4:39에 나타난 예수의 명령에서 명백하게 재현된 이미지—를 통해 묘사될 수 있다.[47] 더 나아가 몇몇 구약 본문에서 하나님이 태초의 혼돈을 꾸짖으시는 이미지는 출애굽기 사건들 위에 포개져서 창조주 하나님이 애굽의 속박에서 이스라엘을 구원하는 하나님이시라는 것을 보여준다.

---

47. 마가의 동사 ἐπετίμησεν은 축귀 이야기에서 귀신의 권세에 대한 예수의 꾸짖음을 묘사할 때 반복적으로 등장하는 바로 그 단어다(예, 막 1:25, 3:12, 9:25; 참조 8:32-33). 따라서 폭풍은 마치 적대적인 귀신의 세력에 대한 현현인 것처럼 다루어진다. 따라서 폭풍을 잠잠하게 하는 본문은 마가의 묵시론적 내러티브 전체를 특징짓는 우주적 갈등 모티프를 더욱 강조한다(Shively, *Apocalyptic Imagination*, 161, 175, 181).

주는 자신의 이름을 위해 그들을 구원하셔서,

자신의 크신 능력을 알리셨습니다.

주는 홍해를 꾸짖어, 마르게 하시고,

그들로 깊은 바다를 광야처럼 지나가게 하셨습니다.

그리하여 그들을 미워하는 자의 손에서 구원하시고

원수의 손에서 구속하셨습니다.

물이 그 대적을 덮어,

그들 중 하나도 살아남지 못하였습니다.

이에 그들이 주님의 말씀들을 믿고

주님을 찬양하며 노래하였습니다. (시 106:8-12)

이스라엘을 구원하기 위해 **잠에서 깨어나도록** 하나님에게 요청하는 이사야 51:9-11에서는 창조 때와 출애굽 때에 바다를 정복하신 주의 과거 행동을 회상하면서 이와 유사한 새로운 구원 행동을 예언한다. 즉, 하나님은 과거에 명령으로 바다를 달아나게 하신 것과 같이 이스라엘을 포로에서 건져내어 "슬픔과 탄식"이 달아나게 하실 것이다.[48]

오, 주의 팔이여,

깨어나소서. 깨어나소서. 능력을 덧입으소서.

오래전, 옛적과 같이

깨어나소서.

당신은 라합을 토막 내시고

용을 찌르신 분이 아니십니까?

---

48. 참조, 또한 시 114편.

당신은 바다, 곧 큰 깊음의 물들을

마르게 하신 분이 아니십니까?

당신은 바다 깊은 곳에 길을 내어

구원받은 자들로 하여금 지나가게 하신 분이 아니십니까?

그리하여 주께 구속받은 자들이 돌아올 것이니,

그들이 노래하며 시온으로 들어올 것이며

그들의 머리 위에 영원한 기쁨을 가지고

즐거움과 기쁨을 얻을 것이니,

슬픔과 탄식이 달아날 것입니다.

이 이사야 본문이—고대 근동의 선례들과 공명하는—마가복음 4:35-41의 배경이 될 수 있기에, 제자들이 배 안에서 잠을 자고 있는 예수를 깨우면서 무언가를 행하도록 요청하는 것은 구약의 하나님과 예수 사이의 상징적 유사성을 강화한다.[49] 특별히 중요한 것은 시편 44:23이 제2성전기 전례(liturgy)에서 반복적으로 낭송됐다는 것이다.

일어나소서! 주여, 어찌하여 자고 계시는지요?

---

49. Marcus, *Mark 1–16*, 338. 폭풍우 가운데 잠을 자고 있는 예수 묘사가 욘 1:4-16을 연상시킨다는 것은 종종 제안된다(예, O. Lamar Cope, *Matthew, a Scribe Trained for the Kingdom of Heaven* [CBQMS 5; Washington, D.C.: Catholic Biblical Association, 1976], 96-97). 이 경우 예수와 요나 사이의 평행은 흥미롭지만 오도될 수 있다. 곧, 예수는 하나님으로부터 도망친 것이 아니다. 폭풍은 하나님의 진노가 아니라 하나님이 잠재우려 하시는 적대 세력이고, 폭풍은 범죄자가 바다에 던져져서가 아니라 예수의 주권적 명령으로 잠잠하게 된다. Marcus는—Pesch, *Das Markusevangelium*, 1:269를 따라—마가복음에서 예수는 "본질적인 방식에 있어서 요나보다 하나님과 흡사하다"라고 바르게 관찰했다.

깨어서, 우리를 영원히 버리지 마소서![50]

깨어나서 이스라엘을 포로에서 구원해달라는 호소를 마가복음 4:35-41과 나란히 읽어야 하는지는 분명하지 않다. 마가가 이사야의 새 출애굽 이미지를 빈번하게 반향하고 있다는 측면에서 가능성을 배제하기는 어렵지만 말이다. 그러나 바람과 파도를 다스리는 예수의 권세가 구약에서 일관되게 주 하나님에게만 부여된 권세를 보여준다는 사실은 부인할 수 없다. 하나님만이 물을 꾸짖어 마른 땅을 만드시며, 하나님만이 이스라엘을 위하여 바다를 나누시고, 하나님만이 폭풍을 잠잠하게 하신다. "도대체 이분이 누구이시기에 …?"라는 제자들의 질문은 당연한 것이었다.

이 이야기가 끝날 무렵 마가는 어떻게든 예수가 이스라엘 하나님을 체현해내는 존재임을 확고히 심어주었다. 주의 깊은 독자는 이 놀라운 주장을 확증할 만한 추가적인 단서들을 엿볼 것이다. 이러한 주의 깊음은 우리를 절대 실망시키지 않을 것이다.

마가복음 6:34: 누가 이스라엘의 목자인가?

오천 명을 먹이신 기적 이야기(막 6:30-44) 서두에서, 우리는 예수가 큰 무리를 보시고 이렇게 말씀하신 것을 볼 수 있다: "불쌍히 여기셨으니, 이는 그들이 목자 없는 양 같았기 때문이다. 예수가 그들에게 많은 것을 가르치기 시작하셨다." "목자 없는 양 같이"라는 표현은 이스라엘의 왕이 죽은 후, 또는 무능하거나 악한 통치자들 아래에서 이스라엘이 겪는 곤경을 묘사할 때에 이미 쓰였던 유명한 관용구다(예, 왕상 22:17; 대하 18:16; 슥 10:2; 유딧 11:19). 우리는 이미 이 본문이 민수기 27:17 및 에스겔 34장을 반향하

---

50. Marcus (*Mark 1–16*, 338)는 "[시 44:23을] 날마다 암송했기에, 레위 사람들이 '깨우는 자'로 불렸다"(참조, 바벨론 소타 48a)고 말한다.

고, 그럼으로써 예수가 새로운 메시아적 목자로서 "그들을 이끌고 나가고 또 그들을 이끌고 들어오게"(민 27:17) 하는 분이자 보호하고 기르시는 분(겔 34장)임을 암시하고 있다는 사실을 살펴본 바 있다. 이렇게 예수는 여호수아(Ἰησοῦς, "예수")와 다윗이 모형론적으로 예표한 역할을 맡고 있다.

하지만 예수의 신적 정체성에 관한 마가의 주장에 비추어 본다면 "목자 없는 양"의 이미지는 또 하나의 상호텍스트적 반향, 곧 흩어진 이스라엘 무리에 대한 에스겔의 통렬한 묘사를 울려낸다. 이스라엘의 목자/왕으로 묘사되는 다윗의 역할(겔 34:23-24)은 양이 대리자에 의해 어떻게 구원되는지 보여주는 더욱 근본적인 예언에 비하면 부차적이다.

> 주 하나님이 이와 같이 말씀하신다. 나, 곧 내가 나의 양 떼를 찾을 것이고, 결국 찾아낼 것이다. 자기 양 떼가 흩어졌을 때 목자가 그 양 떼를 찾아 나서는 것 같이, 나 역시 나의 양 떼를 찾을 것이다. 나는 흐리고 캄캄한 날에 그 흩어진 모든 곳에서 그들을 구원할 것이다. 내가 그들을 여러 민족들 중에서 이끌어 내며, 여러 나라들 가운데서 그들을 모아 그 본토로 데리고 가서, 이스라엘 산들과 골짜기와 그 땅 모든 거주지에서 그들을 먹일 것이다. 내가 그들을 좋은 목장에서 먹일 것인데, 이스라엘의 높은 산이 그들의 목장이 될 것이다. 그들은 거기 좋은 초장에 누우며, 이스라엘 산 위에서 좋은 목초를 먹을 것이다. 나, 곧 내가 나의 양 떼의 목자가 될 것이며, 내가 그들을 눕게 할 것이다. 주 하나님의 말씀이다. (겔 34:11-15)

중요한 것은 에스겔 34:15의 칠십인역에는 마소라 텍스트와는 달리 '까이 그노손따이 호띠 에고 에이미 뀌리오스'(καὶ γνώσονται ὅτι ἐγώ εἰμι κύριος, "그래서 그들은 내가 주라는 것을 알게 될 것이다")라는 어구가 첨가되어 있다는 점이다. 에스겔 예언에 나타난 참된 목자—양 떼를 먹이는 행동을 통해 정체를 드러내는―는 주 하나님 자신이다. 추정컨대, 에스겔 34:23-24의 다윗 왕은 이 신적 목자의 행위를 대리하는 매개 도구일 것이다.

그러면 예수가 백성들을 목자 없는 양으로 여기시고 이들을 푸른 초장에 앉혀 먹이신다는 (에스겔 반향에 따른) 마가의 이야기에서 우리는 무엇을 추론할 수 있는가? 예수는 대리자로 역할 하면서 모세에 의해 예표되고 다윗 후손으로 오실 메시아에 대해 예언된 역할을 성취하고 계신 것인가? 아니면, 예수가 "너희는 나의 양 떼, 내 목장의 양 떼이며, 나는 너희의 하나님이다"(겔 34:31)라고 상징적으로 선언하고 계신 것일까? 이어지는 이야기인 바다 위를 걸으신 예수 이야기가 오천 명을 먹이신 사건과 밀접하게 연관이 있다면(복음서 전승들에서 이들 사이의 밀접한 관계가 암시하듯; 참조, 요 6:1-21), 이러한 질문들이 어떻게 대답되어야 하는지 단서를 제공해줄 것이다.

마가복음 6:45: 누가 바다 위를 걷는가?

바로 다음 내러티브에서 우리는 예수가 바다를 건너실 때 이상하게 출현하시는 기사를 접하면서 더더욱 자극적인 음식을 맛보게 된다(4:35-41의 논의를 보라). 즉, 예수는 바다 위를 걸어 제자들에게 다가오셨다. 저들의 두려움에 반응하여 예수는 안심시키는 말씀을 주셨다: θαρσεῖτε, ἐγώ εἰμι· μὴ φοβεῖσθε ("안심하거라. 나다. 두려워 말아라"). 우리는 이를 예수의 신적 정체성에 대한 또 다른 계시를 드러내는 기사로 읽어야 하는가?

이 이야기에는 구약 인용구가 존재하지 않기에, 바다를 걸어서 건너시는 하나님의 이미지는 파도에게 명령하여 잠잠하게 하시는 이미지만큼 폭넓게 입증되지 않는다. 이 이야기와 출애굽 모티프 사이의 연결 가능성은 시편 77:19, 이사야 43:16, 이사야 51:9-10과 같은 본문들에서 확인할 수 있다.[51] 하지만 이 본문들은 출애굽 시 하나님이 물을 가르시고 백성들로 하여금 **마른 땅 위로** 바다를 건너도록 인도하셨기에(출 14:21-22, 15:19) 마가복음 본문에 완전히 들어맞는 것은 아니다. 저 본문들의 이미지는 바다 위를 걷는 신에 관한 것이 아니다.

그러나 적어도 하나의 구약 본문이 마가복음의 바다 위를 걷는 이야기를 예표하고 있다. 곧, 하나님을 모든 피조물에 대한 주권자로 묘사하고 있는 욥기의 송가는 하나님을 "홀로 하늘을 펼치시며 바다 물결을 밟으시는 분"(욥 9:8)으로 드높인다. 본래의 욥기 문맥에서 이 구절은 아마도 하나님이 태곳적 물의 혼돈을 정복하신 일에 대한 또 다른 언급으로 보인다. 하지만 칠십인역 욥기 9:8에는 마가복음 6:45-52를 이해하는 데 상당히 중요할 수 있는 번역을 제시한다: ὁ τανύσας τὸν οὐρανὸν μόνος καὶ περιπατῶν ὡς ἐπ᾽ ἐδάφους ἐπὶ θαλάσσης ("홀로 하늘을 펼치시며 바다 위를 마른 땅 위를 걷듯이 걸으시는 분").[52]

마가가 욥기 9장을 염두에 두었다면 물 위를 걷는 이야기의 정말 난해한 특징을 설명할 수 있게 된다. 예수가 바다 위를 걸어오실 때에 마가복음의 화자는 아리송하게 이야기한다: "그들을 지나치려 하셨다"(ἤθελεν παρελθεῖν αὐτούς, 막 6:48). 이 표현은 해석자들을 끊임없이 당황시키면서—마가복음의 이 어구를 삭제한 마태를 필두로(마 14:25)—아우구스티누스(Augustine)의 해석, 곧 "제자들을 지나치려고 했던 예수의 의도는 부르짖음을 유발하여 이에 대한 응답으로 그들을 안심시키려 했다"라는[53] 식의 부자

---

51. 예, Hooker, *Gospel according to Saint Mark*, 169. 시 77:19-20은 5,000명을 먹인 사건과 특히 좋은 연결고리를 제공한다. 이는 하나님의 자기 백성을 "양떼처럼" 인도한다고 말하고 있기 때문이다.

52. LXX의 περιπατῶν ... ἐπὶ θαλάσσης (욥 9:8)은 마가복음의 ἐπὶ τῆς θαλάσσης περιπατοῦντα (막 6:49)와 비교될 수 있다.

53. Augustine, *Cons.* 2.47, as translated by T. C. Oden and C. A. Hall, *Mark* (ACCS;

연스러운 설명들을 양산시켰다. 하지만 우리가 욥기 9장의 인유를 인지한다면 의미를 더욱 밝게 비추어주는 해석을 엿보게 된다. 창조주 하나님이 바다 위를 걷는 것으로 묘사되고 있는 구절에서 욥은 계속해서 자신의 제한된 지식을 벗어나는 하나님의 방식에 경탄한다.

> 그는 마음이 지혜로우시고, 힘이 강하시니―
>
> 누가 거역하고도 온전할 수 있을까?―
>
> 그는 알지 못하는 사이에 산을 옮기시며
>
> 진노로 산을 무너뜨리시고,
>
> 땅을 그 자리에서 뒤흔들어,
>
> 그 기둥들이 요동치게 하시고
>
> 해에게 명령하셔서 뜨지 못하게 하시며,
>
> 별들을 봉인하시고
>
> 홀로 하늘을 펼치시며
>
> 바다 물결을 밟으시며(LXX: καὶ περιπατῶν ὡς ἐπ' ἐδάφους ἐπὶ θαλάσσης, "바다 위를 마른 땅 위를 걷듯이 걸으시며")
>
> 북두성과 삼성과
>
> 묘성과 남방의 밀실을 만드시고,
>
> 크고 측량할 수 없는 일을 하시며
>
> 기이한 일을 헤아릴 수 없이 하신다.
>
> **보라, 그가 내 곁을 지나가시나, 내가 보지 못하며,**
>
> 그분이 나아가시나(LXX: παρέλθη με, "그분이 나를 지나가신다"),

Downers Grove, Ill.: InterVarsity, 1995), 95. 저 이야기에 따르면 제자들이 예수에게 도움을 구하지 않았기 때문에 이 설명은 특히 만족스럽지 못하다. 저들은 예수를 유령으로 생각했기에 무서워했다.

내가 그를 알지 못한다.[54] (욥 9:4-11)

따라서 욥기 9장에서 하나님이 바다 위를 걸어가시는 이미지는 인간 이해를 초월하는 하나님의 신비에 대한 고백과 연결되어 있다. 즉, 하나님의 "지나가심"은 그분의 능력을 파악하지 못하는 우리의 무능함을 가리키는 메타포다.[55] 이 메타포는, 우리가 여기에서 분명하게 깨닫게 되듯, 예수의 신적 정체성이 발견되기 어렵다는 사실에 대한 마가의 강조와 완벽하게 들어맞는다. 따라서 바다 위를 걸으시는 예수의 출현 이야기는 욥기 9장을 배경으로 읽혔을 때 마가 기독론의 특징적인(signature) 이미지로 인지될 수 있다.

이 관찰에 동사 '빠렐테인'(παρελθεῖν, "지나가다")이 출애굽기 33:17-23과 34:6을 거의 확실하게 인유하고 있다는 통찰이 더해져야 한다. 저 본문들에는 "나를 보고서 살 자가 없다"라며 하나님이 모세에게 영광을 간접적으로 드러내시기 위해 그를 "지나치시는" 장면이 나온다.[56] 칠십인역에는

---

54. 욥기 9:11의 히브리어 본문은 이렇게 읽는다: עָלַי וְלֹא אֶרְאֶה וַיַחֲלֹף וְלֹא אָבִין לוֹ הֵן יַעֲבֹר. 마지막 절은 "나는 그를 이해하지 못한다"로 번역될 수 있는데, 이는 막 6:45-52와 상호텍스트적 대위법(counterpoint)으로 그 인용을 더욱 인상적으로 만들 수 있는 번역이다. 동사 עבר ("지나가다")는 LXX에서 (출 33:19, 22; 34:6에 서처럼) 종종 παρελθεῖν로 옮겨진다. 그러나 LXX 욥기 번역자는 9:11의 첫 번째 절이 아닌 두 번째 절에서 (חלף를 번역하는 데) παρελθεῖν를 사용했다.

55. 주석가들은 막 6:45-52에서 욥 9:8의 인유 가능성을 지속적으로 언급한다. 내가 조사했던 사람 중 단지 소수만이 제자들을 "지나가려는" 예수의 의도가 담긴 마가복음을 이해하기 위해 욥 9:11의 가능한 의미에 주목한다(예, Eugene Boring, *Mark: A Commentary* [NTL; Louisville, Ky.: Westminster John Knox, 2006], 190; William L. Lane, *The Gospel according to Mark: The English Text with Introduction, Exposition, and Notes* [NICNT; Grand Rapids: Eerdmans, 1974], 236; France, *Gospel of Mark*, 272n68).

56. Pesch, *Das Markusevangelium*, 1:361; John Paul Heil, *Jesus Walking on the Sea: Meaning and Gospel Functions of Matt. 14:22-33, Mark 6:45-52, and John 6:15b-21*

'빠렐테인'(παρελθεῖν) 동사가 이 단락에서 반복적으로 사용되는데, 이에 따른 결과로 '빠렐테인'(παρελθεῖν)은 거의 하나님의 출현/현현을 가리키는 전문 용어가 됐다.[57] 따라서 마가복음 6:48의 신비한 진술이 출애굽기의 신현(theophany) 인유로 해석된다면, 예수가 물 위를 걸으신 것은 신적 영광의 현시(顯示, manifestation)이면서, 동시에 완전한 이해를 넘어서는 우회적인(indirect) 행위로 남게 된다—전혀 이해하지 못하고 있는 제자들의 반응이 충분히 보여주듯 말이다(막 6:51-52).

이 내러티브 문맥에서 우리는 또한 예수가 제자들에게 하신 위로의 말씀(막 6:50, "나다[ἐγώ εἰμι]. 두려워 말라")을 출애굽기 3:14에서 아브라함과 이삭과 야곱의 하나님이 불타는 떨기나무에서 하신 자기-계시적 발언의 반향으로 들어야 한다는 데 의심의 여지가 없다: "나는 스스로 있는 자다"(I am who I am; LXX: ἐγώ εἰμι ὁ ὤν). 몇몇 다른 구약 본문들은 (칠십인역의) '에고 에이미'(ἐγώ εἰμι)를 사용하여 출애굽기의 이 근본적인 신적 자기-계시 발화를 반향한다(예, 신 32:39; 사 41:4, 51:2; 참조, 이사야 43:11). 따라서 예수가 바다를 걸으시며 "나다"라는 동일한 어구를 말씀하실 때 이는 마가복음 전체에 암묵적으로 존재하는 신적 정체성 주장을 강조하는 역할을 한다.

오병이어 기적의 의미를 이해하지 못했던 둔감한 제자들은 이처럼 매우 극적인 표시조차 이해하지 못했다. 마태는 제자들의 우둔함을 설명하기 어렵다는 것을 발견하고서 마가와는 다른 결말을 썼다. 곧, 예수가 배에 올라 타셨을 때 제자들은 즉시 저를 경배하면서 "참으로 당신은 하나님의 아들이십니다"(마 14:33)라고 선언했다. 이러한 방식으로 제자들은 마태가 교회에서 장려하려고 했던 예수에 대한 반응의 모델이 된다. 마가는,

---

(AnBib 87; Rome: Biblical Institute, 1981), 69-72; Marcus, *Mark 1–16*, 426. 또한 왕상 19:11-13을 보라.

57. Marcus, *Mark 1–16*, 462; 마찬가지로, Heil, *Jesus Walking on the Sea*, 70.

내가 제안하는 바, 약간 다른 종류의 반응을 이끌어 내려고 했다. 말하자면, 마가가 제시한 단서들을 이해한 사람들은 하나님이 이상하게도 예수 안에 계시다는 것을 인지하게 되겠지만, 저들의 반응은—적어도 이야기 내의 이 시점에서—특별히 경외감으로 인한 침묵이 될 것이다. 마가는 예수의 정체의 비밀을 큰 소리로 외치기를 거부하고, 대신에 신비로운 상징이 담긴 내러티브를 통해 암시하면서 독자들이 너무나도 놀라워서 이해하기 어려운 것들을 말하기 전에 질문을 던지며 더욱 깊이 경청하도록 가르친다.

마가복음 7:37:
누가 듣지 못하는 자를 듣게 하시고 말하지 못하는 자를 말하게 하시는가?

마가복음 7:31-37에서 마가는 예수가 말이 어눌하고(μογιλάλος, 7:32) 귀 먹은 자를 치유하신 이야기를 간단히 들려준다. 이 치유가 "데가볼리 지방"에서 발생했고 또한 특히 바로 앞에 나오는 수로보니게 여인 이야기(7:24-30)가 이방인들에게 예수의 치유의 능력을 보여준 것을 핵심 주제로 소개하기에, 귀 먹은 자와 저를 둘러싼 군중들이 유대인이기보다는 이방인이었으리라 일반적으로 추측할 수 있다. 3세기의 해석자 락탄티우스(Lactantius)는 청각장애인을 고치신 사건에서 미래에 있을 이방인 선교의 조짐(sign)을 보았다: "하지만 이 능력을 보여준 것에는 또 다른 의미가 내포되어 있다. 이전에 하늘의 일에 무지한 사람들이 지혜의 가르침을 받아 하나님의 진리를 곧 말할 수 있게 될 것이다."[58] 이 서술은 이방인들에게 복음이 계시된 과거의 역사적 사건을 묘사하는 데 다분히 일반적이며, 동

---

58. Oden and Hall, *Mark*, 104. Marcus (*Mark 1-16*, 480-81)은 유사한 읽기를 독자적으로 제시한다.

시에 이 이야기가 "지혜의 가르침"을 통해 이후에 모든 이들에게 접근 가능한 깨우침의 상징으로 작용한다는 점에 주목할 필요가 있다.

하나님의 치유 능력 영역에 이방인들을 포함시키는 모티프는 실제로 이 이야기가 의미하는 바의 일부일 수 있다. 하지만 마가는 청각-언어장애인의 치유를 이스라엘의 종말론적 회복에 대한 이사야의 예언과 암시적으로 연결 지음으로 이야기를 다른 방향으로 몰아간다. 놀란 군중은 한 목소리로 "그분이 모든 것들을 훌륭하게 행하셨다. **귀 먹은 자로 듣게 하시고 말 못하는 자로 말하게 하신다**"(막 7:37)라고 외쳤다. 여기에는 구약의 명백한 인용이 없지만 이들의 환호는 이사야 35:5-6을 반향한다. 이 구절에 대한 칠십인역의 유사성은 특히 주목할 만하다.

> 그때에 보지 못하는 자들의 눈이 뜨이고
>
> **귀 먹은 자들의 귀가 열릴 것이며,**
>
> 저는 사람이 사슴과 같이 뛰고
>
> **말 더듬는 자의**(μογιλάλων; 참조, 막 7:32) 혀가 분명해질 것이다.

이 반향은 예수의 사역이 이사야의 약속에 대한 성취의 표징임을 암시한다.[59] 마가의 이사야 인유는 예수의 기적 사역에서 이사야가 그린 새 창조가 이제 침입하였고 포로 생활을 끝내고 돌아오게 되었음을 암시한다. 이사야 35:5-6 반향으로 더욱 넓은 문맥을 상기할 수 있다면 독자들은

---

59. Lane, *Gospel according to Mark*, 268; Marcus, *Mark 1–16*, 480–81. 이런 방식으로 막 7:37은 마 11:2-6과 눅 7:18-23에서 발견되는 독립적 전통과 병행을 이룬다. 이곳에서 사 35:5-6을 참조한 것은 더더욱 명료하다. Watts (*Isaiah's New Exodus*)는 놀랍게도 마가복음에 나타난 이사야서 새 출애굽 모티프의 중요성을 가리키는 또 다른 증거로서 막 7:37에 대한 확장된 논의를 제공하지 않는다.

이사야 신탁이 다음과 같은 약속으로 끝난다는 것을 기억할 것이다.

> … 주에게 속량받은 자들이 돌아와
> 노래하며 시온에 이르리니,
> 그 머리 위에 영원한 기쁨이 있을 것이며
> 그들은 즐거움과 기쁨을 얻을 것이고,
> 슬픔과 탄식이 사라질 것이다. (사 35:10)

이와 같이 마가복음 7:37은 우리가 마가복음 내러티브 전반에 걸쳐 관찰한 주제, 곧 이스라엘의 회복을 보여준다. 당면한 본문은 이방인을 위한 하나님의 종말론적 치유 사역에 초점을 맞추면서 이전에 이스라엘로부터 배제되었던 사람들을 포함하도록 구원 이야기를 확장한다.[60]

하지만 마가복음 7:37과 이사야 35장 사이의 연결은 또 하나의 더욱 깊은 함의, 하지만 인지하기는 더욱 어려운 함의를 가진다. 이사야 35:5-6 인유가 우리가 방금 제안했던 환용적(metalepsis) 특징을 가진다면, 이사야 35장에 나타난 치유와 회복 행위의 주체(agent)가 다름 아닌 하나님 자신이라는 사실을 간과해서는 안 된다.[61] 청각-언어장애인 치유에 대한 이사야의 언급 바로 앞의 구절은 이 점을 다음과 같이 확고하게 역설한다.

---

60. 특히 Marcus, *Mark 1–16*, 481에서 주목한 것처럼 말이다.

61. 막 7:37에서 예수의 신적 지위를 주장하는 미묘한 원인은 우리가 다음 제안을 따른다면 더더욱 강화될 것이다(Pesch, *Das Markusevangelium*, 1:398; Marcus, *Mark 1–16*, 480–81). 곧, καλῶς πάντα πεποίηκεν ("그가 모든 것을 잘 했다")는 어구는 창 1:31의 반향으로 들어야 한다. 여기서 하나님은 자신이 만드신 모든 것이 좋다고 선언하셨다(LXX: καὶ εἶδεν ὁ θεὸς τὰ πάντα ὅσα ἐποίησεν καὶ ἰδοὺ καλὰ λίαν). 이 반향은 대부분의 영역본에 나타나는 것보다 그리스어에 분명히 더욱 강하게 나타난다.

마음에 두려움이 있는 자들에게 말하라.

"강하여라. 두려워 말라!

여기에 너희의 하나님이 계신다.

그가 오셔서 보복하시며

완전하게 갚아 주시며

그가 오셔서 너희를 구원하실 것이다."[62] (사 35:4)

이렇게 마가는 인지할 수 있는 독자에게 예수가 선지자, 기적을 일으키는 자, 하나님의 구원을 선언하는 중개자 이상이라는 도발적인 단서를 다시 한번 제공한다. 귀 먹은 자로 듣게 하고 말 못하는 자로 말하게 하시는 분은 자기 백성을 목양하시는 분과 동일한 분이자 이스라엘을 구원하기 위해 권능으로 오시는 주 하나님이시다.[63] 마가복음 7:37에 나타나는 무리들의 환호는 내러티브 단위를 끝맺고, 공기 중에 공명을 일으켜 이사야 35장을 조화로운 화성으로 울리게 한다. 들을 귀 있는 독자들은 잠시 멈추어 서서 이사야를 따라 속삭이게 될 것이다: "여기에 우리의 하나님이 계신다."[64]

---

62. 사 35:4 LXX의 마지막 행은 이렇다: αὐτὸς ἥξει καὶ σώσει ἡμᾶς. 강조적 αὐτός의 관점에서 "직접 그가 와서 우리를 구원할 것이다"(He himself will come and save us)로 번역돼야 한다.

63. 사 35:4과 사 40:9-10 사이의 밀접한 평행에 주목하라. Pesch (*Das Markusevan-gelium*, 1:398)는 사 35:4의 암시를 가리키고 이렇게 덧붙인다: "인간을 구원할 하나님이 예수 안에 오셨다."

64. 사 35:4 LXX는 ὁ θεὸς ὑμῶν ("너희 하나님")이 아닌 ὁ θεὸς ἡμῶν ("우리 하나님")으로 되어 있다.

마가복음 11:12-14: 누가 무화과나무에 열매를 찾으러 오는가?

지금까지 살펴본 본문들은 마가복음 1-7장에 흩어져서 예수가 어느 정도 이스라엘의 하나님과 직접 동일시된다는 임의의 추측 이상의 것을 만들어낸다. 예수는 광야에서 외치는 자의 소리가 오실 길을 예비하는 주 (Kyrios)시며, 죄를 사하시는 권세가 있으시고, 바다와 바람에 명령할 능력이 있으시며, 이스라엘의 참된 목자시고, 바다 위를 걸으시며, 듣지 못하는 자로 듣게 하며 말 못하는 자로 말하게 하신다. 이 모든 단서들은 하나님이 신비롭게도 직접 예수 안에 현존하신다는 놀라운 주장을 가리키고 있다. 그런데 우리가 살펴보았듯, 예수의 제자들은 단서들을 이해하지 못했고, 백성의 종교 지도자들은 완고한 마음으로 예수를 배척했다. 이에 예수가 예루살렘에 당도하셨을 때 긴장감이 감돌았다.

갈등은 예수가 성전의 심판을 예언했을 때에 고조됐다(막 11:12-25). 우리가 관찰한 바와 같이 예수의 말씀과 행동은 예레미야의 심판 예언을 재현하기 위해 만들어졌다(렘 7-8장). 우리가 살펴본 많은 단서들에 비추어 볼 때 마가의 예수는 이스라엘의 하나님의 존재를 다소 신비롭게 체현하고 있다. 또 하나의 예레미야의 구체적인 신탁은 이제 우리의 이목을 집중시킨다. 예레미야는 불충실한 백성들에게 하나님의 인격(persona)으로 (1인칭으로) 예언한다.

> 주가 말씀하셨다. 내가 그것들을 수확하려고 했을 때에,
>
> 포도나무에 포도가 없으며,
>
> 무화과나무에도 무화과가 없고
>
> 잎도 말라 버리니,
>
> 내가 그들에게 주었던 것들이 없어졌다. (렘 8:13)

여기서 포도와 무화과를 얻지 못한 것으로 표현되신 분은 바로 하나님
이시다. 우리는 마가의 불길하고도 상징적인 이야기, 곧 무화과나무에서
무화과를 찾아 헤맸지만 나무가 시들어버리게 된 이야기(막 11:12-14, 20-21)
를 보면서 무엇을 생각해야 하는가? 이 이야기는 열매를 찾는 자의 정체
에 대해 무엇을 이야기하는가? 이는 예수가 구약에 나타난 바, 주 하나님
에게 독점적으로 주어진 역할에 참여하신 또 다른 경우다. 만일 이것이
유일한 예라면, 아마도 우리는 이에 대해 많은 것들을 알지 못했겠지만,
앞선 본문들과의 일치성에 비추어 볼 때 마가복음 11:12-14과 예레미야
8:13의 연결은 미묘하면서도 가차 없이 예수를 예레미야가 말한 주와 동
일시한다. 하지만 이전과 마찬가지로 이 신비한 정체성은 직접적인 진술
로 주장되기보다는 내러티브적 표상화(figuration)를 통해 제시된다.[65]

그림 복잡하게 하기: 예수와 하나님의 구분점

우리가 연구한 본문들과 나란히, 우리는 마가복음의 몇몇 본문들이
예수와 이스라엘의 하나님을 구별하는 것처럼 보인다는 점을 인정해야만
한다. 마가복음은 예수와 이스라엘의 하나님을 서로 다르지 않고 단순히
동등하다고 가정하지 않는다.

예수가 다윗 후손의 메시아에 대한 서기관들의 가르침에 수수께끼로
도전하셨을 때(막 12:35-37), 부르시는 주와 왕위의 우편에 앉도록 부르심을
받는 주 사이에 구분점이 생긴다. 이와 같이 예수는 나중에 인자가 궁극
적으로 권능자의 우편에 앉게 될 것을 선포하신다(14:62). 우리가 이상에서
주장한 바와 같이, 마가가 예수를 (시 110:1 및 단 7:13-14에서 가져와서) 다윗 후

---

65. 열매 맺을 수 없거나 말라버린 무화과나무 이미지는 백성의 운명을 가리키는 상징
    으로 다른 구약 본문에도 몇 차례 나타난다. 예, 미 7:1; 욜 1:7; 호 9:10, 16-17을 보
    라. 더 자세한 논의는 Telford, *Barren Temple*, 133-63을 보라.

손의 메시아이자 인자로 드러내고 있다면, 예수의 미래에 고양될(exalted) 지위는 옛적에 계신 분(the Ancient of Days) **곁**에 있는 것처럼 보인다. 이는 분명히 특별한 영광과 권능의 위치이지만, 고양되어 하나님 곁에 이르게 된 지위가 이스라엘의 하나님과 완전히 동일한 것은 아니다.

예수와 하나님 사이의 구별은 또한 종말의 때에 대한 예수의 제한된 지식과 연관되어 드러난다. 마가복음 13장의 묵시적 담화의 결론 부근에서 예수는 마지막 시점을 알 수 없다고 이야기하신다: "그러나 그 날짜나 그 시각에 대해서는 아무도 모른다. 하늘에 있는 천사들도 모르고 아들도 모르며, 오직 아버지만 아신다"(13:32). 마가복음 어느 곳에서도 예수가 자신을 "그 아들"로 직접 언급하신 곳이 없다. 이 용어는 요한복음의 파편이 이상하게도 마가복음에 나타난 것처럼 보이지만, 마가복음 독자에게는 이를 해석하기 어렵지 않을 것이다. 그 이유는 예수가 이미—귀신에 의해서 뿐 아니라(3:11, 5:7)—세례 사건(1:11)과 변화산 사건(9:7)에서 하늘의 음성으로 하나님의 아들이라 일컬음을 받았기 때문이다. 악한 포도원 농부들에 관한 명료한 기독론적 비유에서도 예수는 "사랑하는 아들"(12:6)로 묘사됐다. 더 나아가, 예수를 인자로 반복적으로 언급하고 있는 곳에서도—13:26에서 바로 앞서 나오는 경우를 포함하여—독자는 예수의 표현을 자기-지칭의 형태로 이해한다. 13:32을 제외하고 마가복음에서 하나님을 "아버지"로 언급하는 것은 단 세 번뿐이지만(8:38, 11:25, 14:36), 이들 중 첫 번째 경우는 종말론적 담화에 나오는 아버지/아들 언어를 조명해주기를 기대하게끔 한다: "누구든지 이 음란하고 죄악 된 세대에서 나와 내 말을 부끄러워하면, **인자가 아버지의 영광** 가운데 거룩한 천사들과 함께 올 때에 그 사람을 부끄럽게 여길 것이다." 이렇게 이 모든 종말론적인 언급들은 예수를 아들로 묘사하면서, 아들의 역할을 아버지의 역할과 분리시킨다. 아버지/아들 언어는 역할과 인격의 구별을 유지하면서, 예수와 영광/

권위를 공유하는 하나님을 예수와 가장 가까운 관계로 묶는다.

　이 관계는 예수의 겟세마네의 기도에도 표현된다. 거기에서 예수는 자신을 아버지의 뜻에 복종시키셨다: "아바 아버지, 아버지는 모든 것을 하실 수 있으시니, 이 잔을 내게서 옮겨 주십시오. 그러나 내가 원하는 대로 마시고 아버지가 원하시는 대로 하십시오"(막 14:36). 여기에서 예수는 하나님의 역할이 아닌 이스라엘의 역할을 하고 계신 것처럼 보인다. 곧, 의심과 고통 중에 복종하고 순복하게 된다. 14:34에 기록된 예수의 자기-묘사—"내 마음이 매우 괴로워(περίλυπός ἐστιν ἡ ψυχή μου) 죽을 것 같다"—는 깊은 고통의 때에 하나님의 도움을 갈망하는 시편 기자의 기도를 반향한다(시 42:5, 11; 43:5).

> 내가 나의 반석이신 하나님께 말합니다.
> "주가 어찌하여 나를 잊으셨습니까?
> 어찌하여 내가 원수의 압제 속에
> 슬퍼하며 다녀야 합니까?"
> 내 몸의 깊은 상처와 같이
> 나의 원수들이 날마다 나를 조롱하여 말합니다.
> "너의 하나님이 어디 있느냐?"
> 오, 내 영혼아, 네가 어찌하여 낙담하며(LXX: ἵνα τί περίλυπος εἶ ψυχή)
> 어찌하여 내 속에서 불안해하느냐?
> 너는 하나님을 바라라. 나는 나의 도움이며 나의 하나님이신
> 그분을 다시 찬양할 것이다. (시 42:9-11)

　그런데 정확하게 이 슬픔-비탄의 투쟁 가운데서 예수는 하나님을 "아버지"로 식별하며, 그럼으로써 마가복음 가장 처음—적어도 예수의 세례

기사에서 시작된—부터 예수의 정체성을 구성해온 아버지/아들 관계를 확증한다.[66]

마지막으로 십자가에서 버림받았다는 절규는 다시 한번 시편의 언어를 가져온 것으로서 단지 예수와 하나님 사이의 구분뿐 아니라 극명한 분리 역시 표현한다: "나의 하나님이여, 나의 하나님이여, 어찌하여 나를 버리십니까?"(막 15:34; 시 22:1의 반향). 우리가 이 부르짖음을 어떻게 이해하든지, 마가복음 수난 기사에 나오는 예수는 하나님에게 복종하여 고통을 겪고 죽임을 당하며 고뇌의 마지막 때에 하나님의 버리심을 경험하는 인간 존재다.[67]

마가 이야기의 이러한 요소들에 비추어 볼 때, 예수가 하나님 존재의 신비스러운 체현이라는 널리 퍼져 있는 마가의 표지판을 우리는 어떻게 이해해야 하는가? 마가는 이 문제에 대한 해결책을 개념적으로 제공해주지 않는다. 대신에 마가는 이 진리들을 내러티브에 긴밀하게 매달아 놓는다. 마가복음의 중심인물인 예수는—우리가 조야하게 표현하자면—**이스라엘의 하나님이면서 인간 존재이지, 단순하게 이스라엘의 하나님과 동일시되는 존재가 아니다.** 사실 마가의 이야기는 4세기와 5세기의 기독론적 논쟁에서 교회의 신학자들이 해결하려고 했던 수수께끼를 이미 제시하고 있다. 저 논리적 긴장들은 마가의 서술에 내재되어 있다. 이는 단지 우리가 네 번째 복음서(요한복음을 지칭—역주)의 "신적인" 예수를 공관복음의 "인간" 예

---

66. 이 본문에 나오는 예수의 신적 정체성 문제에 대한 복잡한 분석을 위해서는, Robert Jenson, "Jesus, Identity, and Exegesis," in *Seeking the Identity of Jesus: A Pilgrimage* (ed. Beverly Roberts Gaventa and Richard B. Hays; Grand Rapids: Eerdmans, 2008), 43-59, esp. 51-59을 보라.

67. 이 주제에 대해 좋은 생각을 떠올리게 하는 논의를 위해서는, Joel Marcus, "Identity and Ambiguity in Markan Christology," in *Gaventa and Hays, Seeking the Identity of Jesus*, 133-47을 보라.

수와 대조하여 놓을 때에만 창조되는 것이 아니다—이는 양측에서 오해의 소지가 있는 캐리커쳐(caricature)다. 오히려 마가의 이야기는 반복적으로 구약의 이미지를 끌어다가 인간 예수를 바람과 바다가 복종하는 주로 묘사한다.

이때 더욱더 충격적인 것은 이 이야기가 주(Lord)를 십자가 위의 경멸스러운 죽음으로 거침없이 몰아가고 있다는 사실이다. 예수의 정체를 서술하기 위한 마가의 구약 사용을 우리가 완전히 탐구하려면 구약이 마가복음의 중심적인 역설—십자가에 달리신 메시아, 예수—을 어떻게 조명하는지에 주의를 기울여야 한다.

십자가에 달리신 메시아, 예수

마가의 예수 이야기가 예수의 정체에 대한 중심 계시로 십자가 사건에 끊임없이 초점을 두고 있다는 것은 보편적으로 인정되어 왔다. 한 등장인물은 예수가 죽으시는 순간에야 비로소 진리를 인지하고 고백하게 된다. "참으로 이 사람은 하나님의 아들이셨다"(막 15:39)라고 선언한 로마 백부장 말이다.[68] 마가는 예수를 "십자가에 못박힌 나사렛 사람, 예수"

---

68. Juel (*Messiah and Temple*, 83)은 백부장의 외침은 이야기 표면 차원에서 예수에 대한 고백으로 기능하지 않는다—백부장은 자신의 진술의 깊은 의미를 몰랐다—는 흥미로운 제안을 했다. 그보다도 이 차원에서 백부장은 예수의 대적 중 한 사람으로서 조소했다는 것이다: "아무렴, 이 남자는 하나님의 아들이지"(Donald H. Juel, *A Master of Surprise: Mark Interpreted* [Minneapolis: Fortress, 1994], 74n7; 참조, Robert M. Fowler, *Let the Reader Understand: Reader-Response Criticism and the Gospel of Mark* [Minneapolis: Fortress, 1991], 22-24, 205-9). 이러한 관점에서 비꼬는 언급의 극적 아이러니는 백부장의 말이 내러티브 의미의 깊은 차원에서 참으로 진실이라는 인식에 있다. 그러나 나는 이의를 제기해야만 하겠다. 이 제안이 흥

(16:6)로 바르게 알고 있다. 따라서 이어지는 지면의 목적은 십자가가 마가의 핵심 메시지라는 것을 (잉여적으로) 주장하는 데 있는 것이 아니라 마가가 예수의 죽음을 서술하고 그 의미를 해설하기 위해 이스라엘의 성경을 이끌어내는 방식을 탐구하는 데 있다.

마가의 수난 기사 초반부에서 예수는 자신의 고난과 죽음과 관련해 전개되는 사건들에 비추어 현재 벌어지고 있는 운명이 구약에 예견됐다는 신비스러운 선포를 두 차례 하신다. 첫째는 마가의 마지막 만찬 언급에서 찾아볼 수 있다. 제자들 중 하나가 예수를 배반하게 될 것이라는 예언에 잇달아 예수는 다음과 같은 어두운 신탁을 읊조리셨다: "인자는 그에 관해 **기록되어 있는 대로** 떠나가지만, 인자를 배반하는 자에게는 화가 있을 것이다!"(막 14:21). 둘째는 예수가 겟세마네 동산에서 붙잡히시는 절정의 장면에 나타나는데, 이번에는 체포자들에게 말한다: "너희가 마치 강도를 대하듯이 칼과 몽둥이를 들고 나를 잡으러 나왔느냐? 내가 너희와 함께 있으면서 성전에서 가르칠 때마다 너희가 나를 붙잡지 않았다. **하지만 성경이 성취되게 하라**"(14:48-49).

이 두 말씀에서 놀라운 것은 수난 예언으로 읽어야 할 어떤 특정 본문을 명기하지 않는다는 것이다.[69] 이 내러티브 기법의 효과로 인해 우리의

미롭기는 하지만 이는 마가복음에서 예수의 죽음의 계시적 중요성을 적절하게 설명해내지 못한다. 백부장의 진술의 아이러니는 정확히, 예수의 죽음의 순간에 어떤 사람이(그것도 이방인 군인이!) 예수의 정체에 있어서 중요한 진리—예수는 하나님의 아들이다—를 마침내 인지했다는 사실에 있다. 마가는 여기서 자신의 패를 내보인다. 마가가 기독론적 범주를 미묘하게 재설정하고 예수를 이스라엘의 하나님과 동일시한 것은 십자가 위에서 가장 밝히 계시된다.

69. 막 14:49에서 네스틀레-알란트 28판(Nestle-Aland[28]) 난외주는 사 53:7의 참조를 제시한다. 이는 난데없이 (또는, 조금 더 자비롭게 말하자면, 후대 기독교 해석 전통에서) 발생한 것 같다. 사 53장에 대한 인유를 제안하는 직접적인 문맥이 없을 뿐 아니라, 53:7을 여기서 끌어내기에는 특히 의심스럽다. 왜냐하면 이 본문은 종이 침

호기심은 자극되고 경계심을 가지게 된다. 구약의 공명들에 귀를 기울이라는 예수의 권위 있는 음성에 의해 미리 경고를 받은 우리는 눈 앞에 벌어진 암울한 사건을 해석하기 위해 특별히 중요한 연결점들을 주의 깊게 찾고 해석할 준비가 되었을 것이다. 어떤 구약 본문이 예수의 고난과 죽음으로 성취되었는가?

놀랍게도 마가복음에 예수의 수난과 죽음과 관련한 구약 인용문은 네 개뿐인데, 이 중 두 개의 인용문만이 명시되어 있다. 이때 두 개의 직접 인용구가 모두 예수의 입에서 나왔다는 점은 주목할 만하다. 이야기의 화자인 마가는 명확한 언급은 피하면서 구약 인유들을 가지고 미묘하게 이야기를 꾸려나가지만, 이야기의 중심인물 예수는 명백한 해석학적 단서들을 제시한다. 위에서 언급된 첫 번째 인용구는 악한 소작인 농부들 비유(막 12:1-11)의 결론부에 위치하고 있다. 비유를 가르치신 후 예수는 대제사장들, 서기관들, 장로들에게 직접 말씀하셨다(참조, 11:27, 12:12).

> "너희가 이 성경을 읽지 못하였느냐?
> '건축자들의 버린(ἀπεδοκίμασαν) 돌이
> 모퉁이 머릿돌이 됐다.
> 이것은 주가 행하신 일이요,
> 우리 눈에 놀라운 일이다.'" (막 12:10-11; 시 118:22-23을 인용함)

우리가 이미 살펴본 바와 같이 시편 118편은 예수의 승리적 예루살렘 입성에 어떤 역할을 하고 있는 본문이다. 군중들은 시편 118:25-26의 말씀

묵하고 입을 열지 않았다는 것에 대해 이야기하고 있기 때문이다. 그러나 여기 막 14:49에서 예수는 자신을 잡은 자들에게 말하고 또 꾸짖는 것으로 나타나신다.

을 사용하여 예수를 오실 왕으로 찬양했다. 이 시편은 유월절에 반복해서 부르는 할렐 시편(Hallel psalms)의 절정부에 있기에 종교 지도자들 역시 이를 여러 차례 읽었다. 그렇기에 예수의 질문은 심히 반어적(ironic)이다.

우리는 시편 118:22-23과 악한 소작인들의 비유가 연결되어 예수의 부활 및 반대자들에 대한 승리를 예시하고 있음을 앞서 확인했다. 하지만 이 시편 자체에는 **버려진 돌**에 대한 언급이 나타난다. "버렸다"(ἀπεδοκίμα-σαν)는 동사는 예수가 다가오는 자신의 죽음을 처음으로 예언할 때 사용했던 바로 그 단어다: "예수가 그들에게, 인자가 많은 고난을 받고 **장로들과 대제사장들과 서기관들에게 버림을 받아**(ἀποδοκιμασθῆναι) 죽임을 당해야 할 것과 삼 일 후에 부활해야 할(δεῖ) 것을 가르치기 시작하셨다"(막 8:31). 이 두 본문이 겹치는 것은 단순한 우연이 아니다. 예수는 양 본문에서 모두 동일하게 세 집단의 예루살렘 종교 권위자들에 의해 버림을 받고 죽임을 당하실 것을 말하고 계시며, 또한 두 경우 모두 부활의 약속이 나타난다(막 8:31에서는 명백하게, 막 12:10-11에서는 암시적으로 나타난다). 마가복음 12장에서는 이 모든 것들이 시편 118편 말씀에 의해 전조됐다고 기록되어 있다. 결과적으로 우리가 마가복음 8:31을 (12장에서부터) **회고적으로**(거꾸로) 읽을 때 이해할 수 있는 바, 마가복음 두 본문 모두에서 '아뽀도끼마조'(ἀποδοκι-μάζω)에 의해 형성된 언어적 연결은 예수가 시편에 비추어 첫 번째 수난 예언을 이미 형성했음을 암시한다. 이는 미묘한 반향으로서 우리가 가이사랴 빌립보 삽화를 처음 읽을 때는 거의 확실히 놓쳤을 것이다. 실제로, 이 회고적 읽기에서 "-을 해야 한다"/"-할 필요가 있다"(δεῖ)는 표현은 **성서적으로** 예고된 고난과 죽음의 필연성에 대한 암시로 이해될 수 있다. 따라서 마가는 이스라엘의 원수들에 대한 승리에 감사하고 있는 시편 118편에서도 십자가의 전조를 보았던 것이다. 이는 물론 매우 미묘하기에 오직 우리가 마가복음 내러티브의 더욱 큰 문맥, 곧 십자가와 부활 이야기에서

"거꾸로 읽을" 때에만 이해될 수 있다.[70]

마가복음의 수난 이야기에 명시적으로 표현된 두 번째 인용문은 예수와 제자들의 마지막 만찬 직후에 나타난다.

> 그들이 찬양한 후에 감람산으로 올라갔다. 예수가 그들에게 말씀하셨다. "너희는 실패하게 될 것이다. 기록되어 있기를, '내가 목자를 칠 것인데, 그러면 양들이 흩어질 것이다'라고 하셨기 때문이다." (막 14:26-27)

"인자는 자신에 관하여 기록되어 있는 대로 간다"는 기록 직후 나타나는 이 구약 인용구는 분명히 적어도 예수의 수수께끼 같은 말씀의 의미 일부를 채워준다. 여기서 살펴볼 본문은 스가랴 13:7이다. 마가의 인용구는 칠십인역의 한 사본(LXX^Q)에 가깝기는 하지만 스가랴 사본으로 알려진 것과 정확하게 일치하지는 않는다. 히브리 전승이나 칠십인역 전승 모두에서 저 말씀은 양을 공격하는 데 사용되는 칼을 향해 시적 돈호법(apostrophe)으로[71] 명령하고 있다.

---

70. David C. Steinmetz ("Uncovering a Second Narrative: Detective Fiction and the Construction of Historical Method," in Davis and Hays, *Art of Reading Scripture*, 54-65)는 추리소설 읽기와 역사적 반성 사이에 명료한 유사점을 이끌어냈다. Steinmetz는 두 번째 내러티브—이야기의 결론과 관련하여 의미 있는 방식으로 본래 내러티브의 증거를 재설정하는 다시 읽기(rereading)—에 대해 말했다. 이 "거꾸로 읽기"는 우리의 마가복음 주해를 개념화하는 데 시사하는 바가 많다. 마가 내러티브는 이야기 결론의 예수의 십자가/부활에 비추어 회고적으로 재설정할 때 다르게 읽힌다. 이 시각에서 이야기의 미묘했던 양상은 재독할 때 더욱 명료하게 드러난다. 그러나 이것은 시편(실제로는 일반적인 구약성경)에도 적용된다. 시편은 예수에 비추어 이스라엘 이야기와 소망을 재설정하는 마가 내러티브 같은 문서의 시각에서 읽을 때 달리 읽힐 것이다.
71. 몇몇 LXX 필사본(B, ℵ*, W)은 이 명령형을 2인칭 복수로 번역했다(πατάξατε). A, Q, ℵ^c, L, C에 나오는 2인칭 단수는 MT에 나오는 읽기와 일치하며, 문맥적으로 더

"칼아, 깨어라! 나의 목자, 나와 가까운 그 사람을 쳐라." 만군의 주의 말씀
이다. "그 목자를 치면 양 떼들이 흩어질 것이다."

하지만 마가복음 14:27의 동사는 미래 직설법 1인칭 단수 형태인 '빠
딱소'(πατάξω, "내가 칠 것이다")다. 이 본문의 수정은 두 가지 중요한 함의를 지
닌다. 첫째, 이 변화는 명령을 예언으로 바꾼다―또는 더욱 정확하게 말하
자면 선포의 의도가 바뀌어서 예수의 죽음은 미래 지향적인 선언의 성취
로 묘사된다.[72] 둘째, 여기에 함의되어 있는 바, 더욱 의미심장한 것은 스
가랴 선지자를 통해 "나의 목자" 예수에게 일어날 일을 미리 말씀하시는
하나님이 치는 행위의 주체라는 것이다. 특징적으로 마가복음은 우리로
하여금 직전의 마지막 만찬 이야기에서 상징적으로 표상된 설명("이것은 많
은 이들을 위하여 흘리는 나의 피, 곧 언약의 피다", 14:24)을 발견하게끔 하는 것을 제
외하고 이 암울한 신적 목적에 대해 설명하지 않는다. 여기에서 14:27의
'빠딱소'(πατάξω)로 표현된 하나님의 의도는 정확하게 8:31의 '데이'(δεῖ)와
일치한다. 무슨 의미인지 짐작하기 어렵지만, 하나님은 6:30-44의 먹이
는 이야기에 어렴풋이 나타난 것처럼 하나님의 백성을 바르게 먹이는 목
자인 인자를 칠 필요가 있다고 생각하셨다.

잘 이해된다. 마가는 LXX와 상당히 다르다. 하지만 그러나 1인칭 단수 미래 직설
법 πατάξω는 마가에게 있어 특징적이다. 현존하는 어떤 스가랴 본문 형태도 그러
한 독법을 지지하지 않는다. Marcus, *Way of the Lord*, 154n9. 또한 J. de Waard, *A
Comparative Study of the Old Testament Text in the Dead Sea Scrolls and in the New
Testament* (STDJ 4; Leiden: Brill, 1965), 37-38을 보라.

72. 마가는 또한 두 번째 동사를 3인칭 복수 미래 수동 직설법 형태로 인용한다: δια-
σκορπισθήσονται ("흩어질 것이다"). 이와는 달리 LXX는 동사가 다를 뿐 아니라 또
한 2인칭 복수 부정과거 명령형으로 읽는다: ἐκσπάσατε ("[너희는] 흩으라").

스가랴 13장을 언급함으로 이 이상한 사건의 성격을 밝히는 것은 더욱 모호한 것으로 (럡) 모호한 것을 설명하는 것과 같다. 스가랴 9-14장의 묵시적인 예언은 극도로 어려운 본문으로서 당혹스러운 상징과 겉보기에 이상한 내적 긴장들로 가득하다.[73] 예를 들어, 스가랴 13:7에서 내쳐지는 목자는 "양떼를 버린 어리석은 목자"와 동일한 인물이고, 그래서 칼로 내쳐지는 것인가(슥 11:15-17)? 아니면, 이는 스가랴의 혼란스러운 시나리오 안에 있는 또 다른 인물인가? 예루살렘의 주민들이 스가랴 13:7의 목자를 "찔러" 놓고 저를 위하여 "사람들이 외아들을 위하여 우는 것처럼" (12:10) 매우 슬퍼하는 것이 맞는가? 스가랴의 예언적 환상들이 신비에 싸여 있지만, 요한복음 19:37에 나오는 명시적인 스가랴 12:10 인용이 동일하게— 그러나 독립적으로—증언하는 바와 같이, 예수 따르미들에 의해 십자가 사건에 대한 전조로 재해석되고 있음이 분명하다.

마가는 우리의 관심을 스가랴 13:7에 집중시키고 있지만, 문제는 사실상 정작 내러티브 안에서 마가가 스가랴 9-14장의 더욱 넓은 문맥을 어떻게 이해했는지 정확히 우리가 알 수 있도록 충분한 정보를 제공하고 있지 않다는 데 있다. 하지만 우리가 스가랴의 세부 사항들을 어떻게 이해하든지 간에 이것만큼은 분명하다. 곧, 이 불길한 예언 인용("내가 목자를 칠 것이다. …")은 독자들로 하여금 스가랴의 결론부에 표시된 강력한 묵시적 맥락 안에서 빠르게 전개되는 수난 기사 사건들을 이해하게끔 한다. 예수의 체포와 폭력적 죽음은 단순히 일상에서 일어날 법한 사건이 아니다. 이스라엘이 겪는 고통에 대한 끝없어 보이는 고루한 이야기에 어쩌다가 무작위로 추가된 잔인한 사건이 아니다. 오히려 이 사건들은 스가랴에 의해 예

---

73. Carol L. Meyers and Eric M. Meyers, *Zechariah 9–14: A New Translation with Introduction and Commentary* (AB 25C; New York: Doubleday, 1993), 397-406을 보라.

언된 최후의 날들이 마침내 이르렀다는 것을 징조한다. 목자가 내쳐지고 양떼가 흩어지더라도(막 14:30에서 제자들이 생명을 보존하기 위해 도망함으로 문자적으로 직접 성취된 예언) 하나님은 이스라엘 백성과의 언약을 재확증하시고 다시 세우실 것이며(슥 13:8-9), 또한 이스라엘을 압제하는 민족들을 정복하여 "주는 온 세상의 왕이 되시며, 그날에 오직 한 분, 주만이 계실 것이며 그분의 이름도 오직 하나뿐일 것이다"(14:9). 실제로 이 순간이 지금 이르렀다는 것을 보여주는 사건은 바로 예수의 임박한 죽음이다.[74]

내러티브의 이 지점을 넘어서면 마가는 더 이상 명시된 구약 인용구를 제시하지 않는다. 구약의 반향을 듣고 수난 이야기에서 모형론적 성취 패턴을 볼 수 있는 단서를 가진 독자로서 우리는 이제 점점 짙어가는 어두움 속으로 깊이 들어가면서 우리가 가진 해석 장치에 의존하게 된다. 이어지는 사건들의 두 핵심 지점에 나타나는 마가의 내레이션에는 구약 본문의 인용이 심겨져 있지만, 독자들이 식별할 수 있는 형태의 명시적 표지(flags)는 없다. 우리가 살펴보겠지만, 표지가 없는 이 두 인용구는 마가복음의 십자가 사건을 이해하는 데 특별히 중요하다.

---

74. Joel Marcus (*Way of the Lord*, 154-58)는 슥 14장 예언에서 죽은 자의 부활 예고를 발견하고 있는 일련의 랍비 주석들을 능숙하게 정리했다(룻기 랍바 2; 전도서 랍바 1.11; 아가 랍바 4.11을 보라). 핵심 구절은, 주의 발이 "감람산 위에 서실 것이며" 그날에 "주 나의 하나님이 오시며 모든 거룩한 자들이 그와 함께할 것이다"라고 선언하는 슥 14:4-6이다. 이러한 랍비 전승을 알고 있으면 마가복음 해석자에게 다음과 같은 질문을 제기하게 된다: 우리는 마가가 이미 이러한 전승을 알고서, 독자로 하여금 예수의 죽음을 주가 오시는 날과 일반적인 부활에 대한 서론(prefatory)으로 보도록 손짓하는 놀라운 환용법(metaleptic citation)으로, 슥 13:7을 사용하려 했다고 가정해야 하는가? 아니면, 마가가 슥 14장을 명시적으로 인용하지 않았음에 주목하면서 Marcus가 언급한 후대 랍비 전통들이 마가의 비전의 영역이 아니라고 결론 지어야 하는가? 마가는 전자의 입장에 찬동하면서 슥 9-14장에 베일로 덮인 다른 인유들을 포함시키고 있는 것처럼 보인다(예수의 승리의 입성은 9:9에 단서로 주어졌고 성전에서 예수의 행동은 14:20-21을 가리키고 있다)

　　십자가 처형에 대한 고도로 집약된 마가의 내레이션("그들이 그를 십자가에 못 박았다") 직후에[75] 다음과 같은 세부 사항을 덧붙인다. "**그들이 그의 옷을 나누었는데, 누가 어느 것을 취할 것인지 결정하기 위해 제비를 뽑았다**"(15:24b). 이야기를 간결하게 다루는 마가의 특징을 고려해 볼 때 우리는 십자가 처형 당시 예수의 옷이 어떻게 처리되었는지에 대한 겉보기에 사소해보이는 문제를 마가가 왜 알려주려고 애쓰는지 궁금해 할 수 있다. 시편을 알고 있는 독자들에게 이에 대한 대답은 그리 멀지 않은 곳에 있다. 위의 구절에서 고딕체로 처리된 부분은 고뇌에 가득 찬 비탄시, 시편 22편에서 직접 가져온 것이다. 아마 우연이 아니겠지만 이는 다윗의 시로서, 시편 기자의 목소리에는 다음과 같은 고통의 목록이 포함되어 있다.

> 내가 내 모든 뼈를 셀 수 있습니다.
>
> 그들이 나를 주목하고 바라보며,
>
> 내 겉옷을 서로 나누고,
>
> 내 옷을 놓고 제비를 뽑습니다. (시 22:17-18)

　　그러므로 마가복음 15:24의 겉보기에 짤막한 내러티브 세부 사항은 단지 예수가 옷을 빼앗기고 완전히 벌거벗겨졌다는 상태를 보여줄 뿐 아니라 예언하신 바와 같이 죽음이 구약성경에 따라 진행되고 있음을 암시해준다. 특히, 시편 22편 인용구는 마가 이야기 가운데 이미 흩어져 있는

---

75. 이는 마가가 현재 시제(σταυροῦσουσιν)를 역사적 내레이션으로 생생하게 사용한 한 가지 예가 된다. 예를 들어, Mel Gibson의 ⟨패션 오브 크라이스트⟩(*The Passion of the Christ*)에 반영된 것처럼, 후대 기독교인들이 십자가 처형의 물리적 고통을 집중적으로 묵상하는 것과 달리 마가가 이야기를 서술할 때 신중하게 억제하는 방식에 주목할 필요가 있다.

단서들을 강화하면서 우리가 이 시편을 **예수의 삶과 죽음의 모습을 해석하는 데 특별히 중요한 상호텍스트로 보도록** 인도한다.

또한 물론 마가복음에서 몇 문장 뒤에 나오는 예수의 마지막 말씀은 동일하게 바로 이 시편의 첫 행에서 직접 인용된 것이다: "나의 하나님이여, 나의 하나님이여, 어찌하여 나를 버리십니까?"(막 15:34; 시 22:1을 인용함). 마가는 놀랍게도 아람어 단어들('엘리, 엘리, 라마 사박다니')을 언급한 후 독자들에게 그리스어 번역을 제공해준다. 아람어 인용의 효과는 이 순간의 원문-직접성(raw immediacy)과 이야기의 역사적 사실성(verisimilitude)을 강화해준다. 하지만 마가복음 관점에서 예수는 왜 자기 입으로 버림받음을 외치시며 죽으셨는가? 이 질문은 성서학자들과 신학자들에 의해 끊임없이 논의돼 왔다. 적어도 이 정도는 확증할 수 있을 것 같다. 즉, 버림받음의 표현은 예수의 고통의 깊이와 "섬김을 받으러 온 것이 아니라 섬기러 왔고, 자기 목숨을 많은 이들을 위한 대속물로 주기 위해"(10:45) 오셨다는 것의 급진적 성격을 보여준다. 하지만 마가가 예수의 정체를 서술하기 위해 구약을 사용하고 있다는 우리 연구의 관점에서 볼 때 적어도 두 가지 설명을 추가할 수 있을 것이다.

한 가지는, 앞서서 예수를 이스라엘의 하나님과 동일시하면서 성경을 환기시켰던 것과 대위 선율을 이루어, 여기서는 예수가 하나님의 **부재**를 급진적으로 경험하는 완전한 인간의 모습으로 말씀하신다.[76] 이는 예수에 관한 내러티브의 거대한 복잡성을 확인시켜준다. 초기의 가현설(docetic) 해석가들이, 신적이고 영적인 "그리스도"가 십자가에서 죽기 전에 자신에게 일어난 일에 대해 당황하게 내버려둔 채 사람의 육신인 예수를 버렸다는 개념을 어떻게 발전시켰는지 이해하는 것은 어렵지 않다. 이러한 읽

---

76. John D. Crossan, "Form for Absence: The Markan Creation of Gospel," *Semeia* 12 (1978): 41–55.

기는 (신이 겪는) 불편한 고통으로부터 신성을 지켜주고, 우리가 가진 "신성"과 "인성"이라는 범주를 손상되지 않은 채 안정되게 구분하도록 해준다. 그러나 그러한 읽기는 마가복음을 정당화하기에는 너무 단순하다. 마가는 그렇게 정돈된 설명을 제시하지 않는다. 그럼에도 마가의 예수는 전체적으로 통일된 정체성을 유지한다. 바람과 바다에 대한 권위를 가진 분이자 다윗에 의해 '주'로 묘사되신 분이며 권능자의 우편에 앉는 분이고 하늘의 구름과 함께 오실 분은 바로 놀랍게도 십자가에서 절규하신 예수와 **동일한** 분이다. 그리고—여기에 핵심 사항이 있다—**예수의 양면적인 정체는 구약에 예표됐다.** 예수의 정체의 역설적 통일성은 이스라엘에 대한 하나님의 비밀스러운 계시 말씀과 얽혀서 예수의 고통과 고양된 지위를 입증하는 해석학적인 비전에 근거하고 있다.

마가가 예수의 죽음을 서술하면서 시편 22편을 사용한 것에 대해 주목할 두 번째 사항은 이러하다. 우리는 마가복음에서 구약에 대한 환용적 언급의 일관된 패턴을 보아왔다. 말하자면, 마가의 상호텍스트적 언급들은 대개 암시적인 특징을 가진다. 이는 독자로 하여금 가장 파편적인 인용구에 있어서조차도 본래의 문맥과 배경을 연구하게 하고 넓은 문맥이 이야기 읽기에 어떤 정보를 제공해줄 수 있는지 고려하게끔 손짓한다. 상호텍스트적 관계의 중요한 요소들은 표면 바로 아래에 놓여있어서, 내러티브에 의해 암시되지만 설명되지는 않는다. 마가는 시편 22편 사용에 있어서도 이와 유사한 내러티브 기술이 사용됐다는 것을 우리로 가정하게 할 만한 충분한 근거를 제시한다. 실제로 여기에서 마가는 독자에게 평상시보다 더 많은 단서를 주고 있다. 우리는 대적들이 고난받는 자의 옷을 나누고 제비를 뽑는 시편 22편의 묘사를 마가가 분명하게 인용하고 있음을 이미 살펴보았다(막 15:24). 이 병행은 15:29-30에서 계속된다: "지나가는 자들이 그들의 **머리를 흔들며**(κινοῦντες τὰς κεφαλάς) 예수를 모욕하여 말하기를 '아하, 성전을 허물고 삼일 만에 지으려는 자여, 네 자신을 구원하고 십자가에서 내려오라.'" 분명 우리는 시편 22:7-8의 반향을 듣게 될 것이다.

> 나를 보는 자마다 나를 조롱하고,
>
> 입술을 삐쭉거리고 **머리를 흔들며**(LXX: ἐκίνησαν κεφαλήν),
>
> "주가 구하시도록 너의 일을 주께 맡겨라.
>
> 주가 기뻐하시는 자를 구하시도록 해보라!"

하나의 직접적인 자구적 반향은 "머리를 흔들며"라는 어구에 있지만 다발적으로 나타나는 시편 22편의 상호텍스트적 참조들로 인해 사실상 우리는 예수에 대한 무리의 조롱을 시편의 의로운 고난받는 자와 충격적으로 십자가에 달려 있는 메시아 사이의 신비한 상동 관계(homology)로서 또 한 차례 보게 된다.[77]

이 모든 것이 옳다면 우리는 이 시편을 계속해서 초행의 외침, "나의 하나님이여, 어찌하여 나를 버리십니까?"와 더불어 읽게 된다. 마가는 독자들에게 시편 22편 전체가 예수의 운명에 대한 예표로 읽혀야 한다는 신호를 보냈다. 기독교 해석가들이 오랜 기간 인지해왔듯, 결과적으로 예수의 죽어가는 절규는 시편 22편 전체를 휩쓸면서, 황량한 슬픔과 불평(시 22:1-8, 12-19)에서부터, 열렬한 탄원(22:9-11, 19-21a)을 거쳐, 감사와 찬양(22:21b-31)을 자아낸다. 우리가 이 시편을 끝까지 읽었다면 (단 7:14에 나타난 인자의 영원한 통치와 같이) 열방에 대한 주의 우주적인 통치의 확신을 발견할 수 있으

---

77. 이는 상호텍스트적 반향의 존재를 확증하는 데 도움이 되는, 인유의 "반복"(recurrence) 또는 "연속 발생"(clustering)의 종류를 보여주는 좋은 예가 된다. Hays, *Conversion of the Imagination*, 104-7을 보라.

며, 마가복음의 전체 이야기를 아는 독자는 하나님이 "고통받는 자의 고통을 멸시하거나 무시하지 않으시며, 그분은 나에게 얼굴을 감추지 않으시고 내가 그분에게 부르짖을 때에 들어주신다"(시 22:24-25)라는[78] 환희의 확신 안에 있는 부활까지도 어렴풋이 발견하게 될 것이다. 실제로 시편 기자는 이렇게 노래한다: "진토 속으로 내려가는 모든 자가 주 앞에 절할 것이며, 나는 그를 위하여 살리라"(22:29).

내가 제안하고자 하는 바는 마가복음 15:34에 나타난 십자가에서의 예수의 외침을 시편 22편의 소망의 약속에 대한 상호텍스트적 환기로 읽는 것이 단순히 주석적 회피의 수단, 곧 기력이 없어서 예수의 죽음에 대한 암울한 초상을 액면 그대로 수용하지 못하는 것이 아니다. 이는 오히려 **마가 자신이 우리를 가르치는 읽기 전략**으로서, 성경의 일부에 대한 인유적인 언급은 (구약) 본래 내러티브 배경 너머를 가리키고 독자들로 하여금 예수 이야기의 표면적 의미를 재평가하도록 인도한다. 그러한 읽기 전략은 듣는 것에 주의하라는 마가의 권면에 대한 독자 반응 행위다.

정확히 이러한 해석학적 접근을 통해 우리는 마가가 실제로 말하고 있는 내러티브 형태, 곧 앞에서는 십자가를 선포하지만 기저 텍스트(subtexts)에서는 예수의 죽음이 이야기의 끝이 아니라고 속삭이는 모습에 아주 진지하게 주의를 기울이게 된다. 마가 이야기의 중심에 있는 십자가에 달리신 분은 어떻게든 이스라엘의 하나님의 체화다. 비록 부활하신 주가 결코 이 이야기에 나타나지는 않더라도 우리는 예수의 궁극적인 승리를 보증해주는 많은 표지판들을 보았다. 예수의 정체에 대한 구약의 뿌리들을 정확하게 확인함으로 우리는 시편 기자와 함께 저의 고통 깊은 곳으로

---

78. 이 구절의 MT 본문은 1인칭 대신 3인칭으로 확언한다: "그분은 그에게 얼굴을 가리지 않으시고 그가 부르짖을 때 들어주신다." 흥미롭게도 NRSV는 여기에서 MT보다도 LXX를 따라 선택했다.

들어갈 수 있을 것이며, 저가—우리가 그렇게 많은 말을 가지고도 감히 표현할 수 없더라도—살아 계셔서 열방을 다스리신다는 사실을 믿을 수 있을 것이다.

추기: 고난의 종은 어디에 있는가?

독자들은 앞선 논의에서 이사야 52:13-53:12에 나타나는 고난받는 종에 대한 언급이 없다는 사실에 놀랄 것이다. 고난의 종은 예수의 정체에 관한 마가복음의 핵심 이미지가 아닌가? 뜻밖에도 마가복음의 수난 기사에는 이사야가 말하는 종에 관한 실제적 인유가 거의 등장하지 않는다.

가장 가능성 높은 인유는 마가복음 10:45에서 발견할 수 있다: "인자는 섬김을 받으러 온 것이 아니라 섬기러 왔고, 자기 목숨을 많은 이들을 위한 대속물로 주기 위하여 왔다." 인자의 소명에 관한 이 설명이 이사야 53:12에 의존하고 있다는 것은 종종 제안되어 왔다: "… 그가 자신을 죽음에 이르게 하고 범죄자로 취급되었으나, 실상은 그가 많은 자들의 죄를 지고 범죄자를 위해 중보한 것이다." 그런데 면밀히 살펴보면 이 두 본문이 공유하고 있는 유일한 단어는 '뽈론'(πολλῶν, "많은")으로 중요한 반향이라고 하기 어렵다. 마가복음 10:45에서 "섬기다"로 번역된 동사—'디아꼬네테나이'(διακονηθῆναι)와 '디아꼬네사이'(διακονῆσαι)—는 그리스어로 된 이사야 53장에서 종(Servant)을 가리키는 용어들(명사 παῖς와 분사 δουλεύοντα)과 어원학적으로 관련이 있다. 그리고 이사야 본문 어느 곳에서도 마가의 핵심 용어인 '뤼뜨론'(λύτρον, "대속물")을 사용하지 않는다.

또한 대제사장 앞에서 심문받을 때 예수의 침묵(막 14:61)이 이사야 53:7("그는 짓밟히고 괴롭힘을 당하여도 그 입을 열지 않았으며, 도수장으로 끌려가는 어린

양 같이, 털 깎는 사람 앞에 선 양같이 잠잠하고 그 입을 열지 아니했다")의 성취라는 것
도 제안되곤 한다. 그렇다 하더라도 마가복음에는 그 효과에 대해 어떠한
단서도 나타나지 않는다. 두 본문 사이에 단 하나의 자구적인 연결도 없
기 때문이다. 더 나아가 장면이 전개되면서 두 본문 사이의 병행 가능성
은 깨지게 된다. 예수가 바로 다음 구절에서 자신을 그리스도, 복 되신 분
의 아들, 하나님의 우편에 영광으로 앉게 될 인자라고 단호하게 말씀하시
기 때문이다(막 14:62).

　　마지막으로 어떠한 해석가들은 최후의 만찬 이야기에서 이사야 53장
의 반향을 듣는다: "이것은 많은 이들을 위하여 흘리는 나의 피, 곧 **언약의
피다**"(막 14:24). 다시 한번, '휘뻬르 뽈론'(ὑπὲρ πολλῶν, "많은 이들을 위하여")이라
는 표현은 인유가 걸려있는 주요한 지점이다. 그러나 이는 매우 가느다란
실로 연결된 것과 같다. 이 전치사구는 이사야 53장(참조, "그가 많은 자들의 죄
를 지셨다", 12절)에 나타나지도 않고 저 문맥 어디에도 '피'나 '언약'에 관한
언급이 나타나지 않는다. 더욱 분명한 것은 시내산에서 언약을 맺는 의식
을 묘사하는 출애굽기 24:8의 반향이다: "모세가 그 피를 가져다가 백성
들에게 뿌리며 말했다. '보라, 주가 이 모든 말씀에 대해 너희와 함께 맺은
언약의 피다.'" 또한 위에서 다룬 것과 같이 수난 내러티브 전반에 걸쳐 나
타나는 스가랴서의 몇몇 다른 인유들로 인해 우리는 마가복음 14:24에서
스가랴 9:11의 두 번째 반향을 잘 들을 수도 있다: "너에 대해서는 네 언약
의 피로 인해 내가 너의 갇힌 자들을 물 없는 구덩이에서 내보낼 것이다."
마가복음 14장에서 이 두 가지 상호텍스트로 인해 예수의 임박한 죽음은
토라 수여를 동반하는 시내산 언약의 요약(혹은 대체[replacement]?)**이자** 스가
랴에 나타난 바 백성을 자유롭게 하는 약속된 묵시적 구원의 표지로 해석
될 수 있다.

　　요약하자면 이사야의 고난의 종 본문이 마가복음에서 예수의 죽음 기

사에 중요한 역할을 한다고 주장하기는 매우 어렵다—적어도 마가가 산출해내는 차원에서 말이다. 본문 수용(text-reception) 차원에서 이후의 기독교 독자들이—마가복음을 (이사야서를 포함할 뿐 아니라 이사야 53장을 더욱 명료하게 언급하는 바울, 누가, 요한의 본문도 포함하는) 정경의 틀 안에 놓는—마가복음 내에서 희미하지만 의미 있는 고난의 종 반향을 들어왔다는 것은 의심의 여지가 없다. 하지만 **마가복음 자체 내러티브의 언어적 바탕**(texture) **안에서 십자가에 달리신 메시아 예수의 죽음을 해석하기 위한 해석학적 틀을 제공**하는 것은 주로 스가랴와 다니엘의 묵시적인 환상과 더불어 고난받는 의인에 대한 시편이다.

§4. 깨어 인내하기:
마가복음 내러티브에 나타난 교회의 고난

우리의 세 번째 발견적 질문은 마가가 세상과 관련한 교회의 역할을 서술하기 위해 이스라엘의 성경을 어떻게 불러일으키는지 하는 것이었다. 이는 적어도 두 가지 이유로 인해 마가복음에서 대답하기 어려운 질문이다. 실제로 마가복음 어느 곳에서도 "교회"(ἐκκλησία)라는 단어가 나타나지 않는다. 따라서 이 지면에서 "교회"라고 할 때 이는 "예수 따르미" 내지는 "마가가 대상으로 삼고 있는 독자 공동체"에 대한 편의적 약칭으로 이해하는 것이 좋다.[1] 아울러 마가는 다른 복음서 기자들보다도 로마

---

1. 마가의 독자층을 이렇게 말하는 방식은 "마가 공동체"—고도로 파악하기 어려운 학자들의 구성—에 대한 특정 가설을 전제하는 것이 아니다(도움이 될 만한 현대 가설 논의와 비판을 위해서는 Dwight N. Peterson, *The Origins of Mark: The Markan Community in Current Debate* [BibInt 48; Leiden: Brill, 2000]를 보라). 마가가 고대 지중해 세계에 있는 다양한 독자들을 위해 폭넓게 썼다고 보는 것은 무리가 아니다(Richard Bauckham, ed., *The Gospels for All Christians: Rethinking the Gospel Audiences* [Grand Rapids: Eerdmans, 1998]; 또한 Margaret M. Mitchell, "Patristic Counter-evidence to the Claim that 'The Gospels Were Written for All Christians,'" *NTS* 51 [2005]: 36-79의 비평적 응답도 보라). 내가 하려고 하듯이, 그러한 독자를 "교회"로 지칭하는 것은 저들이 예수의 죽음과 부활을 구원 사건으로 믿게 됐고, 그

정부 및 이방 문화와 교회의 관계에 대한 관심이 적다. 이와 관련하여, 예컨대, 특히 누가복음과는 상반된다. 마가는 주로 자신의 복음을 이스라엘의 소망의 절정으로 서술하는 데 관심을 가지고 있으며, 내러티브 내에서 발생하는 갈등은 우리가 보았듯이 주로 예수와 이스라엘의 지도자들 사이의 내부적 투쟁으로 볼 수 있다. 그보다 넓은 그리스-로마 세계와 그 권력은 대부분의 경우 주변적인 이야기로 남아 있다—적어도 수난 내러티브의 결론부까지는 그렇다.

그러나 마가는 복음을 유대의 묵시적 세계관 안에 매우 견고하게 위치시키고 있기 때문에, 정치적인 문제들과 결코 무관할 수 없다. 유대 묵시 사상가들은 이스라엘에 대한 외세의 패권으로부터 하나님의 궁극적인 구원을 고대하였고, 실제로 정치적 입지의 급진적 변화를 기대하기도 했다. 사람들이 기다려왔던 다윗 후손의 왕이 실제로 예수라면—기대하지 않던 방식이더라도—'하나님 나라'의 메시지가 마가 시대에 패권을 가지고 있었던 제국과 어떻게 관련되는가? 이스라엘에 대한 마가의 재진술은 열방과 관련하여 독자 공동체를 어느 위치에 놓는가? 그리고 이러한 질문에 대답하는 데 마가의 구약 해석학은 어떤 역할을 하는가? 마가가 이러한 문제와 관련해 제공하는 몇 가지 단서를 살펴보려 한다.

박해받는 교회

마가 이야기에 서술된 나사렛 예수의 활동이 생애의 마지막에 짤막히 집약되어 있기는 하지만, 몇 가지 점에서 우리는 (예수 활동 이후) 대략 40년

럼으로써 자신이 직접 속한 사회적 환경에서 다른 이들과 구별되는 고백적 정체성과 사명으로 부름을 받았다고 스스로 인지한, 예수의 따르미라는 것을 보여준다.

후, 마가복음 화자의 시대를 예측해볼 수 있다. 후대 교회가 겪을 경험의 두드러진 특징 중 하나는 박해다. 이는 이미 씨 뿌리는 자 비유 해석에서 예표되었는데, 여기서 우리는 그 말씀을 듣는 일부 청중이 돌밭 위에 뿌려진 씨앗이라는 것을 알 수 있다: "돌밭 위에 뿌려진 것들은 이런 자들이니, 그들이 말씀을 들을 때에 그것을 즉시 기쁘게 받아들인다. 하지만 그들 속에 뿌리가 없어서 잠시 견디다가, 그 말씀 때문에 환난이나 박해가 일어나면 즉시 넘어진다(σκανδαλίζονται)"(막 4:16-17). 여기에서 "넘어지다"로 번역된 동사 '스깐달리조'(σκανδαλίζω)는 문자적으로 "비틀거리게 하다"를 의미하며, 이는 제자들이 예수를 버릴 것에 대한 나중의 예언에 사용된 것과 정확히 같은 단어다: "너희가 모두 넘어질 것이다/비틀거리게 될 것이다(σκανδαλισθήσεσθε)"(14:27). 목자가 쓰러질 때—즉, 예수를 십자가에 못박은 제국의 광포한 권세로 인한 박해가 올 때—예수를 따르던 자들은 돌밭에 심겨진 나무와 같이 시들어버리게 된다는 말이다.

특히, "말씀으로 인해" 박해받는 교회에 대한 비유 내의 상징적 묘사는 마가복음 13장에 나오는 예수의 묵시적 담화에서 생생하게 강조되기에, 여기에서 마가 시대에 궁지에 내몰린 교회의 상황을 고찰하는 데는 약간의 상상력이 필요하다.[2] 13장에서 예수는 성전의 파괴를 예언하고 다

---

2. 한때 마가복음은 로마에서 기록됐고 60년대 네로의 박해 아래 있는 교회의 상황을 반영하고 있다고 널리 생각됐다. 다음을 보라. C. E. B. Cranfield, *The Gospel according to Saint Mark: An Introduction and Commentary by C.E.B. Cranfield* (CGTC; Cambridge: Cambridge University Press, 1959 [1974 printing]), 8–9; Walter Grundmann, *Das Evangelium Des Markus: Includes Bibliographical References and Index* (3d ed.; THKNT 7; Berlin: Evangelische Verlagsanstalt, 1977), 18–20; Vincent Taylor, *The Gospel according to St. Mark: The Greek Text with Introduction, Notes, and Indexes* (2d ed.; Grand Rapids: Baker, 1966), 32; Lane, *Gospel according to Mark*, 24–25; Rudolf Pesch, *Das Markusevangelium*, 1:12–14; Joachim Gnilka, *Das Evangelium nach Markus* (2 vols.; EKKNT 2; Zürich: Benziger, Neukirchen Neukirchener Verlag,

가오는 시대의 "산고"의 시작에 대해 말씀하신 제자들에게 직접 엄정한
경고를 하셨다.

> "너희는 스스로 주의하라. 사람들이 너희를 공회에 넘길 것이며, 너희가 회
> 당에서 매를 맞고, 나로 인해 총독들과 왕들 앞에 서게 될 것이다. 또 모든
> 민족에게 먼저 복음이 선포되어야 할 것이다. 사람들이 너희를 끌고 가서
> 넘겨줄 때에 너희가 무엇을 말할지 미리 걱정하지 말라. 오직 그때 너희에
> 게 주어지는 그것을 말하라. 말씀하시는 분은 너희가 아니라 성령이시다.[3]
> 형제가 형제를 죽음에 넘겨주고 아버지가 자식을 그렇게 할 것이다. 또한
> 자식들이 부모를 대적하여 일어나서 그들을 죽일 것이다. 너희가 내 이름
> 때문에 모든 이들에게 미움을 받을 것이다. 하지만 끝까지 견디는 그 자는
> 구원을 받을 것이다." (막 13:9-13)

여기에서 또한 우리는 더욱 명시적인 용어로 예수 따르미들이 유대인
(공회와 회당)과 이방인(통치자와 왕)의 권세, 심지어는 가족들에게까지 극심한
박해를 받게 될 것을 보게 된다. 끝까지 견디는 자를 위한 마지막 구원의

1978- 1979), 1:34; Martin Hengel, *Studies in the Gospel of Mark* (trans. John Bowden;
Philadelphia: Fortress, 1985), 28-30. 더욱 최근에 Joel Marcus는 로마가 예루살렘
성전을 파괴했을 바로 어간에 팔레스타인 지역에서 마가가 저작됐다고 주장했다
(Marcus, "Jewish War"; idem, *Mark 1-16*, 37-39). 내 판단에 마가의 독자 공동체의
배경을 역사적으로 정확하게 찾으려는 이러한 시도는 사변에 불과하다. 본문 자체
가 어느 정도의 확실성을 허용할 만큼 충분하고도 구체적인 정보를 제공하지 않기
때문이다. 하지만 당면한 목적을 위해서 이 복음서의 역사적 배경은 그렇게 중대한
문제가 아니다. 중요한 것은 마가가 예수의 따르미들을, 어느 곳이든 위험과 박해
가 있는 상황에 살고 있는 것으로 묘사한다는 것이다.

3. 흥미롭게도, 박해받을 그리스도인들의 증언에 힘을 실어주는 영의 역할에 대한 이
    언급은 마가가 "성령"(the Holy Spirit)이라는 단어를 사용한 세 곳 중 하나다(또한
    3:29, 12:36을 보라; 참조, 1:10, 12).

약속은 다니엘의 결론부를 연상시킨다: "1,335일[즉, "멸망의 가증한 것"이 나타날 때와 이스라엘의 마지막 부활/구원 사이의 기간]이 되기까지 기다리는 자는 복이 있을 것이다. 너는 마지막까지 너의 길을 가라. 네가 안식할 것이며 마지막 날에는 보상을 누리게 될 것이다"(단 12:12-13).[4] 마가복음이 저작될 당시, 하나님의 택함을 받은 자들이 겪을 끔찍한 환난에 이어서 신원과 구원을 가져다주는 종말에 대한 이러한 그림은 특히 다니엘 전통에 뿌리를 둔 유대 묵시 사상의 표준적인 모습이다.

실제로 다니엘서 인유들은 마가복음을 통틀어 가장 긴 예수의 연설인 이 묵시적 담화 전체, 곧 예수의 무시무시한 경고의 말씀에 중요한 역할을 한다. 가장 분명한 언급은 마가복음 13:14에 나타난다: "그러나 네가 **멸망의 가증한 것**이 서지 못할 곳에 선 것을 보게 되면, (읽는 자는 깨달아라.) 그때에 유대에 있는 자들은 산으로 도망해야만 한다." 예수의 예언적 경고는 다니엘서 후반부의 묵시적 환상(단 9:27, 11:31, 12:11)에 몇 차례 나타나는 특이한 어구(τὸ βδέλυγμα τῆς ἐρημώσεως)를 반향하고 있다. 다니엘서에서 이 "멸망의 가증한 것"은 기원전 2세기 예루살렘 성전에 제우스를 위한 제단을 놓아 신성모독을 했던 안티오쿠스 4세 에피파네스의 도발적인 행위를 가리키는 것이 거의 분명하다(마카비1서 1:54-61). 마가는 이제 이 사건을 성전에 대한 최후의 신성모독을 가리키는 예언적 전조로서 사용한다.[5] 그러고 나서 마가는 보기 드물게 저자 자신의 방백(asides)을 들려주면서, 독자가 상징을 해독하는 데 필요한 내적 정보를 이미 공유하고 있음을 알고 있다는 듯이 고개를 끄덕인다(14절의 "읽는자는 깨달을진저"[개역]를 의미함—역주). 그러나 이 "가증한 것"이 마가의 이야기 세계 안에서 정확히 무엇을 의미

---

4. 마가복음과 거의 동시대 묵시 문서인 에스드라2서 6:25에는 더더욱 놀라운 병행구가 나타난다.

5. 특히, Marcus, *Mark 1–16*, 889–91을 보라.

하는지는 다소 불분명하기에, 수 세기의 해석 역사를 지나면서 수많은 추측—여기에 우리가 발목을 잡힐 필요가 없는 추측들—을 낳았다.[6] 어찌됐든 마가는 신비한 언어를 명시적으로 설명하지 않음으로써 화자로서의 일관된 태도를 유지한다.

"멸망의 가증한 것"이 가리키는 것이 무엇이든 이것은 파괴와 고통의 때를 유발하는 끔찍한 성전 모독을 의미한다. 다니엘서의 묵시적 시나리오와 예수의 예언적 경고 사이의 연결은 마가복음 13:19에 나타난 다니엘 12:1의 강력한 반향으로 더욱더 강화된다.

> 단 12:1 LXX 그날은 환난(θλῖψις)의 때가 될 것이니, 그와 같은 환난은 나라가 생긴 이래로 그때까지 없던 것이다.
> 막 13:19 그날들에 환난(θλῖψις)이 있을 것이니, 그와 같은 환난은 하나님이 창조하신 세상의 시작부터 지금까지 일어난 적이 없었고, 앞으로도 결코 일어나지 않을 것이다.

이와 같이 집요한 다니엘의 상호텍스트적 반향을 통해 마가는 교회가 이 예언서에서 묘사된 이스라엘 민족과 유사한 역할, 곧 외세의 압제 아래 고통받으면서 구원의 소망을 잃어버린, 무력하고도 억압받는 백성의 역할을 하도록 위치시킨다.

그러나 동시에 다니엘에서와 마찬가지로 마가의 묵시적 환상에도 하나님의 능력에 의한 미래의 구원 소망에 대한 확신이 여전히 남아있다.

---

6. "가증한 것"의 의미에 대한 주요 입장을 철저히 검토한 것은 특히, Adela Yarbro Collins, *Mark: A Commentary* (Hermeneia; Minneapolis: Fortress, 2007), 607-10을 보라.

그때, 그 환난(θλῖψις) 후에,

해가 어두워지고,

달이 그 빛을 내지 않으며,

별들이 하늘에서 떨어지고,

하늘에 있는 권세들이 흔들릴 것이다.

그때에 사람들은 **인자가 큰 능력과 영광으로 구름과 함께 오는 것을** 볼 것이다. 그 후에 그가 천사들을 보내어, 땅끝에서 하늘 끝까지 사방에서 그의 선택받은 자들을 모을 것이다. (막 13:24-27)

마가복음 24장과 25장에 나타나는 (해와 달이 어두워지고 별이 떨어지는) 우주적 징후에 관한 이미지는 이사야 13:10, 요엘 2:10, 3:15, 이사야 34:4 (LXX)에서 유래했다.[7] 이 징후들은 "주의 날"을 가리키고 있는데, 이것들이 특별히 이사야서에서 **이스라엘을 압제했던 바벨론 그리고 이방 나라들에 대한 하나님의 심판과** 연관되어 있음을 인지하는 것은 매우 중요하다.[8] 우주적 표징은 세상의 끝을 예고하고 있는 것이 아니라 악의 세력에 대한 처벌 및 "포악한 자가 가진 거만함"(사 13:11)의 몰락을 의미한다. 다른 말로, 이는 압제적인 정치 질서의 종말 및 주가 "이스라엘을 다시 선택하셔서 이들을 자기 땅에 머물게 하실"(사 14:11) 새로운 질서 수립의 표지다.

예수의 묵시적 담화 언어는 이 모든 구약 본문들을 직접 인용하지 않고 단지 반향시킨다. 하지만 이 반향들이 누적됨으로써 공동체는 현재의

7.　또한 욜 2:31; 겔 32:7-8; 암 8:9.

8.　이 상황은 요엘에서 조금 더 복잡하다. 거기서 해, 달, 별이 어두워지는 것은 외국 군대의 재앙스러운 예루살렘 침략(욜 2:10) 및 "내[하나님]가 유다와 예루살렘의 운명을 회복하는"(3:1) 날에 있을 침공 세력에 대한 하나님의 궁극적인 심판(3:15) 모두와 관련이 있다.

경험이 거대한 묵시적 기록의 일부라는 확신을 갖게 된다. 현재 교회가 박해받는 소수라면, 이는 하나님의 최후 구원 행위와 정의의 회복에 선행하는 위기의 시기에 선택받은 자들이 견뎌야 하는 고난의 일부로 생각될 수 있다. 이 모든 것은 구약에 예표되었고, 이스라엘 예언자들의 합창을 배경으로 드러났으며, 예수의 예언적 말씀에 의해 강하게 강화된다.

그런데 물론 예수가 십자가를 지신 것―구약(시편과 스가랴) 및 예수의 수난 예고에서 예언되고, 마지막 만찬의 예수의 말씀과 행동으로 특별히 통렬하게 표상된 것―은 종말에 하나님의 백성이 겪을 고통이 결정적으로 체현된 것이다. "해가 어두워질 것이다"라는 예언은 마가 내러티브에서 예수가 십자가 위에서 돌아가셨을 때 명시적으로 성취됐다(막 15:33). 그리고 마가는 다시 한번 독자들이 저자의 도움 없이도 성취 패턴을 발견할 수 있을 것이라 믿는다. 예수를 따르는 공동체는 미래의 부활 소망을 품고 살면서("자기의 생명을 구하기를 원하는 자는 잃을 것이며, 나와 및 나의 복음을 위하여 자기 목숨을 버리는 자는 구원을 받을 것이다"), 예수가 겪으신 바로 그 고난 외에는 어떤 것도 기대할 수 없다("누구든지 나를 따르기를 원한다면, 자기를 부인하고 자기 십자가를 지고 나를 따를 것이다").

카이사르에 대한 도전

우리가 다윗 왕위 모티프를 다루면서 살펴보았듯 마가복음은 예수를 왕적인 인물, 곧 이스라엘 왕위를 이을 정당한 상속자로 제시한다. 예수가 예루살렘에 입성하자 "다가올 우리 조상 다윗의 나라"(막 11:9-10; 시 118:25-26을 인용)를 외치는 공적 운동(demonstration)이 일어났다. 더 나아가 부활하신 예수는 인자와 같이 우주에 대한 주권을 행사하실 것이다: "그에게 권세와 영광과 나라가 주어지고, 모든 백성들과 나라들과 다른 언어들을 말하는 자들이 그를 경배할 것이다"(단 7:14). 이러한 주장은 전방위적 통치에 야심을 가지고 있는 로마 제국의 주장에 대립하지 않을 수 없다. 빌라도에 의해 십자가에 걸린 죄 패의 문구, "유대인의 왕"(막 15:26)이 반어적으로 읽히는 것은 중요하다. 즉, 예수에 대한 모욕적인 공개 처형은 왕인 체하는 유대인들의 헛됨과 로마의 통치에 대한 저항을 조롱하는 의미가 있다.[9]

그런데 마가는 주저함이 없다. 마가복음의 시작 어구는 "하나님의 아들, 예수 그리스도의 복음(εὐαγγέλιον)의 시작"을 선포한다. '에우앙겔리온'(εὐαγγέλιον)이라는 용어는 의심의 여지없이 '팍스 로마나'(Pax Romana)와 황제 숭배 선전(propaganda)에 대한 대담한 항거를 암시한다. 9세기경 소아시아의 프리에네(Priene)에서 발견된 아우구스투스 카이사르(Augustus Caesar)를 기리는 중요한 비문에는, "신(god) 아우구스투스의 생일은 그로 인해 오게 된 세상을 향한 좋은 소식(εὐαγγέλιον)의 시작이다"라고 기록되어 있다.[10] 마가에게 있어서 이 용어가 내러티브의 기조(keynote)로 선택된 것은 이미 제국의 '복음'과 하나님 나라의 복음 사이에 대립을 설정한 것이다: "때가 찼고 하나님 나라가 가까이 왔으니, 마음을 돌이키고 복음을 믿어라"(막 1:15). 더하여 '크리스또스'(Christos)와 "하나님의 아들" 모두는 이스라엘의

---

9. Joel Marcus, "Crucifixion as Parodic Exaltation," *JBL* 125 (2006): 73-87.

10. 참고, Craig A. Evans, "The Beginning of the Good News and the Fulfillment of Scripture in the Gospel of Mark," in *Hearing the Old Testament in the New Testament* (ed. Stanley E. Porter; McMaster New Testament Studies; Grand Rapids: Eerdmans, 2006), 93. 로마 황제 숭배와 관련한 논의 상황의 평가에 대해서는 다음을 보라. C. Kavin Rowe, "Luke-Acts and the Imperial Cult: A Way through the Conundrum?" *JSNT* 27 (2005): 279-300; N. T. Wright, *Paul and the Faithfulness of God* (Christian Origins and the Question of God 4; Minneapolis: Fortress, 2013), 311-43.

기름 부음 받은 왕을 지칭하는 용어로, 이는 세례 사건에 대한 마가의 간략한 기록에서 강조되는 주장이며, 거기에서 하늘의 음성은 예수를 시편 2:7의 왕에 대한 찬송의 말로 부른다: "너는 나의 아들이다"(막 1:11). 동시에 "하나님의 아들"은 또한 황제를 가리키는 통상적인 칭호다.[11] 마가복음 중심에는 다음과 같은 질문들이 있다: 누가 진정한 하나님의 아들이며—카이사르인가, 아니면 예수인가—이 신의 아들들 중 누가 세상에 진정한 복음을 가져오는 자인가?[12] 그렇기에 복음서의 중심인물이 카이사르와 대립하는 길에 서 있다는 것을 인지하지 못한다면 우리는 마가복음의 서론부를 거의 이해할 수 없을 것이다. 이미 논한 바와 같이 세례 때 하늘이 찢어져 열린 것이 이사야 64:1의 인유라는 것을 인지한다면 우리는 이사야에 나오는 다음 구절의 함의를 놓치기 어려울 것이다. 곧, 하나님이 바라시는 바, 하늘을 가르고 강림하신 목적은 "주의 이름을 대적에게 알게 하시어 **열방이 주의 임재 앞에서 떨게 하는 것**"(64:2)이다.

이와 유사하게, 마가의 서두에 있는 예언적 인용문(막 1:2-3)이 전체적인 마가 이야기를 위해 프로그램화됐다면(programmatic), 그리고 이 인용이 실제로 이사야 40장의 새 출애굽/포로기의 종언에 대한 비전의 관점에서 예수 이야기를 해석해야 함을 제안하고 있다면, 예수 따르미 공동체는 이 이미지를 통해 위로를 받으며 이전에 자신들을 사로잡았던 통치자들의 속박으로부터 해방된 것으로 스스로를 이해하게 될 것이다.[13] 만일 예수가 이스라엘의 하나님의 권위를 가지신 분이라면 로마 제국의 권세는 단지 권력의 횡령이자 사물/현상의 참된 질서에 대한 사소한 방해일 뿐이다.

---

11.   Evans, "Beginning of the Good News," 93-94, 97.

12.   Evans, "Beginning of the Good News," 87.

13.   사 40장 주해로부터 영감을 받은 유대교의 정치적 저항에 대한 조사를 위해서는 Evans, "Beginning of the Good News," 97-103을 보라.

> 보라, 나라들이 물통 속의 물 한 방울 같고
>
> 저울 위의 먼지와 같다. …
>
> 모든 나라들이 주 앞에서는 아무것도 아니며
>
> 주가 그들을 없는 것같이, 빈 것같이 여기신다. (사 40:15, 17)

독자가 로마에 의해 통치되는 나라와 예수가 선포한 하나님 나라 사이의 갈등을 잊게 될 경우를 대비해 마가는 거라사의 광인 축귀 기사에 로마 군대의 권세에 대한 은밀한 언급을 포함시켰다. 예수가 광인을 사로잡아 파멸시키는 더러운 영의 이름을 물었을 때 영은 이렇게 대답했다. "내 이름은 '레기온'(*Legion*, "군대")이다. 이는 우리가 많기 때문이다"(막 5:9). 1세기의 독자라면 '레기온'이 지중해 전역에 주둔하였고, 반란과 반역에 대응하였으며, 로마에 속해 있었다는 사실을 상기할 필요가 없었다. 예수가 귀신들을 더러운 돼지 떼 속으로 강력히 내쫓으시고 바다에 빠뜨려 익사하게 했을 때 이렇게 쉬운 이야기(joke)를 설명할 필요가 거의 없었다. 이는 로마 군대가 이스라엘의 진정한 왕에게 쫓겨나 저들의 함선이 왔던 바다로 다시 돌려보내지게 된다는 일종의 정치적 풍자(cartoon)다.[14]

물론, 카이사르에 대한 (마가의) 입장을 살펴보고자 마가복음을 읽을 때는 카이사르에게 세금을 바치는 것이 합당한지에 대한 예수의 대답, 핵심 선언을 염두에 두어야만 한다(막 12:13-17). 예수의 대답을 '두 나라' 방식으로 읽는 기독교 해석의 오랜 역사가 있는데, 이때 카이사르의 권위는 물

---

14. Ched Myers, *Binding the Strong Man: A Political Reading of Mark's Story of Jesus* (repr.; Maryknoll, N.Y.: Orbis Books, 2008), 190–94. 이야기 내에서 "바다"가 지중해가 아니라 갈릴리 바다라는 사실 주장은 요점을 벗어난 것이다. 문자적인 지리가 아닌 정치적 상징성을 읽게끔 하는 것이 이 이야기의 주된 목적이기 때문이다.

질적·상업적인 문제에 대해 인정되었고, 반면 하나님에 속한 것은 별도의 '영적' 영역으로 밀려나게 됐다. 그러나 이러한 해석으로는 본문의 내러티브 역학(dynamics)을 이해할 수 없다.

바리새인들과 헤롯당의 질문은 정확하게 덫으로 묘사된다(막 12:13). 즉, 예수를 로마에 대한 반역자로 선언하거나 사람들 눈에 로마 패권에 대한 수동적인 방관자로 비치게 함으로써 평판에 흠을 내려는 것이었다. 이들의 질문에 대한 예수의 대답("카이사르에게 속한 것은 카이사르에게 되돌려 주고, 하나님께 속한 것은 하나님께 되돌려 드리라")이 단순히 "그렇다. 세금을 지불하라"는 것이었다면 예수는 한 가지 덫, 곧 정적주의자(quietist)/협력주의자 편에 걸린다. 하지만 사실 마가는 질문자들이 (함정에 빠지기를 기대한) 예수의 대답에 기뻐한 것이 아니라 "완전히 놀랐다"고 기록한다. 왜 그러한가? 예수의 대답은 질문자에게 분별의 과제를 다시 던져주는 수수께끼로서, 저들은 무엇이 하나님에게 속한 것인지 분별해야 했다. 이 본문을 이해하는 핵심은 예수가 간결한 경구(aphorism)로 질문에 직접 대답하지 않았다는, 흔히 간과되는 사실에 놓여 있다. 오히려 예수는 먼저 질문자들의 동기에 도전하셨고("어찌하여 너희가 나를 시험하느냐?"), 그러고 나서 질문자들에게 데나리온을 가져오라고 요구하셨다. 저들이 순응했을 때 예수는 질문을 던지셨다. "이것이 누구의 형상(εἰκών)이며 누구의 글인가?" 저들이 분명하게 대답했을 때 비로소 예수는 덫을 되돌려주셨다. 카이사르의 '에이꼰'(εἰκών)이 새겨진 (부정하고, 우상 숭배적인) 것들은 그 소유자에게 되돌려주어야 하고, '하나님에게 속한 것들'은 하나님에게 되돌려드려야 한다는 날카로운 명령으로 말이다.

하지만 하나님께 속한 것이 무엇인가? 예수의 대답의 충만한 의미는 오직 우리가 '에이꼰'(εἰκών)이라는 단어를 창세기의 창조 기사의 반향으로 인지할 때 이해된다. 우리는 창세기에서 하나님이 인간 존재를 "그의 형상을 따라"(κατ᾽ εἰκόνα θεοῦ, 창 1:27 LXX) 창조하셨음을 안다. 이 반향이 우리의 귀를 울리게 되면 우리는 예수의 대답을 매우 다르게 이해하게 된다. 곧, 이 명령을 들은 모든 사람들은 우리의 형상을 낳은 분에게 우리의 창조된 자아를 완전히 돌려드리라는 권고를 받게 된다. 그래서 예수의 대답은 질문자들을 놀라게 했다. 구약 이미지 사용은 우리로 하여금 단지 모든 것이 하나님에게 속했다는 것뿐 아니라, 특히 인간 존재, 하나님의 형상으로 창조되어 그분에게 속한 존재—그리하여 카이사르에게 속하지 **않은**—를 상기하게끔 한다.

이 모든 것은 우리가 마가복음에서 관찰한 다른 요소들과 완전히 일치한다. 창세기의 창조 이야기를 암시함으로써, 마가는 카이사르가 일시적으로 장악한 권력을 단지 임시적으로만 인정하면서 동시에 교회의 자기-이해를 일반적인 상거래(business)와 분리된 공동체, 곧 하나님에게 궁극적으로 복종해야 하는 공동체로 그려낸다.

모든 민족을 위한 복음

하나님 나라가 하나님의 형상대로 지어진 모든 사람에 대한 통치권을 주장하고 있다면, 필경 예수의 복음은 이스라엘 민족의 회복에만 국한될 수 없다. 마태복음이나 누가복음과는 달리 마가복음은 이방인 선교에 대한 어떤 프로그램을 강조하지 않는다. 그럼에도 마가는 그러한 선교의 존재를 가정하고 있는 것 같이 보이며, 몇 가지 핵심적인 부분에 있어서는 이방인 선교가 이스라엘 성경에 뿌리를 두고 있다는 증거를 어렴풋이 제

시한다.[15]

예수가 성전에서 환전하는 자들의 상을 엎으신 이야기에서 우리는 마가가 이사야 예언을 불러내고 있음을 보았다: "나의 집은 모든 민족들이 기도하는 집이라 불리게 될 것이다"(막 11:17; 사 56:7에서 인용). 이 구절을 공관복음 병행 구절과 비교해보면 마가복음의 두 가지 독특한 특징이 두드러지게 드러난다. 첫째, 마가는 이 인용을 다음과 같은 내러티브의 틀로 소개한다: "그리고 그가 **가르치시면서** 말씀하시기를 …." 공관복음 저자 중 마가만이 구체적으로 예수가 이사야를 인용하신 목적을 "가르침"으로 명시한다. 둘째, 더욱 중요한 것으로 오직 마가만이 이사야 인용구에서 '빠신 또이스 에트네신'(πᾶσιν τοῖς ἔθνησιν, "모든 민족을 위하여")이라는 어구를 포함한다. 마태복음과 누가복음이 마가복음을 출처로 사용하고 있다고 가정하면, 저들은 이 언급을 의도적으로 수정한 것—추정컨대 부활 이전의 예수의 입에서 나왔다고 보기에는 시대착오적이라는 이유로—으로 보인다. 그렇지만 그러한 가르침의 역사적 사실성에 대한 판단이 어떻게 내려지든지 간에, 마가는 **정확히 구약에 호소함으로써** 예수가 지금 적극적으로 가르치시고 있는 기도에 이스라엘과 더불어 이방인이 포함되어야 함을 명료하게 제시한다. 그런데 이 시점에서 예수의 호소가 그렇게 특이한 것은 아니다. 이는 종말론적으로 회복된 이스라엘이 "주와 연합하여 주를 섬기고 주의 이름을 사랑하며 주의 종이 되는 이방인들"(56:6)을 품을 것이라는 이사야의 구체적인 비전을 그대로 읽은 것이기 때문이다.[16]

---

15. 이 주제에 대해서는 Willard M. Swartley, *Mark: The Way for All Nations* (Scottdale, Pa.: Herald, 1979)를 보라. 그리고 더욱 최근의 Kelley R. Iverson, *Gentiles in the Gospel of Mark: "Even the Dogs under the Table Eat the Children's Crumbs"* (LNTS 339; London: T&T Clark, 2007)를 보라.

16. 부수적인 것이지만, 그러한 환상이 현저하게 이사야에서 발견된다면 나사렛 예수가 그것을 읽고 받아들이는 것이 불가능했을 이유는 무엇인지 물을 수 있을 것이

이 독특한 강조점에 비추어 우리는 예수의 묵시적 담화 후반부에 예언된 미래 사건 중 "복음이 먼저 **모든 이방인들에게** 선포되어야 한다(δεῖ)" (막 13:10)는 진술에 놀라서는 안 된다. 다시 말하지만, 마가의 발화 형식은 마태나 누가의 것보다 훨씬 더 명료하다. 마태는 단순히, "너희가 나를 위하여 총독들과 왕들 앞에 끌려가서 그들과 이방인들에게 증언할 것이다" (마 10:18)라고 말하고, 누가는 이방인들에 대한 언급을 아예 생략했다. 마가의 '데이'(δεῖ) 사용은 (일어날 사건이) 성서 안에서 필연적으로 결정되었음을 보여준다(예, 8:31, 9:11, 13:7과 같이). 하지만 이 경우에 마가는 그 복음 선포의 보편적 필요성을 위한 기도가 될 만한 본문을 구체적으로 특정하지 않는다. 어떤 사람들은 이사야 어딘가를 배경으로 삼고 있다고 추측하지만 (사 2:2-4, 49:6, 57:6-8, 60:1-3과 같이; 참조, 시 22:27-28), 마가는 이를 가르치려 하지 않고 말을 아낀다.

마가가 예수를 영광스러운 인자의 모습과 동일시한 것은 예수의 통치의 보편적 차원을 암시한다: "모든 백성들과 나라들과 다른 언어들을 말하는 자들이 그를 경배할 것이다"(단 7:14). 마가는 이야기 초반부에서 이방 세계에 대한 이러한 종말론적 통치에 대해 예고했다. 예수의 가르침/치유 사역 중 가장 유명한 사례는 바로, 기지를 발휘하여 딸의 귀신을 내쫓도록 간구한 수로보니게 여인이다(막 7:24-30). 또한 바로 이어서 기록된 "데가볼리 지역의"(이방 지역; 7:31-37) 귀먹은 사람을 치유하신 사건도 관련되어

다. 그러나 그러한 사고의 노선은 우리의 즉각적인 관심사를 넘어서 복음서 배후에 있는 역사 재구성 영역으로 우리를 인도할 것이다. 논증을 예상하자면, 예수가 그러한 관점을 옹호했을 수 없다는 주장은 (1) (곧, 일관성 기준을 적용하자면) 다른 복음서 전통에 이를 확증하는 명확한 증거가 결여되어 있다는 점, (2) 초기 기독교 운동에서 이방인 수용이 고도로 논쟁적인 문제였다는 풍부한 증거가 있다는 점, (3) 바울서신과 사도행전의 증거를 보자면 예수의 가르침에 호소함으로 이를 해결하려고 하는 것처럼 보이지 않는다는 점에 의해 제안된다.

있을 것이고 이어지는 두 번째 기적인, 많은 무리를 먹이신 사건도 마가
가 명시적으로 이야기하지는 않았지만 이방 무리를 먹이신 사건으로 해
석되곤 한다.[17]

하지만 마가는 이 음정들(notes)을 절제하면서 미묘하게 연주한다. 이
와 같은 이야기들은 아마도 복음이 비-이스라엘에게까지 확장되는 단서
로 읽힐 수도 있겠지만, 이는 단지 단서일 뿐이다. (이것이 명시적으로 드러나
는) 결정적인 반전(peripeteia)은 오직 예수의 죽음의 순간에 로마 백부장의
놀라운 고백(막 15:39, "참으로 이 사람은 하나님의 아들이다")에 나타나, 마가복음
시작부에 나타난 것과 비슷한 사건—예수가 세례를 받으실 때에 울린 하
늘의 음성, "너는 나의 아들이다"(1:11)—을 독자들에게 상기시킨다. 그리하
여 백부장은 단순히 "누가 참으로 하나님의 아들인가?"라는 질문에 대답
할 뿐 아니라, 은연중에 시편 2편, 즉 왕들과 나라들이 "주의 기름 부음을
받은 자와 주에게 대항하여"(시 2:2 LXX: κατὰ τοῦ κυρίου καὶ κατὰ τοῦ χριστοῦ αὐτοῦ)
꾸미는 음모의 헛됨을 선포하는 시편을 정확히 반향함으로써 그렇게 한
다. "이 땅의 왕들"의 도구로서 주의 기름 부음 받은 자를 죽이려고 했던
이방의 군인은 이제 하늘의 음성에 참여하여 십자가에 달린 메시아, 예수
를 하나님의 진정한 아들로 부른다. 이 역설적인 반전의 극적 아이러니는
절묘하여, 시편 2:7이라는 구약의 상호텍스트를 들은 독자만이 이 완전한
충격을 경험할 수 있다.

이 모든 것은 마가가 이방 세계와 관련하여 교회를 위치시키기 위해
이스라엘의 성경을 이끌어내는 방식과 어떻게 관련이 되는가? 이스라엘
의 성경은 교회가 단지 이교적인 세계의 권력 체계와 긴장 관계에 있는
박해받는 소수자일 뿐 아니라 십자가에 달리신 메시아의 메시지—실제

---

17. 예, Iverson, *Gentiles*, 67-82.

국가와 민족의 경계를 넘어서 가장 가능성이 없는 외부인, 심지어는 공동체를 폭력으로 압제했던 자들까지도 전환시키는 힘을 가진 메시지—를 고통으로 체현해내는 증인임을 암시한다. 적절한 구약의 모판 안에서 이해될 때 예수 이야기는 모든 민족들이 십자가에 달린 왕을 향한 기도, 고백, 섬김에 있어 예수의 첫 번째 유대인 따르미들에게 합류하게 된다는 종말론적인 소망을 열어준다. 따라서 교회는 박해자들에게 둘러싸여 있더라도 내부를 향하는 분파 단체가 될 수 없다. 교회가 가진 특징적인 이야기에서는 십자가에 달린 그리스도에 관한 이상한 복음이 내부자들을 외부인으로 만들고 하나님 나라의 좋은 소식으로 신비롭게 외부인들을 품어내는 방식이 있다고 거듭 주장한다.

그러므로 교회에 요구되는 정치적 자세는 예수가 인자로서 영광스럽게 종말론적으로 나타나기를 기다리듯 인내하고 깨어 견디는 것이다. 이것이 바로 마가복음 13장의 묵시 담화에서 반복적으로 명령된 바, 독자들을 향한 예수의 직접적인 권고다: "그러므로 깨어 있어라. 그 집주인이 언제 올지, 저녁 늦게 올지 한밤중에 올지 닭 울 때에 올지 새벽에 올지 너희가 알지 못하기 때문이다. 그가 갑자기 와서[18] 너희가 자는 것을 보지 않도록 하여라. 내가 너희에게 말하는 것은 모든 이들에게 말하는 것이다. 깨어 있어라"(13:35-37). 이렇게 깨어 있는 공동체의 모델은 겟세마네 동산에서 제자들이 한시도 깨어있지 못하고 잠든 사이에 간절히 기도하는 예수다 (14:32-42). 예수는 저들을 꾸짖으면서도 거절하지 않고 다시 한번 더 촉구하신다: "깨어서, 너희가 시험에 들지 않도록 기도하라."

그러므로 교회는 카이사르에 대항하여 혁명을 일으키거나 쿰란 분파처럼 완전한 사회를 형성하기 위해 광야로 물러서도록 부름 받지 않았다.

---

18. 이 본문 저변에 있는 것은 말 3:1일 수 있다.

오히려 교회는 가능하지 않은 모순처럼 보이더라도 그저 하나님 나라의 좋은 소식을 선포하고 이에 따른 결과로 어떠한 고난이 주어지더라도 받아들일 뿐이다. 교회는 이방 외인들을 배제하는 것이 아니라 복음에 어떻게든 반응하는 사람들에게 주의 깊게(critically) 열려 있었다. 무엇보다도 교회는 제국이 투영하는 권력의 환상에 현혹돼서는 안 된다. 대신에 권력을 근본적으로 재검토할 발판은 "건축자들이 버린 돌"의 예(example), 곧 섬김을 받으러 온 것이 아니라 섬기려 하고, 많은 사람을 위하여 자신의 생명을 대속물로 주려는 인자(사람의 아들) 안에서 마련됐다. 이렇게 교회 공동체의 비전은 이스라엘의 이야기와 예수 이야기 사이의 해석학적 융합으로 형성된다.

§5. "드러나기 위하여 숨겨진": 마가의 성경 해석학

　　마가가 성경 사용 방식이 마태나 누가의 것보다는 명시적이지 않기에 현대의 신약 학자들 사이에서는 마가복음의 구약 해석의 중요성을 간과하거나 경시하는 경향이 있어왔다. 오랫동안 마가복음의 구약 사용에 대한 가장 상세한 연구는 알프레드 줄(Alfred Suhl)의 연구서, 『마가복음에 나타난 구약의 인용과 암시의 기능』(Die Funktion der alttestamentliche Zitate und Anspielungen im Markusevangelium)이었다. 줄의 멘토였던 빌리 마르크센(Willi Marxsen)의 영향을 받은 이 연구서는 주로 마가복음에서 '구속사'(Heilsgeschichte)나 언약 성취 모티프의 개념을 찾는 것에 반대하는 입장에 서 있다.[1] 이 책은 마가가 구약을 어떻게 읽었는지에 대한 유용한 연구를 찾는 이들에게 별로 도움이 되지 않는다. 더욱 최근에 리처드 호슬리(Richard Horsley)는 구

---

1. Alfred Suhl, *Die Funktion der alttestamentliche Zitate und Anspielungen im Markusevangelium* (Gütersloh: Gütersloher Verlagshaus Gerd Mohn, 1965). 서문에서 Suhl은 Marxsen의 마가 해석에 반대할 요량으로 연구를 시작했지만 작업을 진행하면서 Marxsen의 입장에 대한 확신이 커져갔다고 밝혔다. Marxsen이 Suhl의 학위논문 지도 교수였기에 이는 그렇게 놀랄 만한 결과는 아닐 것이다.

약 해석을 마가복음의 중요한 특징으로 다루려는 모든 시도에 도전했다.

> 마가복음의 산발적인 본문들이 "[구약]성서"로부터 나온 산발적 본문들을
> 어떻게 융합하고(conflate) 해석하는지에 초점을 두게 되면 다중적인 부조화,
> 미묘한 차이, 아이러니로 가득한 역동적인 내러티브 흐름에 대한 주의를
> 산만하게 하고 [주의를] 다른 데로 돌려버리게 한다. … 더 나아가 "인용구
> 들"이 보통은 기껏해야 몇 단어로 된 암시(allusion)에 지나지 않는 것으로
> 판명되면서, 마가가 [구약]성서를 "인용"하고 해석하고 있다는 주장은 약
> 화된다. … 그리고 [구약]성서 해석에 참여했다는 가설은 [당시] 사람들이
> 흔히 읽고 쓸 줄 알았고 성서 사본에 쉽게 접근할 수 있었으며 잘 정비된
> [구약]성서가 정경 형태로 마가의 역사적 상황에 이미 존재하고 있었다는
> 부당한 가정에 근거하고 있다.[2]

앞서 이 장에 행한 마가복음 해석으로 무언가가 드러났다면, 이는 호
슬리가 마가복음에 나타난 성서 인용에 대한 심도 있고 정교한 해석학을
심하게 저평가한 것으로 드러낼 것이다. 바로 그 이유로 인해 호슬리는
또한 마가의 기독론을 최소화시키는 복음서 해석을 옹호했다. 마가복음
에 나타나는 상호텍스트적 성서 본문들이 무시된다면, 축소된 기독론이
불가피 따라올 수밖에 없다.

동시에 최근 몇 년 동안 마가의 성경 해석에 관한 더욱 유용하고도 건
설적인 연구가 매우 많이 진행됐다.[3] 조엘 마커스(Joel Marcus)와 리키 왓츠

---

2. Horsley, *Hearing the Whole Story*, 232.

3. 예, Howard Clark Kee, "The Function of Scriptural Quotations and Allusions in
    Mark 11-16," in *Jesus und Paulus: Festschrift f. Werner Georg Kümmel z. 70. Geburstag*
    (ed. E. Earle Ellis and Erich Grässer; Göttingen: Vandenhoeck & Ruprecht, 1975),

(Rikki Watts)의 주요한 연구들은 특별히 마가의 해석학적 복합성을 이해하는 데 중요하며, 토마스 하티나(Thomas Hatina)의 작품은 마가 내러티브의 문학적 맥락에서 구약 언급에 대한 이해의 중요성을 강조하는 데 도움이 된다. 앞선 지면에서 제시한 마가복음 읽기는 이 학자들의 주석 작업을 기반으로 하면서도 이들의 작업으로는 완전하게 드러나지 않았던 몇 가지 기독론적 함의들을 펼치고자 했다. 이러한 기독론적 함의들은 오직 마가의 독특한 내러티브 전략에 담겨 있는 시적 인유들에 주의를 기울일 때에만 인지할 수 있다.[4]

　　마가가 구약성경을 가져오는 방식은, 마가의 내러티브 방식(style)에서 더욱 일반적이듯, 간접적이며 암시적이다. (요한복음의 방식으로) 명백한 신학적 주장을 도마 위에 놓거나 (마태복음의 방식으로) 독자들에게 자신이 서술하고 있는 사건의 성서적 배경을 명시하기보다, 마가는 대부분의 경우에 있어서 암시와 단서를 통해 내러티브에 마법을 걸고, 독자들에게 딱 충분한 정도의 실마리만을 제공하면서 더욱 깊은 탐구와 성찰을 유도해낸다. 드문 경우지만 마가는 독자들에게 특별히 중요한 상호텍스트적 인유들에 주의를 기울이게 하기 위해 무대의 막(curtain) 뒤에서 걸어 나오는데(예, 막 13:14에 나타난 "읽는 자는 깨달아라"), 대부분의 경우 구약의 언급들은 이야기의 골조(fabric)를 따라 매끄럽게 짜여 있다. 성서의 반향을 듣지 못하는 독자들도 마가의 이야기를 일차원적으로는 이해할 수 있다. 그렇지만 들을 귀

165–85; Morna D. Hooker, *Jesus and the Servant: The Influence of the Servant Concept of Deutero-Isaiah in the New Testament* (London: SPCK, 1959); Marcus, *Way of the Lord*; Watts, *Isaiah's New Exodus*; Schneck, *Isaiah in the Gospel of Mark*; Thomas R. Hatina, *In Search of a Context: The Function of Scripture in Mark's Narrative* (JSNTSup 232; London: Sheffield Academic, 2002); Ahearne-Kroll, *Psalms of Lament*.

4. Zvi Ben-Porat, "The Poetics of Allusion," *Poetics and Theory of Literature* 1 (1976): 105–28.

가 있는 사람들에게는 새로운 차원의 복합적이고 중요한 의미들이 열리
게 된다. 명확한 예를 인용하자면, 마가는 예수가 나귀를 타고 예루살렘에
입성하시는 이야기를 기록하면서 구약의 성취에 관한 저자의 어떤 논평
도 남기지 않았다(11:1-11). 그러나 예수의 행동에 내포된 스가랴 9:9의 상징
을 은연중에 인지한 독자는 이 삽화의 의미를 더욱 충만하게 이해하게 될
것이다. 이 경우에 인유를 "파악"하는 데 필수적인 "수용 백과사전"이[5] 없
는 독자들은 마가의 가장 초기 독자들 중 하나, 곧 적극적으로 스가랴 인
용을 명시하면서 예언자가 기록한 것을 성취하기 위해 이 사건이 발생했
다는 부연 설명을 덧붙이는 마태(마 21:4-5)의 도움을 받을 수 있다. 하지만
이 예는 단지 마가복음에 나타난 상호텍스트적 인유의 빙산에 일각에 지
나지 않는다. 우리가 이러한 상호텍스트 및 그 중요성에 관한 인식을 마
태복음에 해명된 몇몇 경우에만 한정한다면, 우리는 틀림없이 미숙한 독
자가 될 것이다.

　　마가의 구약 사용에 대해 내가 요점을 두는 한 가지 방식은 바로 이스
라엘의 신적인 문서를 읽는 마가의 해석학적 전략이, 수수께끼 같은 비유
의 방식으로 가르치시는 이유와 같이, 비유의 기능에 대한 마가의 이해와
정확히 유사하다고 말하는 데 있다. 우리가 살펴본 바와 같이 예수는 비
유의 형태로 어떤 이들에게는 드러나지만 어떤 이들에게는 감추어져 있
는 "하나님 나라의 신비"에 대해 말씀하셨다(4:11-12). 그런데 마가의 비유
장 끝에서 우리는 저자의 논평을 발견하게 된다: "예수는 그들이 알아들
을 수 있는 대로 많은 비유들로 그들에게 말씀하시고, 비유가 아니고서는
그들에게 말씀하지 않으셨으나, 제자들에게는 따로 모든 것을 설명해 주

---

5. 내가 이 어구를 사용한 것의 충분한 함의를 위해서는 Umberto Eco, *A Theory of Semiotics* (Bloomington: Indiana University Press, 1979), 98-114 [=『기호학이론』, 문학과지성사, 1999]를 보라.

셨다"(4:33-34). 마가복음 4:11-12과 4:33 사이에 어떤 긴장이 있는 것처럼 보인다. 비유가 전자에 있어서는 하나님 나라의 메시지를 가리는 역할을 하는 것처럼 보이지만, 후자에 있어서는 예수의 청중들이 자신들의 이해 수준에서 메시지를 파악할 수 있게 해주는 소통의 도구처럼 보인다. 이것은 이야기꾼 마가의 무능함과 일관되지 못함을 보여주는 모순인가? 아니면 다른 한편으로 이는 마가복음 전반에 걸쳐 예수 자신의 정체성 안에서 그리고 비유 안에서 발견되는 바, 역설적으로 베일에 싸인 소통의 본질적인 성격을 전하고 있는 것일까?

마가 자신은 우리에게 예수의 비유 담화 중 아주 밀도 있게 채워진 한 단락에서 해답의 단서를 제공해 준다.

> 그리고 예수가 그들에게 말씀하셨다. "등불이 말 아래나 침상 밑에 오는 것이 아니라 등잔대 위에 와야 하는 것 아니냐? 나타나기 위한 것 외에는 감추어진 것이 아무 것도 없고, 드러나기 위한 것 외에는 비밀스러운 것이 아무 것도 없기 때문이다. 들을 귀가 있는 자는 들어라." 그리고 예수가 그들에게 말씀하셨다. "너희는 듣는 것을 주의하여라. 너희가 저울질하는 대로 너희도 저울질당할 것이고, 또 더 당하게 될 것이다. 가진 자는 더 받을 것이고, 가지지 못한 자는 그 가진 것마저 빼앗길 것이다." (막 4:21-25)

마가복음 4장 문맥에서 비유로 가르치는 것에 대한 예수의 대답이 계속되는데, 이는 분명 말씀을 듣고 이해하는 해석학에 대한 표상적 담론으로 이해되어야 한다.

마가복음 4:22, 마태복음 10:26, 누가복음 8:17의 유사점을 비교하면 흥미로운 차이가 드러난다. 마태와 누가의 발화 형식은 현재에 가려진 것과 미래에 드러날 것에 대한 대조를 보여준다. 마태복음에서는, "… 가려져 있는 것이 드러나지 않을 것이 하나도 없고 숨겨진 것이 알려지지 않을 것이 없다." 또한 누가복음에서는 "숨겨진 것이 드러나지 않을 것이 없고 감추어진 것도 알려지지 않거나 나타나지 않을 것이 없다." 그러나 마가복음의 발화 형태는 감추어진 의도를 강조한다: "나타나기 위한 것(ἵνα) 외에는 감추어진 것이 아무 것도 없으며, 드러나기 위한 것(ἵνα) 외에는 비밀스러운 것은 아무 것도 없기 때문이다."[6] 묵시록에서처럼 숨겨진 것은 어떻게든 계시되기 위한 것이거나 계시를 촉진하기까지 한다. 우리가 마가복음에서 살펴본 모든 것을 고려할 때 여기에 내포된 (가리는) 목적이 예수의 인격 안에 숨겨진 자기-계시를 제공하려는 하나님의 의도라고 제안하는 것은 무리가 아니다. 예수의 정체는 마침내 가장 모호한 순간, 즉 십자가 위에서의 수치스러운 죽음의 순간에 완전히 드러났다("참으로, 이 사람이 하나님의 아들이었다").

마가복음 4:21-22이 하나님의 가려진 자기-계시 방식을 말하고 있다는 견해는 또한 4:21의 이상한 구조에 의해서도 지지된다: "등불이 와야 (ἔρχεται) 하지 않느냐?" 영어성경 번역가들은 이 표현이 (영어 구조의) 특징상 어색하기에 "등불이 가져와져야 하지 않겠느냐?"(NRSV)와 같이 조금 다른 동사를 가지고 수동태로 번역했다.[7] 하지만 마가가 이 문장을 썼을 때는 사실상 등불이 능동자로 "온다"는 것을 의미하고 있다. 이 관찰에 따르면 마가가 이 말을 세상에 오시는 예수에 대한 기독론적 비유로 형성했다는 결론을 피하기 어렵다.[8] 이것이 계시되기 위해 감추어진 것이라는 마가복

6.   의도성에 대한 바로 그 강조가 (ἵνα를 가진) 막 4:21의 목적절에도 나타난다.
7.   몇몇 고대 필사자들은 마가가 이 문장을 썼을 때 이에 동일한 불편함을 느낀 것이 분명하다: 몇몇 사본(D it sa^mss bo^pt)는 ἅπτεται 독법("등불이 켜져 있는가?")를 지지하지만 더 어려운 독법인 ἔρχεται이 분명 원문이다. 흥미롭게도 마태와 마가는 모두 이 어구(construction)를 다른 방식으로 개선했다.
8.   이러한 읽기에 대해서는 다음을 보라. Gathercole, *Pre-existent Son*, 171-72. 또한,

음 4:22의 역설적인 말과 결합될 때 우리는 마가의 기독론의 핵심에 다가
선 것이며, 내가 제안하는 바 이스라엘 성경에 대한 마가의 해석학적 방
법에 다가선 것이다.

그래서 바로 다음 구절에 다급한 권고가 나타난다: "들을 귀 있는 자
는 들어라." 예수가 그들에게 말씀하셨다. "너희는 듣는 것을 주의하라.
너희가 말씀을 해석할 때 관대하게 '저울질'한다면 더욱 큰 보상이 따라
올 것이다. 만일 너희가 복음서—그리고 이스라엘의 성경—를 해석할 때
오직 표면적으로만 듣는 인색한 청중이라면 오직 적은 것만 받을 것이며
결국 아무 것도 가지지 못하게 될 것이다." 이것은 물론 마가복음 4:23-25
을 폭넓게 바꾸어 옮긴 것(paraphrase)이지만 우리는 이 본문을 선포된 말씀
을 듣는 방식에 대한 가르침으로 이해하지 않을 수 없다. 비록 이 말씀들
이 초기 전승에 흩어져 있는 예수의 어록(logia)에 속한다 하더라도, 마가는
이를 응집력 있는 해석학에 대한 권고로 형성했다.[9] 의미의 홍수는 세심
한 독자를 기다리고 있으며 이 홍수 속에 들어가기 위하여 독자는 본문에
숨겨져 있는 것을 주의 깊게 듣도록 부름을 받는다.

마가의 해석학적 지시는 본문에서 단일하고 명백한 "본래의 의미"를
찾는 데 익숙한 현대의 해석가들에게 적합하지 않더라도 사실 표상적인
언어가 실제로 작동하는 방식에 정확하게 맞추어져 있다. 메타포는 직접

Eduard Schweizer, *Das Evangelium nach Markus* (NTD; Göttingen: Vandenhoeck & Ruprecht, 1967), 55; G. Schneider, "Das Bildwort von der Lampe," *ZNW* 61 (1970): 183-209; Pesch, *Das Markusevangelium*, 1:249 (following Schneider); Cranfield, *Gospel according to Saint Mark*, 164; M. J. Lagrange, *Evangile Selon Saint Marc* (Etudes Bibliques; Paris: J. Gabalda, 1911), 113; Grundmann, *Das Evangelium des Markus*, 96; Lane, *Gospel according to Mark*, 165–67.
9. 막 4:21-25를 구성하는 문장이 마태복음에는 내러티브 여러 장소에 흩어져 있음에 주목하라: 마 5:15, 10:26, 7:2, 13:12. 이 본문이 공관복음의 출처 이론에 복잡한 질문을 양산하는 것은 당연하다.

적인 진술을 다루지 않는다. 오히려 메타포는 정확히 본래 의도된 것들을 감추고 돌려 말하며 다르게 말함으로써 의미를 강화시킨다. 로버트 프로스트(Robert Frost)는 이 통찰을 간단하게 진술했다: "시(Poetry)는 한 가지를 언급하면서 다른 의미를 전하는 것을 허용하는 한 가지 방식이다."[10] 문학 비평가 프랭크 커모드(Frank Kermode)는 마가복음 해석학에 대한 통찰력 있는 연구에서 "비유(parable)는 전령이 하는 것과 같이 진리를 [직접적으로] 선포하며 동시에 [오묘한] 신탁과 같이 진리를 숨긴다"라고[11] 말했다.

이러한 관찰에 비추어 볼 때 전체적인 복음서 해석학의 지침으로서 마가복음 4:21-25의 중요성은 아무리 강조해도 지나치지 않는다. 마가는 독자들에게 기독론적 의미는 감추어져 있지만 복음서의 비유적 표상에 주의를 기울일 때 "하나님 나라의 신비"를 가리키는 의미의 층들을 발견하게 될 것이라 권고한다. 4:11에서 마가가 공관복음 병행 구절(마 13:11, 눅 8:10)의 복수 '뮈스떼리아'(μυστήρια, "신비들")가 아니라 단수(singular) '뮈스떼리온'(μυστήριον, "신비")을 사용한 것은 우연이 아니다. 내러티브 안에서 그리고 내러티브를 통하여 드러난 유일한(singular) 신비는 바로 역설적이게도 이스라엘의 하나님의 체현이자 십자가에 달리신 메시아, 예수 자신의 정체다.

하지만 내가 지금 하고 있는 것처럼 이것을 너무 많은 말을 사용하여

---

10. 이 인용문의 더 완전한 맥락은 당면한 논증과 관련해 빛을 비추어준다: "시는 한 가지를 말하면서 다른 의미를 가리키는 방식을 허용한다. 사람들은 말한다: '왜 네가 의미하고자 하는 바를 말하지 않느냐?' 우리 모두는 너무나도 시인이기에 결코 그렇게 하지 않는다. 우리는 비유로, 암시로, 간접적으로 말하기를 좋아한다—이것이 자신 없음에서 나온 것이든, 다른 본능에서 나온 것이든 말이다"(Robert Frost, "Education by Poetry," speech delivered at Amherst College and subsequently revised for publication in the Amherst Graduates' Quarterly [February 1931]).

11. Frank Kermode, *The Genesis of Secrecy: On the Interpretation of Narrative* (Cambridge, Mass.: Harvard University Press, 1979), 47.

무뚝뚝하게 주장하는 것은 대단히 용의주도한 방식으로 신비를 전하는 마가의 방식을 배신하는 것이다. 무신경하게 발설하기에는 비밀이 너무 거대해서 이를 바르게 표현하기 위해서는 반드시 표상(figures), 수수께끼(riddles), 속삭임(whispers)으로 감추어야 한다. 마가의 법정 내러티브에 대한 논의에서 로완 윌리엄스는 마가의 이야기 방식에 공감하며 섬세한 균형을 보여준다.

> [마가]복음 내내 예수는 자신이 누구인지를 드러내기를 주저하십니다. 자신에 대한 진실이 다른 사람들의 입에서 나올 수 없다고 믿기 때문인 것 같습니다. 예수에 대해 회자된 것은 진리가 아닐 것입니다—모든 상황의 주인이시며, 원하고 뜻한 곳에서 치유하실 수 있고, 기대되는 승리의 구원자이자 기름 부음을 받은 자라는 것 말이지요. … "어떤 진리는 말 되어질 때 진리가 아닌 것이 됩니다." 마가가 묘사한 세계는 합리적인 세계가 아니라는 것을 기억하십시오. 거기에는 악과 고통과 남용된 권력으로 가득 합니다. 이런 세계에서 어떻게 예수가 누구신지 진정으로 말하는 언어가 있을 수 있겠습니까? … 이 세계의 말로 묘사된 예수는 거기에서 자리를 놓고 경쟁하는 자, 비진리의 일부일 것입니다.[12]

하지만 마가는 단순한 침묵으로 일축하지 않는다. "이런 세계에서 어떻게 예수가 누구신지 진정으로 말하는 언어가 있을 수 있겠는가?" 마가의 대답은 예수 이야기와 대위법적으로 읽히는 바, 이스라엘의 성경에 들어 있는 이야기와 상징에 그러한 언어가 있다는 것이다. 만일 '예수가 이

---

12. Williams, *Christ on Trial*, 6. 삽입된 Williams의 인용구는 Anita Mason, *The Illusionist* (London: Abacus, 1983), 127에서 가져왔다.

스라엘의 하나님이다'라고 말하는 것이—테트라그람마톤(Tetragrammaton: 읽을 수 없는 YHWH를 지칭. 개역성경에서는 "여호와"로 나옴—역주)에 표상된 하나님의 이름을 입에 올릴 수 없는 것과 같이—오도하는 것이거나 신비에 부주의한 것이라 하더라도, 여전히 예수가 누구신지 **이야기하는** 방식이 있다. 곧, 예수는 죄를 사하고, 폭풍을 잠잠하게 하고, 바다 위를 걸으며, 흩어진 양떼를 참된 목자로서 먹이며, 듣지 못하는 자를 듣게 하고, 말하지 못하는 자를 말하게 하는 권세를 가지고 있다는 이야기를 들려줌으로써 말이다. 광야에서 '**주**(Kyrios)의 길을 예비하라'고 외침으로써 이사야의 복음, 곧 포로기의 끝을 전하고 있는 세례 요한을 인지함으로써 예수가 누구이신지 **이야기하는** 방식이 있다. 그러한 암시/인유의 시학(poetics)을 통해 마가는 놀라운 진리를 몸짓으로 표현해낸다. 들을 귀를 가진 자들은 듣게 될 것이다.

하지만 그러한 간접적인 고백적 주장조차도 마가 이야기의 더욱 넓은 문맥 안에서 읽혀야 한다. 이스라엘의 하나님에 관한 신비한 체현인 예수의 정체성은 결코 십자가에 달리신 분으로서의 정체성과 결코 분리될 수 없다. 그리고 거기에는 더욱 깊은 신비의 층이 있다. 즉, 예수가 이스라엘의 하나님의 체현이라면, 그리고 이스라엘의 성경과 표상적으로 일치하여 예수의 몸이 십자가에 못 박히는 것으로 끝나는 것이라면, 이 사실들이 하나님의 정체에 관해 우리에게 말해주는 것은 무엇인가?

마가는 이야기를 들려주는 자신의 방식에 담긴 그러한 함의들에 대해 충분히 생각했을까? 마가가 말하지 않기 때문에 우리는 말할 수 없다. 그러나 마가복음에 나타나는 이스라엘 성경의 공명을 주의 깊게 듣고 이 이야기가 어떻게 수난 기사를 향해 전개되는지 볼 수 있는 독자들은 마가의 예술적 기교가 담긴 결말에 나타난 여인들과 같이 적어도 한동안은 침묵에 잠기게 되는 경험을 하게 될 것이다: "그들은 두려워하였기에 어느 누구에게도 말하지 않았다."[13]

그렇게 우리가 마가의 눈으로 구약을 읽고자 한다면 무엇을 발견하게 되는가? 우리는 우리의 범주를 산산조각내고 우리의 이해를 초월하는 역설적 계시를 숙고하는 데 이끌려 들어가게 될 것이다. 우리는 침묵하는 신비 앞에 서는 법을 배우게 될 것이며 제한된 우리의 지식을 인정하고 또 (신비에) 경탄하게 될 것이다. 밋밋한 명제적 언어로는 마가의 예수의 정체 묘사가 "의미하는 바"를 바르게 진술할 수 없다. 대신에, 오로지 내러티브 형태 안에서 점진적으로, 곧 예수 이야기를 암시적인 단서로 이스라엘의 이야기의 배경 위에 투사함으로써만 드러날 수 있다. 마가가 두 이야기를 서로 포개 놓을 때 괄목할 만한 새로운 패턴, 곧 다른 방식으로 접근하기에는 너무나도 압도적인 진리로 우리를 인도하는 패턴들이 나타난다.

마가를 성경 해석자로 읽는 것은 정확히 정통(Orthodox tradition)에 속한 마가복음 해석의 중요한 흐름과 정확히 일치한다. 복음서 저자 성 마가를 기념하는 그리스 정교회의 연례 축일의 전례에는 마가의 독특하고도 신비한 증거 방식에 경의를 표하도록 회중들을 초대하는 기도가 있다: "와서, **하늘의 비밀의 전령**(τὸν τῆς ἐπουρανίου μυσταγωγίας κήρυκα)이며 복음의 선포자인 마가를 칭송합시다."[14] 실로 그는 하늘의 비밀의 전령—즉, 우리를 비

---

13. 여인들이 가진 두려움은 물론 십자가에 달린 분, 예수의 부활의 메시지에 대한 반응이다. 우리가 십자가에 달린 이의 정체에 관한 마가의 내러티브 단서를 올바르게 따라왔다면, 십자가 처형 이야기를 읽을 때, 여인들과 동일하게 두려움에 떨고 침묵하는 것이 적절한 반응이라 말하고 싶다.

14. Doxastikon at the "Lord, I Have Cried," Vespers of St. Mark the Evangelist (April 25), with Greek text in TO MHNAION TOU APRILOU (Athens: Saliberos, 1904), 102. 나는 이 전통에 주목하게끔 해준 John Chryssavgis 및 이 인용문을 확인하는 데 도움을 준 George Parsenios에게 감사의 마음을 전한다.

밀로 인도하는 메시지를 선포하는 자—이었다.

제2장

마태복음:

변화된 토라

오, 오시옵소서, 임마누엘이여,

포로 된 이스라엘을 속량하소서.

하나님의 아들이 오시기까지,

여기 포로 된 슬픔으로 슬퍼하리니.

§6. 율법과 예언의 성취: 성경 해석가, 마태

만일 최초기 기독교의 작가들이 로완 윌리엄스(Rowan Williams)가 제안한 것처럼 이스라엘의 종교 언어를 개편(reorganize)하려고 했다면,[1] 우리는 마태복음에서 어떤 식의 해석학적 개편(reorganization)을 발견할 수 있을까? 마태는 마가가 매우 조심스럽게 탐구한 신비의 경계를 훌쩍 넘어서서 야심차게 성경 해석을 발전시키려고 시도한다. 마태는 마가가 구성한 영역에서 시작하지만 예수에 대한 대담한 내러티브 주장을 억압하는 마가의 절제력을 거의 보여주지 않고 수많은 구약 본문들을 명시적으로 연결 짓는다. 실제로 많은 구절 안에서 우리는 마태가 마가의 암시적인 단서를 명시적인 설명들로 보충하고 있음을 발견할 수 있다.

친숙한 예를 하나 들어보자. 마가는 예수의 예루살렘 입성 사건을 기록하면서 겸손하게 나귀를 타신 승리의 왕에게 환호를 보내는 예루살렘 성에 관한 스가랴의 예언적 환상을 인유하지만 구체적인 구약의 상호텍스트에 대해서는 완전히 침묵한다(막 11:1-10; 슥 9:9을 향해 은밀하게 눈짓하고 있

---

1. Williams, *Wound of Knowledge*, 11.

음). 반면, 마태는 스가랴 본문을 이용하여 예수의 행위가 예언의 성취라고 완전히 명백하게 지적하면서, 독자들이 상호텍스트적 연결에 이목을 집중할 것을 열망한다. 더 나아가 마태는 두 짐승, 곧 스가랴 9:9(마 21:1-9)에서 언급된 나귀와 나귀 새끼를 모두 포함하도록 이야기를 재구성하여 예언의 성취를 강조하지만, 동시에 독자들에게 악명 높고도 불가해한 이미지, 곧 예수가 두 동물 위에 어떻게 해서든 다리를 벌리고 앉은 이미지를 만들어낸다: "그 나귀와 새끼 나귀를 끌고 와서, **그것들** 위에 겉옷을 얹어 놓고, **그것들** 위에 올라타셨다"(마 21:7).

　　마태의 관심사를 적지 않게 조명하고 있는 또 다른 예는 다음과 같다. 예수의 묵시적 담화를 재서사화(renarration)한 마태는 마가복음의 기록을 가까이 따라간다. 이때 마가의 기록에서 예수는 따르미들에게 예루살렘 성에서 도망쳐야 할 때를 경고하는 신비한 징표를 언급하신다: "멸망의 가증한 것이 서지 못할 곳에 선 것을 보게 되면, (읽는 자는 깨달아라.) 그때 유대에 있는 자들은 산으로 도망해야 한다"(막 13:14). 이는 마가가 의도적으로 독자에게 눈짓을 하면서 인유의 존재를 알리며 이 단서를 취하기를 바라는 몇 안 되는 본문 중 하나다. 마태는 이 말을 반복하지만 독자가 확실히 이해하**도록** 추가적인 정보를 본문에 덧붙였다: "그러나 너희가―**선지자 다니엘이 말한 바**―멸망의 가증한 것이 **거룩한 곳**에 선 것을 보게 될 때, (읽는 자는 깨달아라.) 유대에 있는 자들은 산으로 도망해야 한다"(마 24:15). 언제나 신중한 필사자 마태는 이 본문을 찾아볼 필요가 있을 독자를 위해 본문 출처를 구체화했으며, 또한 저 사건의 불명확한 장소를 명확히 해주었다―즉, 단순히 "서지 못할 곳"이 아니라 구체적으로 "거룩한 곳"(즉, 성전)으로 명기했다. 이는 마치 마태가 스터디 바이블에 해설을 달고 있는 것과 같이, 구약에 익숙하지 않은 독자에게 필요한 성경 해석 작업을 수행할 수 있도록 충분한 정보를 제공하는 주석과 참고사항을 제시하는 것과 같다.

실제로 마태는 어떤 것도 (독자들이 인지할 수도, 인지 못할 수도 있는) 가능성에 맡기지 않는다. 즉, 마태복음은 큼지막한 글씨로 된 고속도로 표지판을 세워 독자들에게 반복적으로 내보이면서 예수가 이스라엘의 성경의 성취라는 것을 놓칠 수 없도록 명시한다. 마태는 교훈적이고 사용자-친화적인 방식—일종의 "예언자들을 위한 훈련 지침서"[2]—으로 자료들을 구성했다. 그렇기에 후대에 네 복음서 정경이 집성되었을 때 마태복음이 첫 번째에 위치하게 된 것은 이유가 없지 않다.[3] 또한 마태복음이 초기 기독교 작가들에 의해 가장 빈번하게 인용되었고, 오리게네스(Origen), 히에로뉘무스(Jerome), 요안네스 크뤼소스토모스(John Chrysostom), 몹수에티아의 테오도로스(Theodore of Mopsuestia), 알렉산드리아의 퀴릴로스(Cyril of Alexandria)에 의해 마태복음 주석이 쓰이게 된 것도 이유가 없지 않다.[4] 마태는 예수 전승을 명료하고 조화롭고 접근 가능한 형태로 조직하는 데 성공했다.

우리가 마태의 구약 사용을 고찰할 때 가장 먼저 떠오르는 것은 마태가 증거 본문을 도입하는 독특한 방식—예수가 승리자이면서도 겸손한 모습으로 예루살렘에 입성하시는 예에서처럼—곧 저자의 목소리로 독자에게 반복적으로 직접 이야기하는 방식이다: "이는 예언자들로 하신 말씀

---

2.   Paul S. Minear, *The Good News according to Matthew: A Training Manual for Prophets* (St. Louis: Chalice, 2000).

3.   사중 복음서 정경의 발전과 의미(significance)에 대해서는 Graham N. Stanton, "The Fourfold Gospel," *NTS* 43 (1997): 317–46; idem, *The Gospels and Jesus* (2d ed.; Oxford Bible Series; Oxford: Oxford University Press, 2002) [=『복음서와 예수』, 제1 판. 대한기독교서회, 1996]를 보라.

4.   1800년 이전의 마태복음 주석에 대한 광범위한 참고문헌을 위해서는 Ulrich Luz, *Matthew: A Commentary* (trans. Wilhelm C. Linss; 3 vols.; Hermeneia; Minneapolis: Augsburg, 1989–2005), 1:19–22을 보라. 이와 비교해 사실상 교부의 마가복음 주석은 거의 없다.

을 이루려 하심이다. …" 조금씩은 다르지만 마태복음의 열 개의 인용문에 이러한 주석(rubric)이 달려 있다(1:22-23, 2:15, 2:17-18, 2:23, 4:14-16, 8:17, 12:17-21, 13:35, 21:4-5, 27:9).[5] 또한 마태복음에서 적어도 세 개의 구약 인용구는 이러한 성취 패턴과 매우 밀접한 관련이 있다(2:5-6, 3:3, 13:14-15).[6] 그리고 예수가 겟세마네에서 붙잡히실 때, "이 모든 일은 선지자들의 성경(Scripture)이 성취되게 하려 함이다"(마 26:56; 참조, 26:54)라는 예수의 말씀에는 비록 구체적인 구약 인용이 제시되지는 않지만 인용 형식구와 매우 비슷하다. 이는 마태가 열세 번의 저자의 목소리로 성취된 예언 주제에 큰 관심을 가지고 있음을 보여준다. 더하여 이 본문들은 이스라엘의 성경을 예수의 삶 가운데 있었던 사건들을 예보하는(predictive) 본문으로 간주된다.

예언과 성취에 대한 마태의 강조에는 분명히 변증적 목적이 있다.[7] 즉, 이스라엘의 권위 있는 본문을 근거로 제시하는 수사학적 전략은 마태의 기독론적 주장을 이스라엘의 성경과 불일치하는 것으로 보는 다른 해석

---

5. 이러한 형태의 또 다른 인용문이 마 27:35의 약간 후대 필사본에 나오지만, 이는 분명 요 19:24의 영향 아래 후대 필사자에 의해 삽입된 것이다. 마태의 인용 형식구 열 개는 모두 예언서에서 가져온 반면 27:35에서 인용된 본문은 시 22:19기에, 시편 기자가 예언자로 간주되지 않는 이상, 형식적인 τὸ ῥηθὲν διὰ τοῦ προφήτου ("예언자를 통해 하신 말씀")은 엄밀히 말해 적절하지 않을 것이다. 이 본문들에 관한 논의를 위해서는, George M. Soares Prabhu, *The Formula Quotations in the Infancy Narrative of Matthew: An Enquiry into the Tradition History of Mt 1-2* (AnBib 63; Rome: Biblical Institute, 1976)를 보라. 마태복음 인용의 본문 형태에 대해 가장 상세한 논의를 제공하는 것은 Menken, *Matthew's Bible*이다.
6. 이 세 경우 중 두 본문에서 마태는 이야기의 등장인물의 입에 둠으로써 형식적 패턴을 깬다. 그리고 세 번째 본문(3:3)에서 마태는 인용구가 예수 자신보다도 세례 요한을 가리키고 있기 때문에 동사 πληρωθῇ를 사용하기를 피한다. "성취" 언어는 마태가 예수를 표상하는 인용구를 위해 따로 남겨둔 것이다.
7. Matthew P. Knowles, "Scripture, History, Messiah: Scriptural Fulfillment and the Fullness of Time in Matthew's Gospel," in Porter, *Hearing the Old Testament in the New Testament*, 59-82와는 대조된다.

가들과는 달리 예수의 정체에 대한 확신을 입증하게 한다. 이러한 이유로, 마태의 변증이 이해되어야 할 사회적 배경에 대한 재구성이 연구의 초점이 됐다. 만일 구약 해석이 마태에게 있어서 논쟁적 이슈였다면 마태의 반대자들은 누구이며 마태가 예수 이야기를 변호하면서 이 구약 증거 본문들을 제시해야 한다고 느낀 구체적인 역사적 배경은 무엇인가? 세부 내용들을 확신하기는 어렵지만 마태복음은 유대 기독교가 예루살렘 성전이 파괴된 이후에 회당 및 서기관과 치열하게 경쟁했던 (안디옥이나 수리아와 같은) 배경에서 쓰인 것이 분명하다는 최근 학자들 사이의 강한 공감대가 있다.[8] 크리스터 스텐달(Krister Stendahl)의 고전적인 연구인 『마태 학파와 구약 사용』(School of St. Matthew and Its Use of the Old Testament)에서는 인용 형식구를 빌려 여러 구약의 본문 전승들을 취사적으로 사용하고 있는 것에 초점을 두면서, 이러한 관행은 메시아 본문으로 해석될 수 있는 본문들을 찾기 위해 다양한 고대 문헌들과 판본들을 샅샅이 탐색했던 유대-기독교 필사 "학파"의 산물이라고 주장했다.[9] 그러나 구약 인용과 논증 패턴에 근거해서 정확한 사회사를 재구성하려는 것은 사변적인 시도일 뿐이다. 우리가 할 수 있는 최선의 것은 마태 수사학의 대단히 적극적인(combative) 특징을

---

8. 예, Luz, *Matthew*, 1:79-93; Graham N. Stanton, *A Gospel for a New People: Studies in Matthew* (Louisville, Ky.: Westminster John Knox, 1993); J. Andrew Overman, *Matthew's Gospel and Formative Judaism: The Social World of the Matthean Community* (Minneapolis: Fortress, 1990); J. Andrew Overman, *Church and Community in Crisis: The Gospel according to Matthew* (The New Testament in Context; Valley Forge, Pa.: Trinity International, 1996); Anthony J. Saldarini, *Matthew's Christian-Jewish Community* (Chicago Studies in the History of Judaism; Chicago: University of Chicago Press, 1994); David C. Sim, *The Gospel of Matthew and Christian Judaism: The History and Social Setting of the Matthean Community* (Studies of the New Testament and Its World; Edinburgh: T&T Clark, 1998)를 보라.

9. Stendahl, *School of St. Matthew. Stendahl*의 연구서 제2판에서는 이 주장을 1954년 초판에서보다 다소 조심스럽게 완화시켰다.

관찰하면서, 유대 해석가들이 구약에 비추어 어려운 시기를 해석하려고
했고 반대의 경우(어려운 시기에 비추어 구약을 해석—역주)도 마찬가지였듯, 마태
의 해석이 로마 군대의 예루살렘 성전 파괴 이후 수십 년간 격렬하고 논
쟁적인 환경에서 형성됐다고 추측하는 것이다.[10]

마태의 성취 인용문은 때로 메시아 증거 본문 모음집에서 왔으며 마
태가 구약의 본래 의미나 문맥을 고려하지 않고 단순히 자신의 이야기에
연결했다는 주장이 제기되기도 한다.[11] 하지만 마태의 인용 관습을 면밀히
관찰해보면 인용 도입구를 동반한 인용에 나타나는 것과 동일한 편집 경
향이 (인용 도입구가 없는) 마태복음의 다른 구약 인용문에서도 발견된다. 실
제로 마태는 이 자료를 수집하고 거기에 집중된 기독론적 해석을 부여하
기 때문에 상상력을 종합적으로 통제하고 있다고 간주되어야 한다.[12]

마태는 복음서 시작부에서 이 인용 도입구를 대거 사용했다. 10회의
인용 도입구 중 4회가 예수의 탄생 및 유아기 내러티브에 나타난다. 마태
복음 2:5-6과 3:3의 성취 인용구를 더한다면 우리는 이 중대한 해석학적
표지 중 거의 절반이 심지어 예수의 세례 기사 이전의 플롯 구성에 포함
되어 있고, 또 다른 하나의 표지는 갈릴리에서 예수의 최초 복음 선포에
나타난다는 것을 발견하게 된다(4:14-16). 마태복음 서두에 이 성취 인용구
가 밀집해 있는 것은 독자로 하여금 예수 이야기에 나오는 거의 모든 것
이 선지자들에 의해 미리 선포된 무언가의 성취로 드러날 것을 기대하게
한다. 따라서 마태는 이스라엘의 신성한 역사를 예수의 활동을 미리 가리

---

10. Knowles, "Scripture, History, Messiah," 59–82을 보라.
11. Georg Strecker, *Der Weg der Gerechtigkeit: Untersuchung Zur Theologie Des Matthäus* (Göttingen: Vandenhoeck & Ruprecht, 1966); S. Vernon McCasland, "Matthew Twists the Scriptures," *JBL* 80 (1961): 143–48.
12. 특히 Stanton, *Gospel for a New People*, 346–63; Menken, *Matthew's Bible*, 15–199을 보라.

키기 위해 고안된 정교한 표상적 태피스트리(tapestry: 여러 가지 색실로 직물에 그림을 짜 넣은 것—편주)로 제시한다.

이 인용 형식의 수사학적 효과는 매우 강력해서 마태가 구약을 어떻게 이용하고 있는지에 대한 우리의 이해를 통제하는 경향이 있다. 마태복음은 최종적인 신약 정경의 가장 앞에 위치하고 있기 때문에 이 인용구들은 더더욱 광범위한 영향을 미친다. 즉, 이는 기독교인들이 어떻게 구약성경을 읽어야 하는지에 대한 대중적인 기독교 이해까지도 형성한다. 하지만 마태의 인용 관습의 이 한 가지 독특한 특징으로 마태복음의 해석을 독점하게끔 하는 것은 현명하지 못하다.[13] 우리가 이 인용 소개 형식에 골몰한다면 마태복음의 구약 사용에 대한 이해는 너무나도 좁혀질 것이다.[14]

이러한 인용들은 분명 마태복음에 만연한 신학적 관점을 표현한다—예수가 율법을 폐하러 온 것이 아니라 성취하러 왔다는 산상수훈과 같은 특정 핵심 프로그램에 표현되어 있듯 말이다(마 5:17). 그런데 정확하게 이 말씀은 마태의 해석학적 프로그램을 우리가 십여 가지 증거 본문을 모아 놓은 것보다도 더 포괄적인 것으로 여겨야 한다는 것을 의미한다. 예수는 어떤 면에서 율법을 성취하시는가? 만일 예수가 율법의 모든 일점일획을 이루기 위해 오셨다면(5:18), 우리는 마태가 구약과 복음 사이의 일치점에 대해 더욱더 광범위한 설명을 제시하기를 기대해야 한다. 그리고 실제로 우리는 마태 내러티브에서 다양하고 복잡한 구약의 사용을 발견하게 될 것이다. 마태복음에는 적어도 60개의 명백한 구약 인용구가 있다. 곧, 인

---

13. Donald Senior, "The Lure of the Formula Quotations: Re-assessing Matthew's Use of the Old Testament with the Passion Narrative as a Test Case," in *Scriptures in the Gospels* (ed. Christopher M. Tuckett; BETL 131; Leuven: Leuven University Press, 1997), 89–115. 또한, Knowles, "Scripture, History, Messiah," 66.

14. Senior, "Lure," 90.

용 형식구가 사용된 경우는 아주 널널하게 추산하더라도 마태복음 인용
의 1/5에 불과하다. 그리고 심지어 이것은 마태 이야기에 나오는 수백 개
의 간접적인 구약 인유들을 셈에 넣지도 않았을 때의 이야기다.[15]

특정 본문의 인용 문제를 넘어서 우리는 또한 표상의 사용, 곧 "구약
성경의 그림자 이야기(shadow stories)"에 대한 마태의 능숙한 내레이션도 염
두에 두어야 한다.[16] 명백한 인용이 있든 없든, 이 내러티브 장치를 통해
마태는 독자가 예수를 구약 전거들(precursors), 특히 모세, 다윗, 이사야의
종에 대한 성취로 보도록 인도한다.[17] 그리고 마태의 언어와 이미지는 이
러한 내러티브 표상보다도 더욱 깊은 차원에서 처음부터 끝까지 구약성
경에 푹 젖어있다. 마태는 이스라엘의 신성한 문서에 나타난 이야기, 시,
예언, 법, 지혜의 가르침 등으로 제시된 사회적·상징적 세계를 끊임없이
전제한다. 물론 이 자료들을 모두 조사하는 것은 불가능할 것이기에 우리
는 마태의 구약 읽기 방식을 조명해 줄만한 몇몇 본문을 다루어보고자 한
다. 우리는 먼저 이스라엘 이야기가 이 복음서 안에서 재서사화된(renarrat-
ed) 방식을 추적할 것이다. 그러고 난 후에 이를 배경으로 마태가 구약을
해석하여 예수의 정체를 어떻게 제시하는지, 그리고 문화적 환경과 관련
하여 교회의 위치를 어떻게 묘사하는지 고찰할 것이다.

---

15. Senior ("Lure," 89)는 61개의 인용문을 세고 있고, "네스틀레-알란트판(Nestle-
     Aland) 부록에는 마태복음에 294개의 암시적 인용 내지 인유를 나열하고 있다"라
     고 지적한다.
16. Senior, "Lure," 115.
17. 이러한 내러티브 모형론 중 하나에 대해 상세하고도 방법론적으로 우아한 연구
     는 Dale C. Allison Jr., *The New Moses: A Matthean Typology* (Minneapolis: Fortress,
     1993)를 보라. Leroy Huizenga (*The New Isaac: Tradition and Intertextuality in the
     Gospel of Matthew* [NovTSup 131; Leiden: Brill, 2009])는 마태복음의 예수 역시도
     '아케다'(*Akedah*) 전승에 있는 이삭의 모습과 모형론적 관계로 이해되어야 한다고
     주장한다.

§7. 포로의 귀환:
마태복음 내러티브에 나타난 이스라엘의 이야기

족보(마 1:1-17)

예수의 세례 사건으로 갑자기 돌입하는 마가와는 달리 마태는 족보를
열거하며 복음서를 시작함으로써 예수 이야기를 이스라엘의 역사 안에
고정시킨다. 이 족보는 반복적인 표현으로 오늘날의 많은 독자들의 읽기
를 더디게 하고, 교훈적인 내용도 아닐 뿐더러, 심지어는 어색하고 이상하
게 보이기까지 한다.[1] 마태복음의 족보는 내러티브를 시작하기에 박진감
넘치는 방식은 아니지만—마가복음 서론 단락에 바로 등장하는 극적인
행동과는 대조적으로—실제로는 몇몇 중요한 해석학적 기능을 수행하고
있다.

---

1. 에둘러 번역한 NRSV의 "~은 ~의 아버지였다"보다도, 엘리자베스 시대의 능동태
   동사 "출산하다"(begat)를 사용한 KJV처럼 마태의 그리스어 구문을 더욱 정확하게
   살린다면, 이러한 인상은 강조된다. KJV는 이렇게 읽는다: "여고냐는 스알디엘을
   출산하고 스알디엘은 스룹바벨을 출산하고 스룹바벨은 아비훗을 출산하고 아비훗
   은 엘리아김을 출산하고 엘리아김은 아소르를 출산하고"(마 1:12b-13), 이는 42대까
   지 계속된다. 우리 시대의 문화적 감성은 더욱 이목을 집중시키거나 우아한 도입을
   선호할 것이다.

첫째, 족보는 이스라엘의 이야기와 마태가 서술하려는 이야기 사이의
연속성을 보증해준다. 마가복음의 예수와는 달리 마태복음의 예수는 어느
곳에선가 갑자기 나타난 존재가 아니라 아브라함 집안의 42대 상속자다.[2]
이 족보는 예수를 아브라함 언약의 상속자이자 창세기의 족장 내러티브
에서 시작한 이스라엘의 서사시적 이야기의 절정으로 해석하도록 독자를
준비시킨다. 마태복음 1:1의 시작 어구, '비블로스 게네세오스 이에수 크
리스투'(βίβλος γενέσεως Ἰησοῦ Χριστοῦ, "예수 그리스도의 시작[genesis]의 책")는 토라
의 첫 번째 책(창세기[Genesis]—역주)과의 연관성을 강화해준다.[3] 마태복음의
첫 행은 마태복음 전체의 제목으로 기능하면서 예수의 이야기가 사실상
"새 창세기", 즉 세상을 새롭게 시작하는 종말론적 구원 이야기라는 것을
나타낸다.[4] 더욱이 이 구원을 성취하는 분은 "아브라함과 다윗의 자손, 예
수 그리스도"시다. 이 예수의 정체는 민족의 **조상** 아브라함과 위대한 왕
의 표상 다윗에 대한 언급에서 확인할 수 있듯 새 창조를 과거의 이스라
엘과 밀접하게 연결시킨다. 실제로 족보에 나타난 각각의 이름, 특히 더욱
잘 알려진 사람들은 이스라엘의 이야기를 상기시킨다. 따라서 마태는 이
스라엘의 이야기 안에 예수의 정체의 근거를 두며 세부적인 족보로 "과거
를 떠올리게" 하여, 독자들로 하여금 복음 내러티브를 이 서두에서 개괄
된 역사 안에 두도록 요구한다.[5]

---

2. 마 1:18-25에 따르면 예수의 생물학적 아버지가 아닌 요셉(1:16)을 통해 예수의 혈
    통을 추적한다는 이상한 사실에도 불구하고, 이 점은 수용된다.

3. βίβλος γενέσεως라는 어구는 남자와 여자 창조 기사를 소개하는 창 2:4 LXX와 아
    담의 후손 목록을 소개하는 5:1 LXX에 모두 나타난다.

4. W. D. Davies and Dale C. Allison Jr., *A Critical and Exegetical Commentary on the
    Gospel according to Saint Matthew: In Three Volumes* (ICC; Edinburgh: T&T Clark,
    1988-1997), 1:149-54.

5. Stefan Alkier, "Zeichen der Erinnerung—Die Genealogie in Mt 1 als intertextuelle
    Disposition" (paper presented at the annual meeting of the SNTS, Durham, England,

또한 이 족보는 이스라엘의 이야기를 예수의 탄생까지 세 가지 큰 장으로 구분하는데, 각각의 장은 십사 대로 구성되어 있다.[6] 곧, 첫 번째 장은 아브라함부터 다윗까지, 두 번째 장은 다윗부터 바벨론 포로기까지, 세 번째 장은 바벨론 포로기부터 메시아까지다(마 1:17). 예수의 족보를 이렇게 도표화한 것은 예수가 다윗의 혈통이라는 것—이에 따라 메시아적 정체성 역시—을 강조한다. 마태는 족보의 마지막에서 예수를 "그 그리스도"(the Christ)라고 언급함으로써 이 점을 강조했다. 여기에서 마태의 정관사 사용은 이 용어의 직위적 의미를 보여준다. 아마도 더욱더 중요한 것은 1:17이 예수의 오심을 틀림없이 이스라엘 포로기의 끝과 연관지어 생각하고 있다는 것이다: "그러므로 모든 대의 수는 아브라함으로부터 다윗까지 십사 대이고, 다윗으로부터 바벨론으로 잡혀 갈 때까지 십사 대이고, 바벨론으로 잡혀 간 때로부터 그리스도까지 십사 대이다." 이렇게 족보의 주기를 나눈 것은 이스라엘 이야기 **플롯**의 윤곽을 그린다. 아브라함 언약이 세워질 때부터 다윗 왕으로까지 상승하는 움직임이 있고(1:2-6a), 그러고 나서 포로기까지 하강하고(1:6b-11), 뒤를 이어 메시아의 도래를 기다리는 모호한 시기가 따라온다(1:12-16). 놀라운 것은 **모세** 이야기가 약속, 왕권, 포로 해방을 다루고 있음에도 이스라엘 이야기 개관에 나타나지 않는다는 것이다—여기서 시내산의 율법은 명료한 역할을 하지 않는다. 물론 이

2002), 18-19. Published as Stefan Alkier, "From Text to Intertext: Intertextuality as a Paradigm for Reading Matthew," *HvTSt* 61 (2005): 1-18. 참조, Jason B. Hood (*The Messiah, His Brothers, and the Nations: Matthew 1.1-17* [LNTS 441; New York: T&T Clark, 2011])는 족보가 이스라엘 이야기의 요약이자, 이스라엘("유다"와 더불어 "그의 형제들")을 구원하고 이방인들(네 명의 의로운 이방 여인들)을 신실한 메시아의 따르미로 "변화"시키는 예수의 메시아적 소명을 정당화한다고 주장한다.

6.　Stephen C. Carlson, "The Davidic Key for Counting the Generations in Matthew 1:17," *CBQ* 76 (2014): 665-83을 보라.

는 마태복음이 모세의 율법에 관심이 없었다는 것을 의미하지 않는다. 실상은 반대다. 그럼에도 족보로 시작하는 마태의 내러티브 전략에서는 예수의 정체성을 율법의 수여자가 아닌 왕이신 메시아로 부각시키는 효과가 나타난다.

마태의 족보에서 강조되고 있는 이스라엘의 포로기는 독자들이 기억해야 할 역사에 특정한 형태를 부여해준다. 즉, 이스라엘의 이야기는 **하나님의 언약적 신실하심과**—아브라함 언약과[7] 영원한 왕국에 대한 다윗 언약으로 표현된 것처럼(삼하 7:12-14)—우리아의 아내를 취한 다윗의 범죄(마 1:6; 삼하 11-12장을 인유함)로 나타나고 다윗 이후 왕들의 가지각색한 역사로 표현되는 **이스라엘의 불충실함**—바벨론의 포로가 되기까지—을 병치시키고 있다. 여기에 나열된 이름 목록이 자아내는 복잡한 이야기들을 기억하는 독자들에게 이 족보는 '죄를 보여주는 거울'(*Sündenspiegel*)로서 이스라엘의 공동체적 죄가 반영되어 있는 길고도 고통스러운 내러티브를 보여주는 역할을 한다.[8] 하지만 우리는 동시에 "백성들의 죄에서 그들을 구원할 메시아"(1:21) 예수로 인도하는 족보의 구성으로 인해 미래의 소망을 분명하게 볼 수 있다.[9] 이때 우리는 족보의 해석학적 의미의 예를 볼 수 있다. 즉, 족보는 독자로 하여금 하나님의 백성이 구원받아야 할 "죄들"이 단지 세세한 법들에 대한 개인의 사소한 범법 행위가 아니라 결국 다윗 왕조의 몰락과 바벨론 포로기를 초래한 국가적인 불의/우상숭배의 죄라는 것을 인

---

7. 마태복음에서 아브라함 언약 전통의 중요성에 대해서는 다음을 보라. Robert L. Brawley, "Evocative Allusions in Matthew: Matthew 5:5 as a Test Case," in *Literary Encounters with the Reign of God* (ed. Sharon H. Ringe and H. C. Paul Kim; New York: T&T Clark, 2004), 127-48.

8. Alkier, "From Text to Intertext," 12.

9. Boris Repschinski, "'For He Will Save His People from Their Sins' (Mt 1:21): A Christology for Christian Jews," *CBQ* 68 (2006): 248-67.

지하게끔 한다. 마태복음 내러티브 세계의 메시아는 '바벨론 추방'으로
시작된 무력과 궁핍의 장(chapter: 십사 대로 나뉘어진 마지막 포로기를 의미—역주)을
닫음으로써 백성들을 죄의 결과로부터 구원하실 바로 그분이다. 마태복
음 1장은 예수의 사역을 포로기의 종식을 가져오는 것으로 해석하는 것과
완전히 일치한다.[10]

마태복음의 족보는 예수의 조상 목록에 네 여인—다말(1:3), 라합(1:5),
룻(1:5), 우리아의 아내 밧세바(1:6)—을 등장시킴으로 네 가지 변칙을 동등
하게 소개한다. 족보에 여인의 이름이 올라가는 것은 일반적인 상황이 아
니기에 독자는 특히 사라, 리브가, 레아와 같이 잘 알려진 족장의 아내가
생략되고 왜 저 네 사람이 뽑히게 되었는지 의아해 할 수 있다. 마태가 언
급한 네 여인들은 각각 통상적이지 않거나 평판이 좋지 않은 성행위와 관
련되어 있기에 예수의 어머니 마리아(1:16) 역시 성적 부적절함과 관련된
혐의를 변증하기 위한 배경으로 제시됐다는 주장도 있다(1:18-25).[11] 아브라
함-다윗 혈통에서 도덕성이 의심스러운 여인들을 통해 메시아가 나셨다
면, 그렇게 논의가 진행된다면, 이 의심이 메시아의 어머니의 명성에까지
영향을 미친다 하더라도 독자는 놀라지 않게 될 것이다. 게다가 누군가
이 여인들과 그 자손(예수—역주)에 대해 화를 낸다면 "하나님이 복주시려
선택하신 것의 가치를 폄훼"하는[12] 것이 될 것이다. 하지만 룻이 이 성적

---

10. Wright, *Jesus and the Victory of God*. Wright는 역사 속 예수가 자신의 사명을 그런
    용어로 이해했다고 주장한다. 그렇든 그렇지 않든 마태는 예수의 사역을 분명히 그
    런 식으로 이해했다.

11. 더 깊은 논의를 위해서는, Luz, Matthew, 1:83-85; 그리고 Jane Schaberg, "Feminist
    Interpretations of the Infancy Narrative of Matthew," in *A Feminist Companion to
    Mariology* (ed. Amy-Jill Levine and Maria Mayo Robbins; Feminist Companion
    to the New Testament and Early Christian Writings; London: T&T Clark, 2005),
    15-36을 보라.

12. Davies and Allison, *Matthew*, 1:171.

부정의 혐의를 받고 있는 여성 목록에 포함되어야 하는지는 결코 분명하
지 않다. 추가적으로 다윗과 밧세바 이야기에서 죄인으로 드러난 것은 다
윗이다. 여기에 정경 내러티브의 모든 강조점이 실려 있다: "다윗이 행한
이 일은 주가 보시기에 악했다." 그래서 하나님은 나단 선지자를 보내셨
고 나단은 가난한 사람의 양을 빼앗은 부자의 비유를 말했다. 이는 다윗
을 유도하여 자신이 스스로의 유죄를 선언하고 죄를 인정하게끔 하기 위
함이었다(삼하 11:27b-12:15).[13] 이 이야기에서 밧세바는 결코 비난받지 않는
다. 더 나아가 우리는 이례적인 경우의 세 여인들(다말, 라합, 룻)이 성경 이
야기 내에서 대담하고 신실한 행동으로 칭찬을 받는 인물이라는 사실을
간과해서는 안 된다(창 38:1-30; 수 2:1-24, 6:22-25; 룻기 도처). 다른 말로, 성경 이
야기 내에서 이들의 특징은 의심스러운 평판이 아니라 집요한 충심에 있
다.[14]

　마태의 목적에 더욱 적절한 것은 네 여인이 모두 비-이스라엘인으로
간주될 수 있다는 점이다. 다말은 어떤 유대 전승 내에서 가나안인 내지
이스라엘로 편입한 자로 간주된다.[15] 라합은 가나안 사람이었고, 룻은 모

---

13. 다윗이 밧세바를 취한 이야기를 내러티브 배경으로 두고 있는 시편 51편 표제는 이
　　스라엘의 후대 해석 전통이 밧세바를 죄인으로 이해하는 것이 아니라 계속해서 다
　　윗을 죄인으로 이해하고 있었음을 보여준다.
14. 이러한 방식으로 저들은 마 15:21-28의 가나안 여인을 예표한다. Amy-Jill Levine,
　　"Matthew's Advice to a Divided Readership," in *The Gospel of Matthew in Current
　　Study: Studies in Memory of William G. Thompson, S.J.* (ed. David E. Aune; Grand
　　Rapids: Eerdmans, 2001), 22-41을 보라.
15. Richard Bauckham ("Tamar's Ancestry and Rahab's Marriage: Two Problems in the
　　Matthean Genealogy," *NovT* 37 [1995]: 313-29)은 희년서 41:1과 유다의 유언 10:1
　　에 나오는 바 "아람의 딸"로 지시되는 다말을 아람 사람(Aramaean)으로 이해돼서
　　는 안 된다는 것을 보여준다. 그러나 Bauckham이 설명했듯, 다말의 조상에 관한 문
　　제에 있어 창 38장의 성경 기록은 모호하다. 또한 Philo (*Virt.* 220-22)은 다말을 한
　　분이신 참 하나님을 예배하기 위해 개종한(converted) 시리아 팔레스타인 사람—즉,

압 사람, 밧세바는 헷 사람 우리아의 아내였다.[16] 각각의 경우에 있어서 이 이방 여인들은 이스라엘의 이야기에 포함되었고 실제로 이스라엘 왕의 전형인 다윗 혈통의 일부가 됐다. 따라서 이 족보를 통해 이미 마태는 자신이 기록할 복음의 주요 주제를 단서로 제시하고 있다. 즉, 이스라엘 이야기는 이방인을 포함하는 데 열려 있다. 메시아의 계보에 있는 네 여인은 하나님이 민족적 외부인을 시작부터 끝까지 이야기 안에 엮어놓으셨음을 보여줌으로써 "모든 민족"(마 28:19)을 향한 사역을 예표한다. 마태는 이에 대해 어느 것도 설명하지 않으며 다말, 라합, 룻, 밧세바가 등장하는 어떤 구약 본문들도 인용하지 않는다. 그렇지만 마태가 예수의 계보에 이들을 포함한 것은 독자들로 하여금 저들의 이야기들을 떠올리게 하고 이스라엘 이야기의 모습을 이해하는 데 있어 저들의 의미를 숙고하도록 이끈다. 저들은 마태복음 마지막 장에서 선언한 "모든 민족"을 향한 사명을 예표한다.

기독론적 성취: 예수는 이스라엘의 운명을 재현한다(마 2:13-18, 4:1-11)

마태가 이스라엘 이야기를 전달하는 또 다른 방식은 예수와 이스라엘 사이의 모형론적 동일시를 통해서다. 즉, 예수는 이스라엘의 운명을 체화하고 재현하는 분이시다.[17] 이스라엘 이야기와 예수 이야기는 하나의 동일

가나안 사람—으로 묘사한다. 바벨론 탈무드 소타 10의 본문에서는 다말이 개종자 (proselyte)였다는 랍비 전승에 대한 증거를 제시한다.

16. 이 사실은 밧세바가 헷 사람이라는 것을 의미하는 것은 아니지만 마태는 그녀를 헷 사람으로 추론했을 수 있다.

17. 이 관찰은 물론 마태가 예수의 정체를 정의하기 위해 성경을 어떻게 사용하는지에 관한 질문과 맞닿아 있다. 나는 마태의 예수 정체 확인에 관한 나의 생각이, 출판되지 않은 논문, Gaylen Leverett, "Jesus as Israel: A Matthean Analogy"에 의해 강화되었음을 인정하고 싶다. 또한 Dale C. Allison Jr., "The Son of God as Israel," *IBS* 9 (1987): 74-81을 보라.

한 이야기다. 이 점에서 마태복음 내러티브는 "이스라엘"로서의 예수의 정체에 대해 거의 이야기하지 않는 마가 이야기와는 전혀 다르다.

이스라엘로서의 예수라는 모티프는 마태복음 전반에 걸쳐 나타나지만 이는 예수의 가족이 애굽으로 내려갔다가 헤롯이 죽은 후에 돌아온 것에 대한 압축된 설명—다른 복음서와 병행구절이 없는—에 가장 생생하게 나타나 있다(마 2:13-15). 마태는 (이스라엘 성경을) 거꾸로 읽으면서 이 삽화 안에서 이스라엘의 애굽 거주와 약속의 땅으로 돌아오는 표상의 성취를 발견한다. 마태복음 2:15의 인용 도입구로 인용된 핵심 예언 본문은 호세아 11:1에서 온 것이다: "이스라엘이 어렸을 때, 내가 그를 사랑했으며, 애굽에서부터 내 아들을 불러냈다." 여기에서 인용된 호세아 본문이 "애굽에서부터 내가 그의 자녀들을(τὰ τέκνα αὐτοῦ) 다시 불러냈다"라고 읽고 있는 칠십인역을 따르지 않는다는 점은 익히 알려져 있다. 마태의 예언적인 기독론적 읽기는 마소라 텍스트에 상응하는 헬라어(τὸν υἱόν μου, "내 아들")에 의존하고 있다.[18] 호세아 문맥에서 (단수) "아들"은 분명히 이스라엘 전체를 의미한다. 또한 이 진술은 미래의 메시아에 대한 예언이 아니라 과거의

---

18. 본문의 차이에 관한 세부 내용은 Menken, *Matthew's Bible*, 133-42을 보라. 당면한 논의의 목적에 있어서, 마태가 히브리어를 독자적으로 번역하고 있는지 또는 MT의 문자적 번역에 가까운 현존하던 그리스어 역본을 따르고 있는 것인지 여부는 별로 중요하지 않다. Davies and Allison (*Matthew*, 1:262n8)은 ℵ 사본 필사자가 여백에서 마태의 인용을 민 24:8의 것으로 삼고 있음을 언급한다. 이 구절은 LXX에서 "하나님이 그를 애굽에서 인도해 내셨다"라고 읽는다. 발람의 신탁이 메시아 증언으로 널리 사용됐음을 염두에 둘 때(특히, 민 24:17), 초기 기독교 독자들이 마태의 인용을 LXX의 호 11:1이 아닌 민 24:8에서 온 것으로 보았다는 것은 놀라운 일이 아니다. 또한 민 24:7 LXX이 다음과 같이 읽고 있는 것에 주목하라: "한 사람이 그의[이스라엘의] 씨로부터 나올 것이며, 그가 많은 민족들을 다스릴 것이다." 그러나 마태가 이들 중 어느 것이라도 알고 있었다는 증거는 없다. 마태의 인용이 먼저 민 24장에서, 그리고 나서 부차적으로 11:1에서 왔다고 제안하는 Davies and Allison (*Matthew*, 1:262)의 의견은 순전히 사변에 불과하다.

출애굽 사건을 지칭하고 있다. 따라서 이스라엘 전체를 하나님의 "아들"로 지칭하는 호세아의 메타포는 하나님이 모세에게 "이스라엘은 나의 맏아들이다"(출 4:22-23)라고 바로(파라오)에게 전하라 명령하신 전승을 떠올리게 한다. 하지만 마태는 호세아 본문이 예수의 생애에 나타나는 사건을 어떻게 예표(prefigure)하는지 알고서 호세아 본문을 변형시켰다(transfigure). 마태는 이제 하나님의 아들(Son) 예수 이야기에 요약된 하나님의 "아들"(son) 이스라엘의 운명을 본다. 즉, 양자의 경우 모두 아들이 추방되었던 애굽에서 다시 약속의 땅으로 들어오게 된다.[19]

이 사례는 마태의 인용 형식이 통상적으로 간주되던 것보다 더욱 많은 내러티브 공명과 인유적인 미묘함을 가질 수 있음을 보여준다. 마태는 호세아 11:1의 본래 문맥에서 이스라엘에 대한 하나님의 사랑, 곧 이스라엘의 계속되는 실패에도 불구하고 계속되는 사랑(호 11:8-9)이 표현되고 있음을 몰랐을 리 없다. 실제로 마태의 인용구 사용은 인용구의 본래 의미를 독자가 인지하는지에 의존하고 있다. 달리 말하자면, 호세아 인용구가 출애굽 이야기에 대한 본래의 언급과 분리되어 있다면 마태의 읽기의 문학적이고 신학적인 효과는 뭉개졌을 것이다. 예언자의 말씀의 성취는 오직 출애굽 이야기와 복음 이야기 사이의 표상적 상응을 인지한 상상 행위를 통해서만 인지될 수 있다. 표상적 상상력의 렌즈를 통해 마태는 두 가지 내러티브 패턴을 서로 포개어 투영하여 예수 이야기와 이스라엘의 구원 이야기가 서로 공명하게 한다.

두 이야기를 나란히 놓는 것의 효과는 이스라엘의 출애굽 이야기에서

---

19. 이러한 구원 패턴은 또한 예수의 죽음과 부활 이야기를 예표하는가? 마태는 그러한 효과에 대해서는 전혀 언급하지 않지만 상징적인 추론은 쉽게 가능하다. 교회의 후속 전례 전통에서 이스라엘이 바다를 건넌 이야기(출 14장)는 부활성야(Easter Vigil)를 위한 성구집에 포함되어 있다.

예표되고 예수의 부활에서 성취되었듯 예수가 이제 이스라엘 백성의 운
명을 짊어지시고 이스라엘에 해방과 신원을 가져오실 것을 암시하는 데
에 있다. 호세아 11:1의 예언적인 본문은 두 이야기의 매개념(媒槪念: middle
term: 논리학 용어로 대개념과 소개념의 공통된 개념. 여기에서는 "매개체" 정도로 이해하면
된다—역주)으로 기능해서 출애굽 이야기가 하나님 백성의 선택/구원에 대
한 내러티브 모형(template), 즉 이어지는 역사적 상황들에 적용—호세아 시
대에 불순종한 이스라엘에 대한 하나님의 자비에 적용되든, 메시아 예수
의 인격 안에서 이스라엘 백성을 향한 하나님의 구원에 적용되든—될 수
있는 모형으로 읽혀야 한다는 해석학적 단서를 제공한다.[20]

마태복음의 호세아 인용은 1인칭 신적 담화 안에서 예수를 하나님의
아들로 명명하는 효과가 있다는 것도 중요하다. 기적으로 잉태된 예수 이
야기(마 1:18-25)에서는 이미 독자에게 마리아가 "성령으로" 잉태했다는 것
을 밝히고 있지만, 마태복음 내러티브에서 예수를 하나님의 "아들"로 처
음으로 분명히 동일시한 것은 이 인용 형식구가 강조하고 있는 것처럼 하
나님 본인의 입에서 나왔다: 예수의 가족이 애굽으로 피신한 것은 "주가
선지자를 통해 하신 말씀을 성취하시려는 것이다"(2:15).[21] 예수의 아들 됨
에 대한 이러한 하나님의 확증은 예수의 세례 사건과 변화산 사건에서 들
을 수 있었던 신적 음성을 기대하게 한다: "이는 내 사랑하는 아들이다.

---

20. Davies and Allison (*Matthew*, 1:263-64)는 이 표상적 차원의 이야기를 바르게 인지
했고 여기서 새로운 "종말론적 출애굽과 그 땅으로의 귀환"을 그리는 다른 고대 유
대교 자료들과 연결점을 보았다.

21. 따라서 이 인용은 예수를 "아들"—하나님은 이 아들을 통해 백성에게 나타나신다—
로 인정하면서(마 1:21-23), 앞서 있었던 사 7:14 인용을 "주에 의해" 주어진 말씀으
로서 강화한다. 이는 ὑπὸ κυρίου ("주에 의해")라는 단어가 인용 형식구에 나타나
는, 마태복음의 단 두 개의 성취 인용문이다. 이 해석에 대한 고전적인 옹호를 확
인하려면, Rudolf Pesch, "Der Gottessohn im matthäischen Evangelienprolog (1-2),"
Biblica 48 (1967): 395-420을 보라.

내가 그를 기뻐한다"(3:17, 17:5).[22] 따라서 2:13-15은 적어도 두 가지 목적을 한 번에 성취한다. 이는 하나님의 아들로서의 예수의 정체를 명시하면서 출애굽 전승을 알고 있는 독자들이 예수의 "아들 됨"을 이스라엘과의 표상적 동일시의 증거(confirmation)로 정확히 이해하게 된다.

또한 마태복음 독자는 이스라엘 이야기에 대한 이러한 표상적 차원에 주의를 기울이면서 뒤이어 나타나는 간략한 탄생 내러티브, 즉 베들레헴의 아이들을 모두 죽이라는 헤롯의 극악무도한 이야기(2:16-18)에서 다른 공명들을 들을 수 있는데, 이는 또 다른 인용 형식구로 맺어진다.

> 선지자 예레미야를 통하여 하신 말씀이 성취됐다.
>
> > 라마에서 소리가 들리니,
> >
> > 울부짖음과 큰 통곡의 소리이다.
> >
> > 라헬이 자기 자식들 때문에 울면서도,
> >
> > 자식들을 잃었으므로
> >
> > 위로 받기를 거절했다. (마 2:17-18)

여기서 마태가 재서사화한(renarrates) 것처럼 이스라엘의 이야기는 고통과 슬픔의 이야기처럼 보인다. 예레미야서에서 라마는 유대 포로를 바벨론으로 추방하기 위한 활동 무대에 나타난다(참조, 렘 40:1).[23] 야곱/이스

---

22. 이 두 가지 동일한 신적 선포는 몇 가지 다른 구약 본문을 반향한다: 창 22:2; 시 2:7; 사 42:1 마 17:5는 ἀκούετε αὐτοῦ를 추가하고 있는데 이는 아마도 신 18:15를 연상시키는 듯하다.

23. Menken (*Matthew's Bible*, 146-48)은 라헬의 매장지, 곧 전통적으로는 베들레헴 근처인 곳(창 35:19-20, 48:7) 및 베냐민 영토에 있었던 라마와의 관계를 논한다. Menken은 마태보다도 이 문제에 더 많은 관심을 보이는 것 같다. 마태에게 있어서 결정적인 부분은 민족의 어머니로서 라헬의 상징적 역할이며, 또한 "라마"와 이스

라엘의 아내이며, 그렇기 때문에 백성 전체의 어머니를 표상하는 라헬은
[24] 과거로부터 포로의 슬픔에 대해—그리고 함축적으로는 하나님의 선택
된 자에 대한 반복되는 폭력 패턴에 대해—예기적으로(proleptically) 슬퍼한
다. 헤롯이 무죄한 아이들을 죽인 사건은 히브리 아이들을 죽이라는 바로
의 명령(출 1:15-22) 및 예레미야 시대 유다의 패배/포로 사건과 나란히 놓
인다. 그런데 후자인 바벨론 포로기에 대해 회상하면 우리는 또한 마태복
음 족보의 결론을 반향으로 들을 수 있다: "바벨론으로 잡혀 간 때로부터
그리스도까지 십사 대다." 실제로 예레미야의 예언을 회상하면 필연적으
로 더욱 넓은 맥락이 떠오르게 된다.[25]

> 이와 같이 주가 말씀하신다.
> 라마에서 소리가 들리니,
> > 통곡하며 애절하게 우는 소리이다.
> 라헬이 자기 자식들 때문에 울면서도,
> > 자식들을 잃었으므로
> > 위로받기를 거절한다.
> 주는 이와 같이 말씀하셨다.
> 너는 소리 내어 울지 말고,

라엘의 포로(유배) 사이의 연결이다.

24. Christine Ritter, *Rachels Klage Im Antiken Judentum und Frühen Christentum: Eine Auslegungsgeschichtliche Studie* (AGJU 52; Leiden: Brill, 2003), 121에서 바르게 주목
된 바 있다. 또한 렘 31:15를 비슷하게 해석하고 있는 몇 가지 랍비 본문을 제시하는
Menken (Matthew's Bible, 146)를 보라. 예, 창세기 랍바 82.10: "우리는 라헬을 따
라 부름을 받은 이스라엘을 발견했는데, 이른 바와 같이, 라헬은 그녀의 아이들을
위해 운다."
25. Ritter (*Rachels Klage*, 122-23)는 이 제안을 조심스럽게 개진한다.

네 눈에서 눈물을 흘리지 마라.

네 일에 보상이 있을 것이니,

그들이 원수의 땅에서 돌아올 것이다.

주의 말씀이다.

네 자녀들이 자기들의 영토로 돌아올 것이기에

네 미래에 소망이 있다.

주의 말씀이다.

네 자녀들이 자기들의 영토로 돌아올 것이다. (렘 31:15-17)

이와 같이, 울고 있는 라헬에 관한 예레미야의 이미지는 포로기가 종식될 것이라는 소망에 대한 대담한 예언의 서곡이다. 실제로 이 예레미야 신탁에서는 이어서 "에브라임, 나의 사랑하는 아들"을 향한 하나님의 한 없는 사랑 언급이 나오면서, "내가 반드시 그에게 자비를 베풀 것"(렘 31:18-20)이 약속된다. 이것이 바로 미래에 소망이 있는 이유다. **폭력과 추방으로 말씀이 끝나는 것이 아니다.** 하나님의 사랑이 결국 승리하여서 이스라엘에 회복을 가져올 것이기 때문이다.

연속되는 형식적인 인용문(2:15 + 2:17-18)에서 마태가 호세아 11:1-11과 예레미야 31:15-20에 있는 매우 비슷한 두 본문을 연결 지은 것은 분명 단순한 우연이 아니다. 두 예언적 본문은 모두 신실하지 못한 백성의 추방과 고통에 대하여 말하면서 하나님이 자비의 손길을 뻗으셔서 백성을 포로로부터 돌아오게 하실 것이라고 선포한다. 유아기 내러티브에서 이 두 예언적 본문을 환기시킴으로써 마태는 이스라엘의 역사와 미래의 운명을 예수의 표상과 연결시킴과 동시에, 예수 안에서 이스라엘의 회복이 임박했음을 암시한다.

마태는 (때때로 제안되듯이) 단지 예수가 어떻게든 성취하게 될 증거 본문을 구약에서 임의로 찾고 있었던 것이 아니라, 오히려 이스라엘 이야기의 구체적인 모습에 대해 생각하면서 백성에 대한 하나님의 변함없는 사랑을 약속하는 핵심 본문들과 예수의 삶을 연결하고 있었다.[26] 그래서 마태는 "이스라엘 집 및 유다 집과 맺을 새 언약"(렘 31:31)을 약속하고 있는 예레미야 본문이 있는 장에서 인용구를 선택하여 헤롯의 학살 이야기를 부연하고 있는 것이다. 즉, 마태의 라헬에 대한 언급은 환용적 수사(metaleptic trope)로 기능하여 예레미야의 더욱 넓은 문맥을 상기시킨다. 그러므로 헤롯의 학살 행위는 마태복음 안에서 이스라엘의 슬픔과 추방의 모든 역사에 대한 메타포로 기능한다. 그렇지만 라헬의 슬픔의 어두운 순간에도 예레미야 31장의 반향은 위로를 전하면서 하나님이 자비를 베푸시고 포로에서 돌아와 저들의 마음 판에 율법을 기록할 날이 올 것이라는 희망을 기대하도록 손짓한다.

마태복음의 수태 내러티브에서 예수와 이스라엘 사이의 모형론적 연결이 제안되고 있다면 예수의 세례 사건(마 3:13-17) 및 이어지는 광야 시험 이야기(4:1-11)에서는 이 연결이 확증된다. 다른 복음서의 세례 기사와는 달리 오직 마태만이 요한이 예수에게 세례를 베풀기 주저하는 심리를 서술하고 있으며, 오직 마태만이 아리송한 예수의 대답—마태 이야기에서 예수의 첫 마디—을 기록하고 있다: "지금은 허락하라. 이렇게 우리가 모든 의를 성취하는 것이 합당하다." 요한의 회개의 세례에 대한 예수의 복종은 정확히 어떤 의미에서 "모든 의를 성취하는 데"에 도움이 되는가? 많은 해석들이 제안되어 왔지만 우리가 어떻게 해석하든 마태가 사용한 동

---

26. 내가 여기서 마태복음에 대해 주장하고 있는 것은 바울의 이스라엘 성경 읽기에 대한 최근 연구 결과와 형식적으로 유사하다. 곧, 바울과 같이 마태는 자신이 인용하는 구약 본문 안에서 일관된 플롯을 본다는 것이다. 바울에 대해서는 다음을 보라. J. Ross Wagner, *Heralds of the Good News: Isaiah and Paul "in Concert" in the Letter to the Romans* (NovTSup 101; Leiden: Brill, 2002); Francis Watson, *Paul and the Hermeneutics of Faith* (London: T&T Clark, 2004).

사 '쁠레로사이'(πληρῶσαι, "이루다/성취하다")의 의미에 전적으로 초점을 두어야 한다. 이 동사는 다른 곳에서 **성경**의 성취에 대해 진술할 때에 특징적으로 나타난다(예, 5:17, 26:56, 또한 모든 인용 형식구에서). 이 경우에 마태는 예수의 세례를 예시하고 있는 구체적인 구약 본문을 언급하지는 않았다. 하지만 나는 예수가 요단강에서 회개의 세례를 받아들인 것은 죄인 된 이스라엘("백성들의 죄에서 그들을 구원할 자")과 자신을 상징적으로 동일시한 것을 의미하며, 새 이스라엘이 약속의 땅으로 들어가는 것에 대한 표상적 시발점을 의미한다고 제안하는 바다.[27]

따로 떼어내어 생각해보면 마태복음 3:15은 신비한 말씀이다. 하지만 마태복음 문맥에서 이 말씀의 의미는 플롯이 전개됨에 따라 확실하게 드러난다. 세례 요한은 이사야가 예언한 "광야의 외치는 소리", 곧 이스라엘의 추방의 끝을 알리는 사자(마 3:1-3; 사 40:3에서 인용)와 직접 동일시된다. 신기하게도 마태에 따르면 "예루살렘과 온 유대와 요단 주변의 모든 지역"은 요한의 요청에 응답하여 세례를 받으러 나아와 자신들의 죄를 고백했다. 바로 이때 성인 예수가 이야기에 등장해 세례에 참여했다. 우리는 앞선 수태 기사에서 이 예수가 하나님의 "아들"(son) 이스라엘의 역할을 하고 있는 "하나님의 아들"(Son)로서 애굽으로부터 그리고 포로로부터 나오도록 부름을 받은 분이라는 것을 이야기했다. 이제 예수는 곤란하지만 상징적인 행동으로 이스라엘처럼 회개를 거쳐 물을 지나셔야 한다. 그러나 예수/이스라엘이 약속의 땅으로 들어가기 전에, 불충실한 이스라엘이 과거에 그랬던 것처럼 반드시 광야의 시험을 겪어야만 했다—이번에는 극적으로 다른 결과가 나타난다.

그래서 예수는 성령에 이끌려 광야로 가 "사십 주야를 금식"하신다.

---

27. Davies and Allison, *Matthew*, 1:262–64; Luz, *Matthew*, 1:120–21.

금식 모티프와 "사십 주야"라는 정확한 어구—둘 모두 마가가 삼가 말하는 시험 이야기에 대한 마태의 편집적 각색이다[28]—는 분명 시내산에서 하나님의 면전 앞에서 사십 주야를 금식한 모세와 연결 짓는다(출 34:28; 신 9:9).[29] 마태는 예수가 사십 주야 동안 금식하면서 무엇을 하셨는지 정확히 말하지 않지만 모세 이야기에 대한 확실한 인유는 아마도 예수가 이스라엘의 죄를 위해 중보하고 계셨음을 제안한다. 마치 모세가 그랬듯이 말이다: "주가 너희를 멸하시겠다고 하셨을 때에, 내가 주 앞에서 사십 주야 내내 엎드려 있으면서, 주에게 기도하기를, '주 하나님이여, 주가 크신 힘으로 속량하시고, 강한 손으로 이집트에서 인도하여 내신 주의 백성과 주의 유업을 멸하지 마소서"(신 9:25-26). 만일 이 추론이 옳다면 마태의 모세 이야기 인유는 우리로 하여금 모세가 그랬던 것처럼 광야에서 백성들의 곤경을 동일시하고 저들을 대신하여 하나님에게 말씀하시는 예수를 상상하도록 이끈다.

또 다른 메타포 차원에서, 광야에서 예수의 사십 주야는 이스라엘이 방랑했던 광야의 사십 년에 상응하는 것으로 해석될 수 있다. 그렇다면 예수는 **모세와 이스라엘 전체**에 대한 모형론적 관계로 서게 된다. 표상적 언어의 한 가지 속성은 대위법 음악이 한 번에, 한 시점에, 하나 이상의 멜로디 라인(vocal line)을 들려주는 것과 같이 동시적인 계류 상태(simultaneous suspension: '서스펜션'은 화성학 용어로 통상 "계류"로 옮겨진다. "동시적인 계류 상태"란 앞에 나온 "한 번에, 한 시점에, 하나 이상의"를 가리키는 것으로 보면 된다—역주)에서 서로 다른 중첩된 의미를 가질 수 있다는 것이다.[30] 그리하여 이러한 해석적 선

---

28. 막 1:13은 단순히, "그가 광야에서 사탄에게 시험을 받으면서 사십 일 계셨다"라고 기록한다.

29. Allison, *New Moses*, 165-72.

30. Jeremy S. Begbie, *Music, Modernity and God* (Oxford: Oxford University Press, 2013),

택지들 중 어느 하나를 배제할 필요가 없다. 본문은 둘 모두를 암시하고 있다. 후자의 읽기(이스라엘로서 예수)는 잇따라 나오는 사탄과의 대화로 강화되는데, 이때 예수의 발화는 모두 신명기에서 직접 가져온 것들이다. 즉, 이스라엘 백성의 목이 곧기 때문에 그렇게 행하지 못했더라도(출 34:9; 신 9:13) 저들이 깨달아 말해야 했던 바를, 예수는 말씀하고 계신 것이다. 이스라엘의 불법과 불순종이 드러난 시험 기사에서 예수는 이제 순종하는 아들로서 하나님에게 영광을 돌리고 이스라엘의 진정한 운명을 체현하는 분으로 나타나신다.[31]

시험에 대한 예수의 세 가지 답변은 모두 구약의 직접 인용인데, 각각은 '게그라쁘따이'(γέγραπται, "기록된 바")라는 형식이 조금씩 변화되면서 도입됐다. 첫 번째 인용구는 돌을 빵으로 만들라는 사탄의 명령에 대한 대답으로 신명기 8:3에서 가져온 것이다: "사람(ὁ ἄνθρωπος)이[32] 빵으로만 사는 것이 아니요, 하나님의 입에서 나오는 모든 말씀으로 사는 것이다." 이 대답을 완전히 이해하기 위해서는 인용구가 발생한 본래 문맥을 기억할 필요가 있다. 모세는 이스라엘의 광야 생활 끝자락에서 이렇게 말했다.

> 너는 주 너의 하나님이 이 **사십 년 동안 광야**에서 너를 **인도하셨던** 그 모든 길을 기억하여라. 이는 너를 낮추고 **시험**하셔서, 네가 그분의 명령을 잘 지키는지 안 지키는지, 네 마음 속에 있는 것을 알아보시려는 것이었다. 너를 낮추고 굶기시다가 네가 알지 못하고 네 조상도 알지 못하던 **만나를 먹게 하신**

---

ch. 6 and p. 168n75.

31. 마태복음 기독론의 핵심 요소로서 예수의 복종 주제에 대해서는, R. W. L. Moberly, *The Bible, Theology, and Faith: A Study of Abraham and Jesus* (Cambridge Studies in Christian Doctrine; Cambridge: Cambridge University Press, 2000)를 보라.

32. 여기서 우리는 ὁ ἄνθρωπος를 ὁ υἱὸς τοῦ ἀνθρώπου와 유사하게 암시적인 기독론적 칭호로 해석해야 하는가?

것은, 사람이 빵으로만 사는 것이 아니고 사람이 주의 입에서 나오는 모든 말씀으로 산다는 것을 너에게 알게 하시려는 것이었다. (신 8:2-3)

예수의 말씀에 대한 신명기 문맥을 복구하면 예수의 시험의 의미가 즉각 드러난다. 예수는 이스라엘과 같이 광야 시간의 끝자락에 서 계시다. 사탄의 권유는 예수를 시험하여 실제로 저가 겸손한지, 하나님의 명령에 순종하는지를 드러낸다. 만일 예수가 돌을 빵으로 만들라는 제안을 받아들이신다면 주린 자에게 하늘의 만나를 공급할 수 있는 하나님을 신뢰하지 못했음을 보여주게 된다. 하지만 유혹을 거절하신다면 예수는 하나님 말씀에 대한 신뢰를 나타내실 것인데, 이는 실제로 기록된 것을 정확히 인용함으로 완벽하게 재현됐다. 그래서 하나님의 "아들"(son)은 하나님을 순종하여 신뢰함으로 첫 번째 시험을 통과하셨다—이스라엘이 모세에게 가르침을 받았을 때에 그렇게 했어야 했다.[33]

그리고 나서 사탄은 예루살렘 성전 꼭대기에서 뛰어내리도록 구약을 바꾸어 유도하였는데, 이에 예수는 성경을 인용하여 두 번째로 대답하셨다: "또 기록된 바, '너는 주 너의 하나님을 시험하지 말라'"(신 6:16). 또다시 신명기의 구체적인 맥락이 관련된다. 곧, 하나님을 시험하는 것은 특별히 이스라엘이 광야에서 마실 물이 없어 하나님에게 불평한 것에서 확인된다. 모세는 신명기 연설에서 백성들이 이전에 신뢰하지 못했던 사건을 떠올렸다. "너희가 맛사에서처럼, 주 너의 하나님을 시험하지 말라."[34] 대조

---

33. Moberly, *Bible, Theology, and Faith*, 198-205; Birger Gerhardsson, *The Testing of God's Son (Matt. 4: 1–11 & par.): An Analysis of an Early Christian Midrash* (ConBNT 2:1; Lund: Gleerup, 1966).

34. 지명 맛사(Massah)는 히브리어로 "시험"(test)을 의미한다. 완전한 이야기는 출 17:1-7에 나온다. 이와 병행되는 이야기는 민 20:1-13에 나온다. 여기에는 흥미로운 차이점도 있다. 민수기에 보존된 전통은 이 장소를 므리바(Meribah)로 언급하지만

적으로 이스라엘은 하나님의 명령을 지키고 "주 보시기에 바르고 선한 일을 하면, 네가 잘되고, 주가 네 조상에게 맹세하신 그 아름다운 땅에 들어가 그것을 차지하게 될 것이다"(6:16-18)라는 권고를 받았다. 마태가 예수를 이스라엘 포로기의 종식을 가져오는 메시아로 제시한 것을 고려할 때 이는 매우 중요한 본문이다. 말하자면, 놀라운 기적을 보여 자신을 높이라는 시험을 거부함으로써 예수는 하나님에 대한 복종과 신뢰, 곧 이스라엘이 마침내 약속의 땅에 들어가게 되는 수단을 다시 확증했다. 그리고 복종하는 아들로서 예수의 응답은 이스라엘이 세상에서 감당해야 했던 역할을 예시로 보여준다. 곧, 위험한 자기-주장을 가지고 하나님의 행동을 강요하려 하지 않고, 신실하게 기다리며 옳은 것을 행하는 것 말이다. 그래서 하나님의 아들은 모세가 이스라엘에게 지시한 바를 모형론적으로 자아내면서 하나님의 말씀에 순종함으로 두 번째 시험을 이기셨다.

마지막으로, 사탄의 시험의 절정은 예수가 사탄을 경배하기만 한다면, "세상의 모든 나라들과 영광"을 준다는 것이었다. 그리고 처음으로 예수는 사탄에게 성경 없이 직접 대답하신다: "사탄아, 물러가라!" 그렇지만 결정적인 마지막 어구는 또다시 신명기에서 왔다: "기록된바, '주 너의 하나님을 경배하고, 그분만을 섬겨라'"(6:13).[35] 신명기 근접 문맥에서 이 명령

출 17:7에는 맛사와 므리바 두 지명을 모두 제시한다. 신 6:16에서 사용된 지명 맛사는 저 구절에서 출애굽기 설명을 염두에 두었음을 보여준다.

35. 이 인용 문구(wording)는 MT 및 LXX와 약간 다르다. 이 두 전통이 "주 너의 하나님을 경외하고(*MT*: תירא; LXX: φοβηθήσῃ) 너는 그분을 섬길 것이다"라고 읽는 곳에서 마태는 "경외"를 "예배/경배"(προσκυνήσεις)로 바꾸고, 두 번째 절에 "오직"(μόνῳ)을 추가한다. 이 두 읽기는 신 6:13 LXXA에 나오지만 이는 아마도 필사자가 마 4:10과 눅 4:8 본문에 동화(assimilation)시킨 것으로 설명될 수 있다. 마태와 누가의 밀접한 일치는 두 본문이 모두 Q에 나오는 본문 형태를 따르고 있다는 증거로도 간주되곤 한다(Menken, *Matthew's Bible*, 239). 그러나 내가 서론에서 설명했듯 나는 Q 가설을 받아들이지 않는다. 이 경우 마태복음 자신이 인용 문구의 출

은 우상 숭배에 대한 더욱 큰 경고의 일부다.[36] 그래서 곧바로 이어서 흡사
한 훈계가 따라 나온다: "너희는 다른 신들, 곧 너희 주변에 살고 있는 백
성들의 신들을 따라가지 말라. 네 가운데 계신 주 너의 하나님은 질투하
는 하나님이기 때문이다"(6:14-15a). 따라서 예수가 인용한 성경을 본래 문
맥에서 읽을 때, 한분이신 하나님과 이스라엘의 배타적인 언약적 관계를
보증하면서 이로써 이교 민족들을 둘러싼 환경에 대해 저들의 특수성을
보호하는 의미를 보게 된다. 다시 한번, 성경을 사용해 사탄의 유혹에 응
답하면서 예수는 하나님의 명령에 주의를 기울이며 자신을 이스라엘과
완전히 동일시하셨다. 이 마지막 결정적인 응답으로 예수는 근본적인 문
제를 거론하신 셈이다. 즉, 하나님은 누구시며, 우리는 누구를 섬겨야 하
는가? 예수의 대답은 성경이 말하고 있듯 한분이신 이스라엘의 하나님에
대한 충성을 선포하면서 다른 어떤 것들에 대한 경배를 거부하라는 것이

처일 수 있다. 마태는 특히 동사 προσκυνέω를 좋아하며, 이 동사는 자신의 복음서
에 13회 등장한다(마가복음은 2회, 누가복음은 3회). 그리고 당면한 본문과 별개로
마태는 이 단어를 예배 행동 또는 자세가 예수를 향하고 있음을 보여주는 데 규칙
적으로 사용한다. 특별히 인상적인 것은 2:2, 8, 11(동방술사들이 아기 예수 예배/
경배함), 14:33(예수가 물 위를 걸은 후 제자들이 예배/경배함), 28:9, 17(여자들과
제자들이 부활 후 현현한 예수 예배/경배함)의 예다. 마태가 마 4:10에 나오는 신
6:13 번역에 책임이 있다는 나의 가정이 옳다면, 여기에 신학적 취지를 담은 미묘한
아이러니가 있다. 마태가 이야기를 서술할 때 마귀는 자기를 경배하도록 예수를 유
혹하지만, 이는 적절한 예배 대상이 예수 자신—마태가 다른 경우에 προσκυνεῖν를
사용하여 보여주고 있듯이—이라는, 참된 질서의 실체에 대한 비참한 역전일 수 있
다. 물론 이는, 만일 하나님만 예배받으셔야 한다면—인용구가 확언하듯—예수 자
신이 하나님이어야만 가능한 이야기다.
36. 동일한 문구(wording)을 포함하는 신 10:20는 가능한 인용의 또 다른 출처다. 이 구
   절에 대한 우리의 논의에서 드러날 이유들에 따르면, 신 6:13을 일차적인 출처로
   간주할 좋은 이유가 있다. 또한 Maarten J. J. Menken, "Deuteronomy in Matthew's
   Gospel," in *Deuteronomy in the New Testament* (ed. Maarten J. J. Menken and Steve
   Moyise; LNTS 358; London: T&T Clark, 2007), 46n21을 보라.

다. 이로써 사탄은 물러가고 장면에서 사라진다. 그래서 하나님의 아들은 모세가 이스라엘에게 지시한 대로 순종으로 응답하여 세 번째 시험을 이기셨다.

예수의 대답은 모세가 이스라엘 백성에게 했던 지시를 통해 미묘하게 거꾸로 작용한다(신 8:3, 6:16, 6:13). 이 마지막 대답은 이스라엘의 신앙에 가장 근본이 되는 명령인 '쉐마'(Shema)에 매우 가깝다: "이스라엘아, 들어라. 주는 우리 하나님이시고, 주는 한분이시니, 너는 네 마음을 다하고 네 목숨을 다하고 네 힘을 다하여 주 너의 하나님을 사랑하라"(6:4-5).[37] 한참 후에 마태복음에서 예수는 결국 이 본문을 또한 "가장 위대하고 첫째 되는 계명"(마 22:36-38)으로 인용하신다. 하지만 마태복음 시험 기사를 주의 깊게 읽은 독자는 신명기의 명령에 순종하는 예수의 모범을 통해 신명기 명령의 근본적 중요성에 대해 이미 주목했다. 광야의 시간이 끝날 때 예수는 이스라엘이 하나님에게 보여야 했던 언약적 신실함을 올바르게 체현하셨다—그리고 마태의 정교한 내레이션 안에서 이 언약적 신실함이 본래 정의되고 명령되었던 바로 그 성경을 단순히 내뱉음으로써 이를 이루셨다.

예수는 토라에 대한 순종을 포함하여 더욱 높은 의를 요구하신다(마 5:17-48)

마태가 예수를 이스라엘의 진정한 소명에 대한 모형론적 성취로 묘사한다면, 그리고 이 소명이 신명기에 직접 호소하면서 명시된다면, 이스라엘 이야기를 재서사화하는(renarrating) 마태의 방식이 계속 요구되는 토라에 대한 전적인 순종을 포함하고 있느냐는 질문은 불가피하다. 이와 유사한 질문이 유아기 내러티브에 나타난 예레미야 31장에 관한 풍부한 인유

---

37. Gerhardsson, *Testing of God's Son*, 62-66.

를 통해 제기된다. 독자가 예레미야에 있는 "라헬이 자기 자식들 때문에 운다"는 진술의 배경을 회상한다면, 포로에서 해방시키는 메시아 예수가 "이스라엘 집과 유다 집과 맺을 새 언약"(렘 31:31-34; 참조, 마 26:28) 역시 세울 것이라는 암시도 발견하게 된다. 예레미야 새 언약의 한 가지 두드러진 특징은 백성들의 마음판에 기록된 법 이미지다(31:33). 마태는 이 이미지를 결코 직접 사용하지 않지만, 이는 중요한 측면에 있어서 토라의 요구를 다루는 마태의 방식을 예상한다.

복음서 기자 중 특히 마태는 율법의 계명이 완전히 유효하다는 것을 주장한다(5:17-19). 예수는 율법을 폐하시는 것이 아니라 따르미들을 부르심으로써, 서기관이나 바리새인들의 의를 부정하기보다 **초월하는** 더 높은 의를 갖도록 요구하신다(5:20).[38] 예수는 어떻게 서기관과 바리새인보다 더 나은 의를 요구할 수 있는가? 5:21-48에서 프로그램화된 반제들(antitheses)에 따르면 더 높은 의는 단지 외적 행동뿐 아니라 내적 의도와 동기의 문제다. 예컨대, 살인을 자제하는 것만으로는 충분하지 않다. 진정한 문제는 마음에 있는 분노다. 예수는 제자들이 그러한 내면의 불온전함을 인지하고서 형제자매들과 화해하며(5:23-24) 완전함을 추구하도록 가르치셨다(5:48). "너의 하늘 아버지가 완전하신 것처럼(τέλειος), 너도 완전해야 한다(τέλειοι)"라는 놀라운 요구는 이스라엘에 대한 토라의 두 가지 급진적 훈계를 반향하고 있다: "나 주 너희 하나님이 거룩하니, 너희도 거룩하라"(레 19:2)와 "너는 주 네 하나님 앞에서 완전하라"(신 18:13 LXX). 마태복음에 따르면 바르게 이해된 토라가 가리키고 있는 이러한 급진적 복종은 성품(character)의 변화를 통해서만 가능하며 단지 율법의 요구에 대한 외적 복종뿐 아니라 마음으로부터의 내적 복종을 가능하게 한다. 이러한 비전에

---

38. 마가에는 그러한 생각의 흔적이 없다.

비추어 예수는 제자들에게 단지 살인뿐 아니라 분노도, 단지 간음뿐 아니라 음욕도 버리도록 요구하셨다(마 5:21-30).[39]

마태에게 있어 이스라엘 이야기는 산상수훈에서 그리고 있는 듯한 제자 공동체, 곧 예수의 권위적인 토라 해석에 따라 급진적인 순종을 **체현**해 내는 공동체에 의해 전개된다. 그러한 순종이 없는 고백적 정통성은 소용이 없다: "나에게 '주여, 주여' 하는 자마다 다 하늘나라에 들어가는 것이 아니라, 오직 하늘에 계신 내 아버지의 뜻을 행하는 자라야 들어갈 것이다"(마 7:21). 우리가 이런 식으로 생각한다면 공동체에 대한 마태의 비전은 철저히 신명기적이다. 마태는 신명기 30:11에 박수갈채를 보냈을 것이다: "참으로 오늘 내가 네게 명령하는 이 명령은 네게 어려운 것도 아니고 멀리 있는 것도 아니다." 광야에서 사탄의 시험에 대한 예수의 대답은 복종과 급진적인 신실함에 대한 신명기적 비전을 선명하게 보여준다.

마태는 율법의 일점일획도 떨어지지 않을 것이라고 진지하게 믿는다 (5:18). 이는 마태복음 23장에서 볼 수 있는 서기관과 바리새인에 대한 예수의 통렬한 비판에 가장 분명하게 나타난다. 여기서 마태복음의 예수는 정의와 긍휼과 믿음의 관점에서 율법을 해석학적으로 재조명하지만, 이 미덕들이 토라 명령의 세심한 준수 요구를 대체하거나 선취해주는 것은 아니다: "너희에게 화가 있다. 위선자인 서기관들과 바리새인들아! 너희가 박하와 회향과 근채의 십일조는 드리면서, 율법의 더 중요한 것들인 정의와 긍휼과 신뢰는 버렸기 때문이다. 너희가 이것들도 행해야 했으며 **저것들도 버리지 말아야 했다**"(23:23). 이 치열한 논쟁 가운데서도 예수는 제자들과 무리들에게 서기관들과 바리새인들의 가르침을 따라 저들이 말하는 것은 다 지켜 행할지라도 행하는 것은 따르지 말라고 가르치신다. 저

---

39. 마태복음에서 마음의 변화에 관한 논의를 위해서는 Hays, *Moral Vision*, 96-99을 보라.

들에 대한 주된 비판은 토라에 순종하는 척 하면서 자신들이 가르치는 것을 행하지 않는 위선자라는 데 있다(23:1-3). 마태는 훌륭한 거룩-신학자(holiness theologian)였다. 말하자면, 예수 따르미들이 토라의 명령에 엄격히 순종하면서, 도덕적 엄정함을 가진 공동체 내에서 이스라엘 이야기를 전해야 한다고 가르쳤다.[40]

하지만 토라에 대한 마태의 모든 확언에도 불구하고 토라에 대한 순종이라는 것이 실제로 요구하는 것이 무엇인지에 대한 마태의 설명은 당대의 다른 할라카(halakhah: 유대교 관습을 해설하는 율법—역주) 형태와 비교해볼 때 독특한 몇 가지 특징을 가지고 있다. 마태는 놀랍게도 할례에 대해서는 함구했고 정결 예식에 대한 입장은 비-바리새적이었다. 이는 구전 토라에 대한 예수의 반대—"어찌하여 너희는 너희의 전승으로 인해 하나님의 명령을 거역하는가?"(마 15:3)—및 음식법과 정결법에 대한 스스럼없는 입장에 잘 드러난다: "입으로 들어가는 것이 사람을 더럽히는 것이 아니라, 오히려 입에서 나오는 이것이 사람을 더럽힌다"(15:11). 또다시 여기에서 우리는 마음의 정결에 대한 관심이 마태복음 율법관의 핵심 문제임을 보게 된다: "… 입에서 나오는 것들은 마음에서 나오는데, 이것이야말로 사람을 더럽게 한다"(15:18).[41] 마태의 관심은 유대 음식법을 거부하는 프로

---

40. 마태복음의 이러한 특징으로 인해 몇몇 해석가들은 마태가 1세기 유대교의 경계 안에 완전히 남아 있었던 공동체를 대표하고, 마태가 "유대적 기독교"가 아니라 "기독교적 유대교"를 표방한다고 제안한다. 특히 Sim, *Gospel of Matthew and Christian Judaism*를 보라. 마태의 비전을 유대교의 믿음/관습 환경 밖에 두는 반대되는 견해에 대해서는 Stanton, *Gospel for a New People*; and John Riches, *Conflicting Mythologies: Identity Formation in the Gospels of Mark and Matthew* (Edinburgh: T&T Clark, 2000), esp. 316-24을 보라.

41. 여기서 마태는 막 7:17-23을 밀접히 따르고 있지만 특유의 전략(diplomacy)으로 "모든 음식이 깨끗하다고 선언하셨다"고 하는 7:19b를 슬쩍 삭제했다. 마가의 표현은 모호하기로 악명이 높다. 문자적으로, 저 분사 어구는 "모든 음식을 깨끗하게

그럼에 있는 것이 아니라 토라의 주된 관심인 마음의 정결에 중심을 두는 데 있다. 그러한 가르침이 어떻게 예수가 토라를 폐하러 오신 것이 아니라 완성하러 오셨다는 주장과 조화될 수 있는가? 분명 마태는 율법의 모든 명령을 문자적으로 지키는 것과 엄연히 다른 유연한 신학적 "성취" 개념을 전개하고 있다. 예수의 율법 성취는 (성취 인용구에서처럼) 부분적으로 그 의미가 구체적으로 재현(embodied enactment)되는 것과 관련이 있지만, 한편으로는 토라에 대한 특정한 **해석학적 이해**와도 연결되어 있다.

이것은 특히 가장 큰 계명에 대한 율법학자의 질문을 다루는 이야기에서 분명해진다(마 22:34-40). 마가복음 12:28-34에서 서기관의 질문은 예수의 대답을 분명하게 보여주면서, (예수가 말씀하신) 두 가지 큰 계명을 확증해주는 다른 구약 본문을 언급하고, 예수의 칭찬을 받기에 이른다. 마가복음의 복잡한 극적(dramatic) 구성과는 달리 우리는 마태가 이 이야기를 단순한 선포 이야기로 간소화했다는 것을 알 수 있다: 단순히 율법학자는 묻고 예수는 대답하신다. 물론 예수의 대답은 하나님에 대한 사랑과 이웃에 대한 사랑을 명령하는 신명기 6:5의 '쉐마'(Shema: "들으라"로 시작하는 6:5의 구절을 지칭하는 표현—역주)와 레위기 19:18을 혼합한 것이다.[42] 마태복음 내러

함"이라고 읽는다. "그러므로 그가 모든 음식이 깨끗하다고 선언하셨다"(NRSV)고 읽는 영역본은 정언 선언(categorical declaration)으로 모호함을 해결하기 위해 넓게 해석된 것이다. 다른 가능성은 마가의 문장을 단순히 다음과 같이 의미하는 것으로 읽는 것이다: "무엇이든지 사람에게로 들어가는 것이 능히 사람을 더럽게 할 수 없다. 이는 마음으로 들어가지 않고 배로 들어갔다가 뒤로 나와, [그럼으로써] [배설을 함으로써] 모든 음식을 깨끗하게 하기 때문이다." 마태가 마지막 어구를 단순히 노골적이고 고상하지 않다는 이유로 삭제했을 가능성이 있다. 그렇지 않다면 자신이 불편하게 생각하는 급진적인 반율법주의(antinomianism)에 문을 열게 될 것을 두려워했을 수도 있다.

42. 복음서에 인용된 정확한 쉐마 문구(wording)는 본문-비평과 자료-비평적 근거에 있어서 대단히 복잡한 문제다. 마태 판("네 마음을[καρδία] 다하고 목숨을[ψυχῇ] 다하고 마음을[διανοίᾳ] 다하여 주 너의 하나님을 사랑하라")은 MT나 어떤 LXX 사

티브에서 이 대답은 독자에게 그렇게 놀라운 것은 아니다. 무엇을 해야 영생을 얻을 수 있느냐는 부자 청년의 질문에 대답하면서 예수는 이미 레위기 19:18을 정확히 십계명과 연관시키신 바 있다(마 19:16-19). 시험 내러티브에서도 신명기는 이미 하나님에 대한 복종을 정의하기 위한 기초적인 본문으로 사용됐다. 따라서 이 두 계명에 대한 강조는 마태가 이야기 내내 그려온 예수의 가르침/모범의 일반적인 초상과 일치한다. 우리는 마태복음 22:37-39에 나타난 예수의 선언을 마태복음 내내 제시되고 있는 가르침의 깔끔한 요약으로 볼 수 있다.

하지만 마태복음 22장에 나오는 두 가지 큰 계명에 관한 예수의 인용은 아직 선언 이야기의 최종 일격을 날리는 핵심이 아니다. 마태의 선포의 절정은 이것이다: "이 두 계명이 온 율법과 선지자의 강령이다." 다시 말해, 이 두 계명은 단순히 가장 큰 계명이라든지 가장 중요한 계명, 곧 율법 목록 중 가장 위에 위치한 것이 아니라, 체계적·구조적·해석학적 역할을 하고 있다. 즉, 토라의 모든 명령이 이 두 기둥에 **달려 있다.** 이는 단순

본이나 마가나 누가의 병행 구절과도 정확히 일치하지 않는다. 이 문제에 대한 유용하고 상세한 논의를 위해서는 Paul Foster, "Why Did Matthew Get the Shema Wrong? A Study of Matthew 22:37," *JBL* 122 (2003): 309-33을 보라. 다른 알려진 쉐마 판(version)과 마태의 상이점은 마태가 분명 유대 전례 관습에 충분히 익숙하지 않은 이방인이었을 것이라고 주장하는 데 사용되곤 했다. Foster의 논문은 이 주장을 반박하는데, 이는 특히 기원후 1세기에 유대 회당에 쉐마를 암송하는 고정된 전례 관습이 있었다는 명확한 증거가 없기 때문이다. 우리의 현재 목적을 위해서 이 문제에 대한 복잡한 논의는 전혀 중요하지 않다. 내러티브 맥락을 염두에 둘 때 마태복음의 예수가 신 6:5를 인용하고 계신 것은 매우 분명하다. 마태가 인용 내용의 세 번째 요소로 δύναμις ("능력") 대신 διανοία ("마음")을 사용한 데 어떤 중요한 논점이 있다 하더라도 그것이 무엇일지는 분명하지 않다. 또한 Foster의 주장에 대한 비판에 대해서는 다음을 보라. Christopher M. Tuckett, "Matthew: The Social and Historical Context—Jewish Christian and/or Gentile?" in *The Gospel of Matthew at the Crossroads of Early Christianity* (ed. Donald Senior; BETL 243; Leuven: Uitgeverig Peeters, 2011), 99-129, esp. 108-16.

히 우선순위의 문제가 아니라 **기초 골격**(*weight-bearing*)의 문제다. 이 주장은 예수의 가르침에 있어서 율법이 여전히 유효하다는 마태의 강조와 완전히 일치한다. 그러나 동시에 이 본문은 불가피 **토라에 대한 특정한 해석학적 재설정**(*hermeneutical reconfiguration*), 곧 **사랑**이 가장 결정적인 요구 사항이라는 것을 제안한다.[43] 해석의 역사가 충분하게 보여주고 있듯, 그러한 해석학적 재구성이 발생하는 곳에서는 다른 계명들의 중요성이 조금씩 퇴보하는 경향이 있다.[44] 따라서 우리는 22:34-40이 토라를 새로운 틀(frame-work)로 재형성하는 작업—아마 마태의 의도와는 달리—에 영향을 미치고 있음을 보게 된다.

자비의 해석학

이 새로운 틀의 독특한 특징은 산상수훈 전면에 나타나는데, 여기서 예수는 토라를 확증하면서(마 5:17-20) 급진적으로 해석하신다(5:21-48). 하지만 이 급진화 가운데서도 몇몇 가르침은 지혜전승에서 해석된 토라 권고를 매우 강하게 반향한다. 가장 두드러진 예는 분노 비판(5:21-26)과 용서 실천(6:12, 14-15)에 대한 예수의 훈계에 나타나는데, 이는 시락서(세이라크) 27:30-28:7에 나타난 지혜로운 권면과 매우 밀접하게 병행된다. 이 눈에 띄는 본문은 종종 주석가들에 의해 지나가듯 간결하게 언급되곤 하지만,[45] 원망이나 보복에 대해 금하시는 예수의 가르침이 반유대적 혁명이

---

43. Victor Paul Furnish, *The Love Command in the New Testament* (Nashville: Abingdon, 1972).
44. 놀랍게도 Luz는 (마 7:12를 다루는 제1권과 마 22:40을 다루는 제3권에서 모두에서) "해석의 역사" 부분에서 이에 대해 거의 다루지 않는 것 같다. 그는 "두 가지 기본적인 계명이 토라 해석에 중대한 원리를 제공"하는지에 대해 "비평 이전의 교회 전통은 이 문제에 대해 관심을 거의 보이지 않는다"(3:80)라고 썼다.
45. 매번 마태복음에서 지혜 모티프를 강조하려고 노력하는 Davies and Allison,

라고 생각하는 경향이 있는 일반 기독교 독자들에게는 잘 알려져 있지 않
다. 그렇기에 시락서의 해당 본문을 전체적으로 인용해보는 것은 도움이
될 것이다.

> 원망과 분노 역시 가증스러운 것으로서
>
> 죄인이 가지고 있는 것이다.
>
> 보복하는 자는 주의 보복을 받을 것이며,
>
> 주가 그들의 죄를 엄히 헤아리실 것이다.
>
> 네 이웃의 허물을 용서하라.
>
> 그리하면 네가 기도할 때에 네 죄도 사하여질 것이다.
>
> 다른 이에 대해 분노를 품고 있는 자가
>
> 주의 용서를 기대할 수 있겠는가?
>
> 만일 남에게 자비(ἔλεος)를 베풀지 않는 자가
>
> 자신의 죄를 용서받기를 원할 수 있겠는가?
>
> 죽어야 할 자가 원한을 품고 있다면
>
> 누가 그를 위하여 속죄해줄 수 있겠는가?
>
> 네 삶의 끝을 기억하고 미움을 버려라.
>
> 죽어 썩어질 것을 기억하고 계명에 충실하여라.
>
> 계명을 기억하고 네 이웃에게 화내지 말라.
>
> 지극히 높으신 분의 언약을 기억하고 잘못을 덮어 주어라.

Matthew, 610. Surprisingly, Ben Witherington III (*Matthew* [Smyth & Helwys Bible Commentary; Macon, Ga.: Smyth & Helwys, 2006])는 이 놀라운 병행을 간과한 것 같다. 네스틀레-알란트(Nestle-Aland)의 난외주 본문비평장치(marginal apparatus) 조차도 시락서의 더욱 넓은 맥락의 중요성을 간과한 채 마 6:12과 병행을 이루는 시락서 28:2에만 주목한다.

　이 유대 지혜 문서—예수 시대보다 약 200년 앞서 쓰인—와 산상수훈 사이의 밀접한 병행점을 고려할 때 따로 언급할 것은 거의 없다. 하지만 다음의 귀결부는 주목할 만하다. 예수의 가르침은 분노하지 말라고 요청하고 다른 이들을 용서하지 못하면 하나님이 종말론적인 심판으로 갚으실 것이라고 경고하는 시락서를 따른다. 이 두 본문은 모두 이웃 용서와 자신의 죄 용서를 위한 기도를 연결 짓는다. 그리고 놀랍게도 두 본문은 용서 행위를 율법에 대한 성취 내지 순종 문제로 제시한다: "계명을 기억하고 네 이웃에게 화내지 말라." 마태는 이웃의 잘못을 관대하게 다루라는 법을 해석하면서 이미 존재하고 있던 유대 전통에 예수를 위치시킨다. 용서에 관한 예수의 가르침은 토라를 뒤집거나 거부하는 것이 아니라 토라에 대한 특정한 해석학적 관점에 초점을 두고 읽어야 한다.

　토라 순종에 대한 마태의 강한 권고(마 5:19-20)는 순종하는 제자 공동체 역시 자비, 사랑, 용서로 행동하는 공동체여야 한다는 동일하게 확고한 주장으로 변조되어(modulated) 나타난다. 올바르게 이해되고 실행되어야 하는 산상수훈의 도덕적 엄격함은 우리가 연약하여 잘못을 행할 수 있다는 인식과 하나님이 우리를 용서하신 것처럼 서로 기꺼이 "일곱 번을 일흔 번까지라도"(18:21-22) 용서하려는 마음이 있어야 한다. ("일흔일곱 번"이든 "일곱 번을 일흔 번"이든 무엇이든 간에) "일곱 번을 일흔 번"은 분명 라멕의 호언장담의 반향을 뒤집은 것으로 들어야 한다: "한 종이 나에게 상처를 냈기에 내가 사람을 죽였고, 나를 상하게 했기에 내가 청년을 죽였다. 가인에게 벌이 칠 배라면, 라멕에게는 벌이 칠십칠 배다"(창 4:23b-24). 이 자비로운 용서의 주제는 마태복음에 반복적으로 나타난다—단지 주기도문에 대한 가르침(6:9-15)뿐 아니라 용서할 줄 모르는 종 비유(18:23-35)에도 나온다. 여기서 주인은 마음이 완악한 종을 책망하신다: "악한 종아, 네가 나에게 간청하기에 나는 너에게 그 빚을 다 면제해 주었다. 그러면 내가 너를 긍휼히 여긴 것처럼 너도 네 동료를 긍휼히 여겼어야 하지 않느냐?"(18:32-33).

자비(ἔλεος: 참조, 시락 28:4)라는 마태복음의 핵심 모티프는 특히 마태의 구약 인용을 통해 강조된다. 두 곳에서 마태는 자비의 해석학적 우위성을 강조하기 위해 호세아 6:6을 마가복음에서 가져온 내러티브 안에 효과적으로 삽입했다.

첫 번째 예는 예수가 세리와 죄인과 더불어 식사하신 행동에 대해 바리새인과 논쟁하는 장면에서 나타난다(마 9:9-13). 마태는 마가복음을 대부분 밀접하게 따라간다.[46] 예수의 선언의 절정부에서 마태는, 중대한 호세아 인용구를 추가한다는 점을 제외하고는, 마가복음 10:17의 단어 하나하나를 거의 그대로 재사용한다.

"건강한 자들에게는 의사가 필요 없으나 병자들에게는 필요하다.
너희는 가서 '나는 제사를 원치 않고 긍휼을 원한다'라는 말씀을 배워라.
나는 의인들을 부르러 온 것이 아니라 죄인들을 부르러 왔기 때문이다."

(마 9:12-13)

마가의 이야기 형태에서 예수는 치료와 교정이 필요한 자들에게 가야 한다는 근거로서 죄인들과 교제하는 것을 정당화하는 강력한 경구(aphorism)를 가지고 대적자들에게 답한다. 마가복음에 나오는 발화에서는 이에 대한 구약의 근거를 제시하지는 않는다. 하지만 마태는 저 경구 안에 더욱 깊은 의미(signification)의 잔향을 만들어내는 구약 인용구를 삽입했다.

---

46. 마 9:9-12에 나오는 가장 중요한 변화는 예수가 자신을 따르라고 부르신 세리의 이름(마가는 "레위"라고 부르는 반면, 마태는 "마태"라고 부름)과 마가의 이상한 어구, "바리새인들의 서기관들"을 정정한 데 있다.

죄인들과의 교제에 반대하고 있는 바리새인들은 하나님의 뜻을 이해하지 못한 것에 대해 꾸짖음을 들었다. 예수는 저들의 생각을 교정하기 위해 특정 예언서를 언급하셨다. 즉, 그들이 호세아가 의미한 바를 배운다면 하나님이 잘못을 저지른 자들을 비난하거나 희생제물을 강요하는 분이 아니라 저들을 돌이키시기를 원하는 자비(חסד, ἔλεος)의 하나님이라는 것을 이해하게 될 것이다.

수태 내러티브에 나오는 인용구에서처럼 또다시 마태는 포로기 이스라엘의 곤경을 묘사하고 하나님의 은혜로운 자비를 표상하는 예언서 본문에 집중한다(호 6장). 이스라엘의 곤경으로부터 자비의 부르심을 받도록 변화된 것은 특히 세리와 죄인을 향한 예수의 사역이 단지 개인의 도덕적 변화뿐 아니라 민족의 회복을 목적으로 하고 있음을 암시한다. 더 나아가 마태가 의사의 필요성에 대한 말씀을 에브라임과 유다를 부르짖고 있는 것으로 묘사하는 예언적 본문과 연결시킨 것은 우연이 아니다: "오라, 우리가 주에게로 돌아가자. 주가 찢으셨으나 우리를 **낫게 하실 것이다**."[47] 호세아에 나타난 메시지는 하나님이 이스라엘, 곧 찢어지고 깨어진 민족을 고치실 것에 대한 소망을 다룬다. 따라서 바리새인들이 호세아 6:6의 의미하는 바를 배우고자 한다면 저들은 한 구절 이상을 읽어야 할 것이다. 일단 구약에 나타나는 하나님의 의도의 더욱 넓은 맥락을 탐사한다면 저들은 거기에서 백성을 향한 심판 신탁 가운데 회개를 요청하고 길 잃은 백성을 비난하는 것이 아니라 자비를 보여주기를 원하는 자비로운 하나님에 대한 묘사를 발견하게 될 것이다.

마태가 두 번째로 호세아 6:6을 가져온 것은 예수의 제자들이 안식일

---

47. 현대 비평적 독자들은 호 6:1-3에서 불성실하거나 부적절한 회개 묘사를 발견할 수도 있겠지만 고대 독자들이 이 본문을 그렇게 이해했는지는 미지수다. 분명 마태는 저러한 방식의 본문 이해에 대한 단서를 주지 않는다.

에 이삭을 베는 논쟁 이야기에 나타난다(마 12:1-8). 마태는 또다시 마가의
내러티브 구조를 매우 비슷하게 따라가면서[48] 예수의 결론적인 선언의 내
용을 바꾼다.[49] 이 경우에는 변경된 사항이 상당하다. 가장 중요한 점은 여
기에서 마태가 다시 한번 호세아 6:6을 사용한다는 것이다: "그러나 너희
가 '나는 제사가 아니라 자비를 원한다'라는 말씀이 무슨 뜻인지 알았다면
죄 없는 자들을 정죄하지 않았을 것이다." 예수의 제자가 밀을 잘라 먹는
이 상황에서 호세아 인용구를 적용한 것은 그렇게 분명하지는 않은 것 같
다. "자비"와 "제사"는 환유적으로(metonymically) 쓰인 것 같다. 이 두 단어
는 각각, 인간의 필요에 대한 하나님의 긍휼에 초점을 둔 경건의 형태 및
의식 준수에 초점을 둔 경건의 형태를 가리킨다. 바리새인의 잘못은 제자
들의 굶주림으로 표현되는 사람의 기초적인 필요를 무시하고 형식적인
율법 준수를 엄격하게 요구했기 때문이다. 이 단락의 절정부에 마태는 마
가복음의 선언(막 2:28/마 12:8, "인자는 안식일의 주인이다")을 그대로 유지했다.
이 선언을 '호스떼'(ὥστε, "이러므로", "그러므로")로 소개하는 마가복음 2:28이
논쟁 이야기에 대한 저자 마가의 논평일 수 있지만, 마태복음에서 수정된
말씀은 마태가 분명 이 대담한 주장을 예수 자신의 입에서 나온 것으로
설정했다고 이해돼야 한다. 따라서 예수는 안식일의 주인으로서 주로 일
을 금하는 데 초점을 두고 있는 다른 안식일 해석들에 대해 자신이 자비

---

48. 마태는 마가의 "아비아달이 대제사장이었을 때"(막 2:26)라는 오류인 어구를 생략
    함으로 마가를 정정한다. 이는 마태가 자료들을 얼마나 세심하게 읽었는지 보여주
    는 수많은 편집적 섬세함 중 하나다. 마태는 단순히 마가의 성경 참조를 넘겨받는
    것이 아니라 직접 구약 본문에 비추든지 또는 구약에 대한 자신의 포괄적인 지식에
    비추어 이를 자세히 점검한다(cross-checks).
49. 마태는 "안식일이 사람을 위해 있지, 사람이 안식일을 위해 있는 것이 아니다"라는
    문장을 삭제한다. 대신에 6-7절을 첨가한다. 여기서 제자들이 곡식을 따는 행위의
    선례로서 안식일에 성전에서 제사장들의 노동을 언급한다.

로운 행동의 우선성을 주장할 수 있는 권리를 가지고 있다고 주장하는 것이다.

　이 두 본문에서 자비를 강조하고 있는 호세아 6:6은 전체 토라가 해석되어야 하는 해석학적 렌즈로서 기능한다. 바리새인들은 호세아에 드러난 것처럼 율법의 중심적 목적이 자비라는 것을 깨닫지 못했기 때문에 율법에 대한 이해에 있어서 길을 잃었다. 이 본문들에 더하여 "자비롭게('긍휼히', 개역—역주) 여기는 자들은 복되다. 그들이 **자비롭게**('긍휼히', 개역—역주) 여김을 받을 것이기 때문이다"(마 5:7)라는 산상수훈의 팔복과 "정의와 **자비**('긍휼', 개역—역주)와 신뢰"가 "율법에 있어서 더 중요한 것들"(23:23)이라는, 위에서 주목한, 예수의 선언이 나란히 놓여야 한다. 마태에게 있어서는 분명 **자비**가 중심 주제다. 이 모든 본문에서 인지해야 할 중요한 점은 자비라는 특질이 율법의 반대편에 놓이지 않는다는 것이다. 그보다도 마태복음에 나타난 예수는 **구약 자체 내에서** 모든 계명이 하나님의 백성들 사이에서 자비의 실천을 독려하고 발생시키는 방식으로 해석하게끔 하는 해석학적 원리—호세아 6:6에서 간결하게 표현된—를 인지했다.[50]

　여기에 어떠한 해석학적 탈선(slippage)이 있는 것처럼 보일 수 있다: (오경으로 간주될 수 있는) 토라의 의미가 **예언서** 인용에 의해 결정될 수 있는

---

50. 또다시 자비의 실천에 대한 마태의 초점은 유대 전통에 깊이 뿌리내리고 있음을 관찰해야 한다. 예컨대, 저 깊은 뿌리는 최후 심판에 대한 예수의 강렬한 비유에 나타난다. 이 비유에서 "나라를 상속받는" 사람들은 굶주린 자, 목마른 자, 나그네, 헐벗은 자, 아픈 자, 갇힌 자를 돌보았다(마 25:35-36). 여기서 예수의 가르침은 사 58:6-7("내가 기뻐하는 금식은 … 주린 자에게 네 양식을 나누어 주며, 유리하는 빈민을 집에 들이며, 헐벗은 자를 보면 입히며 또 네 골육을 피하여 스스로 숨지 아니하는 것이 아니겠느냐?"), 토빗 4:15("너의 음식을 굶주린 자에게, 의복을 헐벗은 자에게 주라"), 시락 7:32-35("네 손을 가난한 자에게 뻗어서 너의 복이 완전하게 되게 하라. … 아픈 자를 방문하기를 주저하지 말라. 너희가 그러한 행위로 사랑을 받을 것이기 때문이다").

가?[51] 호세아 6장은 토라가 요구하는 것을 결정하는 렌즈로서 올바르게 사용될 수 있는가? 핵심은 당대 유대교에 대한 마태의 논쟁 중심에 가까이 있다. 하지만 다른 많은 경우와 마찬가지로 여기서도 마태는 발흥기(emergent) 랍비 전승과 멀리 떨어져 있지 않다. 이 마태복음 본문들과의 흥미로운 평행은 후대의 『아보트 데 랍비 나탄』(ʾAbot de Rabbi Nathan) 4장에서 발견된다.

> 한번은 랍비 요하난 벤 짜카이(Johanan ben Zakkai)가 예루살렘에서 나올 때 랍비 요슈아(Joshua)가 그를 따라갔다. 그들은 파괴된 성전을 보았다. "우리에게 화가 있도다!" 랍비 요슈아가 외쳤다. "이스라엘의 악이 용서받은 장소가 황폐하게 되었구나!" 랍비 요하난이 그에게 말했다. "내 아들아, 슬퍼하지 말아라. 우리는 그것만큼 효과적인 다른 속죄 방법이 있단다. 그렇다면 그것이 무엇인지 알겠느냐? 그것은 인애(loving-kindness)의 행동이란다. '내가 제사를 원하는 것이 아니라 자비를 원한다'라고 쓰여 있지 않느냐?"[52]

랍비 요하난과 같이 마태는 성전 파괴 직후의 여파 가운데 살면서 이스라엘의 성경을 당대에 적절히 필요한 말씀으로 해석하려고 했다. 랍비 요하난과 마태가 변화된 환경에서 토라 재-읽기(rereading)에 대한 단서로 호세아 6:6에 초점을 둔 것은 우연이 아닐 것이다. 물론 둘 사이의 차이점은 마태가 예수의 권위—죽음과 부활을 통해 안식일의 주인이자 율법 해

---

51. 마태가 분명히 병합한 율법과 선지자들은 바울의 고전 14:21에서 예상된다. 여기서 바울은 사 28:11-12를 ἐν τῷ νόμῳ γέγραπται ὅτι ("율법에 기록된 바")라는 형식으로 인용한다.

52. 『아보트 데 랍비 나탄』 4장은 *The Fathers according to Rabbi Nathan* (trans. J. Goldin; Yale Judaica Series 10; New Haven: Yale University Press, 1955), 34의 번역에 따라 인용했다.

석가로서 독특한 권위의 위치를 확증한—에 입각하여 이 움직임을 정당화한다는 것이다. 마태는 예수의 죽음을 통해 또 다른 속죄의 수단이 이미 제공됐다고 확신하기 때문에 속죄의 수단인 성전 제사를 대체하는 것에 대해 관심이 없다. 하지만 마태는 호세아가 말하는 자비에 대한 강조가 구약 의미의 핵심을 항상 가리키고 있던 손가락이었다고 주장한다.

예언서에 해석학적 우위성을 주는 것은 마태 자신이 토라를 정확하게 재구성하는 핵심적인 방식 중 하나다.[53] 따라서 마태에게 있어 이스라엘의 이야기는 하나님의 자비를 체화하도록 요구되는 공동체 안에서 예언적으로 형성된 독특한 토라 해석을 통해 전개된다. 그러한 공동체는 시편 24:10(LXX)도 기억할 수 있을 것이다: "주의 모든 길은 주의 언약과 증거를 구하는 모든 자에게 있어 **자비**(ἔλεος)와 진리다."

잃은 양과 이스라엘의 저항

지금까지 우리의 마태복음 읽기는 예수 이야기와 이스라엘 이야기 사이의 연속성에 관심이 있었다. 그러나 마태복음을 진지하게 읽기 위해서는 마태의 이스라엘 이야기 재서사화(renarration)의 더욱 어두운 양상도 이해해야 한다. 만일 예수가 "자기 백성을 죄에서 구하기 위하여"(마 1:21) 온 것이라면, 이는 저들이 구원될 필요가 있었다는 것과 저들의 곤경은 어느

---

53. 호 6:6과 더불어 자비를 중심 주제로서 비슷하게 강조하는 다른 예언서 본문을 나란히 놓을 수 있다. 미 6:8 LXX를 고려해보라: "주가 네게 구하는 것은 정의를 행하고 자비(ἔλεον)를 사랑하며 주 너의 하나님과 동행하기를 준비하는 것 외에 무엇이 있느냐?" 또다시 슥 7:9 LXX: "만물의 통치자 주가 이렇게 말씀하신다: 공의로운 판단으로 심판하고, 모든 형제에게 자비(ἔλεος)와 인자를 행하고, 과부와 고아와 개종자와 가난한 자를 압제하지 말며 …." 마태가 이 본문들을 인용한 것은 아니지만 이것들은 율법의 해석학적 열쇠로서 자비에 대한 마태의 주장을 암시하고 지지하면서 배경에 맴돈다.

정도 자신의 잘못된 선택과 행동의 결과라는 것을 뜻한다. 또는 동일한 것을 다르게 말할 수도 있다. 만일 마태가 예수를 이스라엘의 포로기를 끝내는 메시아로 소개하고 있다면(1:17), 예언서에 친숙한 사람은 포로기가 언약에 신실하지 못한 이스라엘에 대한 하나님의 심판이라는 것을 상기할 것이다. 따라서 마태복음은 이스라엘 백성이 길을 잃고서 구원을 필요로 하게 된 복잡한 플롯을 그린다. 그리고 우리가 기대하듯 마태는 백성의 곤경을 구약의 렌즈를 통해 해석한다.

복음서 기자 중 특히 마태는 예수가 "이스라엘의 집의 잃은 양"을 사역의 대상으로 제시하는 장면을 두 차례 이야기한다.[54] 마태가 호세아 6:6의 자비를 반복적으로 강조하는 것과 같이 "잃은 양"에 대한 언급도 두 번 반복되면서 특별한 강조점을 형성한다. 이 언급 중 첫 번째는 예수가 열두 제자들을 보내시어 복음을 전하고 치유와 축귀를 행하게 하는 위대한 담화에 나타난다(마 10:5-42). 하지만 저들의 사역은 지리적·인종적 범위에 분명히 제한되어 있다: "이방인들의 길로 가지 말고 사마리아인들의 성읍에도 들어가지 말며, 오히려 이스라엘 집의 잃어버린 양들에게 가라"(10:5-6). 이 도전적인 언어는 예레미야를 반향하고 있다.

> 내 백성은 잃은 양이다. 목자들이 그들을 잘못 인도하여 그들이 산속을 헤매며, 그들이 산에서 언덕으로 돌아다니다가 자기들의 쉴 곳을 잊었다. 그들을 만나는 모든 자들이 그들을 삼키며, 그들의 대적들은 말한다. "우리에게는 죄가 없다. 왜냐하면 그들이 주, 곧 의의 처소이자, 자기 조상들의 소망인 주에게 죄를 범하였기 때문이다." (렘 50:6-7)

---

54. 이 본문에 대한 상세한 연구는 Amy-Jill Levine, *The Social and Ethnic Dimensions of Matthean Salvation History* (Studies in the Bible and Early Christianity 14; Lewiston, N.Y.: Edwin Mellen, 1988)를 보라.

이 신탁에서 예레미야는 이스라엘을 바벨론 포로 중에 있는 것으로 묘사한다. "잃은 양"이라는 표현이 명확하게 나타나지 않는 에스겔 34장에서와 같이, 민족의 곤경에 대한 많은 비난이 (부적격한 왕이든지 종교 지도자들이든지) 무능한 "목자들" 앞에 놓여 있다. 저들은 양을 위험과 파멸로 인도했다. 흥미롭게도 예레미야 50장에서 "주에게 죄를 범한" 백성들을 정죄하여 문제를 일으킨 것은 예언자가 아니라 이스라엘의 대적이었다.

그러나 마태복음 10장은 양 떼로부터 길을 잃은 백성들에 대해 심판을 선언하는 데 관심이 없음을 보여준다. 오히려 예수는 "하늘나라가 가까이 왔기에"(마 10:7) 제자들을 보내어 저들을 구하고 다시 모으는 자로 묘사된다. 이러한 관점에서 마태의 선교 담화는 "잃은 양" 어구가 나타나는 예레미야의 문맥을 정확하게 반영하고 있다. 곧, 예레미야 50장은 바벨론의 몰락과 이스라엘 포로기의 *끝*(return)을 예고하는 심판 신탁이 주를 이룬다(특히 잃은 양에 대한 언급 바로 앞의 구절인 50:4-5을 보라). 이때 예수의 어구 사용은 또다시 마태복음 앞부분에 나타난 임박한 이스라엘 포로기의 끝이라는 주제를 자아낸다. 동시에 백성의 곤경에 대한 책임은 길을 잃게 만든 지도자들에게 있음을 미묘하게 암시한다.

두 번째로 "이스라엘의 집의 잃은 양"이라는 어구가 등장하는 장면은 두로와 시돈 지방에서 예수가 "가나안 여인"을 만나시는 이야기에 나온다(마 15:21-28). 마태복음의 이 사건은 마가복음 7:24-30의 이야기를 상당히 확장시킨 것인데 마태는 처음에 예수가 귀신들린 딸을 도와달라는 어머니의 간청을 무시했고 제자들이 예수에게 그 여인을 쫓아내라고 했다는 사실을 이야기한다. 결국 **제자들의 요청에 응답하여 예수는 "나는 오직 이스라엘 집의 잃어버린 양들에게 보냄을 받았다"**라고 말씀하셨다. 이 말씀은 오직 마태복음에만 나타나고 다른 복음서에는 이와 관련한 평행구절이 없다. 마태복음 10:5-6에서와 같이 우리는 또다시 마태가 예수의 관심을 이방 세계보다는 특별히 이스라엘에 초점을 두고 있는 것으로 묘사하고 있음을 발견할 수 있다.[55] 여기에서 관심이 몰리는 주된 지점은 마태의 반복적인 예레미야 50:6 인유 사용이 두 가지 확신을 강조한다는 것이다: 첫째는 이스라엘 백성이 길 잃은 양이라는 것이며, 둘째는 예수의 목적이 저들을 구원하는 데 있다는 것이다.[56]

하지만 이스라엘 백성들의 굳은 마음으로 인해 저들이 구원되는 것은 어려웠다. 마태는 비유로 가르치신 이유를 묻는 제자들의 질문에 대답하시는 (마가의) 이야기를 재진술하면서 이 어려움에 초점을 집중시킨다. 마가복음에서 예수는 사람들이 보아도 알지 못하며 들어도 깨닫지 못하게 **하기 위해**(ἵνα) 비유로 가르치신다고 대답하셨다(막 4:11-12; 사 6:9의 반향). 마가에게 있어서 표상적인 비유의 모호함은 자신을 드러내지 않으려는 신적인 목적에 속하여 있다. 이러한 설명이 이해하기 너무 어렵다고 느꼈을 마태는 비유 가르침에 대한 다소 다른 근거를 제시하기 위해 예수의 대답을 수정했다. 마태는 마가의 이사야 언급은 유지하면서 재해석하여 사람들의 어리석음을 비판했다: "'저들이 보아도 보지 못하고 들어도 듣지도 못하고 깨닫지도 못하기 **때문이다**(ὅτι).' **이러한 이유로**(διὰ τοῦτο) 나는 저들에게 비유들로 말한다"(마 13:13). 프랭크 커모더(Frank Kermode)는 마태복음 형식에 나와 있는 이 말씀의 의미를 패러프레이즈(paraphrase) 했다: "이사야가 말한 바, 저들의 우둔함이 극도로 심했기에 이것[비유]이 저들에게 가장 좋은 방법으로 보인다."[57] 이 해석에서 비유적인 가르침은 (비밀스럽게 진리를

---

55. 물론 이야기의 결론에 비추어 볼 때 마 15:21-28은 정확히 반대 효과를 낸다. 이는 이방인 선교를 전조하는 마태의 몇 가지 본문 중 하나다.
56. 마 18:12-14을 보라.
57. Kermode, Genesis of Secrecy, 30.

감추는 것이라기보다는) 이해하지 못하는 사람들에게 은혜롭게 맞추어 주는 행위가 되면서 동시에 사람들의 무지에 대해 도덕적으로 정죄할 요소를 강화하는 효과가 있다.

마가는 어떤 명백한 인용 형식구 없이 이사야 6:9을 사용했지만, 마태는 특징적으로 인용구의 출처를 명시하면서 본래 이사야 문맥에 있는 예언적 심판 주제를 상기시킨다. 마태는 단순히 이사야 6:9-10의 명백한 인용구를 확장시켜 포함시킴으로써 이 결과를 만들어낸다.[58]

> "이사야의 예언이 저들에게서 성취되었으니, 말하기를
>
> '너희가 듣고 또 들어도 결코 깨닫지 못할 것이며,
>
> 보고 또 보아도 결코 이해하지 못할 것이다.
>
> 이 백성의 마음은 무디어졌으며,
>
> 그들의 귀로 둔하게 듣고,
>
> 그들이 자신들의 눈을 감았으니,
>
> 이는 그들이 눈으로 보지 못하게 하고
>
> 듣지 못하게 하며
>
> 마음으로 깨닫고 돌아서지 못하게 하여

---

58. 놀랍게도 수많은 주석가들이 14-15절을 마태-이후의 삽입으로 간주한다. 이 제안에 대한 간결한 요약적 논증을 위해서는 Menken, *Matthew's Bible*, 230-31을 보라. 이 견해에 대해 네 가지 강한 반론이 제안될 수 있다. (1) 마태복음 사본에 이 절들이 적지 않게 나온다. (2) 마태의 일반적인 "성취" 형식과 외적인 차이는 이 예언이 예수에 관한 메시아 신탁이 아니라, 이사야 시대뿐 아니라 마태 시대에도 백성들의 눈 멈에 대한 특징화라는 사실로 만족스럽게 설명된다. (3) 마가가 단지 암시로 제시하는 성서 인용을 명시적으로 확장하여 설명하는 것은 마태의 편집 기술과 전적으로 일치한다. (4) 명시적 인용구의 첨가는 하나님의 말씀을 거부한 사람들을 비판하면서 동시에 저들을 구원하고 치유하려는 하나님의 의도를 재확인하려는 마태의 목적에 깔끔하게 부합한다.

내게 고침을 받지 못하게 하기 위함이다(μήποτε).'"

(and they have shut their eyes,

so that they might not [μήποτε] perceive with their eyes

and hear with their ears

and understand with their heart and turn—

and I will heal them)

(마 13:14-15: 이 문장의 두 가지 해석 가능성은 아래를 참고하라. 여기서는 개역성

경의 번역 방식을 따랐다—역주)

마지막 문장에는 모호함이 내포되어 있다. '메뽀떼'(μήποτε)가 구문상 뒤에 따라나오는 일련의 동사 마지막에 걸리는 것으로 해석해야 하는 가?—"그들이 … 보고 … 듣고 … 돌아서서 … 고침을 받지 (못하게 하기 위함 이다)." 아니면 연속적으로 나오는 문장을 중간에 끊어서 해석해야 하는 가? 곧, 이들이 이해하지 못했음에도 **불구하고** 저들을 고치시려는 하나님 의 궁극적인 뜻으로 읽어야 하는가? 그럴 경우 이렇게 해석된다: "보지 못하도록 … 듣지 못하도록 … 이해하지 못하도록 … 돌아서지 못하도록, 그들이 눈을 감았다. **그러나 나는** (그럼에도 불구하고) 그들을 고칠 것이다." 두 가지 해석 중 후자의 해석이 마태가 여기서 따르고 있는 칠십인역에 잘 부합한다. 마지막 절의 "고치다/치유하다"는 뜻의 동사(ἰάσομαι)는 앞에 연속해서 나타난 부정과거 가정법 패턴을 깨는 미래 직설법 형태로 나온 다. 이 구문상의 뉘앙스는 사실상 이차적인 해석으로 인도한다. 즉, 백성 들의 눈과 귀를 닫음으로써 심판을 가져오는 것은 바로 백성들의 실패로 인한 것이다. 그럼에도 마태의 재서사화(renarration)에서 하나님은 구원과 치유를 가져오실 것이다.

얼마 후 마태복음 내러티브에 나오는 손 씻기 논쟁에서(15:1-20) 이전과

비슷하게 우리는 백성들의 불충실함을 향해 심판을 선언하는 또 다른 인용구(이번에는 사 29:13)를 발견할 수 있다.[59] 하지만 이 경우 마태의 이야기는 이사야의 신탁에 다시 초점을 맞추어 백성 전체가 아닌 바리새인들과 서기관들을 특정한다(마 15:1). 이들은 손 씻는 관습을 가지고 사소하게 트집을 잡지만 동시에 모세의 십계명을 효과적으로 회피하게 만드는 해석학을 고안해냈다. 예수는 "장로들의 전통"(마 15:2)을 강조하면서 부모를 공경하라는 명령을 무시함으로써 하나님의 말씀을 어기는 자들을 비판하셨다.[60] 예수는 여기에서 궤변적인 왜곡과 남용에 반대하여 모세 율법을 옹호하는 편에 서 계신다. 따라서 이 논쟁 이야기는 예수가 율법을 성취하러 왔다는 마태복음 초기의 프로그램적 진술에 완전히 부합하게 된다(5:17-20). 종교 지도자들에 대한 예수의 정죄는 이때 더욱 통렬한 비판—곧, 학식 있는 자들이 남의 흠을 잡아내는 것을 이사야 예언이 구체화된 것으로 보는—으로 강조된다.

---

59. 이 경우 마태는 막 7:1-23을 매우 밀접하게 따른다. 마태는 이야기에 있는 요소들의 순서를 재배열하긴 했지만, 내용과 문구(wording)는 부정한 음식에 관한 법을 분명히 폐지한 것으로 해석될 수 있는 막 7:19b를 확실히 뺐다는 점을 제외하고 마가의 것과 실질적으로 동일하다. 마 15:8-9에서 사 29:13 인용은 막 7:6-7의 문구와 동일하다. 유일한 차이는 마가가 인용구를 예수의 대답 시작에 배열한 반면, 마태는 바리새인들과 서기관들이 아버지와 어머니를 공경하지 않음으로 하나님의 계명을 어겼다는 비판 뒤로 미루어 두었다는 점이다.

60. 15:6에 중요하면서도 어려운 이문(textual variant)이 나온다. 시내산 사본(Sinaiticus)은 "하나님의 말씀"(τὸν λόγον τοῦ θεοῦ) 독법 대신에 본래 "하나님의 율법"(τὸν νόμον τοῦ θεοῦ) 독법이 나온다. 어떤 필사자는 "말씀"으로 수정되었지만, 그리고 나서 또 다른 필사자에 의해 다시 "율법"으로 수정됐다. 더 나아가 마 15:6에 나오는 "하나님의 말씀"은 막 7:14에 동화된 것일 수 있다. 우리가 마태 내러티브 안에서 추적해온 "율법"의 예언적 사용(transposition)과 매우 잘 어울리기에 본래의 독법을 "율법"으로 보는 것이 매력적이다. 그럼에도 "말씀" 독법에 대한 외증(external textual evidence)이 "율법" 독법보다 우세하기에, 이것을 너무 밀기는 어렵다(Metzger, *Textual Commentary*, 31을 보라).

너희 위선자들아! 이사야가 너희에 관하여 잘 예언했다. "이 백성이 입술로
는 나를 공경하나, 그들의 마음은 내게서 멀리 떠나 있다. 그들이 나를 헛되
이 예배하며, 사람의 계명들을 교훈으로 가르치는구나." (마 15:7-9; 사
29:13[LXX]을 인용)[61]

여기서 민족을 향한 이사야의 심판 신탁은 이스라엘의 **지도자들**에 관
한 고발로 재해석된다. 이것은 제사장, 예언자, 선견자뿐 아니라(사 28:7,
29:10) "예루살렘에서 이 백성을 다스리는 오만한 자"(사 28:14; 참조, 사 29:20-
21)에 대해 신랄하게 비판하는 더 넓은 문맥과 결이 다르지 않다. 하지만
마태의 이사야 인용은 하나님의 토라를 무시하면서 특별한 방식으로 종
교 전통 안에 자신들을 숨기는 바리새인과 서기관들을 겨냥하고 있는 것
같다. 이들의 위선이 지도자 자신뿐 아니라 백성 전체—이스라엘 집의 잃
은 양 메타포에 함축된 것처럼—에도 재앙적인 결과를 초래한다는 사실
은 결국 수난 내러티브에서 파괴적인 힘으로 그려진다.
　이야기 초반부에 군중은 혼합된 내러티브 역할을 수행한다. 이들은

---

61. 사 29장에 나오는 유다의 눈멈에 대한 예언적 비난은 초대 교회가 유대교의 복음
거부를 설명하는 데 중요한 역할을 했다. 바울은 롬 9-11장에 나오는 이스라엘의
눈멈에 관한 확장된 논의에서 두 차례 저 본문의 일부를 인용하고(롬 9:20에서 사
29:16를, 롬 11:8에서 29:10을 인용함), 고전 1:19에서는 고린도에서 "지혜"를 자랑
하던 사람들에 대한 비난으로 사 29:14를 인용한다. 골 2:22에도 사 29:13 반향이
나온다. 이렇게 반복되는 언급은 바울이 사 29장을 자신의 선교 사역에서 직면한
복음에 대한 저항—유대인과 이방인 모두로부터—의 예표로 묵상했음을 보여준다.
그러나 바울서신은 이 본문 읽기가 예수의 말씀 전승에서 근원했다고 암시하지 않
는다. 그럼에도 막 7:1-23과 마 15:1-20에 기술된 논쟁 담화에서 이 본문은 바울이
롬 9:20과 11:8에서 완악한 이스라엘을 생각하면서 사 29장에 호소하는 것과 현저
히 유사하게 사용된다.

때로 예수에게 몰려들어(마 4:25, 7:28, 8:1, 9:35-38, 13:1-2, 15:29-31, 19:1-2, 20:29), 예수를 선지자 내지는 다윗의 자손으로 환호한다(9:33, 16:14, 21:9-11). 그렇지만 어떤 경우에 저들의 마음은 쉽게 변했고(11:16-19), 눈 멀고 귀가 어두워졌으며(13:1-15), 심지어는 하나님 나라의 복음에 적대적이기까지 했다(10:14-25, 11:20-24). 마태의 이야기 매우 초기부터 예수는 따르미들에게 거절, 모욕, 핍박을 기대하라고 가르치셨다(5:10-12). 그렇게 이야기의 극적 절정부에서 예루살렘 지도자들이 바라바를 놓아주고 예수를 십자가에 못 박기를 요청하도록 군중들의 마음을 예수로부터 돌리게 설득할 수 있었던 것은 놀라운 일이 아니다(27:22-23).

내러티브의 바로 이 지점에서 마태는 서술되고 있는 사건들에 대한 우리의 이해를 형성하는 구약의 문맥을 미묘하게 자아내는 두 가지 독특한 삽화를 소개한다. 하나는 빌라도가 자신의 손을 씻으며 공언하는 장면이다: "나는 이 사람의 피에 대하여 죄가 없다"(마 27:24). 빌라도의 행동—오직 마태복음에만 나오는—은 시체를 발견했지만 살인자를 확인할 수 없을 때 이스라엘의 장로들이 행하도록 규정된 의식이 아이러니하게 반사되어 역전된 이미지처럼 보인다(신 21:1-9). 장로들은 암송아지의 목을 꺾고 그 위에서 손을 씻으면서 이렇게 선언했다: "저희의 손은 피를 흘리지 않았고, 저희의 눈은 보지도 못하였습니다. 주여, 주가 속량하신 주의 백성 이스라엘을 용서하시고, 무죄한 피를 주님의 백성 이스라엘 가운데 두지 마십시오"(신 21:7-8). 이 신명기 내러티브 안에서 모세는 부언한다: "너는 이렇게 하여 무죄한 피를 네 가운데서 깨끗이 하고 주가 보시기에 옳게 행하라"(21:9).[62] 이처럼 이방인 통치자 빌라도는 정확히 예루살렘 백성이

---

62. Wolfgang Trilling, *Das wahre Israel: Studien zur Theologie des Matthäusevangeliums* (Erfurter Theologische Studien 7; Leipzig: St. Benno-Verlag, 1959).

자발적으로 죄에 대한 책임을 지겠다는 순간에, 매우 극적인 아이러니로
서, 이스라엘의 지도자들을 위해 규정된 "무죄한 피를 깨끗이 하는" 행동
을 수행하는 것으로 묘사된다. 마태의 내러티브 세계에서 이 행동의 의미
는 책임을 회피하려는 부자연스러운 시도 가운데서 결국 십자가형을 지
시한 책임이 있는 빌라도를 면죄해주는 데 있는 것이 아니다.[63] 오히려 대
조적으로 손 씻는 사건의 의미는 이스라엘이 얼마나 토라에 주의를 기울
이지 않았는지를 생생하게 보여주는 데 있다. 이들은 예수의 수난 예고
및 악한 소작인 비유에서 이미 예시된 것처럼(마 21:33-44) "주가 보시기에
옳은 일"을 하기보다 예수를 죽이려는 뜻을 밀어붙였다.

그리고 마태는 여기에서 다시 한번 이스라엘의 성경을 반향하면서 장
면의 극적인 아이러니를 고조시키는 두 번째 독특한 특징을 부가했다. 빌
라도의 손 씻는 행위에 대한 응답으로 마태는 "모든 백성(πᾶς ὁ λαός)이 대답
하여 말했다. '그의 피를 우리와 우리 자손에게 돌려라!'"(마 27:25)라는 살
떨리는 이야기를 전한다. 이 끔찍한 삽화 배경에는 전장에서 자결에 실패
한 사울을 죽여 보상을 받기를 기대했던 젊은 아말렉 사자에게[64] 대해 다
윗이 진노하며 대답한 이야기가 공명한다(삼하 1:1-16). 다윗은 이 아말렉 사
람을 죽이라고 명한 후에 그 자리에서 말했다: "네 피가 네 머리로 돌아갈
것이다. 이는 네 입으로 '내가 주의 기름 부음 받은 자(LXX: τὸν χριστὸν κυρίου)
를 죽였다'라고 증언했기 때문이다"(1:16). 빌라도에 대한 백성들의 대답에
서 이 이야기를 반향으로 들은 독자는 예루살렘 백성에게 임박한 끔찍한

---

63.   Dorothy Jean Weaver ("'Thus You Will Know Them by Their Fruits': The Roman
Characters of the Gospel of Matthew," in *The Gospel of Matthew in Its Roman
Imperial Context* [ed. John Riches and David C. Sim; JSNTSup 276; London: T&T
Clark, 2005], 107-27)를 보라.
64.   아마도 거짓 이야기? 참조, 삼상 31:3-6.

재앙의 전조를 느끼게 될 것이다. 저들은 입으로 **그리스도이신** 주의 죽음을 요구하였고 자신들 머리에 있는 피를 취했다.

해석사를 돌아보면 이 마태 이야기는 치명적으로 끔찍한 결과를 초래했다. 기독교 독자들은 주의 기름 부음 받은 자의 피에 대한 책임을 주장했던 사람들에게 진노한 다윗의 역할을 스스로 맡으려 했다. 유대 민족에 대한 기독교의 폭력적인 반감은 부끄러운 역사의 유산이다.[65] 이러한 반유대교 폭력의 역사를 배격하는 데는 여러 이유가 있을 수 있다—적어도 마태복음의 예수는 원수에게 보복하기보다는 검을 치우고 화해하라고 강조하며 가르쳤다.[66] 하지만 우리는 그러한 폭력을 거부하는 다른 많은 좋은 이유들에 한 가지를 더할 수 있다. 즉, 폭력은 예수의 피, 이스라엘과 하나님 사이의 언약, 이스라엘의 궁극적인 운명에 대한 마태의 이야기를 오독한 데에서 기인했다.

언약의 갱신 및 이스라엘의 회합

예수의 마지막 유월절 만찬에 대한 마태의 설명은 결정적인 본문이다.

> 그들이 먹고 있을 때에, 예수가 빵을 가지시고 축사하신 후, 떼어서 제자들에게 주며 말씀하셨다. "받아 먹어라. 이것은 내 몸이다." 또 잔을 들고 감사기도를 드리신 후에 그들에게 주시며 말씀하셨다. "너희 모두 이것을 마셔라. 이것은 죄 용서를 얻도록 많은 사람을 위해 흘리는 **나의 언약의 피**다. 내가 너희에게 말한다. 이제부터 나는 내 아버지의 나라에서 너희와 함께

---

65. Ulrich Luz, "Der Antijudaismus im Matthäusevangelium als historisches und theologisches Problem: Eine Skizze," *EvTh* 53 (1993): 310-27; reprinted as "Anti-Judaism in Matthew," in *Studies in Matthew* (trans. Rosemary Selle; Grand Rapids: Eerdmans, 2005), 243-61.

66. Hays, *Moral Vision*, 97-99, 319-29을 보라.

이것을 새것으로 마시는 그 날까지 포도나무에서 난 것을 결코 마시지 않을 것이다." (마 26:26-29)

빵과 잔에 대한 이 말씀은 시내산 언약을 상기시키면서 예수의 임박한 죽음을 언약 체결 행위로 해석한다. 모세는 언약책을 백성들에게 낭독한 후에, "그 피를 가져다가 백성들에게 뿌리며, '보라, 주가 이 모든 말씀에 대해 너희와 함께 맺은 **언약의 피다**'라고 말했다"(출 24:8). 이 상호텍스트적 공명은 여기에서 예수의 죽음이 희생제물이라는 것과 그의 피가 하나님과 백성 사이에 새로운 언약적 관계의 인침을 의미함을 확고히 암시한다. 이 관습에 관한 말이 식사 맥락에서 나타난다는 사실은 또한 출애굽기 24:9-11을 직접 상기시킨다: "모세와 아론과 나답과 아비후와 이스라엘 장로 칠십 인이 올라가서 이스라엘의 하나님을 보았다[!] … 하나님이 이스라엘 자손의 지도자들에게 손을 대지 않으셔서, 그들은 하나님을 보고서, **먹고 마셨다**." 모세와 이스라엘 지도자들이 하나님의 현존 앞에서 먹고 마셨던 것과 같이 열두 제자(마 26:20) 역시 예수가 말씀하신 언약—이스라엘과 함께한 하나님의 임재가 충만히 이해되고 기념될 종말론적 미래("내가 새로운 것으로 너희와 함께 마실 그날")를 전조하는 언약—을 기념하고 축하하기 위해 하나님의 현존 앞에서 먹고 마셨다.[67]

마태의 마지막 만찬 기사에서 환용적으로 연상될 수 있는 표상적 상응에는 또 하나의 차원이 있다. 모세가 이스라엘 백성에게 피를 뿌리기

---

67. 여기서 마지막 만찬의 열두 제자와 모세가 시내산 발치에서 쌓은 제단 주변에 "이스라엘 열두 지파대로 열두 기둥"(출 24:4)을 세운 것 사이의 연관은 매혹적이다—그러나 이는 마태가 취한 것 이상으로 모형론을 밀어붙이고 있는 것이다. 제자와 (갈 2:9처럼) 기둥이 서로 연결되든 아니든, 열두 지파를 대표하는 열두 제자의 상징성은 명백하고도 널리 인정되고 있다.

직전에 출애굽기 화자는 이러한 설명을 덧붙인다: "그때 [모세가] 언약책을 들고 백성들의 귀에 낭독하자 그들이 말했다. '주가 말씀하신 모든 것을 저희가 행하며 **순종할** 것입니다'"(출 24:7). 예수를 모세와 같은 선지자로 묘사하고 있는 마태복음의 특별한 관심뿐 아니라 하나님이 율법으로 명령하신 모든 것 및 예수 자신의 가르침에 대한 **순종**에 특별한 관심을 보이는 것에 비추어 볼 때(예, 마 5:17-20, 7:21-27, 28:20), 독자는 마태복음 26:28에서 예수의 피로 제정된 언약이 반드시 앞선 모든 내러티브—마태가 "주가 말씀하신 모든 것"에 순종을 서약하는 사람들에게 요구되는 것을 상세히 설명하는—의 절정부로 이해되어야 함을 추측할 수 있다. 이 해석은 물론 마태가 직접 제시하고 있는 것이 아니라 출애굽기 24:8을 반향하고 있는 마태의 이야기가 효과적으로 제시하고 있는 것이다.

　　동시에 "나의 언약의 피"라는 표현은 두 번째로 매우 의미심장한 상호텍스트적 연결—하나님이 예루살렘에 종말론적 구원을 가져오실 것이라는 스가랴 예언의 인유—을 만들어 낸다.

> 너에 대해서도, 나의 언약의 피 때문에,
>
> 내가 너의 갇힌 자들을 물 없는 구덩이에서 내보냈다. (슥 9:11)

　　이 인유는 마태가 이전에 예수의 승리적 예루살렘 입성 장면에서 명백하게 스가랴 9:9을 인용했다는 점을 염두에 둘 때 특히 분명해진다(마 21:5). 이는 마태가 스가랴에 나타난 "민족들에게 평화를 가져오고" "이방 민족들에게 평화를 전하며" "바다에서 바다에까지, 유프라테스 강에서 땅 끝까지 통치할"(슥 9:10) 메시아적 왕에 대한 기대를 완전하게 알고 있었음을 암시한다. 이 종말론적인 해방과 평화에 대한 소망은 스가랴에 나타난 "나의 언약의 피"와 인과적으로 연결되어 있다. 결과적으로 마태의 마지막 만찬 장면은 출애굽기 24장에서 피를 뿌리는 언약적 식사 장면과 스가랴 9장에서 피로 보증되는 메시아적 구원 약속 모두를 상기시키면서 복잡하게 겹쳐진 상호텍스트적 반향을 만들어낸다.[68]

이러한 관찰에 비추어 우리는 이제 빌라도의 법정 장면을 새로운 관점으로 접근할 수 있다. 사람들이 "그의 피를 우리와 우리 자손에게 돌려라!"라고 말한 것은 손을 씻으며 "이 사람의 피"(마 27:24-25)에 대한 책임을 회피하는 빌라도에 대한 응답으로 주어졌다. 내러티브의 표층에서 무리들은 아무 생각 없이 스스로 살인죄를 짊어지려는 것처럼 보인다. 하지만 더 깊은 차원에서, 마태복음은 표층 아래에서 이미 다른 방향으로 흐르고 있는 해석, 곧 피 흘림의 대가로서 심판이 아니라 정결하게 함(cleansing), 언약 체결, 해방과 연관 짓는 해석의 흐름에 신호를 보내고 있다. 만일 이스라엘 백성이 본래 자신에게 뿌려진 피로써 모세 언약의 구성원이 됐다면, 예수가 이미 (이스라엘의 회복을 상징하는 열두 제자에게) 새 (혹은 갱신된) 언약이[69]

---

68. 여기서 주석가들은 간혹 세 번째 반향, 사 52:13-53:12의 고난받는 종을 회상한다. 이 연결 제안은 "많은 사람을 위해 쏟는"(which is poured out for many, 마 26:28)이라는 어구에 달려 있다. 여기에서 사 (MT에서) "자기를 쏟아 죽음에 이르게 하는"(poured himself out to death, 사 53:12; 하지만 LXX는 이렇게 읽는다: παρεδόθη εἰς θάνατον ἡ ψυχὴ αὐτοῦ) 종을 말하는 사 53:12를 상기할 수 있다. 이 가능한 이사야 반향은 περὶ πολλῶν("많은 사람을 위해")이라는 단어에 의해서도 강화되는데, 이는 "많은 사람의(LXX: πολλῶν) 죄를 담당했다"라고 말하는 사 53:12 하반절을 불러일으킬 수 있다. 우리가 이 세 번째 반향을 듣는다면 언약을 인치는 행위로서 예수의 대리적인 고난과 죽음을 더더욱 강조하는 효과를 낳을 것이다. 하지만 이 반향은 희미하다.

69. 마 25:28에서 "언약" 앞에 "새"(new, καινῆς)라는 단어를 포함하고 있는 중요한—비록 가장 신뢰할 만한 것은 아니지만—고대 사본이 많이 있다. 아마 눅 22:20에 동화된 것일 수도 있겠지만, 그럼에도 이 이문(textual variant)는 올바른 방향, 곧 예레미야의 새 언약 언어(렘 31:31)를 가리킨다(Metzger, *Textual Commentary*, 54을 보라). 더 나아가 마가와 달리 마태는 (새) 언약과 "죄 사함" 사이의 연결을 명료하게 함으로써 렘 31장의 새 언약 언어를 더욱 불러일으킨다(마 26:28; 렘 31:43).

예수 자신의 피에 참여함으로 맺어진다는 것을 (사적으로) 선포했다면—이
것들이 빌라도 앞에 놓인 장면을 구성하는 전거(textual precursors)라면—백성
들(πᾶς ὁ λαός)이 "그의 피를 우리에게 돌려라"라고 말한 것은 어떠한 의미
가 있는가? 전개되는 내러티브 안에 있는 등장인물로서 이들 스스로는
자신을 예수에 의해 갱신된 언약 아래 두려는 것이 분명 아니다. 그러나
독자로서 우리는 여기에서 작동하고 있는 더욱 깊은 의도, 곧 변덕스럽고
적대적인 군중의 의도가 아니라 예수를 이스라엘의 잃은 양들에게 보내
신 하나님의 의도가 있는지 궁금해 하게 될 것이다. 만일 그렇다면, 분명
그 의도는 저들의 죄를 영원히 정죄하기 위한 것이 아니라 스가랴에 의해
약속되었으며 더욱 일찍이는 시내산 자락—이스라엘의 장로들이 하나님
을 보고 "사파이어를 깔아 놓은 것과 같고 하늘처럼 맑은 것"(출 24:10) 위
에 서있는 곳—에서 꿈같은 잔치로 예표된 해방을 가져오겠다는 것이다.
아마도 하나님은 거짓 목자에 의해 속아 동요된 군중들의 의도와는 달리,
이스라엘 백성 머리 위에 있는 예수의 피를 표상적으로 보면서 "많은 죄
인들을 용서하기 위해 부어진" 피로—즉, 하나님이 "내가 그들의 악함을
용서하여 다시는 그들의 죄를 기억하지 않을 것이다"라고 말씀하신 바 예
레미야에 의해 약속된 새 언약의 구원 표지로서—간주하실 것이다.[70] 만일
그렇다면, 이는 마태복음 서두에 묘사된 약속의 절정이 될 것이다: "그는
백성들을 그들의 죄에서 구원하실 것이다"(마 1:21).

물론 이 읽기는 마태가 재판 장면을 완전히 극적인 아이러니로 진술
했고, 모든 것을 분명하게 설명하려고 한다는 더욱 초기의 경향과는 달리
지금은 좀 더 미묘한 내러티브 서술 기법으로 전환했다는 가정이 필요하

70.　Catherine Sider Hamilton, "'His Blood Be Upon Us': Innocent Blood and the Death
　　of Jesus in Matthew," *CBQ* 70 (2008): 82–100; T. B. Cargal, "'His Blood Be Upon
　　Us and Upon Our Children': A Matthean Double Entendre?" *NTS* 37 (1991): 101–12.

다고 생각할 수도 있을 것이다. 아마 그것이 맞을 것이다. 놀랍게도 마태는 수난 기사에서 명백한 구약 인용구를 상대적으로 적게 사용한다. 이는 마태가 구약 성취 모티프에 흥미를 잃었다는 것을 의미할 수 없다.[71] 그보다도 마태가 앞 장들에서는 구약 본문과 원형의 성취를 찾도록 독자에게 확실하게 가르쳤기에, 이제는 저자의 명백한 인도가 없이도 스스로 연결점을 이끌어낼 수 있다고 상정하는 것 같다. 그러나 마태복음 27:25에 관해서는 다른 가능성이 있다. 마태 자신은 마지막 만찬 장면에 나타난 인유들의 해석학적 잠재성을 완전히 인지하지 못했을 수 있고, 사람들의 머리에 돌려진 예수의 피의 책임과 관련해, 무리들의 무자비한 주장(assumption)에 내포된 모호한 반어(ironic)를 염두에 두지 않았을 수도 있다.[72] 만약 그럴 경우, 우리는 텍스트의 의미가 저자의 본래 의도에 엄격히 제한될 수 없는 좋은 예를 가지게 된다. 정확히 텍스트가 상호텍스트적 영역에 참여하고 다양한 독자 공동체에서 수용될 때 다양한 배경 지식(encyclope-dias)이 작동되기에, 저자가 알지 못했던 의미의 층을 드러내는 새로운 읽기 가능성이 언제나 발생하게 된다. 마태복음 27:25의 실제 저자가 군중의 말에 담긴 이중적인 의미의 가능성을 인지하지 못했을지라도 저들이 스스로를 범죄 사실에 엮고 있는 문장을 예수의 피로 이스라엘이 구원된다는 사실을 불가피 암시할 수밖에 없는 더욱 넓은 내러티브 기반 위에 놓았다.

---

71. 마태복음의 수난 내러티브에 나오는 광범위한 구약 암시에 대한 간결한 조사를 위해서는, Senior, "Lure," 108-14을 보라.

72. 이에 대한 가능한 증거로서, "오늘날까지 유대인 가운데 두루 퍼진"(28:15) 빈 무덤에 관한 거짓 설명을 냉소적으로(uncomplimentary) 특징짓는 것을 보라. 그러나 여기에서도 거짓된 이야기의 책임은 대제사장들과 장로들에게 있다. 이들은 진리를 덮기 위한 음모를 꾸밈으로써 백성들을 잘못된 길로 인도했다. 사람들이 빈 무덤에 대해 속았다면 이는 자신들의 잘못이 아니라 악한 목자들의 잘못이다.

우리가 어느 정도 확신을 가지고 말할 수 있는 점은 마태가 분명히 예수의 십자가를 이스라엘에 대한 최종적인 유기나 백성들에 대한 하나님의 관심의 끝을 의미하는 것으로 간주하지 않았다는 사실이다. 이를 보여주는 한 가지 표지는 마태가 독자로 하여금 부활하신 예수를 "인자"(사람의 아들), 곧 압제하는 이방 권세에 대한 이스라엘의 종말론적 신원과 승리를 보여주는 다니엘 7장의 영광스러운 인물(마 26:64; 또한 마 28:16-20의 마지막 부활 장면에서 사용된 단 7:13-14의 이미지를 보라)로 이해하도록 인도한다는 것이다. 마태복음 24장의 거대한 묵시적 담화에서 예수는 제자들에게 영광스러운 인자가 하늘의 구름과 함께 나타날 때, "큰 나팔 소리와 함께 자기 천사들을 보낼 것인데, 저희가 택함받은 자들을 하늘 이 끝에서 저 끝까지 사방에서 모을 것이다"(마 24:30-31)라고 말씀하셨다. 우리가 이에 관한 마가복음의 평행구절에서 살펴본 바와 같이 이는 포로로 흩어진 이스라엘을 종말론적으로 다시 모을 것에 관한 이미지다. 이 이미지에 대한 해석은 특히 마태가 이사야 24-27장 "이사야 묵시"의 마지막 절정부에 대한 인유인 '메따 살핑고스 메갈레스'(μετὰ σάλπιγγος μεγάλης)라는 어구를 추가할 때 분명해졌다.

> 그날에 주가 유브라데의 수로에서 애굽의 강에 이르기까지 타작할 것이고, **너희 이스라엘 자손들은 하나하나 모일 것이다.** 또 그날에 **큰 나팔 소리가** 울리고(LXX: σαλπιοῦσιν τῇ σάλπιγγι τῇ μεγάλῃ), 앗수르 땅에서 멸망당하는 사람들과 애굽 땅으로 쫓겨 간 사람들이 돌아와 예루살렘의 거룩한 산에서 주를 경배할 것이다. (사 27:12-13)

이사야 27장의 나팔에 대한 마태의 직접적인 인유는 앞서 포로 된 이스라엘 백성이 종국적으로 다시 모이고 종국에 예루살렘의 바른 예배가 회복될 것이라는 사실을 예수가 예언하고 계시다는 점을 강조한다.

이 회복된 이스라엘 안에서 또한 "인자가 그의 영광의 보좌에 앉을 때에" 예수를 따르던 열두 제자들은 "또한 열두 보좌에 앉아, 이스라엘의 열두 지파를 심판할 것이다"(마 19:28). 이는 정죄가 아닌 회복의 이미지다. 즉, 열둘은 회복된 이스라엘을 보여주는 상징적 주춧돌(heads)이며 "회복에는 심판이 포함된다."[73] 분명한 유대적 유비(analogue)를 위해 우리는 솔로몬의 시편에 나타난 메시아적 환상과 비교해볼 수 있다.

> 그가 거룩한 백성을 모을 것이며
>
> 의로 인도하고,
>
> 그는 지파들을 심판할 것이며
>
> 주 그들의 하나님으로 인해 거룩해질 것이다. (솔로몬의 시편 17:26)

마태복음 19:28에 따르면 이 메시아적 심판 기능은 메시아 자신에 의해 단독으로 시행된다기보다도 열둘에게 위임된다. 하지만 위의 두 가지 예에 모두 이스라엘의 소집과 회복이 드러난다. 실제로 "심판"의 역할은 아마도 개인의 종말론적 운명을 최종적으로 결정하는 것이 아니라, 사사기에서 묘사된 이스라엘의 고대 사사의 역할과 같이, 통치 행위와 더욱 밀접하게 연관된 것으로 보인다. 열두 제자들은 열두 지파에 대해 다스리는 책임을 갖게 될 것이다.

---

73. Sanders, *Jesus and Judaism*, 103-4. Sanders는 마 19:28이 진정한 역사적 예수의 말이며, 이것이 예수의 유대 회복 종말론 선포에 통찰력을 제공한다고 주장하는 데 관심을 기울인다. 나는 Sanders의 주장이 설득력 있다고 생각하지만, 여기서 나의 요지는, 나사렛 예수에게 있어 진실이 무엇이었든 간에, 마태가 분명히 그러한 회복을 기대하고 있었다는 점이다. 더욱 통찰력 있는 논의를 위해서는 Bockmuehl, *Seeing the Word*, 189–228, esp. 211-28을 보라.

포도원 비유에 대한 마태의 독특한 결론(마 21:33-44)조차도, 때로 상상되는 것과 같이, 이스라엘이 하나님 나라에서 대체주의적으로(supersessionist) 확고히 배제될 것을 가리키지 않는다[74] 이와는 달리 예수가 "그러므로 내가 너희에게 이르노니 하나님의 나라를 너희는 빼앗기고 그 나라의 열매 맺는 백성이 받을 것이다"(21:43)라고 말할 때 예수는 명백히 "대제사장들과 바리새인들"에게 말하고 계셨고, 그들은 "그것이 자기들에 관하여 말하고 있는 것"(21:45)임을 즉시 알아차렸다. 이는 저들이 백성을 돌보는 데 신실하지 못한 청지기였던 지도자와 권위자에 대한 마태의 예언적 심판의 또 다른 표현이다.[75] 포도원 자체는 이사야 5:1-7에서와 같이 이스라엘을 대표한다.

> 만군의 주의 포도원은 이스라엘 족속이며
>
> 그분이 기뻐하시는 나무는 유다 사람이다. (사 5:7a)

하지만 열매 맺지 못하는 포도원에 대한 심판과 파멸을 선언하는 이사야와는 달리 예수의 비유는 악한 **소작인들**을 정죄하고 포도원이 "열매를 제때 [포도원 주인에게: 마 21:40에 나오는 κύριος] 바치는 다른 농부들에게"(마 21:41) 주어질 것임을 선언하신다. 따라서 이 본문도 이스라엘을 위한 종말론적 결실의 때를 고대하고 있다.

이렇게 모든 점에 있어서 마태복음은 이스라엘의 잃은 양에 대한 예수의 사역이 포로기의 끝, 택함받은 이스라엘을 다시 모으는 것, (인자로서)

---

74. 이 진술은 내가 앞서 *Moral Vision*, 423-24에서 해석했던 것으로부터 입장을 전환했음을 보여준다.

75. 또다시 Levine, *Social and Ethnic Dimensions*, 206-15; 참조, Bockmuehl, *Seeing the Word*, 218-19을 보라.

예수 자신과 통치권을 나누어받을 따르미들의 통치 아래에서 열매 맺는 나라의 영광스러운 회복을 의도하고 예표하고 있음을 암시한다. 그리고 모든 점에서 이스라엘의 정체와 운명에 관한 이미지는 이스라엘 성경을 자아내는 재해석을 통해 발전되고 유지된다.

요약하자면 마태의 이스라엘 성경 언급으로 인해 예수 이야기는 이스라엘 이야기에 대한 포괄적인 해석 안에 위치된다. 마태가 읽은 것은 하나님에게 선택받고 사랑받았지만 비참하게도 순종하지 않고 포로가 된 백성들의 이야기다. 하지만 이 이야기에는 하나님이 궁극적으로 백성을 죄에서 구하고 포로기를 끝내실 통치자를 보내어 언약을 갱신할 것에 대한 예언적 기대가 담겨있기도 하다. 이 메시아적 인물은 이스라엘의 운명을 스스로 짊어지고 하나님이 항상 백성에게 바라시던 철저한(radical) 언약적 순종을 체화해내실 것이다. 더 나아가 그는 이스라엘 안에 새로운 공동체, 이스라엘의 율법의 중심이 되는 순종, 사랑, 자비를 체현하도록 부르심을 받은 공동체를 모으실 것이다. 이처럼 이스라엘의 성경 이야기에 대한 마태의 해석은 능숙하게 존 메이슨 닐(John Mason Neale)의 옛 대림 찬송(ancient Advent carol) "곧, 오소서, 임마누엘이여"(*Veni, Veni, Emmanuel*)의 1851년 번역 안에 요약되어 있다.

> 오, 오소서, 오 오소서, 임마누엘이여.
> 오셔서 포로된 이스라엘을 구하소서.
> 하나님의 아들이 오실 때까지
> 이스라엘은 여기 외로운 포로 가운데 슬퍼하나이다.

그러나 사로잡힌 이스라엘을 구원하는 이 "하나님의 아들"은 누구인가? 이스라엘의 성경은 하나님의 아들에 대해 무엇이라 말하는가?

§8. 임마누엘, 예수

마태복음 거의 모든 단락에서 마태는 예수의 삶, 가르침, 죽음, 부활이 구약의 성취—명시적이든 암시적이든—라는 것을 보여주려 한다. 우리가 이스라엘 성경을 기독론적 해석으로 읽는 마태복음을 탐구하면서 예수 해석을 위한 열쇠로서 하나의 지배적인 이미지나 모티프를 찾으려 한다면 좌절하게 될 것이다. 마태는 그런 식의 체계적인 사상가가 아니기에 어떠한 하나의 만능열쇠로 마태의 기독론을 통제할 수 없다. 마태는 오히려 다양한 이미지와 구약 전통을 엮어 이스라엘의 모든 소망을 성취하고 이를 더욱 넘어서는 인물로서 다층적인 예수의 초상을 그려낸다. 이 결과는 더 이상 축소할 수 없고 복잡한 예수의 정체에 관한 내러티브다.

체화된 이스라엘

마태가 재진술하는 이스라엘의 운명 이야기는 애굽에서 불러낸 "하나님의 아들"(마 2:15) 역할을 맡아 철저히 순종함으로 이스라엘의 회복을 가져오는 예수의 모습 안에서 이스라엘의 체화를 발견한다. 이는 이스라엘 이야기가 기독론적으로 성취되었을 뿐 아니라, 반대로 예수의 정체가 "이스라엘론적"(Israelogical)으로 구체화되었음을 의미한다. (이스라엘의) 모든 의를 성취하기 위해 예수는 이스라엘과 완전히 동일시함으로써 모든 고통과 불확실함 및 하나님의 종국적인 신원에 대한 소망을 가지고 자신을 특정 민족의 역사 안에 위치시킨다. 따라서 이스라엘의 이야기에 대한 마태의 내레이션에서 매우 두드러지게 나타나는 "포로기의 끝" 모티프는 예수의 정체와 사역도 조명한다. 즉, 예수는 이스라엘을 **대표하여** 저들의 신실하지 못함을 극복함으로써 백성을 죄에서 구원하신다(1:21)—**예기적으로**는 세례(3:15)와 광야의 시험(4:1-11)에서 이스라엘이 실패했던 것에 순종하는 "하나님의 아들"로 나타나고, **확정적으로는** 수난/부활 내러티브에 나타난다.[1]

순종하는 아들로서의 예수의 정체에 대해 종종 간과되는 단서 중 하나는 마태복음의 세례 장면과 변화산 사건에서 발견되는데, 여기에서는 하늘로부터 들려오는 하나님의 음성이 예수를 "내가 사랑하는, 나의 아들, 나의 사랑하는 자(ὁ ἀγαπητός)"(마 3:17, 17:5)—정확히 동일한 어구로—와 두 차례 동일시한다. 이 명칭이 시편 2편의 왕적 인물과 이사야 42:1의 "종"을 반향하는 반면, 마태의 언어는 아브라함이 이삭을 제물로 드리려고 했던 사건과 더욱 밀접하게 상응하는데, 거기에서 **이삭**은 반복적으로 "사랑하는 자"(τὸν υἱόν σου τὸν ἀγαπητόν; 창 22:2, 12)로 불린다.[2] 예수의 순종에 대한 마태의 반복적인 강조와 완전히 일치하는 이 이삭 모형론은 예수를 "아브

---

1. 마태복음의 핵심 주제인 예수의 복종에 대해서는 Dale C. Allison Jr., "The Embodiment of God's Will: Jesus in Matthew," in Gaventa and Hays, *Seeking the Identity of Jesus*, 117-32를 보라.
2. Leroy Huizenga (*New Isaac*)의 최근 연구는 이 암시가 예수와 이삭을 연결하는, 마태복음에 나타난 더욱 큰 모형론의 일부라고 주장한다. 곧, 예수는 순종하는 아들로서 속죄 제물의 역할을 하시지만, 그럼에도 뒤이어서 하나님의 약속을 체현해내는 상속자가 되신다.

라함의 자손"(마 1:1)으로 식별한 마태의 프로그램에 훨씬 더 풍성한 의미를 제공한다. 예수가 단지 아브라함의 계보 위에 있기 때문만이 아니라 이삭에 의해 표상적으로 전조된 성취를 체화하기 때문에 아브라함의 자손인 것이다.

　　이러한 관점에서 예수의 고난—단지 애굽으로 피신한 것 뿐 아니라(마 2:13-15), 특히 십자가에 달릴 때에도 역시—은 이스라엘의 고난에 연대하는 표현으로 이해될 수 있다. 이 연대는 예수의 수난과 이스라엘의 비탄시 사이에서 여러 차례 공명하며 강조된다. 예수가 잡혀서 죽게 되는 사건 기록에서 마태는 마가복음의 시편 22편과 시편 69편 인유를 유지할 뿐 아니라 추가적인 세부사항들을 소개함으로써 인유의 음량(volume)을 높이기도 했다(암시의 확실성을 높였다는 의미—역주). 예컨대, 마태는 마가복음 15:36("어떤 사람이 달려가서 해면[sponge]을 신 포도주[ὄξους]에 적셔서 갈대에 꽂아 그분께 마시게 했다")에서 시편 68:22(LXX)의 반향을 인지했다.

> 그들이 음식 대신 쓴 것(χολὴν)을 주고(ἔδωκαν),
> 내가 목마를 때 신 포도주를 마시게 했습니다(ἐπότισάν με ὄξος).

　　결과적으로 마태는 마가의 설명을 단순히 재사용할 뿐 아니라(마 27:48) 또한 마가복음에서는 확인할 수 없는 옛적 시편—예수를 못 박은 군사들이 "그에게 포도주를 주어(ἔδωκαν) 쓴 것(χολῆς)과 섞었다"—을 소개함으로써 이를 확장시켰다.[3] 이 인유는 마태가 시편 68:22(LXX)의 핵심 명사들(χολὴν과 ὄξος)뿐 아니라 동사들(ἔδωκαν과 ἐπότισαν)을 주의 깊게 재진술했다는

3.　Joel Marcus, "The Old Testament and the Death of Jesus: The Role of Scripture in the Gospel Passion Narratives," in *The Death of Jesus in Early Christianity* (ed. John T. Carroll et al.; Peabody, Mass.: Hendrickson, 1995), 226-27을 보라.

사실에 의해 미묘하게 강조된다.

하지만 우리는 어째서 이 시편과의 연결이 예수와 이스라엘 사이의 연대를 가리키는 것으로 이해해야 하는가? 이 시편이 유대 공동 예배에서 읽혀졌다는 것도 핵심적인 이유가 되지만 더욱 중요한 것은 비탄시의 **고통받는 인물**이 이미 **이스라엘의 민족적 운명**을 대표하는 자로 제시되었고 그의 고통은 이미 백성 전체의 고통 표현으로 해석됐다는 것이다. 그렇기에 이 특정한 시편(시 69편[68편 LXX])은 임박한 **민족** 구원에 대한 기대(expectant celebration)로 마무리된다.

> 억눌린 자들이 그것을 보고 기뻐할 것이니,
> 하나님을 찾는 너희의 마음이 소생할 것이다.
> 주는 궁핍한 사람들을 들으시며,
> 포로 된 그분의 백성을 멸시치 아니하신다.
> 하늘과 땅이 그분을 찬양하며
> 바다와 그 안에 움직이는 모든 것들은 그분을 찬양한다.
> **하나님이 시온을 구원하시고**
> **유다의 성읍들을 세우실 것이니,**
> 그들이 그곳에 살고 그것을 소유할 것이다.
> 그분의 종들의 자녀가 그것을 상속하고,
> 그분의 이름을 사랑하는 사람이 그곳에 살 것이다. (시 69:32-36)

여기에서 고통받는 자의 운명이 역전되는 것은 단지 개인에 관한 용어가 아닌 시온과 유다 성읍에 대한 하나님의 구원을 바라는 구체적인 소망으로 표현된다.

이와 유사한 상징적 동일시 패턴은 마태복음 27:39에 나타난다: "지나가는 사람들이(οἱ παραπορευόμενοι) 머리를 흔들며(κινοῦντες τὰς κεφαλάς αὐτῶν)
예수를 모욕하며 …" 이 본문은 특히 수난 전승에 속한 이 시편의 반복적
암시를 염두에 둘 때 통상 시편 22:7의 암시로 이해된다. 하지만 마태복음
본문의 문구(wording)는 실제적으로 예레미야애가 2:15(LXX)와 더욱 밀접하
게 일치한다: "길을 지나가는 모든 사람들이(οἱ παραπορευόμενοι) 너를 향해
손뼉을 치며 예루살렘의 딸을 향해 머리를 흔들면서(ἐκίνησαν τὴν κεφαλὴν
αὐτῶν) 야유한다."[4] 이것은 예레미야애가의 반향에서 벗어났다기보다는 오
히려 마태가 예수의 죽음을 예루살렘의 멸망으로 이끄는 "의로운 피"(마
23:35, 27:4, 24; 참조, 애 4:13) 흐름으로 해석하는 더욱 넓은 상호텍스트적 패턴
에 속해 있다고 볼 수 있다. 이 상징이 예레미야애가의 중심 주제인 성전
파괴에 대한 예수의 예언과 군중들의 조롱을 연결시키고 있지만(27:40), 많
은 사람들은 예레미야애가 2:15의 반향에 함의된 또 다른 의미의 층을 간
과한다. 이 예언서 본문에서 적대적인 조롱은 정확히 **"예루살렘의 딸들"**을
향하고 있다. 머리를 흔드는 조롱꾼들은 "이것이 완전한 아름다움이며 온
땅의 기쁨이라고 불리던 그 성이냐?"(애 2:15)라고 말한다. 그리고 예레미
야는 계속해서 예루살렘에 대한 슬픔을 다음과 표현한다.

> 네 모든 원수들이 너를 향해 입을 벌려
> 야유하고 이를 갈며 외친다.
> "우리가 그녀를 삼켰다!
> 이 날이 분명 우리가 바라던 날이다.
> 마침내 우리가 보았다." (애 2:15)

---

4.   David M. Moffitt, "Righteous Bloodshed, Matthew's Passion Narrative, and the
Temple's Destruction: Lamentations as a Matthean Intertext," *JBL* 125 (2006): 299–
320. On Matt 27:39 and Lam 2:15, see esp. 310–12.

따라서 마태복음 27:39이 예레미야애가 2:15-16 반향과 공명하고 있다면, 이는 역설적으로 십자가에 달리신 예수가 조롱받고 파괴된 예루살렘 성에 대한 체화였음을 은연중에 의미하게 된다. 그렇다면 여기에서 또다시 마태복음의 예수는 이스라엘의 운명을 구약에 묘사된 것으로 상정하면서 요약한 것이다.

하지만 물론 예레미야애가가 이스라엘 이야기의 끝은 아니다. 더 넓은 이스라엘의 정경 안에서 하나님은 백성의 종국적인 운명이 영광스러울 것이라고 약속하셨는데, 이는 정확히 이스라엘의 종말론적 신원이 상징되고 예시되는 영광스러운 인자, 예수의 역할 안에 있다.

마태의 담화를 끝맺는 위대한 심판 비유 절정에서 마태복음의 예수는 일련의 예언적인 말씀을 통해 정확히 인자의 미래의 영광스러운 지위를 언급한다: "인자가 모든 천사들과 함께 그의 영광 가운데 올 때에 그가 자기 영광의 보좌에 앉을 것이다"(마 25:31; 또한 16:27-28, 24:27, 24:30-31을 보라). 이 모든 예언은 3인칭으로 나타나서 지시 대상이 약간 불확실하다. 하지만 대제사장 가야바의 심문 장면에서 예수는 결국 "너희는 이후에 인자가 권능의 오른쪽에 앉아 있는 것과 하늘의 구름과 함께 오는 것을 볼 것이다"(마 26:64)라고 선언함으로써 자신의 정체에 대한 물음에 대답하신다. 대제사장은 이 놀라운 진술을 신성모독의 결정적인 증거로 간주하였는데, 이는 예수 자신을 인자와 직접적으로 동일시하는 동시에 다니엘 7:13-14에 비추어 이 신비한 명칭(인자)을 해석하는 진술이다.

> 내가 밤중에 환상으로 **인자** 같은 이가
> **하늘의 구름**과 함께 오는 것을 보았다.
> 그는 옛적부터 계신 분에게 와서 그 앞에 모습을 드러냈다.

그에게 권세와 영광과 나라가 주어지고,

모든 백성들과 민족들과 언어들이 그를 경배하게 될 것이다.

그의 권세는 영원한 권세로서 사라지지 않을 것이며

그의 왕국은 결코 멸망치 않을 것이다.

요약하자면 이것은 예수가 하나님의 우편에 앉게 될 것에 대한 예언이다.

한편으로 그러한 주장은 분명 예수를 다른 인간 존재와 구분시켜 주었을 것이다. (그렇기에 대제사장이 몸서리치는 반응을 보였던 것이다.) 하지만 다른 한편으로 영광스러운 인자는 다니엘 7장의 본래 문맥에서 이스라엘 민족을 대표하는 상징으로도 이해되어야 한다.[5] 다니엘의 꿈에서 네 거대한 짐승이 바다에서 올라와 잠시 동안 통치한다(단 7:1-8). 이 짐승들은 이스라엘에 대해 폭력적으로 통치권을 행사하는 이방 제국을 상징한다(7:17을 보라). 하지만 저들의 권세는 결국 하나님에 의해 박탈될 것이며(7:9-12), 그때 "영원한 권세"를 받게 될 인자는 다니엘의 예언에서 "지극히 높으신 분의 거룩한 백성들"(7:18)—즉, 이스라엘(7:27; 참조, 7:18)—을 상징하는 것으로 명확히 해석된다. 따라서 전체적으로 다니엘 본문은 이스라엘의 궁극적인 신원에 대한 비전을 선포한다. 이런 이유로 예수는 자신을 다니엘의 승리하는 인자와 동일시하면서 자신과 자신의 운명을 하나님이 약속하신 백성 전체에 대한 구원과 연결 짓고 있는 것이다.

이 동일시의 내러티브 효과는 복잡하다. 이는 우리가 처음부터 마태

5.　Matthew Black, "The Throne-theophany Prophetic Commission and the 'Son of Man': A Study in Tradition-History," in *Jews, Greeks and Christians: Religious Cultures in Late Antiquity: Essays in Honor of William David Davies* (ed. Robert Hamerton-Kelly and Robin Scroggs; Leiden: Brill, 1976), 57-73을 보라.

복음 이야기를 직조하고 있는 것처럼 본 바 예수와 이스라엘과의 동일시
모티프를 계속 이어가면서, 이 동일시는 단지 예수를 이스라엘의 **고통**과
연대시킬 뿐 아니라 이스라엘의 **종국적인 소망**의 체화에도 엮는다. 따라서
인자라는 칭호는 개인적 차원과 공동체적 차원 모두를 가지고 있다. 예수
가 완전히 독특한 종말론적 권위를 갖고 계시다는 것과 자신의 영광이 이
스라엘의 영광을 어떻게든 성취시키도록 **이스라엘을 대신하여** 행하신다는
사실을 동시에 인지하지 못한다면 우리는 마태복음에 나타난 예수의 정
체를 바르게 이해할 수 없다. 이 모든 상징은 인자라는 인물에 집약되어
있다.

모세 모형론

또한 마태복음 내러티브는 이스라엘의 모세 전승에 대한 광범위한 반
향을 담고 있다. 모세와 같이 유아기의 예수 역시 히브리 아이들을 죽이
라는 통치자의 명령으로부터 보호를 받는다(마 2:13-18; 출 1:8-2:11). 모세와 같
이 예수는 애굽에서 불러내어졌다(마 2:15). 시험 내러티브에서 마태는 모
세가 시내산에서 그러했던 것과 같이(마 4:2; 출 34:28; 신 9:9) 예수가 "사십
주야 동안" 금식하셨다는 세부적인 이야기를 마가복음 자료에 추가했다.
모세가 시내산에서 받은 율법을 선포한 것과 같이 예수는 산에서 가르침
을 전하셨다(마 5:1-2).[6] 예수의 가르침의 위대한 권위는 서기관의 인위적인
(derivative) 권위보다도 모세의 권위와 유사했다(7:28-29). 예수는 사람들을
"목자 없는 양 같이"(9:36)—모세가 자신이 죽은 후 백성들을 인도할 후계
자를 하나님에게 요청하는 장면을 반향하는 표현(민 27:16-23; 하나님이 임명하

---

6.   Dale Allison이 요약한 것처럼 "예수는 모세-같은 메시아로 시내산과 모형론적으로
      동일한 산 위에서 하나님의 종말론적인 뜻을 선포하신다"(*New Moses*, 185).

신 지도자는 여호수아, 칠십인역으로는 '예수'['Ιησοῦς])—보시고 긍휼히 여기셨다. 변화산 이야기는 시내산에서 모세에게 주어진 계시 이야기를 반향하는 모티프로 가득하다: 산, 구름, 예수/모세의 빛나는 모습, 구름에서 들려오는 소리, 심지어는 "6일"이라는 간격까지도(마 17:1-8; 참조, 출 24:34) 서로 비슷하다.

이 분명한 내러티브 평행에 더하여 예수와 모세 사이의 중요한 연결점으로 약간 덜 분명한 두 가지 연결이 거론될 수 있다. 첫째, 마태복음의 다섯 가지 위대한 가르침은 다음과 같은 전환구(transitional formula)로 맺어진다: "예수가 이 말씀을 마치실 때에 …", 또는 이와 밀접하게 연관된 몇몇 표현(마 7:28, 11:1, 13:53, 19:1, 26:1). 이 구절들 각각에서 처음 여섯 단어는 모두 정확하게 같고(καὶ ἐγένετο ὅτε ἐτέλεσεν ὁ Ἰησοῦς), "예수가 … 마치셨다"는 표현은 가르침의 독특한 일부를 형성한다. 이와 비슷한 표현이 신명기에서 모세가 이스라엘을 길게 가르칠 때 결론부에 세 차례 나타난다—신 31:1, "모세가 이 모든 말들을 모든 이스라엘에게 말하기를 마쳤을 때"(LXX: καὶ συνετέλεσεν Μωυσῆς λαλῶν πάντας τοὺς λόγους τούτους πρὸς πάντας υἱοὺς Ισραηλ; 또한 신 31:24, 32:45을 보라). 마태복음 7:28, 19:1, 26:1에 나오는 마태의 문구(wording)는 실제로 신명기의 언어를 매우 밀접하게 반향하며, 마태가 26:1에서 '빤따스'(πάντας, "모든 이 말들")를 첨가한 것은 마치 신명기의 표현이 백성을 가르치는 모세의 결론을 알리듯 예수의 가르침이 끝났음을 알리는 인상적인 결론 종지가 된다. 물론 마태의 다섯 가지 가르침이 모형론적으로 모세의 다섯 책에 상응한다는 주장도 제안되어 왔다. 이 제안이 설득력이 있든 그렇지 않든 간에 담화를 맺는 마태의 표현이 신명기의 결론부를 큰 반향으로 울린다는 것은 부인할 수 없다.[7] 이 반향의 효과는 권위 있는 계시적

---

7. 증거 요약과 회의적인 결론을 위해서는 Allison, *New Moses*, 293-98을 보라.

가르침의 원천으로서 모세와 예수 사이의 병행을 암시해주는 데 있다.

이 병행은 마태복음을 결론 짓는 예수의 부활 장면에 마지막으로 한 번 더 나타난다(28:16-20). 이 본문은 왕위를 얻은 인자에 대한 다니엘의 환상과 특징을 공유하고 있지만, 우리가 살펴본 바와 같이, 이 장면이 모세 모티프 역시 상기시키는 방식으로 기록되어 있다는 점도 간과돼서는 안된다. 갈릴리 산에서 예수가 제자들을 임명하는 장면은 신명기 31:23과 여호수아 1:1-9의 여호수아 임명 장면을 떠오르게 한다.[8] 여호수아는 "내 종 모세가 네게 명령한 모든 율법을 지켜 행하라"(수 1:7)라는 가르침을 받고, 신적 임재가 계속될 것이라는 약속을 받는다(신 31:23, "내가 너와 함께할 것이다").

인자 모형론으로 인해 이 모세 반향들을 어떻게든 배제하거나 둘 중 하나를 선택해야 한다고 생각하는 것은 오산이다. 이 요소들을 혼합하여 이 스라엘의 성경 안에 있는 이런저런 다른 많은 전거를 불러일으키는 새로운 이야기로 만들어내는 것은 정확히 마태의 천재적인 서사 기법이다. 또한 이러한 표상적인 평행들이 딱딱하게 일대일 방식으로 연결되는 것이 아니라는 점을 인지하는 것도 중요하다. 예를 들어, 신명기 31:23과 마태복음 28:20이 모두 신적 임재의 계속성에 대해 말하고 있지만, 한 경우에는 하나님이 모세가 부재할 때 이스라엘과 계속 함께하시지만, 다른 한 경우에 하나님의 임재 방식은 바로 세상 끝 날까지 계속되는 예수의 임재를 통해서 가능하다. 이것은 예수와 모세 사이의 표상적 연결점이 없음을 의미하는 것이 아니라, 오히려 독자들이 공통점과 차이점을 동시에 인지해야 한다는 것을 의미한다. 요점을 다소간에 개괄적으로 정리하자면 마태의 마지막 대위임 장면에서 예수는 모세(권위 있는 교사의 떠나감)와 하나님(계속되는 신적 임재) 모두의 역할을 맡고 있다. 두 가지 의미(signification) 영역은 매우 유사한 내러티

---

8.   Allison, *New Moses*, 264.

브 모형론에서 촉발됐다.[9]

하지만 상응점을 교묘하게 엮는 과정에서 마태는 언제나 예수가 모세의 계승자보다 더 큰 분이시며 새로운 여호수아보다 더 큰 분이시자 이차적인(derivative) 방식으로 모세의 사역을 이어가는 "모세와 같은 선지자"보다 훨씬 더 큰 분이라는 점을 상기시킨다. 예수는 모세가 결코 될 수 없었던 "임마누엘", 곧 우리와 함께 하시는 하나님이시다. 그렇기에 예수는 단지 사람들에게 율법과 선지자를 상기시키러 오신 것이 아니라 성취하러 오셨다고 선언할 수 있었던 것이다. 이것이 바로 예수가 모세를 인용한 후, "그러나 내가 너희에게 말한다"를 덧붙이며 토라의 결정적인 원천이자 해석자인 자신의 권위를 주장할 수 있었던 이유다. 또한 이것은 예수가 제자들에게 모세는 결코 할 수 없었던 약속, 곧 세상 끝 날까지 함께 할 것이라는 약속을 할 수 있었던 이유다. 이때 모세는 예수의 **전조**이며, 예수의 정체의 일부 측면을 예표하는 선구자다. 예수는 모세가 이스라엘에게 표명했던 모든 바를 자신의 이야기로 받으면서 동시에 전거인 모세를 능가하신다.

"위대한 다윗보다 더욱 위대한 자손"

만일 모세와 동일시되는 마태복음의 예수가 주로 암시적 표상 차원으

---

9. 이 짤막한 스케치는 모세 원형(prototypes) 위에 예수 전승을 덮어씀으로 예수의 초상을 발전시킨 마태의 대단히 놀라운 방식 가운데 단지 몇 가지만을 강조한 것이다. Allison의 박식한 연구는 위에서 언급한 것들 외에도 매우 많은 흥미로운 상응을 추적한다. 모든 예가 동일하게 설득력 있는 것은 아니지만 증거가 누적되면서 설득력이 생긴다. 물론 모세 모형론이 마태의 예수 해석을 포괄적으로 설명해낸다는 말은 아니다. 예수에 관하여 할 말은 어떤 구약의 상응으로 표현될 수 있는 것보다 더욱 많다. Allison의 요약적 진술은 균형 잡힌 평가를 제공한다: "모세 모형론은 마태 기독론의 줄기가 아니라 단지 말단에 있는 가지에 불과하다"(*New Moses*, 268).

로 작동한다고 하더라도 다윗 표상과 관련해서는 상황이 사뭇 다르다. 마태복음을 시작하는 표제는 예수를 "다윗의 자손"(마 1:1)으로 동일시하며, 마태복음 1장에 나타난 계보의 구조—메시아에게 이르는 이스라엘의 역사를 구분하는 두 가지 중추점 중 하나로 다윗을 언급하는—를 통해 예수의 다윗 혈통은 더욱 부각된다. 마태복음의 수태 내러티브에서 요셉의 꿈에 나타난 천사는 그를 "요셉, 다윗의 자손"(마 1:20)이라고 부른다—이렇게 마리아를 아내로 받아들임으로써 요셉은 예수를 다윗의 혈통에 들이게 되고 예수는 다윗계 메시아로서의 정당성을 확보하게 된다(마 1:16).

이와 동일한 모티프는 다윗 성, 베들레헴에서 예수의 탄생에 대한 마태의 이야기에 의해 다시 한 번 강조된다. 동방 술사들이 "유대인의 왕으로 난" 아이를 찾으러 헤롯 왕에게 왔을 때, 헤롯은 의심스러운 듯이 대제사장과 서기관들에게 "어디에서 메시아가 날 것인지"에 대해 물었다. 저들은 베들레헴에서 통치자가 날 것을 예언하는 미가서 5:1-3의 예언을 인용하여 대답했다(마 2:1-6).[10] 하지만 마태가 제시한 인용구는 미가서 본문과 다윗이 왕위에 오르는 장면의 핵심 구절인 사무엘하 5:2을 혼합한 것이다. 이 사무엘하 본문에서 "이스라엘의 모든 지파들"이 다윗에게 와서 말했다: "주가 당신에게 말씀하셨습니다. '네가 내 백성 이스라엘의 목자가 될 것이다.'" 마태가 제공하는 예언의 마지막 어구는 미가서가 아니라 사무엘하

---

10. MT에 있는 절 숫자는 NRSV의 것과 약간 다르다. 이 인용문은 미가 본문의 느슨한 의역이기에, MT나 LXX와 정확히 일치하지는 않는다. 미가의 예언은 에브라다 베들레헴을 "유다의 작은 족속 중 하나"로 밝히고 있지만 마태는 이를 "유다의 **통치자들 중 결코 작지 않다**"로 변형시켰다. 또한 저 마태의 예언에서는 통치자를 자기 양떼를 치는 목자로 묘사하지만, 미가서에는 이전 구절에 "이스라엘 자손들"을 가리키는 언급이 있기는 하지만 양떼를 "자기 백성 이스라엘"로 명시하지는 않는다. 이 본문에 대한 사본학적 복합성(textual complexities)에 대해서는 Menken, *Matthew's Bible*, 255-63을 보라.

본문과 거의 자구적으로 일치한다.

마 2:6   ... ὅστις ποιμανεῖ τὸν λαόν μου τὸν Ἰσραήλ

삼하 5:2 LXX σὺ ποιμανεῖς τὸν λαόν μου τὸν Ἰσραήλ

이 반향에 담긴 완전한 함의는 인지되기 쉽지 않지만 사무엘하에서 이스라엘 지파들이 당시 최근에 죽은 사울과 **대조적으로** 다윗에게 더욱 큰 충성을 선언하는 것은 우연이 아니다. 저들이 말했다. "전에 사울이 우리를 다스리는 왕이었을 때에도 이스라엘을 거느리고 출입하게 하신 분이 왕이셨습니다. 주도 당신에게 말씀하셨습니다. '네가 내 백성 이스라엘의 목자가 될 것이다'"(삼하 5:2). 백성들은 무능했던 이전 통치자 대신에 다윗을 진정한 왕이자 지도자로 칭송하면서 왕권이 바뀌었음을 인정했다. 저들의 환호는 다윗이 "이스라엘의 왕"(삼하 5:3)으로 기름 부음을 받는 것으로 즉각 이어진다. 마태가 이 본문을 미가서 5:1-3과 결합한 것의 효과는 헤롯이 죽고 대체될 것을 예시하면서(마 2:15), 예수가 대제사장과 서기관들이 보고한 바로 그 예언처럼 기름 부음을 받은 이스라엘의 왕으로서 올바른 위치를 점하게 될 것을 암시한다. 이 본문들을 엮어 짜고 있는 마태는 (예수의) **다윗 후손으로서의** 기원 및 베들레헴에서 태어난 메시아적 아이의 소명을 더욱 강하게 강조하는 역할을 한다.

수태 내러티브에서 앞을 되돌아보게 하는 이 부분 이후에 마태가 예수의 갈릴리 사역을 다루기 전까지 우리는 다윗에 대한 언급을 들을 수 없다. 앞을 보지 못하는 두 사람이 예수에게 다가와 외쳤다: "다윗의 자손이여, 우리를 불쌍히 여기소서!"(마 9:27). 바로 앞에 나오는 내러티브(8:1-9:26)가 예수의 권위를 주제로 하고 있고 예수의 치유 권세를 보여주고 있지만, 왜 이 두 사람이 예수를 다윗의 자손이라고 부르고 있는지에 대해서는 분명하지 않다. 마태복음 9:27-31 삽화는 마가복음 구조에 마태의 독특한 삽입이 나타나기에 특별히 흥미롭다. 이는 마가복음 10:46-52의 앞을 보지 못하는 바디매오 치유 이야기를 유사하게 각색한 마태복음의 20:29-34과 중복된 삽화로 보인다. 하지만 어째서 마태는 특히 나중에 나오는 이야기와 상당히 겹치는 이 삽화를 이 지점에 삽입하기로 결정했을까? 한 가지 가능한 설명은 이 삽화가 "다윗의 자손" 칭호를 다시 소개하면서 독자들로 하여금 전후에서 강조된 예수의 기적 활동이 **메시아적 역할** 및 정체와 관련이 있음을 상기시키기 위함이라는 것이다. 예수는 단지 능력이 있는 예언자일 뿐 아니라 계보와 수태 내러티브에서 예표된 바와 같이 이스라엘의 올바른 왕이시다.

그렇더라도 "다윗의 자손" 칭호가 여기에서 나타나는 것은 놀랍다. 이는 사람들이 고대하던 다윗 후손의 메시아가 치유의 권세가 있음을 암시하고 있는 것인가? 어떠한 구약 이야기도 다윗을 치유자로 묘사한 적이 없기에 이것은 이상해 보인다. 다윗은 목자, 승리한 장군, 탄식하는 죄인, 시인이었다. 어느 곳에서도 다윗에게 기적으로 치유하는 능력이 있었음을 말하지 않는다.[11] 하지만 마태복음 9:27-31과 20:29-34의 쌍둥이 본문 외에도 마태가 치유나 축귀를 예수의 메시아적 정체와 연결시키는 것처럼 보이는 몇몇 다른 본문들이 있는데, 이들 중 몇몇은 "다윗의 자손" 칭호와 연결되어 있다. 예를 들어, 마태는 바알세불 논쟁(12:22-32)을 귀신 들려 눈 멀고 말 못하는 사람을 고치는 간략한 이야기와 더불어 소개하는데, 이때 군중은 "이 사람이 다윗의 자손인가?"(마 12:23)라는 반응을 보인다. 또한 딸을 고치기 위해 예수에게 도움을 청하는 가나안 여인은 다음과 같이 외쳤다: "다윗의 자손이신 주여, 저를 불쌍히 여기소서, 제 딸이

---

11. 다윗의 아들 솔로몬을 축귀자로 이해한 유대 전승을 비평적 논의로 다루는 유용한 연구는 Duling, "Solomon," 235-52을 보라.

심하게 귀신 들렸습니다"(마 15:22).

아마 마태가 편집한 모티프 중 이와 관련한 가장 충격적인 예는 21장, 곧 예수가 성전에서 환전하는 자들을 몰아내신 직후에 나온다. 마태는 다른 세 복음서에는 나타나지 않는 내러티브적 요소를 가미했다: "성전에 있던 보지 못하는 자들과 다리를 저는 자들이(τυφλοὶ καὶ χωλοί) 예수에게 다가오자, 예수가 그들을 고쳐주셨다"(마 21:14). 바로 다음 문장에서 마태는 이 치유 사역을 예수의 다윗 후손 정체성과 연관시킨다: "그러나 대제사장들과 서기관들은 예수가 행하신 놀라운 일들과 **성전에서** '호산나, 다윗의 자손이여'라고 소리쳐 말하는 아이들을 보고 화가 났다"(마 21:15). 아이들의 외침을 (마태복음 21:1-11에서와 같이 예루살렘 감람산으로부터의 길 위에서가 아니라) 성전에 둠으로써 마태는 다윗 후손에 대한 환호를 성역(sacred precincts)에서의 치유 기사와 직접 연결시켰다.

이 연결은 구약 전거의 복잡한 변형을 암시한다. 다윗이 왕위에 오르는 장면에서 우리는 다윗이 예루살렘에 사는 여부스 사람들에게서 "시온의 요새"를 빼앗았다는 기록을 보게 되는데, 여부스 사람들은 다음과 같이 다윗을 무시한 바 있다: "너희는 이리로 들어오지 못할 것이다. 보지 못하는 자들이나 다리를 저는 자들이라도 너를 물리칠 것이다"(삼하 5:6). 말하자면, "우리의 요새는 매우 강하기에 보지 못하는 자들이나 다리를 저는 자들도 너의 공격을 막을 수 있다"는 것이다. 이에 다윗은 자신의 군대를 동원하면서 빈정대는 어투로 대답했다: "누구든지 여부스 사람을 치려면, 물길 통로로 올라가서 다윗이 마음으로 미워하는 '다리 저는 자들과 보지 못하는 자들'을 쳐라." 사무엘하 화자는 다윗의 성공적인 공격을 진술하면서 다소 당혹스러운 인과론적(etiological) 논평을 덧붙였다: "그러므로 사람들은 '보지 못하는 자들과 다리를 저는 자들은(LXX: τυφλοὶ καὶ χωλοί) 집에(LXX: "주의 집에"라고 기록되어 있음) 들어오지 못할 것이다'라고 말하게 됐다."[12] 만일 마태복음 21:14에 기록된 바 성전에 있는 "보지 못하는 자들과 다리를 저는 자들"의 갑작스럽고 독특한 위치가 실제로 사무엘하 5:8의 미묘한 반향이라면 몇 가지 해석 가능성이 우리 눈앞에 펼쳐지게 된다. 우선 "보지 못하는 자들과 다리를 저는 자들"을 연상시키는 것은 성전에서 상을 엎으시는 예수의 행동이 사실상 거룩한 곳을 승리로 "점령하는 것", 말하자면 여부스 사람들에 대한 다윗의 승리라는 사실을 암시할 수 있다. 하지만 마태복음 이야기에서 표상적으로 "눈먼" 대적자들은 현재 대제사장들과 서기관들이다(참조, 마 15:14과 23:16-19에 나타난 "눈먼" 서기관들과 바리새인들에 대한 예수의 도전). 그러나 동시에 예수 시대에 문자 그대로 보지 못하고 다리를 저는 사람은 주의 집으로부터 배제되기보다는 예수에게 환영받고 고침을 받았다. 따라서 우리는 또다시 구약의 전거를 변혁적으로 넘어서는 것을 확인하게 된다. 즉, 다윗은 단지 "눈먼 자들과 다리 저는 자들"을 정복한 반면, 이 새로운 다윗의 자손은 그들을 품고 고치는 식으로 자신의 주권을 세우셨다.

사무엘하 5:8에 대한 이 변화된 반향이 너무 미묘해서 설득력이 없다고 느끼는 독자는 마태가 이미 사무엘하의 다윗의 왕위 즉위 이야기와 밀

---

12. 전체 이야기는 삼하 5:6-10에 나온다. 때로는 성전에서 시각장애인과 다리 저는 자에 대한 이 (유명한?) 금지가 레 21:16-24에서 왔다고 제안되곤 하지만 이는 사실상 적절하지 않다. 저 레위기 구절은 제단에 접근해서 제물을 바치는 제사장을 선택하기 위한 제한 사항과 관련 있기 때문이다. 다리 저는 자와 시각장애인이 적절하지 않게 성전에 들어오는 것을 막으려는 일반적인 금지 사항이 아니다. (이는 Luz, *Matthew*, 3:13n78에 의해 올바르게 관찰됐다.) 삼하 5:6-10 전체 본문은 해석하기 어려운 문제로 가득하다. 자세한 논의를 위해서는 다음을 보라. S. R. Driver, *Notes on the Hebrew Text and the Topography of the Books of Samuel: With an Introduction on Hebrew Palaeography and the Ancient Versions and Facsimiles of Inscriptions and Maps* (Oxford: Clarendon, 1960), 258-62; A. A. Anderson, *2 Samuel* (WBC; Dallas, Tex.: Word Books, 1989), 79-88 [= 『사무엘하』, 솔로몬, 2001].

접히 관련된 약간의 본문을 인용했음을 기억할 필요가 있다. 즉, 수태 내러티브에서 유아 예수는 "내 백성 이스라엘의 목자가 될"(마 2:6/삼하 5:2) 사람과 동일시됐다. 문학적 관점에서 엄밀히 말하자면, 마태복음 2:6에 있는 앞선 특정한 다윗 본문 인용은 공유되고 있는 본래 내러티브 문맥을 가리키는 (마 21:14-15에 있는) 후속적인 인유를 더욱 쉽게 이해할 수 있도록 만들어준다—이는 특히 그 다윗 본문 자체가 다윗 이야기 흐름에서 중추적으로 중요한 역할을 하기 때문이다. 마태는 예수를 "위대한 다윗의 더욱 위대한 자손"으로서 명시적이고도 간접적인 방식으로 묘사한다. 이 텍스트의 반향은 상호간의 연결점을 형성하면서 동시에 이스라엘의 메시아적 소망을 평화로운 형태로 재형성하시는 예수를 암시한다.

다윗의 자손/메시아사상을 정복보다는 치유에 간접적으로 연결 짓는 다른 마태복음 본문에도 이와 유사한 재형성이 작동할 수 있다. 마태복음 11:2-6에 예수에 대한 세례 요한의 질문이 나온다: "오실 그분이 당신이십니까? 아니면 우리가 다른 분을 기다려야 합니까?"(마 11:3). 주어진 대답은 요한(과 독자들)의 관심을 예수의 강력한 치유 행위로 이끈다: "가서 너희가 듣고 본 것을 요한에게 알려라. 눈먼 자들이 보고, 다리를 저는 자들이 걷고, 나병 환자들이 깨끗해지고, 듣지 못하는 자들이 들으며, 죽은 자들이 살아나고, 가난한 자들이 복음을 듣는다"(마 11:4-5). 그러한 행동은 이 내러티브의 서론부에서 '따 에르가 뚜 크리스뚜'(τὰ ἔργα τοῦ Χριστοῦ), 곧 "메시아의 일들"(마 11:2)로 묘사됐다. 여기에 다윗을 가리키는 구체적인 언급은 없지만 "메시아" 칭호가 사용된 것은 독자들이, 다른 본문을 가지고 우리가 살펴본 바와 같이, 이스라엘의 왕적 메시아에 대한 기대를 예수의 치유 사역에 비추어 재해석해야 함을 암시한다.

이 지점에서 마태는 사해문서의 단편적인 본문인 4Q521에 나오는 매우 유사한 전통에 의존하는 것처럼 보인다.

… 하늘과 땅이 메시아에게 복종할 것이다. … 주는 경건한 자들을 찾고, 의
인들의 이름을 부르실 것이며, 그의 영은 가난한 자들 위에 있어, 자신의 능
력으로 신실한 자들을 새롭게 하실 것이다. 그는 경건한 자들을 영원한 나
라의 왕위로 영화롭게 하고, 사로잡힌 자들을 자유하게 하며, 눈먼 자들을
보게 하고, 굽[복한 자들]을 일으키실 것이다. … 주는 아직 일어나지 않은
영화로운 일들을 말씀하신 대로 행하실 것이다. 그는 상처 입은 자들을 고
치고, 죽은 자들에게 생명을 주며, 가난한 자들에게 복음을 전하고, 약한 자
들을 만족케 하며, 쫓겨난 자들을 인도하고, 주린 자들을 배부르게 하실 것
이다.[13]

이 환상 본문은 시편 146:5-9과 이사야 61:1(사 35:5-6도 보라)의 이미지
를 바탕으로 하나님이 병든 자를 치유하고 죽은 자를 살리심으로써 모든
것들을 바로 잡는 종말론적 시대를 그리고 있다. 단편의 첫 행에 메시아
에 대한 언급이 있지만 본문은 분명 고치고 죽은 자를 살리는 사역을 메
시아보다도 주 자신의 행위로 돌리고 있다.[14] 특히 "죽은 자에게 생명을
주시는" 능력은 유대의 열여덟 가지 기도문 전통 중 두 번째 기도에 나타
난 것과 같이 하나님 한 분에게만 속한 것이다: "죽은 자를 살리시는 주에
게 복이 있나이다."[15]

---

13. 4Q521 2.ii.1, 5-8, 11-13은 Collins, *Scepter and the Star*, 117의 번역을 사용했다.
14. Florentino García Martínez, "Messianic Hopes in the Qumran Writings," in *The
     People of the Dead Sea Scrolls: Their Writings, Beliefs, and Practices* (ed. Florentino
     García Martínez and Julio Trebolle Barrera; trans. Wilfred G. E. Watson; Leiden: E. J.
     Brill, 1993), 168을 보라.
15. Collins, *Scepter and the Star*, 118에서 바르게 주목했다. 18개의 축복 기도 전체 본
     문은 David Instone-Brewer, "The Eighteen Benedictions and the Minim Before 70

마태가 그러한 전통을 알고 있었다면 두 가지 매우 중요한 요소를 변화시켰을 것이다. 마태는 이 신적 행위를 **예수**에게 돌리면서 그것이 미래의 소망이 아닌 현재 이미 수행된 행위로 간주했다. 이때 4Q521보다도 더욱 분명하게 마태복음은 종말론적인 치유 행위를 단순히 미래의 "메시아 시대"에 일어날 표적이 아니라 "메시아의 사역", 곧 메시아 자신에 의해 일어날 치유 행위로 제시한다. 그런 이유로 마태복음 11:2-6은 치유가 다윗의 자손 메시아로서 예수의 역할에 속한다는 (우리가 탐구한) 다른 본문들과 연결되어야 한다. 이 구약 본문들이 치유의 능력을 다윗 후손의 왕적 인물과 구체적으로 관련시키고 있지는 않지만 마태는 이사야 61장과 시편 146편에 표현된 종말론적인 소망을 다윗의 자손인 예수의 초상에 동화시켰다.

몇몇 다른 곳에서 마태는 예수와 다윗을 연결시키는 마가 전승을 통합했다. 우리는 특히 마태복음 12:1-4을 언급할 수 있는데 여기서 예수는 안식일에 밀을 비벼 먹었던 제자들의 행동을 다윗/동행자들이 성전에 진설된 거룩한 빵을 먹었던 이야기에 호소함으로 정당화했다(삼상 21:1-5).[16] 이 유비적 논증은 예수가 다윗과 같이 주의 기름 부음 받은 자로서 자신의 능력과 권세가 통상적인 법적 제한을 능가할 수 있음을 암시한다. 이때 마태는 마가복음 자료에 제사장이 성전에서 통상적인 일로 간주되는 행위를 함으로써 안식일을 깰 수 있는 권위를 논하는 할라카를 추가하고, 예수의 말씀을 덧붙였다: "내가 너희에게 말하노니, 성전보다 더 큰 이가 여기에 있다"(마 12:5-6). 이 문맥에서 우리는 예수가 다윗보다도 더욱 큰 분임을 추론할 수 있다. 그렇다면 이 예는 우리가 이미 마태복음의 모세 모

CE," *JTS* 54 (2003) 25-44을 보라.

16. 여기서 마태가 "아비아달이 대제사장이었을 때"(막 2:26)라는 마가의 어구를 생략함으로 실수를 소리 없이 교정했다는 사실은 잘 알려져 있다.

형론 경우에서 관찰했던 것과 유사할 것이다. 즉, 예수는 구약의 전거와 유사할 뿐 아니라 그것보다도 더욱 크신 분이다.

이러한 비교는 정확히 마태복음 22:41-46, 곧 예수가 시편 110:1을 인용하면서 다윗이 메시아를 주로 불렀다면 어떻게 메시아가 다윗의 자손일 수 있느냐고 물음으로써 바리새인들을 당황하게 한 이야기에 상술되어 있다. 마태복음은 전거 본문인 마가복음을 여러 차례 흥미롭게 수정했지만[17] 인용구의 요점은 동일하다. 즉, 성경적 권위를 가지고 있는 다윗의 시편은 다윗이 "나의 주"로 부른 다른 인물을 하나님의 우편에 앉도록 부름 받은 것으로 묘사한다. 이 진술에 함의된 바는 이 인물이 왕위에 올라 원수를 메시아의 발아래에 두실 것이라는 가정이다. 이 경우에 마태가 수수께끼를 설명하려는 평소 경향에 반대하고서 예수의 수사학적 질문("다윗이 그를 주라고 불렀다면, 어떻게 그가 그의 자손일 수 있는가?")을 남겨둔다는 사실은 놀랍다. 예수를 다윗의 자손으로 거듭 강조하고 있는 마태복음을 고려해볼 때, 이 질문이 다윗 후손 메시아로서의 예수의 지위에 대한 거부로 해석될 수는 없다는 점은 마가복음보다 더욱 분명하다. 그보다도 내러티브의 기능은 다시 한번 예수가 다윗 후손 메시아에 대한 기대를 성취하고 넘어선다는 것을 강조하고 있다.

또 다른 하나의 마태복음 본문은 다윗 주제가 선명하게 드러나기에 특별한 관심을 기울일 필요가 있다. 예수의 승리에 찬 예루살렘 입성을 설명하면서 마태는 몇 가지 주목할 만한 세부사항을 가지고 이야기를 상

---

17.   예, 마태는 대화 상대자들을 바리새인 무리로 명시한다. 예수는 바리새인들로 하여금 "그는 누구의 아들인가?"라는 질문을 던지고 대답("다윗의 아들이다")을 저들의 입에 두도록 재촉함으로써 논쟁을 형성하신다. 마태는 "다윗이 그를 주라고 불렀다(καλεῖ)"라는 시 110:1 인용을 가지고 두 가지를 확인한다. 마태에게 있어서 저 발췌문은 성전에서 일어난 논쟁의 결론이며 이는 마 23장에서 확장된 서기관들과 바리새인들에 대한 예언적 비판으로 직접 인도한다.

술한다. 마태는 환호하는 군중들의 말을 개작하여 예수의 다윗 후손으로
서의 정체를 마가복음 자료보다 더욱 명료하게 만들었다. 이 두 평행 본
문을 나란히 놓으면 관련된 지점이 보일 것이다.

막 11:9b-10	마 21:9b
호산나! 주의 이름으로 오시는 분에게 복이 있도다. 다가오는 우리 조상 다윗의 나라에 복이 있도다. 가장 높은 하늘에서 호산나!	호산나, 다윗의 자손이여! 주의 이름으로 오시는 분에게 복이 있도다. 가장 높은 하늘에서 호산나!

　두 본문은 할렐 시편(Hallel psalms: 찬송시)의 절정인 시편 118:25-26을 반
향하는데, 이 시편의 유월절/초막절과의 관련성은 종말론적인 소망을 전
해준다. 마가복음에서 군중은 다가올 다윗의 나라를 고대하는 성구를 사
용하여 예수의 입성을 환영하며, 이때 예수가—찬가로 환호를 받는 인
물—주의 이름으로 오시는 분이라는 추론이 가능해진다. 그럼에도 마가복
음에서는 이 문제가 확증되기보다 추론의 영역으로 남아있다. 마태복음
은 예수를 명시적으로 "다윗의 자손"—맨 처음부터 예수에게 부여됐던 바
로 그 칭호(마 1:1)—으로 부르고 있는 군중들의 구호를 사용함으로써 확정
적이지 않은 문제를 해결했다.

　하지만 마태복음 21:4-5 이야기에 마태가 삽입한 성취 인용 형식("~을
이루려 하심이라"—역주)의 효과는 더욱 복잡하다. 마태가 예수의 입성 사건을
겸손하게 나귀를 타고 예루살렘 성에 들어가는 승리한 왕이라는 인상적
인 이미지로 그리고 있는 스가랴 9:9의 성취로 해석했다는 것은 널리 받
아들여지고 있다. (어떤 성경의 인용구도 동반되지 않은) 마가가 연상하게끔 하는
인유는 마태복음에서 이러한 방식으로 명료한 주석이 된다. 하지만 마태
의 편집이 수많은 흥미로운 질문을 낳는다는 사실은 덜 자주 관찰되는 것

같다. 다시 한번, 이 본문들을 나란히 놓고 비교해보자.

슥 9:9	마 21:5
시온의 딸아, 크게 기뻐하라!	시온의 딸에게 말하라.
예루살렘의 딸아, 크게 외쳐라!	
보라, 네 왕이 네게로 오시니,	보라, 네 왕이 네게로 오신다.
그분은 이기시고 승리하셨고,	그분은
겸손하여서 나귀를 타셨으니,	겸손하셔서 나귀에 올라 타셨으니,
나귀 새끼인 어린 나귀다.	나귀 새끼인 어린 나귀다.

영역본(여기에서는 NRSV)에는 스가랴 9:9과 마태복음의 인용구 사이의
여러 가지 사소한 차이가 감추어져 있지만[18] 가장 두드러진 차이점은 역
본에서도 분명하게 드러난다.

첫째, 마태복음 인용구의 첫 단어들은 히브리 본문이나 칠십인역의
스가랴 9:9과 약간 다르지만 매우 의미심장하다. 그보다도 이 단어들은
이사야 62:11(LXX)과 자구적으로 일치한다: εἴπατε τῇ θυγατρὶ Σιών ("시온의
딸에게 말하라"). 스가랴와의 차이는 미묘하지만 마태의 단어 선택은 우연이
아니다. 이사야 본문은 예루살렘 성을 위한 극적인 구원 신탁을 담고 있
다. 마태는 주변 문맥, 특히 칠십인역 형태에 기독론적 의미가 담겨있음을
발견했다.

> 보라, 주가 땅 끝까지 외치신다.
>
> 딸 시온에게 말하여라.
>
> 보라, 네 구원이 이르렀으니,
>
> 그분의 상급이 그분에게 있고,
>
> 그분의 보상이 그분 앞에 있다. (사 62:11 LXX)

---

18. Menken, *Matthew's Bible*, 105-16을 보라.

도입 어구에 이사야서를 추가함으로 마태는, 우리가 다른 경우에도 확인했던 것처럼, 두 가지 성경 본문을 혼합했다(사 62:11 + 슥 9:9). 이사야 신탁을 반향으로 들은 독자는 환용 효과를 인지하게 될 것이다. 말하자면, 스쳐 지나가는 이사야 인유는 선포를 일반화하고(예수의 입성은 단지 예루살렘에 대한 계시 행위일 뿐 아니라 "땅 끝"에 대한 계시 행위임을 암시하게 됨) '소테르'(*sōtēr*, "구원자")로서의 예수의 정체에 관심을 갖게 한다.[19]

두 번째도 아마 동일하게 의미심장할 것인데 마태는 스가랴 9:9 인용구에서 "이기시고 승리하셨다"는 어구를 생략했다. 이 경우 우리는 생략을 환용의 예로서 이해해서는 안 될 것이다. 마태가 (그 외) 주변 자료를 전부 인용했기에 독자가 인용된 자료와의 연속성이나 더욱 넓은 맥락을 회상하도록 의도된 경우라고 읽기는 어렵다. 그보다도 이것은 의도적인 삭제로 보인다. 마태의 내러티브 계획상 아마도 "승리하신"과 같은 표현을 수난 기사 이전에 놓는 것을 적절하지 않은 것으로 간주했을 것이다. 오직 부활 이후에야 예수는 승리하신 분으로 제대로 간주될 수 있는 것이다. 이 생략의 가장 두드러진 효과는 입성하는 왕을 마태의 중요한 모티프(참조, 마 5:5, 11:29)인 '쁘라위스'(πραΰς, "겸손한" 또는 "온유한")로 묘사하는 데

---

19. Menken (*Matthew's Bible*, 108-9)은 사 62:11로 대체한 것에 대해 다른 설명을 제공한다. 곧, 예루살렘 성은 예수에 적대적인 것으로 묘사되기에 마 21:9에서 ("성"[city]과 구별되는 "군중"의 환호는 (슥 9:9에서처럼) 예루살렘에 대한 **위로**의 말이 아니라, 이 성으로 하여금 예수를 메시아적 왕으로 인정하도록 명령하는 **선언**으로 이해되어야 하고, 따라서 사 62:11의 문구(wording)가 스가랴의 문구보다 마태의 내러티브 문맥에 더욱 적합하다는 것이다. 이 설명이 수용된다 해도 여기에는 사 62:11을 가져와 예수의 입성과 연관 짓는 것의 환용적(metaleptic) 영향이 간과되어 있다. 마태는 두 본문을 엮어 짜면서 동시에 다양한 문학적 효과를 만들어낼 수 있다.

우리의 주의를 집중시킨다는 것이다.[20] "나귀, 나귀 새끼, 어린 나귀"를 타고 예루살렘에 들어가는 "다윗의 자손"은 군사적인 정복자가 아닌 겸손하고 온유한 인물로서 결코 상상할 수 없었던 방식으로 이스라엘의 메시아적 소망을 재형성했다—이것이 실제로 십자가로 인도했다!

지금까지 "다윗의 자손"(Son of David) 칭호에 대한 논의는 구약의 이야기에서 다윗의 아들(David's son)인 직후 계승자가 성전을 짓고 특히 큰 지혜로 유명했던 솔로몬이었다는 사실에 거의 주의를 기울이지 않았다. 하지만 마태가 예수 묘사를 성서의 지혜 전승(많은 지혜 전승은 솔로몬과 관련이 있다—역주)과 연결하는 데에도 특별한 관심을 보였다고 추측할 만한 이유가 있다.

"나의 멍에를 너에게 지우라"

마태복음에 나오는 몇몇 구절은 예수와 신적 지혜에 대한 표상—마태복음 11:28-30의 표면에 특히 가깝게 놓여 있는 함의—을 동일시하고 있는 것처럼 보인다. 실제로 최근의 몇몇 마태복음 해석들에서는 지혜 전승을 마태복음 기독론의 열쇠로 삼았다.[21] 따라서 마태의 성서적 (지혜) 전승 차용에 대해 고찰하기 위해서는 반드시 이스라엘의 지혜 문학(잠언 8장, 시락서 24장, 솔로몬의 지혜 7:22-27 및 다른 유사한 자료들)에서 의인화된 인물에 대한 마태의 암시를 고려해야 하고, 또한 이 모티프가 더 크게 재구성된 틀 안에서 초기 기독교의 기독론적 확신의 발전을 어떻게 그려내는지(figures) 고려해야 한다.

하나의 유명한 학문적인 접근은 마태에게 있어서 예수가 "육화된 지혜"라고 제안하는 것이다. 마태복음 11:28-30은 이에 대한 증거의 중심 부

---

20.   또한 Menken, *Matthew's Bible*, 110을 보라.

21.   주석 전체에서 이 해석을 전개하려는 가장 철저한 시도를 위해서는, Witherington, *Matthew*를 보라.

분이 된다. 이 접근은 오랫동안 관찰되어 온 마태복음 11장과 시락서
51:23-27 사이의 평행 위에서 예수가 지혜(*sophia*)의 멍에 아래로 초청하는
현자로서가 아니라 지혜의 페르소나(persona of Sophia)로서 제자들을 직접
가르치고 있음을 주장한다.[22] 마태가 예수와 의인화된 지혜를 동일시했다
는 이러한 제안은 Q의 예언적 기독론(예언적 현자인 예수)과 신적 지혜(*sophia*)
에 관한 후대의 영지주의적 사색 사이의 발전 단계 중간에 서있는 것으로
추정된다.[23]

그러나 다른 학자들은 지혜와 토라 사이의 관련성을 강조하면서 마태
의 지혜 모티프 인유가 예수를 "토라에 대한 기능적 등가물(functional equiv-
alent)"로[24] 제시하는 효과를 가진다고 제안한다. 그리고 또 어떤 학자들은

---

22. M. Jack Suggs, *Wisdom, Christology, and Law in Matthew's Gospel* (Cambridge, Mass.:
Harvard University Press, 1970). Suggs의 작품 훨씬 이전에 이 독특한 마태의 '구원
자 소명'(*Heilandsruf*)과 지혜 전통(특히 시락 51:23-27; 참조, 또한 시락 6:28)이 병
행된다는 것이 관찰된 바 있다. 이 병행에 대한 인식은 적어도 D. F. Strauss로 거
슬러 올라간다(H. D. Betz, "The Logion of the Easy Yoke and of Rest [Matt 11:28-
30]," *JBL* 86 [1967]: 10-24을 보라).

23. Helmut Koester and James M. Robinson, *Trajectories through Early Christianity*
(Philadelphia: Fortress, 1971). 물론 예수와 여성적 신적 위격 사이의 연결은 페미
니스트 신학자들과 성서학자들에게 매우 매력적인 것으로 입증됐다(예, Elisabeth
Schüssler Fiorenza, *Jesus: Miriam's Child, Sophia's Prophet: Critical Issues in Feminist
Christology* [New York: Continuum, 1994]). 초기의 교리 발전에 대한 Robinson-
Koester의 모델 또는 기독론적 재구성에 대한 페미니스트 프로젝트를 옹호하지 않
는 학자 중에서도, 지혜 기독론의 관점에서의 마 11:28-30 해석은 영향력 있는 것
으로서 널리 입증됐다(예, Ben Witherington III, *Jesus the Sage: The Pilgrimage of
Wisdom* [Minneapolis: Fortress, 1994], 205-8; 그의 관점은 마태복음 주석에서 더
욱 발전됐다[Witherington, Matthew, 239-40]; 또한 Celia Deutsch, *Hidden Wisdom
and the Easy Yoke: Wisdom, Torah, and Discipleship in Matthew 11.25-30* [Sheffield:
JSOT Press, 1987]를 보라).

24. Davies and Allison, *Matthew* 2:287-93. 지혜 기독론의 구성을 최소화하는 다른 해
석들을 위해서는 또한 Luz, *Matthew* 2:172; Gathercole, *Pre-existent Son*, 119-23을 보

마태복음 11장과 시락서 51장 사이의 전체적인 연관성에 도전했다. 우리는 이 해석자들 사이의 논쟁을 어떻게 평가해야 하는가?[25]

첫 번째 필요한 관찰은 마태복음 11장과 시락서 51장 사이의 거리가 지혜 기독론 가설 비평가들이 논쟁할 만큼 크지 않다는 것이다. 분명한 것은 예수의 말씀이 지혜의 발화를 직접 인용한 것은 아니지만 많은 독자에게 인상을 줄 만한 분명한 유사점이 있다는 것이다―분명 인유의 존재에 대한 하나의 좋은 검시는 다음과 같다.

시락서 51:23-27	마 11:28-30
배우지 못한 자들아, 내게로 가까이 오라 …	수고하고(κοπιῶντες) 무거운 짐 진 자들아, 모두 내게로 오라.
너는 어찌하여 이것들이 부족하다고만 말하고 그러한 거대한 갈증을 참으려고 하는가?	
	그러면 내가 너희를 쉬게 할 것이다 (ἀναπαύσω).
내 입을 열어 말하노니, 값없이 지혜를 얻으라. 네 목에 그[지혜]의 멍에(ζυγόν)를 메고, 네 영혼(ψυχή)이 가르침을 받도록 하라. 그것은 바로 네 곁에 있다(εὑρεῖν). 눈을 열어 보라. 나는 적은 수고로(ἐκοπίασα)	내 멍에를(ζυγόν) 메고 내게 배우라. 나는 마음이 온유하고 겸손하기 때문이다.
큰 안식(ἀνάπαυσιν)을 얻었다(εὗρον).	그리하면 너희 영혼에(ψυχαῖς) 안식을 얻을 것이다(εὑρήσετε ἀνάπαυσιν). 내 멍에는(ζυγός) 편하고 내 짐은 가볍기 때문 이다.

라.

25. 가장 강력한 도전은 Stanton, *Gospel for a New People*, 368-70에서 제시됐다. 또한 Grant Macaskill, *Revealed Wisdom and Inaugurated Eschatology in Ancient Judaism and Early Christianity* (JSOTSup 115; Leiden: Brill, 2007), 144-52을 보라; 또한 자주 간과되는 Frances Taylor Gench, *Wisdom in the Christology of Matthew* (Lanham, Md.: University Press of America, 1997)을 보라.

두 본문은 어떤 모양새로든 필요나 고통(결핍과 갈증/수고함과 무거운 짐) 가운데 있는 청자에게 직접 요청하는 형태를 취한다("내게로 가까이 오라"/"내게로 오라"). 이 연결은 동일한 동사($\kappa o \pi i \acute{\alpha} \omega$)가 두 본문에 나타남으로 강화된다. 즉, 마태복음 11:28에서는 요청받는 자들의 수고를 묘사하는 데 사용되고, 시락서 51:27에서는 따라야 할 모본으로서 현자의 수고를 묘사하는 데 사용된다. 두 본문에서 청중들은 **가르침을 받거나 배움으로 멍에를 지라**는 권고를 받는다. 그리고 두 본문에서 멍에를 멘 결과는 목마른/수고한 청자가 **안식을 얻는 것이다.** 더 나아가 마태복음에서는 "네 **영혼**을 위해" 안식이 주어지는 반면 시락서에서 "네 영혼"은 가르침을 받는 기관이다. 마지막으로 시락서 본문은 요구되는 적은 수고("나는 적은 수고로")와 이에 따른 큰 보상 사이의 넓은 간극을 강조한다. 이는 가벼운 짐을 질 것에 대한 예수의 언급과 전혀 동떨어져 있지 않다. 그리고 두 본문이 말하는 바 주어지는 보상은 "안식"($\acute{\alpha} v \acute{\alpha} \pi a u \sigma \iota v$)이다. 두 본문에 공통적으로 나타나는 단어들은 핵심 단어(특히 "멍에"와 "안식을 얻다")이기에, 반향의 음량은 커지고 단순한 자구적 일치를 넘어 두드러진 구조적 평행이 많이 나타난다.

여기에 두 가지 관찰이 추가될 수 있다. 첫째, 시락서 6:18-31에 지혜자가 청중들로 하여금 지혜를 발견하고 결국 안식을 얻게 하기 위해 훈계(discipline)에 순복하도록 요청하는 비슷한 본문이 나타난다. 마태복음 11:28-30과의 자구적인 평행은 우리가 시락서 51장에서 관찰한 연결처럼 가깝지는 않지만, 시락서 6장은 어리석은 자들이 견딜 수 없는 무거운 짐에 관한 이미지를 특징으로 하면서 "네 어깨를 구부리고 지혜의 짐을 지는"(시락 6:25) 자들이 결국 지혜가 주는 안식을 얻을 것을 약속한다($\acute{\alpha} v \acute{\alpha} \pi a u \sigma \iota v$, 시락 6:28). 시락서의 두 본문이 함께 흘러 마태복음의 상호텍스트적 전거가 되는 지혜 이미지를 만들어냈을 가능성이 더 높아 보인다.

둘째, 마태복음 11:28-30이 지혜 인물을 인유하고 있을 가능성은 마태복음이 앞서 11:19에서 의인화된 지혜에 대해 정확히 언급했다는 사실에 의해 매우 강화된다: "그러나 지혜는 그 행한 일들로 옳다고 입증된다"—이는 아마도 마태복음 11:4-6에 요약된 예수의 행위에 대한 언급일 것이다.[26] 바로 앞에 등장한 이 언급에 비추어 볼 때 아들 예수와 인물 지혜 사이의 연결은 어느 정도 자연스러워진다.[27]

요약하자면, 시락서와 마태복음 사이에 매우 압도적인 상호텍스트적 연결점이 있다고 볼 수 있다. 마태복음 본문은 인용된 것이 아니라 적어도 시락서 51장에 대한 큰 반향이다. 이 상호텍스트적 연결을 인지하지 못한 모든 해석은 분명 중요하고도 오래된 전승과 텍스트 사이의 공명을 듣지 못하는 축소된 해석일 것이다.

그렇지만 여전히 우리가 이 연결을 가지고 무엇을 할 수 있는지에 대한 질문이 남아있다. 마태복음 11장에서 약속을 제시하고 있는 화자는 지혜이며, 따라서 마태가 예수를 육화된 지혜로 묘사하고 있는 것인가? 이러한 관점에서 우리는 시락서 본문 맥락에 심혈을 기울여야 한다. 시락서 51장은 인격화된 지혜(Lady Wisdom)의 발화가 아니라, 반대로 지혜를 찾고 타자에게 모본을 따르도록 요청하는 현자의 발화다. 가장 중요한 칠십인역 사본에서 전체 장에는 "시락(세이라크)의 아들 예수의 기도"라는 표제가 붙어 있다. 이 표제가 본래의 텍스트에 포함되어 있든 아니든 이는 이 책의 내용에 대한 적절한 설명이라고 볼 수 있다. 현자는 시편을 연상시키

---

26. 자주 언급되듯, 마태는 11:2(τὰ ἔργα τοῦ Χριστοῦ)의 "그리스도의 일"(καὶ ἐδικαιώθη ἡ σοφία ἀπὸ τῶν ἔργων αὐτῆς)과 11:19의 "지혜의 일" 사이의 미묘한 연결을 만들어낼 수도 있다. 누가 판(7:18, 35)에 나오는 다소 다른 어투(phraseology)와 비교해 보라.

27. 이 관점은, 종종 신약 비평학에서 하듯이 11:25-30을 내러티브 문맥에서 양식-비평적으로 분리하기보다, 마태복음을 연속된 내러티브로 읽을 때에만 드러난다.

면서 위험으로부터 보호하고 구원하신 하나님에게 감사하고(시락 51:1-12), 지혜를 찾아 떠나는 순례의 성공을 자전기적으로 기록한다(51:13-22). 그리고 다른 이들에게 지혜 자신의 가르침을 따라 스스로 지혜를 찾으라는 권고로 결론 맺어진다(51:23-30). 51장 내내 지혜는 끊임없이 3인칭으로 언급된다("나는 기도 중에 솔직히 지혜를 구했다. … 나는 귀를 약간 기울이고 지혜를 얻었으며, 스스로 많은 가르침들을 발견했다" 등등). 이러한 현상은 마태의 암시적인 연결의 핵심인 시락서 51:26-27에서 특히 분명하다: "네 목에 그[지혜]의 멍에를 메고, … 눈을 열어 보아라. 나는 적은 수고로 큰 안식을 얻었다." 여기에서 들리는 음성은 결코 지혜(Sophia)의 것이 아니다. 저 음성은 지혜를 감사의 마음으로 받는 현자의 것이다. 분명 지혜 문헌에는 지혜가 1인칭으로 말하면서 청자들로 하여금 주의를 기울이도록 요청하는 중요한 본문들이 있지만(예, 시락 24:1-22), 시락서 51장이나 6장이 여기에 속하지는 않는다. 따라서 마태복음 11장이 지혜서들의 1인칭 담화들을 취하여 예수의 입에 위치시킨 것은 아니다. 두 본문 사이에 양식-비평적 전이(form-critical transference)가 발생한 것이 아니라 **메타포적 변형**(metaphorical transformation)이 발생했다. 예수는 지혜가 말할 것으로 기대되는 방식으로 말씀하시지만 이는 예수가 곧 지혜라는 것을 의미하지는 않는다. 그보다도 지혜의 몇몇 특징이 **메타포적으로** 예수와 연관된다는 것을 의미한다.

마태복음 11:28-30에는 이 본문에 대한 논의에서 거의 다루어지지 않았던 또 다른 유명한 구약 반향이 포함되어 있다. 마태복음 11:29에 나타난 "너희 영혼이 쉼을 얻을 것이다"(εὑρήσετε ἀνάπαυσιν ταῖς ψυχαῖς ὑμῶν)라는 어구는 단지 시락서를 반향할 뿐 아니라 매우 놀랍게도 인용 표지 없이 예레미야 6:16을 자구적으로 인용한 것이다.[28] 여기에서 인용된 단어들은

---

28. 이 마태복음 어구는 MT에 나오는 히브리어 어구에 정확히 일치한다: לנפשכם

약속의 분위기(character)를 전하지만 예레미야의 문맥은 실제로 통렬한 심판 신탁 위에 있다. 주는 백성에게 "선한 길"을 걷도록 권고하면서 이들이 말씀을 따른다면 영혼의 안식을 얻게 될 것이라 약속하셨다. 그러나 바로 다음 행에는 하나님이 주시는 은혜를 비참하게 거절하는 장면이 나온다: "하지만 그들이 말했다. '우리는 그 가운데 행하지 않을 것이다'"(렘 6:17). 여기서 계속되는 예언은 "딸 시온"에 대한 하나님의 천둥 같은 심판 선언과 반역하고 부패한 백성의 파멸에 대한 경고다(렘 6:17-30). 실제로 이 본문은 예루살렘 성전의 임박한 몰락을 선포하는 예레미야의 성전 설교(렘 7:1-15) 바로 앞에 놓여 있다.

물론 마태가 예레미야 6장의 맥락을 인지하거나 전혀 고려하지 않고 임의로 저 어구를 선택했을 수도 있다. 하지만 마태의 능숙하고 고도로 의도적인 성경 사용에 대해 우리가 지금까지 살펴본 모든 점에 비추어 볼 때 그랬을 가능성은 적다. 마태복음 11장에서 예수의 "수고하고 무거운 짐 진 자들"에 대한 요청 바로 앞에는 사람들이 세례 요한 및 예수를 거부한 것에 대한 불평(11:16-19)과 고라신과 벳새다가 "소돔 땅"보다 심한 심판을 받게 될 것이라는 신랄한 예언이 나타난다(11:20-24). 이와 같은 문맥에서 마태복음 11:25-27에 나오는 예수의 '환호의 외침'(Jubelruf)은 아버지가 예수의 **대적에게는 진리를 숨기시고**(지혜롭고 학식 있는 서기관과 바리새인. 이들의 반대는 12장에서 강화됨) **이로써 저들을 심판하시며** 예수를 따르는 이들에게는 진리를 드러내신 것에 대한 감사의 외침으로 들어야만 한다.[29] 만일 그렇

וּמִצְאוּ מַרְגּוֹעַ. 이상하게도 LXX는 "너는 네 영혼이 정결하게 되는 것을 확인하게 될 것이다"(εὑρήσετε ἁγνισμὸν ταῖς ψυχαῖς ὑμῶν)로 읽는다. Davies and Allison (*Matthew*, 2:272)은 "마 11:28의 쉼에 대한 약속은 출 33:14을 본으로 삼은 것"이라고 제안하지만 출애굽기 구절의 문구(wording)는 렘 6:16가 마 11:28에 가까운 만큼 가깝지는 않다.

29. Macaskill (*Revealed Wisdom and Inaugurated Eschatology*, 145)은 "지혜 사상의 반전

다면, 마태복음 11:29에 나오는 "너희 영혼의 안식"에 대한 예수의 은혜로운 말씀은 예레미야 6장에서 발견되는 불길함을 배음(overtones)으로 자아낸다. 즉, 이것은 하나님의 은혜지만 이를 거부하는 자들은 재앙을 만나게 될 것이라는 뜻이다. 이와 동일한 모티프는 지혜 전승에 만연하다. 즉, 지혜의 가르침을 거부하는 어리석은 자들은 재앙과 멸망을 당하게 될 것이다(예, 잠 1:20-33, 8:35-36; 참조, 마 22:1-13). 이 상호텍스트적 배경을 인지함으로써 우리는 마태가 예수의 놀라운 말씀을 11:25-30에 배치한 논리를 당면 내러티브 문맥에서 더욱 분명하게 이해하게 된다. 위로와 안식에 대한 약속은 거절, 박해, 불순종하는 자들에 대한 하나님의 임박한 심판을 배경으로 특별한 의미를 전달하게 된다.

그러면 마태복음 11:28-30에서 상호텍스트적 반향의 시적 효과(poetic effects)를 인지하기 위한 우리의 노력은 어디에 이르게 되는가? 요약하면서 나는 아래와 같은 해석을 제안하는 바다. 이스라엘의 성서를 따라서 읽는다면 예수의 말씀에서 적어도 두 가지 핵심 상호텍스트, 곧 시락서 51:23-27과 예레미야 6:16을 인지하게 될 것이다. 이 얽힌 본문들은 복잡한 신학적 상호 작용을 유발시킨다.

첫째, 멍에를 지라는 가르침과 이를 이행하는 자에게 약속된 안식 모티프를 자아냄으로써 마태는 예수를 '지혜'(sophia)/토라에 메타포적으로 연결한다. 그런데 예수가 "내 멍에를 메라"고 말씀하셨을 때 단지 '소피아'(Sophia)/토라로서뿐 아니라 마태복음 내내 다양한 방식으로 정체(예, 인자, 임마누엘, 고난의 종, 다윗의 자손, 모세와 같았지만 모세보다 큰 자)를 확립했던 인물, 나사렛 예수로서 말씀하시는 것이다. 따라서 **예수의 멍에를 메는 것은**

(inversion)"에 대해 말하면서, 하나님이 진리를 "지혜롭고 학식 있는 자들"(11:25)에게는 숨기시고 선택된 무리에게 드러내셨다는 매우 묵시론적 성격의 주장을 지적한다.

지혜 전승의 관습적 금언들을 훈련하거나 서기관과 바리새인처럼 모세 토라의 모든 교훈과 계명을 지키는 것이 아니라, 산상수훈의 근본적인 가르침을 가지고 예수의 겸손과 온유를 본받아 십자가의 길을 걷는 것이다. 그러한 삶의 형태는 인격화된 지혜에 대한 유대교의 전통적 이해를 언급해서는 완전히 이해될 수 없다. 특징적인 마태복음 서술 방식의 요점을 바꾸어 쓰자면, 여기에 지혜보다 더 큰 이가 있다는 것이다. "온유하고 겸손한 마음을 가진" 예수는 가르침, 삶, 죽음, 부활에 대해 특별하게 서술된 인물의 미덕으로 "지혜"가 의미하는 바를 변화시키고 재정의했다.

그러나 동시에 시락서 51장과의 메타포적 연결은 예수의 가르침을 우주적이고 신적인 양상으로 제시한다. 예수는 현인이나 선지자보다 크신 분으로서, 이스라엘의 현인들이 결코 말할 수 없었던 방식으로 자신의 "멍에"를 권위 있게 말씀하실 수 있다. 예수는 안식의 원천으로서 지혜에 이르는 길을 알려주실 뿐 아니라 자신에게 오는 모든 자들에게 안식을 준다고 실제로 약속하실 수 있는 분이다. 따라서 지혜를 재정의하면서도 예수는 단지 지혜의 기능뿐 아니라 지혜의 인격적 특징까지도 취하신다. 이 도발적인 메타포적/신학적 동일시는 마태에 의해 암시되지만 완전히 설명되지는 않는 다양한 신학적 반성의 가능성을 열어준다. 예수가 지혜에 대한 우리의 이해를 재형성하는 것처럼, 그렇게 지혜도 선생 예수에 대한 우리의 이해를 재형성한다. 현자보다도 큰 분이시며 솔로몬보다도 큰 분이 여기에 있다.

마지막으로 예레미야 인유는 반대되는 주제를 소개한다. 즉, 예레미야와 더불어 지혜를 통해 제공되는 하나님의 은혜로운 안식은 반복적으로 거절을 당한다. 예수의 청중 중 다수, 특히 지혜롭고 슬기로운 자들은 실제로 "우리는 그 길을 걷지 않을 것이다"라고 말한다. 따라서 "너희 영혼의 안식" 약속은 예수의 말씀을 청종하는 자들에게는 열려 있다. 그러나 예수의 요구를 거부하는 자들은 비참한 심판 아래에 놓일 것이다. 예레미야 인유는 마태복음 11:25-30 범위 안에서 불협화음처럼 보이지만, 마태복음 11-12장의 더욱 넓은 다성부적(polyphonic) 내러티브 문맥에서는 완벽하게 조화된다. 세례 요한과 같이, 예레미야와 같이, 인격화된 지혜와 같이, 예수는 하나님의 선택된 백성에게 거절당하고 비참한 결과를 직면하신다. 이 단조(minor-key: 음악에서 슬프거나 어두운 노래에 적합한 조성—역주)의 울림은 마태복음 11:28-30에서 "위로의 말씀"으로 분명하게 들려야 한다. 안식에 대한 약속은 실제다. 하지만 마태는 그 약속이 오로지 정확히 자신의 목을 예수의 멍에 아래에 놓고 제자도의 길을 결정한 자들만을 위한 것이라고 가르친다.[30]

고난받는 의인

"그는 하나님을 믿었다. 하나님이 원한다면 그를 구원하실 것이다." 제자도의 방식인 순종은, 예수의 삶의 모범으로 드러난 것처럼, 고난으로 이끈다. 마태복음에서 예수의 공생애가 시작될 무렵 팔복은 이미 고통과 박해가 많은 의인과 예수의 가르침을 따르는 이들에게 있을 것을 말하고 있다(마 5:10-12). 그리고 마태의 플롯은 마가복음처럼 겟세마네와 골고다를 향하여 거침없이 나아간다. 마태가 묘사하는 예수가 고통받는 메시아라는 사실은 의심의 여지가 없다—그렇게 당대 유대적 메시아사상의 많은 형태와는 극명히 대조된다.

그런데 우리가 고통받는 자로 예수의 정체를 해석하기 위해 이스라엘의 성서를 어떻게 활용하고 있는지 마태의 방식에 대해 묻는다면, 놀랍게도 성서가 예수의 십자가 처형을 변증하는 데 거의 사용되지 않는다는 점

---

30. 따라서 예수의 말씀이 실제로 "편한"(comfortable) 것인지 질문하는 Graham Stanton은 매우 옳다(*Gospel for a New People*, 373-77).

을 발견하게 된다. 우리가 살펴본 것처럼 마태의 구약 성취 인용은 초반에 집중되어 있다. 마태복음의 수난 내러티브(마 27:9-10)에 나타난 유일한 성취 인용구는 이해하기 심히 어렵다. 즉, 유다가 대제사장들에게 준 "피값"으로 저들이 이방인의 땅을 사기로 결정한 것이 "예레미야 선지자를 통하여 말씀하신" 것의 성취로 발생했다고 주장하지만 혼란스럽게도 이 인용구는 예레미야의 것이 아니다. 이는 아마도 예레미야 32:6-25에 대한 암시를 가지고 있는 스가랴 11:13에 대체적으로 가깝다. 어쨌거나 이 인용구가 유다의 운명과 관련한 부연적 플롯(subplot)의 결론을 설명하는 역할을 하고 있지만, 여전히 중심적인 예수의 정죄/죽음 내러티브와는 관련이 없다.

마태복음은 마가의 수난 기사에 나오는 구약 암시들을 가지고 있는데, 우리가 살펴본 바와 같이 고통 시편에 대한 마가의 일부 암시를 선명하게 하고 확대하며, 더불어 예레미야애가에서 슬프게 노래하는 것과 같이 예수의 죽음과 예루살렘의 멸망 사이를 미묘하게 연결 짓기도 한다. 하지만 전체적으로 마태가 예수의 죽음과 구약의 전조 사이의 새로운 대응점을 창출하기 위해 손을 거의 쓰지 않았다는 점은 놀랍다. 후대의 기독교 독자들에게 있어서 의외의 점은 이사야 52:13-53:12에 나오는 고난의 종 묘사와 관련한 강한 상호텍스트적 참조가 없다는 것이다.[31] 마태복음에서는 이사야 53:4이 성취 인용구 중 하나로 사용됐다: "그가 우리의 연약함을 떠맡으시고 우리의 질병을 짊어지셨다"(마 8:17). 그러나 마태는 이 인용구를 고통받는 인물, 예수를 이어서 계속 설명하기 위한 방편으로 활용하지는 않는 것 같다. 즉, 이 인용구는 마태복음 8장 문맥에서 단순히

---

31. 신약의 그러한 언급의 부재는 Hooker, *Jesus and the Servant*에 의해 집중적으로 주목된 바 있다. 마태 내러티브에 종(Servant)의 부재에 관한 추가적인 논평에 대해서는 Huizenga, *New Isaac*, 189-208을 보라.

예수의 치유 사역이 예언의 성취임을 보여주는 데 사용될 뿐이다. 이 지점에서 마태의 내러티브에는 이사야의 종이 대신 고난을 짊어진다는 이사야의 묘사와 일치하는 점이 없다. 기껏해야 우리는 저 인용구를 고난받는 자로서의 예수의 역할에 대한 전조로 취할 수 있겠지만 이 전조는 매우 희미하다.

이사야에 나오는 종에 대한 또 다른 가능성 있는 언급이나 암시는 마태복음 도처에 산재해 있다. 가장 분명한 인용은 "이방인들에게 정의를 선포"하려는 예수의 소명을 강조한다(마 12:15-21; 사 42:1-3을 완전히 인용함). 이 본문은 예수의 비폭력적인 성품, 곧 온유함에 대한 마태의 일관된 주제를 보여주지만(마 12:20, "… 상한 갈대를 꺾지 않고 꺼져 가는 심지를 끄지 않을 것이다"), 고통 모티프나 이사야 42장의 더욱 넓은 맥락에서 발견할 수 있는 모티프에 대해서는 말해주지 않는다.[32]

마태복음 20:28에서 마태는 인자가 온 것이 "많은 사람들을 위한 대속물로"(λύτρον ἀντὶ πολλῶν) 생명을 내주기 위함이라는 마가의 문구(wording)를 자구적으로 그대로 사용했지만 마가의 표현을 확장하거나 상술하지는 않았다. 우리가 주목한 바와 같이 저 어구가 이사야 53:10-12을 반향하고 있는지는 의심스러울 뿐이다. 마태는 예언 성취를 언급하는 자신의 일반적인 성향에도 불구하고, 여기에서 이사야 53장에 대한 문장과 관련해서는 어떠한 낌새(gesture)도 내보이지 않는다. 더더욱 희박한 경우는 빌라도의 질문에 대답하기를 거부하는 예수(마 27:13-14)가 이사야 53:7에 대한 암시로 이해되어야 한다는 것인데("털 깎는 사람 앞의 양같이 잠잠하여 그 입을 열지 아니했다"), 이 경우 두 본문 사이에는 자구적인 연결점이 전혀 없다. 그나

---

32. 사 42장을 사 53장과 연결 짓는, 이사야의 순환되는 "종의 노래" 사상은 현대 비평의 산물이다. 그러한 이사야 읽기에 대한 고대의 증거는 부족한 것 같다.

마 약간 더 가능성 있는 것은 겟세마네 동산에서 "이 잔"을 옮겨달라는 예수의 기도(마 26:39)가 이사야 51:22을 희미하게 암시할 수도 있다는 제안이다: "보라, 내가 네 손에서 비틀거리게 하는 그 잔을 거두어들였으니, 내 분노의 큰 잔을 네가 다시는 마시지 아니할 것이다." 어떻든지 이사야 51:22은 이사야에 나오는 야훼의 종 본문에 속한 것이 아니다. 말하는 자는 종이 아니라 주 하나님이다. 여기서 하나님은 예루살렘에 대한 진노의 "잔"을 가져다가 원수와 대적에게 주겠다고 선포하셨다. 이 본문을 예수의 임박한 죽음에 적용하기 위해서는 분명 마태가 제시하는 것보다도 더욱 많은 해석이 필요할 것이다.

아마도 마태의 수난 기사에서 가장 가능성 있는 (이사야의) 고난의 종 암시는 예수를 잡은 자들이 그를 데려다가 얼굴에 침을 뱉는 장면에 나온다: 마태복음 26:67-78(대제사장 앞에서의 심문)과 27:30(로마 군병들이 예수를 못박을 준비를 할 때). 이것은 이사야 50:6에 대한 암시로 읽힐 수 있다: "나는 나를 때리는 사람들에게 등을 대 주었고, 내 수염을 뽑는 사람들에게 뺨을 대 주었다. 나는 모욕과 침 뱉음에도 내 얼굴을 가리지 않았다." 특히 흥미로운 점은 심문자가 예수의 **얼굴**에 침을 뱉었다는 것을 강조하는 효과를 가진 마가복음 본문을 마태가 별다른 이유 없이 약간의 편집을 가했다는 것이다.

> 막 14:65   어떤 이들은 그에게 침을 뱉으며 얼굴을 싸고[즉, 가리고] 주먹으로 때렸다.
>
> 마 26:67   그때 그들이 예수의 **얼굴**에 침을 뱉고 주먹으로 때렸다.

마태복음은 눈을 가렸다는 언급을 생략하고 침 뱉음을 받은 대상이 예수의 얼굴이라는 것을 분명하게 하면서, 아마도 이사야의 예언과 일치시키려고 한 것 같다. 하지만 그렇다 하더라도 또다시 마태는 둘 사이의 연결에 주의를 기울이지 않는다.

이 희미한 이사야의 종 반향보다도 더욱 중요한 부분은 예수의 죽음과 시편 22편 및 69편의 고난받는 인물과의 연결을 강화하는 마태의 몇 가지 내러티브 장치다. 우리는 이상에서 마태가, 마가복음과 비교하여, 시편 69:21(68:22 LXX), 곧 쓸개(해면)와 초(신 포도주)를 준다는 진술을 암시하는 내러티브 세부사항을 첨가하여, 예수가 십자가에 못박히는 장면을 시편 69편과 더 밀접하게 엮고 있는 방식을 살펴보았다. 그리고 물론 마태는 마가복음을 따르면서 시편 22:1에 대한 예수의 외침, "나의 하나님이여, 나의 하나님이여, 어찌하여 나를 버리시나이까?"를 십자가 처형 기사의 절정의 순간에 놓았다(마 27:46). 놀랍게도 이 끔찍한 순간 직전에 마태는 조롱하는 대제사장들과 서기관들과 장로들의 입에 동일한 시편에서 비롯한 다른 비웃음을 위치시킴으로써 예수의 외침을 분명하게 예비했다는 것이다: "그가 하나님을 신뢰하였으므로 하나님이 원하시면 이제 구원하실 것이니"(마 27:43; 참조, 시 22:9[21:9 LXX]; 참조, 솔로몬의 지혜 2:13, 18). 우리가 이 시편을 회상하면서 예수의 고통과 죽음에 대한 마태의 설명을 이 시편의 고통, 애가, 궁극적 신원을 배경으로 읽어야 한다는 점은 의심의 여지가 없다.

요약하자면 마태복음에는 예수의 수난과 죽음을 변증하는 (성서의) 증거가 희미하다. 이사야의 고난의 종에 대한 숨겨진 몇몇 반향들은 마태복음 내러티브의 표면 아래 있을 수 있지만 이에 대해 확신하기 어렵다. 이사야의 고난받는 종이 마태의 저술 배경(encyclopedia of production)보다도 후대의 기독교인의 "수용 배경"(encyclopedia of reception)에 속했을 가능성이 더더욱 크다. 이는 마태의 수난 기사를 이사야 53장과 대위법적으로(in counterpoint) 놓는 상호텍스트적 읽기가 신학적인 오도라는 것이 아니다. 실제로 이것은 심오한 정경-내적 통찰을 반영할 수 있다. 하지만 그러한 읽기는 해석학적 강조점을 마태 자신의 저작과는 다른 곳에 위치시킨다. 대조적으로 마태는 예수의 죽음을 이해하는 데 특히 중대한 상호텍스트인 시편 22편을 가지고 고난받는 의인에 대한 시편 목소리(voice)의 체현이자 표상적 성취인 예수를 더욱 분명히 강조한다. 수난에 대한 이 해석학적 구성의 효과는 예수를 이스라엘의 고난 및 슬픔과 밀접히 동일시하면서 하나님의 최종적인 구원을 미리 보여준다. 하지만 마태는 이 시편을 논증이나 주장의 목적으로 수난 기사에 활용하지 않았다. 오히려 이 본문들은 내러티브의 전제(presuppositional) 차원, 곧 상징적 세계에 속해 있다. 이들은 예수의 죽음이 재진술되고 수용되는 상호텍스트적 모체(intertextual matrix)를 구성하는 측면이다(constitutive aspect).[33]

"그들이 그의 이름을 임마누엘이라고 부를 것이다."

마지막으로 우리는 마태가 예수의 정체를 설명하기 위해 구약을 사용한 방식에 대하여 고찰하면서 마태복음 기독론에서 가장 두드러진 특징, 곧 예수를 임마누엘, "우리와 함께하신 하나님"으로 동일시하는 대담성에 직면하게 된다. 마태복음의 처음과 끝에 나타나는 모습에서 알 수 있듯(마 1:23, 28:20) 이 모티프는 이야기의 구조적 틀을 세워준다. 이 언급들은 수미상관(inclusio)을 형성하여 사이에 있는 모든 것의 틀을 구성하고 지탱한다. 예수를 이스라엘의 하나님으로 묘사할 때 신중한 마가와는 달리 마태는 예수를 세상에 신적 임재의 체현으로 명시한다.[34]

---

33. 바울서신에 나오는 유사한 현상에 대한 설명을 위해서는 Richard B. Hays, "Christ Prays the Psalms: Israel's Psalter as Matrix of Early Christology," in *Conversion of the Imagination*, 101–18을 보라.

34. 마태 기독론의 이러한 양상을 상세히 다룬 연구는 David D. Kupp, *Matthew's*

예수에 관한 이 놀랄 만한 선언은 마태의 성취 인용구 중 첫 장면에
나온다. 예상치 못한 마리아의 수태 고지 이야기와 마리아가 성령으로 잉
태했음을 알리는 요셉의 꿈 속 천사 이야기가 간략하게 서술된 후 화자
마태는 설명하기 시작한다.

> 이 모든 일이 일어난 것은
>
> 주가 선지자를 통해 하신 말씀을 성취하시려는 것이다.
>
> "보라, 처녀가 잉태하여 아들을 낳을 것이며
>
> 그의 이름을 임마누엘이라 부를 것이다."
>
> 그 이름은 '하나님이 우리와 함께 계신다'는 것을 의미한다.
>
> (마 1:22-23; 사 7:14을 인용함)

마태의 이사야 7:14 인용에 대한 해석사를 보면 이것이 얼마나 격렬하
게 논쟁되었는지 알 수 있다. 대부분의 논쟁은 칠십인역이 히브리 성서의
'하알마'(העלמה, "젊은 여성")를 '헤 빠르테노스'(ἡ παρθένος, "처녀")로 번역했다
는 데 집중되어 있다. 즉, 마태는 칠십인역을 따르고, 이로써 이사야 예언
을 처녀의 잉태에 대한 예언으로 해석하기 쉽게 만들었다. 하지만 우리의
현재 관심은 마태가 마리아의 처녀성이나 기적적인 수태 개념을 이사야
예언으로부터 비합리적으로 읽어냈는지에 있는 것이 아니다. 그보다도
상호텍스트적으로 조율된 읽기는 이사야 인용을 통해 예수의 특징을 소
개하는 마태의 방식에 집중될 것이다. 즉, 예수는 단지 "그들의 죄에서 그
들을 구원할 자"(마 1:20)일 뿐 아니라 또한 예수 안에서 하나님은—수태가

Emmanuel: Divine Presence and God's People in the First Gospel (SNTSMS 90;
Cambridge: Cambridge University Press, 1996), 49-108을 보라.

"성령으로" 된 것이기에—자신을 백성에게 명백히 드러내실 것이다(마 1:23).

이사야 7장 본문과 이 약속의 관계 논의는 악명이 높다. 거기서 아하스 왕은 주에게 징조를 구하라는 이사야의 요구를 못마땅하며 거부했다. 추정컨대 아하스는 이사야를 통해 주어지는 정치적 상담을 원하지 않았던 것 같다. 그래서 하나님을 시험하기를 원하지 않는다는 명분상의 신학적 핑계를 댄다(사 7:10-12). 이에 응답하여 이사야는 참지 못하고 아하스 왕이 원하든 원하지 않든 징조가 주어질 것이라고 선언한다. 이사야 7장에서 주어지는 징조는 기적에 따른 탄생이 아니다. 이는 도리어 곧 태어날 아이(아하스의 아들?)의 이름이 임마누엘이 될 것이라고 하는 선지자의 선포였다. 그 이름은 아하스가 하나님을 신뢰하지 못했음에도 하나님이 실제로 유다에게 나타나실 것임을 의미한다.[35] 이러한 주장은 "그 아이가 악을 거절하고 선을 택하는 것을 알기 전에"(즉, 그 아이가 매우 어릴 때에) 유다를 공격한 르신 왕과 베가 왕의 위협이 완전히 없어질 것으로 확증된다: "네가 싫어하는 두 왕의 땅은 버림받을 것이다"(사 7:16).

하지만 "하나님이 우리와 함께하신다"는 약속은 구원과 번영에 대한 명료한 약속이 아니다. 이사야 7장 본문은 갑자기 심판 예언으로 전환된다. 곧, 아하스가 예언적 약속을 믿지 않고 하나님을 신뢰하지 않았기에

---

35. 이는 약속된 아이가 다윗 왕조의 지속성을 상징하는(signify) 아하스의 아들로 이해된다면 특히 잘 들어맞는다. 이 해석에 대해서는, 예를 들어, Hans Wildberger, *Isaiah: A Continental Commentary* (trans. Thomas H. Trapp; Continental Commentaries; Minneapolis: Fortress, 1991 [c2002]), 306-14; Stuart A. Irvine, Isaiah, Ahaz, and the Syro-Ephraimitic Crisis (SBLDS 123; Atlanta: Scholars Press, 1990), 159-71을 보라. 그 아이가 선지자 자신의 아들이 될 것이라는 대체적인 견해에 대해서는 R. E. Clements, *Isaiah 1-39* (NCBC; Grand Rapids: Eerdmans, 1980), 85-88을 보라.

멸망의 운명이 그의 나라에 닥칠 것이다(사 7:17-25). 앗수르 왕은 홍수와 같이 유다를 침략할 것이며 "우리와 함께하신 하나님"이라는 명칭은 아이러니하게도 모든 인간적인 조언 및 반대가 하나님에 대해 헛됨을 상기시켜 줄 것이다(사 8:5-10; 8:8, 10에서 임마누엘의 반복을 주목하라).

이와 비슷하게 마태복음에서 예수의 인격 안에 있는 하나님의 임재는 구원과 심판 모두를 전조하는 것으로 간주된다. 이사야의 임마누엘 예언이 다가올 유다 왕국의 파멸을 예고하는 것과 같이, 그렇게 마태복음 안에서 우리는 하나님과 함께하고 계신 예수가 적대적인 제국 권력의 손에 곧 파괴될 성전을 언급하고 계심을 발견할 수 있다(마 24:1-2). 백성들과 지도자들은 예수의 하나님 나라 선포로 제공된 은혜와 보증의 예언적 말씀을 믿는 데 실패함으로 몰락하게 될 것이다(특히, 마 22:1-10에서 가리키고 있는 것과 같이 말이다. 여기서 마태가 수정한 비유는 예루살렘의 파괴를 묘사하는 명료한 알레고리로 전환된다[마 22:7]). 마태복음 1:22-23에 대한 후대의 기독교 해석은 보통 "우리와 함께하신 하나님"을 의미가 명료한 구원의 약속으로 읽는 경향이 있지만, 상호텍스트적 함의를 복기(recovery)하면 더욱 복잡한 해석이 드러난다. 심판과 구원 주제는 이스라엘의 예언 전승에서 언제나 변증법적인 관계를 가지고 있다. 이러한 차원에서 마태복음은 전통을 충실히 이어간다.

더 나아가 마태복음 도입부의 성취 인용구가 제국의 위협 아래에 살고 있는 하나님의 백성의 불안정한 정치적 상황과 관련하여 예수의 예언된 정체를 위치시키고 있는 것은 우연이 아니다. "임마누엘"에 관한 이사야의 말은 주전 8세기 강포한 외세에 둘러싸인 유다의 위태로운 상황에 대한 응답으로서 주어진 것이다. 이사야 예언의 맥락을 상기한 독자는 그 유비를 알아차리게 될 것이다. 곧, 예수의 출생 당시 이스라엘도 외세 아래에 놓여 있었다는 것이다. 예수를 임마누엘로 제시하는 마태는 예수의 탄생이 일종의 징조임을 의미한다. 즉, 하나님의 약속을 믿는 이스라엘 안에 있는 사람들은 예수를 구원의 징조(다윗 혈통을 회복할 후손)로 여기겠지만, 예수 안에 있는 신의 현존을 거부하는 자들은 대가를 치르게 될 것이다—실제로 마태복음이 기록되기 몇 년 전부터 예루살렘 성이 낙망 가운데 있었던 것처럼 말이다.[36]

예수 안에 제시된 이 구원과 심판의 효과는 마태복음의 핵심과 관련된다. 따라서 독자는 누가 구원되고 누가 심판되는지 계속 탐색해야 한다. 독자는 또한 예수가 임마누엘이라는 것이 무슨 의미인지, 하나님이 예수 안에 나타나시는 것이 어떤 의미인지 발견해야 한다. 우리가 이사야 7:14을 사용한 마태의 복잡성을 어떻게 이해하든지 간에 마태가 이사야 인용구를 복음서 서두에 위치시킨 것은 마태복음의 주안점(keynote: 또는 '으뜸음'. 화성의 높이를 결정하는 기본이 되는 음—역주)을 보여주는 듯 하다. 즉, 이스라엘의 하나님이 이제 정확히 예수의 인격 안에서 백성에게 나타나신다는 말이다. 따라서 마태복음 독자는 추가적인 구약 상호텍스트를 통해 예수의 정체에 관한 이 중심 메시지를 구상하는 이야기 방식에 면밀히 주목해야 한다.

우리는 이미 마태가 예수를 표상적으로 이스라엘 백성과 동일시하기 위해 호세아 11:1("애굽에서부터 나의 아들을 불러내었다"), 곧 종 된 상태로부터 은혜롭게 불러내셨다는 진술(마 2:15)을 인용했음을 살펴보았다. 하지만 우리가 호세아 인용구를 임마누엘 모티프의 틀에 비추어 살펴본다면 또 다

---

36. Warren Carter, "Evoking Isaiah: Matthean Soteriology and an Intertextual Reading of Isaiah 7-9 and Matthew 1:23 and 4:15-16," *JBL* 119 (2000): 503-20을 보라. Warren Carter가 묻고 나서 대답하듯, "그렇다면 이사야 문맥을 불러일으켜 상술하는 것이 복음서 청중에게 어떤 도움이 되는가? 그의 이름[임마누엘]은 양날의 검으로서 제국의 권세로부터 구원을 약속하지만 또한 하나님의 행동을 거부할 경우 심판을 가져오기도 한다."

른 의미의 가능성을 확인할 수 있다. 호세아 본문은 이스라엘을 향한 하나님의 한없는 사랑과 이스라엘의 완고한 불순종과 대조한다: "그들을 부를수록 그들은 점점 더 멀리 갔고, 바알들에게 제사하며 우상들에게 분향했다"(호 11:2). 이러한 이유로 심판 신탁이 이스라엘에게 떨어졌다: 그들[이스라엘]은 애굽과 앗수르에 의해 군사적 파괴를 당할 것이다(호 11:5-7). 그러나 이것이 이야기의 끝이 아니다. 하나님이 애틋한 긍휼함으로 에브라임을 포기하지 않고 이스라엘을 결국 원수의 세력에 넘기지 않기로 하셨기 때문이다.

> 내 마음이 내게서 돌아서니,
> 나의 긍휼이 온전히 불붙는 듯하다.
> 내가 나의 맹렬한 분노를 나타내지 않을 것이며,
> 다시는 에브라임을 파멸시키지 않을 것이다.
> 이는 내가 하나님이고, 사람이 아니기 때문이다.
> **나는 너희 중에 있는 거룩한 자이니,**
> 진노함으로 오지 아니할 것이다.(호 11:8-9)

하나님이 백성들 가운데 계신다는 이유로—"나는 너희 중에 있는 거룩한 자이니"—긍휼이 선포되고 진노가 변화된다. 주는 사자와 같이 포효하시나 그 노호는 심판과 파괴의 전조가 되기보다 자녀들을 집으로 떨며 돌아오게 하는 역할을 할 것이다(호 11:10-11). 요약하자면 호세아 11:1-11을 전체적으로 읽으면 포로기의 종결에 대한 시적 예고를 발견할 수 있다.

따라서 호세아 11:1-11은 마태복음의 임마누엘 주제와 풍성하게 공명한다. 말하자면, 아들을 애굽에서 불러내신 하나님은 **그들 가운데** 함께 계신 하나님과 동일한 분이다. 마태는 이미 하나님의 존재 형태가 예수 안에서 발견된다고 밝힌 바 있다. 만일 마태복음 2:15의 인용 형식구가 더 넓은 호세아 문맥을 환용적으로 불러일으키는 것으로 읽힌다면, 우리는 아들 예수가 애굽에서 집으로 돌아오는 장면이 포로기 이스라엘의 집으로의 귀환을 표상하는 것으로 해석되도록 마태가 손짓하고 있음을 보면서(호 11:10-11), **동시에** 예수를 집으로 부르시고 저들 가운데 거하시는 하나님의 임재로서 예시하고 있음을 보게 된다(호 11:9).

마태는 마가가 진술하는 갈릴리 사역의 내러티브 얼개를 밀접하게 따르고 있기 때문에 마가복음에서 예수와 하나님의 동일시를 암시했던 동일한 많은 이야기는 마태복음에서도 비슷한 역할을 한다. 예를 들어, 마태는 예수가 폭풍을 잠잠하게 한 사건(마 8:23-27)을 마가복음과 매우 유사하게 재진술한다(막 4:35-41). 여기서 마태는 오히려 제자들이 폭풍 속에서 예수를 깨울 때 사용했던 말을 가지고 예수의 신적 지위를 더욱 분명하게 암시한다.

막 4:38   선생님, 저희가 죽게 된 것을 돌보지 않으십니까?
마 8:25   주여, 구해주소서(κύριε, σῶσον)! 우리가 죽게 되었습니다!

마태복음의 외침은 주로서의 예수를 향한 긴급한 기도, 구원 요청 기도의 형태를 띤다.

예수가 바다 위를 걸으신 사건과 주제적으로 연결된 이야기에서(막 6:45-52/마 14:22-33) 마태는 단지 이야기를 확장하여 베드로가 물 위를 걷는 예수에게 뛰어든 이야기를 포함시켰을 뿐 아니라 더욱 놀라운 것은 결말을 다르게 쓰기까지 했다. 예수가 결국 배에 타셨을 때 놀란 마가복음의 제자들은 굳어진 마음 때문에 (사건의 의미를) 이해하지 못한다는 말을 듣는다(막 6:51-52). 반면 마태복음의 제자들은 "진정으로 당신이 하나님의 아들

이십니다"(마 14:32-33)라고 말하며 예수를 **예배한다**.[37] 마가 전승을 이보다
더 확고하게 교훈적으로 재형성한 마태복음의 경우는 찾아보기 어렵다.
마가의 불가사의한 이야기는 독자로 하여금 예수의 비밀스러운 정체에
대해 두려운 마음을 갖도록 하지만, 마태는 바다 건너는 이야기를 교회와
예수의 관계에 대한 명확한 비유로 다시 그려낸다. 즉, 제자들의 예배는
종국에 부활하시고 하늘과 땅의 권세를 가지실 주에게 주어질 예배를 예
상하며 보여준다. 하지만 두 이야기—바다를 잠잠하게 한 이야기와 물 위
를 걷는 이야기—는 공통된 구약 토대에 기초하고 있다. 말하자면, 바람과
폭풍에 명령하실 수 있는 분은 한 분 뿐이며, 바다를 가르고 걸으실 수 있
는 분도 한 분 뿐이라는 사실이다. 마태는 마가복음의 신비스럽게 암호화
된(encoded) 구약 메시지를 받아서 자기 독자들을 가르치기 위해 더욱 명백
한 언어로 표현했다. 제자들은 예배를 통해 자신들 가운데 계시는 예수를
한 분이신 이스라엘의 하나님으로 인정하고 선언한 것이다.

　　여기서 예수를 예배하는(προσεκύνησαν αὐτῷ) 제자들의 행위는 마태복음
의 다양한 등장인물들이 예수를 경배하는 태도를 보이는 수많은 장면 중
하나일 뿐이다: 동방 술사(마 2:2, 11), 나병 환자의 치유(8:2), 회당장(9:18), 가
나안 여인(15:25), 야고보와 요한의 어머니(20:20), 부활하신 주를 만난 두 마
리아(28:9), 갈릴리 산에서 부활한 모습에 대한 제자들(28:17). 분명히 동사
'쁘로스뀌네인'(προσκυνεῖν)은 어떤 모호함을 가지고 있다. 이 단어는 어떤
맥락에서 신적인 지위의 인물에 대한 경배를 함의하지 않고 단순히 "경의
를 표하다", "절하다"를 의미할 수 있다. 마태복음 몇몇 본문에서, 특히 예
수에게 청원하러 오는 사람들의 경우에는 그러한 의미로 이해될 수 있을

37.　Larry W. Hurtado, *Lord Jesus Christ: Devotion to Jesus in Earliest Christianity* (Grand
　　Rapids: Eerdmans, 2003), 338 [=『주 예수 그리스도』, 새물결플러스, 2010]를 보라.

것이다. 하지만 예수를 "우리와 함께하시는 하나님"으로 묘사하는 마태의 관점 및 예수의 자기계시에 대한 적절한 인간 반응을 확고히 설명하는 상황에 등장하는 이 동사의 사용을 비추어 볼 때(마 14:33, 28:9, 28:17), 마태는 제자들이 예배했다는 언급을 통해/언급 안에서 예수를 다름 아닌 바로 이스라엘의 하나님의 체화된 존재, 홀로 예배 받기에 합당하신 분, 다른 우상, 형상, 신들의 예배를 질투하시는 분과 동일시하고 있음은 부인하기 어렵다.[38]

실제로 이 읽기에 대한 결정적인 논증은 광야에서 예수를 시험한 이야기에서 발견할 수 있다. 사탄은 예수에게 예배하기만 한다면(προσκυνή-σεις) 모든 나라를 줄 것이라고 제안했지만, 예수는 신명기 6:13(LXX; 마 4:9-10, "너는 주 너의 하나님을 예배하고[προσκυνήσεις], 그분만을 섬겨라")을 인용하면서 이 유혹을 물리치셨다. 이 계명이 일단 내러티브 안에 확고히 제시될 경우 독자들은 예수가 다른 인물로부터 예배를 받아들인 것을 자신의 신적 정체성에 대한 암묵적 동의로 해석할 수밖에 없다.[39]

예수를 예배하는 다양한 인물에 대한 마태의 설명을 다른 두 공관복음과 나란히 놓고 보면 더욱 놀랍다. 누가복음에서 동사 '쁘로스뀌네인'(προσκυνεῖν)은 광야 시험 내러티브(눅 4:7-8)와 부활하신 예수가 승천하신 **직후** 제자들의 반응에만 나온다(눅 24:52). 마가복음에서 이 단어는 예수를

---

38. προσκυνεῖν의 다양한 용례에 대해서는, Larry W. Hurtado, "The Binitarian Shape of Early Christian Worship," in *The Jewish Roots of Christological Monotheism: Papers from the St. Andrews Conference on the Historical Origins of the Worship of Jesus* (ed. Carey C. Newman et al.; Leiden: Brill, 1999), 187-213을 보라.

39. 마태가 다루는 모든 προσκυνεῖν에 대해서는 다음을 보라. Joshua E. Leim, *Matthew's Theological Grammar: The Father and The Son* (WUNT 2/402; Tübingen: Mohr Siebeck, 2015); idem, "Worshiping the Father, Worshiping the Son: Cultic Language and the Identity of God in the Gospel of Matthew," *JTI* 9 (2015): 65-84. Leim은 여기서 내가 주장한 것과 매우 비슷한 결론에 이르렀다.

"지극히 높으신 하나님의 아들"(막 5:6)로 묘사하는 거라사의 광인과 예수를 조롱하는 로마 병사들이 예수를 십자가에 달기 전에 조롱하며 "예배"하는 척하는 행동을 묘사할 때만 나타난다(막 15:19). 다른 말로, 마가복음과 누가복음은 '쁘로스뀌네인'을 인간 지도자에게 정중히 경의를 표하는 데 사용하기를 피한다. 그렇다면 마태복음의 다양한 내러티브에서 이 단어의 용례는 대조적으로 마태의 임마누엘 기독론이 반영된 것으로 이해되어야 한다.

비슷한 점이 안식일에 밀 이삭을 잘라 먹은 마가의 이야기에 대한 마태의 보충에 나타난다(막 2:23-28/마 12:1-8). 마태복음의 예수는 다윗의 선례를 논하면서 제사장이 안식일에 성전에서 일을 하지만 비난받지 않는다는 할라카적 주장을 덧붙인다(민 28:9-10에 나오는 안식일 제사 규정을 참조). 그러나 핵심 대목—두 번째 논증을 이해하게끔 돕는 단언—은 "성전보다 큰 것이 여기에 있다"(마 12:6)이다. 우리는 "더 큰 것"이 무엇인지 정확히는 알 수 없지만, 그것이 예수 자신이라는 사실을 추론하기는 어렵지 않다.[40] 성전이 누구를 위해 봉헌되었는가? 성전에서 경배받는 자보다 더욱 큰 것이 있을 수 있는가? 마태의 논증은 결국 다음과 같다. 예수가 "우리와 함께하시는 하나님"이시라면, 그의 현존은 안식일에 그를 섬기려는 사람들의 일도 거룩하게 한다. 실제로 예수가 "우리와 함께하시는 하나님"이라면 현재 그의 인격적인 임재는 이전에 하나님의 임재가 있다고 간주됐던 성전의 위치를 대체하게 된다.[41] 마태는 예루살렘 성전 파괴의 여파 아래

---

40. 예수가 "더 큰 것"이라는 추론은 예수(와 메시지?)가 요나나 솔로몬보다 더 큰 것이라는, 같은 장 뒷부분에 나오는 매우 유사한 주장에 의해 분명하게 강화된다(마 12:41-42).

41. 하나님의 임재 장소인 성전을 대체하는 예수의 임재는 Kupp, Matthew's Emmanuel, 224-28에 의해 광범위하게 탐구된다.

복음서를 쓰면서 예수의 임재가 "성전보다 크다"는 것을 확신하고서, 이로써 예수를 따르는 이들에게 확고한 확신을 심어줄 뿐 아니라 그를 거부하는 자들에게는 도발적 도전을 제시했다.

임마누엘 주제는 마태복음에 나오는 다섯 가지 위대한 강령 중 네 번째, 즉 교회의 권징과 용서에 관한 가르침에 다시 극적으로 표면위로 드러난다(마 18:1-35). 예수는 어떻게 '엑끌레시아'(ἐκκλησία, "교회")가 범죄자를 다루어야 하는지 가르치신 후에(18:15-17) 교회에 땅과 하늘에서 매고 풀 수 있는 권세를 약속하신다(18:18-19). 이 독특한 약속은 예수가 모인 공동체에 함께 하시겠다는 약속으로 보증된다: "두세 사람이 내 이름으로 모인 곳에 내가 그들 중에 있다"(마 18:20). 주석가들은 오랫동안 예수의 이 말씀과 랍비들에 의해 명시된 바 토라 연구에 대해 안심을 주는 약속 사이의 밀접한 평행점에 주목해왔다: "그러나 만일 두 사람이 함께 앉고, 그들 사이에 토라의 말씀이 있다면, 그렇다면 '쉐키나'(Shekhinah)가 그들 중에 있다"(미쉬나 아보트 3:2).[42]

이 두 진술 중 하나가 다른 한 쪽을 의존하고 있는지, 반작용으로 나온 것인지 확인하는 것은 쉽지 않다. 마태가 이 예수의 말씀(마 18:20)을 토라에 대한 더 오래된 랍비 전승을 모델 삼은 것이라면, 마태복음에서 예수는 율법의 위치를 대신하게 되고 공동체 중에 함께 계신다는 것은 이전에 '쉐키나'—성막에 드러난 것과 같이 광야에서 이스라엘과 동행하신 하나님의 영광스러운 임재—에 부여된 위치를 차지하게 되는 것이다. 반대로, 만약 미쉬나의 구절이 마태복음보다 이후의 것이라면 랍비들은 아마도 토라가 하나님의 백성에게 신적 임재를 중재하는 효과적인 대리자라는

---

42. 전체적인 논의를 위해서는 Joseph Sievers, " 'Where Two or Three . . .': The Rabbinic Concept of Shekhinah and Matthew 18:20," in *The Jewish Roots of Christian Liturgy* (ed. Eugene J. Fisher; New York: Paulist, 1990), 47–61을 보라.

대체적인 주장을 함으로써, 예수가 어떻게든 하나님 임재의 체화라는 신성모독으로 간주되는 초기 기독교의 주장에 반대하려고 했을 것이다.[43] 어느 경우든 간에 마태복음과 미쉬나의 구절은 모두 주후 70년 이후의 돌이킬 수 없이 변화된 상황에 적응한 해석학을 보여준다. 일단 성전이 파괴되고 지성소가 더 이상 손으로 지은 건물로 서지 않게 된 이상, 공동체는 온 땅의 하나님이 어떻게 세상에 알려지실 것인지를 고민해야 했다. 이러한 상황에서 마태복음은 신적 임재를 (부활과 마태복음의 끝을 예상하는 말에서) 따르미들이 모여 예수의 이름을 부르는 곳이라면 어디든 영원히 함께 하겠다고 약속하신 예수에게 확고히 위치시켰다. **요약하자면, 마태복음 18:29에서는 처음으로 예수가 1:23의 성취 인용구의 약속인 임마누엘이 되셨음을 선언한다.**

정확히 예수가 임마누엘이시기에 이어지는 종말 담화에서(마 24장) 예수는 자신의 말씀이 모든 피조물보다 오래 보존될 것이라는 더욱 두드러진 확신을 말씀하실 수 있었다: "하늘과 땅은 없어지더라도 내 말들은 결코 없어지지 않을 것이다"(마 24:35). 누가 그러한 말을 적법하게 할 수 있는지를 묻는다면, 다시 한번 거기에는 한 가지 대답밖에 없을 것이다. 여기서 우리는 구약의 하나님을 직면하게 된다. 이사야는 이 신학적 진리를 다음과 같이 확정적으로 표현했다.

풀이 마르고 꽃은 시드는 것은,

---

43. 더 깊은 논의를 위해서는 Kupp, *Matthew's Emmanuel*, 192-96을 보라. 미쉬나 아보트 3:2에 대한 어떤 문헌적 의존성을 주장하지도 않은 채 Kupp은 랍비의 말과 마 18:20 사이의 일치는 마태의 말보다 시기적으로 앞서 존재했던 하나님의 임재에 대한 관심을 보여준다고 제안한다. Davies and Allison (*Matthew*, 2:790)은 마 18:20 와 랍비 사이의 병행이 초기 기독교 전통과는 별개로 형성됐다고 주장한다. 무엇보다도 Segal, *Two Powers in Heaven*를 보라.

주의 숨이 그 위에 불기 때문이다.

진실로 이 백성은 풀이다.

풀은 마르고 꽃은 시들지만

우리 하나님의 말씀은 영원히 설 것이다. (사 40:7-8)

마태복음에 익숙해지면서 무뎌진 기독교 해석가들은 마태가 매 차례 제시하는 기독론적 주장의 신학적 담대함을 완전히 이해하지 못할 수도 있다. 하지만 마태복음 24:35의 예수의 말씀은 오로지 이것이 진정한 "우리 하나님의 말씀"일 때, "나의 말은 사라지지 않을 것이다"라고 말하는 화자가 사실상 이스라엘의 하나님, 우리와 함께하시는 하나님일 때만 참이다.

하지만 놀랍게도 예수를 성전보다 크시고 오직 하나님 한분만 예배받으시기에 합당하시며 시공을 초월하는 말씀을 전하실 수 있는 분으로 묘사하는 것과 더불어 마태는 백성 가운데 함께하시는 예수의 현존이 가난하고 고통받는 자의 모습이라고 주장한다. 예수의 가르침을 결론 짓는 이 절정의 단락에서 마태는 이 세상의 주리고 목마르고 헐벗고 아프고 갇힌 자의 모습으로 예수/임마누엘이 우리 가운데에 함께하셨던 것으로 드러나는 불안한 최후의 심판 장면을 기술함으로써(마 25:31-46) 5:3-12의 팔복과 수미상관(inclusio)을 형성한다. 십자가 위에서 정점에 이르는 예수의 고난 이야기에서 예시된 것처럼, 이것(가난하고 고통받는 자의 모습)은 또한 마태복음에서 "우리와 함께하신 하나님"이 의미하는 바의 필수적인 부분이다. 그렇기에 마태복음 독자는 하나님의 임재를 진정으로 인지하기 위해 가난한 이들의 필요를 돌보아야 한다. "내 형제 중 지극히 작은 자 하나에게 한 것이 곧 내게 한 것"(마 25:40)이니 말이다.

가난한 자를 돌보는 것이 어떤 면에서 하나님의 임재를 마주하는 것

과 동등하다는 개념은 어디에서 온 것일까? 바로 이 지점에서 이스라엘
의 지혜 전승은 다시 한번 예수의 정체에 대해 한 줄기의 빛을 제시한다:
"가난한 자에게 호의를 베푸는 것은 주에게 빌려드리는 것이니, 주가 그
것을 완전히 갚아 주실 것이다"(잠 19:17; 참조, 21:13). 칠십인역 잠언 19:17에
는 마태의 관심과 강조를 담고 있는 언어가 등장하지만(ὁ ἐλεῶν πτωχόν, "가난
한 자에게 자비를 베푸는 자"), 마태는 이 본문을 인용하지 않았고, 마태복음 25
장에는 이에 대한 명시적이면서 자구적인 반향도 없다. 그럼에도 최후 심
판에 관한 마태의 설명은 잠언 본문에 상술된 것처럼 이스라엘 지혜자의
근본적인 통찰과 일치한다. 즉, 우리는 가난한 이들을 어떻게 대우했는지
에 따라 심판을 받고 보상을 받게 될 것이다. 그러나 여기에서 잠언과 마
태복음 사이의 가장 두드러진 연결은 가난한 자에게 자비를 베푼 자가 결
국 주에게 빌려드리는 것이라는 전반절의 확신에 놓여있다. 이것은 정확
히 마태가 재확인하면서 상술하고 있는 것이다. 인간의 호의(kindness) 행위
를 받으시는 분은 바로 주 예수시다.

    잠언 19:17과 마태복음 25:40 사이의 연관성이 보장된다면 결정적인
귀결이 따라나온다. 즉, 가난한 자에게 행한 자비가 진정으로 자신에게 향
한 것이라고 말씀하실 때 예수는 자신을 잠언에서 언급된 주—즉, 이스라
엘의 주 하나님—의 역할에 직접적으로 놓고 있는 것이다. 이것은 마태복
음 25장 맥락에서 완벽하게 이해될 수 있다. 왜냐하면 자비를 받게 되는
(혹은 받지 못하게 되는) 신원불명의 비천한 인물은 또한 민족들을 종말론적으
로 심판하는 자로서 다니엘 7:13-14(참조, 마 26:64)에서 예언된 것처럼 하늘
의 구름과 함께 오셔서 권능자의 우편에 앉게 될 인자로 묘사되기 때문이
다(마 25:31-33). 그러므로 마태복음의 최후 심판 장면을 잠언 19:17과 상호
텍스트적으로 읽게 되면 예수와 이스라엘의 하나님의 동일성을 다시 한
번 강조하게 되는 뜻밖의 효과를 얻게 된다.

예수와 하나님의 동일시를 가리키던 마태의 이전 모든 언급은 마태복음 결말부에 나오는 보증의 말씀에서 **완성**(*telos*)된다: "보라, 내가 세상 끝 날까지 너희와 항상 함께할 것이다"(마 28:20). 인간 존재라면 영원토록 함께한다는 그토록 과도한 약속을 할 수 없다. 이 위로를 전하는 말씀의 내용 자체가 화자의 신적 정체성을 암시한다. 하지만 예수의 고별 약속에 함의된 단순한 논리를 넘어서서 이 의미는 성서의 상호텍스트로 확장된 얼개를 통해 증폭된다. 마소라 텍스트와 칠십인역에는 하나님이 개인 또는 단체, 이스라엘 민족과 "함께하신다"고 선언하는 표현이 적어도 114회 나온다.[44] 이 지면에서 모든 실례를 다룰 수는 없지만 우리는 특히 마태복음의 결말과 문자적으로 매우 닮은 표현을 가진 세 구절에 집중해볼 수 있으며, 각각의 상호텍스트적 반향의 결과가 마태복음에 나타난 예수의 정체에 관한 우리의 이해에 어떠한 도움이 되는지 살펴볼 수 있다.

첫째, 마태복음의 결말을 들은 사람은 창세기 28:12-17에 나타난 바 벧엘에서 야곱의 꿈에 나타나 말씀하신 하나님의 약속과 공명하는 지점을 인지할 수 있다.[45]

> 야곱이 꿈에 보니 사다리가 땅에 서있고, 그 꼭대기는 하늘에 닿아 있으며, 하나님의 천사들이 그 위에 오르내리고 있었다. 그리고 주가 그의 곁에 서서 [참조, 마 28:18a], 말씀하셨다. "나는 주, 곧 네 조상 아브라함의 하나님이며, 이삭의 하나님이다. 네가 누워 있는 그 땅을 내가 너와 네 후손에게 줄 것이다. 너의 후손이 땅의 티끌같이 되어 동서남북으로 퍼질 것이며, 땅의 모든 족속들이(πᾶσαι αἱ φυλαὶ τῆς γῆς; 참조, 마 28:19: πάντα τὰ ἔθνη) 너와 네 후손을 통하여 복을 받을 것이다. **보라, 내가 너와 함께 하여**(ἰδοὺ ἐγὼ μετὰ σοῦ) 네가

---

44. Kupp, *Matthew's Emmanuel*, 139.
45. 마태복음과 LXX 사이의 핵심적인 병행은 적당한 곳에서 주목한 바 있다.

어디로 가든지(ἐν τῇ ὁδῷ πάσῃ) 너를 지켜 주겠고, 너를 이 땅으로 돌아오게 하겠으며 내가 네게 말한 것을 이루기까지 참으로 **내가 너를 떠나지 않을 것이다.**" 그때 야곱이 잠에서 깨어 말했다. "참으로 주가 이곳에 계시는데, 내가 알지 못하였구나." 그리고 그가 두려워하며(ἐφοβήθη) 말했다. "이곳은 얼마나 두려운 곳인가! 이곳은 다름 아닌 하나님의 전이요, 하늘의 문이구나."

이 약속의 말씀과 마태복음에 나오는 예수의 마지막 말씀 사이의 분명한 연결점은 신적 임재를 선언하는 비슷한 표현에 있다.

창 28:16   그리고 보라 내가 너와 함께 할 것이다.
            καὶ ἰδοὺ ἐγὼ μετὰ σοῦ
마 28:20   그리고 보라 내가 너희와 함께 할 것이다.
            καὶ ἰδοὺ ἐγὼ μεθ' ὑμῶν εἰμι

물론 단수 '수'(σοῦ, "너의")에서 복수 '휘몬'(ὑμῶν, "너희의")으로 바뀐 것은 다른 내러티브 배경에서 발생한 것이며, 야곱과 열한 제자들은 각각의 방식으로 이스라엘 집단을 대표하는 것으로 이해되어야 한다. 하지만 직접적인 문자적 평행 외에도 또 다른 주목할 만한 유사성이 있다. 두 본문에서 모두 주는 오셔서 청자가 있는 곳에 서신다. 야곱은 "땅의 모든 족속"이 그를 통해 복을 받을 것이라는 말을 듣고, 열한 제자는 "모든 민족/이방인들"에게 가서 복음을 전하라는 말을 듣는다. 두 본문에서 모두 계시를 받은 이들은 경외함으로 기뻐하고 경배한다. 주가 야곱에게 하신 "이 땅으로 돌아오게 하겠다"는 약속은 우리가 처음부터 마태복음 이야기 내내 다루었던 포로기 종식 주제와 매우 밀접하게 연관된다. 하지만 두 본문에서 가장 중요한 부분은 주가 1인칭으로 말씀하시며 항상 함께하실 것을 약속하시는 장면이다.

> 창 28:15　"보라, 내가 너와 함께할 것이다. … 내가 네게 말한 것을 이루기까
> 　　　　　지 참으로 내가 너를 떠나지 않을 것이다."
> 마 28:20　"보라, 내가 세상 끝 날까지 너희와 항상 함께할 것이다."

이 평행은 독자들로 하여금 명백한 기독론적 결론을 이끌어내도록 몰아간다. 즉, 마태복음의 결말부에서 예수는 이제 야곱의 꿈에 나타났던 주 하나님과 동일한 역할에 서 계신다.

두 번째 예에서는 다른 강조점이 돋보인다. 예레미야 서두에서 우리는 젊은 예레미야가 하나님에게 "열방(민족)에 대한 선지자"(렘 1:5 LXX: προφητὴν εἰς ἔθνη)로 임명받는 소명/위임 내러티브를 확인할 수 있다. 예레미야는 자신이 단지 소년일 뿐이며 말할 바를 알지 못한다고 항의했다. 그래서 예레미야가 주로부터 받은 대답이 이것이다.

> "나는 소년입니다"라고 말하지 말라.
> 내가 너를 누구에게로 보내든지,
> 너는 가서 내가 명령한 모든 것들을(πάντα ὅσα ἐὰν ἐντείλωμαι)
> 말할 것이기 때문이다.
> 너는 그들을 두려워하지 말라.
> 내가 너와 함께하여(μετὰ σοῦ ἐγώ εἰμι) 너를 구원할 것이기 때문이다.
> 주의 말씀이다. (렘 1:7-8)

야곱의 꿈에 나타난 하나님의 말씀이 주로 약속의 말씀이었던 반면,

이 본문은 계시의 말씀을 받은 사람의 **사명**에 초점을 두고 있는 마태복음의 결말과 유사하다. 예레미야와 같이 마태복음 28장의 제자들은(의심하는 자들조차도, 28:17) **열방**(민족들)에게 가도록 명령을 받는다. "내가 네게 명령하는 모든 것들"을 말하도록 명을 받은 예레미야와 같이 제자들도 민족들을 가르쳐 "내가 너희에게 명령한 모든 것"(πάντα ὅσα ἐνετειλάμην ὑμῖν)을 지키게 해야 했다. 그리고 두 본문에서 이 야심찬 사명에 대한 확신의 근거는 단순히 "내가 너와 함께한다"는 약속이다. 또 한 번 마태복음 이야기에서는 구약에서 하나님에게 속했던 바로 그 대사를 예수가 맡으신 것처럼 보인다.

우리가 고려할 마지막 상호텍스트는 학개서다. 이 책의 예언은 바벨론 포로기가 끝난 직후를 배경으로 한다. 자신의 땅으로 돌아온 백성들은 확신이 없었음에도 무너진 성전을 재건하는 일을 일단 시작했다. 바로 이 맥락에서 주의 말씀이 백성들에게 주어졌다.

> 그때 주의 사자 학개가 주의 메시지를 그 백성들에게 전했다. "내가 너희와 함께한다(ἐγώ εἰμι μεθ' ὑμῶν). 주의 말씀이다." (학 1:13)

한 달 후 학개는 "내가 너희와 함께한다. 만군의 주의 말씀이다"(학 2:4)라며 동일한 말씀을 반복하면서 백성들이 계속해서 성전을 짓도록 독려했다. 여기서 임재 표현은 "너희[이스라엘]가 애굽에서 나올 때에" 주어진 약속에 대한 회상과 더불어 추가적인 약속으로 보충된다: "내가 너희와 맺은 약속대로 나의 영이 너희 가운데 머물러 있으니 너희는 두려워하지 말라"(학 2:5). 여기에서 가장 흥미로운 평행은 학개의 포로기 이후 배경과 관련하는데, 이는 마태복음 결말부, 부활 직후 상황과 상응한다. 이 소망이 희박한 때에 하나님이 함께하신다는 학개의 거듭되는 선언은 성전을 재건하도록 부름받은 백성들의 결의를 다지게 해준다—마치 예수의 마지막 확언이 제자들로 하여금 파송 사명에 담대하게 임할 수 있도록 보증하는 것처럼 말이다. 실제로 학개의 격려는 예루살렘 성전 파괴 직후를 살고 있었던 1세기 후반의 예수의 제자 공동체에게 특별한 반향을 일으켰을 수 있다. 하지만 이때 저들은 하나님의 임재가 거할 건물을 재건하도록 부름받은 것이 아니라, 마치 500년 전에 하나님이 약속하신 것과 같이 자신들 앞에서 약속하시는 분 안에 살아계신 하나님의 임재를 인식하고, (임재 가운데) 현존하며, 사역을 감당하도록 부름을 받았다. 위에서 살폈던 다른 예에서와 같이 다시 한번 우리는 신적 임재를 약속하고 계신 예수가 자신의 인격 안에서 신적 역할을 체현해내고 계신 것을 보게 된다.

이와 같은 차원에서 연구를 이어갈 수 있겠지만 우리의 논지를 분명히 하는 데에는 여기서 제시한 예들로 충분한 듯 하다. 예수—출생 이전에 복음서 기자 마태에 의해 임마누엘, 우리와 함께하신 하나님으로 확인된—는 이제 부활한 후에 정확히 그 정체의 성취에 대해 말씀하신다. 예수는 하늘과 땅의 모든 권세를 가지셨고 제자들을 불러내어 모든 민족이 복종하도록 보내시면서 언제 어디서나 함께하시겠다 약속하셨다. 이러한 약속을 진실되게 말씀하실 수 있는 분은 오로지 한 분밖에 없다.

하지만 바로 이점에서 폭넓고 기민한 읽기로 마태복음 기독론 안에 있는 임마누엘 모티프의 중심적 중요성을 밝히는 데 많은 기여를 해온 데이비드 쿠프(David Kupp)는 자신의 분석의 급진적인 함의로부터 뒷걸음질하기 시작한다. 쿠프는 이렇게 썼다.

> 마태의 묘사 어느 곳에서도 예수와 하나님이 단순히 동일시되지 않았다. 마태복음 전반에 걸친 예수의 자기 인식은 분명 아들과 아버지의 위계적 관계에 놓여 있다(삼위의 이름으로 세례를 주라는 마 28:19도 보라). … 마태에게

있어서 주(YHWH)만이 진정한 하나님이시기에 아들 예수, 곧 임마누엘 메
시아에 대한 예배는 아버지의 뜻에 대한 신적 대리를 보여주는 기독론적
창문이 된다. 마태복음에 나타난 예수에 대한 예배는 하나님에 대한 예배
와 충돌하지는 않지만 제자들이 예수의 신적 아들 됨과 예수를 통해 저들
가운데 임하시는 하나님을 인지하는 방식이다—일종의 인식적 차원에서
동등하다.[46]

예수와 하나님이 단순히 동일하지 않다는 쿠프의 진술은 옳다. 이 동
일화는 복잡하며, 내러티브를 매개함으로, 특히 우리가 추적했던 바 얽혀
있는 상호텍스트적 패턴을 통해 수행된다. 어떤 경우는 명료하고, 어떤 경
우는 미묘하다. 그러나 동일한 이유로 아버지와 아들의 관계가 "위계적"
이라고 하면서 종속설(subordinationist)을 지지하는 것은 너무 단순하다. 마
태 내러티브는 우리가 살펴본 바와 같이 정체성에 있어서 선명한 단일성
(richer unity)에 대해 너무나도 많은 단서를 제공한다. 그리고 단순히 "행위
자" 또는 "인식적 동등함"의 측면에서 예수와 주(YHWH)를 관련 짓는 "기
독론적 창문"을 거론하는 것은 마태복음 위에 서로 무관한 범주들을 한
번에 겹쳐 놓는 것이자 이야기의 폭발적인 신학적 논리를 전복시키는 것
이다. 실제로 우리가 구태여 주장하자면 마태복음 14:13, 28:9, 28:17에서
예수를 예배한 제자들은 사실상 범주의 오류뿐 아니라 우상 숭배의 죄를
범한 것일 수 있다.

마태는 한 가지 이유로 예수에 대한 예배를 강조한다. 마태는 예수가 하나님
의 체화된 임재이자 예수를 예배하는 것은 주(YHWH)—단순히 대리자, 복제인,
매개자가 아니라—를 예배하는 것이라는 사실을 믿고 선포했다. 우리가 마태

---

46. Kupp, *Matthew's Emmanuel*, 226-27.

이야기를 이스라엘의 성서라는 해석학적 모판 안에서 읽는다면 또 다른
어떠한 결론을 이끌어낼 수는 없을 것이다.

§9. 모든 민족의 제자를 삼으라: 마태복음 내러티브에 나타난 교회의 사명

마태복음 안에서 구약성경은 로마 제국의 더욱 넓은 이교 세계와 관련하여 교회의 역할을 지정하는 데 어떻게 기능할 수 있는가? 예수의 정체를 이야기하는 마태의 구약 사용 탐구로 인해 많은 핵심 주제가 이미 예고됐다. 예를 들어, 우리는 마태가 이스라엘의 최근 역사를 다윗 후손의 메시아, 예수의 대리 역할을 통해 마침내 끝나게 되는 기나긴 포로기로 묘사한 것을 보았다. 만일 그렇다면, 땅을 통치하던 이방인들은 강탈자이자 압제자일 뿐이며, 우리는 예수 따르미들이 자신들을 이스라엘 백성을 위한 해방 운동의 선봉으로 생각할 것이라고 기대할 수 있다. 마찬가지로 예수가 임마누엘이라면, 우리는 예수를 믿는 자들이 어떤 외세 동맹국을 거부하고 이방 제국의 압제하는 고난으로부터 하나님이 보호하고 구원하실 것이라는 확고한 바람 안에서 살기를 기대할 것이다. 이러한 기대가 전혀 틀린 것은 아니지만 마태의 성서 읽기는 예상할 수 없었던 해석학적 비틀기(twist)를 보여주기도 한다. 우리가 살펴본 것처럼 예수의 왕권은 이스라엘의 오실 메시아에 대한 기대를 꺾고 변형시킨다. 이에 따라 예수를 따르는 공동체인 교회는 주변 세계의 권력, 문화와도 역설적이면서 놀라운 관계에 서있음을 발견한다.

이방의 빛

이스라엘의 운명에 대한 어떤 편협한 민족중심적 개념과는 달리, 마태의 성서 읽기는 이방인을 품으시는 하나님의 자비에 대한 이야기를 담고 있다. 실제로 마태는 이방인에게 하나님의 빛을 전하는 것이 언제나 이스라엘의 특별한 운명이었다는 것과 이 운명이 이제 시작된 예수의 사역 안에서 실현됐다는 것을 넌지시 내비친다. 공물을 가지고 이스라엘의 하나님을 경배하러 오는 민족들에 대한 이사야의 종말론적 비전은 동방 술사 이야기에 어렴풋이 나타난다. 이들은 헤롯에게 "우리가 동방에서 그분의 별을 보고 그분께 경배하러 왔습니다"(마 2:2)라고 말했다. 이 정교한 이야기—이방인과 관련한 어떠한 증거 본문을 직접 인용하지 않는—는 이미 모든 민족들에 대한 예수의 통치를 예표하는데, 이는 마태복음의 결말 부에서 명백하게 선포된다(28:16-20).

마태복음 2:1-12을 이사야 60:1-6과 연관시키고 있는 주현절(Epiphany: 또는 '공현대축일')에 읽는 전통적인 성구집에서 볼 수 있듯, 후대 교회의 해석 전통은 마태 이야기의 표상적 차원을 잘 이해해 왔다.[1] 마태는 이 본문을 직접 인용하지는 않았지만 술사들이 가져왔던 선물들을 언급하면서 은연중에 그 본문을 떠올리게 한다: "그들이 그 집에 들어가자마자, 어머니 마리아와 함께 있는 그 아기를 보고 엎드려 아기에게 경배(προσεκύνη-σαν)하고, 자신들의 보물함을 열어 **황금과 유향과 몰약**을 그분께 예물로 드렸다"(마 2:11). 여기서 제시된 구체적인 예물은 이스라엘이 민족들에게 빛

---

1.   동방 술사들이 "왕들"이었다는 개념은 마태복음에서 나온 것이 아니라 이사야서와의 상호텍스트적 결합에서 나왔다. 특히, 사 60:3을 보라: "나라들은 네 빛으로, 왕들은 비치는 네 광명으로 나아올 것이다."

으로 나아올 때 "그들이 황금과 유향을 가져오면서 주를 찬양할 것이다"(사 60:6b)라는 이사야의 비전을 상기시킨다. 흥미롭게도 칠십인역은 다음과 같이 읽는다: ἥξουσιν φέροντες χρυσίον καὶ λίβανον οἴσουσιν καὶ τὸ σωτήριον κυρίου εὐαγγελιοῦνται ("그들이 황금을 가져올 것이고, 그들이 유향을 가져올 것이며, 그들이 주의 구원을 선포할 것이다"). 이 본문을 반향함으로써 마태는 예수를 포로기의 끝에서 "네 위에 임할" "주의 영광"과 연관시키면서(사 60:1) 동시에 이방인이 주의 통치를 인정하게 될 것을 예표한다.

이방인 선교에 대한 마태의 관심은 예수의 갈릴리 사역 시작에 나타나는 인용 도입구에서 다시 한번 예시된다.

> 예수는 요한이 잡혔다는 말을 들으시고, 갈릴리로 떠나셨다. 나사렛을 떠나 스불론과 납달리 지역에 있는 바닷가 가버나움으로 가서 사셔서, 선지자 이사야를 통하여 하신 말씀이 성취되도록 하셨다.
>
> "스불론 땅과 납달리 땅, 해변 길,
>
> 요단강 건너편, **이방인들의 갈릴리**,
>
> 어둠에 앉아 있는 백성이 큰 빛을 보았고,
>
> 죽음의 땅과 그늘에 앉아 있는 자들에게 빛이 일어났다."
>
> 그때부터 예수가 선포하셨다. "회개하라. 하늘나라가 가까이 왔다." (마 4:12-17)

가장 문자적인 차원에서 이 인용은 단순히 왜 예수가 가버나움을 거주지로 택하셨는지 설명하는 증거 본문으로 기능한다. 하지만 인용구를 이 차원에서만 읽는다면 의미를 축소시키게 되며 본문의 표상적 함의를 놓치게 된다. 이사야 9:1-2(8:23-9:1 MT) 인용구를 메타포로 읽을 경우 예수의 계시 사역의 범위가 하나의 제한된 지리적 영역보다 더욱 넓을 것임을 추측할 수 있다.

이사야 8:23-9:1의 본래 역사적 문맥에서 "어둠에 행하던 백성들"은[2] 앗수르의 통치 아래에 살고 있는 이스라엘을 가리킨다. 이 외세의 침입은 백성을 덮고 있는 "두꺼운 어둠"과 시적으로 연결된다(참조, 사 60:2). 이 역사적 의미를 주후 1세기 상황으로 옮겨 유추해보면 마태복음 4:12-17은 예수가 단순히 갈릴리의 유대인 거주민을 위해 하나님의 임박한 정치적 해방을 선언하신 것으로 읽힐 수 있다. 내러티브적으로 말하자면 이는 일차적인 읽기로서 의미가 있으며 예수의 사역을 "이스라엘의 집의 잃은 양"(마 10:5-6)에게만 제한시키고 있는 마태의 묘사와도 일치한다.

하지만 이 본문의 몇 가지 특징으로 인해 여기에서 마태가 또한 이방인을 향한 복음 확장에 대한 예표를 보고 있다고 제안할 수 있다. 가장 분명한 표지는 빛이 비추는 공간에 대한 묘사로서 "이방의 갈릴리"라는 어구다.[3] 더욱 미묘하게는 마태복음 인용구에 이어지는 문장은 이사야 9:1을 변칙적으로 읽는다. 마소라 텍스트와 칠십인역에서는 "어둠에 행하던 백성들"로 읽고 있는 반면, 마태복음은 이렇게 읽는다: ὁ λαὸς ὁ **καθήμενος** ἐν σκότει. 즉, "어둠에 앉아있는 백성"이라는 말이다. 마태는 왜

---

2. MT는 הֹלְכִים (LXX: πορευόμενος)로 읽는다. 마태복음의 다른 독법(καθήμενος)에 대해서는 다음을 보라. Stendahl, *School of St. Matthew*, 105; Davies and Allison, *Critical and Exegetical Commentary*, 1:385; Menken, *Matthew's Bible*, 15-19.

3. 이 표현은 갈릴리가 마태 시대 인구와 문화에 있어서 이방인이 우세했다는 것을 의미하지 않는다. 이 문제에 대해서는 Mark A. Chancey, *The Myth of a Gentile Galilee* (SNTSMS 118; Cambridge: Cambridge University Press, 2002)를 보라. Warren Carter는 "이방의 갈릴리"라는 구조가 소유(possession)의 속격이며 갈릴리가 이방의 통치 아래 있음을 의미한다고 제안했다("Evoking Isaiah," 516-17). 분명히 이렇게 읽을 수 있다. 하지만 마태복음 다른 곳에 있는 빛의 떠오름과 이방인 선교 사이의 연결점에 비추어 볼 때 마 4:16을 유사한 관점으로 이해하는 것이 더 좋아 보인다.

이렇게 읽고 있는가? 우리는 여기에서 마태가 성서 인용구를 종합하여 엮고 있는 또 다른 경우를 보게 된다. "어둠에 앉아 있는" 사람들에 대한 언급은 이사야 42:7에서 비롯한 것으로 여기서는 이사야 9:1과 혼합됐다. 이 혼합에서 중요한 점은 이사야 42:1-9—마태복음 뒷부분에서 확장된 형태로 인용하는 본문—에서 하나님이 **"민족들에게 정의를 가져오도록"**(사 42:1) 종(이스라엘)을 임명하셨다는 진술이다. 이스라엘을 향한 이 특별한 소명은 이사야 42:6-7에서 더욱 상세히 기술된다.

> 나는 주다. 내가 의로 너를 불렀고,
> 내가 네 손을 잡아 너를 지켰으며,
> 내가 너를 백성의 언약과 민족들을 비추는 빛으로 주었다.
> 이는 보지 못하는 사람의 눈을 뜨게 하며,
> 갇힌 사람을 지하에서,
> **어둠에 앉아있는** 사람들을 감옥에서 이끌어 내기 위함이다.

이 두 본문, 이사야 9:1-2과 42:6-7은 **빛**과 **어둠**이라는 핵심 단어로 연결된다. 두 본문의 단어들을 융합하고 있는 마태의 인용 형식은 예수가 하늘나라를 선포하는 사역을 시작할 때(마 4:17) 가버나움에 나타나는 "거대한 빛"이 정확하게 이사야 42:5의 "민족들을 비추는 빛"이라는 것을 환용적으로 암시한다.[4] 이 성취 인용구는 (사 9:1에서처럼) 단지 이스라엘에 대

4.　사 49:6에서 밀접하게 연관된 종 본문을 보라: "네가 나의 종이 되어 야곱의 지파들을 일으키며 이스라엘 중에 살아남은 자를 회복시키는 것은 매우 쉬운 일이다. 내가 또 너를 이방의 빛으로 삼아 나의 구원이 땅 끝까지 이르게 할 것이다." 마태가 이 본문을 인용하지는 않았지만 이사야에 대한 마태의 관심과 더 이후인 마 12장에 명시적인 사 42장 인용에 비추어 볼 때 마태가 바라보는 영역에서 멀지는 않을 것이다.

한 신원의 약속일 뿐 아니라, (사 42:7에서처럼) 이전에 "어둠에 앉아있던" 이 방인들에 대한 구원의 예표이기도 하다.

마찬가지로 중요한 것은 마태복음 4:16에서 빛이 일어난다/떠오른다 (φῶς ἀνέτελειν αὐτοις)는 언급이다. 또다시, 마태의 인용 문구(wording)는 "비추다"(MT: נגה; LXX: λάμψει—흥미롭게도 미래시제)는 동사를 사용하고 있는 마소라 텍스트 및 칠십인역과는 다르다. 왜 마태는 '아네뗄레인'(ἀνέτελειν, "일어나다/떠오르다")이라는 동사를 사용했을까? 마태가 단순히 다른 성경을 선본 (Vorlage)으로 사용했기 때문일까? 반복하지만 나는 그보다도 마태의 독특한 읽기가 여러 본문을 해석학적으로 엮어 짜고 있다는 것으로 더욱 잘 설명될 수 있음을 제안하는 바다. 동사 '아네뗄레인'(ἀνέτελειν)은 칠십인역에서 우리가 방금 고찰한 종 본문의 절정부에 나타난다.

> 보라, 이전 것들이 이루어졌으니
> 내가 새로운 일들을 선포한다.
> 그 일들이 일어나기/떠오르기 전에(LXX: ἀνατεῖλαι)
> 내가 너희에게 말한다. (사 42:9)

따라서 '아네뗄레인'(ἀνέτελειν)과 이사야 9:1-2 인용구를 엮음으로써 마태는 이사야 42:1-9과의 또 다른 시적 연결점을 창출하였는데, 이번에 예수가 "스불론과 납달리"에 출현했다는 것은 이사야가 예언한 "새로운 일들"이 "일어났다"는 예언의 성취임을 암시한다.

또한 동일한 동사가 이사야 60:1에 나오는 것은 우연이 아니다. 이는 우리가 이방인의 유입에 대한 마태의 비전을 가리키는 중요한 상호텍스트로 이미 주목했던 본문이다: "일어나라. 빛을 비추어라. 이는 너의 빛이 이르렀고, 주의 영광이 네 위에 일어났기(ἀνατέταλκεν) 때문이다"(사 60:1). 이

미 살펴본 이사야 60장과 마태복음의 동방 술사 이야기 사이의 연관성에
비추어 볼 때 우리는 마태복음 4:16에서 일어나는(떠오르는) 빛 이미지와
이방인에 대한 계시 주제를 연결 짓는 이사야의 세 본문(사 9:2, 42:7, 60:1)을
복잡하고 조화로운 합창(fusion)으로 들어야 한다. 이사야 60:1 반향(마 4:16
에서는 다소 희미하게 들릴 수도 있음)은 (4:16보다) 더욱 앞서서 마태복음 2:2에 나
오는 동방 술사들의 발화에 의해 증폭된다: εἴδομεν γὰρ αὐτοῦ τὸν ἀστέρα
ἐν τῇ ἀνατολῇ (문자적으로는, "우리가 일어나는/떠오르는 그의 별을 보았기 때문입니다").
그리스어 '아나똘레'(ἀνατολή)는 물론 "동쪽"을 가리키는 일반적인 단어인
데 2:2에 대한 많은 영역본이 그렇게 번역했다. 하지만 마태복음 초기 장
들에 의해 상기된 이사야 본문을 기반으로 하여 살펴보자면 우리는 여기
에서 유대인들과 이방인들 모두를 위해 일어나는/떠오르는 빛으로서 예
수의 복잡한 이미지에서 나오는 한 줄기의 빛을 엿볼 수 있을 것이다.[5]

더 나아가 마태가 사람들의 간힌 영역을 "사망의 땅과 그늘"(여기서는 사
9:1의 칠십인역을 따름; 마소라 텍스트는 "깊은 어둠의 땅"이라고 되어 있음)로 묘사한 것
은 부활 이후 상황에서 메타포적으로 재해석할 여지를 만들어준다. 즉, 예
수 안에 계시된 빛은 **사망의** 권세를 이긴다는 것이다. 따라서 예수의 구원
능력은 외세의 압제에 따른 이스라엘의 국가적 곤경에 대한 해결책을 제
시하는 데 국한되지 않는다. 이는 또한 죽음에 매여 있는 더욱 근본적인
인간의 문제를 다룬다.

이 모든 요소들을 고려하여 마태복음은 독자가 예수의 사역의 시작을
이방인을 포함한 전 세계를 위해 빛의 일어남/떠오름으로 보게끔 한다.[6]

---

5. 마 4:16과 술사들의 방문 사이의 연결은 마태가 ἀνατολή를 술사가 나오는 본문에
　서 세 차례(2:1, 2, 9) 반복한다는 사실을 통해 강화된다.
6. 흥미롭게도 Luz (*Matthew*, 195)는 사 9:1을 유대인(어둠에 앉아 있는 자들)과 이방
　인(사망의 땅과 그늘에 앉아 있는 자들)을 분리하여 가리키고 있는 것으로 분석한

마태복음 4:14-16에서 메시아와 이방인 사이의 연결은 모든 민족에 대한, 이후 교회가 감당하게 될 사역을 효과적으로 전조한다. 예수가 먼저는 이스라엘의 집의 잃은 양들만을 찾아야만 했음에도 불구하고, 그의 나라는 궁극적으로 이방인들 역시 포함하게 될 것이다.[7]

이방인들에 정의를

이러한 마태복음 4:12-17 읽기는 내러티브 중간에 있는 또 다른 이사야 본문에 의해 확고해진다. 우리는 이미 마태복음 4:16에서 이사야 42:7이 반향되고 있다고 제안한 바 있다. 이 이사야 예언의 반향은 이사야 42:7에 바로 선행하는 네 절 전체—마태복음에서 가장 긴 구약 인용—가 마태복음 12:15-21에서 연속적으로 분명하게 인용됨으로 크게 증폭된다.[8] 이사야 42:1-4은 예수가 자신을 알리지 말라고 무리에게 명령하신 것에 대한 이상한 증거 본문인데, 마태는 이를 설명하기 위해 필요 이상으로 많은 부분을 인용했다.[9] 이 잉여적인 인용 자료로 인해 우리는 마태가 독

기독교 해석 전통을 인용한다. 이는 내가 여기서 제시한 읽기와 판연히 다르다. 나는 여기서 두 어구 모두 예수의 계시의 본래 수혜자인 유대인을 가리키는 것으로 보면서, 동시에 두 어구 모두 개종하여 들어온 이방인을 메타포적으로 가리키는 것으로 본다.

7.   Davies and Allison, *Matthew*, 1:385.

8.   이는 어떤 반향들이 두드러지게 드러날 때 동일한 맥락에서 있는 어떤 본문의 참조가 반복될 경우 우리의 확신을 강화해주는 방식의 좋은 예가 된다. 마 12:15-21은 마태가 사 42장에 관심을 두었고 거기서 자신이 복음서에서 이야기하는 사건에 대한 중요한 예표를 보았음을 분명히 증거해준다.

9.   예, Richard Beaton, *Isaiah's Christ in Matthew's Gospel* (SNTSMS 123; Cambridge: Cambridge University Press, 2002), 194: "직선적(linear), 또는 내러티브 차원에서 이 인용은 예수의 물러남, 비밀을 지키라는 명령, 그리고/또는 치유의 정당성을 입증하는 것처럼 보이는데, 이 모든 것은 마 12:14-16 이전 내러티브에서 발생한다. 하지만 관찰한 바와 같이 이러한 차원의 설명은 이 확장된 인용에 나오는 방대한 양의 잉여적 내용을 설명할 수 없다. … 신중하지만 독창적인 편집자/저자인 마

자의 관심을 이사야의 더욱 넓은 문학적·신학적 문맥에 집중시키려 한다
는 사실을 알게 된다.

> 예수가 이 사실을 아시고 그곳을 떠나셨다. 많은 무리가 뒤따랐는데, 예수
> 는 그들을 모두 고쳐 주시고 자기를 알리지 말라고 명하셨다. 이는 선지자
> 이사야를 통하여 하신 말씀을 성취하시려는 것이었다.
>
>> "보라, 내가 택한 나의 종,
>>
>> 내 영혼이 기뻐하는 나의 사랑하는 자,
>>
>> 내가 나의 영을 그 위에 둘 것이니,
>>
>> 그가 **이방인들**에게 정의를 선포할 것이다.
>>
>> 그는 다투거나 외치지 않을 것이니,
>>
>> 거리에서 아무도 그의 음성을 듣지 못할 것이다.
>>
>> 그는 정의로 승리할 때까지 상한 갈대를 꺾지 않고
>>
>> 꺼져 가는 심지를 끄지 않을 것이다.
>>
>> **또 이방인들이 그의 이름을 소망할 것이다.**" (마 12:15-21; 사 42:1-4을 인용함)

여기에서 또다시 마태는 이스라엘을 통해 민족들에게까지 구원이 확
장되었음을 선언하는 예언서로 독자들의 주의를 돌린다. 마태복음 인용
구의 마지막 행은 마소라 텍스트가 아닌 칠십인역과 일치한다.

사 42:4b MT וּלְתוֹרָתוֹ אִיִּים יְיַחֵלוּ

> 그리고 섬들이 그의 법을 기다릴 것이다.

사 42:4b LXX καὶ ἐπὶ τῷ ὀνόματι αὐτοῦ ἔθνη ἐλπιοῦσιν

태는 예수의 초상을 지지하기 위해 추가 내용을 의도적으로 덧붙인 것 같다." 또한
Menken, Matthew's Bible, 51-65을 보라.

그리고 이방인들이 그의 이름을 소망할 것이다.

마태복음은 전치사 '에삐'(ἐπί)를 생략한 것 외에는 칠십인역을 자구적으로 따랐다.[10] 마태가 칠십인역 본문을 선택함에 따른 한 가지 결과는 예언의 기독론적 중요성이 부각된다는 것이다. 기대나 소망의 대상은 율법이 아닌 "그의 이름"이다. 그리고 마태복음 독자는 그 이름이 정확하게 "예수"인지 "임마누엘"인지 궁금해 할 수밖에 없다.[11] 동시에 칠십인역 본문 형태는 그를 의지하는 사람들의 정체성을 구체적으로 표현하고 있다. 그의 이름을 소망하는 것은 바로 "이방인들"이다. 마태복음의 이 지점 바로 앞에 나오는 내러티브에서 예수를 따르고 고침을 받는 무리가 유대인이 아닌 다른 민족이라는 암시가 없기에 여기에 등장하는 이사야 인용구의 이와 같은 양상은 매우 놀랍다. 마태복음 12:1-14에서 우리는 바리새인과 논쟁하는 예수를 볼 수 있으며 손이 마른 사람을 고치는 것은 회당에서 일어난다. 그렇다면 마태는 어째서 **이방인**이 야훼의 종의 이름을 소망하게 될 것이라는 성취 인용구를 제시하고 있는가?

인용문의 이 차원은 마태복음 결론부의 사명에 대한 극적인 예고로서만 이해된다: "너희는 가서 모든 민족을 제자로 삼으라"(마 28:19a). 마태복음 12장의 직접적인 내러티브 배경에서 마태는 단지 어째서 예수가 바리새인들과의 충돌에서 물러나 사람들에게 자신을 알리지 말라고 했는지(마

10. Menken (*Matthew's Bible*, 80)은 이 사소한 차이가 마태적 수정 형태일 것이라고 관찰했다: "전치사 ἐπί, εἰς, ἐν과 함께 ἐλπίζειν을 사용하는 것은 그리스어에서 특이하거나 드문데, 이때 통상 소망의 기초(basic)를 가리키는 여격(dative)를 동반한다.

11. Beaton, *Isaiah's Christ*, 153에 의해 올바르게 제안됐다: "예수('그가 자기 백성을 죄에서 구원할 것이다')와 임마누엘('우리와 함께 계신 하나님')은 마태복음에서 예수에게 명시적으로 부여된 유이한(唯二, only) 경우기에 주의 깊은 독자는 이 이름들을 처음부터 기억했어야 했다."

12:15-16) 설명할 인용문이 필요했을 뿐이다. 하지만 마태가 선택한 이사야 본문은 내러티브상의 필요를 충족시킬 뿐 아니라 그 자체를 넘어서 아직 기술되지 않은 사건—실제로 마태 이야기의 시간적 경계 너머에 있는 미래에 속한 사건—에 대한 기대를 창출하는 데까지 나아간다. 여기에서 마태의 관심은 단지 어리둥절하고 비밀스러운 명령에 대한 성경적 근거를 제공할 뿐 아니라 예수의 치유 사역이 **민족들에게** 치유와 정의를 가져온다는 이사야서의 종의 더욱 큰 사명을 예표한다는 암시를 주는 데 있다.

　이러한 마태의 인용구 사용은 자신의 기독론을 위해 프로그램적으로 기능하는 "예수의 인격에 대한 신적 선포"로 전환되는데, 더 나아가 그 기독론적 제안의 주요한 강조점은 "예수 안에서 시작된 정의가 결국 예수에 의해 승리하게 될 것"을[12] 선포하는 데 놓인다. 궁극적인 정의에 대한 마태의 비전에서 눈에 띄는 것은 하나님의 백성 중에 이방인이 포함되는 것이다. 칠십인역 형태에 나타난 이사야 42:4의 인용구—그리고 마태가 이 언급에서 인용문을 마치고 있다는 사실—는 예수의 영으로 권위를 가지게 된 정의의 사역이 유대인뿐 아니라 이방인에게도 종말론적인 소망의 근원이 될 것이라고 강조한다.[13]

종말론적 심판 아래에 있는 이방인들

　마태복음에 나타난 수많은 구절들은 종말론적 심판에서 이방인이 신원될 것을 구체적으로 가리킨다. 그러한 구절 중 눈에 띄는 것은 예수가

12.　Beaton, *Isaiah's Christ*, 195–96.
13.　12:23(μήτι οὗτός ἐστιν ὁ υἱὸς Δαυίδ;)에 나오는 군중의 질문 이후에 예수를 "다윗의 자손"으로 인지한 바로 다음 사람은 가나안 여인(15:22)이라는 사실에 주목할 수도 있을 것이다. 가나안 여인은 마 12:21에 인용된 사 42:4의 환상을 예기적으로 성취하게 될 것이다.

백부장의 종을 고치신 사건에 대한 마태의 기록인데(마 8:5-13), 이는 예수의 권위 주제를 강조하는 8-9장의 반복적인 이야기에 속해 있다. 예수가 멀리서 명령만으로도 고치실 수 있다고 예수의 권위를 인정한 백부장이 이야기의 중추다. 백부장의 고백은 예수의 감탄을 자아낸다: "내가 진정으로 너희에게 말한다. 내가 이스라엘 가운데 아무에게서도 이런 믿음을 본 적이 없다"(마 8:10). 그리고 여기에서 백부장의 고백은 이와 유사하게 병행되는 누가복음의 설명과는 달리 예수의 더 일반적인 선포를 위한 디딤돌이 된다: "내가 너희에게 말한다. 많은 이들이 동쪽과 서쪽으로부터 와서 하늘나라에서 아브라함과 이삭과 야곱과 함께 앉을 것이나, 그 나라의 상속자들은 바깥 어두움으로 쫓겨나 거기에서 통곡하며 이를 갈 것이다"(8:11-12). 마태의 내러티브 문맥에서 이것은 백부장이 종국적인 구원과 마지막의 위대한 종말론적 잔치에 참여하게 될 "많은" 비-이스라엘—배제될 "그 나라의 아들들", 적어도 일부 유대인들과는 대조적으로—의 예시가 된다는 것을 의미할 수 있다.[14] 이 메시지를 표현하는 데 사용된 언어는 특히 놀라운 반전을 형성한다. 왜냐하면 이 어구는 흩어진 이스라엘을 마지막에 모으고 저들의 땅의 회복을 그리고 있는 수많은 성서 본문을 반향하고 있기 때문이다.

> 주의 구속을 받은 자들은 이렇게 말할 것이다.
>
> 그분이 그들을 어려움에서 구속하셔서
>
> 동쪽과 서쪽과

---

14. 눅 13:28-29에서 누가는 유사한 예수의 어록(logion)을 편집하여 기록하고 있는데 여기에는 "그 나라의 아들들"이라는 언급이 없고, 또한 하나님 나라에서 먹기 위해 사방으로부터 오는 사람들이 이방인이라는 증거는 더더욱 부족하다. 누가의 내러티브적 자료 활용은 이방인 포함 메시지를 부활 이전 예수의 가르침에 두기보다 자신의 두 번째 책에 기록하기 위해 유보시켜놓으려는 저작 의도일 수도 있다.

북쪽과 남쪽에서 모으셨다. (시 107:2-3)

내가 너와 함께 하니 두려워하지 말라.

내가 네 자손을 동쪽에서 데려오고,

서쪽에서 너를 모으며,

내가 북쪽에게 "그들을 놓아 주라"라고 말하고,

남쪽에게 "그들을 붙잡지 말라"라고 말할 것이다.

내 아들들을 먼 곳에서,

그리고 내 딸들을 땅 끝에서 데려오고,

내 이름으로 부름을 받은 모든 자,

내가 나의 영광을 위하여 창조한 자,

내가 짓고 만든 자를 데려오라. (사 43:5-7)

오, 예루살렘아, 동쪽을 보고,

하나님께로부터 네게로 오는 기쁨을 보라.

보라, 네가 떠나보냈던 너의 자녀들이 돌아오고 있다.

그들이 거룩하신 분의 말씀을 듣고

하나님의 영광으로 기뻐하며,

동쪽과 서쪽에서 모여들고 있다. (바룩 4:36-37)

　이 예들 중 마지막인 바룩서에서는 시편과 이사야에 함축된 것을 분명하게 표현하고 있다: 동쪽과 서쪽에서 모여드는 이들은 바로 예루살렘의 자녀들, 곧 포로로 잡혀간 유대인들이다. 이는 "내 이름으로 부름을 받은 모든 자"라는 이사야의 언급에 의해서도 드러난다. 따라서 마태복음의 예수는 동쪽과 서쪽에서 많은 이방인들이 와서 아브라함과 이삭과 야곱과 함께 종말론적 식탁에 앉을 것이라고 말씀하실 때 표준적인 유대 묵시적 관용 표현을 극적으로 변형시키셨다. 이제 축제에 모여드는 자들은 이방 외인들이다.

예수는 마태복음 12:38-42에서 회의적인 시각으로 표적을 구하는 서기관/바리새인과는 대조적으로 "니느웨 사람들"과 "남방 여왕"이 "이 세대와 함께 일어나서[부활에 대한 언급] 이 세대를[15] 정죄할 것"을 선언하신다. 이는 저들이 요나와 솔로몬이 전한 하나님의 메시지에 믿음으로 반응했기 때문이다. 여기에 나오는 요나 3:1-10과 열왕기상 10:1-13 인유는, 다시 한번, 믿음을 가진 이방인들이 하나님에 의해 수용되고 보상받을 것에 대한 성경 이야기의 선례가 된다. 여기서 마태에 의해 제시된 예수의 말씀은 저들이 죽은 자들의 종말론적 부활을 통해 신원될 것을 말한다. 이와 비슷하게 마태복음에 나타난 가르침의 절정부에 위치한 최후 심판에 대한 위대한 비유(마 25:31-46)는 "모든 민족들"(πάντα τὰ ἔθνη)이 인자의 보좌 앞에 모일 것—다니엘 7:13-14의 마지막 왕위 등극 장면에 대한 명백한 암시—을 묘사한다. 하지만 이방 민족들이 단지 심판과 형벌을 받기 위해 모이는 것은 아니다. 이 이방 민족 가운데 다수는 오히려 가난하고 궁핍한 자들에게 베푼 친절과 자비로 인해 "세상의 창조 때부터 너희를 위해 준비된 나라를 상속"(마 25:34)하도록 초청받고 환영받는다고 예수는 가르치셨다.[16]

---

15. 마태는 흥미롭게도 두 개의 동사를 사용한다: ἄνδρες Νινευῖται ἀναστήσονται ... βασίλισσα νότου ἐγερθήσεται. 두 동사는 물론 신약에서 부활과 관련하여 사용되지만 후자의 수동형은 부활 언급을 더욱 명료하게 한다.

16. 이 본문이 오직 이방 민족의 심판에만 국한되는 것인지 아니면 "모든 나라/민족"의 이스라엘에의 포함도 해당하는지에 대한 기나긴 논쟁이 있다. 이 질문은 "내 형제 중 지극히 작은 자"가 예수 따르미만을 지칭하는지, 아니면 더욱 일반적으로 세상에서 빈궁한 사람들을 가리키는 것인지에 대한 질문과 밀접하게 맞닿아 있다. 이

모든 민족을 제자 삼으라

이 주제의 발전은 마태복음의 결말부, 부활하신 예수의 현현 장면에서 절정에 이른다(마 28:16-20). 마태는 모든 제자에게 "모든 민족들을(πάντα τὰ ἔθνη) 제자 삼으라" 하는 예수의 명령으로 복음서를 마무리한다. 이 결론은 이스라엘의 지리적·인종적 경계를 넘어서 복음을 전하는 선교 사역의 근거이자 동기로 기능한다. 이는 매우 실제적인 차원에서 마태의 전체 이야기가 추구해온 목적(telos)이다. 마태복음 마지막 문장에서 많은 민족들을 제자 삼고 세례 주며 예수의 명령을 가르쳐 지키게 할 때 제자들과 영원토록 함께하겠다는 예수의 약속은 이 사명—마태 시대에 유대 공동체 안에서 매우 논쟁적인 사명이었던 것은 의심의 여지가 없다—을 보증하고 지지하는 역할을 한다. 이 모든 것은 널리 알려져 있다.

하지만 덜 인지되는 것은 아마도 매우 중대한 부분으로서 이 결말부의 사명 임명 장면에서 예수의 말씀이 다니엘 7:14의 "인자 같은 이"에게 주어진 모든 민족에 대한 영원한 권세를 반향하고 있다는 것이다: "그에게 권세와 영광과 나라가 주어지고, 모든 백성들과 나라들과 다른 언어들을 말하는 자들이 그를 경배하니, 그의 권세는 사라지지 않는 영원한 권세이며, 그의 왕국은 결코 멸망치 않을 것이다." 여기서 칠십인역 다니엘 7:14, 특히 인자에게 주어진 "권세"(ἐξουσία)에 대한 강조에 주목하면서 마태복음의 대위임명령을 비교할 때 마태복음 28:18-20과의 관련성이 여실히 드러난다.

질문을 다루는 문헌을 위해서는 Luz, *Matthew*, 3:279-82을 보라. 여기서 전개되는 요점을 설명하기 위해 우리가 이 문제를 해결할 필요는 없다. 어떤 해석이든 이방인은 심판받는 무리에 포함되며, "양"과 "염소"의 구분은 이스라엘 대 비-이스라엘 구도와 전혀 상관이 없는 것처럼 보인다.

단 7:14 LXX	마 28:18b-20
καὶ ἐδόθη αὐτῷ ἐξουσία	ἐδόθη μοι πᾶσα ἐξουσία
	ἐν οὐρανῷ [참조, 단 7:13] καὶ ἐπὶ [τῆς] γῆς.
καὶ πάντα τὰ ἔθνη τῆς γῆς κατὰ γένη	πορευθέντες οὖν μαθητεύσατε πάντα τὰ ἔθνη
	βαπτίζοντες αὐτοὺς εἰς τὸ ὄνομα τοῦ πατρὸς
	καὶ τοῦ υἱοῦ καὶ τοῦ ἁγίου πνεύματος,
καὶ πᾶσα δόξα αὐτῷ λατρεύουσα	διδάσκοντες αὐτοὺς τηρεῖν πάντα ὅσα
	ἐνετειλάμην ὑμῖν·
καὶ ἡ ἐξουσία αὐτοῦ ἐξουσία αἰώνιος	καὶ ἰδοὺ ἐγὼ μεθ' ὑμῶν εἰμι πάσας τὰς ἡμέρας
ἥτις οὐ μὴ ἀρθῇ	
καὶ ἡ βασιλεία αὐτοῦ ἥτις οὐ μὴ φθαρῇ.	ἕως τῆς συντελείας τοῦ αἰῶνος.

이 비교 도표에서 두 본문 모두에 등장하는 단어에만 밑줄을 그었지만, 정확히 자구적으로 일치하지 않더라도 개념적 병행은 매우 중요하다. 예를 들어, 다니엘에는 모든 민족이 인자를 섬기게 될 것이라 말하는 반면, 마태복음은 저들이 예수의 모든 명령에 순종하도록 가르침을 받아야 한다고 이야기한다.[17] 다니엘에서 인자의 권세는 사라지지 않는 영원한 권세고 그의 나라는 결코 멸망하지 않지만, 마태복음에서 모든 권세를 가지신 예수는 세상 끝날 때까지 항상 함께하시겠다고 약속하신다.

마태복음의 결말을 이 배경 하에 읽는다면 우리는 마태가 부활하신 예수를 결코 사라지지 않을 나라에서 모든 민족에 대해 '엑수시아'(ἐξουσία, "권세")를 행사하는 승리하신 인자―이스라엘을 나타내는―로 묘사하고 있음을 알게 된다.[18] 이렇게 수난 기사에 나오는 대제사장 앞 예수의 선포는

---

17. 둘 사이에 또 다른 유사점은 단 7:14에 나라들이 인자를 "섬길 것/경배할 것/예배할 것"(λατρεύουσα)이라고 말하는 부분이다. 개념적으로 이것은 마 28:17에 나오는 제자들의 행동과 유사하다. 곧, 저들은 부활하시고 이제 모든 권세를 가지신 예수를 "경배"(προσεκύνησαν)할 것이다(28:18).

18. Terence L. Donaldson (*Jesus on the Mountain: A Study in Matthean Theology* [JSNTSup 8; Sheffield: JSOT Press, 1985], 176–78에서 이 읽기가 고려됐지만 거부됐다: "마태

성취된다: "이제로부터 너희는 인자가 권능의 오른쪽에 앉아 있는 것과 하늘의 구름을 타고 오는 것을 보게 될 것이다"(마 26:64; 다시 단 7:13-14을 반향). 따라서—그리고 여기에 우리의 현재 관심사에 결정적인 것이 있다—제자들의 이방인 선교는 실제로 인자의 승리를 성취하는 요소다. 종국에 신원되어 이방 민족들을 다스리는 이스라엘을 다루는 다니엘의 비전은 정확히 제자들의 전도와 가르침 사역을 통하여 실현될 것이다. 저들의 사역으로 인해 땅의 모든 민족에 대한 하나님의 주권은 확장될 것이고 이로써 이스라엘 하나님의 승리는 구체적으로 드러나게 될 것이다. 하지만 완전한 마태의 비전에 있어서 반드시 필요한 요소는 민족들에 대한 하나님의 통치가 비폭력적 수단을 통해 효력을 미칠 것이라는 주장이다. 말하자면, 민족들은 아버지와 아들과 성령의 이름으로 세례를 받고, 사랑과 자비로 율법을 요약한 주인(master)의 가르침을 지켜 행함으로 "정복된다."

요약

이러한 증거들에 비추어 볼 때 주변 세계와 관련한 교회의 위치를 정립하기 위해 마태가 성서를 어떻게 사용하는지 요약하면서 우리는 무엇

가 다니엘의 언어를 어늘 정도 사용했겠지만 자신의 마지막 인용을 단 7:13-14의 성취로 의도하지는 않았고, 따라서 다니엘 본문은 여기서 지배적인 요소가 아니었다. … 그래서 단 7:13-14가 마 28:16-20에서 마태의 어휘 선택에 어느 정도 영향을 미쳤을 수도 있겠지만 이 본문의 신학적 핵심을 발견하는 데 실제적인 도움이 되지 않는다. 그리고 단 7:13에 해당되는 내용은 다른 구약 본문에도 역시 해당된다. 28:16-20의 모든 특징을 통일시키는 원리를 제공하는 단일한 구약 본문은 아직 발견되지 않았다"(177). 30년 전에 출판된 책에 수록된 이 단락은 흥미롭게도 그 사이에 우리의 학문이 얼마나 이동했는지를 보여준다. 방법론적으로 Donaldson은 마태의 본문을 설명하거나 지배하는 출처를 찾고 있다. 그러나 상호텍스트적 방법론은 마태가 구약의 언어를 어떻게 독창적으로 재설정하는지, 그리고 이 재설정이 어떠한 효과를 양산해내는지에 대해 매우 다른 질문을 던진다.

을 말할 수 있을까? 가장 눈에 띄는 발견은 마태가 이방 세계를 예수의 제
자들의 **선교지**로 제시했다는 것이다. 몇몇 마태의 구약 인유(특히 유아기 내
러티브와 예수의 첫 갈릴리 사역에 나타난 사 7-9장)를 통해 이방 제국이 위협적인
압제 세력으로 간주되어야 한다고 제안할 수 있겠지만 마태복음은 이 사
고의 노선을 어느 정도로 비중 있게 발전시키지 않는다. 분명히 교회는
독특한 정체성을 가지고서 그러한 권세와 멀리 떨어져 있다. 하지만 교회
의 정체성은 세상의 빛이 되는 것을 특징으로 하는데(마 5:14), 이는 정확히
이사야의 예언에서 이스라엘에게 주어진 소명이다(사 42:6-7). 마태복음의
교회는 주변 이방 세계에 적대적으로 반대하기보다 소망을 증거하도록
부름을 받았다. 그리고 마태는 빛에 긍정적으로 반응하는 이방인들의 본
보기를 많은 구약 본문을 통해 소개한다: 술사, 예수의 권세를 인정했던
백부장, 니느웨 사람들, 남방 여왕, 무심코 예수에게 자비를 베풀었던
"양".[19]

교회는 확실히 이방 세력의 손에 끔찍하게 고통을 당할 수 있다: "그
때에 사람들이 너희를 환난에 넘겨주고 너희를 죽일 것이다. 또한 너희가
내 이름 때문에 모든 민족에게 미움을 받을 것이다"(마 24:9). 하지만 현재
의 어떠한 반대와 박해에도 불구하고(또한 마 5:10-12, 13:20-21을 보라) 마태복
음에 나타난 **성서** 인용의 주된 기능 중 하나는 이방인이 교회 앞에서 예측
할 수 없는 방식 및 장소에서 복음을 수용하게 될 것임을 제시하는 데 있
다. 저들은 이사야가 예언한 것과 같이 가르침을 받고(사 2:2-3), 예수의 이
름을 소망—이 또한 이사야가 예언한 대로(마 12:21/사 42:4)—하게 될 것이
다. 예수의 왕위는 현재 세계의 왕권에 대항하고 있지만 궁극적으로 예수

---

19. 이 목록에 가나안 여인을 추가할 수도 있겠지만(15:21-28) 가나안 여인 이야기에는
     성경적 반향 내지 전거가 매우 부족하다.

의 권위는 저들 모두를 정복하고 품게 될 것이다. 이는 세상이 끝날 때까지 충실하면서도 평화로운 증거를 전하는 역할을 교회 공동체에 나누어 주고, 순종함으로 예수의 메시지를 체화해내며, 빛인 믿음의 공동체가 세상을 비추어 모든 사람이 보고 하늘에 계신 아버지께 영광을 돌리게 할 것이다(마 5:16).

§10. 율법의 변화:
마태의 성경 해석학

　마태는 성서를 창조적으로 기술하면서 이스라엘의 이야기를 재진술하고 예수의 이야기를 들려주며 이방 세계와 관련한 교회의 역할을 그려낸다. 우리가 발견한 것에 비추어 볼 때 마태 해석학의 특징적 패턴과 전략에 대해 어떠한 결론을 내릴 수 있는가? 주제상 강조점들을 실질적으로 다루기에 앞서 마태가 성서 본문을 다루는 방식에 관한 세 가지 일반적 관찰에 주목할 필요가 있다.

　첫째, 우리가 가진 첫인상과는 달리 마태의 구약 사용 방식을 증거 본문화 내지 예언/성취 모델로 고정된 것으로 특징짓는 것은 부정확하다. 분명 마태는 선지자들의 예언이 예수의 삶 안에서/삶을 통해 성취됐다고 확신하기 때문에 예수의 활동과 과거의 신비스러운 예언 사이의 섭리적 일치점이 나타나는 특정 지점에 조명을 비추려고 각고의 노력을 한다. 그럼에도 이 예언과 성취의 예들은 오직 큰 지도에 있어서 빛나는 부분(high-light)일 뿐이며 더욱 큰 상호텍스트적 실재(reality)의 단편적 특징일 뿐이다. 마태에게 있어 이스라엘의 성경은 복음서의 등장인물과 독자가 모두 움직이고 살았던 상징적 세계가 된다. 하나님이 이스라엘을 다루시는 이야기는 마태 내러티브가 발생한 포괄적인 모판이다. 그러므로 성취 인용구는 독자로 하여금 율법과 선지자들이 예수와 하늘나라 안에서 어떻게 **완전하게 성취되었는지를**(마 5:17) 계속적으로 탐구하게끔 인도한다.

둘째, 우리는 마태의 성서 인용이 이따금 두 개 이상의 구약 본문을 엮어 짜면서 한 본문의 어구를 다른 본문에 삽입한 사례들을 확인했다.[1] 우리의 분석에 따르면 이러한 현상은 기억으로부터 우발적으로 잘못 인용했다거나 단순히 마소라 텍스트나 칠십인역과는 다른 알려지지 않은 본문 전승에 의존하고 있는 것이 아니라는 결론에 이르렀다. 그보다도 이러한 혼합된 인용구는 암시적이면서도 해석학적으로 구성된 합성물로 기능하는 듯 하다. 더불어 이는 독자로 하여금 두 가지 다른 성서의 배경을 동시에 떠올리게 하고 각각이 서로를 어떻게 조명하는지 고찰하도록 이끌거나, 또는 두 개의 기저 텍스트(subtexts)가 마태복음에 기술된 사건의 미묘한 해석에 어떻게 기여하는지 분별하도록 손짓한다. 예를 들어, 마태가 미가서 5장에 나타난 메시아의 베들레헴 출생과 관련한 본문을 가져오면서(마 2:16) 은연중에 사무엘하 5:2의 단어들을 엮는데, 이 반향을 들은 독자는 다윗이 사울을 대신하여 왕위에 오르는 배경에 비추어 유아 예수가 헤롯의 왕위에 도전할 것을 예상하도록 초대된다. 이하의 표는 본 장에서 다루어진 몇 가지 다른 예를 정리한 것이다.

1.　Pseudo-Philo, *Liber Antiquitatum Biblicarum*에 있는 유사한 내러티브 기법에 대한 상세한 분석을 위해서는 Bruce N. Fisk, *Do You Not Remember? Scripture Story, and Exegesis in the Rewritten Bible of Pseudo-Philo* (JSPSup 37; Sheffield: Sheffield Academic, 2001)를 보라.

마태복음	엮여 있는 성서의 상호텍스트
마 2:6	미 5:1-3 + 삼하 5:2
마 4:14-16	사 9:1-2 + 사 42:6-7
마 11:29	시락 51:27 + 렘 6:16
마 21:5	사 62:11 + 슥 9:9
마 27:39	시 22:7 + 애 2:15

마태복음에 나오는 이 기법의 일부 경우 중 몇몇은 매우 명료하지만 많은 경우 독자는 확실히 "하늘나라를 위해 훈련된 서기관"(마 13:52)의 능력을 가지고 있어야 한다.[2] 마태는 상호텍스트적 내러티브의 모든 보화를 잘 보이도록 펼쳐놓지는 않는다.

셋째—여기서 평범하면서도 중대한 문구를 단순히 반복한다—마태는 예언서, 특히 이사야서를 선호하는 것 같다. 이사야는 마태가 다루는 정경 가운데서 특별한 위치를 차지하고 있다. 이사야는 예수를 임마누엘로 인지하게 하고 민족들에게 복음을 전하는 교회의 소명을 이해하게끔 하는 열쇠를 제공한다. 하지만 동시에 우리는 신명기 6:5("너는 너의 주 하나님을 사랑하라")이나 호세아 6:6("나는 자비를 원하고 제사를 원하지 않는다"), 시편에 나타난 의인의 고통과 같은 다른 본문이 마태복음에서 차지하고 있는 중대한 해석학적 역할을 간과해서는 안 된다. 마찬가지로 마태복음을 신중히 읽는다면 이스라엘 지혜 문학이 다소 숨겨져 있지만 만연한 영향력을 미친다는 것을 알 수 있다. 마태의 인용과 인유는 성경 전체에 포진하여 있고—한편으로는 본문이 엮여 있는 현상 때문에—독자로 하여금 방대하고

2.   유사한 인용 기법이 마 3:17과 17:5에서 발견될 수 있을 것이다. 이 예수의 세례 기사와 변화산 사건에서 하늘의 음성으로 주어진 말씀은 창 22:2, 시 2:7, 사 42:11의 반향이 결합된 것처럼 보인다. 이와 관련이 있지만 구별되는 현상은 마 26:28에 나온다. 여기 나오는 "나의 언약의 피"라는 단일한 어구는 서로 다른 성서의 상호텍스트(출 24:8; 슥 9:11)를 중요한 반향으로서 해석학적으로 불러일으킨다.

복잡한 이스라엘의 성경을 마태복음에서 새롭고 명료하게 표현된 실재를
예표하는 응집력 있는 증거 덩어리로 간주하게끔 한다.

이때 우리는 실재를 어떻게 특징지을 수 있을까? 로완 윌리엄스(Rowan
Williams)는 예수의 죽음과 부활이 "종교 언어의 개편(reorganization)"이라는
오랜 과정, 곧 신약 문서들이 최초기 증거가 되는 과정을 야기했다고 제
안했다. 어쨌거나 "개편"은 마태의 이스라엘 성경 사용을 묘사하기에는
너무나도 온순한(modest) 단어다. 마태의 해석적 비전이 가진 **표상적** 차원
을 강조하면서 더욱 정확히는 "변형"(transfiguration)이라고 말할 수도 있을
것이다. 마태의 해석에 따르자면 이스라엘의 성경은 어떠한 식의 형태로
주어지는가? 우리의 연구는 네 가지 표제로 요약될 수 있다.

이스라엘의 이야기인 성경

우선 마태는 이스라엘의 성경을 법칙이나 명령 모음집 내지 메시아에
대한 고립된 예언 선집으로 읽지 않고 하나님이 이스라엘을 다루시는 포
괄적인 윤곽을 그려내는 이야기로 읽는다. 이야기의 플롯은 다음과 같은
내러티브 장면으로 요약될 수 있을 것이다: 선택, 주권, 불충실함, 포로,
메시아의 구원. 이에 대한 밑그림은 첫 장의 계보, 출생, 유아기 내러티브
에서 메타포적으로 예표하는 성서 인용구를 통해 드러난다. 이 내러티브
장면들(sequence)—포로와 귀환 패턴을 중심으로 한—은 마태의 예수 이야
기에 등장하는 모든 사건을 해석하는 참조 틀을 창조해낸다. 예언서를 예
언 신탁으로 읽기를 좋아하는 마태도 성서의 모든 것이 거대한 일관된 이
야기—과거 시점 이스라엘의 요소들이 메시아에 의한 완성을 가리키고,
하나님이 마침내 백성들과 함께하실 것이라는(참조, 마 1:21-23, 28:20)—라는
확신에서 신학적으로 가능한 이해(intelligibility)를 이끌어낸다. 이 완성은 과
거의 이야기를 변형시키고, **해석학적으로 변형된** 이스라엘 이야기는 마태

복음을 위한 구성적 상호텍스트, 즉 예수 이야기의 주된 모판의 역할을 하는 '기초 역사'(*Grundgeschichte*)로 남아있다.

마음의 변화, 급진적 복종, 자비를 불러일으키는 성경

마태복음 독자는 예수에 의해 주어진 급진적 율법 해석에 따라 엄밀하고 엄격하게 생활하는 제자도 공동체로 부름 받았음을 알고 있었다. 저들은 함께 삶을 통해 급진적인 순종의 의미를 드러내도록 언덕 위에 세워진 도시에 정착했다. 이러한 관점에서 마태복음은 실제로 매우 극단적인 것을 목표로 하는 바리새파 유대교와 닮아있다. 마태의 프로그램이 당대 유대교의 구상과 거리를 두는 지점은 예수의 가르침에 의해 형성된 구체적 할라카 규범뿐 아니라(예, 이혼이나 맹세, 원수 갚음에 대한 가르침) 더욱 근본적으로는 내적 동기(motivations)의 변화에 대한 독특한 강조에 있다. 토라는 마음의 변화를 위한 요청으로 재형성됐다. 예수의 제자들의 의는 오직 이러한 방식으로 서기관과 바리새인의 의를 넘어설 수 있다. 하지만 급진적인 복종에 대한 요구는 전체 율법의 해석학적 열쇠인 **자비**에 대한 마태의 강조에 의해 두드러진다. 율법의 구체적인 명령들이 유효하다고 주장하면서(마 5:17-20, 23:1-3, 23:23) 마태는 율법의 핵심 메시지로 자비와 용서를 강조한다. 마태의 사상에는 이러한 요소들 사이의 불가피한 긴장—모순이 아니라 강조점과 감수성상의 대조—이 존재한다. 종말에 엄격한 복종에 대한 요구가 때로 죄인의 용서에 대한 요구와 충돌하는 것처럼 보일 때 긴장을 어떻게 해소할 수 있는가? 마태복음이 체계적인 해결책을 주지는 않지만 마태의 해석학적 전략은 자비(혹은, 마 22:34-40에서처럼 사랑)를 특정 계명들의 해석을 위한 중대한 틀이자 가장 깊은 실재로서 평가하는 경향이 있다. 다시 한번, 여기에서 우리는 마태 당대의 다른 유대교의 해석과 대조되는 바 토라에 대한 중요한 재설정(reconfiguration)을 발견할 수 있다.

그리스도의 예표인 성경

이는 아마도 우리의 연구에 따라 마태복음에 대한 통상적 인식에 대한 가장 실질적인 수정을 요구하는 지점일 것이다. 마태의 기독론적 해석학은 몇몇 흥미로운 예언적 증거 본문을 임의로 채집하는 것으로 이해돼서는 안 된다. 오히려 마태복음은 미묘하면서도 항시 변화하는 **표상적 패턴**의 영역을 창조하는데, 이 표상적 패턴은 예수와 다양한 구약 전거들 사이의 내러티브 일치성을 분별하게끔 인도한다: 이삭, 모세, 다윗, 예레미야, 지혜자, 종, 고통받는 의인, 인자 등등. 이 변화무쌍한 모형론 저변에 있는 가장 근본적인 예표는 놀랍게도 예수를 임마누엘, 곧 우리와 함께하시는 하나님과 동일시하는 것이다. 어떻게 이스라엘의 성경의 다양한 이야기가 모두 예수라는 단일한 인물을 가리킬 수 있는가? 마태복음의 복잡한 표상적 설계(design)에 함의된 대답은 성서의 이야기들이 모두 어떤 식으로든 하나님의 정체에 관한 무언가를 드러내도록 고안됐다는 것이다. 예수/임마누엘이 내러티브 무대에 등장할 때 우리는 예수가 이야기의 이전 장에 나오는 모든 전임자들보다도 "더욱 크신 분"이라는 것을 알게 되며, 동시에 예수 역시도 과거 이야기에 담긴 의미들을 자신 안으로 수렴시킨다. 예수가 그렇게 할 수 있는 것은 자신이 "모든 의"를 마침내 성취하는 이스라엘의 운명을 짊어지는 메시아적 담지자이자 **동시에** 이스라엘 하나님의 체현, 곧 세상 마지막 날에 백성에게 수여될 모든 권세를 가진 분이기 때문이다. 마태복음에는 저자가 존재론적/명제적 용어로 이 역설적인 실체를 표현하려 했다는 증거가 나오지 않는다. 칼케돈 공의회(The Council of Chalcedon)는 먼 미래에 놓여 있으며 그 개념적 범주는 마태의 지평 밖에 놓여 있다. 그럼에도 마태 이야기에 엮여 있는 내러티브 모형론은 칼케돈과 그 계승자들이 해결하려고 했던 신학적인 퍼즐을 창조하는 데 일조한다. 예수가 어떻게 이스라엘이면서 동시에 이스라엘의 하나님의 체화일 수 있는가? 마태는 설명하지 않았지만 자신의 복음서에 나타난 중심인물에 대해 두 묘사가 모두 옳다는 점을 **내러티브적으로** 확신한다.

이방 민족들을 향한 사역의 요청인 성경

마태는 예수가 변화시킨 토라를 사랑하고 급진적으로 복종하는 공동체인 예수 따르미들의 비전을 서술한다. 이러한 공동체가 세상에 존재하는 핵심 목적 중 하나는 이방인을 빛으로 데려와 저들 또한 제자가 되게 하는 것이다. 마태 내러티브의 전체적인 설계 안에서 "너희의 빛이 [다른 이들에게] 비추어서, 그들이 너희 선한 행실들을 보고 하늘에 계신 너희 아버지께 영광을 돌리게 하라"(마 5:16)라는 산상수훈의 말씀은 결론부의 "대위임명령"을 예표한다(28:18-20). 빛을 보게 될 외부인(outsider)에는 분명 이전에 어둠에 앉아 있던 이방인도 포함된다(4:16). 이 빛을 보여주어야 하는 제자들의 소명은 다름 아닌 이사야 예언에서 하나님이 이스라엘에게 주신 사명의 확장이나 성취 이상의 것이 아니다: "내가 너를 민족들의 빛으로 삼아 나의 구원이 땅 끝까지 이르게 할 것이다"(사 49:6). 더욱이 우리가 살펴보았던 것과 같이 제자들은 이 사명을 수행함으로 모든 민족들에 대한 인자의 권세(ἐξουσία)를 말하는 다니엘의 비전을 성취할 것이다. 따라서 마태가 이스라엘의 성경을 선교를 위한 선언으로 개편시킨 것은 성서 내러티브 읽기에 있어서 궁극적, 종말론적인 요소를 제공한다. 모든 민족을 제자로 삼음으로써 예수 따르미들은 저들을 이스라엘 이야기의 마지막 장(chapter), 곧 하나님의 백성이 부활한 인자의 임재로 세상 마지막 날까지 유지되고 인도되는 장으로 초대된다.

위의 네 요소는 모두 틀림없이 1세기 유대교 사상과 관습이 유기적으로 발전한 것이다. 마태는 이스라엘이 구원되어 포로에서 돌아와, 민족들을 자비롭게 통치하실 메시아적 구원자의 지도 아래, 하나님에 대해 급진적 순종의 삶을 살게 될 것을 마음에 그리고 있었다. 제2성전 후기 및 이에 대한 즉각적인 여파 아래 있던 다른 유대교 문헌에서 이 비전과의 유사점을 찾는 것은 어렵지 않다: 솔로몬의 시편, 쿰란 두루마리, 에녹1서가 마음에 바로 떠오른다. 마태복음은 유대교의 그러한 종말론적 기대를 그리는 전망에 잘 들어맞는다. 하지만 마태의 내러티브는 또한 이 기대에 놀라운 변형을 가했다. 임마누엘이신 한 사람 예수의 유일한 권세를 제시하는 내러티브에 중심을 둔 채 토라를 해석학적 차원에서 변형시키면서 말이다. 예수의 부활에 비추어 이스라엘, 토라, 메시아, 민족들은 모두 새로운 모습을 형성하게 된다. 하늘과 땅의 모든 권세가 마태가 전하는 이야기 속 예수에게 주어졌다면 모든 것이 새롭게 이해되어야 한다.

제3장
누가복음:
이스라엘의 해방

"권세 있는 자를 그 위에서 내리치셨으며
비천한 자를 높이셨고
주리는 자를 좋은 것으로 배불리셨으며
부자는 빈손으로 보내셨도다.
그 종 이스라엘을 도우사
긍휼히 여기시고 기억하시되
우리 조상에게 말씀하신 것과 같이 …"

§11. 계속되는 구약 이야기:
성경 해석가, 누가

모든 복음서 기자 중 누가는 예수 이야기를 이스라엘 이야기와 매끄럽게 연결 지음에 있어서 가장 계획적이면서도 가장 자연스럽다. 닐스 달(Nils Dahl)이 적절히 관찰했듯 누가는 "성서 역사의 속편"을 쓰고자 했다.[1] 이처럼 누가의 두 권으로 된 작품(누가복음과 사도행전—역주)의 전반적인 설계의 초점은 하나님이 이스라엘 백성을 향한 구원의 약속을 성취하고자 하신다는 데 있다.

누가는 내러티브 서두에서부터 예수의 죽음과 부활 및 예수 따르미 공동체 위에 강림한 성령으로 이스라엘 이야기가 실제로 완결됐다는 확신(τὴν ἀσφάλειαν, 눅 1:4)을 독자에게 제공하려 한다. 누가는 이 사건들을 가리켜 "우리 가운데 **성취된**(πεπληροφορημένων, brought to fulfillment) 사실"(눅 1:1)이라고 특징지었다. 누가가 선택한 단어는 현재 부어진 하나님의 구원 능력이 약속을 성취하기에 차고도 넘친다는 것을 보여준다. '쁌쁠레미'

1. Nils Alstrup Dahl, *Jesus in the Memory of the Early Church* (Minneapolis: Augsburg, 1976), 84.

(πίμπλημι)와 '쁠레로오'(πληρόω, 둘 다 "충족시키다"[fill]를 의미)에서 유래한 단어
인 '쁠레로포레오'(Πληροφορέω, "충만하게 하다"/"성취하다")가 누가복음 1-4장
에서 최소 15회 이상 나타나는 것은 우연이 아니다. 누가는 독자들—아마
도 허구의 인물인 "데오빌로"로 상징된²—로 하여금 예수 이야기가 이스
라엘 이야기의 성취라는 점을 확신시키려 한다. 따라서 누가는 아담으로
부터(눅 3:38) 아브라함을 지나 예수 및 교회의 삶에 이르기까지 서사시적
이야기의 일관성을 상당한 서사 기법으로 강조하기 위해 예수 이야기를
"차례대로"(καθεξῆς, 1:3) 재진술한다.

누가복음과 마태복음의 상호텍스트적 관습을 비교하는 것은 도움이
된다. 마태복음의 인용 형식—"화자의 목소리"로 분명하게 해설(commen-
tary)하는—은 구약을 예수라는 단일한 인물 안에서 성취될 미래 사건을 가
리키는 영감된 신탁의 책으로 간주하는 것처럼 보인다. 반면 누가복음에
는 저자가 독자에게 제시하는 명시적인 해석이 거의 나타나지 않으며, 이
스라엘의 성경과 예수의 사역 사이의 관계는 (마태복음과는) 미묘하게 다른
방식으로 그려진다. 누가는 구약을 단지 미래의 메시아에 대한 **예언** 모음
집이 아니라 하나님이 이스라엘 백성에게 직접(self-involving) **약속하신** 책으
로 여긴다. 하나님은 언약적 약속을 통해 이 특정한 백성들과 결속하셨고
따라서 저들은 하나님이 압제에서 구원해주실 것을 신뢰할 수 있었다. 더
나아가 누가는 그러한 약속에 담긴 **교회론적** 함의를 반복적으로 강조한
다. 즉, 백성들은 단지 예수의 삶에서 뿐 아니라 주를 위해 준비된 백성의

---

2.   Θεόφιλος라는 이름은 "하나님을 사랑하는 자" 또는 "하나님의 친구"를 의미
     한다. 이에 대한 논의를 위해서는 Joseph A. Fitzmyer, *The Gospel according to
     Luke: Introduction, Translation, and Notes* (2 vols.; AB 28-28A; Garden City, N.Y.:
     Doubleday, 1981-1985), 1:299-300을 보라 [= 『앵커바이블 누가복음』, 1-2권, CLC,
     2015].

계속되는 역사에서 약속의 성취를 발견한다.[3]

누가의 내러티브는 우아한 기술로 약속/성취의 패턴을 드러내도록 설계됐다. 성서의 상호텍스트는 주로 두 가지 방식으로 나타난다. 첫째, 누가복음에서 성서의 직접 인용구는 대부분 저자의 명백한 주석이 아닌 내러티브 내 **등장인물의 입을 통해** 주어진다.[4] 이러한 내러티브 장치는 누가의 상호텍스트적 인용에 **드라마적 특성**을 부여하고, 독자는 내러티브에서 전개되는 플롯에 비추어 상호텍스트적 관계를 해석해야 하는 입장에 놓이게 된다. 우리가 나중에 다루게 될 대표적인 예로서 누가 이야기에 나오는 이사야 61:1-2의 의미는 예수가 갈릴리에서 사역을 시작하면서 나사렛 회당에서 치유하고 가르치는 사역을 공적으로 선언하실 때 예수 입에 놓인 이사야의 말씀에 의해 형성된다(눅 4:16-21). 누가복음에 이렇게 명시적인 인용문이 나오는 경우는 극히 드물지만 누가의 두 번째 책인 사도행전에서는 더욱 많은 것을 발견할 수 있다.

둘째, 누가복음 자체에 있는 대부분의 상호텍스트적 언급은 인유나 반향이라는 문학적인 장치를 통해 암시적으로 드러난다. 누가복음 첫 두 장에서는 확실히 구약의 약속에 대한 성취를 선명하게 기대하고 있으며, 마지막의 부활 현현 이야기에서는 모세, 선지자, 시편이 어떻게든 예수 안에서 성취됐음을 솔직하게 드러내어 주장한다(눅 24:25-27, 44-47). 하지만 이 두 푯대 사이 내러티브에서는 대부분 파악하기 어려운 단서만을 던지면서 구약의 전거들을 연상시킬 뿐이다. 누가는 끊임없이 구약의 본문 패턴

---

3. Kenneth Duncan Litwak (*Echoes of Scripture in Luke-Acts: Telling the History of God's People Intertextually* [JSNTSup 285; London: T&T Clark, 2005])는 누가의 성서적 인유에 내포된 교회학적 차원을 바르게 강조했다. 하지만 때때로 그의 연구는 누가-행전에서 기독론적 주제에 초점을 두고 있는 해석자들에 반대하여 불필요하게 일방적으로 주장한다.

4. 예외, 눅 2:23-24, 3:4-6.

을 이야기에 집어넣으면서 "상호텍스트성으로 잔물결을 일으킨다."⁵ 이러
한 내러티브 기법의 효과로 인해 우리는 누가복음을 면밀하게 읽으면서
이야기를 구성하고 있는 상호텍스트적 단서들을 분간하고 해석해야 하는
입장에 놓이게 된다.

누가의 어조(diction)와 이미지는 예수 이야기에 관한 단편적인 구약의
예표들을 반복적으로 자아낸다. 누가의 내러티브 기법을 다음과 같은 방
식으로 묘사할 수 있을 것 같다: 마치 복음서에 나타난 일차적인 행동들
은 무대 중앙에서 연출되어 각광을 받지만, 무대 뒤의 배경막에는 이스라
엘의 성경으로부터 온 세피아 톤의 깜박거리는 이미지들이 끊임없이 변
경되면서 비추어지고 있다. 이 이미지들은 순식간에 번쩍이고 흘러갈 수
도 있다. 하지만 관객들이 주의를 기울인다면 무대 위의 등장인물의 말이
나 몸짓이 전환되는 배경막의 무언가를 반영하고 있는 순간이 많이 있음
을 알 수 있다―혹은 반대일 수도 있다. 이처럼 두 개의 순간이 동시에 겹
칠 때, 곧 복음서 인물의 "라이브 액션"(live action)이 더 오래된 이스라엘의
이야기를 재현해내면서 두 내러티브의 장면/순간이 서로를 해석할 때 관
객은 번뜩이는 해석학적 통찰을 경험할 수 있을 것이다. 하지만 두 이야
기에 일치하는 패턴과 평행하게 흐르는 장면을 지속적으로 발전시키는
것은 누가의 방식이 아니다. 오히려 우리가 어떤 내러티브 수렴점을 인지
하자마자 그 순간은 지나가고 배경에 또 다른 이미지가 등장하여 완전히
다른 연결이 제안될 수도 있다. 이를 분석하기 위해 장면(action)을 중지해
놓고 천천히 연구할 수도 있을 것이다. 이는 누가의 이야기를 읽는 사람
이나 듣는 사람을 위해 의도된 방식이 아니다. 누가의 이야기는 계속 진
행되면서 과거 이스라엘을 위한 하나님의 구원 행위와 예수 이야기 안에

---

5.   Robert L. Brawley, *Text to Text Pours Forth Speech: Voices of Scripture in Luke-Acts*
       (Bloomington: Indiana University Press, 1995), 3.

서 성취된 새로운 해방 사건 사이에 강력하면서도 불분명한 유사점들을 남긴다.[6]

이와 같이 누가복음의 많은 구약 반향은 예수의 삶에 일어난 사건에 대한 직접적인 모형론적 예표로 기능하지 않는다. 반향들은 오히려 더욱 포괄적이고 미묘한 효과를 만들어낸다. 곧, 누가의 반향은 성서의 기억으로 가득한 내러티브 세계를 창조한다. 누가복음의 장면들은 성경의 드라마를 기억하는 독자들에게 친숙한 무대 위에서 연출된다. 누가복음 내에서 일어나는 일들은 족장과 선지자의 이야기 안에서 발생했던 것과 같은 일들이며, 복음서 인물들의 행동은 결코 구약 이야기와 단순히 동일시될 수 없지만 종종 이스라엘의 신성한 과거 이야기를 연상시키곤 한다. 이는 마치 누가복음 전체에서 한 주제에 대한 미묘한 변주곡을 듣는 것과 같다. 가장 중요한 것은 누가복음에 묘사된 하나님의 성품이 이스라엘 역사 내내 드러났던 성품과 일치한다는 것이다. 곧, 이스라엘 백성을 선택하고 불성실함을 심판하며 상상할 수 없었던 방식으로 구원하시는 하나님은 독자들이 이전 삽화들을 통해 익히 알고 있었던 바로 그 하나님이시다.

누가의 내레이션에 나타난 성서의 색감은 또 하나의 중요한 효과를 만들어낸다. 그것은 바로 **기대감**이다. 서두의 장면에서 우리는 하늘의 사자, 천사 가브리엘로부터 예수가 다윗의 왕위를 받으시고 야곱의 집을 영원히 통치하실 것이라는 소식을 들은 바 있다(눅 1:30-33). "우리 가운데에 성취된 사실들"(눅 1:1)에 대해 쓰려고 한다는 누가의 시작 선언에 비추어

---

6. 누가의 "성취" 언어가 작동하는 방식을 해석하는 다양한 방식에 대해서는 다음을 보라. Rebecca I. Denova, *The Things Accomplished among Us: Prophetic Tradition in the Structural Pattern of Luke-Acts* (JSNTSup 141; Sheffield: Sheffield Academic, 1997); and Darrell L. Bock, *Proclamation from Prophecy and Pattern: Lucan Old Testament Christology* (JSNTSup 12; Sheffield: JSOT Press, 1987).

우리는 예수가 왕좌에 오르시고 자신의 왕국을 다스리는 것을 통해 천사의 말이 입증되기를 기대하게 된다. 하지만 누가 이야기에 나오는 사건에는 누가의 두 번째 책 도입부에서 사도들이 여전히 "주여, 주가 이스라엘에게 나라를 회복하실 때가 이때입니까?"(행 1:6)라고 묻는 사실에 드러나는 것과 같이 이러한 기대가 명확하게 충족되지 않는다. 따라서 첫 번째 책 전반에 걸쳐 나타나는 성경의 약속과 암시는 장차 다가올 일을 전조한다. 혹은 음악 메타포로 이야기하자면 이 암시들은 해결을 기다리는 계류음(계류화음[서스펜션 코드]에서 앞 코드의 화성음을 그대로 유지하게 되면 청자는 이를 불협화음으로 느끼고 본래의 화성음이 등장하기를 기대하게 된다. 이를 음악에서는 '해결'이라고 부른다—역주)이다. 예수와 다양한 구약 전거들 사이의 연관성이 복음서 전반에 걸쳐 축적되면서 우리는 예수가 언제, 어떻게 시작부에서 약속된 역할을 맡으실지, 또한 마지막에 드러난 예수의 정체가 누가복음 전체에 걸쳐 울려 퍼지는 수많은 감질나는 상호텍스트적 모티프에 의해 제시된 광범위한 모형론적 역할을 통합하고 성취하게 되는지에 관해 의문을 갖게 될 것이다. 요약하자면 누가복음 이야기는 오직 사도행전에 가서야 충족되거나 결론 지어지는 기대들을 품게 한다. 누가복음은—이스라엘의 성경과 같이—저 너머를 가리킨다.

현재 연구의 목적은 해석 작업의 차원에서 네 복음서를 조사하고 비교하는 것이기에 사도행전을 자세히 다룰 수는 없다. 그러나 무시할 수도 없다. 누가복음은 누가의 두 번째 책에서만 완전하게 드러나는 주제에 대한 기대를 포함하고 있기에 누가복음 이야기를 읽을 때 발생한 불안정한 기대를 해명하기 위해 불가피하게 사도행전 자료를 끌어내야 하는 경우도 있을 것이다. 그러나 누가의 본래 문학적인 의도가 무엇이든 간에 우리는 누가복음이 사도행전에서 계속된다는 점을 제외하고 네 복음서의 구성요소로서 전승과 수용의 긴 역사를 가지고 있음을 기억하는 것이 좋다.[7] 누가가 느슨한 내러티브 가닥(threads)을 가지고 있더라도 이 책은, 완성된 상태가 아니라 하더라도, 여전히 예수 이야기를 일관되게 전하는 책 자체로 읽힐 수 있다.

---

7.   C. Kavin Rowe, "History, Hermeneutics, and the Unity of Luke-Acts," *JSNT* 28 (2005): 131-57. See also the responses by Luke Timothy Johnson, "Literary Criticism of Luke-Acts: Is Reception-History Pertinent?" *JSNT* 28 (2005): 159-62; and Markus Bockmuehl, "Why Not Let Acts Be Acts? In Conversation with C. Kavin Rowe," *JSNT* 28 (2005): 163-66. 통일된 문학 작품으로서 "누가-행전"은 현대성이 낳은 해석적 관습이다. 다양한 관점의 최근 논의를 위해서는 Andrew F. Gregory and C. Kavin Rowe, eds., *Rethinking the Unity and Reception of Luke and Acts* (Columbia: University of South Carolina Press, 2010)에 수록된 논문들을 보라.

§12. 이스라엘의 자유에 대한 약속: 누가복음 내러티브에 나타난 이스라엘 이야기

이스라엘의 해방 이야기: 하나님의 약속에 대한 기억과 소망의 표지

복음서 첫 장면에서 누가는 "우리 가운데에 성취된 사실들"(눅 1:1)이 이스라엘의 압제 세력에 의해 포로된 것으로부터 해방—누가복음 1-2장에서 반복적으로 들리는 주제—하는, 고대되던 하나님의 행동과 관련 있다는 신호를 보낸다. 우리는 여기서 이스라엘의 곤경, 곧 이스라엘이 어떻게 "원수들의 손"(눅 1:74)에 들어가게 됐는지에 대한 직접적인 설명은 발견할 수 없다. 누가는 단순히 그러한 상황의 존재를 상정하고서 밝아오는 소망의 징조를 가진 이야기를 집어들었다.

누가의 수태고지 이야기에서(1:26-38) 가브리엘 천사는 마리아에게 나타나 낳게 될 아기에 대해 중대한 소식을 전한다: "이 분은 위대하게 되어 지극히 높으신 분의 아들이라고 불릴 것이다. 주 하나님이 조상 다윗의 왕위를 그에게 주실 것이다. 그가 야곱의 집을 영원토록 다스릴 것이며 그의 나라는 무궁할 것이다"(1:32-33). 이러한 천사의 선언에서 이스라엘 이야기를 알고 있는 독자는 나단 선지자를 통해 다윗에게 주어진 주의 약속을 강한 반향으로 듣게 될 것이다: "내가 네 몸에서 나올 네 후손을 네 뒤에 세우고, **그의 왕국**을 견고하게 할 것이다. 그가 내 이름을 위하여 집을 건축할 것이며, 나는 **그의 왕국의 보좌를 영원히** 견고하게 할 것이다. 나는 그의 **아버지가** 되고 그는 내 **아들이** 될 것이다"(삼하 7:12b-14a). 이때 가브리엘의 말은 하나님이 옛적에 다윗에게 했던 약속이, 그 사이에 포로기가 있었음에도, 이제 다윗의 아들이자[1] 약속을 주신 분의 아들인 왕에 의해 통치되는 영원한 나라에서 성취될 것이라는 독자들의 기대에 불을 지피는 효과를 가져온다. 이 해석은 다윗을 향한 옛적 하나님의 약속 이야기를 "수용 배경"(encyclopedia of reception)으로 가지고 있는 독자를 전제로 하는데, 이는 시편 89편에서도 상기됐고 상술됐다.[2] 특징적으로 누가는 어떠한 인용 형식구 없이, 곧 독자로 하여금 상호텍스트적으로 읽도록 인도하는 명시적인 단서 없이 메시아에 대한 잘 알려진 약속을 **암시하는** 데 만족했다.[3]

---

1. 이 주제를 다루는 세부 논의는 Mark Strauss, *The Davidic Messiah in Luke-Acts: The Promise and Its Fulfillment in Lukan Christology* (JSNTSup 110; Sheffield: Sheffield Academic, 1995), 76-129을 보라.

2. 독자에 대한 이러한 묘사는 물론 본문에 대한 "이상적인 독자"를 뜻한다. 누가의 실제 청중이 그러한 지식을 자신들의 문화의 저수지(repertoire)의 일부로 가지고 있지 않는 한, 필요로 하는 배경 지식을 채워줌으로써 본문을 설명하는 일은 이 복음서를 읽었던 초기 공동체의 설교자와 교사의 과업이었을 것이다.

3. 이 본문이 적어도 몇몇 비-기독교적 유대인들에 의해 읽혔다는 것은 (4QFlorilegium으로 알려진) 사해문서의 메시아 본문 단편 선집인 4Q174의 발견으로써 확인됐다: "주는 너를 위하여 집을 지을 것이라 선언하신다(삼하 7:11c). 내가 네 씨를 네 뒤에 세울 것이다(삼하 7:12). 내가 그의 나라의 왕위를 [영원히] 세울 것이다(삼하 7:13). [나는] 그의 아버지가 되고 그는 나의 아들이 될 것이다(삼하 7:14). 그는 [마지막] 날에 시온에서 [통치하는] 율법 해석자와 함께 일어날 다윗의 가지다(암 9:11). 다시 말해, 다윗의 장막은 일어나 이스라엘을 구원할 자다"(4QFlor 1.10-13, Geza Vermes, *The Dead Sea Scrolls in English* [4th ed.; Sheffield: Sheffield

천사 가브리엘의 존재는 많은 현대 기독교 독자들이 중요성을 잘 인지하지 못하는 또 다른 상호텍스트적 단서다. 이스라엘의 성경에서 가브리엘은 백성들의 박해와 고통의 시기가 거의 끝났음을 알리고 있는 다니엘의 묵시적 환상에만 나타난다(단 8:16, 9:21). 다니엘 9장에서 가브리엘의 역할은 특별히 중요하다. 거기에서 가브리엘은 다니엘이 이스라엘의 죄를 고백하면서 하나님의 이름을 부르는 사람들과 예루살렘을 위해 용서를 구하는 열렬한 기도에 응답하여 나타났기 때문이다. "저녁 제사 때에 재빠르게 날아온"(단 9:21) 가브리엘은 다니엘이 "크게 사랑을 받는 자"이며 많은 재난이 있은 후 거룩한 곳을 더럽힌 압제자의 권세가 "작정된 끝"을 맞게 될 것을 선언한다. "따라서 가브리엘은 다니엘과 누가복음에서 모두 이스라엘 백성 중에 하나님이 새롭게 개입하신다는 것을 상징한다."[4] 두 본문에서 가브리엘은 저들의 임박한 구원을 선언한다. 그렇게 가브리엘은 이스라엘의 소망과 해방의 선구자가 된다.

신적 약속 주제에 대한 누가의 강조는 탄생과 유아기 내러티브의 나머지 부분에서 두드러지는 기쁨의 노래와 예언에 더욱 분명하게 나타난다. 마리아의 찬가에서(눅 1:46-55) 마리아는 자신과 친족 엘리사벳이 경험했던 놀라운 수태뿐 아니라 두 여인의 수태가 압제받는 민족을 구원하시는 하나님의 행위를 예고하는 방식에 대해서도—실제로는 주로(primarily)—찬양한다.

   그는 긍휼을 기억하시고

Academic, 1995], 354을 인용함).

4.   David W. Pao and Eckhard J. Schnabel, "Luke," in *Commentary on the New Testament Use of the Old Testament* (ed. G. K. Beale and D. A. Carson; Grand Rapids: Baker Academic, 2007), 255 [=『누가·요한복음』, CLC, 2012].

그의 종 이스라엘을 도우셨습니다.

이는 우리 조상들에게, 곧 아브라함과 그의 자손들에게

영원토록 말씀하신 것과 같습니다. (눅 1:54-55)

(강한 자를 내리고 낮은 자를 올리는) 마리아의 찬가의 언어와 주제는 사무엘상 1장의 한나의 노래를 강하게 연상시킨다.[5]

한나가 기도했다.

"내 마음이 주로 인하여 즐거워하고,

내 힘이 나의 주로 인하여 높아졌습니다.

내 입이 내 원수들을 향해 넓게 열렸으니,

내가 주의 승리를 기뻐하기 때문입니다.

주와 같이 거룩하신 분은 없으시니,

주 외에는 다른 분이 없으며,

우리 하나님과 같은 반석이 없습니다.

주는 지식의 하나님이시며,

행위를 저울에 다시는 분이시니,

너희는 심히 교만한 말을 다시 하지 말고

오만한 말도 입에서 내지 말 것이라.

용사들의 활은 꺾이나

비틀거리던 자는 힘으로 띠를 두를 것입니다.

---

5. 한나의 노래와 마리아의 노래에 대한 다른 구약 배경을 자세히 살펴보기 위해서는, Ulrike Mittmann-Richert, *Magnifikat und Benediktus: Die Ältesten Zeugnisse der Judenchristlichen Tradition von der Geburt Des Messias* (WUNT 2/90; Tübingen: Mohr Siebeck, 1996), 7-28을 보라.

배부르던 자들은 빵을 위해 품을 팔겠으나,

굶주리던 자들은 더 이상 굶주리지 않을 것이며,

아이 못 낳는 여자가 일곱을 낳을 것이나,

아들이 많은 여자는 의지할 곳이 없게 될 것입니다.

주는 죽이기도 하시고 살리기도 하시며,

스올로 내려가게도 하시고 올라오게도 하십니다.

주는 가난하게도 하시고 부하게도 하시며,

낮추기도 하시고 높이기도 하십니다.

가난한 자를 티끌에서 일으키시며,

궁핍한 자를 거름더미에서 끌어올려

존귀한 자들과 함께 앉히시며,

영광의 자리를 얻게 하시니,

이는 땅의 기둥들이 주의 것이고

세계를 그 위에 세우셨기 때문입니다.

그분이 신실한 자들의 발걸음은 지켜 주시나

악인들은 어둠 속에서 멸망하게 하시니,

사람이 자기 힘으로는 이길 수 없기 때문입니다.

주께 대적하는 자들은 부서질 것이니,

지극히 높으신 분이 그들에게 벼락을 치실 것입니다.

주는 땅 끝까지 심판하실 것이니,

그분이 세우신 왕에게 능력을 주시고

그분의 기름 부음 받은 자의 권세를 높이실 것입니다." (삼상 2:1-10)

그러나 또다시 누가는 전거가 되는 본문을 직접적으로 인용하기보다 은연중에 자아내서, 사무엘상 본문을 알고 있는 독자는 마리아의 노래를 한나의 찬가에 대한 조화로운 '데스칸트'(descant: 합창에서 가장 높은 성부로 대선율을 노래하는 것—역주)로 듣게 된다.

이 두 찬양은 자녀 잉태라는 찬양의 직접적인 원인을 넘어서서, 사무엘상 2:10에서 하나님의 대적을 무찌르고 하나님의 기름 부음을 받은 자(LXX: καὶ ὑψώσει κέρας χριστοῦ αὐτοῦ)를 높이시는 이미지로 상징되는 바 이스라엘 백성 전체에 대한 하나님의 신원을 찬양하는 데로 확장된다.[6] 한나의 노래의 언어가 유대 전통인 유월절 식사 전에 부르던 할렐 시편(Hallel psalms)의 가장 첫 번째 시편인 시편 113편에서 다시 나타나는 것은 단지 우연이 아니다. 유월절은 이스라엘 백성을 애굽에서 인도하여 "가난한 자를 티끌에서 일으키시며 궁핍한 자를 거름더미에서 끌어올리시는" 하나님의 강력한 개입을 기념하는 절기다.[7] 누가복음의 청자가 한나의 구원 찬가와 유월절 사이의 관계를 이해했다면 마리아의 노래 역시 이 동일한 전승 안에서 들려져야 한다는 사실—이번에는 마리아의 자손을 통해 이스라엘의 임박한 구원을 찬양하는 노래로—을 이해하게 될 것이다.

그러한 해석은 다시 한번 이스라엘 성경 및 이에 대한 유대 전승 내의 해석으로 수용 배경(encyclopedia of reception)을 가지고 있는 독자들을 전제한다. 이러한 식의 해석은 누가의 구약 인유들이 빈번하게 **환용**의 수사(trope of metalepsis)를 의존한다는 사실을 받아들인다. 상호텍스트적 참조의 힘을 이해하기 위해 독자는 반드시 두 본문 사이에 진술되지 않거나 억압된 상응점을 복구해야만 한다.

---

6.   참조, 눅 1:69: καὶ ἤγειρεν κέρας σωτηρίας ἡμῖν ἐν οἴκῳ Δαυὶδ παιδὸς αὐτοῦ.

7.   상세한 연구를 위해서는 Marianne Grohmann, "Psalm 113 and the Song of Hannah (1 Samuel 2:1-10): A Paradigm for Intertextual Reading?" in Hays, Alkier, and Huizenga, *Reading the Bible Intertextually*, 119-35을 보라.

동시에 마리아는 "아브라함과 그의 자손들에게 하신 영원한"(눅 1:55) 하나님의 약속을 노래하면서 하나님이 이스라엘의 조상 아브라함을 부르시고 선택하신 창세기 이야기를 직접적으로 언급한다(예, 창 12:1-3, 17:1-8, 18:18, 22:15-18).[8] 물론 남편 사가랴와 더불어 "나이가 많았던"(눅 1:7) 엘리사벳은 이전에 자녀를 잉태할 수 없었지만 수태 소식을 듣게 되는데, 이는 늙기까지 자녀가 없다가 기적으로, 하나님의 약속 성취로 얻은 자녀 이삭을 가지게 된 아브라함과 사라 이야기를 반향으로 불러일으킨다.[9] 누가는 우리가 예상할 만한 직접적인 모형론으로 아브라함 이야기를 언급하지 않는다. 말하자면, 누가의 탄생 내러티브 안에서 오랫동안 자녀를 가지지 못하고 낙담한 후에 아이를 갖게 되는 것은 예수의 어머니가 아닌 세례 요한의 어머니다. 하지만 이렇게 쉽게 인지할 수 있는 이 성경 패턴을 연상함으로써 독자는 과거 이스라엘에 대한 하나님의 은혜로운 구원 행위와 현재 사이의 연결을 기대하게 된다. 곧, 아브라함의 약속을 성취하셨던 바로 그 하나님이 이제 누가복음 사건 안에서 일하신다는 말이다. 그렇기에 이 이야기들은 "라임"(rhyme: 문자적으로는 '동일한 소리'를 가리킴. 여기서는, 내용은 다르지만 형태가 같다는 의미—역주)이다. 마리아의 노래는 마리아와 엘리사벳에게 기대치 못하게 주어진 임신이 뜻하는 바, 하나님이 결코 약속을 잊지 않으셨음을 상기시켜주는 매개물이자 표시가 된다.

---

8. Nils Alstrup Dahl, "Story of Abraham in Luke-Acts," in *Jesus in the Memory of the Early Church*, 66-86.

9. 이전에는 자식을 낳지 못하던 여인들—사라가 원형(archetype)인—에게 하나님이 아들을 주시는 정형화된 주제(topos)는 이스라엘 정경 이야기 내에서 수차례 반복된다: 리브가, 라헬, 한나, 이름이 밝혀지지 않은 삼손의 어머니, 모두는 이 패턴에 대한 예가 된다. 확장된 논의를 위해서는 Mary Callaway, Sing, *O Barren One: A Study in Comparative Midrash* (SBLDS 91; Atlanta: Scholars Press, 1986)를 보라. 눅 1:25에 나오는 엘리사벳의 기쁨의 언어는 창 30:23 LXX의 라헬의 선언과 유사하다: ἀφεῖλεν ὁ θεός μου τὸ ὄνειδος ("하나님이 내 부끄러움을 씻으셨다").

더 나아가 우리(그리고 아마도 누가의 초기 독자들?)가 알고 있는 바울의 아브라함/사라 이야기 해석(갈 3장, 롬 4장)에 비추어 볼 때 우리는 아브라함의 약속을 참조한 누가가 "땅의 모든 족속"(창 22:18; 참조, 창 12:1-3)을 향한 복의 확장을 어렴풋이 염두에 둔 것인지 궁금할 수도 있을 것이다. 분명 이 주제는 사도행전의 내러티브 프로그램과 일치할 것이다: "이 약속은 너희와 너희 자녀와 모든 먼 데 사람, 곧 주 우리 하나님이 얼마든지 부르시는 자들에게 하신 것이다"(행 2:39). 실제로 이방인을 이스라엘에게 약속된 복에 포함시키는 것은 누가의 두 번째 책의 주요한 주제이며 성서 인용을 다루는 데 있어서 반복적으로 영향을 미친다. 한 가지 특징적인 예는 세례 요한의 설교에 관한 이야기에서 이사야 40장을 인용한 것이다. 누가는 마가복음 자료에서 이사야 40:3을 발견했겠지만 인용된 자료를 확장하여 이사야 40:3-5을 포함시키면서 **"모든 육체가 하나님의 구원을 볼 것이다"**(눅 3:3-6)라는 선언에서 절정에 이르렀다. 이 교묘한 상호텍스트적 내레이션을 통해 누가가 세례 요한의 설교를 소개한 것은 이사야 40-55장의 보편적인 목적(thrust: 이방인을 하나님 백성으로 부르는 것—역주)을 불러일으키고 또한 사도행전에서 묘사된 이방인 선교를 예표한다. 이 전통에 대한 그러한 해석은 제2성전기 유대교 안에 있는 종말론적 소망에 관한[10] 주요한 흐름 변화—이는 과거를 새롭게 제시하여 그 미래를 어느 정도 변화시키는 경우가 된다—를 나타낼 수도 있겠지만 또한 이스라엘에 대한 하나님의 서사시적 선택/구원 이야기와의 더욱 깊은 연속성을 강조하기도 한다. 누가의 서술에서 모든 육체에게 구원을 드러내려는 하나님의 의도는 처음부터 계획된 이스라엘의 역할의 일부분이었다. 이스라엘을 향한 하나님의 약

---

10. Pao and Schnabel, "Luke," in Beale and Carson, *Commentary*, 257. 충분한 논의를 위해서는 David W. Pao, *Acts and the Isaianic New Exodus* (WUNT 2/130; Tübingen: Mohr Siebeck, 2000), 217-48을 보라.

속 주제는 사가랴의 예언에서 다시금 강조된다(눅 1:67-79). 요한이 태어난 후 사가랴는 성령의 능력으로 혀가 풀어져서(1:67) 이렇게 선포했다.

> 이것은 [이스라엘의 하나님이] 예로부터
> 거룩한 선지자의 입으로 말씀하신 바와 같이
> 우리 원수에게서와 우리를 미워하는 모든 자의 손에서
> 구원하시는 일이다.
> 우리 조상을 긍휼히 여기시며
> 그 거룩한 언약을 기억하셨으니
> 곧 우리 조상 아브라함에게 하신 맹세다.
> 우리가 원수의 손에서 건지심을 받고
> 종신토록 주의 앞에서 성결과 의로 두려움이 없이
> 섬기게 하리라 하셨다. (눅 1:70-75)

　여기서 누가는 다시금 이스라엘의 성경을 이스라엘의 구원에 대한 신적 약속의 매개물로 해석한다. 사가랴의 발화는 특히 예언의 말씀으로 특징지어지고(눅 1:67), 누가의 내러티브 안에서 장차 발생할 일을 미리 선언한다. 사도행전의 독자는 교회, 곧 의와 거룩으로 하나님을 섬기고 영화롭게 하는 공동체가 형성될 때, 누가에게 있어서, 약속이 성령의 역사를 통해 전혀 예상하지 못했던 방식으로 성취됐음을 회고적으로 인지하게 될 것이다. 여기에서 아브라함의 모습이 재차 환기되면서(눅 1:73) 독자는 누가의 예수 이야기를 선택과 약속에 관한 창세기 이야기의 결실로서 다시금 읽도록 인도된다(참조, 1:55). 더욱이 사가랴의 예언은 "주가 예로부터 거룩한 선지자의 입으로 말씀하신 바와 같이, 그 종 다윗의 집에 우리를 위하여 일으키신 구원의 뿔"(1:69-70) 이미지를 불러일으키기도 한다. 따라서

누가복음 1장에 나오는 두 가지 주요한 찬양의 표출(마리아와 사가랴)은 하나
님의 새로운 구원 사역을 이스라엘의 성경에 나오는 **아브라함과 다윗**을 향
한 약속과 연결 짓는다.[11] 복음서의 첫 장이 끝날 때 누가는 독자에게 자신
의 예수 이야기가 이스라엘 이야기에 연속되는 내러티브이자 저 이야기
가 해방의 절정을 향해 전개되는 것으로 읽혀야 한다는 풍부한 단서를 제
공한다.

　　사가랴의 예언은 결론적으로 하나님의 계시적 구원 행동의 목적이
"우리 발을 평화의 길로 인도"(눅 1:79)하게 될 것이라고 선언한다. 이렇게
누가는 '샬롬'(shalom, "평화")에 대한 예언적 이상을 하나님의 해방 행동의
목적으로 삼으려 한다. 우리가 살펴보게 되겠지만 누가의 전체 저작에서
평화에 대한 강조에는 폭력적인 수단으로 이스라엘의 해방을 추구하려는
당대 다른 유대교의 소망을 암묵적으로 강력하게 비판하려는 의도가 담
겨 있다.

　　놀랍게도 누가복음에 대한 더 오래된 편집-비평 연구에서는 이 해방
주제 및 이스라엘 이야기에 내포된 프로그램의 중요성을 종종 간과해왔
다. 이는 아마도 저들이 예수의 출생 기사와 유아기 자료를 누가의 신학
을 보여주는 것이 아닌 누가 이전의 자료에서 기인한 것으로 간주하는 경
향이 있기 때문일 것이다.[12] 물론 누가는 복음서 서두에서 말하듯(눅 1:1-4)

11.　Joel Green, "The Problem of a Beginning: Israel's Scriptures in Luke 1-2," *BBR* 4
　　(1994): 61-85.

12.　예를 들어, Hans Conzelmann, *Die Mitte der Zeit: Studien Zur Theologie Des Lukas*
　　(BHT 17; Tübingen: Mohr Siebeck, 1954; ET: *The Theology of St. Luke* [trans.
　　Geoffrey Buswell; New York: Harper, 1961])에서는 누가복음의 이 서론 장들이 거
　　의 등장하지 않고 누가 신학의 윤곽을 그리는 데 별다른 역할을 하지 못한다. 예를
　　들어, Conzelmann의 널리 영향을 미친 연구에 나오는 다음 관찰을 고려해보라: "성
　　전과 대조적으로 구약 역사의 특정한 인물과 사건은 역사적 반성에 포함되지 않
　　는다. 마가복음보다 누가복음에서 아브라함이 더 강하게 부각되고 있는 것은 선본

기존 자료들을 가지고 작업한다. 하지만 확실히 이 누가의 글이 어떤 자료에서 유래했다고 하더라도 우리는 누가가 자신의 저작에서 그것을 왜 그렇게 두드러지게 했는지, 그리고 그것이 이야기의 시작부에 배치됨으로 어떠한 내러티브 효과가 창출됐는지 물어야 한다. 이러한 방식으로 누가 내러티브의 전반적인 형태에 주목해 볼 때 이 첫 장들이 중대한 해석학적 역할을 한다는 것은 자명해진다. 다리를 건설하여 예수 이야기를 이스라엘의 과거 이야기에 효과적으로 연결 짓고 뒤이어 나올 모든 기대에 대한 틀을 설정한다.[13]

이처럼 크고 작은 여러 가지 방식으로 누가는 자신의 이야기와 성서의 선례들 사이를 끈으로 연결한다. 누가는 목자들이 하늘의 천사 무리가 아기 예수와 관련하여 계시한 것을 보도한 이후에 우리에게 "마리아는 이 모든 말씀을 간직하고(συνετήρει τὰ ῥήματα ταῦτα) 마음에 깊이 생각했다(ἐν τῇ καρδίᾳ αὐτῆς)"(눅 2:19)는 사실을 전해준다. 소년기 예수가 예루살렘 성전에 남아서 교사들과 이야기하는 일화 끝에도 유사한 표현이 다시금 등장한다. 마리아의 타박에 대한 예수의 당황스러운 대답("내가 내 아버지 집에 있어야 될 줄을 알지 못하셨는지요?")에 이어서 누가는 마리아가 "이 모든 말을 마음에 두었다"(διετήρει πάντα τὰ ῥήματα ἐν τῇ καρδίᾳ αὐτῆς, 2:51)라는 기록을 남겼다. 이 본문들에는 성경의 인용이나 분명한 암시로 간주될 만한 어떤 것도 나오지 않는다. 그러나 성경에 깊이 발 담그고 있는 독자들은 창세기 37:11의 반향을 들을 수 있을 것이다. 거기서 요셉은 자기 부모와 열한 형제에

(Vorlagen: 누가복음 이전 자료를 가리킴—역주)의 제한을 받는다"(143).

13. Dietrich Rusam, *Das Alte Testament bei Lukas* (BZNW 112; Berlin: De Gruyter, 2003), 40-89에서 바르게 관찰된 것처럼 말이다. Rusam은 이렇게 썼다: "두 권으로 된 누가 작품의 첫 두 장은—문학적으로 보자면—연결하는 기능(Brückenfunktion)을 가지고 있다. 곧, 이는 구원사에 속해 있으면서 동시에 선행하는 구원사와 후행하는 구원사 사이에 연결을 만들어낸다"(88).

대해 미래의 주권을 표징하는 예언적 꿈을 보도하는데 이때 야곱은 어른스러워 보이는 요셉의 말을 깊이 생각했다. 표면적으로 야곱은 요셉이 주제넘게 말하는 것에 대해 꾸짖었지만 화자는 다음의 한마디를 덧붙였다: "그의 형들은 시기했지만 그의 아버지는 그 말을 [간직해] 두었다(διετήρησεν τὸ ῥῆμα)"(창 37:11 LXX). 창세기 37장과 누가복음 2장에서 나중에 고통을 당하지만 결국에는 하나님의 특별한 호의를 받은 선택받은 자로서 입증될 어린 아들의 거창해 보이는 주장으로 인해 잠시 멈추어 서 있는 애정어린 부모가 나타난다. 두 본문에서 모두 부모는 말/말들을 (마음에) "두고"(keeps) 깊이 생각한다.[14] 누가복음 2장의 이 반향은 기대감을 불러일으킨다: 예수가 요셉과 같이 권위 있는 자리에 올라 자신을 배척한 자기 백성들에게조차 생명을 구하는 도움을 줄 것인가? 물론 누가 이야기는 그러한 상호텍스트적 연결 없이도 자연스럽게 읽을 수 있다. 그러나 오경에서 반향의 잔물결을 인지한 독자들에게 있어서 이 누가복음 장면에 드러나는 극적인 예고는 매우 강화된다.

그러나 이 누가복음 본문에 여전히 또 하나의 반향이 남아 있다. 다니엘 7장에서, 무시무시한 네 짐승이 "모든 백성과 나라와 방언"(단 7:13-14)을 다스릴 "인자 같은 이"에 의해 궁극적으로 대체될 것이라는 환상에 대한 계시적 해석이 다니엘에게 주어진다. 이 해석을 들은 후 다니엘은 자신의 환상 기사를 다음과 같이 결론 맺는다: "나 다니엘은 중심에 번민했고 내 얼굴빛이 변했지만 내가 이 일을 마음에 두었다(τὸ ῥῆμα ἐν καρδίᾳ μου ἐστήριξα)"(7:28 LXX). 여기서 칠십인역 동사 '에스떼릭사'(ἐστήριξα)는 누가복음 2:19과 2:51에 나오는 '떼레인'(τηρεῖν)의 합성어와는 다르지만 (창 37:11에

는 나오지 않지만 누가복음 두 구절에서 사용된) "마음에 두었다/간직했다"라는 고정되지 않은 단어 패턴은 선지식을 가진 독자에게 과거를 회상하도록 안내할 수 있다. 특히 다니엘 7장과 누가복음 2장의 "마음에 두다"라는 단어는 영원할 나라에서 높여진 메시아적 인물의 인격을 통해 이스라엘 구원/신원에 대한 예언적 전조를 제공하기 때문이다(참조, 눅 1:33; 단 7:14).

　　이 예로 설명된 것과 동일한 종류의 대위법적 상호텍스트성이 누가 이야기 내내 계속해서 연주된다. 이러한 상호텍스트적 반향과 관련한 내러티브 기법의 가장 일반적인 사례는 누가의 변화산 기사에 나타난다(눅 9:28-36). 이 이야기는 삼중-전승을 가지고 있고 누가의 기사는 일반적으로 마가복음과 상당히 유사하다. 그러나 누가는 모세와 엘리야가 "그[예수]가 예루살렘에서 **성취할**(πληροῦν) 그의 **탈출**(exodus, τὴν ἔξοδον αὐτοῦ: 개역에서는 '별세'로 번역—역주)에 대해 말씀하셨다"는 언급을 추가했다. 물론 그리스어 '엑소도스'(ἔξοδος)는 NRSV와 NIV 같은 현대 영역본에서 번역된 것과 같이 단순히 "떠남"을 의미할 수 있다. 하지만 그러한 번역은 예수의 수난/부활과 이스라엘의 출애굽 사이의 상응을 암시하는 누가의 미묘함을 가려버린다.[15]

　　반면 누가의 이야기 전체가 연속적인 출애굽 사건을 재현해내는 조화로운 알레고리나 모형론을 전개하기 기대하는 것은 헛되다.[16] 그보다도 누

---

15. 누가가 독자에게 이스라엘 출애굽 이야기와의 모형론적 상응을 통해 예수 이야기를 읽도록 강하게 촉구하고 있다는 것은 널리 알려져 있다. 누가의 제2권에서 "새 출애굽" 모형론을 비슷하게 사용하고 있는 연구에 대해서는, Pao, *Acts and the Isaianic New Exodus*를 보라.

16. 나는 누가의 "여행 내러티브" 자료와 신명기의 내러티브 사이의 포괄적인 상응 패턴을 기술하려고 하는 David P. Moessner, *Lord of the Banquet: The Literary and Theological Significance of the Lukan Travel Narrative* (Minneapolis: Fortress, 1989)를 존경함에도 불구하고 그렇게 이야기해야겠다.

가는 단서를 던지고 그냥 지나간다. 누가복음 9:51-62에 이르기까지 상호텍스트적 언급은 출애굽이 아닌 엘리야 내러티브 전반과 관련되어야 한다: 예수의 "승천"(눅 9:51/왕하 2:9-12); 하늘로부터 내려오는 불(눅 9:54/왕상 18:20-40; 왕하 1:9-13); 가족과 작별하기 위해 쟁기를 잡고 뒤를 돌아보지 말라는 경고(눅 9:59-62/왕상 19:19-21).[17] 여기에서도 패턴의 전환(shifting patterns)은 복잡하다. 누가 이야기에서 예수는 실제로 엘리야와 같이 하늘로 올려지시겠지만(눅 24:51; 행 1:9-11), 예수는 자신들을 받아들이지 않은 자들에게 엘리야와 같이 하늘의 불로 보복해달라는 제자들의 요구를 거부하셨고, 예수의 제자로의 부르심은 엘리야가 툴툴거리며(grumpily) 엘리사로 하여금 먼저 백성에게 돌아가 잔치를 한 후 따르기를 허용한 것보다 과격할 정도로 더더욱 강경하다. 이 상호텍스트적 연결은 긍정적인 평행법으로 작용할 뿐 아니라 **반유**(反喩, dissimile: 'A는 B가 아닌 것과 같이'라는 수사학—역주)로도 작용하여 예수의 독특한 정체성을 엘리야와의 유사성과 차이성 모두로 표현한다.[18]

---

17. 이러한 상호텍스트적 연결에 대해서는 Thomas L. Brodie, *The Crucial Bridge: The Elijah-Elisha Narrative as an Interpretive Synthesis of Genesis-Kings and a Literary Model for the Gospels* (Collegeville, Minn.: Liturgical, 2000); idem, "Towards Unravelling Luke's Use of the Old Testament: Luke 7:11-17 as an Imitatio of 1 Kings 17:17-24," *NTS* 32 (1986): 247-67을 보라. 안타깝게도 신명기와의 일치를 찾는 Moessner의 작업에 적용되는 바로 그 판단이 Brodie의 주장에도 적용된다. 내가 볼 때, Brodie는 누가 내러티브에 대한 "설명"으로서 단일한 상호텍스트적 전거에 특권을 부여하는 일을 너무 강하게 밀어붙인 것 같다.

18. 반유(dissimile)의 수사학적 모습과 효과에 대해서는, Hays, *Echoes of Scripture in the Letters of Paul*, 140-42을 보라. 누가가 예수와 엘리야를 암시적으로 대조한 범주의 적합성 문제는 『실낙원』(*Paradise Lost*)에서 그 효과에 대한 George deForest Lord 의 묘사를 회상함으로써 설명될 수 있다: 반유는 "종종 이국적이고 전설적인 힘을 가진 등장인물과 장소가 Milton의 진정한 신화적 비전과 비교될 때 단지 거짓되거나 열등한 것으로 버려지도록 불러일으켜지는 수사(trope)로서 Homer로부터 발전됐다"(*Classical Presences in Seventeenth-Century English Poetry* [New Haven: Yale

누가복음 9장의 변화산 기사에서 예수와 함께 등장한 구약의 위대한 두 인물인 모세와 엘리야에 관한 이야기가 회상하게끔 스쳐지나가듯 나오는 것은 우연이 아니다. 그러나 누가는 독자가 이 둘을 독특한 특권을 가진 전거나 모형론적 패턴으로 삼는 것에 반대한다. 그보다도 저들은 깜박거리는 배경막에 나타나서 예수 이야기에 깊이와 공명을 더해준다. 그러고 나서 이 이미지들은 다시 전환이 되고 이야기는 계속 진행된다.

이러한 식의 상호텍스트적 반향을 전달하는 것은 사실상 누가복음의 거의 모든 지면에 나타난다. 누가복음 12장은 주로 제자들에게 거절과 박해를 준비하고(눅 12:4-12, 49-53) 물질적 소유에 대해 걱정하지 말라고(12:22-31) 권고하는 교육 자료 모음집이다. 저들은 소유를 팔아 구제해야 하고 저들이 나라를 받는 것은 아버지의 기쁨임을 확신해야 한다(12:32-34). 곧장 이해하기 어려운 이 확신의 권고는 심판 날 모든 숨겨진 동기가 드러날 것(12:1-3)과 예기치 못한 때 인자가 올 것이라는 강렬한 종말론적 기대(12:35-48)로 둘러싸여 있다. 이 담화 가운데 우리는 "허리에 띠를 띠고(Ἔστω-σαν ὑμῶν αἱ ὀσφύες περιεζωσμέναι) 등불을 켜고 서 있으라"(12:35)는 권고를 듣게 된다. 문맥적으로 누가복음 12장에는 제자들이 이런 식으로 준비되어야 할 특정 시간이나 공간에 대한 언급이 없다. 오히려 그 언어는 관대하게 베풀고 얽매이지 않은 삶을 구가함으로 다가올 나라를 위해 늘 준비된 상태에서 살도록 권고하는 메타포에 가깝다. 그러나 허리에 띠를 띠라는 메타포는 단순히 일반적인 훈계가 아니다. 그보다도 이 언어는 출애굽을 위해 준비했던 이스라엘의 유월절 식사 규정을 매우 구체적으로 반향하고 있다.

University Press, 1987], 40). 하지만 누가의 수사학적 전략은, 대조점이 명시적이지 않고 암시적이라는 점에서 Milton의 것과 다르다. 곧, 누가는 예수가 "엘리야와 같지 않다"고 직접적으로 말하지 않는다.

너희는 그것을 이렇게 먹을 것이다. 허리에 띠를 띠고(LXX: αἱ ὀσφύες ὑμῶν περιεζωσμέναι), 발에 신을 신고 손에 지팡이를 잡고 급히 먹으라. 이것이 여호와의 유월절이다. 내가 그 밤에 애굽 땅에 두루 다니며 사람이나 짐승을 막론하고 애굽 땅에 있는 모든 처음 난 것을 다 치고 애굽의 모든 신을 내가 심판할 것이다. 나는 여호와다. (출 12:11-12)

첫 번째 유월절의 언어를 불러일으킴으로써 누가복음 12:35은 예수의 제자들이 놓인 상황—이 독특한 누가복음 단락에서—을 (출애굽 상황과) 유사하게 해석해야 함을 암시한다. 곧, 하나님의 심판이 다가왔기에 당장 움직일 준비가 되어 있어야 한다는 것이다. 하지만 이 새 시대의 유월절에 참여하는 사람들에게 있어 하나님의 심판은 어떤 두려운 것이 아니라, 구원과 자유의 임박한 순간을 가리킨다. 누가복음 12장에 스며들어 있는 경고와 기쁨(celebration)의 뒤섞임은 출애굽 이야기에 대한 스쳐지나가는 상호텍스트적 반향으로 생생하게 드러난다.

이는 상호텍스트적 반향의 음량이 전거 본문의 유명함 내지 친숙함에 의해 강화되는 경우를 잘 보여준다. 출애굽기 12장은 성경 내러티브에서 모호하지 않다. 곧, 이스라엘이 매년 유월절을 기념할 때마다 회상하는 친숙한 이야기다.[19] "허리에 띠를 띠라"는 어구를 사용한 데서 우리는 누가가 교회의 현재 정체성을 이스라엘의 근본적인 해방 이야기에 연결하고 있음을 보게 된다.[20] 안타깝게도 NRSV가 의역한 누가복음 12:35("행동을 위

___

19. 상호텍스트적 반향의 "음량"(volume)에 대해서는 Hays, *Conversion of the Imagination*, 36-37을 보라.
20. 비교해보자면 기독교 독자들의 경우 어떻게 단순한 어구 "강보/포대기"(swaddling clothes)가 자동반사적으로 누가복음의 탄생 이야기를 떠올리게 하는지 생각해볼

해 옷을 입으라")은 출애굽기 12:11과의 밀접한 문자적 대응을 완전히 지워버린다. 이러한 식의 번역은 영역본 독자가 누가복음 내러티브의 밀도 있는 상호텍스트적 특성을 인식하지 못했다는 증거이자 인식하지 못하게 하는 원인이 된다.

누가복음 14:1-24에서 저자는 예수의 가르침과 이스라엘의 전통 사이의 연속성을 강조하기 위해 오경의 또 다른 부분을 가져온다. 이 단락에는 식사와 잔치를 도래하는 하나님 나라와 연결 짓는 여러 가지 독특한 누가의 자료가 나온다. 여기에서 장면은 "바리새인 지도자"의 집에서 안식일 식사 때 수종병을 앓는 자를 고치신 예수 이야기로 시작된다(14:1-5). "율법교사들과 바리새인들"이 반대할 것을 뻔히 아셨음에도 예수는 안식일에 병을 고치는 자신의 도발적인 행위를 변호하셨다: "너희 중에 누가 그 아들이나 소가 우물에 **빠졌으면** 안식일에라도 곧 끌어내지 않겠느냐?" 부분적으로 볼 때 이 말은 단순히 상식에 호소하는 것이지만 그 이상의 의미를 가지고 있다. 전문 토라 해석가들과 대립하는 내러티브 문맥에서 예수의 도전은 신명기 22:4의 논리에 함축된 '할라크적'(*halakhic*) 호소로부터 특별한 힘을 받는다: "네 형제의 나귀나 소가 길에 **넘어진** 것을 보거든 못 본 체하지 말고 너는 반드시 형제를 도와 그것들을 일으켜야 한다." 따라서 예수의 안식일 치유 행위는 어떤 표징이 된다. 곧, 예수는 이스라엘 이야기에 이미 존재하던 모티프를 해석학적으로 끌어와 이스라엘의 해방을 선포하고 또한 실행하고 계신 것이다. 예수의 사역은 토라와 모순되지 않고 연속된다.[21]

수 있다.

21. 이 본문이 구체적으로 누가의 신학을 반영하고 있는지, 아니면 예수의 가르침에 대한 역사적인 전승을 단순히 보존하고 있는 것인지 물을 수 있을 것이다. 다층적으로 증명되지는 않았지만 나는 이 본문이 진정한 예수 전승을 보존하고 있을 가능

마찬가지로 저녁 식사 자리에 초대받은 자들에게 높은 자리를 택하지 말고 가장 낮은 자리에 앉으라고 하신 예수의 권고(눅 14:7-11)는 이스라엘의 지혜 문학에 이미 존재하던 권고를 반복한 것이다: "왕 앞에서 스스로 높은 체하지 말며 대인들의 자리에 서지 말라. 사람이 네게 이리로 올라오라고 말하는 것이 네 눈에 보이는 귀인 앞에서 저리로 내려가라고 말하는 것보다 낫다"(잠 25:6-7). 하지만 누가 내러티브 문맥에서 이 가르침은 왕궁 에티켓을 실용적으로 가르치는 것 그 이상의 함의가 있다. 이는 도래하는 나라가 (오기 전에) 이미 현재에 어떻게 영향을 미쳐서 가치와 지위의 전복을 만들어내는지 암시하는 가르침이다.[22] 종말론적 하나님 나라에서는 나중 된 자가 먼저 되고 먼저 된 자가 나중 될 것이다(눅 13:30). 따라서 예수를 따르는 사람들은 이미 낮은 자의 역할에 서야 하는 것이다(참조, 눅 22:24-27).[23]

누가복음 14:12-14에서 예수는 집주인에게 또 하나의 날카로운 도전을 던지셨다. 곧, 예수는 저녁 만찬을 베풀 때 유복한 친구나 친지를 초대하지 말라고 권하셨다. 오히려 "가난한 자들과 몸 불편한 자들과 저는 자들과 맹인들"(14:13)을 초대하라는 것이다. 이 충고는 고대 지중해 세계의 우정과 호혜 개념에 비추어 볼 때 상식적인 이해에 거슬리는 것처럼 보이지만 누가복음 1장에서 마리아의 프로그램화된 노래에 이미 드러난 사회

성이 높다고 생각한다. 그럼에도 자료의 역사적 기원에 관한 물음은 당면한 분석과 전혀 무관하다. (확실한) 사실은 이 자료가 오직 누가복음에만 나타난다는 것이며, 이는 분명 누가의 저작 목적을 조성한다. 곧, 이 본문은 연속되는 성경 이야기로서 예수의 해방 활동에 대한 누가의 문학적 강조와 일치한다.

22. Bob Dylan은 복음서 내러티브의 이 측면을 잘 해석했다: "지금 먼저 된 것이 나중 되는" 이유는 "시대가 변하고 있기 때문이다."

23. 다시 말하자면, 눅 14:7-11은 마가나 마태와 병행되지 않는 누가 특수 자료로 구성되어 있다.

적 전복에 관한 누가의 비전과 완전히 일치하고(1:51-53) 더욱이 누가복음
판 팔복과 화 선언에서 더더욱 강조적으로 나타난다(6:20-26): 하나님은 부
자의 자만함을 꺾으시고 주린 자의 배를 좋은 것으로 채우실 것이다. 이
것은 "가난한 자들과 몸 불편한 자들과 저는 자들과 맹인들"(14:15-24; 특히
14:21에 주목하라. 여기에 누가는 동일한 어구를 한 번 더 삽입했는데, 이는 마태의 유사한 비
유[마 22:1-10]와는 병행되지 않는 강조점이다)이 큰 잔치에 초대될 것이라는 예수
의 비유에 분명히 드러난 하나님 나라의 비전이다. 그러나 자원(resources)
의 균형을 이렇게 다시 맞추는 것이 이스라엘에서 새로운 것으로 인식돼
서는 안 된다. 이는 이스라엘 백성이 마침내 약속의 땅에 들어갈 때—애굽
의 속박과 광야의 오랜 방황에서 해방된 후—저들에게 요구되는 경제적
관습에 대한 신명기 명령과 매우 일치한다. 매 3년 마다 이스라엘은 "그
해 소산의 십분의 일"을 모아 (땅이 없는) 레위인들뿐 아니라 "성중에 거류
하는 객과 및 고아와 과부들이 와서 먹고 배부르게" 해야 했고 "그리하면
주 하나님이 … 범사에 … 복" 주실 것이라고 약속하셨다(신 14:28-29). 이
구절이 누가복음 14장에 인용되어 있지는 않다. 또한 직접적인 문자적 반
향조차 보이지 않는다. 하지만 신명기적 비전의 실현 속에 살고 있는 예
수가 바리새인들을 이스라엘의 해방된 백성으로서의 정체성에 따른 더욱
완전하고 급진적인 비전으로 부르고 계심은 분명하다.

마지막 예는 누가의 가장 독특한 반전 이야기 중 하나인 부자와 나사
로 비유다(눅 16:19-31). 여기에도 역시 직접적인 구약 인용이 나오지 않는
다. 그렇지만 모세와 선지자들의 가르침이 이 단락의 핵심부에 있다. 이
강력하고 친숙한 이야기에서 사치와 호화로움을 즐기는 부자와 가난한
거지 나사로는 내세에서 극적인 운명의 변화를 경험한다. 가난한 사람은
아브라함 품에서 위로를 받고 부자는 지옥의 불 가운데서 고통을 받는다.

이 이야기는 중심인물들의 사후 운명에 대해 명료하게 설명하지 않기

때문에 해석자들을 오랫동안 혼란스럽게 했다. 나사로는 특별히 유덕한 사람으로 묘사되지 않았고 부자가 부당하게 재산을 모았다는 암시도 없다. 그래서 이 이야기는 부가 기본적으로 악하다는 인상을 주는 것처럼 보일 수 있다. 그러나 그러한 읽기는 구약의 배경을 문맥 삼아 읽을 때 그릇됐음이 드러난다. 부자는 단순히 부자였기 때문이 아니라 하나님이 이스라엘과 맺은 언약 아래서 하나님에 대한 의무를 무시했기에 정죄를 받는 것이다. 이를 우리가 어떻게 알 수 있는가? 반박 불가능한 증거가 하나 있다. 곧, 가난한 자 나사로가 굶주린 채 먹을 것을 찾기 위해 쓰레기를 뒤지고자 집 밖에서 있었다는 것이다(눅 16:20-21).

왜 굶주린 거지의 존재가 (부자의) 언약 위반의 증거가 되는가? 우리는 먼저 위에서 언급했던 신명기의 계명을 기억할 필요가 있다. 이스라엘 백성은 마을 안에 자원을 비축하여 떠돌이(객), 고아, 과부가 와서 배불리 먹을 수 있게 해야 했다(신 14:28-29). 이 지점에서 신명기 이야기를 계속 살펴보면 우리는 이어서 모세가 하나님이 바라시는 빈곤 대처에 대해 더욱더 분명한 가르침을 주고 있음을 확인하게 된다.

> 네 주 하나님이 네게 주신 땅 어느 성읍에서든지 가난한 형제가 너와 함께 거주하거든 그 가난한 형제에게 네 마음을 완악하게 하지 말며 네 손을 움켜쥐지 말고 반드시 네 손을 그에게 펴서 그에게 필요한 대로 쓸 것을 넉넉히 꾸어주라. (신 15:7-8)

부의 배분에 관한 그러한 가르침의 전제는 이스라엘이 애굽의 속박에서 구원된 공통의 역사를 가지고 있는 형제자매 공동체며 또한 "너희 중에 가난한 자가 없게"(신 15:4) 하기 위해 노력함으로 삶에서 하나님의 의로운 목적을 드러내라는 공통된 부르심을 받았기 때문이다.

비유 속 부자는 이 부름에 주의를 기울이지 않은 것이 확실하다. 나사
로는 "문 앞에" 쓰러져 있었고 부자는 이를 무시했다. 그러한 이유로 부자
에 대한 심판이 그렇게 가혹했던 것이다. 나사로를 신경 쓰지 않은 부자
는 단순히 시민의 품위에 어긋난 것이 아니라 하나님과의 언약을 멸시하
고 이기적으로 자신의 사욕을 추구했다. 이는 사실상 하나님이 부르신 이
스라엘과의 연대를 부인하는 것이다.

이것은 또한 이 비유의 중심인물로 **아브라함이** 등장하는 이유를 의미
있게 설명해준다. 본문은 나사로가 천사들에 의해 **하늘로** 올려졌다고 말
하지 않는다. 오히려 나사로는 아브라함의 **품으로** 옮겨졌다(눅 16:22).[24] 이
당혹스러운 세부 내용은 나사로가 이스라엘 온 가족의 아버지에 의해 품
어졌음을 보여준다. 대조적으로 부자는 뒤늦게 고통 가운데서 "아버지"
(16:24) 아브라함에게 호소할 때 언약 공동체와의 결속을 주장하면서 자신
도 가족의 몫을 얻기를 소망한다. 그러나 아버지 아브라함에 대한 이 호
소는 너무 늦었다. 누가복음 독자들은 이전에 세례 요한이 했던 경고를
기억할 것이다: "회개에 합당한 열매를 맺으라. 속으로 '우리의 조상은 아
브라함이다'라고 말하지 말라. … 좋은 열매를 맺지 아니하는 나무마다
찍혀 불에 던져지리라"(3:8-9). 부자가 아브라함을 통해 이스라엘과의 가족
관계를 되찾으려 할 때 자신이 좋은 열매를 맺지 못한 나무임을 뒤늦게
깨닫고 불 가운데 던져졌다. 자신의 이기적인 선택으로 인해 나사로/아브
라함이 잔치를 벌이는 곳과 자신 사이에 "큰 구렁텅이"가 생겼다. 이 비유
의 독자—누가복음의 문학적인 틀 안에서—는 마리아의 노래를 반향으로
들어야 한다: "권세 있는 자를 그 위에서 내리치셨으며 비천한 자를 높이

---

24. 표준적인 주석들에서는 이 구절을 보통 다루지 않는다. 예, Fitzmyer, *Luke*, 2:1132;
I. Howard Marshall, *The Gospel of Luke: A Commentary on the Greek Text* (NIGTC;
Grand Rapids: Eerdmans, 1978), 636을 보라.

셨고, 주리는 자를 좋은 것으로 배불리셨으며 부자는 빈 손으로 보내셨다"(1:52-53).

거대한 반전이 일어났다. 나사로는 위로를, 부자는 고통을 받았다. 이것이 비유의 끝이 되어야 할 것만 같다. 이야기의 끝! 하지만 이것이 이야기의 끝이 아니다. 비유는 이어진다. 아브라함은 큰 구렁텅이가 존재하고 부자가 어떤 위로나 도움을 받기에는 너무 늦었다고 선언한다. 그때 운명을 포기한 부자는 자신의 다섯 형제들에게 경고하기 위해 나사로를 죽은 자들 가운데서 다시 보내달라고 아브라함에게 호소한다. 아브라함은 난색을 표하며—아마도 신명기 15장을 생각하면서—저들이 이미 모세와 선지자로부터 충분한 경고를 받았다고 이야기한다. 하지만 자신의 가족에 대해 잘 알고 있었던 부자는 저들이 성경을 아주 진지하게 받아들이지 않는다는 것을 알았다. 아! 그렇지만 나사로가 디킨스(Dickens)의 크리스마스 유령처럼 보내진다면 아마 이 스크루지들도 회개할 수 있지 않겠는가? 성경 본문은 너무 밋밋하다. 필요한 것은 저들의 주의를 끌 만한 극적이고(spectacular) 초자연적 징표다. 그러고 나서 아브라함의 무시무시한 최종 대답이 나온다: "모세와 선지자들에게 듣지 않으면 비록 죽은 자 가운데서 살아나는 자가 있더라도 권함을 받지 않을 것이다." 비유의 두 번째 부분에는 비틀기(twist)가 있다: 이 믿음 없는 세대에게는 어떤 표적도 주어지지 않을 것이다. 성경의 말씀을 듣고 가난한 자에게 자비와 긍휼로 반응하는 사람은 하나님 나라에 들어갈 것이다. 그러나 소유를 가난한 형제자매에게 나누어 주라는 모세와 선지자들의 요구를 무시하는 자들에게는 **부활하신 예수조차도** 벙어리인, 무의미한 유령이 될 뿐이다.

예시로 보여주는 토라에 대한 순종

부자와 나사로 비유에서 볼 수 있듯이 누가의 내러티브는 하나님의 율법에 대한 순종을 매우 중시 여긴다. 누가에게는 마태복음 5:17-20에 해당하는 본문, 율법을 지지하는 프로그램화된 진술이 나오지는 않지만 이야기 내내 토라에 대한 문자적 순종이 가치 있다는 많은 단서(hints)를 흩뿌려 놓았다—이로써 과거 이스라엘 이야기와 (누가의 독자 세계로 이어지는) 그 이야기의 속편 사이에 또 다른 연속성이 생긴다. 누가는 직접적인 교훈을 통해서가 아니라 예시화하는 내러티브를 통해 토라-순종의 가치를 점한다.

토라-순종 모티프는 출생과 유아기 이야기에 강하게 나타난다. 사가랴와 엘리사벳은 분명한 신명기적 언어로 "하나님 앞에 의인이니(δίκαιοι ἐναντίον τοῦ θεοῦ) 주의 모든 계명과 규례대로 흠이 없이 행했다(πορευόμενοι ἐν πάσαις ταῖς ἐντολαῖς καὶ δικαιώμασιν τοῦ κυρίου ἄμεμπτοι)"(눅 1:6; 참조, 신 4:40). 누가는 "아론의 딸"이라는 엘리사벳의 지위와 사가랴의 제사장 역할을 강조한다 (1:5, 8-10). 또한 저들이 창세기 17:12과 레위기 12:3에 따라 아들에게 팔 일만에 할례를 행하는 계명을 지켰음이 언급된다. 물론 이는 일반적인 유대 관습이었으니 이상할 것이 없다. 그러나 복음서 기자 중 누가만이 토라의 규정에 따른 세례 요한의 할례를 서술했다. 그리고 회막에서 섬기는 제사장들(레 10:9)이나 나실인 서원 아래에서 사는 사람들(민 6:3)에 대한 요구를 암시하며 요한이 "포도주나 독주를 마시지" 말아야 한다는 하나님의 명령을 언급한 사람도 누가 뿐이다.

마찬가지로 복음서 기자 중 누가만이 예수의 부모가 남자 아이 할례에 관한 법(창 17:9-12)을 성실하게 지켰다고 구태여 이야기한다. 이와 유사하게 이들은 레위기 12:2-8과 출애굽기 13:1의 규정에 따라 예루살렘 성전에서 아기 예수를 주에게 바치고, 또한 레위기 12:2-8과 출애굽기 13:1-2, 12, 15의 규례에 따라 어머니 마리아를 위해 산후 정결 예식으로 제사를 드렸다. 누가는 토라에 대한 이러한 순종 행위가 관련 오경 본문을 명시적으로 인용하고 주석할 만큼—그러한 직접적인 저자의 언급은 누가의 두 책 가운데서 거의 유일하다—충분히 가치가 있다고 간주한다(눅 2:21-24).[25] (흥미롭게도 저들이 "산비둘기 한 쌍이나 혹은 어린 집비둘기 둘"을 바치려 했다는 누가의 기록은 레 12:8을 따르자면 이들이 양을 바칠 여유가 없었음을 보여준다. 따라서 우리는 예수의 부모가 율법을 준수했을 뿐 아니라 또한 가난하기도 했다는 사실을 섬세하게 알게 된다.)[26] 더 나아가 누가는 또한 예수의 부모가 매년 유월절을 지키기 위하여 예루살렘에 올라갔다고 언급한다(2:41). 이렇게 서술된 세부 내용들의 그물 효과(net effect)는 예수가 가난하고 경건할 뿐 아니라 토라에 순종하는 가정에서 태어났음을 보여주는 데 있다.[27]

이와 같은 배경에서 예수가 요한에게 세례를 받은 후 신명기의 세 본문, 곧 본래 내러티브 맥락에서 토라 순종의 중대함을 강조하는 본문을 인용함으로써 마귀의 유혹을 물리친 것은 놀라운 일이 아니다(눅 4:1-12; 신 8:3, 6:13, 16에서 인용). 이렇게 누가는 복음서 첫 장에서 예수의 이후 사역을

---

25. 또 하나의 다른 예는 눅 3:3-6에 나온다.
26. 이 작은 내러티브의 세부 내용은 구약 전거 본문에 주의를 기울일 때 어떻게 신학적으로 도발적인 결과가 산출되는지를 보여준다. 누가가 예수를 이스라엘의 주로 인지하고 있다면 우리는 예수 탄생의 의미와 가난한 집안에서 자라나신 것의 의미를 신학적으로 어떻게 접근할 수 있을까(참조, 고후 8:9)? 기독론적·윤리적인 함의는 상당하지만 이에 대한 우리의 인식은 누가의 레 12:8 암시를 복원하는 데 달려 있다.
27. 또한 사도행전에서 누가는 비슷한 방식으로 바울을 경건하게 율법을 지키는 유대인—실제로 나실인 서원을 행하는 자로—묘사한다(행 16:3, 18:18, 특히 21:20-26). Jacob Jervell, *The Unknown Paul: Essays on Luke–Acts and Early Christian History* (Minneapolis: Augsburg, 1984), 68-76, esp. 71.

위한 장면을 설정하여 독자로 하여금 그의 사역을 모세 율법과 대립하기
보다 연속적으로 해석하도록 준비했다. 누가복음에 나오는 예수는 하나
님의 계명을 고치거나 배척하려는 배교자(renegade)가 아니다. 반대로 예수
는 이스라엘에게 주어진 언약에 따라 살면서도 급진적으로 순종하는 자
녀다.

누가 이야기 내내 이 모티프가 등장한다. 예컨대, 예수가 한센병자를
고치셨을 때는 즉시 제사장에게 가서 몸을 보이고 모세가 명한 예물을 드
리라고 명했다(눅 5:12-14; 레 14:1-31을 암시함).[28] 또 한 번은 율법사(νομικός)가 예
수에게 영생을 얻는 데 무엇이 필요한지 물었을 때, 예수는 질문자에게
"율법에 무엇이 쓰여 있느냐? 너는 그것을 어떻게 읽느냐?"라고 되물으
셨다. 여기에는 예수가 토라의 가르침을 그러한 질문에 대해 충분히 대답
해주는 것으로 간주했다는 점이 분명히 함의되어 있다. 그리고 실제로 율
법사가 신명기 6:5과 레위기 19:18을 인용하면서 사랑의 이중 계명으로
대답했을 때 예수는 그 대답을 인정하셨다: "네 대답이 옳도다. 이를 행하
라. 그러면 살 것이다"(눅 10:25-28). 여기서 흥미로운 것은 누가의 설명이 병
행 본문인 마가복음 12:28-34과 마태복음 22:34-40에서 사랑의 이중 계
명을 먼저 말씀하신 사람을 예수로 설정한 것과 다르다는 점이다. 누가의
이야기는 **예수가 새로운 계시를 가져온 것이 아니라** 이스라엘의 율법 교
사들이 이미 잘 알고 있었던 바를 단순히 강화시켜 주었을 뿐이라는 점을
강조하는 효과가 있다. 이스라엘의 예언자 전통 안에서 예수는 단순히 백
성의 지도자들에게 이미 주어진 율법을 잘 지키라고 촉구한 것이다.

나중에 나오는 내러티브에서 예수가 예루살렘에 가까이 가셨을 때 정

---

28. 이는 누가가 마가 자료(막 1:44)로부터 온전하게 보존한 삼중-전승 자료의 일부다.
  이 본문이 누가만의 독특한 것은 아니지만, 예수의 토라 순종에 대한 누가의 관심
  과 매우 잘 맞아떨어진다.

확히 동일한 질문을 다시 받으셨다(눅 18:18-25). 질문자는 "어떤 관리"로서 "내가 무엇을 하여야 영생을 얻겠습니까?"라고 물었다. 이번에 예수는 "네가 계명을 알고 있다"고 직접적으로 대답하시고서 십계명의 두 번째 판에서 다섯 계명을 인용하셨다(출 20:12-16과 신 5:16-20을 참고). 이 남자가 어려서부터 모든 계명을 지켰다고 대답하자 예수는 또 다른 요구 사항을 주셨다. 곧, 그는 모든 소유를 팔아 가난한 자들에게 나누어주고 예수를 따라야 했다. 여기서 예수를 따른다는 것이 율법을 넘어서는 추가적인 계명 지킴으로 이해되어야 하는지, 아니면 세속적인 소유를 처분하라는 예수의 요구가 단순히 탐욕에 반대하는 열 번째이자 마지막 계명—이 계명은 예수가 처음 십계명을 요약했을 때 분명 생략됐다—이 급진화된 것인지는 다소 불확실하다(출 20:17; 신 5:21). 아마도 부자 관리의 소유에 대한 집착은 이웃의 소유를 탐내지 말라는 계명을 지키지 **않았음**을 보여줄 수 있다. 하지만 어느 쪽이든 간에 누가의 내러티브는 예수를 따르는 것이 하나님의 율법에 타협하지 않는 순종의 삶이라는 사실을 의미한다.

타협하지 않는 순종에 대한 요구는 먼젓번에 예수에게 이끌려온 무리들에 대한 예수의 도전에서 더더욱 분명하게 표현된다: "만일 내게 오는 자가 자기 부모와 처자와 형제와 자매와 더욱이 자기 목숨까지 미워하지 않으면 내 제자가 될 수 없다"(눅 14:26). 이 난처한 가르침은 모세가 레위에게 축복을 선언하는 신명기 33:8-9을 반향한다: "[레위는] 그의 부모에 대해 '내가 그들을 보지 못했다'라고 하며, 그의 형제들을 인정하지 않고, 그의 자녀를 알지 않았는데, 이는 그들[즉, 레위 자손들]이 주의 말씀을 준행하고 주의 언약을 지킴으로 인한 것이었다."[29] 이 구절은 출애굽기 32:25-

---

29. Crispin H. T. Fletcher-Louis, "Jesus Inspects His Priestly War Party (Luke 14:25-35)," in *The Old Testament in New Testament: Essays in Honour of J.L. North* (ed. Steve Moyise; JSNT 189; Sheffield: Sheffield Academic, 2000), 126-43, esp. 138-40.

29—금송아지 삽화의 일부분—을 가리키고 있는데, 거기서 레위 자손들은 우상 숭배의 죄를 범한 자들을 처리하기 위해 무기를 가지고 모세의 부름에 따라 소집됐다. 저들은 진영을 다니면서 형제, 친구, 이웃을 죽였다. 이 비극적인 삽화를 곁가지로 암시하면서 예수는 따르미가 되고자 하는 군중에게 예수 운동에 참여함의 근본적인 함의를 생각하게끔 도전했다. 하지만 동시에 친족을 죽이는 구약 이야기는 누가복음 내러티브에서 의미심장하게 메타포적으로 비틀어져서, 무리에 대한 예수의 도전이 이렇게 요약된다: "이와 같이 너희 중의 누구든지 자기의 모든 **소유**를 버리지 않으면 능히 내 제자가 되지 못할 것이다"(눅 14:33). 가족을 미워하는 문제는 칼을 빼내어 폭력을 행사하는 것이 아니라, 이제 집을 떠나 물질적 안정을 포기함으로 집착을 버리는 문제가 된다.

누가에게 급진적 순종의 의미란 다른 사람에게 폭력을 휘두르기보다 예수 자신이 폭력을 당하시는 수난 이야기에서 가장 결정적으로 드러난다. 누가는 이 내러티브 패턴을 다른 복음서들과 공유하지만 누가의 초점은 감람산에서 예수의 체포 이야기에 놓여 있다. 복음서 기자 중 독특하게 누가는 따르미들이 예수에게 "우리가 칼로 칠까요?"라고 묻는 것을 기록하고 있다(눅 22:49). 저들 중 한 사람은 대답을 기다리지 않고 네 복음서 세부 내용에서 모두 볼 수 있듯이 대제사장의 종의 귀를 쳐서 잘라냈다. 그러나 다시 한번 복음서 기자 중 독특하게 누가는 예수의 반응을 이렇게 이야기한다: "예수가 말씀하시되, '이것까지 참으라!' 하시고 그 귀를 만져 낫게 하셨다"(눅 22:51). 언약적 순종에 대한 누가의 비전이 폭력적인 칼을 피하고 예수의 사명을 치유—심지어는 대적의 치유—의 측면에서 묘사하고 있는 이 사례보다 더 명료하게 나타난 언급은 찾아보기 어렵다.

동시에 근본적으로 비폭력적인 이와 같은 토라 순종에 관한 해석은 예수를 죽이려는 이야기 속 등장인물들이 비록 스스로는 율법 옹호자라고 생각하고 있을지언정 실제로는 율법을 어기고 있음을 보여준다. 이는 나중에 사도행전에서 사도의 설교에서 극명하게 드러나는 주제로, 순교의 원인이 된 스데반의 설교 절정부에서 가장 명료하게 나타난다.

> 목이 곧고 마음과 귀에 할례받지 못한 백성들아, 너희도 너희 조상과 같이 항상 성령을 거부했다. 너희 조상들이 선지자들 중의 누구를 박해하지 않았느냐? 의인이 오시리라 예고한 자들을 그들이 죽였고 이제 너희는 그 의인을 잡아 준 자요 살인한 자가 된다. 너희는 천사가 전한 율법을 받고도 지키지 않았다. (행 7:51-53)

스데반의 비판은 그 자체로 과거 모세와 선지자들이 불충실한 이스라엘에게 말한 바 성경의 반향으로 가득하다—예를 들어, "목이 곧은 백성"(출 33:3, 5); "할례받지 않은 마음"(레 26:41); "할례받지 않은 귀"(렘 6:10); "성령을 거부함"(사 63:10); 선지자들을 박해하고 죽임(왕상 19:10, 14; 느 9:26). 이러한 성경적 공명들은 예수를 거부하는 이스라엘 사람들에 대한 기소 이유를 강화할 뿐 아니라 예수와 따르미들을 이스라엘과 맺은 하나님의 언약에 진정 신실한 자들로 간주하는 누가의 긍정적인 묘사를 강조한다.

하지만 누가 이야기에서 예수의 신실함은 또한 이스라엘에 대한 궁극적인 용서와 구원의 소망과 밀착되어 있다. 토라에 대한 신실함이라는 주제는 십자가 위에서의 중보기도로 가장 분명하게 예시된다: "아버지 저들을 사하여 주십시오. 자기들이 하는 것을 알지 못합니다"(눅 23:34). 이 기도는 토라에서 두 가지 종류의 서로 다른 죄를 구분하는 것에 암시적으로 호소한다. 민수기 15:22-31에 백성이 "주가 모세에게 말씀하신 이 모든 계명들을 부지중에 범할" 경우를 위한 속죄 방법이 추가로 논의된다. 율법을 범한 것이 "부지중에, 회중이 알지 못 한 채" 발생했다면 "이스라엘 온 회중의 죄를 속하기 위해" 화제를 드릴 수 있다. "그러면 그들이 사함을 받을 것이다. 이는 그가 부지중에 범죄했기 때문이다." 반면 "누구든지 본 토인이든지 타국인이든지 고의로 무엇을 범하는 자는 주를 비방하는 자니, 그의 백성 중에서 끊어질 것이다. 그런 사람은 여호와의 말씀을 멸시하고 그의 명령을 파괴했은즉 그의 죄악이 자기에게로 돌아가서 온전히 끊어질 것이다." 이렇게 죽음을 맞이하는 예수의 기도에서는 자기 백성들이 사형 집행에 공모한 것을 하나님에 대한 "독단적인" 의도적 반항이 아니라 무지에서 비롯한 행위이며 따라서 이것을 하나님의 뜻에 따라 용서 **받을 수 있는 범죄**로 묘사함으로써 자기 백성을 위해 변호하는 것처럼 보인다. 예수의 십자가 처형에 대한 이 해석은 사도행전에 나오는 베드로(행 3:17)와 바울(13:27)의 설교에서 정확히 반복된다. 곧, 백성과 지도자들은 "알지 못한 채 행동"했기에 저들이 한 일을 회개하고 용서를 받을 수 있다. 여기서도 우리는 **이스라엘 율법의 세부적인 지식이 담긴 문화적 저수지를 가진 독자들이 이를 상호텍스트적으로 해석할 때 누가 내러티브에서 더욱 명확한 초점이 발생하는 세부 사항을 발견하게 된다.** 누가복음 이야기에서 예수는 죽음에 이르기까지 모든 방편으로 하나님에게 순종하셨을 뿐 아니라 구체적인 토라 지식에 기초하여 불충실한 이스라엘을 변호하시면서 저들이 용서받기를 계속해서 구하셨다.[30]

---

30. 몇몇 사본에서 이 구절이 생략된 것은 교회와 회당 사이의 분열이 심화된 이후에 후대 기독교 편집가의 수정으로 쉽게 설명될 수 있다. 모든 것을 감안할 때 23:34은 누가 이야기의 본래 형태로 이해돼야 한다. 다음을 보라. Eldon Jay Epp, "The 'Ignorance Motif' in Acts and Anti-Judaic Tendencies in Codex Bezae," *HTR* 55 (1962): 51–62; Nathan Eubank, "A Disconcerting Prayer: On the Originality of Luke 23:34a," *JBL* 129 (2010): 521–36. 무지에 근거한 예수의 죄 사함 호소는 누가의 전체적인 내러티브와 신학적 프로그램과 완전히 일치한다(참조, Luke Timothy Johnson, *The Gospel of Luke* [SP 3; Collegeville, Minn.: Liturgical, 1991], 376).

복음서 결말부를 통해 누가는 계속해서 예수와 따르미들을 경건하게 율법을 수호하는 유대인으로 묘사한다. 제자들과 함께 하신 예수의 마지막 만찬은 (마가와 마태와 동일하게) 반복적으로 유월절 식사로 간주되는데(눅 22:1, 7-8), 예수는 제자들에게 이렇게 말씀하셨다: "내가 고난을 받기 전에 너희와 함께 이 유월절 먹기를 원하고 원했다"(눅 22:15). 예수는 전통적인 유월절 의식을 지킴으로 자신이 겪게 될 고난을 준비하면서, 이때 이스라엘의 구원에 대한 위대한 이야기를 열렬히 회상하셨다. 그러고 나서 예수가 죽으신 후 아리마대 사람 요셉은 예수의 시체를 십자가에서 내릴 것에 대한 허락을 구했고, 이로써 땅을 더럽히지 않도록 처형된 자의 시체는 당일에 장사해야 한다는 신명기 21:22-23의 요구 사항을 지킨다.[31] 더 나아가 누가는 예수의 시체가 놓인 곳을 확인하고 여인들이 장례를 준비했음을 이야기한 이후에 복음서 기자 중에서도 독특하게 **"계명을 따라 안식일에 쉬었다"**(23:56)는 사실을 우리에게 말해준다. 겉보기에 사소한 이 내러티브 세부 내용은 실제로 누가복음 첫 장의 출생/유아기 내러티브에서 토라 준수에 대해 비슷하게 스쳐지나가는 기록과 더불어 수미상관(inclusio)을 형성한다. 예수의 가족이 율법에 충실히 순종함으로 예수의 삶을 예비했던 것과 같이 이야기의 끝에서는 예수 따르미들이 하나님의 계명을 존중하는 방식으로 예수의 장례를 준비했다.

이스라엘을 향한 하나님의 인자와 자비

누가는 이야기 안에서 다양한 등장인물을 통해 토라에 대한 충실함이

---

31. 이 내러티브 세부 내용에 있어서 누가는 또한 마가 및 마태와 일치한다.

라는 주제를 긍정적으로 서술했지만 이것이 누가의 주요한 신학적 강조
점이라고 추정한다면 큰 오해를 불러일으킬 수 있다. 율법 준수에 대한
누가의 언급이 하는 주요한 기능은 상징적인 세계를 창조하고, 누가의 이
야기를 시간, 장소, 문화 안에 두며 이로써 하나님이 등장하는 이스라엘
역사의 드라마 선상에 놓는다는 데 있다. 그 이야기의 주인공은 **하나님**이
시다.[32] 출생 기사에 나오는 노래에서 **하나님**이 핵심 동사의 주어가 되신
다. 등장인물들은 자기 팔로 능력을 보이신 **하나님**, 권세 있는 자를 낮추
시고 낮은 자를 높이시는 **하나님**, 언약을 기억하시고 종 이스라엘을 도우
시는 **하나님**을 기쁘게 고백한다. 언약을 기억하시고 자기 백성을 구원하
며 과거 족장들에게 약속하셨던 자비를 베푸시는 분은 **하나님**이시다. "돋
는 해가 위로부터 우리에게 임하는"(눅 1:78) 것은 하나님의 인자하신 자비
(tender mercy)로 인한 것이다. 이는 종교적인 업적의 언어도, 신의 무자비한
요구에 대한 건조한 복종의 언어도 아니다. 오히려 그것은 하나님의 은혜
로운, 생명을 주시는 헤아릴 수 없는 능력을 향한 감사와 찬양의 언어로
서, 특히 그 능력은 이스라엘을 향한 신실하신 행동에 드러난다.

하나님의 신실하심과 하나님에 대해 언급되어야 할 많은 부분은 신적
신실하심이 결정적으로 재현된 예수의 정체성을 서술하기 위해 누가가
구약을 어떻게 사용하는지 살펴볼 때 드러날 것이다. 하지만 예수의 행동
에 대한 구체적인 설명 외에도 누가복음은 이스라엘의 성경적 전통에서
가져온 언어로 하나님의 은혜를 확증한다. 예수가 청중에게 원수를 사랑
하고 아무 대가도 바라지 말고 꾸어주라고 말씀하신 평지수훈의 구절은
특히 눈에 띈다(눅 6:27-38). 이 반직관적인 조언을 따르는 데에는 두 가지

---

32. Beverly Roberts Gaventa, *The Acts of the Apostles* (ANTC; Nashville: Abingdon, 2003); idem, "Learning and Relearning the Identity of Jesus from Luke-Acts," in Gaventa and Hays, *Seeking the Identity of Jesus*, 148-65.

이유가 주어진다. 첫째, 이런 일을 행하는 사람은 큰 상을 받을 것이다. 그러나 두 번째 이유는 좀 더 무겁다: "… 또 지극히 높으신 분의 자녀가 될 것이다. 그는 은혜를 모르는 자와 악한 자에게도 인자(χρηστός)하시다. 너희 아버지가 자비로우신 것(οἰκτίρμων) 같이 너희도 자비로운 자(οἰκτίρμονες)가 되라." 예수를 따르는 자들은 인자하고 자비하도록 부름을 받았다. 저들이 섬기는 하나님의 성품을 반사함으로써 말이다—실제로는 세상에서 그분의 모양(likeness)을 닮은 자녀가 될 것이다. 이 구절이 유사한 산상수훈(마 5:43-48)과 실질적으로 평행하더라도 누가복음 6:35-36의 구체적인 어구는 마태의 것과 완전히 다르며 다른 복음서에도 평행되는 곳이 없다.[33] 누가가 여기에서 하나님을 묘사하기 위해 사용한 두 개의 형용사 '크레스또스'(χρηστός)와 '오이끄띠르몬'(οἰκτίρμων)은 임의로 선택된 것이 아니다. 두 단어는 모두 성경으로부터 풍성한 공명을 불러일으킨다.

하나님이 '크레스또스'라는 고백은 칠십인역 시편에서 내내 반복해서 울린다. 한 가지 예를 들자면 칠십인역 시편 85:5은 감사의 마음으로 하나님에게 이렇게 선언한다: "주여, 당신을 부르는 모든 사람에게 인자(χρηστός)하고 온유하며 자비가 풍성하십니다." 여기서 시편의 '크레스또스'(χρηστός)는 보통 히브리어 '토브'(טוב)의 번역어다. '토브'(טוב)는 영역본에서 보통 "좋은/선한"(good)으로 옮겨진다. 이는 히브리어의 정확한 번역

---

33. "너희 아버지가 자비하신 것처럼 너희도 자비로워라"라고 하기보다 마 5:48은 "너희 하늘의 아버지가 온전하신 것(τέλειος) 같이 너희도 온전하라(τέλειοι)"라고 읽으면서, 다른 구약 전거들, 곧 신 18:13과 레 19:2을 합류시켜 반향한다. 누가가 이 말에 대한 마태 판(version)을 알았는지, 아니면 그 반대인지 묻는 것은 사변적이다. 마찬가지로 어느 누구가 예수의 실제 가르침에 가까웠는지 결정하는 것도 어렵다. 더더욱 생산적인 것은 서로 다른 두 형태로 나오는 예수의 말이 다른 구약 자료에서 가져오는 방식을 탐구하는 것이며 저들이 등장하는 복음서 맥락 안에서 흥미롭게도 서로 다른 제자도의 비전과 하나님의 성품을 제안해보는 것이다.

이지만, 누가복음 6:35에 대한 일반적인 영역이 바르게 제시하는 것처럼 "인자한" 내지 "은혜로운"의 의미를 전달할 수 있는 그리스어 단어의 의미론적 뉘앙스를 전적으로 담아내지는 못한다. 그렇지만 영역본 독자들은 누가복음 6:35이 하나님은 선하시다/인자하시다고 선언하는 시편의 고백 전통을 반향하는 방식을 놓치게 될 것이다.[34] 그리고 이 언어가 시편에 나오는 문맥을 면밀히 조사해보면 하나님을 '크레스또스'(χρηστός)로 묘사하는 것이 단지 애매모호한 성품의 특질을 가리키는 말이 아님을 알 수 있다. 이는 구체적으로 이스라엘을 향한 하나님의 언약적 신실하심을 가리킨다. 특별히 두드러진 예로서는 칠십인역 시편 105:1(106:1 MT)과 칠십인역 106:1(106:1 MT/107 ET)을 보라. 여기서 주가 선하다/인자하다(χρηστός)는 고백에는 이스라엘 백성이 경솔하고 죄 많은 길로 갔음에도 불구하고 하나님이 자기 백성을 구속하시고 구원하신 일에 대한 기나긴 설명이 따라 나온다.

이와 마찬가지로 하나님 아버지가 자비로우시다(οἰκτίρμων)는 누가의 선언은 이스라엘 신앙에서 가장 근본적인 고백 중 하나, 곧 시내산에서 모세에게 나타난 신현(epiphany) 장면을 연상시킨다.

> 여호와께서 구름 가운데 강림하사 그와 함께 거기 서서 주의 이름을 선포하실새, 여호와께서 그의 앞으로 지나시며 선포하시되, "여호와라, 여호와라, 자비롭고(LXX: οἰκτίρμων) 은혜롭고 노하기를 더디하고 인자와 진실이 많은 하나님이라. 인자를 천대까지 베풀며 악과 과실과 죄를 용서하리라. 그러나 벌을 면제하지는 아니하고 아버지의 악행을 자손 삼사 대까지 보응하리라. (출 34:5-7 개역)

---

34. 흥미롭게도 불가타(Vulgate)는 내가 여기서 주목한 의미와 동일한 뉘앙스를 제안하면서 **부드럽게** 옮기고 있다.

"자비롭고 은혜롭고 노하기를 더디하고 인자와 진실이 많은"이라고
묘사된 하나님의 성품은 이스라엘의 고백과 기도의 언어에 반복되면서
고착화됐고, 또한 수많은 시편 본문을 포함하여 많은 본문에 자구적으로
나타나거나 약간 변화된 형태로 나타난다.[35] 이 언어의 친숙함과 이스라
엘 이야기에서 차지하는 중심적 중요성을 염두에 둘 때 칠십인역에 익숙
한 사람이라면 누가복음 6:36에 있는 성경적 반향을 놓칠 수 없다. 하나
님을 가리켜 "자비로우시다"라고 말하는 것은 성경 이야기에서 이스라엘
의 하나님에 관한 근본적인 요소를 떠올리게 한다.

흥미롭게도 하나의 시편은 이 두 형용사를 서로 밀접하게 평행시킨
다. 칠십인역 시편 144:8-9(145:8-9 MT)에서 시편 기자는 이렇게 노래한다.

> 주는 자비롭고(οἰκτίρμων) 긍휼이 많으시며
> 노하기를 더디하시며 자비로움이 크시다.
> 주는 모든 피조물에게 선하시며(χρηστός)
> 그의 자비(οἱ οἰκτιρμοί)는 모든 행사 위에 있다.

시편 144:8 자체는 (모세 언약에 나타난 것과 같이 하나님의 자비를 강조하는 효과
와 더불어) 출애굽기 34:6의 기초적인 고백을 밀접하게 반향하는 반면, 시
편 144:9은 하나님의 인자하심의 범위를 이스라엘에 대한 특별한 은혜로
부터 하나님이 만드신 모든 것을 포괄하도록 확장하려는 것처럼 보인다.
시편의 논리는 누가복음 6:35-36에 나오는 예수의 가르침의 넓은 범위를

---

35. 예, 느 9:17; 시 86:15(85:15 LXX), 103:8(102:8 LXX), 111:4(110:4 LXX); 욜 2:13;
     욘 4:2; 시락 2:11; 참조, 신 4:31에 나오는 비슷한 형식; 대하 30:9; 느 9:31; 시
     78:38(77:38 LXX); 약 1:5.

기대하는 것 같다. 혹은 반대로 이야기하자면 누가의 단락은 결국 시내산에서 하나님의 이름의 계시 이야기를 불러일으키는 이 시편 전체를 공명으로 반향시킨다.

이렇게 예수의 가르침에서 제공되는 하나님 묘사는 이스라엘의 고백적 전통과 아주 확고한 연속성을 가진다. 하지만 여기 누가복음에서 새로운 점은 하나님의 인자하고 자비로운 성품을 청중들의 행동과 성품에 일치시키라는 분명한 요구로서, 위에서 인용된 어떤 성서 본문에서도 찾아볼 수 없었던 권고다. 이스라엘을 향한 하나님의 인자하심은 그와 비슷한 인자함을 예수의 청중들에게 반응으로서 불러일으키기 위한 것으로 간주된다. 하지만 대부분의 경우 누가복음에서 암시되고 있는 하나님의 인자하심에 관한 성서 내러티브는 하나님의 성품이 인간 행위를 위한 모본 (paradigm)이라는 식의 권고 목적을 위한 것이 아니라 그보다도 예수 이야기를 계속되는 이스라엘 이야기의 절정으로 삼고, 이로써 믿음, 찬양, (우리가 보게 되겠지만) 회개를 자아내기 위해 존재한다.

이사야의 새 출애굽 비전

이스라엘에 대한 하나님의 신실하심이 알려졌던 과거의 사건 중 두드러진 경우는 포로기의 끝, 곧 바벨론 포로 생활로부터 백성들이 귀환하여 이스라엘 땅에 다시 거주하고 예루살렘에 성전을 다시 짓게 될 것이라는 기적과 같은 선언에 나온다. 이 귀환은 이스라엘 구원 역사에서 매우 중요했기 때문에 예언자 이사야는 이를 메타포적으로 새 출애굽, 곧 약속의 땅으로 돌아가기 위해 광야를 통과하는 두 번째 여정으로 칭송했다.[36] 따라서 누가가 예수의 공생애 시작을 세례 요한의 선포와 이스라엘 포로기의 종료 및 귀환 약속을 선포하는 중추적인 곳, 즉 이사야 40장에서 이끌어낸 이미지를 연결시켜 전했던 것은 의미심장하다.

> [사가랴의 아들 요한이] 요단 강 부근 각처에 와서 죄 사함을 받게 하는 회개의
> 세례를 전파했다. 선지자 이사야의 책에 쓰인 것처럼 말이다.
>> "광야에서 외치는 자의 소리가 있다.
>> 너희는 주의 길을 준비하라. 그의 오실 길을 곧게 하라.
>> 모든 골짜기가 메워지고 모든 산과 작은 산이 낮아지고
>> 굽은 것이 곧아지고 험한 길이 평탄하여질 것이다.
>> 모든 육체가 하나님의 구원하심을 볼 것이다."
>
> (눅 3:3-6; 사 40:3-5 LXX을 인용함)

물론 누가는 이미 요한의 설교와 마가복음 1:2-4에 나오는 이사야 40장 사이의 연관성을 발견했지만 몇 가지 중요한 편집상의 수정을 거쳤다. 첫째, 누가는 (마가가) 말라기 3:1/출애굽기 23:20로부터 가져온 자료를 초기에 나오는 요한의 사역 기사에서 이야기 뒷부분으로 옮기면서 마가복음의 결합된 인용구를 분리해냈고, 옮겨진 곳에서 이 자료는 요한의 예언적 역할에 대한 예수의 설명 중 일부를 차지하게 됐다.[37] 이러한 변화는 마가 인용구의 부정확함을 바로잡을 뿐 아니라 더욱 중요하게는 이 도입 구절에서 누가의 초점을 "선지자 이사야의 책"(눅 3:3)에 집중시킨다. 누가의

---

36. Anderson, "Exodus Typology in Second Isaiah," 177-95.
37. 이는 누가가 구약을 인용할 때 등장인물의 입에 두기를 일반적으로 선호했음을 보여주는 좋은 예다.

이사야 인용에서는 또한 칠십인역이 약간 수정됐다.[38] 그러나 누가가 편집을 거치면서 결정한 가장 중요한 부분은 이사야 40장에서 더욱 큰 덩어리를 인용하기로 한 것이다. (마태가 따르는) 마가는 단지 이사야 40:3을 인용한 반면, 누가는 칠십인역 이사야 40:5의 거의 끝까지 인용하기를 계속하여 절정부를 형성하고 "모든 육체가 하나님의 구원하심을(τὸ σωτήριον τοῦ θεοῦ) 볼 것이다"라는 문장으로 결론을 맺는다.

누가는 이 교묘한 편집 작업을 통해 인용구를 누가 전체 저작(누가-행전—역주)의 미리보기로 삼았다.[39] 두 권으로 구성된 누가의 전체 저작에서 세 번째이자 마지막으로 저자가 직접 인용한 이사야 40:3-5이 여기에서 두드러지게 사용된 것은 예수의 오심이 이스라엘의 포로 생활의 끝일 뿐 아니라 "모든 육체"에게—곧, 이스라엘 백성뿐 아니라 이방인에게도—미치는 사역임을 미리 예고한다. 두 번째 누가의 작품 결말부에 있는 바울의 마지막 발화가 같은 구절을 반향하는 것은 우연이 아니다: "그런즉 하나님의 이 구원이라는 것이(τοῦτο τὸ σωτήριον τοῦ θεοῦ) 이방인에게로 보내어진 줄 알라. 그들은 그것을 들을 것이다"(행 28:28).[40] 여기서 지시대명사(τοῦτο)와 정관사(τὸ)가 중복된 표현은 '또 소떼리온 뚜 테우'(τὸ σωτήριον τοῦ θεοῦ)를 인용된 것으로—복음서 서두에서 누가-행전 독자를 위해 충분하게 노출했던 이사야 40장 인용으로—표현하는 효과가 있다.

---

38. 사본학적 문제를 간결히 다루고 있는 Pao, *Acts and the Isaianic New Exodus*, 38-39 을 보라.

39. Pao, *Acts and the Isaianic New Exodus*, 37-69.

40. Pao (*Acts and the Isaianic New Exodus*, 40)에 의해 바르게 주목된 바 있는데, Pao 는 누가-행전에서 "중성명사 σωτήριον"이 오직 눅 2:30, 3:5, 그리고 행 28:28에 나와서, 이 본문들 사이의 연결을 강화한다는 점도 관찰했다. (누가는 여성 형태 σωτηρία를 선호하고, 이는 누가-행전에 10회 나온다.) 신약에는 중성 σωτήριον이 엡 6:17에만 한 차례 나오는데, 여기에는 또한 이사야에 대한 암시(사 59:17)도 나온다.

이와 비슷하게 누가가 성전에서 아기 예수를 드린 기사를 다룰 때는 이미 예수의 활동을 이스라엘에 대한 이사야서 약속의 확증으로 해석한 증인들을 딥틱 기법(diptych: 서로 관련 있거나 비슷한 두 그림/사진을 나란히 놓는 기법—역주)으로 그려낸다. 첫째, 누가는 나이가 많은 시므온을 소개함에 있어서 "의롭고 경건하여 이스라엘의 위로를 기다리는 자"(눅 2:25)로 묘사한다—시므온이 목격했다고 선언하는 위로는 이렇다: "내 눈이 주의 구원을 (τὸ σωτήριον σου) 보았으니, 이는 만민 앞에 예비하신 것이요(ἡτοίμασας), 이방을 비추는 빛이요, 주의 백성 이스라엘의 영광이다"(2:30-32). 명사 '소테리온'(σωτήριον)은 이 본문을 누가복음 3:6에 명시적으로 등장한 이사야 40장의 구절과 직접적으로 연결 지을 수 있고, 동사 '헤또이마사스'(ἡτοίμασας)는 동일한 이사야 구절에 대한 더욱 미묘한 반향일 수 있다. 2:30-32에서 예상되는 이와 같은 이사야 40장의 잔향은 암시의 선창(Vorklang), 곧 나중에 동일한 이사야 본문에서 더욱 큰 소리로 인용되기 이전에 희미하게 공명하는 예가 된다.[41] "이방을 비추는 빛"(φῶς εἰς ἀποκάλυψιν ἐθνῶν)이라는 어구 역시 틀림없이 이사야서, 하나님의 종이 "열방의 빛"(εἰς φῶς ἐθνῶν, 사 42:6, 49:6)이 될 것이라고 예언한 본문을 암시한다. (괄호 안에 있는) 두 참조점 중 두 번째 경우에는 이 빛의 목적이 더욱 분명하게 나타난다: "[너를 이방의 빛으로 삼아] 나의 구원을 베풀어 땅 끝까지 이르게 할 것이다"(사 49:6)—이는 사도행전 13:47에서 바울과 바나바가 이방 사역에 대한 예표이자 보증으로서 분명하게 인용한 본문이다. 그러나 무엇보다도 가장 흥미로운 부분은 시므온이 "이스라엘의 위로(παράκλησιν)"를 기다리는 자라는 누가의 진술이다. 위로의 주제는 회복과 포로 귀환에 관한 이사야 예언의 시작부에서 들리는 기조 선언(keynote)이다: "위로하라. 내 백성을 위로하라(LXX:

---

41. 선창(Vorklang) 현상은 Hollander, Figure of Echo, 50, 100을 보라.

Παρακαλεῖτε, παρακαλεῖτε τὸν λαόν μου). 하나님이 말씀하셨다"(사 40:1). 다른 말로, 시므온이 "이스라엘의 '빠라끌레시스(παράκλησις)를 기다리고 있었다는 것은 오직 한 가지를 의미할 수 있다. 곧, 그는 이사야 40장을 기억하면서 이스라엘의 형벌과 포로의 기간이 끝나게 될 것이라는 이사야 예언의 성취를 기다리고 있었다.

이 해석은 누가복음에서 성전과 관련하여 딥틱 기법(diptych)으로 그려진 두 번째 본문에 의해 더욱 강화된다(2:36-38). 여선지자 안나는 하나님을 찬양하고 "예루살렘의 속량을(λύτρωσιν Ἰερουσαλήμ) 기다리는 모든 사람에게"(2:38) 아기 예수에 대해 이야기한다.[42] 여기서 누가의 문구(diction)는 이사야 52:9을 은연중에 반향시킨다.

> 너 예루살렘의 황폐한 곳들아 기쁜 소리를 내어 함께 노래하라.
> 이는 주가 그의 백성을 위로하셨고
> **예루살렘을 구속하셨기** 때문이다.

그래서 안나는 시므온과 더불어 이스라엘의 포로와 소망의 기나긴 이야기가 마침내 아기 예수의 도래로 극적 성취에 이르렀음을 기쁘게 선포했다. 누가는 이 지점에서 장면의 막을 내리지만 이사야서를 알고 있는 독자는 환용 효과(metaleptic effect)를 인지하고서 이사야 신탁의 이 단위가 누가가 언급한 다음 구절에서 어떻게 마무리되는지 돌아보게 될 것이다.

---

42. 수많은 사본(A D L Θ Ψ 0130 *f*¹³ 33 M syʰ)에서 발견되는 "예루살렘에서(*in*) 구속을 기다리는"이라는 독법은 아마도 예루살렘의 멸망을 알고 있는 기독교 필사자들이 이 도시나 여기 사람들의 구속을 더 이상 기다리지 않는다는 전통의 후대 전승 단계를 보여줄 것이다. 반면, (ℵ B W Ξ 1. 565* lat syˢᴾ co 및 Irenaeus의 라틴어 본문에서 발견되는) "예루살렘의(*of*) 구속을 기다리는"이라는 독법은 초기 전승 단계를 반영하며 이는 누가의 종말론적 관점과 일치한다.

주가 **모든 열방**의 목전에서 그의 거룩한 팔을 나타내셨으므로

땅 끝까지도 모두 우리 하나님의 구원을 보았다. (사 52:10)

다시 한번, 이사야 인유는 예루살렘의 구원을 하나님의 구원이 모든 이방 세계에 선포된다는 모티프와 결합하는 효과가 있다. 누가복음의 기저 텍스트인 이 이사야 본문에 비추어 충분하게 설명된 바 이스라엘에 대한 하나님의 신실하심 주제는 또한 누가의 두 권으로 된 작품에서 전개될 이방인 선교를 필연적으로 담고 있다.

누가복음의 결말은 예수의 부활로 맺어지는 것이 아니라 단지 세상을 향한 사명이 시작했음을 알려준다. 누가는 부활하신 예수가 제자들에게 나타나셨을 때 우리에게 "그들의 마음을 열어 성경을 깨닫게 하셨다"라고 말한다. 이때 이해의 내용은 세 개의 간략한 표제로 요약된다: "또 그가 그들에게 말씀하셨다. 이같이 그리스도가 고난을 받고 제삼일에 죽은 자 가운데서 살아날 것과 **또 그의 이름으로 죄 사함을 받게 하는 회개가 예루살렘에서 시작하여 모든 족속에게 전파될 것이 기록됐다**"(눅 24:46-47). 열방에 대한 선포 이야기는 누가의 두 번째 책에만 나타나지만 이사야서의 반향들을 통해 이미 첫 번째 책에 아주 두드러지게 예고된 바 있다. 이렇게 이사야라는 정경적 책이 아직 완전히 실현되지 않은 미래를 가리키듯이 누가복음은 독자로 하여금 자체적인 결말로 제한된 세계 너머를 바라보게 한다. 바로 이사야서에서 아마도 우리는 이방인들이 궁극적으로 죄 용서 선포—이사야 40:1-2에서 이스라엘에게 처음으로 선포된 것—의 수혜자에 포함되는 것이 어디에 "기록되어 있는지" 찾는 데 주의를 기울여야 할

것이다.[43]

심판, 회개, 용서

그러나 동시에 누가 이야기에서 이스라엘에 대한 하나님의 신실하심은 단순히 사면 선포의 문제가 아니다. 누가복음 24:47이 가리키듯, 모든 민족들에게 선포될 메시지에는 **회개**의 촉구가 포함되어 있다. 더 나아가 사도행전에 나오는 예수에 관한 사도의 설교에서는 예수가 세상의 종말론적 심판자로 세워졌음을 선언한다: "그[예수]는 우리에게 명하여 백성에게 전도하고 하나님이 살아 있는 자와 죽은 자의 재판장으로 정하신 자가 곧 이 사람인 것을 증언하게 하셨다"(행 10:42; 17:31). 이 심판에서 개인의 운명은 선포된 말씀에 어떻게 반응하느냐에 달려 있다. 말씀을 거부하는 자들은 스스로 "영생 얻기에 합당하지 않은 자"(행 13:46)로 심판된다. 베드로가 예루살렘 성전의 솔로몬 행각(Portico)에서 설교했듯, 말씀에 반응하는 자와 반응하지 않는 자는 이스라엘의 성경에 이미 예고되어 있다.

> 모세가 말했다. "주 하나님이 너희를 위하여 너희 형제 가운데서 나 같은 선지자 하나를 일으킬 것이니(raise up) 너희가 무엇이든지 그의 모든 말을 들을 것이다." 누구든지 그 선지자의 말을 듣지 아니하는 자는 "백성 중에

---

43. Pao (*Acts and the Isaianic New Exodus*, 84-86)는 모든 민족에 대한 선포의 성경적 근거가 설명되지 않은 눅 24:46-47이 사 49:6에 대한 구체적 암시로서 행 1:8, 13:47에 비추어 이해되어야 함을 예리하게 제안했다. 하지만 특정 본문 언급의 부재는 단일한 본문이 아니라 더욱 넓게, 세상에 대한 확장된 하나님의 구원을 예언하는 기대로 읽히는 사 40-66장을 누가가 전체적으로 생각하고 있었던 것이라고 (나는) 제안하고 싶다.

서 완전히 멸망할 것이다"라고 했다. 또한 사무엘 때부터 이어 말한 모든 선지자도 이 때를 가리켜 말한 것이다. (행 3:22-24)

모세와 같은 선지자에 대한 언급은 분명 신명기 18:15에서 인용한 것이지만 누가의 문맥에는 '아나스떼세이'(ἀναστήσει, "일어나다")라는 단어에 대한 언어유희가 있다. 본래 신명기에서 이 단어는 하나님이 백성 가운데 한 선지자를 나타나게 하실 것을 의미했지만,[44] 우리는 베드로가 오순절 설교에서 죽은 자들 가운데서 부활한 예수를 가리키는 데 정확히 이 동사를 사용했던 것을 이미 들은 바 있다: "이 예수를 하나님이 일으키셨다 (ἀνέστησεν: 개역 성경에서는 '살리셨다'—역주)"(행 2:32). 그렇기에 사도행전 3:22 독자들은 하나님이 모세와 같은 선지자를 "일으키실" 것이라는 예언에서 이중적인 의미를 인지하게 될 것이다. 이렇게 **부활**은 바로 예수를 선지자로 특징짓는 요소가 된다. 더욱이 "그의 말을 들으라"는 신명기의 권고는 이미 모세와 예수가 함께 나타났던 문맥에서 변화산의 하늘의 음성으로 예수에 대해 선언된 바 있다(눅 9:35). 따라서 신명기에 약속된 모세와 같은 선지자란 예수를 가리키는 것이 명백하다.

그런데 우리의 현재 관심은 사도행전 3:23에서 듣기를 거부하는 자에 대한 형벌에 놓여 있다. 신명기 18장 본문은 하나님의 선지자에게 귀를 기울이지 않는 자들에게 닥칠 무시무시한 결과를 언급한다: "내가 [그들에게] 책임을 물을 것이다"(신 18:19; LXX는 "내가 그에게 복수할[ἐκδικήσω] 것이다"로 읽음). 하지만 사도행전 3:23의 표현은 신명기 18:19에 대한 마소라 텍스트

---

44. Richard D. Nelson, *Deuteronomy: A Commentary* (OTL; Louisville, Ky.: Westminster John Knox, 2002), 235; Duane L. Christensen, Deuteronomy (WBC 6, rev.; Nashville: Thomas Nelson, 2001), 409 [= 『신명기 상』, 솔로몬, 2003], 『신명기 하』, 솔로몬, 2007]

나 칠십인역 본문과 결코 일치하지 않는다. 오히려 사도행전 3:23은 이렇게 쓰여 있다: ἐξολεθρευθήσεται ἐκ τοῦ λαοῦ ("그는 백성 중에서 멸망받을 것이다"). NRSV는 사도행전 3:22-23을 하나의 연속되는 인용문처럼 번역했지만 위의 번역처럼 두 개의 다른 본문을 연달아 인용한 것으로 이해하는 것이 더 낫다.

"백성 중에서 완전히 멸망할 것이다"라는 어구 또는 이와 밀접하게 유사한 표현이 여러 차례 오경에 나온다. 분명히 이는 하나님의 율법을 무시하고/무시하거나 거룩한 것을 모독하는 죄를 지은 자들에게 내려지는 심판이다. 그러한 범죄에는 다음의 것들이 속한다: 할례 명령을 무시하는 것(창 17:14), 유월절 기간에 유교병(누룩이 들어간 발효된 빵)을 먹는 것(출 12:15, 19), 여행 중에 유월절을 지키지 않는 것(민 9:13), (제사장들을 위한) 거룩한 관유를 일반 사람의 몸에 바르는 것(출 30:33), 안식일을 범하는 것(출 31:14), 희생제물을 위해 도살한 짐승을 회막으로 가져가 주에게 희생제물로 바치지 않는 것(레 17:4, 9), 피를 먹는 것(레 17:14), 의식적으로 부정한 상태로 성별된 제물에 접근하는 것(레 22:3), 시체를 통해 부정해진 자가 성소를 더럽히는 것(민 19:20), 속죄일에 일을 하는 것(레 23:29-30), 주의 말씀을 멸시함으로 "독단적으로"(high-handedly) 행하는 것. 이 범죄 목록에서 마지막은 특히 사도행전 3:22-24의 관심과 관련이 있어 보이는데, 베드로의 심판 선언을 위의 구약 율법 중 어느 하나에 고정하기는 어려워 보인다. 핵심은 **이러한 구약의 처벌 조항에 빗대어 볼 때** 하나님이 세우신 선지자인 예수의 말씀을 듣지 않는 자는 누구나 속죄를 모독하고 하나님 백성으로서의 정체성을 표시하도록 하나님이 주신 수단을 멸시하는 죄를 범하게 된다는 점이다.

이러한 이유로 믿음과 회개는 예수에 대해 선포된 말씀이 야기하는 올바른 반응의 필수 요소이며, 또한 사도행전 2장의 베드로의 오순절 설

교에서 정확히 상술된 바와 같이 바로 이 반응이 죄 사함으로 인도하는
것이다.

> 너희가 회개하여 각각 예수 그리스도의 이름으로 세례를 받고 죄 사함을 받
> 으라. 그리하면 성령의 선물을 받을 것이다.[45] 이 약속은 너희와 너희 자
> 녀와 모든 먼 데 사람[그리고 내러티브가 전개되면서 우리가 알게 되겠지
> 만 여기에는 이방인들이 포함된다], 곧 주 우리 하나님이 얼마든지 부르시
> 는 자들에게 하신 것이다. (행 2:38-39)

  이것이 누가복음의 줄거리를 구성하는 권고다. 이는 무엇보다도 이스
라엘 포로 생활이 끝나고 죄 사함의 때가 가까웠으며 이 축복이 이제 모
든 민족에게 확장될 것이라는 이사야의 은혜로운 위로의 선포에 기초한
약속의 말씀이다. 하지만 여전히 암울한 어조가 남아 있다. 약속을 실현하
실 예수는 시므온이 경고한 것처럼 "이스라엘 중 많은 사람을 패하거나
흥하게 하며 비방을 받는 표적이 되기 위하여"(눅 2:34) 하나님에 의해 세
움을 받았다. 아마도 여기에서 많은 사람을 걸려 넘어지게 하는 걸림돌에
대한 이사야의 예언(사 8:14)이 머나먼 반향으로 울릴 것이다.
  이와 같이 누가가 전하는 이야기는 이스라엘의 서사시적 내러티브로
부터 이러한 복잡한 모티프를 모아 엮어놓은 것이다. 하나님은 인자하고
자비롭고 오래 참으시는 은혜로우신 하나님이다. 하나님은 이스라엘이
반역하고 타락할 때마다 이스라엘을 구원하시고 회복시키기 위해 거듭
손을 내미셨다. 그러나 출애굽기 34:6-7에서와 같이 이 자비로운 하나님

---

45. 베드로의 선언은 예수가 누가복음 마지막 부분, 특히 눅 24:47, 49에서 제자들에게
     말씀하신 것을 요약하고 있다. 실제로 행 2장에 나오는 전체적인 설교는 눅 24:44-
     49를 확장하고 다듬은 것으로 읽을 수 있다.

은 저들이 은혜를 받아들이지 않는다면 "결단코 범죄한 자들을 사하지 않
으실" 것이다. 심판과 은혜 사이의 이 역설적인 변증법은 누가의 서술 내
내 지속된다. 실제로 결론이 내려지지 않은 사도행전의 결말은 다른 무엇
보다도 교회의 사명과 세상의 반응에 관한 질문을 열어두게 한다.[46] 이렇
게 누가복음이 신학적 난문(conundrum)을 내놓을 때 이에 대한 대답은 누
가가 예수 이야기를 이해하기 위한 해석학적 모체로서 이스라엘 이야기
를 집요하게 고수하는 데서 나온다. 누가복음에 기술된 하나님은 모세와
선지자들에게 계시됐던 하나님과 동일한 분이기 때문에, 그리고 누가가
전개하는 하나님 나라 이야기는 저들에게 주어졌던 하나님의 약속에 대
한 성취이기 때문에, 우리가 이스라엘 성경에서 발견하는 긍휼과 심판 사
이의 신비스러운 긴장이 동일하게 누가의 이야기의 면면에 다시금 나타
난다는 것은 놀라운 일이 아니다. 누가는 군대에 의한 예루살렘의 약탈을
"기록된 모든 것을 이루는 징벌의 날"(눅 21:22)이라고 묵시론적으로 묘사
했다. 그러나 동시에 누가는 예수 안에 있는 주의 말씀이 마침내 "이스라
엘의 위로"를 위한 메시지임을 확신한다. 누가복음 처음부터 끝까지 독자
가 이스라엘 성경을 새로운 눈으로 읽는 방법을 차근차근, 미묘하게 배울
때 이 하나님의 구원에 대한 소망의 말씀은 현저히 두드러지게 된다. 그
리고 이 읽기의 열쇠는 예수의 정체를 이스라엘의 약속된 해방자로 이해
하는 데 있다.

---

46. 누가복음과 사도행전에 나타난 "불완전한 결말"(incomplete closure)이 가진 내러티
브 기능에 대해서는 Mikeal C. Parsons, "Narrative Closure and Openness in the Plot
of the Third Gospel: The Sense of an Ending in Luke 24:50-53," in SBL Seminar
Papers, 1986 (ed. K. H. Richards; SBLSP 25; Atlanta: Scholars Press, 1986), 201-23
을 보라.

§13. 이스라엘의 구원자, 예수

    누가복음 마지막 장에서 우리는 두 명의 새로운 등장인물, 글로바와 익명의 동료를 만나게 된다. 이들은 예루살렘에서 엠마오로 절망하며 터벅터벅 걷고 있었다(눅 24:13-25). 자신들의 지도자 예수의 십자가 처형으로 인해 바라던 꿈이 깨져버린 것이다. 저들은 예수가 이스라엘을 압제자로부터 구해줄 메시아적 인물이라고 담대히 믿었지만 예수가 로마 제국의 군대에 의해 재빠르고 잔인하게 처형됨에 따라 그러한 기대는 무너졌다—혹은 저들은 그렇게 생각했을 것이다. 부활하신 예수는 극적으로 대단히 아이러니한 장면에 나타나셔서 저들과 함께 걸으셨다. 이들은 예수를 알아보지 못했다. 예수는 그들이 무엇에 대해 이야기하고 있는지 묻자, 재미있게도 이 새로운 동행자의 정체를 알아보지 못하는 글로바는 되물었다: "당신이 예루살렘에 체류하면서도 요즘 거기서 된 일을 혼자만 알지 못합니까?"(눅 24:18).

    글로바가 아는 체 하는 것과 실제로 예수의 정체를 알아보지 못하는 것 사이의 역설적인 간극은 누가복음 24:15-16의 화자에 의해 낯선 동행자가 예수라는 정보를 입수한 독자들로 하여금 부활 이전의 예수에 대해 엠마오 도상의 제자들이 가지고 있었던 이해를 해석학적으로 교정하면서 이어지는 대화를 해석하도록 준비시킨다. 길 위의 두 사람은 예수를 "하나님과 모든 백성 앞에서 말과 일에 능하신 선지자"(24:19; 참조 9:19에 기록된 군중이 가지고 있던 부적절한 이해)로 묘사한다. 예수는 자신의 예언적 능력에도 불구하고 대제사장들과 관원들에 의해 죽임을 당하셨다―그러므로 이 제자들의 기대는 좌절됐다: "우리는 이 사람이 이스라엘을 속량할(λυτροῦσ-θαι) 자로 바랐습니다"(24:21). 이 통한의 문장은 누가복음의 출생 내러티브에 나오는 기쁨의 노래에서 발생하는 기대감을 정확히 기억나게 한다. 성령으로 충만한 사가랴는 다음과 같은 용어를 사용하여 선언했다.

> 찬송하리로다. 주 이스라엘의 하나님이여,
> 그 백성을 돌보사 속량하시며(λύτρωσιν)
> 우리를 위하여 구원의 뿔을
> 그 종 다윗의 집에 일으키셨도다. (눅 1:68-69)

결과적으로 엠마오 제자들의 수심에 잠긴 슬픔은 이 이야기를 가까이서 따라온 독자들이 공감할 경험을 그대로 보여준다. 이스라엘이 속량되지 않은 것처럼 보이는 이유는 무엇인가? 이스라엘은 왜 아직도 "우리 원수에게서와 우리를 미워하는 모든 자의 손에서 구원"(눅 1:71)받지 못했는가? 예수의 죽음은 저 원수들이 여전히 이스라엘의 운명을 확고히 장악하고 있음을 확인시켜 주는 것처럼 보인다. 몇몇 여성이 비어 있는 무덤을 발견했다는 소식조차 글로바와 동료에게는 불가사의한 일, 말하자면 종교적인 "환영"이었을 뿐 저들이 바라오던 새로운 메시아 왕국 같은 것은 아니었을 것이다(눅 24:22-24). 그리고 나서 주어지는 예수의 대답에는 많은 것들이 담겨 있다.

그리고 그가 그들에게 말씀하셨다. "미련하고 선지자들이 말한 모든 것을 마음에 더디 믿는 자들아, 그리스도가 이런 고난을 받고 자기의 영광에 들어가야 할 것이 아니냐?" 이에 모세와 모든 선지자의 글로 시작하여 **모든 성경에 쓴 바 자기에 관한 것을** 자세히 설명하셨다. (눅 24:25-27)

누가의 간명한 요약은 우리의 흥미를 돋운다. 이는 "모든 성경"이 어떻게 예수에 대한 증거로 읽힐 수 있는지 정확히 설명하지 않기 때문이다. 이 삽화의 효과는 우리로 하여금 예수의 정체와 사명이 이스라엘 성경에 어떻게 예표되었는지 더 명확히 분별하기를 바라는 마음으로 복음서의 시작부로 되돌아가 다시 읽게 하는 데 있다. 누가복음 재독(second reading)은 예수의 부활에 비추어 읽는 회고(retrospective reading)가 될 것이다.[1] "모세와 선지자들"과 신비로운 동행자—첫 번째 읽기에서는 그러한 상응점을 찾지 못했던 것에 대해 우리를 "마음이 더디다"고 꾸짖는—사이에 감추어진 상응점을 찾으려 노력하면서 말이다.[2]

누가의 엠마오 이야기에 담긴 극적인 역설은 우리가 구약에 나타난 메시아 증거를 이해한다면 예수가 "하나님과 모든 백성 앞에서 말과 일에 능하신 선지자"보다 뛰어나신 분임을 알게 될 것이다. 이것은 글로바와

---

1. Richard B. Hays, "Reading Scripture in Light of the Resurrection," in *Davis and Hays, Art of Reading Scripture*, 216-38을 보라.
2. Fitzmyer (*Luke*, 2:1558)는 이렇게 설명한다: "누가의 그리스도는 질문하고 답하면서 구약 성경을 해석함으로 제자들의 마음을 불타오르게 한다. 그는 '토라'(Tôrāh)나 '네비임'(Něbî'îm: 예언서—역주)을 구체적으로 가리키지 않았기에, 현대 독자는 누가의 그리스도가 '모든 성경에 나타난 자기에 관한 것'(27절), 특히 자신이 '그 메시아'로서 '고난당할 것'(26절)에 관하여 말할 때 헛되이 구약의 구절들을 찾게 될 것이다." 정확히 이러한 이유로 Fitzmyer가 말하는 "현대 독자"는 누가의 전체 이야기에 의해 전향되고(converted) 배울 필요가 있다.

친구가 가지고 있었던 참되지만 제한되어 있는 사전 이해이자 부활하신
예수가 낯선 자로 나타나 지금 교정하려는 이해다. 하지만—우리는 여기
서 또 다른 아이러니의 층을 만나게 된다—현대 신약 비평계의 전통적인
입장은 누가복음이 "저기독론" 또는 "원시기독론"을 표방한다는 것이다.
이 견해에 따르면 누가는 예수를 단순히 영으로 기름 부음 받은 선지자,
신적 지혜를 가르치는 교사, 의로운 순교자로 묘사한다. 그러나 선재 교리
와 성육신 교리가 없고, 예수와 하나님 사이의 명료한 동일시 주장이 없
다는 것이다.[3] 간혹 제안되는 바는 누가가 자신의 복음서에서 예수의 초
인간적 지위에 대한 모든 언급들을 제외하고 예수의 부활 이후 사도행전
을 위해 "고"기독론적 확언을 남겨둠으로써 자신이 사용한 자료를 면밀
히 따랐다는 것이다.[4] 그렇지만 엠마오 이야기가 제안하듯 누가복음을 주
의 깊게 읽는다면 우리는 누가의 기독론을 이렇게 특징지은 것에 의문을

---

3.   Conzelmann, *Theology of St. Luke*, 170-206. 대표적인 견해를 위해서는, 예를 들
      어, John Drury, "Luke, Gospel of," in *A Dictionary of Biblical Interpretation* (ed. R.
      J. Coggins and J. L. Houlden; London: SCM Press, 1990), 410-13을 보라: "[누가
      가] 다른 복음서 저자들보다 '더 낮은'(lower) 기독론을 가지고 있고 요한보다는 더
      더욱 낮은 기독론을 가지고 있다는 점이 오랫동안 주목되어 왔다." 이와 유사하게
      Christopher M. Tuckett은 이렇게 말했다: "누가의 견해가 분별될 수 있는 한 그 윤
      곽은 기본적으로 '종속주의적'이라고 많은 사람들이 주장해왔다"("The Christology
      of Luke-Acts," in The Unity of Luke-Acts [ed. Joseph Verheyden; Leuven: Leuven
      University Press, 1999], 133-64, quotation from 148-49). 분명히 '더 높은'(higher)
      누가의 기독론을 주장하는 주요 논문이 있었다(주목할 만한 것으로는, Bock,
      Proclamation from Prophecy; H. Douglas Buckwalter, *The Character and Purpose of
      Luke's Christology* [SNTSMS 89; Cambridge: Cambridge University Press, 1996]). 그
      러나 Tuckett이 관찰했던 것처럼 이들은 저 영역에서 비판적 의견의 규모를 뒤집는
      데 전체적으로 실패했다.

4.   이 견해에 대한 고전적이고도 영향력 있는 진술은, C. F. D. Moule, "The Christology
      of Acts," in *Studies in Luke-Acts: Essays Presented in Honor of Paul Schubert* (ed. J.
      Louis Martyn and Leander E. Keck; Nashville: Abingdon, 1966), 159-85에 나와 있
      다.

제기할 상당한 근거를 가지게 된다.

예수의 정체에 대한 누가의 독특한 묘사는 적어도 서로 밀접히 관련되어 있으면서도 구별되는 세 가지 이유로 인해 이해하기가 늘 어렵다. 첫째, "고"(high) 대 "저"(low)라는 기독론적 범주는 텍스트의 복잡성을 고려하지 않는 투박하고 무딘 도구다.[5] 둘째, 예수의 정체에 대한 누가의 이해 평가는 내러티브 서술 방식을 고려해야만 한다. 누가복음에서 사용된 예수의 칭호 목록을 추출한 후 누가 기독론에 대한 명제적 진술을 이끌어내는 것은 거의 도움이 되지 않을 것이다.[6] 오히려 누가의 예수 묘사를 이해하기 위해서 우리의 읽기는 누가의 미묘한 내러티브 기법에 (초점이) 맞추어져야 한다. 한 등장인물의 정체성은 이야기의 사건 전개를 통해 가장 잘 이해되기 때문이다.[7] 셋째, 이때 내러티브 기법 중 중요한 요소는 누가 이야기가 이스라엘 성경의 반향을 자아내고 이로써 독자로 하여금 복잡하고도 상호텍스트적으로 형성된 중심인물 예수에 대한 인식을 이끌어내

---

5.   이는 예수가 참 인간이며 참 신이라는 칼케돈의 표현(Chalcedonian formulation)을 잠시 생각해본다면 알 수 있을 것이다. 이는 "고"기독론인가? 아니면 "저"기독론인가? 물론 동시에 둘 모두다. 분명히 칼케돈의 표현은 예수의 신성을 완전하게 확증하기에 "고"기독론으로 분류될 것이다. 그렇지만 동시에 예수의 완전한 인성을 보호하고, 따라서 특징적으로 그 범주 내에서 "저"기독론으로 간주될 내러티브 특징을 포함한다.

6.   Leander E. Keck, "Toward the Renewal of New Testament Christology," *NTS* 32 (1986): 362-77 (repr., in Keck, *Why Christ Matters: Toward a New Testament Christology* [Waco, Tex.: Baylor University Press, 2015], 1-18)에 의해 설득력 있게 표현된 것처럼 말이다.

7.   내러티브적 정체성에 대해서는 다음을 보라. Paul Ricoeur, *Oneself as Another* (Chicago: University of Chicago Press, 1995) [= 『타자로서 자기 자신』, 동문선, 2006]. 또한 Hans W. Frei, *The Identity of Jesus Christ: The Hermeneutical Bases of Dogmatic Theology* (Philadelphia: Fortress, 1975). Rowe, *Early Narrative Christology*; Gaventa, "Learning and Relearning," 148-65에 의해 이런 식의 접근 방법이 누가 연구에 유용하게 적용됐다.

도록 하는 방식이다. 이는 예수가 따르미들에게 "성경을 열어"주신 곳, 누가복음 마지막 장에서 주어진 결정적인 해석학적 단서다. 저들은 예수가 "이스라엘을 속량할 분"이기를 바랐다. 누가의 아이러니한 이야기가 암시하듯, 만일 이 소망이 좌초됐다는 저들의 판단이 틀렸다면 이스라엘을 구원하는 예수의 **방식**을 이해하는 열쇠는 구약에 입각하여 새롭게 이해된 이스라엘의 구원자, 예수 이해에 담겨 있음이 분명하다.

엠마오 이야기에서 우리의 방향을 설정하자면 또 하나의 중요한 결과가 발생한다. 곧, 하나의 지배적인 기독론 명칭이나 모티프를 찾으려는 노력은 누가가 제시하는 예수의 전체 범위를 가로막을 뿐이다. 단지 하나의 기독론 범주에만 초점을 두고 그것이 개별적 신약 저자의 기독론을 조직하는 중심적인 주제라고 주장하는 학문적 경향은 더 이상 방어할 수 있는 읽기 전략이 아니다. 누가-행전의 경우 예수를 묘사하기 위한 구약의 핵심 원형(prototypes)으로 다양한 범주—다윗 왕조의 메시아,[8] 모세와 같은 선지자,[9] 선지자 엘리야와 엘리사[10]—가 선별됐다. 이 다양한 제안은 이들 중 어느 하나에 배타적 중심성을 부여하는 것에 반하는 증거들을 제시한다. 그러한 접근은 내러티브적으로 형성된 누가의 기독론적 비전을 설명하는 데 특별히 적합하지 않다. 누가는 엠마오 도상에서 부활하고서 정체를 드러내지 않은 예수가 "**모든 성경에 쓴 바 자기에 관한 것을 자세히 설명**"(눅 24:27)하셨음을 우리에게 말해준다. 이렇게 누가는 성경이 모든 면에 있어서 **포괄적으로** 예수의 정체를 증언하고 있음을 암시한다. 만일 그렇다면,

---

8.   Strauss, *Davidic Messiah in Luke-Acts*를 보라.

9.   Johnson, *Gospel of Luke*, esp. 18-21을 보라.

10.   Thomas L. Brodie, "Towards Unravelling Luke's Use of the Old Testament: Luke 7:11-17 as an Imitatio of 1 Kings 17:17-24," *NTS* 32 (1986): 247-67; and idem, Crucial Bridge.

성경에서 다양하게 얽혀있는 증인들 중 어느 한 가닥을 분리해내는 것은 어느 정도 일시적으로 분석적인 가치가 있겠지만, 추출된 한 가닥이 그 자체로 충분하다고 간주된다면 결국 예수에 대한 축소된 해석만을 산출할 수 있을 뿐이다. 그보다도 누가복음 24장의 손가락(prompting)을 따라 우리는 누가가 예수 이야기에서 모아서 엮어낸 몇 가지 더욱 두꺼운 이미지의 가닥들을 확인할 수 있을 것이다. 이를 확인한 후 우리는 누가가 제시하듯 내러티브적으로 함께 묶여 있는 가닥들이 보이기 시작할 때 드러나는 전체적으로 통합된 초상을 평가해볼 수 있을 것이다.

해방자 예수

영의 기름 부음을 받은 종

이스라엘의 해방자로서 예수의 역할은 예수의 공생애 시작에 관한 누가의 독특한 설명에서 극적으로 강조된다(눅 4:16-30). "영의 능력으로 충만한" 예수는 광야에서 시험을 받으신 후 나사렛으로 돌아와 회당에서 성경을 읽으셨다. 예수가 선택하신 본문은 "선지자 이사야의 글"(4:17)에서 가져온 것으로 알려져 있는데, 실제로는 이사야 61:1-2과 58:6의 두 본문이 병합돼 있다.

> 주의 영이 내게 임하셨으니
> 이는 가난한 자에게 복음을 전하게 하시려고 내게 기름을 부으시고
> 나를 보내사 포로 된 자에게 자유를,
> 눈먼 자에게 다시 보게 함을 전파하며
> **깨어진 자를 내보내고**(ἀποστεῖλαι τεθραυσμένους ἐν ἀφέσει, 사 58:6 LXX),

주의 은혜의 해를 전파하게 하려 하심이다. (눅 4:18-19)

예수가 이 본문을 읽으신 후에 "이 글이 오늘 너희 귀에 응했다"(눅 4:21)라고 선포하셨을 때 누가복음의 독자는 예수 자신이 영으로 기름 부음 받고 이스라엘을 해방하는 사명을 가진 (야훼의) 종이라는 사실을 알게 된다. 누가의 이사야 61장 인용을 통해 예수의 활동은 포로 생활에서 돌아와 회복된 이스라엘에 대한 이사야의 소망과 강하게 결부된다. 더욱이 이사야 61장으로부터 온 인용문에 삽입된 파편적인 58:6 인용구는 이스라엘의 참된 예배가 정의를 확립하는 실천을 통해 구체화돼야 한다는 예언적 명령을 **환용적으로** 불러일으킨다.

내가 기뻐하는 금식은

흉악의 결박을 풀어 주며

멍에의 줄을 끌러 주며

압제당하는 자를 자유하게 하며

(LXX: ἀπόστελλε τεθραυσμένους ἐν ἀφέσει, "깨어진 자를 내보내고"),

모든 멍에를 꺾는 것이 아니겠느냐?

또 주린 자에게 네 양식을 나누어 주며

유리하는 빈민을 집에 들이며 헐벗은 자를 보면 입히며

또 네 골육을 피하여 스스로 숨지 아니하는 것이 아니겠느냐?

그리하면 네 빛이 새벽 같이 비칠 것이며

네 치유가 급속할 것이며

너의 변호자(vindicator)가 네 앞에서 가고

주의 영광이 네 뒤에 호위하리니

네가 부를 때에는 나 주가 응답하겠고

네가 부르짖을 때에는 내가 여기 있다 하리라. (사 58:6-9a)

억눌린 자를 자유롭게 함에 관한 이 본문을 불러일으킴으로써 누가의 이야기는 풍부하고 복잡한 상호텍스트적 역사(history)에 다가선다. 이 이사야 본문은 그 자체로 (성경 내적인) 상호텍스트적 관계성을 가지고 있다. 말하자면, 특히 변호자가 앞에서 가고 주의 영광이 뒤를 호위한다는 이사야의 언급—광야에서 이스라엘을 앞서 인도하고 뒤에서는 애굽 군대로부터 백성을 보호했던 구름 기둥과 불 기둥에 대한 인유—을 볼 때 애굽의 종된 이스라엘을 구출하기 위한 하나님의 행동 이야기와 강력하게 공명한다(사 58:8; 참조, 출 13:21-22, 14:19-20; 사 52:12). 결과적으로 누가가 "압제당하는 자를 자유하게 한다"는 어구를 예수의 안식일 회당 낭독에 삽입했을 때 예수의 해방하는 소명을 단지 이사야의 포로기 종식뿐 아니라 이에 대한 더욱 오래된 원형인 출애굽에도 연관 지은 것이다.

이 본문들의 인유적인 융합 외에도 누가의 이사야 61장 인용문에는 선별적으로 생략된 부분이 있다. 예수의 읽기는 이사야 61:2 중간에서 중단하고 하반절을 생략한 것이다: "우리 하나님의 보복의 날[을 선포하여] 모든 슬픈 자를 위로하되"(이 부분이 생략됐다—역주). 이 갑작스러운 침묵으로 인해 해석에 흥미로운 문제가 발생한다. 한 읽기에서는 누가가 예수를 이스라엘 원수들에 대한 위협이 아니라 치유와 회복의 은혜로운 말씀을 제공하는 분으로 묘사하기를 원했기에 "우리 하나님의 보복의 날"을 생략했다고 해석한다.[11] 이것은 물론 가능하다. 다른 한편으로 복음서 기자들이 환용(metalepsis)을 문학적 기술로 효과적으로 사용한 것에 비추어 볼 때

---

11. 예, Joseph Fitzmyer는 "61:2의 마지막 부분, '우리 하나님의 보복의 날'이 생략되었는데, 이는 지금 시작된 구원 시기에 적합하지 않기 때문이다"라고 말했다. Fitzmyer, *Luke*, 1:533.

우리는 이사야 61:2에서 인용되지 않은 자료가 누가의 신학적 입장 내지 내러티브 프로그램과 일치하지 않는다고 성급하게 가정해서는 안 된다.

악한 자에 대한 하나님의 심판 개념은 하나님의 목적에 대한 누가의 이해에 거의 빠지지 않고 등장한다. 누가복음의 예수는 잘 먹는 자와 부자에 대해 화를 선포했고(눅 6:20-26, 12:13-21, 16:19-31), 마리아의 노래에는 권세자가 자리에서 내려올 때를 예고했다(1:51-53). 세례 요한이 선포했던 것처럼(3:7-9) 예수는 회개하지 않는 자의 멸망을 경고하셨다(13:1-9). "좁은 문으로 들어가지" 않는 사람은 쫓겨나서 밖에 남겨져 "울며 이를 갈게" 될 것이다(13:22-30). 누가복음에서 이와 같은 본문의 절정은 21장의 묵시론적 담론에 나오는데, 여기서 예수는 이방 군대에 의한 예루살렘 멸망을 예언하고 흥미롭게도 일찍이 나사렛 회당에서의 마무리 장식(4:21)을 떠올리는 말로 "이 날들은 기록된 모든 것을 이루는 복수(ἐκδικήσεως: 개역성경에서는 '징벌'—역주)의 날이다"(21:22)라고 선언하셨다. 요약하자면 나사렛에서 영으로 기름 부음을 받은 예수의 복음 선포는 압제자들과 주의 영을 거부하는 자에게는 좋은 소식이 아니었다. 예수가 새 출애굽의 해방을 선포하시고 계시다면 바로 이 선언은 동시에 하나님의 해방하는 능력에 저항하는 사람들에 대한 심판을 선언하는 양날의 검인 셈이다. 여기서 우리는 예수의 메시지가 비방의 표적이 되고 많은 사람을 패하게 하거나 흥하게 할 것이라는 또 다른 예언의 형태를 본다(2:34). 이 읽기에 따르면 누가복음 4:18-19에 나오는 불완전한 이사야 61:2 인용구는 **환용**(metalepsis)의 고전적인 예로 들려져야 한다. 즉, 예수는 환영할 만한(δεκτός, acceptable) 주의 해를 선포하지만 이사야의 "보복의 날" 경고는 발화되지 않은 채 텍스트 위를 맴돈다—그리고 아마도 예수를 "환영할 만한"(δεκτός, acceptable, 4:24) 분으로 생각하지 않은 예수의 고향 사람들에게 미칠 결과를 우리가 이해하도록 미묘하게 알려줄 것이다.

하지만 누가와 첫 독자들이 이사야 61:2b을 확실히 부정적인 심판의 언어로 이해했는지는 미지수다. 이 구절에 대한 칠십인역은 다음과 같다: καὶ ἡμέραν ἀνταποδόσεως παρακαλέσαι πάντας τοὺς πενθοῦντας ("그리고 슬퍼하는 모든 자들의 위로를 되갚아줄[payback] 날"). '안따뽀도시스'(ἀνταπόδοσις)라는 단어는 내가 여기서 번역한 영어 단어 '페이백'(payback)처럼 다양한 차원을 가지고 있다. 이는 한때 위대했던 영웅 삼손이 눈 멀고 사슬에 묶여 "주 하나님, 구하옵나니, 나를 생각하옵소서. 하나님이여 구하옵나니, 이번만 나를 강하게 하사, 이 한 번의 복수 행위(LXX: ἀνταπόδοσιν)로 나의 두 눈을 뺀 블레셋 사람에게 원수를 단번에 갚게 하옵소서(ἀνταποδώσω)"(삿 16:28)라고 기도한 것처럼 종종 "복수"를 의미할 수 있다.[12] 다른 한편으로, '페이백'(payback)은 또한 시편 102:2 LXX(103:2 MT)에서처럼 독자의 관점에 따라 기쁜 보상 문제일 수도 있다: "내 영혼아, 주를 찬양하고, 그의 모든 은택(πάσας τὰς ἀνταποδόσεις αὐτοῦ)을 잊지 말지어다." 이와 유사하게 시편 18:12 LXX(19:12 MT: 개역성경은 19:11—역주)에서 하나님의 율법 규례는 "이것을 지킴으로 큰 상(ἀνταπόδοσις)"이[13] 있기에 금보다 귀하고 꿀보다 달다고 이야기한다. '안따뽀도시스'(ἀνταπόδοσις)는 누가와 대략적으로 동시대 저자의 펜(pen)에서 나온 신약 본문에 단 한 차례 등장하는데 거기서 이 용어는 순종하는 자에게 주어지는 기업의 상을 가리킨다(골 3:24).

이사야의 다른 몇몇 본문에 있는 이 용어의 부정적 값(valence)에도 불구하고 칠십인역 번역자는 이사야 61:2에 있는 '안따뽀도시스'(ἀνταπόδοσις)를, 구문론적 평행 구조에 나타나는 것처럼, 긍정적 의미로 이해한 것 같

---

12. LXX에 보이는 이 단어의 비슷한 용례에 대해서는, 시 68:23, 90:8, 93:2; 렘 28:56; 호 9:7을 보라. 이 용어가 심판 신탁 안에서 사용되는 사 34:8, 59:18, 66:6의 경우는 사 61:2에 대한 그러한 해석과 특히 관련되어 있다.
13. 비슷한 긍정적 용례에 대해서는, 삿 9:16과 삼하 19:37을 보라.

다.

> 주의 영이 내게 내리셨으니, 이는 그가 내게 기름을 부으셨기 때문이다.
>> 가난한 자에게 좋은 소식을 전하게 하고(to announce ...)
>> 마음이 상한 자를 고치며(to heal ...)
>> 포로된 자에게 자유를 선언하고(to proclaim ...)
>> 주의 환영받을 만한 해와 갚음(payback)의 날을 선포하고(to declare ...)
>> 모든 슬픈 자를 위로하기 위함이다(to comfort ...).

이 연속되는 부정사 평행구에 비추어 볼 때 '안따뽀도시스'(ἀνταπόδοσις)의 의미론적 뜻은 거의 분명히 위로, 곧 "보상" 내지 "부의 회복"과 같은 의미로 들리는 듯 하다. 따라서 누가와 독자들이 칠십인역을 가지고 작업하면서 이사야 61:2을 이런 의미로 이해했을 것이 거의 확실하다. 만약 그렇다면, 누가복음 4장의 파편적인 이사야 61장 인용구가 가진 환용적 영향은 은혜로운 약속과 성취의 의미를 약화시키기보다 강화시키는 것이 될 것이다.

이 두 가지 읽기가 모두 가능한 것이 사실이다. 인용구를 마무리하지 않고 남겨둠으로써 누가는 이 문제를 독자에게 열어주었다. 독자는 이야기가 펼쳐지면서 예수가 장면 장면에 출현할 때 실제로 두 가지 가능성, 곧 하나님을 반대하는 자들에게는 멸망이, 주의 기름 부음 받은 종의 선언을 포용하는 이들에게는 구원이 주어진다는 사실을 이해하게 될 것이다.

어찌됐든 우리는 누가복음의 예수가 이사야의 글을 읽을 때 말씀하지 **않았던** 것을 고찰했고 이제는 누가가 "깨어진 자를 내보낸다"라는 어구를 추가함으로 발생한 효과를 다루려 한다. 여기 문맥에 삽입된 이사야 58:6

의 이 행으로 인해 예수가 성경을 읽을 때 명사 '아페시스'(ἄφεσις, "내보냄")
는 강조적으로 반복된다.[14] 예수의 사명에는 포로된 자의 **해방**(release)을 선
포하는 것(사 61:1)과 깨어진 자에게 **해방**(release) 조건을 부여하는 것(사 58:6)
이 포함된다. '아페시스'(ἄφεσις)의 이중적인 소리는 예수의 낭독 마지막 행
에 감추어진 또 하나의 반향의 음량을 높인다: "주의 은혜의 해"(ἐνιαυτὸν
κυρίου δεκτόν, 사 61:2를 따름)에 관한 결론적 언급은 레위기 25장에서 명령된
해, 곧 "해방의 해"(25:10 LXX: ἐνιαυτὸς ἀφέσεως: 개역성경에서는 "희년"—역주)의 암
시로 들려야 한다. 이때 모든 빚은 탕감되며 모든 노예는 자유하게 된다.[15]
따라서 예수의 성경 읽기에 대한 누가의 서술은 가난한 자들에 대한 예수
의 관심—누가가 좋아하는 주제—과 레위기와 이사야로 대표되는 율법과
선지자의 메시지 사이에 연속성을 강조하게 된다.

　　이 본문에 나타난 밀집된 상호텍스트적 상호 작용은 누가복음의 특징
이다. 내러티브상 프로그램적으로 중대한 순간에 예수의 입에 놓인 하나
의 간결한 성경 인용문은 적어도 세 층의 구약 본문을 기억하게끔 한다.

---

14. Joel B. Green, *The Gospel of Luke* (NICNT; Grand Rapids: Eerdmans, 1997), 210 [=
『NICNT 누가복음』, 부흥과개혁사, 2020]에 의해 올바르게 주목된 바 있다.

15. 많은 주석가들은 사 61:2의 לקרא שנת רצון ליהוה ("주의 은혜의 해[year]를 선포
하다")가 레 25장에 묘사된 희년의 해를 지칭하는 것이라고 주목했다(Brevard S.
Childs, *Isaiah* [OTL; Louisville, Ky.: Westminster John Knox, 2001], 505; John D.
W. Watts, *Isaiah 34–66* [WBC 25; Waco, Tex.: Word Books, 1987], 873) [= 『이사야
(하)』, 솔로몬, 2002]. 이 레 25:10 인유는 희년과 관련해 사용되곤 하는 앞 구절(사
61:1)의 어구 לקרא לשבוים דרור ("자유를 선포하다")에 의해 강하게 암시된다.
사 61장에서 희년은 이스라엘을 포로에서 해방시키고 (경제적 지위를 포함하여) 하
나님 백성의 지위를 역전시키려는 하나님의 행동에 대한 상징으로 재편된다. 따라
서 사 61:1-2에서 레 25:10 언급은 사 40:1-10에서 이사야의 좋은 소식에 의해 형
성된다. 또한 다음을 보라. Sharon H. Ringe, *Jesus, Liberation, and the Biblical Jubilee:
Images for Ethics and Christology* (Philadelphia: Fortress, 1985); John Howard Yoder,
The Politics of Jesus: Vicit Agnus Noster (2d ed.; Grand Rapids: Eerdmans, 1994), 60-
75 [= 『예수의 정치학』, IVP, 2007].

누가의 인용문이 담긴 이사야 61장과 58장으로부터 거슬러/거꾸로 읽을 경우 바벨론의 포로 생활을 끝맺는 이스라엘의 새 출애굽, 모세에 의해 명령된 희년, 애굽에서 나오는 첫 출애굽을 확인할 수 있다. 이스라엘의 수용 배경(encyclopedia of reception) 안에서 형성된 독자들은 이 세 가지 원형 모두가, 이사야서를 읽는 누가복음의 예수에 의해 구두로서 그리고 이 내러티브에서 뒤따라 나오는 행동으로서, 저들의 귀에서 성취될 때가 이르렀다고 선언되고 있음을 인지할 것이다. 그리고 예수 자신은 이스라엘을 해방시키는 하나님의 능력을 실현하는 (야훼의) 종의 역할로 중심 무대에 서셨다. 하지만 동시에 예수는 나사렛에서 거절을 경험하셨다. 실제로 예수는 시돈의 사르밧 과부(왕상 17:1-16, 즉 눅 7:11-17에서 중요한 반향으로 등장하는 이야기)나 수리아(시리아)인 나아만(왕하 5:1-14)과 같은 비-이스라엘인에게까지 하나님의 은혜로운 능력을 베풀었던 엘리야와 엘리사에 대한 성경 이야기를 인용함으로 거절을 자극하셨다. 이 참조 본문들은 이방 세계로의 복음 확장—누가의 두 번째 책의 주요 주제—을 내다보고 이방 선교가 이미 이스라엘 선교에 예표되었음을 암시한다. 이렇게 예수의 역할에 대해 프로그램화된 미리보기는 이스라엘만이 하나님의 호의를 받는다는 가정을 무너뜨리기 시작했다. 그래서 나사렛 사람들은 매우 분노해서 그를 죽이려고까지 했다.

이 전복적인 성경 읽기 행위에 대한 나사렛 주민들의 적개심은 (누가복음에 묘사된 것과 같이) 예수가 **대항 문화적**(countercultural) **행위로 상호텍스트적 내러레이션**에 참여하고 있다는 분명한 신호다. 새 출애굽 및 이스라엘의 해방을 다루는 본문들과 비-이스라엘을 향한 예언적 은혜 행위를 다루는 열왕기상하를 연결 지음으로 예수는 이스라엘 이야기에 있어서 새롭고 도발적인 줄거리를 개괄한다. 곧, "열방을 비추는 빛"으로서 종의 역할이 새롭게 부각된 것이다.[16] 바로 이스라엘의 배타적인 특권을 부인하는 예수의 성경적 논증이 나사렛의 군중을 그렇게 위협했던 것이다.[17] 이에 따라 영으로 기름 부음을 받은 종 예수에 대한 사람들의 배척은 예수가 "이스라엘 중 많은 사람을 패하거나 흥하게 하며 … 비방을 받는 표적이 되기 위하여 세움을 받았고 … 그래서 여러 사람의 마음의 생각이 드러나게 될 것이다"(눅 2:34-35)라는 앞서 나왔던 시므온의 예언의 참됨을 보여준다.

그리고 동시에 누가복음 4:16-30에서 예수는 민족 회복에 대한 이사야서 소망의 성취를 선언하시고 민족적 특권에 대한 전통적 개념에 도전하셨다. 누가복음의 예수가 이스라엘의 구원 이야기를 추진하는 방식을 더 명료하게 보여주면서 동시에 저 이야기를 색다르고 놀랍게 변형시키는 경우—그래서 이로써 반대와 분열이 야기된다—는 다른 어떤 이야기에도 나오지 않는다.

다윗 왕조의 메시아

나사렛 회당 설교에서 예수는 성경에 입각하여 민족 회복의 소망에 불을 지피지만 그러한 회복에 무엇이 포함되는지에 관한 대중의 기대에 순응하지는 않으신다. 이와 유사한 구약의 변혁적인 사용 패턴이 누가복음 내내 나타난다. 누가 내러티브는 우리의 초점을 예수의 공생애 시작부

---

16. Peter Mallen (*The Reading and Transformation of Isaiah in Luke-Acts* [LNTS 367; London: T&T Clark, 2008], 108-13)은 이방 구원에 대한 누가의 확장된 강조는 이사야에 대한 가장 중요한 해석학적 변형 가운데 하나라고 주장했다.

17. James A. Sanders가 설명하듯, "어떤 선지자도 자기 백성의 귀하고도 권위 있는 전통을 사람들의 사고와 의식에 도전하는 방식으로 적용할 때 이를 '데크토스'(dektos['수용할 만한'])하게 생각하지 않았다." "Isaiah in Luke," in *Luke and Scripture: The Function of Sacred Tradition in Luke-Acts* (ed. Craig A. Evans and James A. Sanders; Minneapolis: Fortress, 1993), 14-25, citation on 23.

에 모았기 때문에, 우리는 처음에 구원을 가져오는 이사야서의 종의 모습
에 초점을 두었다. 이제 우리는 내러티브가 발전함에 따라 분열하는 몇몇
다른 기독론 모티프들을 고려해보려 한다.

복음서 시작부에서 이미 우리는 예수가 다윗의 자손, 곧 이스라엘 나
라를 회복할 것으로 예상되던 왕적 메시아의 역할에 대한 예언적 기대와
마주했다. 가브리엘 천사는 마리아에게 태어날 아이가 "그 조상 다윗의
왕위"를 받을 받고 "영원히 야곱의 집을 왕으로 다스릴 것이며 그 나라가
무궁할 것"(눅 1:32-33)임을 알렸다. 이어서 이 다윗계 왕에 대한 소망은 "주,
이스라엘의 하나님이여 … 우리를 위해 구원의 뿔을 그 종 다윗의 집에 일
으키셨다"(1:68-69)라고 감사를 드리는 사가랴의 예언으로 강화된다. 이 프
로그램적 예언의 결론은 하나님의 자비를 통해 '아나똘레'(ἀνατολή)가 위로
부터 우리에게 임할 것"(1:78)을 미묘하게 선언함으로 동일한 주제를 반복
한다. 문자적으로 "일어나는"(rising) 또는 "일어나는 것"을 뜻하는 그리스
어 '아나똘레'(ἀνατολή)는 모호한 의미를 어렴풋이 전한다. 이는 해의 돋음,
말하자면 "새벽"을 가리킬 수 있다. 1:78의 문맥에서 이 단어는 어둠 속에
있는 자들에게 빛을 비추는 '아나똘레'(ἀνατολή) 이미지로 계속 사용되기에
그 의미는 아주 분명하다. 그러나 바로 이 단어는 또한 식물로부터 발생
하는 "가지" 또는 "새싹"을 가리키는 식물학적 의미를 가질 수 있다. 이러
한 의미는, 칠십인역 예레미야 23:5과 스가랴 3:8, 6:12에서, 바라던 다윗
후손 메시아를 가리키는 히브리어 '쩨마흐'(צמח)의 번역어(ἀνατολή)에 나타
난다: "주가 말씀하신다. 내가 다윗에게 한 의로운 가지(LXX: ἀνατολή)를 일
으킬 것이다. 그가 왕이 되어 지혜롭게 다스리며 세상에서 정의와 공의를
행할 것이다"(렘 23:5; 참조, 사 11:1-5). 특히 스가랴서에서 '아나똘레'(ἀνατολή)
는 칭호로 사용됐는데 이는 예레미야에서의 메타포적 의미, 메시아를 지
칭하는 식물 차원의 의미를 넘어선다. 칠십인역 스가랴 6:12는 이렇게 읽

는다: "만군의 주가 이같이 말씀하신다. '보라, 가지(Ἀνατολή)라는 이름을 가진 사람이 아래로부터 일어날 것이며(ἀνατελεῖ) 그는 주의 성전을 건축할 것이다.'" 따라서 누가복음 1:78에서 또한 사가랴(히브리어 '스가랴'의 그리스어 음역—역주)라는 이름을 가진 인물이 "어둠과 사망의 그늘에 앉아 있는 자들에게 빛을 비추고"(사 9:1을 반향함) "우리의 발을 평화의 길로 인도할" '아나똘레'(ἀνατολή)의 도래를 말할 때, 다윗계 왕의 일어남에 대한 이스라엘의 열렬한 소망—스가랴서에 그려진 것처럼—이 언저리에 자리하고 있다.[18] 저 본문을 잘 읽어내기 위해 우리는 '아나똘레'(ἀνατολή)의 가능한 의미("새벽"과 "가지") 중 어느 것도 배제할 필요가 없다. 그보다도 우리는 **두 가지 가능한 의미**가 (하나는 이사야에서, 다른 하나는 예레미야와 스가랴에서) 미래의 다윗 왕조 메시아에 대한 소망과 관련된 예언적 이미지를 암시한다는 것을 인지해야 한다. 누가복음 1:78-79을 섬세하게 읽는다면 두 가지 상호텍스트적 반향을 듣게 될 것이다.

이 다윗 모티프는 베들레헴을 "다윗의 성"(눅 2:4)이라고 명시적으로 지칭하는 누가복음의 탄생 기사와 "오늘 다윗의 성에 너희를 위해 구원자가 나셨으니, 곧 메시아(χριστός) 주시다"(눅 2:11)라는 목자들을 향한 천사의 선포에서 강화된다. '크리스또스'(χριστός)의 왕적 메시아로서의 의미는 시므온이 "주의 메시아(τὸν χριστὸν κυρίου)를 보기 전에는 죽음을 보지 않을 것이다"(눅 2:26)라는 약속을 받았다는 저자 누가의 논평에도 전제돼 있다. 따라서 출생/유아기 내러티브의 끝에서는 예수가 다윗의 왕권을 차지하게

---

18. Mittmann-Richert (*Magnifikat und Benediktus*, 121-27)는 눅 1:78을 "높은 곳에서 온 (다윗의) 싹"을 가리키는 것으로 해석하고, 이를 혈통적으로 다윗의 후손으로 오는 메시아를 강조하는 "아주 확실하고 전통적인 메시아 이해를 보여주는 표현"으로 해석했다. 그녀는 이러한 의미가 "전통 안에서 훈련된 귀"를 가진 사람들에게 있어서 "즉각 이해 가능한" 것이었다고 주장한다(127쪽에서 인용).

될 분이라는 사실을 의심할 수 없을 것이다.

하지만 이상하게도 이 주제는 이어지는 이야기의 배경에서 사라지는 것 같이 보인다. 이는 때때로 누가복음 1-2장에 있는 다윗 왕 관련 자료가 순전히 전통에 입각한 것이며 누가의 신학적 중요성이 반영된 것은 아니라는 표지로 간주되곤 했다. 그러나 사도행전에 나오는 사도적 선언에서 다윗계에 부여된 중요성은 정반대 상황을 보여준다.[19] 가장 명료한 표지만 언급하자면 베드로와 바울 모두—이들의 설교와 관련해 프로그램화된 누가의 이야기에서—예수의 부활을 시편에 있는 다윗의 예언적 어구의 성취로 명시적으로 해석한다(행 2:22-36, 13:32-37). 베드로의 오순절 설교에서는 십자가에서 처형된 예수의 부활이 "하나님이 주(κύριον)와 메시아(χρισ-τόν)로 삼으신 것"(행 2:36)을 증명한다는 선언의 절정에 이른다.[20] 이와 유사하게 바울의 비시디아 안디옥 설교에서는 죽은 자들로부터 예수의 부활을 "다윗의 거룩하고 충실한 것"의 성취로 해석하는데, 이는 저 설교 안에서 하나님의 거룩하신 이가 썩음을 당하지 않을 것이라는 약속과 밀접히 연결되어 있는 다소 모호한 구절이다(행 13:34-45; 사 55:3 LXX와 시 16:10을

---

19. 누가-행전에 나오는 다윗계 메시아직의 중요성을 가장 철저하게 다룬 연구를 위해서는 다음을 보라. Strauss, *Davidic Messiah in Luke-Acts.* 참조, 또한 P. Doble, "Luke 24.26, 44—Songs of God's Servant: David and His Psalms in Luke-Acts," *JSNT* 28 (2006): 267-83; David P. Moessner, "Two Lords 'at the Right Hand'? The Psalms and an Intertextual Reading of Peter's Pentecost Speech (Acts 2:14-36)," in *Literary Studies in Luke-Acts: Essays in Honor of Joseph B. Tyson* (ed. Richard P. Thompson and Thomas E. Phillips; Macon, Ga.: Mercer University Press, 1998), 215-32; idem, "The 'Script' of the Scriptures in Acts: Suffering as God's 'Plan' (βουλή) for the World for the 'Release of Sins,'" in *History, Literature, and Society in the Book of Acts* (ed. Ben Witherington III; Cambridge: Cambridge University Press, 1996), 218-50.

20. 이 표현은 χριστός가 누가에게 있어서 "메시아"를 의미하는 어떤 직함(title)이 아니라 일종의 고유명사(proper name)임을 보여준다. 이어지는 왕적 다윗 이미지 논의에서 이에 따라 번역할 것이다.

인용함).[21] 더 나아가 사도들의 예루살렘 공의회 절정 장면에서 야고보는 "다윗의 무너진 장막"을 하나님이 다시 세우셔서 "모든 사람들이 주를 찾게"(행 15:16-17) 될 것이라는 아모스 9:11-12의 어구를 인용함으로—칠십인역과 가까운 형태로—바울과 바나바의 이방인 선교를 입증한다.[22] 이방 세계로의 복음의 확장은 복음은 다윗계 왕의 "부활" 이후에 실현된다. 만약 교회의 최초기 설교에 대한 누가의 기록이 예수의 부활을 다윗 후손 메시아에 대한 약속의 성취로 묘사하는 것이라면, 그리고 만약 누가가 무너진 다윗 왕가의 회복을 구원 역사의 전개 과정에서 중대한 단계로 설정하고 있다면, 우리는 누가가 복음서를 서술하는 가운데 이 주제를 잊었다고 가정할 수는 없다. 분명히 누가복음의 예수 이야기는 다윗-메시아 전승을 해석학적으로 재형성하기 위한 내러티브 토대를 마련하고 있는 것일 가능성이 더욱 크다.

실제로 더욱 면밀히 조사해보면 우리는 누가가 자신의 이야기 전체에 걸쳐 '크리스또스'(χριστός)라는 명칭의 중요성을 이따금 상기시키도록 촉구하고 있음을 확인할 수 있다: 군중은 불 같은 세례 요한이 메시아인지 (잘못) 추측하고(눅 3:15), 예수가 잠잠케 하신 귀신들은 그가 메시아라는 것을 안다고 말한다(4:41). 누가는 베드로가 예수를 메시아로 고백하는 마가복음의 장면을 유지하는데 이는 아마도 가장 의미심장한 기록일 것이다 (누가판에서는 τὸν χριστὸν τοῦ θεοῦ; 눅 9:20; 참조, 막 8:29). 마가복음과 마찬가지로 여기서 시기상조였던 이 고백은 인자가 고난을 받아야 하고 예수를 따르

---

21. 이 어려운 본문에 대해서는, Luke Timothy Johnson, *Septuagintal Midrash in the Speeches of Acts* (The Père Marquette Lecture in Theology; Milwaukee: Marquette University Press, 2002), 36-40을 보라.
22. 여기에서 또다시 4Q174를 참조하라. 거기서는 메시아 본문 선집의 일부로서 정확히 그 본문을 인용하고 있다.

도록 부름을 받은 자들은 십자가를 지고[23] 예수를 위해 목숨을 버려야 한다는 다급한 가르침으로 즉각 자취를 감춘다(9:21-27). 누가복음 다른 곳에서 예수가 반복해서 긍정적인 의미로서 '크리스또스'(χριστός)로 호칭되고 있음을 염두에 둘 때 누가가 베드로의 고백을 실수로 간주했다고 보기는 어렵다. 그보다도 내러티브상 고난에 대한 강조는 독자들이 예루살렘에 장차 일어날 사건들에 비추어 '크리스또스'(χριστός)의 의미를 재해석할 수 있도록 인도한다. 누가복음 9:22에서 수난 기사를 명시적으로 가리키고 있는 것이 예가 될 수 있을 것이다(참조, 24:46). 예수는 실제로 베드로가 확언한 하나님의 메시아시지만 메시아로서 예수의 운명은 반드시 고난, 배척, 죽음, 종국적으로는 부활을 통해 재정의될 것이다.

하지만 베드로의 고백 이후, 잠잠하라는 예수의 지시는 어느 정도 효과를 미치는 것 같다. 우리는 예루살렘으로 가는 예수의 마지막 여정에 이르기까지, 곧 앞을 보지 못하는 거지가 예수를 "다윗의 자손, 예수여"(눅 18:35-43)라고 호칭하며 도움을 요청하는 장면까지, 메시아, 다윗, 다윗 왕국과 관련해 어느 것도 들을 수 없다.[24] 예수가 예루살렘에 가까이 가시면서 이 시점으로부터 왕과 다윗 모티프가 더욱 자주 나타나기 시작한다. 그리고 주목할 만한 것은 이 메시아 주제가 특히 누가의 암시적인 시편 사용을 통해 전면에 나타난다는 점이다. 다윗에 대한 명시적인 언급은[25] 성전에서 예수와 유대 지도자들 사이의 논쟁적 담화에 나온다. 예수는 (시 110:1에서) 다윗 자신이 메시아를 "주"로 불렀다면 메시아가 어떻게 다윗의 자손일 수 있는지 묻는다(눅 20:41-44). 누가의 서술은 약간 편집되어 변경

---

23. 누가는 계속되는 제자도의 특징을 강조하기 위해 "날마다"(9:23)을 첨가했다.

24. 물론 여기서 또다시 누가는 마가 자료를 사용한다(막 10:46-52).

25. 승리한 왕으로서의 예루살렘 입성 장면에 나오는 메시아 환호에 대한 논의는, 아래 "오실 분" 예수에 관한 논의를 보라.

된 부분이 있기는 하지만 마가복음 12:35-37을 밀접하게 따른다.[26] 가장 흥미로운 변경은 시편 인용구를 소개하는 도입구에 나타난다. 마가는 "다윗이 성령에 감동되어 친히 말했다"(막 12:36)라고 쓴 반면, 누가는 "**시편에서 다윗이 친히 말했다**"(눅 20:42a)라고 썼다. 이 어구는 시편을 예수의 정체와 사명과 관련한 특별한 계시적 통찰을 제공하는 문서로 가리킬 때 사용되는 누가의 몇 가지 지시어 중 하나다. 다윗의 말은 정의되지 않은 어떤 영적인 공간(ether)에서 나온 것이 아니다. 이는 예언적 저술들이 확실히 모여 있는 시편에 담겨 있다.

마가와 마태는 (후대의 기독교 독자들은 아마 당황하지는 않겠지만) 예수의 아리송한 질문에 대답하지 않고 남겨두지만, 누가는 두 번째 책에서 이 퍼즐에 대한 해답을 명료하게 제시한다.

> 다윗은 하늘에 올라가지 못하였으나 친히 말했다. "주가 내 주에게 말씀하시기를, '내가 네 원수로 네 발등상이 되게 하기까지 너는 내 우편에 앉아 있으라.'" 그러므로 이스라엘 온 집은 너희가 십자가에 못 박은 이 예수를 하나님이 주와 그리스도가 되게 하셨음을 확실히 알 것이다. (행 2:34-36)

사도행전 2장에 따르면 베드로의 설교가 예수를 다윗의 허리에서 난 열매로 분명하게 밝히기에(행 2:30) 예수는 실제로 다윗의 자손이시다. 그러나 또한 칠십인역 시편 109:1이 증거하는 것처럼 예수는 부활하고 승천한 후 하나님의 우편에 앉아계신 다윗의 주가 되신다. 따라서 예수는 "메시아"(χριστός)이자 "주"(κύριος) **모두**가 되신다. 예수에 의해 제기된 수수께

---

26. 예, 누가의 시편 인용은 마가의 ὑποκάτω를 ὑποπόδιον로 대체하고, 그럼으로써 시 109:1 본문에 더욱 정확히 일치하도록 "내가 네 원수를 네 발판으로 놓을 때까지"라는 독법을 산출해낸다.

끼에 대한 누가의 해답은 마가와 마태가 얼버무린 것과 실질적으로 다르
지 않다. 유일한 차이는 누가의 두 번째 책이 예수의 부활 이후에 이 수수
께끼의 답을 내리기 위한 내러티브의 틀을 제공한다는 것이다. 누가에 따
르면 다윗의 아들의 왕위는 단순히 세속적인 권력의 역할로 이해돼서는
안 된다. 그보다도 시편은 다윗 후손의 메시아가 하늘로 올라가셨다는 점
을 가리키고 있다.[27]

그러나 동시에 시편의 렌즈를 통해 예수가 다윗의 자손임을 이해하는
것은 또한 메시아 이야기에 있어서 예상하지 못했던 측면을 이해하는 것
이기도 하다. 시편에 전조된 다윗계 인물은 고귀한 권세 소유자일 뿐 아
니라 **고난 역시 겪어야 할 인물이다.**[28] 이 놀랍고도 거슬리는 해석은 베드로
의 고백에 대한 예수의 대답에 이미 예고됐고(눅 9:20-22), 부활하신 예수가
엠마오 도상의 당황한 두 제자에게 설명하신 메시지의 핵심에 놓여 있다:
"미련하고 선지자들이 말한 모든 것을 마음에 더디 믿는 자들아, **그리스도
가 이런 고난을 받고 자기의 영광에 들어가야 할 것이 아니냐?**" 이와 비슷
하게 예수가 부활 이후에 예루살렘에 모인 제자들에게 전한 가르침에는
메시아의 고난, 죽음, 부활, 영광에 대해 요약된 이야기가 조금 더 충분히
설명되어 있다.

> 또 그가 그들에게 말씀하셨다. "내가 너희와 함께 있을 때에 너희에게 말한
> 바 곧 모세의 율법과 선지자의 글과 시편에 나를 가리켜 기록된 모든 것이
> 이루어져야 한다." … 이에 그들의 마음을 열어 성경을 깨닫게 하셨다. 또

---

27. 이 본문에 대해서는 C. Kavin Rowe, "Acts 2:36 and the Continuity of Lukan
    Christology," *NTS* 53 (2007): 37-56을 보라.
28. 누가의 기독론과 구원론에 핵심이 되는 이 주제에 대해서는, Moessner, "The
    'Script' of the Scriptures"를 보라.

그가 그들에게 말씀하셨다. "이같이 **그리스도가 고난을 받고** 제삼일에 죽은 자 가운데서 살아날 것과 또 그의 이름으로 죄 사함을 받게 하는 회개가 예루살렘에서 시작하여 모든 족속에게 전파될 것이 기록됐다." (눅 24:44b-47)

(더욱 일반적인 구분, "율법, 선지서, 성문서"를 대신하여) 성경 내용을 세 부분으로 나눈 누가의 묘사("모세의 율법과 선지자의 글과 시편")는 낯설다. 이러한 구분의 이유가 무엇이든 간에 이는 적어도 예수의 정체를 계시하는 매개로서 시편의 특별한 중요성을 표시한다. 이렇게 시편은 메시아의 고난이 구약에서 미리 예고됐다는, 혁명적인 해석학적 주장을 이해하는 데 특별히 중요한 열쇠가 된다고 추정할 수 있다. 어떤 방식으로 그럴 수 있는가? 일단 설명하자면, 이에 대한 대답은 오직 회고적으로 생각해볼 때 대단히 명료하게 드러난다. 즉, 시편에서 말하고 있는 "다윗"은 극심한 고난을 겪으면서 반복적으로 하나님의 구원과 신원을 호소하고 어김없이 찬양과 감사로 기도를 마무리하는 신실하고도 의로운 인물이다. 요약하자면 비탄 시편(lament psalms)은 예수의 십자가, 부활, 승귀(exaltation) 이야기에 재현되고 새롭게 조명된 내러티브 패턴의 윤곽을 그려준다.[29]

누가가 실제로 시편을 이러한 기독론적 방식으로 해석했다는 구체적인 증거를 누가-행전에서 찾을 수 있는가? 누가의 수난 기사를 면밀히 조사해보면 몇 가지 단서를 발견할 수 있다. 누가복음에는 마가복음에서 가장 빈번하게 인용되는 수난 시편(passion psalms)을 암시하는 몇 가지 세부 내용이 담겨 있다: 시편 22편(옷을 나누고 제비 뽑는 장면; 눅 23:34), 시편 69편(신 포도주를 마시게 하는 군인들; 눅 23:36). 누가는 또한 시편 38:11에 나타난 시

---

29. 바울 전통을 포함하여 신약 기독론의 최초기 형성에 있어서 이 비탄시(lament psalm)의 중요성은 Richard B. Hays, "Christ Prays the Psalms," in *Conversion of the Imagination*, 101-18을 보라.

편 기자의 슬픔을 더욱 잘 들리는 반향으로 만들어내기 위해 멀리서 십자가 처형을 지켜본 여인들에 대한 마가의 언급을 미묘하게 재서사화한다 (renarrates): "내가 사랑하는 자와 내 친구들이 내 상처를 멀리하고 내 친척들도 **멀찌감치 서있다**(οἱ ἔγγιστά μου ἀπὸ μακρόθεν ἔστησαν)"(37:11 LXX). 마가복음 15:40에서 이 희미한 반향이 바스락거리는 소리를 듣는 일은 분명 가능하다: "그리고 멀찌감치(ἀπὸ μακρόθεν) 바라보는 여자들도 있었다." 만약 누가가 실제로 그러한 반향을 들었다면 누가의 본문은 이를 증폭시킨 것이라 할 수 있다: "예수를 아는 자들과 갈릴리로부터 따라온 여자들도 다 멀찌감치(ἀπὸ μακρόθεν) 서서(εἱστήκεισαν) 이 일을 보았다"(눅 23:49). 여인들이 "멀찌감치 서있었다"는 추가된 관찰과 더불어 아는 자들 또는 친구들(οἱ γνωστοὶ αὐτῷ)에 대한 별다른 이유 없는 소개는 내러티브를 미묘하지만 기저 텍스트인 시편과 상응하는 의미심장한 세부 내용처럼 보이게 할 것이다.[30] 그러나 확실히 그러한 인유의 음량이 크지 않기에 이것으로 누가가 주장하는 바 예수의 고난과 죽음이 구약에서 예표됐을 필연성을 정당화하기는 어렵다.

누가는 다윗의 시편들을 예수의 수난 이야기와 연결 짓는 가장 중요한 방식으로 마가복음에 나타나는 바 죽어가는 예수의 유기의 외침("내 하나님이여, 내 하나님이여, 어찌 나를 버리셨습니까"(시 22:1 [21:2 LXX])을 슬며시 삭제하

---

30. 네스틀레-알란트(Nestle-Aland)의 본문비평장치는 또한 가능한 암시로 시 88:9를 제안한다. 이 구절(시 87:9 LXX)에 대해 LXX은 고통받는 자의 아는 자들(τοὺς γνωστούς μου)이라고 말하고 있다. 그러나 다른 점에서 이 문구(wording)는 37:11 LXX보다 눅 24:49에서 더 멀다. Doble ("The Psalms in Luke-Acts," in *The Psalms in the New Testament* [ed. Steve Moyise and Maarten J. J. Menken; London: T&T Clark, 2004], 116)는 누가의 내러티브를 시 87편 LXX에 대한 암시로 다루면서 이 시편의 더 넓은 문맥인 4-13절이 누가의 수난 기사와 직접 관련 있다고 제안한 바 있다. 이 제안에 반대하여 시 37편 LXX는 다윗의 시편인 반면, 87편 LXX는 그렇지 않다는 점을 관찰할 필요가 있다.

고 다른 다윗의 시편으로 대체했다: "아버지, 내 영혼을 아버지 손에 부탁
합니다"(눅 23:46; 시 30:6 LXX을 인용함). 가장 명확하게 말할 수 있는 것은 이
내러티브상 전환으로 인해 거리낄 만한 자료가 제거되고 예수가 숨을 거
두는 순간에도 하나님을 신뢰하면서 순종하는 분으로 묘사됐다는 것이
다. 마가와 마태가 언급한 고통 가득한 외침 대신, 누가는 죽기까지 원수
를 위해 기도하고, 십자가 위에서 예수에게 호의를 보이는 강도에게 낙원
을 보장하며, 자신의 영혼을 하늘의 아버지에게 담대히 맡기는 예수를 묘
사한다(눅 23:34). 칠십인역 시편 30편으로부터 핵심적인 행을 인용한 것은
누가의 편집 작업을 보여준다. 이때 누가는 "아버지"에 대한 기도에 호격
을 더하고 더욱 결정적으로는 시편의 미래 시제 동사(παραθήσομαι)를 현재
시제(παρατίθεμαι)로 전환하여 예수의 말씀을 단순한 의도 선언이라기보다
는 수행적 발화(performative utterance)로 만들었다. 누가의 상호텍스트적 교체
에 대한 주요한 이유 중 하나는 아마도 하나님이 죽어가는 예수를 **버리셨**
을 수도 있다는 일말의 암시(τί ἐγκατέλιπές με)조차 제거하기 위함일 것이다.
이렇게 추측할 수 있는 이유는 사도행전의 설교에서(2:31, 13:35) 베드로와
바울이 칠십인역 시편 15:10에 나오는 다윗의 확신에 찬 기도에 관한 하
나님의 신실하심을 확고히 주장했음을 우리가 발견하게 될 것이기 때문
이다.[31]

주가 내 영혼을 스올에 버리지 아니하시며(οὐκ ἐγκαταλείψεις τὴν ψυχήν μου)
주의 거룩한 자를 멸망시키지 않으실 것이다.

---

31. 예수의 성경 성취에 대한 누가 내러티브의 해석에 있어서 시편의 중요성에 대해서
는 Moessner, "Two Lords 'at the Right Hand'?" 215–32을 보라.

그렇기에 누가는 예수를 하나님에게 버림받은 상태로 죽어가는 것으로 묘사하는 것이 큰 문제라고 생각했기에(아마도 이것은 누가가 마가의 내러티브를 결코 "질서 있지" 않았다고 생각한 요소 중 하나일 것이다?)[32] 칠십인역 시편 30편에서 예수의 특징과 운명을 더욱 적절하게 표현할 수 있는 고통받는 다윗의 말을 발견했다.[33]

하지만 더욱 세련된 상호텍스트적 읽기를 위해서는 칠십인역 시편 21편(LXX)처럼 시편 30편(LXX) 역시 고통받는 의로운 인물이 부르는 비탄시라는 사실을 잊어서는 안 된다. 두 시편 모두 화자를 경멸과 괴로움을 당하는 것으로 묘사하고 있고, 중요한 것은 또한 둘 모두 결국 슬픔에서 감사와 찬양으로 옮겨간다. 따라서 누가가 인용하기로 선택한 행에 함축된 (시편 21편과는) 다른 의미가 십자가의 진정한 고통을 부정하는 것으로 이해되어서는 안 된다. 실제로 우리가 살펴본 것과 같이 예수의 고난은 이 이야기에 대한 누가의 해석에서 필수적인 요소다. 누가의 상호텍스트적 재서사화(renarration)의 주요 효과는 그보다도 하나님에 대한 예수의 **신실하심**을 강조하면서 동시에 예수를 버리지 않으신 하나님의 신실하심을 다시 단언하는 데 있다. 누가가 이 해석학적 변화를 달성할 수 있었던 유일한/정확한 이유는 시편 21편처럼 시편 30편도 고통을 겪는 의인, **다윗의 시**이기에, 따라서 예수의 죽음을 읽어낼 수 있는 동등하게 확실하고 강한 렌즈를 제공하는 것이다.

예수의 메시아적 정체성이 고난과 신원을 노래하는 시편들에 예표된다는 증거(hint)는 누가복음 두 번째 책에 나오는 사도들의 설교에서 더욱 더 길게 발전된다. 이 설교들은 부활하신 예수가 엠마오 도상에서 그리고

---

32. Doble, "Psalms in Luke-Acts," 113이 바르게 주목한 바 있다.
33. 시편을 전체적으로 읽으면서 우리는 시 30:22를 마가의 시 21:2 LXX 인용에 대한 환용적(metaleptic) 대답으로 들을 수 있을지 궁금해 할 것이다.

예루살렘에서 제자들에게 사적으로 제공했을 법한, (우리가 추측할 수 있는 바)
누가가 마음에 그렸을, 읽기를 정확히 보여준다.[34] 우리는 이미 이와 같은
해석학적 지시물의 몇 가지 예를 간략하게 언급했다. 예를 들어, 베드로의
오순절 설교에서는 시편 16:8-11로 예수의 부활을 예표하고 시편 110:1로
는 예수의 즉위를 가리킨다(행 2:22-36). 이와 유사하게 사도행전 4장에 나
오는 베드로의 유대 공의회 설교는 시편 118:22을 예수의 거절, 죽음, 신
원에 대한 상징으로 읽는다: "예수는 너희 건축자들의 버린 돌로서 집 모
퉁이의 머릿돌이 됐다"(행 4:8-12).[35] 또한 다른 구약 상호텍스트에서 가져온
하나의 예를 더 들자면, 빌립은 에디오피아 내시를 만났을 때 이사야 53
장의 고난받는 종 이야기에서 "예수에 관한 좋은 소식"을 발견했다(행
8:26-40).[36] 이 마지막 예는 누가가 이사야서의 고난받는 종의 모습과 시편
의 다윗 이미지를 기꺼이 융합했음을 보여준다.[37] 사도행전 4:25과 4:27에
서 다윗과 예수가 모두 "너의 종"으로 지칭되고 있다는 점은 주목할 만하

---

34. 또한 Charles H. Talbert, *Reading Acts: A Literary and Theological Commentary on the Acts of the Apostles* (rev. ed.; Reading the New Testament; Macon, Ga.: Smyth & Helwys, 2005), 77-78이 주목한 것처럼 말이다.
35. 여기서 또다시 우리가 누가의 내러티브에서 결정적인 역할을 하는 최고조에 이른 할렐 시편(Hallel psalm)을 발견한다는 사실을 기억하라. 누가-행전에서 시 118편의 중요성에 대한 연구로는 James A. Sanders, "A Hermeneutic Fabric: Psalm 118 in Luke's Entrance Narrative," in *Evans and Sanders, Luke and Scripture*, 140-53; Wagner, "Psalm 118 in Luke-Acts," 154-78을 보라.
36. 누가의 부활 주제와 관련하여 행 8:26-40을 조명하는 설명을 위해서는 Joel B. Green, "Witnesses of His Resurrection: Resurrection, Salvation, Discipleship, and Mission in the Acts of the Apostles," in *Life in the Face of Death: The Resurrection Message of the New Testament* (ed. Richard N. Longenecker; Grand Rapids: Eerdmans, 1998), 227-46, esp. 233-35을 보라.
37. 예수를 "무결한" 또는 "의로운"으로 특징지은 누가의 수난 기사, 고난받는 종, 시편 가운데 있는 주제적 연결을 유용하게 주목한 Strauss (*Davidic Messiah in Luke-Acts*, 324-33)의 연구를 보라.

다.[38] 아마도 핵심을 조금 더 신중하게 표현하기 위해 누가는 예수의 고난에 대한 성경의 예표를 이사야의 종과 다윗의 모습에서 발견했을 것이다.

어떤 경우든 사도행전의 이 본문은 누가복음 24장에서 어렴풋이 몸짓으로 나타내고 있는 읽기 전략에 명료한 모델을 제시한다. 곧, 십자가에 못박히고 부활한 예수를 이스라엘 성경의 해석학적 열쇠로 제안하면서 다윗의 시편에서 예수의 메시아적 사명을 이해하는 열쇠를 찾는 읽기 전략 말이다. 이렇게 읽음으로써 이스라엘의 해방과 구원은 폭력을 통한 승리의 정복에 달려 있는 것이 아니라 오히려 다윗계 메시아의 역설적인 순교와 승귀에 달려 있음이 드러난다. 그리고 이 메시아의 정체는 슬픔, 고통, 하나님에 의한 최후의 신원을 노래하는 구약 상호텍스트를 통해 서술된다.

엘리야와 엘리사 같은 (또는 같지 않은) 선지자

누가는 구약에 나오는 엘리야와 엘리사 선지자 이야기에 관한 복음서의 몇몇 일화를 패턴화함으로 또 다른 가닥을 엮어서 예수의 정체를 서술한다. 이는 다른 복음서에서는 중요하지 않게 다루어지는 평행이지만 누가의 예수 이야기에서는 독특한 요소다. 우리는 이미 나사렛 회당 설교에서 예수가 이방 외인들을 위해 권능의 예언 사역을 했던 엘리야와 엘리사

---

38. 행 4:25: "우리 조상 다윗, 당신의 종(Δαυὶδ παιδός σου)의 입을 통해 성령으로 말씀하신 분은 당신입니다." 행 4:27: "진실로 이 성에 헤롯과 본디오 빌라도가 이방 민족들과 이스라엘 백성들과 모여 당신이 기름 부은, 당신의 거룩한 종 예수에(τὸν ἅγιον παῖδά σου Ιησοῦν ὅν ἔχρισας) 대항했습니다." 기름 부음 받은 종에 대한 이 언급은 눅 4:18에 나오는 사 61:1의 종의 모습을 불러일으킨다. 동시에 예수가 하나님의 종 다윗과 연결되어 있는 이 문맥에서 동사 ἔχρισας는 분명히 메시아적인 배음(overtones)을 가지고 있다: 예수는 하나님의 기름 부음을 받은 자이자 다윗과 같이 원수들의 대적을 견디고 승리하신 메시아(χριστός)시다.

의 활동을 언급함으로 주민들의 분노를 일으켰다는 것에 주목한 바 있다
(눅 4:25-30). 저 본문에서 이 예언자들이 모형론적으로 예수 자신의 모습을
바라보고 있다는 직접적인 암시는 없다. 예수는 단순히 고향이 아닌 다른
곳에서 기적을 베푼 것을 정당화하는 선례를 제공하려고 저들의 행위를
자신의 것과 비교했을 뿐이다.[39] 하지만 누가의 내러티브가 전개되면서
우리는 예수와 이 전형적인 옛 선지자들 사이에 놓여 있는 시사하는 바가
많은 몇 가지 새로운 평행을 보게 된다.

　이러한 상응점 중 한 가지 가장 인상적인 경우는 예수가 과부의 죽은
아들을 살리시는 이야기에 나온다(눅 7:11-17). 누가복음에만 존재하는 이 이
야기는 독자가 이미 누가복음 4:26에서 상기한 인물, 곧 엘리야가 사르밧
(사렙다) 과부의 아들을 살린 구약의 전승을 매우 닮았다(왕상 17:17-24). 두 이
야기에서 모두 과부의 외아들이 죽었다—고대 근동 문화에서 부양 수단
없이 홀로 남겨진 한 여성에게는 대단히 비참한 상황이다.[40] 두 이야기를
더욱 자세히 들여다보자면, 엘리야 내러티브에서 과부는 유숙하고 있는
엘리야에게 가서(왕상 17:19) 자신의 죄를 기억나게 함으로 재앙을 가져왔
다며 타박했다. 그리고 나서 엘리야는 아이를 자기 방으로 데려가 침상에
누이고 "아이 위에 몸을 세 번 펴서 엎드리고" 하나님께 부르짖으며 생
명이 돌아오기를 기도했다. 하나님이 기도를 들으시고 아이는 되살아나
면서 이야기는 행복한 결말로 끝난다. 누가복음 7장에서 이야기는 더욱
간결하다. 예수는 나인 성으로부터 나오는 장례 행렬을 보시고 죽은 아들
의 과부를 불쌍히 여기셨다. 예수는 여인에게 울지 말라고 말씀하신 후
관에 손을 대며 직접 시체를 향해 말씀하셨다: "청년아, 내가 네게 말하니

39.　물론 동시에 이 갈등은 사도행전에 충분히 서술된 것처럼, 이방인에게 복음을 확장
　　하는 것에 대한 논쟁을 예표한다.

40.　몇 가지 참조점을 언급하고 있는 Green, *Luke*, 289-92처럼 말이다.

일어나라!" 죽은 자는 즉각 일어나 말하기 시작했고 예수는 그를 다시 어머니에게 주셨다. 열왕기상에 있는 이야기를 가장 큰 소리로 반향하는 것은 이 마지막 행동이다. 우리가 살펴본 것처럼 엘리야는 아이를 일으킨 후에 다락에서 방으로 내려가서 "그를 그의 어머니에게 주었다"(καὶ ἔδωκεν αὐτὸν τῇ μητρὶ αὐτοῦ, 왕상 17:23). 나인성 장면에 나오는 누가의 내레이션은 정확히 바로 그 어구를 반복한다: "죽었던 자가 일어나 앉고, 말하기 시작했다. 그래서 그[예수]가 그를 어머니에게 주셨다(καὶ ἔδωκεν αὐτὸν τῇ μητρὶ αὐτοῦ)"(눅 7:15). 엘리야 이야기 절정에 나오는 행을 자구적으로 반복함으로 누가는 충분한 지식을 가지고 있는 독자에게 눈짓을 보내면서 사실상 두 이야기를 함께 읽도록 요구한다. 엘리야 전통을 알고 있었던 나인 성의 사람들은 즉각적으로 가장 명료한 결론을 이끌어낸다: "큰 선지자가 우리 가운데 일어나셨다!"(7:16)—엘리야 같은 새 선지자 말이다.

하지만 두 이야기가 나란히 놓일 때 한 가지 주요한 차이점이 도드라진다. 예수의 행동은 능력이 있어서 몸을 펴서 엎드릴 필요도, 하나님을 향해 절규로 부르짖고 기도할 필요도 없었다. 그 대신 예수는 요한복음 11:43-44에 나오는 나사로를 살리는 이야기에서처럼 직접 죽은 자를 향해 일어나라고 명령하셨다. 누가복음 7:11-17을 엘리사가 수넴 여인의 죽은 아들을 살리는 저와 비슷한 장면이 나오는 열왕기하 4:18-37과 비교해 보면 유사한 대조점이 나타난다. 거기에서도 엘리사는 하나님께 기도하고 아이의 입에 입을 대는 소생술을 시행한다. 이러한 점에서 엘리야 이야기는 예수가 과부의 아들을 살리신 기사보다 엘리사의 것과 더욱 닮았다. 엘리야 이야기에서 우리는 "주가 엘리야의 음성을 들으시고" 아이의 생명이 돌아왔다는 기사를 보게 된다. 하지만 복음서에서 예수는 하나님에게 호소할 필요가 없는 것처럼 보인다. 곧, 단순히 권위 있는 말씀만 내

뻴으시면 기적이 일어난다.[41] 따라서 예수의 행동은 엘리야의 행동을 불러
일으키지만 둘 사이를 모형론적으로 연결하자면—매우 강하게 불러일으
켜서 두 인물 사이에 모형론적 관계를 말할 수 있을 것이다—이미 유사성
과 비유사성 모두가 드러나기 시작한다. 대형(antitype)인 예수는 엘리야 이
야기에 있는 패턴을 성취하지만 모형 엘리야를 능가하는 방식으로 행하
시고 독자들로 하여금 이스라엘에서 가장 위대한 기적을 행한 선지자들
보다 더욱 큰 권세를 가지신 것처럼 보이는 이 예언적 인물을 어떻게 해
석해야 하는지 숙고하게끔 한다.

　　그럼에도 다른 놀라운 행위와 더불어 엘리야처럼 예수의 죽은 자를
살리는 행위가 대중의 추측을 불러일으키는 것은 당연하다. 몇 장이 지난
후 누가는 헤롯이 죽은 자 가운데서 살아난 세례 요한에 관한 소문—헤롯
이 조소한 소문—또는 더욱 인상적으로 "엘리야가 나타났다" 내지 "고대
선지자 중 하나가 일어났다"(눅 9:8-10)는 소문을 들었음을 보도한다. 그리
고 얼마 지나지 않아 예수는 제자들 사이에서 동일한 추측들이 돌고 있는
것을 들었다(9:18-19). 하지만 누가는 예수의 정체에 대한 이러한 추정들이
분명히 합리적으로 보인다 하더라도 진리에 대한 이해 부족에서 기인했
다는 점을 독자들에게 주지시킨다. 누가복음 1:17을 읽었다면 신중한 독
자는 "엘리야의 심령과 능력으로" 올 사람이 예수가 아니라 세례 요한이
라는 사실을 알고 있다. 그리고 거의 곧바로 뒤따르는 변형 장면(9:28-36)
에서는 예수가 모세와 엘리야와 대화하는 장면을 묘사한다. 이때의 내러
티브 효과는 예수를 이들과 연관 짓고 이들을 영광스러운 전임자(predeces-
sors)로 드러내면서, 동시에 예수를 저들로부터 구분해내는 데 있다. 예수

---

41. Brodie, "Towards Unravelling," 256에서 바르게 관찰됐다: "소년의 생명이 소생하
　　도록 주에게 외치고 있는 엘리야와는 달리(왕상 17:21b), 예수는 소년에게 일어나라
　　는 주권적인 명령을 내리는 주(Lord)로 묘사된다."

가 저들과 말씀하고 계시다면 그가 단순히 저들 중 누군가로 다시 살아나
신 것(reincarnation)은 분명 아니다.

우리가 이미 보았듯 변화산 사건 이후에 누가는 반복되는 엘리야/엘
리사 인유들로 우리의 흥미를 자극하면서도 예수와 이 모형론적 전임자
들 사이의 차이를 계속해서 내비친다.[42] 위대한 엘리야가 대적들을 멸하
기 위해 하늘에서 불을 내렸기에(왕상 18:36-39; 왕하 1:10-12) 제자들은 예수
역시 그렇게 하실 것이라고 오해했다. 이들의 질문은 "우리가 불을 명하
여 하늘로부터 내려 저들을 멸하라 하기를 원하시나요?"였는데(눅 9:54),
이는 열왕기하 1:10, 12의 언어를 밀접하게 반향한 것이다.[43] 예수는 이들
의 제안을 단호하게 거절하시고서 꾸짖으셨다. 그런데 이후 어떤 필사본
에는 다음과 같은 추가적인 교훈이 들어 있다: "그리고 그가 말씀하셨다.
'너희는 너희가 어느 영에 속했는지 모른다. 인자가 온 것은 사람의 생명
을 멸하러 온 것이 아니라 구원하려 함이다'"(눅 9:55-56). 사본학적 근거에
따르자면 이는 본래 누가가 쓴 부분이 분명 아니라는 것이 거의 확실하지
만 누가복음에 나타난 예수의 초상에 대한 신학적으로 통찰력 있는 초기
해석을 보여준다. 저 해석에서 예수는 폭력적인 보복이 아닌 구원의 담지
자, 곧 반(anti)-엘리야로 나타나신다.

---

42. Brodie는 이렇게 말한다: "'이미타티오'(imitatio, '모방')가 거의 틀림없이 '에물라
    티오'(emulatio, '대항심')에 의해, 경쟁하려는 욕구에 의해, 가능하다면 고대 문서를
    넘어서려는 욕구에 의해 넌지시 비추어지듯 그렇게 … 엘리야 주제에 대한 [누가
    의] 일반적인 다룸에는 상당한 모호성이 있다. 즉, 누가 본문에서 예수는 엘리야와
    동일시되면서 동시에 구별된다"("Towards Unravelling," 260).
43. 많은 사본에는 "엘리야가 했듯이"라는 어구가 추가되어 있다. 이 독법은 A C D W
    Θ Ψ $f^{1.13}$ 33 M 등등에서 발견된다. 이 어구가 없는 필사본은 p^{45} p^{75} ℵ B L Ξ 579
    700* 1241다. 이는 아마도 엘리야 이야기를 담고 있는 문화 배경(encyclopedia)을
    공유하고 있던 초기의 독자들에게는 명백했던 바를 원문에 덧붙여 명시하는 후대
    의 설명일 것이다.

이어서 예수가 가족의 일을 먼저 처리하기를 망설이며 허락을 구하는 자들에게 자신을 따르라고 요청하는 장면(눅 9:59-62)도 유사한 해석학적 반전(transposition)을 낳는다. 즉각 독자는 엘리야가 엘리사에게 겉옷을 던진 상징적 행위를 회상하겠지만(왕상 19:19-21), 제자를 향한 예수의 부르심은 구약의 원형(prototype)보다도 고압적이면서 급진적이라는 사실에 놀라게 된다. 엘리야는 엘리사가 열두 겨릿소를 버리고 집으로 돌아가 부모에게 입맞추고 소를 잡아 백성을 위해 잔치 베풀기를 허락했다. 그러나 예수는 유사한 요청을 단호하게 거절하셨다: "손에 쟁기를 잡고 뒤를 돌아보는 자는 하나님의 나라에 합당하지 않다"(눅 9:62). 처음의 충격이 약간 가라앉은 후 이 이야기의 청자는 또 다른 상징적인 반전이 예수의 격언에 의해 발생한다는 것을 알게 된다. 곧, 엘리야의 부름은 엘리사로 하여금 쟁기질을 버리도록 요구한 반면, 예수의 부르심은 쟁기질을 시작하고 이를 철저히 지키도록 요구하는 것이다. 둘 모두는 과거의 것들을 떠나고 가족을 버리고 제자도의 새로운 소명을 받아들이라고 요청한다. 하지만 예수가 변경한 메타포는 미래의 결실에 대한 전망과 더불어 꾸준하고 지속적으로 일할 것을 제안한다.

하지만 누가의 엘리야/엘리사 모형론이 결국 분열을 일으킨다고 추론하는 것은 옳지 않다. 예수는 누가복음 내내 계속해서 선지자로 행동하셨고—실제로 자신을 그렇게 밝히셨다(눅 4:24, 13:33)—여러 가지 방식으로 저 행동의 의미는 선지서의 전거들을 자아내는 많은 미묘한 상호텍스트에 의해 드러난다. 예를 들어, 예루살렘 성에 다가오는 멸망을 지극히 생각하며 우시는 예수(19:41-44)는 하사엘이 이스라엘 백성에게 행할 잔혹한 행위를 내다보고 울었던 엘리사를 상기시킨다(왕하 8:11-12). "울다"(ἔκλαυσεν)라는 단어를 넘어서는 확실한 문자적 반향은 없지만 다가올 재난에 대한 두 예언은 소름 돋을 정도로 유사하기에 눈물을 흘리는 선지자로서 예수의 초상은 메타포적으로 엘리사와 연관이 된다.

한 가지 또 다른 예를 들어보자면, 유대 권력자들은 예수를 체포하여 로마 총독 빌라도에게 끌고 가서 다음과 같이 고발했다: "우리가 이 사람을 보니, 우리 민족을 잘못된 길로 인도하고(διαστρέφοντα τὸ ἔθνος ἡμῶν) …"(눅 23:2). 이전에 여러 차례 예수와 엘리야가 관련되었던 것을 염두에 둘 때 저 비난은 (칠십인역 판에서) 엘리야가 마침내 아합 왕 앞에 모습을 드러냈을 때 아합의 고발과 공명한다: "네가 이스라엘을 잘못된 길로 인도하는 자냐(ὁ διαστρέφων τὸν Ισραηλ)?"(왕상 18:17). 이 상호텍스트적 병치는 깜박이는 전거 이미지를 중앙 무대의 공연(action) 뒤에 있는 배경막에 투사하는 누가의 문학적 기법이다. 두 이미지 사이에 연결을 인지한 사람은 장면의 극적인 복잡성에 담긴 깊은 의미를 얻게 될 것이다. 위의 경우에, 유대 권력자들의 불평 내용은 예수가 엘리야와 마찬가지로 정식으로 세워진 통치자—이 경우에는 빌라도가 대리하고 있는 가이사—에 반박하며 예언하고 있는, 분란을 일으키는 분자(subversive troublemaker)로 특징지어진다는 사실을 보여준다. 하지만 분명히 이 인유는 어느 정도 맛깔나는 누가의 극적인 아이러니다.[44] 등장인물들이 이 반향을 의도할 수는 없다. 만일 그랬다면, 저들은 열왕기상 18장에서 하나님의 말씀의 진정한 담지자가 엘리야고, 실제로 잘못된 길로 인도하는 자들은 권력을 행사하는 고발자임을 알았을 것이기 때문이다. 엘리야는 아합에게 다음과 같은 반응으로 반격한다: "내가 이스라엘을 잘못된 길로 인도한 것이 아니라(οὐ διαστρέφω τὸν Ισραηλ) 당신과 당신의 아버지의 집이 잘못된 길로 인도한 것이다. 이는 당신이 주의 명령을 버리고 당신이 바알들을 따랐기 때문이다"(왕상 18:18

---

44. 누가의 주요 신학적 수단으로서의 극적 아이러니에 대해서는, Rowe, *Early Narrative Christology*; William S. Kurz, S.J., *Reading Luke-Acts: Dynamics of Biblical Narrative* (Louisville, Ky.: Westminster John Knox, 1993), 64-66, 138-44을 보라.

LXX). 엘리야 내러티브의 이러한 반향에 비추어 본다면 예수를 향한 권력자들의 고발은 자신들에게 되돌아온다. 곧, **이들이 불의한 이방 세력과 영합하여 이스라엘을 망가트리고 있는 자들이며, 결국에는 아합과 바알 선지자들과 같은 대가를 치르게 될 것이라는 말이다.** 누가는 이에 대해 아무 것도 설명하지 않기에 누가의 이야기를 따라가기 위해 이 반향을 들어야만 하는 것은 아니다. 그러나 반향을 들은 독자는 내러티브적 아이러니와 이 반향이 전조하는 운명의 종국적인 반전을 인지하게 될 것이다.[45]

스치듯 지나가는 마지막 열왕기하 반향은 우리의 상상력을 조금 더 확장시켜준다. 부활하신 예수와 엠마오 도상 제자들의 만남 이야기 결론부에서 예수와 저들이 함께 빵을 뗀 후 재인식(*anagnoresis*: 그리스-로마 문학에서 등장인물이 결정적인 발견에 눈을 뜨는 사건—역주) 순간에 극적인 절정에 이른다: "그들의 눈이 열려(αὐτῶν δὲ διηνοίχθησαν οἱ ὀφθαλμοί) 그분을 알아보았는데 예수는 시야에서 사라지셨다"(눅 24:31). 이 이야기는 그 자체로 독립적으로, 그것도 확고하게 서 있으면서도, 어떤 구약 전거에 대한 명시적인 암시는 없다. 하지만 이 장면 자체에 드러난 예수 활동의 성서적 선례성(antecedents) 강조와 누가 내러티브 도처에 나타난 몇몇 엘리야/엘리사 패턴 암시에 비추어 볼 때 우리는 또 하나의 그러한 희미한 반향을 들어낼 수 있을까? 열왕기하 6장에서 엘리사는 아람 군대에게 포위된 도단 성을 보았다.

---

45. 이 경우에 가능한 두 번째 반향이 있다. 곧, 백성을 잘못된 길로 인도하는 한 악한 통치자가 이스라엘 하나님의 진정한 대변자들을 고발하는 또 하나의 장면이 있다. 출 5:4 LXX에서 애굽의 바로는 백성을 광야로 내보내서 하나님을 예배하게 해 달라는 모세와 아론의 요청을 거부했다: "모세와 아론아, 어찌하여 나의[!] 백성을 저들의 일로부터 떠나게 하려 하느냐(διαστρέφετε τὸν λαόν μου)?" 만일 실제로 빌라도 앞에 선 예수 심문 장면에서 이 반향을 부차적으로 듣는다면 우리는 또다시 권력의 전복(reversal)—권세자들이 자신들의 보좌에서 끌어내려질 것이며 하나님의 백성은 신원되고 자유하게 될 것이다—을 예고하는 복잡한 환용적(metaleptic) 전조를 보게 된다.

엘리사의 사환은 당황하며 "아! 내 주여, 우리가 어떻게 해야 합니까?"라고 외쳤다. 엘리사는 "우리와 함께한 자가 저들과 함께한 자들보다 많다"라는 비밀스러운 말로 사환을 안심시키고 나서, 하나님에게 이 사환의 눈을 열어주시기를 기도한다. "그러자 주가 그의 눈을 여셨고(διήνοιξεν κύριος τοὺς ὀφθαλμοὺς αὐτοῦ), 그가 보니 불말과 불병거가 산에 가득하여 엘리사를 두르고 있었다"(왕하 6:17).[46]

눈이 열려 압도적으로 강력한 영적 실재를 인식하게 되는 이 모티프는 구약성경에 매우 드물게 나타난다.[47] 누가복음 24:31에서 엠마오의 제자들의 눈이 열렸다는 언급이 정말로 열왕기하 본문에 대한 반향으로 들린다면, 우리의 읽기에 어떤 역할을 할 수 있는가? 이는 예수를 둘러싸고 덤벼들고 있는 "대제사장들과 지도자들"의 적개심—글로바와 동료가 극복할 수 없다고 인식한 역경의 상황—이 실제로 결국 예수의 구원과 승리로 보증되는 더더욱 큰 신적 능력에 대한 헛된 공격임을 암시할 수 있을 것이다. 열왕기하의 불병거는 오순절의 불의 혀를 희미하게 전조할 수 있으며, 아마도 주가 제자들의 눈을 뜨게 했을 때 제자들의 마음이 **불탔던** 이유를 암시할 수도 있을 것이다. 곧, 저들은 부지중에 신적 불꽃의 임재 가운데 있었던 것이다.

가설적인 희미한 반향을 이렇게 읽어내는 것은 저자(누가)의 의도라고 어느 정도 확신할 수 있는 바를 훌쩍 넘어선다. 이는 "실험적인 상호텍스트성"(experimental intertextuality), 즉 새롭고도 예상하지 못했던 의미들을 인

---

46. 왕하 2:11에도 나타나는 "불병거" 이미지는 William Blake가 자신의 시 "예루살렘"(Jerusalem)에서 사용한 바 있다. 이 시는 추후에 찬송가 가사로 사용됐고, 잇달아 1981년 영화 〈불의 전차〉(Chariots of Fire)라는 영화 제목에 영감을 주었다.
47. 창 3:5, 7은 물론 악/죄의 실체와 결과에 대해 피조물 인간의 눈의 열림을 이야기한다. 이 경우 눈 열림은 심한 손상에 대한 지식에 해당한다.

지하기 위해 분명하지 않거나 전통적으로 연결되지 않았던 텍스트 사이를 병치시킨 실례일 수 있다.[48] 하지만 이 경우에 두 본문 사이의 연결은 예기치 못했던 만족감을 산출한다. 터벅터벅 걷는 엠마오의 제자들은 엘리사의 사환과 같이 두려움과 낙심의 수건을 쓴 채 세상을 보고 있다. 그러나 엘리사 같은 선지자 예수가 저들의 눈을 열어주셨을 때 수건은 벗겨지고 저들 앞에는 불타는 듯한 새로운 세계가 열리며 구원하시는 하나님의 놀라운 능력이 드러나게 된다.

이 모든 것이 적어도 시적 사고 실험(poetic thought experiment)으로서 허용된다면 우리는 열왕기하의 이야기가 놀라운 해결(resolution)을 계속해서 제시하고 있음을 알아차릴 수밖에 없다. 주는 엘리사의 기도에 대한 응답으로서 먼저 아람 군대를 눈 멀게 하여 포로로 잡아간 후 눈을 열어(καὶ διήνοιξεν κύριος τοὺς ὀφθαλμοὺς αὐτῶν[!]) 저들이 전쟁 포로로 처한 곤경을 보게끔 하셨다. 그러나 엘리사는 놀랍게도 저들을 죽이지 않고 식탁으로 초청하라는 명령을 내린다: "그[이스라엘 왕]이 음식을 많이 베풀고 그들이 먹고 마셨다. 그는 그들을 놓아 보냈다. 그래서 그들이 그들의 주인에게로(πρὸς τὸν κύριον αὐτῶν) 돌아갔다. 그러고 나서 아람 군사의 부대가 다시는 이스라엘 땅에 들어오지 못했다"(왕하 6:23). 이것은 적군의 눈뿐 아니라 독자의 눈도 열게 하는 기이한 결말이다. 원수였던 자들이 눈이 멀게 되고, 무장은 해제되며, 새로운 시각을 갖게 되고, 자신들이 죽이려고 했던 자의 잔치에 초대되며, 새롭게 하나님의 백성과 평화를 누리고, 자신들의 주에게로 돌아갔다. 여기에 담긴 의미론적 잔물결이 엠마오의 저녁 식탁에서 요동한다. 아람 대적에 대한 엘리사의 비폭력적 승리라는 이상한 이야기는 이제 대적에 대한 예수의 놀랍고도 은혜로운 승리를 전조하며 군대의 눈

---

48. Alkier, "Intertextuality," 3–21, esp. 9–11을 보라.

이 열린 것은 엠마오 제자의 눈 열림뿐 아니라 사도행전 9장에서 대적 사울/바울이 굴복한 이야기도 예표한다. 이 공상적인 상호텍스트적 읽기는 아마도 누가-행전에서 엘리야와 엘리사의 표상적 환기(figural evocation)가 어떻게 작용하는지를 보여준다. 예수는 엘리사가 환생(redivivus)한 분이 아니며[49], 누가는 또한 열왕기하 6장이 예수에 의해 성취된 일종의 예언이라고 주장하지도 않는다—그렇게 명시적이고 기계적인 것은 없다. 그렇지만 이 읽기에서 열왕기하 6장은 신비롭게 감추어진 바 "모든 성경에 나타난 [예수] 자기에 관한 것"을 담고 있는 한 가지 출처일 수 있다. 상호텍스트적 연결은 섬세한 가닥, 다양한 색상, 복잡한 얼개로 구성되어 있다. 그리고 이러한 엮임은 이스라엘 성경에 대한 새롭고도 회고적 읽기 패턴을 놀랍게 산출해내며 이 읽기는 결국 예수의 정체 해석의 틀을 새롭게 짜고 심화시킨다.

우리는 이러한 흐름에 따라 어느 정도 진행하면서, 누가가 예수를 어떻게 모세, 이사야의 고난받는 종, 솔로몬의 지혜 2:12-20의 박해받는 의로운 인물에 빗대면서 메타포적 가닥으로 구성된 유비 패턴으로 엮는지 보여줄 수 있다. 그리고 누가가 "모든 성경에"(눅 24:27) 나타나는 예수에 관한 것들이 있다고 알려준 이상 그러한 실례는 상호텍스트적 범위의 가능성을 거의 침해할 수 없을 것이다. 하지만 우리는 이 문제를 더욱 깊이 탐구함으로 요점을 길게 늘어놓을 필요는 없다. 우리가 여기에서 추적한 몇 가지 대표적인 사례 외에도 누가-행전의 다양한 기독론적 모티프에 대한 유익한 연구들이 많이 있어 왔다.[50] 그러나 우리가 제안한 바와 같이

---

49. Fitzmyer, *Luke*, 1:213-15와는 다르다.
50. 모세에 대해서는, Luke T. Johnson, *Luke–Acts: A Story of Prophet and People* (Chicago: Franciscan Herald, 1981); Moessner, *Lord of the Banquet*. 지혜에 대해서는, Lothar Ruppert, *Jesus Als der Leidende Gerechte? Der Weg Jesu Im Lichte Eines Alt- und*

예수의 정체에 대한 누가의 비전은 그런 모티프 중 어느 하나로, 심지어 가장 중요하고도 확정적인 모티프를 모아놓는다 해도 파악될 수 없다. 오히려 성서의 다양한 모형론이 더욱 장대한 서사시적 태피스트리(epic tapestry)의 구성에 기여한다. 예수의 정체는 누가 저작에 사용된 다양한 실타래, 출처(sources)를 풀어서 드러나는 것이 아니라 누가 내러티브에 짜여 있는 복잡한 초상들을 들여다봄으로써 드러난다.

이스라엘의 주/하나님이신 예수

그러나 우리가 아직 고려하지 않은 복합적 초상의 매우 중요한 측면이 남아 있다. 이미 살펴본 것과 같이 마가와 마태는 모두 구약으로부터 인용하고 암시함으로 예수를 이스라엘 하나님의 체현으로 드러낸다. 누가복음에도 이와 유사한 기독론적 주장이 나타나는가? 나는 이에 대해 '예스'(yes)라고 대답하고 싶다. 누가복음을 특별히 구약과의 상호텍스트적 관계에 주의하여 신중히 읽는다면 우리는 누가가 예수를 실제로 이스라엘의 주와 하나님으로 묘사하고 있음을 보게 된다. 이는 단순히 여러 모티프 중 하나인 것이 아니라 오히려 다른 모든 모티프에 대한 내러티브 기반이자 다른 모든 것들을 설명하고 통합하는 것이다. 예수의 신적 정체성에 대한 이러한 누가복음 해석이 제안된 바 있었지만[51] 이는 누가 기독

Zwischentestamentlichen Motivs (SBS; Stuttgart: KBW Verlag, 1972). 누가복음의 다양한 기독론적 주제에 대한 조사는, Fitzmyer, *Luke*, 1:192-219을 보라.

51. Buckwalter, *Character and Purpose*; Max Turner, "'Trinitarian' Pneumatology in the New Testament? Towards an Explanation of the Worship of Jesus," *AsTJ* 57-58 (2003): 167-86; Rowe, *Early Narrative Christology*; Stanley E. Porter, "Scripture Justifies Mission: The Use of the Old Testament in Luke-Acts," in Porter, *Hearing the*

론에 대한 대부분의 읽기와 매우 대조된다. 따라서 이 누가복음 읽기에 대한 증거 영역을 더욱 확장해서 고려할 필요가 있다.

아마도 다른 복음서들보다 더더욱 누가복음 해석에 있어서, 우리는 누가의 예수 특징화가 **내러티브** 수단을 통해 전개된다는 사실을 기억해야 한다. 그래서 이미 제시한 요점을 반복해서 기억하는 것이 좋다. 즉, 기독론적 칭호를 단순히 연구하거나 명제적인 진술을 직접 분리해내서는 예수의 정체에 대한 누가의 이해를 적절히 평가할 수 없다. 도리어 우리는 오로지 이야기 안에서/통해서 재현된 예수의 **내러티브상 정체성**으로 누가복음의 예수를 알게 된다. 이 비평적 관점은 몇 가지 함의를 지닌다.

예수의 정체는 누가복음을 통해 **누적되면서** 펼쳐지며, 따라서 완전한 이해를 위해서는 전체에 비추어 부분을 여러 차례 재독하는 것(rereadings)이 필요하다—이는 누가가 예수의 인격과 사명에 대해 가정하고 손질하고 해체하고 정교하게 표현할 때 "예수가 누구신지 배우고 또 배우는" 과정이다.[52] 이야기 내 등장인물의 발화는 아마 예비적이거나(preliminary), 부적절하거나(예, "행동과 말에 능한 선지자"), 모호하거나, 오도하거나, 심지어 화자가 아직 분명하게 이해하지 못한 아이러니한 진리("이스라엘을 구원할 자")일 수 있다. 그러므로 예수가 누구인지에 대한 종합적인 이해는 이야기의 결말부에서만, "뒤에서 앞으로" 향하는 읽기를 통해서만 가능하다—그리고 이 거꾸로 읽기에는 누가의 내러티브뿐 아니라 거기서 끊임없이 참조하고 암시하는 이스라엘 성경에 대한 회고적 읽기가 포함된다.[53] 누가의 내러티브적 예수의 초상은 누가만의 독특한 요소뿐 아니라 자신이 저작 안에 포함하기로 결정한 전통적인 요소도 들어있는데, 저러한 접근 방식

Old Testament in the New Testament, 114-18.

52.　Gaventa, "Learning and Relearning," 148-65.

53.　Steinmetz, "Uncovering a Second Narrative," 54-65을 보라.

은 누가 "본인의" 기독론과 누가가 사용한 자료에 나타난 기독론 사이를 이간시키지 않을 것이다. 누가복음의 경우, 그러한 읽기에 따르자면 독자는 사도행전, 특히 사도들의 설교가 "예수가 행하고 가르치기 시작하신 모든 것"(행 1:1)이 기록됐다는 누가복음을 바라볼 수 있는 중요한 해석학적 렌즈를 제공한다는 점을 명심하게 될 것이다. 이러한 방법론을 조건으로 가지고서 이제 우리는 누가복음을 재독하면서 누가가 예수의 정체를 하나님과 관련해서 어떻게 이해했는지 듣기 위한 단서를 추적할 것이다.

하나님의 아들, 예수

누가는 내러티브 시작 장면에서 중심인물 예수가 신적 기원을 가지고 있으며 평범한 인물이 아님을 분명하게 한다. 가브리엘 천사는 마리아에게 아이가 "지극히 높으신 분의 아들"(눅 1:32)이라고 선언했다. 세심한 독자는 "지극히 높으신 분의 **선지자**"(1:76)로 불릴 세례 요한과의 대조에 주목하게 될 것이다. 누가는 예수가 처녀인 어머니에게서 태어나실 것과 (1:27, 34), 마리아를 "덮을" 성령의 중개를 통해 일어날 것이라고 세심히 알려주기에, "지극히 높으신 분의 아들"은 단순히 영예스러운 왕의 칭호가 아니다. 이후에 가브리엘의 선언은 이 기적적인 탄생의 함의를 상술해준다: "그러므로 나실 아이는 또한 거룩한, 하나님의 아들이라 불릴 것이다"(1:35).[54] 이 경이로운 서론이 울리는 나팔소리를 듣고 나서 어떤 독자가 누가의 기독론이 "저"기독론("low" Christology)이라든지 뒤 이어 이야기에

---

54. 현대 영역본(RSV, NRSV, NIV)은 특징적으로 1:35의 마지막 행에 있는 καί의 영향을 간과했다. 나는 여기서 저 단어의 의미를 "또한"(also)으로 규정하고 논리적으로 이 행의 ἅγιον과 가브리엘의 인용구 시작부에 있는 πνεῦμα ἅγιον과의 연결을 제안하고자 한다. 따라서 이렇게 된다: "**거룩한 영이 네게 임할 것이다. … 그러므로 나실 아이 또한(καί) 거룩한 …로 불릴 것이다.**"

나타나게 될 예수가 단지 예언자로만 해석될 수 있다고 생각한다면 이해하기 어려울 것 같다.[55] 예수는 초자연적인 수단으로 역사에 들어오셨고, 그렇기에 어떤 존재론적 방식에 있어서 하나님의 아들이시다.

　예수가 하나님의 아들이라는 동일시는 물론 누가의 세례 기사와 변화산 사건에서 강화된다. 이 두 가지 중추적인 극적 사건에서 하늘의 음성은 예수를 "나의 아들, 사랑하는 자"(눅 3:22)이자 "나의 아들, 선택된 자"(9:35)로 인정한다.[56] 각각의 본문은 결국 성서 반향의 합창을 불러일으킨다. "나의 아들, 사랑하는 자"의 경우 이 합창 안에서 지배적인 음성은 창세기 22장에 나오는 이삭에 대한 인유다. 이어서 계속되는 하늘의 음성, "내가 너를 기뻐한다"라는 환호는 이사야 42:1에서 종에게 하신 하나님의 말씀을 반향으로 울리는 것이기는 하지만 말이다: "여기 내가 붙드는 나의 종, 내 마음에 기뻐하는 자, 곧 내가 선택한 자가 있다." 이 두 번째 반향은 변화산 본문에서 이 아들을 "내가 선택한 자"(ὁ ἐκλελεγμένος)로 지칭하면서 더욱 명백한 인유로 증폭된다. 칠십인역에서 이사야 42:1은 야곱에 관한 예언으로 명시적으로 해석되는데, 이때 야곱은 "이스라엘, 내가 선택한 자"(ὁ ἐκλεκτός μου)를 가리키는 집합적 명칭으로 이해된다. 그리고 이두 본문 모두에서 왕적 메시아을 말하는 시편 2:7이 더욱 멀리 있는 배경에서 진동할 수도 있다. 세례와 변화산 기사에 있는 구약의 인유에 따르면 예수를 하나님 자신이 아니라 이스라엘, 곧 하나님의 언약 동반자와 동일시하는 것처럼 보이지만, 우리는 누가가 흔히 서로 다른 자료의 요소

---

55. 이 지점에서, 교육을 받지 않은(untutored) 기독교 독자들의 해석적 본능은, 이 장면을 누가 기독론을 이해하는 데 결정적이지 않다고 하며 고려의 대상에서 제하고 있는 학식 있는 누가복음 학자의 것보다 통상적으로 더 나을 수 있다.

56. 눅 9:35에서 사본 전통은 ὁ υἱός μου ὁ ἐκλελεγμένος와 ὁ υἱός μου ὁ ἀγαπητός로 나뉜다. 후자의 독법은 필사자가 막 9:7과 마 17:5의 공관복음 병행 본문뿐 아니라 막 3:22에 동화시킨 것이 거의 분명하다.

들(strands)을 엮는다는 것과 예수와 동일시되는 어떤 이미지도 다른 것과 섞일 수 없는 배타적인 것으로 이해돼서는 안 된다는 사실을 기억해야 한다. 실제로 이 본문들이 내러티브 순서 안에서 누가복음 1:26-38과 함께 읽히게 되면 예수의 아들로서의 지위가 일종의 하나님과의 동일시 및 이스라엘/인간들과의 동일시를 모두 동반함을 제안하게 된다.[57]

하나님의 아들 주제는 누가복음 10:21-22의 놀라운 기도, 이른바 **환호성**(*Jubelruf*, "기쁨의 외침")에서 다시 부상한다. 여기서 예수는 요한복음에 어울리면서 직접적으로 등장하게 될 하나님 아버지와의 친밀함의 표현을 불현듯 내뱉으신다.[58]

> 그때 예수가 성령으로 기뻐하시며 말씀하셨다. "천지의 주재이신 아버지여, 이것을 지혜롭고 슬기 있는 자들에게는 숨기시고 어린 아이들에게는 나타내심을 감사합니다. 맞습니다. 이렇게 된 것이 아버지의 뜻입니다. 내 아버지가 모든 것을 내게 주셨으니 아버지 외에는 아들이 누구인지 아는 자가 없고, 아들과 또 아들의 소원대로 계시를 받는 자 외에는 아버지가 누

---

57. 우리는 또한 누가의 족보에서 아담을 "하나님의 아들"(3:38)로 명명한 절정의 장면에 주목해야 한다. 누가복음에서 바로 다음에 있는 어구가 "그러나 성령 충만한 예수는 …"(But Jesus, full of the Holy Spirit …, 4:1)로 시작하고 있는 것은 우연이 아니며, 또한 이에 따라 소개된 장면이 마귀가 예수를 하나님의 아들로 증명하기 위해 조롱하며 도전한 장면인 것은 우연이 아니다. 이 내러티브 기법에는 예수를 아담과 연결 짓는 효과가 있다. 아담은 하나님의 직접적인 주권에 따른 피조물이자 인간 부모를 가지고 있지 않다는 점에서 하나님의 아들이다. 누가가 예수를 새 아담으로 은연중에 기독론 차원에서 인정하고 있는 것일 수 있다(참조, 롬 5:12-21). 그러나 만일 그렇다 하더라도 이는 누가복음 다른 곳에서 전개되는 주제가 아니다.

58. 예수의 정체를 가리키는 핵심 표지로서 이 본문에 대해서는, Joseph Ratzinger (Pope Benedict XVI), *Jesus of Nazareth: From the Baptism in the Jordan to the Transfiguration* (trans. Adrian J. Walker; New York: Doubleday, 2007), 339-45 [= 『나자렛 예수』, 1-2권, 바오로딸, 2012]에 나오는 흥미로운 설명을 보라.

구인지 아는 자가 없습니다."

이 구절은 사실 누가와 마태가 공유하는 이중-전승 본문 중 하나이지
만(마 11:25-27), 얼핏 보았을 때 이 기도는 공관복음 전승 대부분에 나오는
예수의 화법과 일치하지 않는 것처럼 보인다. 그러나 면밀히 고찰해 볼
때 여기에 나오는 하나님과 자식의 특권적 관계 표현은 누가복음의 다른
자료와 전적으로 일치한다. 이미 언급한 수태고지, 세례, 변형 기사에 나
타난 하나님의 아들 언급 외에도 우리는 불안해하는 자기 부모를 나무라
며 대답하는 예수의 소년기 이야기를 회상할 수 있다: "내가 아버지의 집
에 있어야 하는 것을 모르셨나요?"(눅 2:49). 이와 마찬가지로 광야 시험 기
사에서 예수는 마귀의 거짓 증명 제안을 거절하면서 이 유혹자를 성공적
으로 물리치셨는데 이는 자신이 진정한 하나님의 아들이심을 보여준다
(4:1-13). 기도에 대한 예수의 특별한 강조(예, 3:21, 6:12, 9:18, 9:28-29)도 하나님
과의 특별한 친밀함과 상호 지식을 말하는 누가복음 10:22의 예수의 확언
과 일치한다. "내 아버지가 모든 것을 내게 주셨다"는 주장은 바로 앞의
내러티브(10:17-20)에서 확인되는 바와 같이 예수의 놀라운 치유 능력뿐 아
니라 제자들에게 수여한 귀신 제어 권능에 대한 설명으로 기능한다. 신적
권위를 수여하는 바로 이 권한은 예수가 제자들과 마지막 만찬을 하는 장
면에서도 반복된다. 예수는 이렇게 말씀하셨다: "너희는 나의 모든 시험
중에 항상 나와 함께 한 자들이다. 내 아버지가 나라를 내게 맡기신 것 같
이 나도 너희에게 맡겨, 너희로 내 나라에 있어 내 상에서 먹고 마시며 또
는 보좌에 앉아 이스라엘 열두 지파를 다스리게 하려 한다"(22:28-30). 이야
기의 다른 곳에서 예수는 "하나님 나라"를 말씀하셨지만 여기서는 "내 나
라"가 된다. 또한 예수는 새 이스라엘의 열두 지파의 지도자 중 하나가 아
니라, 열두 제자를 판관으로 임명하신 분으로서 저들보다 더욱 우월한 권

위를 가지고 계신다.[59] 마지막으로 예수는 어떤 극한 상황에서도 아버지에게 계속 기도하면서 자신의 생명을 아버지의 손에 맡기셨다(23:46).

이 모든 증거는 누가복음 10:21-22의 기도에 나오는 아버지/아들 관계 묘사와 일치한다. 곧, 이는 예수가 아버지의 정체를 계시하고 다른 이들에게 신적 권위를 수여하는 능력을 포함하여 모든 것에 대한 권위를 받아들이게 되는 특별한 지식을 상호 공유하는 관계다. 따라서 내러티브에서 이 막간(interlude)은 예수가 닫힌 막 뒤에서 잠시 걸어나와 청중이 엿들을 수 있도록 기도하는 극적인 독백으로 기능한다. 이렇게 엿들을 수 있는 기도는 독백 전후에 상연되는 무대 위의 나머지 장면을 이해하도록 돕는 결정적인 단서들을 제공한다. 하나님의 아들인 예수의 특별한 정체성에 비추어 볼 때 비로소 이 드라마의 놀라운 주장과 사건을 이해하게 된다.

그렇기에 전승사(tradition history) 연구가 "하나님의 아들" 칭호의 종교사적(history-of-religions) 배경에 대해 무엇을 보여주든 간에,[60] **누가복음 내러티브 내에서 이 언어의 중요성은 왕적 메시아에 대한 기대 영역에 제한될**

---

59. 이는 Sanders, *Jesus and Judaism*, 95-106에서 강조된 점이다.
60. Werner Kramer, *Christ, Lord, Son of God* (trans. Brian Hardy; SBT 50; London: SCM Press, 1966); Wilhelm Bousset, *Kyrios Christos: Geschichte des Christusglaubens von den Anfängen des Christentums bis Irenaeus* (Göttingen: Vandenhoeck & Ruprecht, 1913); ET: *Kyrios Christos: A History of the Belief in Christ from the Beginnings of Christianity to Irenaeus* (Nashville: Abingdon, 1970; repr., Waco, Tex.: Baylor University Press, 2013) [=『퀴리오스 크리스토스』, 1-2권, 수와진, 2021; 제2권은 출간 예정]. 종교사 연구는 고대 세계에 많은 빛을 비추어주곤 하지만 통상 해석학 차원에 있어서 의미-결정-문맥(meaning-determining-context)으로 대체하는 것에 대해서는 순진하다(naïve). 이 접근 방식은 누가의 말의 의미를 누가의 "배경"(background)으로 대체한다. 배경은 기껏해야 우리로 하여금 내러티브가 구성됐을 방식에 대한 더욱 넓은 가정에 민감하게 할 수 있을 뿐이다. 그러나 이야기에 나오는 말들의 의미는 이야기 자체에 의해 주어진다.

수는 없다. 누가는 시편 2:7 차원에서 예수를 다윗의 자손, 왕적 상속자의 역할로 이해하고 있음이 분명하다. 하나님의 아들로 예수를 높이는 것은 이러한 왕의 역할을 포함하지만 여기에는 무언가 더욱 큰 것이 있다.[61] 예수의 기원은 신비스럽게도 신적이며, 예수의 인격적 정체는 과거 이스라엘의 왕/선지자들과 하나님의 어떤 관계도 초월함으로써 하나님 자신의 존재와 밀접히 결부되어 있다.

새 출애굽의 주, 예수

예수를 하나님의 아들로 인정하고 있는 본문을 넘어서 우리는 누가복음의 여러 본문이 하나님만을 위한 이스라엘 성경을 예수의 역할과 행동에 돌리고 있는 경우도 고려해야 한다. 이 중 가장 눈에 띄는 본문은 이사야의 새 출애굽 선포에서 가져온 이미지로 예수의 구원 활동을 알리는 본문이다. 우리는 이미 누가의 이사야 40:3-5 인용이 예수의 사역 내러티브(눅 3:4-6)에 대한 서론적 프로그램으로 기능하는 방식에 어느 정도 주의를 기울였다. 이는 예수의 활동을 이스라엘의 포로 종식에 대한 비전을 가진 이사야서 예언의 관점에서 구성하고, 따라서 "누가의 프로그램에 대한 해석학적 열쇠"로 기능한다.[62] 그러나 우리는 앞에서 이 본문을 탐구하면서 전체를 조망하는 이 상호텍스트적 참조가 예수의 정체를 이해하는 데 어떤 함의를 가질 수 있을지 아직 다루지 않았다.

---

61. 우리는 또한 예수를 하나님의 아들로 선포하는 것이 정확히 υἱός θεοῦ 칭호를 주장했던 로마 제국의 권위에 대한 정치적 도발로 들릴 수 있음을 볼 수 있어야 한다.
62. Pao, *Acts and the Isaianic New Exodus*, 38. Pao는 실제로 이를 "그 해석학적 열쇠"(강조는 추가됨)로 묘사한다. 지금쯤이면 분명해졌을 이유로 인해 나는 누가의 내러티브적 설계를 여는 하나의 열쇠로서 단일한 주제 내지 이미지를 찾는 것은 방법론적 실수라고 생각한다. 그럼에도 이 본문에 대한 나의 논의는 Pao의 통찰력 있는 주해 작업에 상당한 빛을 지고 있다.

본래의 예언 맥락에서 이사야 40:3에 나오는 "주의 길"(דֶּרֶךְ יהוה; LXX: τὴν ὁδὸν κυρίου)이, 이어서 나오는 동의어적 평행법을 볼 때, 이스라엘 하나님의 광야를 통과하는 길을 가리킨다는 데 의문의 여지가 없다: "사막에서 우리 하나님의 대로를 평탄하게(곧게) 하라." 하지만 누가는 이를 인용하면서 40:3 하반절에서 명시적으로 지칭하고 있는 "하나님의"라는 단어를 대명사 "그의"(αὐτοῦ)로 대체했다: "그의 길을 평탄하게(곧게) 하라." 이로써 상반절의 "주"가 모호하게 남게 된다. 곧, 누가가 "주의 길을 예비하라"라고 썼을 때 독자는 이를 하나님의 임박한 오심 내지 화자가 이미 두 차례 "주"로 지칭한 오실 예수에 대한 기대로 이해해야 하는가(눅 1:43, 2:11)?[63] 두 가지 독법이 모두 가능하다. 실제로 이 모호성은 사실 주(κύριος) 예수와 이스라엘의 주(κύριος) 사이의 '오버랩'(overlap) 내지 "공유된 정체성"을 생산하려는 누가의 내러티브 목적에 기여한다.[64]

유사한 모호함이 사가랴의 아들 요한에 대한 앞선 예언에 존재한다: "주 앞에 앞서 가서 그 길을 준비할 것이다"(눅 1:76). 이보다 앞에 나오는 요한의 출생에 대한 가브리엘의 고지(1:16-17)는 "주"를 "주 하나님"으로 읽기 쉽게 만들지만, 사실상 이야기가 전개되면서 우리는 요한의 역할이 화자에 의해 반복적으로 "주"(κύριος)로 지칭되는 예수의 선-주자(forerunner)임을 보게 된다. 예수의 전임자로서의 세례 요한의 이러한 역할은 말라기 3:1/출애굽기 23:20 인용을 통해 누가복음 7:24-30에서 다시 한번 강조된다: "보라, 내가 내 사자를 네 앞에 보낸다. 그가 네 앞에서 네 길을 준비할 것이다." 누가복음 7장 내러티브 문맥에서 이 인용구의 핵심은 분명히 요한이 예수보다 먼저 와서 그의 길을 예비했음을 공고히 하는 데 있다.

---

63. Rowe, *Early Narrative Christology*, 70-77.

64. Rowe, *Early Narrative Christology*, 74-77.

여기서 주목할 만한 가장 중요한 요소는 누가복음 3:1-6에서 누가가 구원을 위해 오시는 이스라엘 하나님을 선포하는 이사야 40장에서 기조(keynote)를 취하면서 "하나님의 구원"(눅 3:6; 사 50:4 LXX에서 인용)을 가져오는 분으로서의 예수의 임박한 오심을 내러티브적으로 알리려고 했다는 점이다. 이사야 40장 전체 내용을 염두에 둘 때 예수 안에서 "모든 육체가 하나님의 구원을 볼 것이다"(눅 3:6)라는 선언은 해석학적으로 중대하다. 이는 정확히 이사야 40장에 성경 전체에서 가장 근본적인 선언 중 하나인 하나님의 **비교 불가능성**이 나타나기 때문이다.

> 그러므로 너희가 나를 누구에게 비교하여
> 나를 그와 동등하게 하겠느냐? 거룩한 분의 말이다. (사 40:25)

열방이 하나님 앞에서 "통의 한 방울 물"(사 40:15)과 같은 이유는 바로 하나님이 모든 주권을 가지고 계시기 때문이다. 그렇기에 그분은, 오로지 그분 홀로, 이스라엘을 포로에서 구할 것이라는 약속을 하실 수 있는 것이다. 새 출애굽에 대한 이사야의 선언은 전능하신 하나님이 백성을 구하러 오실 것이라는 담대한 주장에 뿌리를 두고 있다.

> 아름다운 소식을 시온에 전하는 자여,
> 너는 높은 산에 오르라.
> 아름다운 소식을 예루살렘에 전하는 자여,
> 너는 힘써 소리를 높이라.
> 두려워하지 말고 소리를 높여
> 유다의 성읍들에게 말하라.
> "여기 당신의 하나님이 있습니다!"

보라, 주 하나님(LXX: κύριος)이 장차 강한 자로 오셔서

친히 그의 팔로 다스리실 것이다. (사 40:9-10a)

그러므로 누가복음 3:4-6이 이사야 40장을 인용하면서 요한이 말하는 예수가 "주"(κύριος)시며 모든 육체를 영광스럽게 구원하러 오실 인물임을 넌지시 알릴 때, 이 장차 오실 분과 이스라엘의 거룩하신 분 사이의 연결은 우발적인 것이기 어렵다.[65] 이 두드러진 예표적 동일시는 또한 누가가 예수를 "장차 오실 분"으로 인정하는 후속 본문에 예상하지 못했던 빛을 비춰준다.

"장차 오실 분", 예수

누가복음 7:18-23에서, 수감된 세례 요한은 예수의 정체에 대해 묻기 위해 사자를 보낸다.[66] 저들은 요한이 지시한 대로 물었다. "당신이 '호 에르코메노스'(ὁ ἐρχόμενος, "오실 분" 또는 "오는 분")입니까? 아니면 우리가 다른 분을 기다려야 합니까?" 이 질문은 (질문이 한 차례만 제기되는 평행본문 마태복음 11:3과는 대조적으로) 7:19과 7:20에서 반복되면서 특별히 강조된다. 이는 누

---

65. Pao (*Acts and the Isaianic New Exodus*, 147-80)는 사도행전에서 새 출애굽의 "행위자"(Agent)는 하나님의 말씀이라고 분석한다. 그러나 Pao는 (요한복음 서론에서와 같이) 기독론적 용어인 "하나님의 말씀"의 의미에 초점을 두지 않는다. 그보다도 사도행전 내러티브 관점에서 하나님의 말씀은 선포된 메시지다. 그러나 눅 3:1-6은, 선포된 메시지가 새 출애굽을 이행하는 데 도구적인 역할을 아무리 많이 했을지라도 새 출애굽의 참된 행위자는 주 예수 자신이라는 사실을 제안한다. (이것은 또한 행 1:1의 함의이기도 하다.)
66. 이와 거의 똑같은 기록이 마 11:2-6에 나온다. 따라서 이 본문은 가설적인 Q 자료에서 나온 것으로 표명되곤 하는 자료에 속했다. 그러나 우리의 관심은 여기에서 자료-비평 문제에 있지 않다. 이야기는 누가복음과 마태복음 내에서 약간 다른 방식으로 기능하기에 여기에서 우리의 특정한 초점은 누가의 설정(setting) 안에서 이 본문의 주해에 있다.

가가 구약의 내러티브 문체를 모방한 특별히 좋은 예지만, 또한 독자로 하여금 이 질문에 오랫동안 머물게 하고 그 의미, 특히 핵심 용어인 '호 에르코메노스'(ὁ ἐρχόμενος)에 대해 숙고하게끔 하는 효과도 있다. 신중하게 선택된 질문의 언어는 시편 118:26(117:26 LXX)을 상기시킨다. 이것은 할렐 시편(Hallel psalms: 시 113-118편)의 절정에 위치한 송영 본문이다: "주의 이름으로 '호 에르코메노스'(ὁ ἐρχόμενος)는 복이 있도다[찬송하리로다]." 할렐 시편은 이스라엘의 큰 민족 절기인 장막절과 유월절 때 불렸는데, 이 두 절기는 이스라엘이 애굽의 속박으로부터 해방된 것과 관련이 있고 따라서 또한—1세기 배경에서는—로마로부터의 해방과 새로운 왕의 오심에 대한 소망과 결부됐다.[67] 마가복음이나 마태복음에서보다 더 분명하게 누가는 군중이 시편 118:26의 어구를 노래하면서 예수가 예루살렘에 승리의 입성을 하신 기사에서 이 왕에 대한 소망을 명시한다: "'호 에르코메노스'(ὁ ἐρχόμενος), 곧 주의 이름으로 오는 **왕은** 복이 있도다[찬송하리로다]"(눅 19:38). 오직 누가복음만이 여기서 "오실 분"(참조, 마 21:9; 막 11:10)에 대한 부연 설명으로 '호 바실레우스'(ὁ βασιλεύς, "왕")를 추가했다. 따라서 누가 내러티브 맥락에서 회고적으로 읽자면 우리는 누가복음 7:19-20에 있는 세례 요한의 질문이 정치적으로 부담이 될 수 있는 질문임을 알게 된다. 요한은 예수가 스스로를 오랫동안 고대해오던, 다윗 왕국을 회복할 통치자로 드러내실 것인지 묻고 있었던 것이다. 세례자는 "당신이 오실 분, 오실 왕입니까?"라고 묻고 있다.

(마태와 달리) 누가의 기사에서 예수는 질문에 즉각 대답하지 않으시고 대신 행동을 보여주셨다: "그때 예수는 질병, 고통, 및 악귀 들린 자를 많

---

67. 절기의 중요성 및 정치적 소망과의 연관성에 대해서는, E. P. Sanders, *Judaism: Practice and Belief, 63 BCE–66 CE* (Philadelphia: Trinity International, 1992), 135, 140, et passim을 보라.

이 고치시며 또 많은 맹인을 보게 하셨다"(눅 7:21).[68] 어떤 의미에서 이 행동들은 요한의 사절의 질문에 대한 대답이다. 하지만 예수는 이 행동들을 해석되지 않은 채 남겨두기보다 마침내 일련의 답을 제시하셨다. 실제로 예수의 대답은 질문에 대한 직접적인 대답은 아니었지만 많은 정보를 담고 있었다: "너희가 가서 보고 들은 것을 요한에게 알려라. 맹인이 보며 못 걷는 사람이 걸으며 한센병환자가 깨끗함을 받으며 귀먹은 사람이 들으며 죽은 자가 살아나며 가난한 자에게 복음이 전파된다 하라. 누구든지 나로 인해 실망하지 않는 자는 복이 있다"(7:22-23). 우리가 이 대답 안에서 이스라엘 포로 생활의 종식과 민족의 종말론적 회복이 묘사된 이사야에서 온 수많은 모티프를 반향으로 감지할 때, 비로소 예수의 대답을 요한의 질문에 대한 대답으로서 이해하게 된다. 첫 번째이자 가장 중요한 반향은 요한의 사절에게 이사야 35:5-6a를 기억나게 할 것이다:

그 때에 맹인의 눈이 밝을 것이며

못 듣는 사람의 귀가 열릴 것이며

그 때에 저는 자는 사슴 같이 뛸 것이며

말 못하는 자의 혀는 노래할 것이다.

이 감격적인 이미지는 포로된 이스라엘 사람들이 기적의 대로를 따라 사막을 통과해 시온으로 기적적으로 돌아오는 이사야의 환상의 일부다.

---

68. NRSV는 이 구절을 다른 식으로 번역하여 이 치유가 요한의 제자들의 질문보다 선행함을 제안한다: "예수는 마침 그때 병든 많은 사람들을 고치신 상황이었다(had ... cured)." 그러나 (영역본에 보이는) 이 과거완료(pluperfect) 동사형은 (그리스어의) 단순 부정과거 ἐθεράπευσεν에 부자연스러운 의미를 부여한 것이다. 누가의 그리스어에 대한 더욱 자연스러운 해석은 예수가 자신에게 제기된 질문에 이어서 치유를 행하셨다는 것이다.

이사야는 종말론적인 때 모든 것을 바로잡으시며 깨어진 모든 것을 치유하실 하나님을 묘사한다. 찰스 웨슬리(Charles Wesley)의 감동적인 찬송가 "만 입이 내게 있으면"(O for a Thousand Tongues)의 가사는 정확히 이 이미지에서 가져온 것이다.

> 듣지 못하는 자들아 그의 찬양을 들으라.
> 말 못하는 자들아 풀린 혀를 사용하라.
> 보지 못하는 자들아, 보라, 너의 구원자가 오신다.
> 걷지 못하는 자들아 기뻐 뛰어라.[69]

이렇게 누가의 내러티브는 이사야의 종말론적 새 출애굽 이미지를 예수의 치유 활동과 연결 지음으로써 예수를 포로 생활을 끝내고 이스라엘을 집으로 데려오시는 분으로 묘사한다.

동시에 예수의 대답은 "가난한 자에게 복음이 전파된다"는 문장에서 약간 희미한 두 번째 반향을 울린다. 여기서 그리스어 표현인 '쁘또코이 에우앙겔리존따이'(πτωχοὶ εὐαγγελίζονται)는 앞서 예수가 공생애를 시작하기 위해 나사렛 회당에서 이사야 61장을 낭독한 일을 다시 한번 불러일으킨다(눅 4:18).

> 주의 영이 내게 임하시고
> 가난한 자에게 복음을 전하게(εὐαγγελίσασθαι πτωχοῖς) 하시려고
> 내게 기름을 부으셨으니

---

69. Charles Wesley, "O for a Thousand Tongues," in *The United Methodist Hymnal* (Nashville: United Methodist Publishing House, 1989), 57.

예수의 대답은 이러한 암시들을 이사야 35장과 61장에 연결 지음으로써 새 출애굽과 이사야서의 성령으로 기름 부음 받은 종 이미지를 융합한다.[70]

따라서 누가복음 7장에서 요한의 제자에 대한 예수의 비밀스러워 보이는 대답은 실제로 매우 분명하고, 상호텍스트적으로 암호화된(coded) 대답이다.[71] 이사야 본문을 불러일으킴으로써 예수는 자신이 요한의 제자들에게 보인 행위에 대한 성경 해석학적 틀을 제공하면서, 요한으로 하여금 적절한 결론을 이끌어내도록 초대하고 계신 것이다. 이사야 본문은 요한에게—또는 이스라엘 성경에 깊이, 둘러싸인(steeped) 모든 청중에게—예수의 활동이 실제로 이스라엘이 고대하고 요한이 기다리던 장차 올 하나님 나라의 시작(inauguration)으로 이해해야 한다고 신호를 보낸다.

하지만 이 본문들은 동시에 이스라엘의 민족적 소망에 대한 상징적 재형성을 넌지시 암시한다. 예수가 '호 에르코메노스'(ὁ ἐρχόμενος)인지를 물으면서 요한은 아마도 예수가 정복하는 다윗 왕가 메시아 역할을 맡으실지를 묻고 있었을 것이다. 그러나 예수가 요한의 제자들에게 대답할 때 선택된 모티프는 군사적인 정복 이미지를 예리하게 피해나갔다. 대신에 이 이미지는 치유와 회복 활동에 초점이 놓여 있다.[72] 바로 그렇게 함으로

---

70. 더욱이 사 35장과 61장은 예수의 기적 행위 묘사에 의해 상기되는 유이한(唯二, only) 구절들이 아니다. 다른 가능한 반향에 대해서는, 사 26:19, 29:18, 42:18; 시 146:7-9을 보라; 참조, 또한 4Q521. 암시적인 전체 병행 목록을 위해서는, Dale C. Allison Jr., *The Intertextual Jesus: Scripture in Q* (Harrisburg, Pa.: Trinity International, 2000), 109-14을 보라. 반향의 다양성은 눅 7:22이 단일한 본문을 암시하는 것이 아니라 도리어 회복과 치유를 향한 이스라엘의 기대를 특징짓는 풍부하고도 암시적인 본문 덩어리를 자아낸다는 것을 보여준다.

71. 이어지는 단락은 나의 "Reading the Bible with Eyes of Faith"에서 가져온 것이다.

72. 사해문서는 당대 다른 유대 해석가들이 정확히 같은 이 이사야 본문들을 가져다

써 요한과 따르미들에게 새롭고 비폭력적인 "오실 분"에 대한 상을 제시하고 저들이 이스라엘 성경을 새로운 눈으로 읽도록 가르친 것이다. 사실상 이사야 말씀에 비추어 자신의 사역을 어떻게 "읽어야" 하는지 요한의 사신에게 가르치신 예수의 행동은 그 자체로 보지 못하는 자를 눈 뜨게 하는 사역의 일부다—우리가 또다시 엠마오 도상 기사에서 보게 되는 것처럼 말이다.

"나로 인해 실망하지 않는 자(μὴ σκανδαλισθῇ ἐν ἐμοί, 문자적으로는 '나에게 걸려 넘어지지 않는 자')는 복이 있도다"라는 결론의 복 선언(macarism)은 아마 또 다른 반향—이번에는 이사야서에 나오는 바 이스라엘에 걸림돌(사 8:14)이 되는 시온의 돌 이미지(사 28:16)—으로 이해되어야 한다(참조, 롬 9:32-33에서는 저 두 본문이 융합되어 있음). 이사야의 유명하고도 신비스러운 "돌" 이미지는 선지자가 하나님의 약속을 믿는 것과 이스라엘이 믿음 없이 안보의 원천으로 군사력을 의존하는 것 사이를 날카롭게 대조한다. 이사야는 역설적으로 군사력을 의지하는 자들은 정확히 걸려 넘어지고 멸망하게 될 것이라 선언한다. 핵심은 요한과 제자들이 예상치 못한 평화로운 방법으로 하나님의 약속된 통치를 가져오는 예수에게 "걸려 넘어지면" 안 된다는 점이다.[73] 누가는 이 모든 언어를 인유와 환용(metalepsis)을 통한 경제적인 언어 및 문학적인 힘으로 그려낸다. 시편과 이사야를 알고 있던 독자라면 이 핵심을 충분히 파악할 것이다. 시편 118편과 이사야의 반향에 비추어 우리는 독자로서 "예수가 오실 분입니까?"라는 요한의 질문에 다음과 같

가 종말론적 시대에 행하실 주(Lord)의 구원을 묘사했다는 증거를 보여준다. 특히 4Q521을 보라.

73. 19세기 찬송가 "오, 영원하신 왕이여, 인도하소서"의 작사가는 요점을 이렇게 바르게 이해했다: 칼이 크게 부딪히는 소리로도 아니요, 북을 요란하게 두드리는 소리로도 아니요, 사랑과 자비의 행위로 하늘 나라가 오는도다. E. W. Shurtleff, "Lead On, O King Eternal," in *United Methodist Hymnal*, 580.

이 대답해야 한다: "맞습니다. 그분은 시편 118편이 가리키는 오실 왕, 할렐 시편이 불릴 때마다 고대되던 종말론적 구원자십니다. 그분은 우리가 소망하던 분이시지만 장차 올 그의 나라는 폭력적이거나 강제적인 힘의 관점이 아니라 이사야서의 신적 자비와 회복 이미지에 비추어 해석되어야 합니다."

이 본문에 중요한 점이 한 가지 더 남아 있다. 요한에 대한 대답은 예수가 선포하고 계신 한 가지 더욱, 더더욱 깊은 복음의 심장부에 있는 진리를 암시한다. 예수의 대답에서 반향되고 있는 이사야 선지자의 글은 주가 시온으로 돌아오실 것을 다시 한번 희미하게 그려낸다—마치 누가가 이사야 40:3을 예수 공생애의 서막(prolegomenon)으로 설정하여(눅 3:1-6) 독자에게 기대하게끔 했던 것처럼 말이다. 이사야의 예언적 환상에 따르면 이스라엘은 단순히 포로 귀환을 이끌 인간 지도자에 의해 구원되는 것이 아니다. 이때 오히려 하나님이 직접 등판하셔서 승리의 포로 귀환 과정을 이끄실 것이다.[74] 우리가 이미 살펴본 것처럼 누가복음 7:22에서 예수는 이사야 35:5을 강력하게 암시한다: "그때 맹인의 눈이 밝을 것이며 못 듣는 사람의 귀가 열릴 것이다." 하지만 이 구원 행위가 어떻게 나타나는가? 대답은 바로 앞 구절인 이사야 35:4에 명백하게 나온다.

> 겁내는 자들에게 말씀하신다.
> "굳세어라, 두려워하지 말라!
> **보라, 너희 하나님이**[75]
> 오서서 보복하시며

---

74. 이 주제는 물론 Wright, *Jesus and the Victory*, esp. 615-24에서 결정적으로 중요하다.
75. 이 구문 해석의 정확성은 밀접하게 병행되는 사 40:9에 의해 확증된다: "유다의 도시들에 말하라, '너희 하나님을 보라.'"

갚아 주실 것이다!

하나님이 오셔서 너희를 구하실 것이다."

칠십인역에서 구원을 가져오는 행위자(agency of God)는 이 구절의 마지막 행에 강조의 대명사가 포함됨으로써 더더욱 분명해졌다: αὐτὸς ἥξει καὶ σώσει ἡμᾶς ("그 자신이 오셔서 우리를 구원할 것이다"). 흥미롭게도 이사야 61:2에서와 같이 이 본문에서 하나님의 회복을 위한 오심과 보복/되갚음이 관련된 언급을 다시금 보게 된다. 히브리어 본문(נקם)에 거의 확실히 나오듯 이사야 35:4에 "보복"의 의미가 들어 있다면 이는 분명히 하나님 백성의 원수에 대한 정당한 형벌, 압제로부터 구원을 담보하는 심판으로 이해되어야 함이 분명하다. 그러나 가장 의미심장한 관찰은 요한의 사자에 대한 예수의 응답이 보지 못하는 자의 눈을 뜨게 하고 듣지 못하는 자의 귀를 열며 걷지 못하는 자를 뛰게 하고 말 못하는 자로 노래를 부르게 함에 집중되고 있다는 사실이다. 이 예언이 예수 자신의 치유 행위로 성취됐다면 우리는 이 반향을 오실 분의 정체가 세례 요한의 상상보다 더더욱 위대하다는 것을 드러내는 환용적인 단서로 들어야 하는가?

'뀌리오스'(Kyrios), 예수

저 제안은 저자 누가가 복음서 내내 예수의 정체를 섬세하게 서술하는 방식을 더욱 폭넓게 고려하기 전까지는 터무니없는 것처럼 보일 수도 있다. 누가는 '뀌리오스'(κύριος) 칭호를 예수에게 규칙적으로 사용하는 유일한 복음서 저자다. 물론 '뀌리오스'(κύριος)는 칠십인역에서 하나님의 거룩한 이름인 '테트라그람마톤'(Tetragrammaton: '네 문자'라는 뜻으로 개역성경에서 "여호와"에 해당함—역주)의 번역어로 사용한 그리스어 단어다. 그리고 누가는 어김없이 이 용례를 따른다—예를 들면, 누가복음 1:16("이스라엘 자손을 주 곧

그들의 하나님께로 많이 돌아오게 할 것이다")에서 "주"는 이스라엘 하나님을 가리
킨다. 하지만 놀랍게도 누가복음에는 예수를 '퀴리오스'(κύριος)로 칭하고
있는 경우가 적어도 15회 나온다—이때 많은 경우 누가 자신의 음성으로
나온다:[76] "내 주의 어머니가 내게 나아오니 이 어찌 된 일인가?"(눅 1:43 개
역); "너희를 위하여 구주가 나셨으니 곧 그리스도 주시니라"(2:11 개역); "주
께서 과부를 보시고 불쌍히 여기사 울지 말라 하시고"(7:13 개역); "주께서
돌이켜 베드로를 보시니"(22:61 개역); "주께서 과연 살아나시고"(24:34 개역).
방금 우리가 살펴본 본문 내에 다음 구절을 포함하는 것이 가장 적절할
것이다: "… 요한이 그 제자 중 둘을 불러 주께 보내어"(7:18b-19a). 요약하자
면 누가는 자신의 내레이션 안에서 '퀴리오스'(κύριος) 칭호를 이스라엘 하
나님과 나사렛 예수 모두에—예수의 모습에서 이따금 신적 정체성과 인
간적 정체성을 신비하게 혼합하는 방식으로—매우 두드러지게 적용한
다.[77] 이것은 편집상의 부주의로 인한 것이 아니다. 누가는 독자로 하여금
예수의 신성한 정체를 이해하게끔 하기 위해 세심한 저작 기술로 예수를
'퀴리오스'(κύριος)로 지칭하기를 계속한다.[78]

---

76. 이 계산은 호격 κύριε와 다른 모호한 경우를 제외한 것이다.
77. 누가의 내러티브적 이 놀라운 현상을 기독론에서 철저하고도, 신학적으로 정교하
    게 분석한 것은, C. Kavin Rowe, *Early Narrative Christology*를 보라. Rowe 이전의 분
    석을 간략하게 다룬 것은, idem, "Luke and the Trinity: An Essay in Ecclesial Biblical
    Theology," *SJT* 56 (2003): 1-26을 보라.
78. 이러한 이유로 우리는 행 2:36이, 예수가 오직 부활의 때에만 κύριος로 "임명됐다"
    는 양자 기독론(adoptionist Christology)을 표현하고 있는 것이라고 가정할 수 없다.
    예수는 누가의 두 권으로 된 책 시작부에서 이미 κύριος로 불리신다. 행 2:36에서
    최고조에 이른 베드로의 오순절 설교는 부활과 부어진 성령의 결과로 온 이스라엘
    이 이제, 하나님이 예수를 주와 그리스도로 임명하셨음을 알게 된 것으로 이해돼야
    한다. 부활로 인한 변화는 청중의 인식론적 변화지, 예수 자신의 존재론적 변형 내
    지 지위의 변화가 아니다. 관련된 전체 질문에 대해서는 Rowe, "Acts 2:36 and the
    Continuity of Lukan Christology"를 보라.

누가가 예수를 '뀌리오스'(κύριος)로 지칭한 사례의 절정은 사도행전에
서 베드로가 로마 백부장 고넬료 및 가족에게 했던 설교에 나타난다: "[하
나님은] 모든 것의 주이신(πάντων κύριος) 예수 그리스도로 인해 평화의 복음
을 전하여 이스라엘 자손에게 말씀을 보내셨다"(행 10:36).[79] 예수의 정체에
대한 이 프로그램적 선언은 두 배로 놀랍다. 로마 백부장이 예수를 "모든
것의 주"라는 칭호로 부른 것은 오로지 가이사(카이사르)에게 바로 이 보편
적 주권의 영예를 돌리는 로마 제국의 선전(propaganda)에 대한 정면 도전
으로 들릴 수 있다. 예컨대, 네로(Nero) 시대의 황제 비문에는 네로를 이렇
게 명칭하고 있다: ὁ τοῦ παντὸς κόσμου κύριος Νέρων.[80] 그리고 에픽테토
스(Epictetus)는 대화자의 입에 자랑을 교묘하게 넣었다: "그러나 모든 것의
주(ὁ παντῶν κύριος) 카이사르 외에 누가 나를 강요할 수 있겠는가?"[81] 하지만
동시에 유대 성경 맥락에서 "모든 것의 주"로 칭송받을 수 있는 분은 홀
로 한 분뿐이다. 신명기에 나오는 이스라엘 신앙의 근본적인 고백은 오로
지 한 분의 주만이 계신다고 선언한다: ἄκουε Ισραηλ κύριος ὁ θεὸς ἡμῶν

---

79. 이 구절에서 관계대명사 ὅν의 포함 또는 생략으로 사본의 증거들이 나누어진다.
    이 본문에 관계대명사를 포함시키게 되면 그 절(clause)의 주동사는 행 10:37에 있
    는 οἴδατε가 되어야 한다(한 문장이 행 10:36-37에 걸쳐 있다—역주). 그러나 여기
    에서 제안한 번역은 ℵ¹ A B 81 614 1739와 몇몇 다른 사본의 독법을 따라 관계대
    명사 없는 형태를 따랐다. 이는 행 10:37에 나오는 두 절의 확인을 강화하는 효과
    가 있다. 관계대명사를 가진 독법에 따르면 οὗτός ἐστιν πάντων κύριος는 삽입된 절
    (parenthetical interjection)로 읽힌다. 이 절의 의미는 당면한 논증의 목적에 실질적
    으로 영향을 미치지 않는다. 그러나 내러티브적으로, 베드로가 행 10:36의 확언을
    이방 청중들에게 이미 알려져 있던 것으로 (수사학적으로라도) 다루는 이유를 이해
    하기 어렵다. 또한 관계대명사 ON의 추가가 어떻게 중복오사됐는지 확인하는 것
    은 매우 쉽다: ΤΟΝΛΟΓΟΝΟΝ.

80. Wilhelm Dittenberger, *Sylloge Inscriptionum Graecarum, a Guilelmo Dittenbergero
    Condita et Aucta, Nunc Tertium Edita* (Lipsiae: Apud S. Hirzelium, 1915-1924),
    1:376.31.

81. Epictetus, *Discourses* 4.1.12.

κύριος εἷς ἐστιν (신 6:4 LXX)

따라서 누가 내러티브에서 반복적으로 사용된 '뀌리오스'(κύριος)의 해석학적 효과는 이사야 45:23에서 하나님만을 위해 단호하게 남겨둔 종말론적 주권을 놀랍게도 예수에게 돌리고 있는 빌립보서 2장의 바울의 그리스도 찬가 마지막 부분에서 성취된 효과와 별반 다르지 않다: "… 모든 무릎을 예수의 이름에 꿇게 하시고 … 모든 입으로 예수 그리스도를 '뀌리오스'(Kyrios, "주")라 시인하여 하나님 아버지께 영광을 돌리게 하셨다"(빌 2:10-11). 이와 동일한 고백으로 누가는 우리를 초대한다. 결과적으로 예수가 요한의 사자에게 "나로 인해 실망하지 않는 자는 **복이 있다**"(눅 7:23)라고 말씀하셨을 때 예수의 복 선언은 요한의 질문이 암시하는 바로 그 본문, 시편 118:26을 주고받는 방식(call-and-response: 질문이 곧 대답인 방식—역주)으로 대답한다: "주(Kyrios)의 이름으로 오실 분은 복이 있도다." 인간의 모든 예상 능력을 넘어서 예수는 '호 에르코메노스'(ὁ ἐρχόμενος, "오실 분")이자 **동시에** '호 뀌리오스'(κύριος, "주")의 체화된 형태로 판명된다.

마가의 신적 정체성 모티프를 가지고 있는 누가복음

예수와 이스라엘 하나님의 누가의 동일시에 대해 지금까지 관찰한 모든 것은 우리가 마가복음과 마태복음에서 살펴본 내러티브 경향과 일치한다. 그러므로 누가가 마가복음의 독자로서 예수의 신적 정체성이 어렴풋이 드러난 핵심적인 마가의 구절들을 넘겨받아 보유하고 있음은 놀라운 일이 아니다. 우리는 이미 이전 장에서 이 구절들을 세심하게 살펴보았기에 여기에 오랫동안 붙잡혀 있을 필요는 없다. (오랫동안 머물 필요가 없는 이유는) 또한 누가는 마가를 사용하면서 아주 작은 편집상의 변화만을 동반하기 때문이기도 하다.

누가는 죄 사함에 대한 예수의 권위 논쟁을 서술할 때 마가를 밀접히 따라간다(눅 5:17-26/막 2:1-12). 누가의 편집상 수정은 주로 사소한 문체를 다듬는 데 있다. 그러나 이 수정 중 하나는 우리 주제의 일부 관심사와 일치한다. 예컨대, 마가의 질문 "오직 하나님 **한 분** 외에는 누가 능히 죄를 사하겠느냐"(τίς δύναται ἀφιέναι ἁμαρτίας εἰ μὴ εἷς ὁ θεός) 대신, 누가복음 5:21b는 "오직 하나님 외에 누가 능히 죄를 사하겠느냐?"(τίς δύναται ἁμαρτίας ἀφεῖναι εἰ μὴ μόνος ὁ θεός)라고 읽는다. 이 그리스 관용구를 다듬는 것은 마가복음의 쉐마(Schema: 칠십인역은 κύριος εἷς ἐστιν로 읽는다—역주)에 대한 반향을 줄이거나 제거하는 효과가 있다. 그럼에도 이 질문의 신학적 의미는 여전히 동일하게 남아 있다. 곧, 구경꾼들은 예수가 신적 특권을 주장하고 있다는 것에 반대하고 있다.[82] 그리고 실제로 누가는 독자가 이 점을 놓치기를 원하지 않는다. 그래서 죄 많은 여인이 예수의 발을 눈물로 적시고 머리로 닦는 독특한 기사에서 이 주제를 반복하고 강화한다(7:36-50). 저 이야기의 결론에서는 다시 한번 예수의 용서 선언의 거리낌에 초점을 두면서 바리새인 시몬의 식탁에 앉은 손님들은 "이 사람이 누구이길래 죄를 사하기까지 하는가?"(7:49)라며 의문을 던진다.

마찬가지로 누가는 안식일에 곡식을 자르는 것에 관한 마가의 논쟁 기사를 포함하고 있다(눅 6:1-5/막 2:23-28). 이 경우 누가의 가장 중요한 편집적 수정은 사람이 안식일을 위해 있는 것이 아니라 안식일이 사람을 위해 있다는 경구를 삭제했다는 점이다(막 2:27). 이 삭제의 효과는 이중적이다. 곧, 이로써 이 단락이 결론짓는 기독론적 선언에 더욱 뚜렷하게 주의를 집중시키고, 내러티브상 (저 문장이 삭제됨으로써, 뒤따라 나오는) "인자는 안식일의 주(Lord)다"라는 말씀을 아주 분명히 예수의 발화로 돌리게 한다(마가복

---

82. Rowe, *Early Narrative Christology*, 92-104을 보라.

음 문장은 저자의 논평처럼 읽힐 수 있다—역주).[83] 누가가 예수의 신적 정체성의 표지로 '퀴리오스'(κύριος)를 특징적으로 사용한다는 점을 염두에 둘 때 이 발화는 누가의 기독론 평가에 특별한 역할을 한다. 결국에 누가 스스로 안식일에 대해 권위를 가지고 있다고 주장할 수 있겠는가?

다시 한번 누가는 예수가 폭풍을 잠잠하게 하신 마가의 기록을 보존하면서 다시 이야기한다(눅 8:22-25/막 4:35-41). 여기서 누가의 편집적 수정은 사소한데, 대부분의 경우 내러티브를 단순히 축약하면서 팽팽하게 만든다. 걱정하는 제자들은 예수를 깨우면서 "선생"(막 4:38)이 아닌 "주인"(ἐπιστάτα, master, 눅 8:24)으로 부른다—이는 아마 조금 더 권위적인 호칭이겠지만 마태복음 8:25에서 신학적 의미를 나르는 '퀴리에 소손'(κύριε σῶσον, "주여, 구원하소서")보다는 여전히 약하다.[84] 마가처럼 누가복음의 경우도 예수의 정체에 대한 어렴풋한 신학적 질문은 이야기 결론에 대답되지 않은 제자들의 질문에 명시되어 있다: "그가 누구이기에 바람과 물까지도 명하여 순종하게 하는가?"(눅 8:25).

마지막으로 누가복음 21장에 있는 확장된 묵시론적 담화에서 "천지는 없어지겠으나 내 말은 없어지지 않을 것이다"(눅 21:33)라는 예수의 말씀을 들을 수 있다. 마가복음 13:31과 자구적으로 일치하는[85] 이 놀라운 주장은 예수의 가르침을 이사야가 생각한 바 이스라엘 하나님 말씀의 영원한 속

---

83. 마가판 이야기에서, 예수가 2:27에서 말씀하신 것으로 이해하고, 또한 ὥστε로 소개되는 2:28을 화자의 요약적 논평으로 읽을 수 있는 가능성에 대해서는, 예를 들어, Lane, *Gospel according to Mark*, 117-20을 보라.

84. Rowe (*Early Narrative Christology*, 84)는, "누가가 사용한 ἐπιστάτης는 실제로 화자에게 있어 예수의 목적과 약간 거리를 두는 데 사용됐다"라고 주장했다. Rowe는 누가가 이 용어를 다섯 가지 다른 용례로 사용할 때 "오해 내지 불충분한 믿음을 전달한다"고 제안했다.

85. 아마도 μή가 추가됨으로 이 진술은 더더욱 강조적으로 들릴 것이다. 마가복음 몇몇 사본(B, D*)의 13:31에서는 이 단어가 나오지 않는다.

성과 동일하게 설정한다: "풀은 마르고 꽃은 시드나 우리 하나님의 말씀
은 영원히 설 것이다"(사 40:8). 여기서 또다시 누가는 마가의 대담한 기독
론적 인도를 받는다. 그러나 마가의 이 담화 자료를 가져와 결합하면서
누가는 대단히 중요한 한 가지를 편집하여 삭제했다. 곧, 하늘에 있는 천
사나 **아들도** 예언된 종말론적 사건이 언제 어느 때 일어날지 모른다는 마
가복음 13:32(= 마 24:36)을 삭제했다. 이렇게 누가는 예수의 종속적 지위 내
지 미래에 대한 부족한(inferior) 지식을 암시하는 어구를 넌지시 회피한다.

요약하자면 누가는 예수가 죄를 사하고 안식 규제에 대한 권위를 주
장하며 자연 현상에 명령하는 권세를 가졌다는 마가 내러티브 전승을 이
어받았다. 누가복음 21:33에 따르면 인간의 필멸성(mortality)과 피조 질서
의 한계를 초월하는 것은 바로 하나님의 말씀인데 예수의 말씀에는 이와
같은 권위가 있다. 위에서 언급한 본문 중 어느 곳에서도 누가는 특정 구
약 본문을 인용하지 않는다. 하지만 이스라엘 성경에 대한 누가의 폭넓은
지식과 섬세함을 염두에 둘 때 누가가 마가의 이 내러티브 자료들의 구약
적 기저 텍스트에 대해 몰랐다고 가정하는 것은 신빙성이 없다.[86] 이와는
달리 이 이야기들을 자신의 복음서 저작에 포함하기로 한 누가의 결정은
누가 내러티브 내내 나타나는 '뀌리오스'(κύριος)-기독론과 일치한다. 이 구
체적인 이야기들은 예수를 이스라엘 하나님과 정체를 공유하고 하나님의
존재를 체현해내는 누가의 묘사(characterization)를 강화하고 확증시켜준다.

신적 정체성 가설이 다른 누가복음 본문을 어떻게 조명해주는가

일단 누가복음에서 이 기독론적 주장 패턴이 형성된 것을 본다면, 우

---

86. 이러한 기저 텍스트의 구체적인 인지(identification)에 대해서는 해당 마가복음 본
    문의 논의를 보라.

리는 누가의 본문을 다시 읽으면서 신적 정체성 기독론이 누가의 그림에 담긴 다른 여러 세부 내용—조화되지 않거나 기껏해야 임의적인 것으로 보일 수 있는—이 조명하고 통합해낸다는 사실을 인지할 수 있다. 이렇게 흩어진 세부 내용이 누적될 때 발생하는 효과는 아마 전체적인 개요를 통해 가장 잘 평가될 수 있을 것이다.

　여러 본문에서 누가는 예수의 활동과 하나님의 활동을 혼합하면서 이야기를 전개한다. 가장 극명한 예는 누가복음의 거라사 귀신 이야기 결말부(눅 8:39)에 나온다. 예수는 거라사의 광인에게 "너의 집으로 돌아가 **하나님**이 네게 하신 일을(ὅσα σοι ἐποίησεν ὁ θεός) 전하라"고 지시하셨다. 그러고 나서 누가는 이야기를 이렇게 맺는다: "그러자 그가 가서 **예수**가 자기에게 어떻게 큰 일을 행하셨는지를(ὅσα ἐποίησεν αὐτῷ ὁ Ἰησοῦς) 온 성내에 전파했다." 이 문장의 평행은 우연이기 어려우며 누가는 이 사람의 선포가 잘못됐다든지 불순종한 것이라는 암시를 내비치지 않는다. 오히려 독자는 예수가 하셨던 일이 사실상 곧 하나님이 하셨던 **일이라는 사실**을 추론하게 된다. 비슷한 실례가 이어지는 이야기에서 여러 차례 나타난다. 예를 들어, 예수는 변화산 사건 직후에 귀신 들린 소년을 고치고 아버지에게 돌려주셨다. 누가는 "그리고 모든 사람들이 **하나님의 위대하심**에 놀랐다"(눅 9:43)고 말하면서 이 삽화를 마무리한다. 그리고 다시, 열 명의 한센병환자를 고치는 누가의 독특한 이야기에서(17:11-19) 한 명이 돌아와 먼저 하나님에게 영광을 돌리고, 그러고 나서 예수의 발 앞에 엎드려 감사를 드리는 것—내러티브 맥락에서 완전히 이해 가능한 반응—으로 묘사된다. 그러나 미묘하고 흥미로운 비틀기(twist)가 저 사건에 대한 예수 자신의 논평에 나타난다. 이는 자신에 대한 숙고의 결과든지 독자에게 전하는 수사학적 방백(aside)으로 보인다: "열 명이 깨끗해지지 않았느냐? 그런데 아홉 명은 어디에 있느냐? 저들 중에 이 이방인 외에는 **하나님**에게 영광을 돌리러 온

자가 없느냐?"(17:17-18). 어쨌든 간에 한센병환자가 예수에게 감사를 전하기 위해 돌아오는 행위는 하나님에게 찬양과 영광을 돌리는 것과 밀접히 결부되어 있다—아니면 동일시되기까지 한다.[87] 이러한 예들은 자체적으로 예수와 하나님의 직접적 동일시에 대해 어떤 것도 증명하지 못한다. 그러나 이 이야기를 우리가 고려했던 다른 본문들을 배경으로 읽는다면 처음에 읽을 때 눈에 보이는 것들보다 더 많은 것이 여기에 있음을 알게 된다.

누가복음에서 더욱 중요한 일련의 본문은 예수의 사명을 하나님 백성 "방문"(visitation)이라는 구약의 주제와 연결 짓는다. 전형적인 전거 본문은 출애굽기에서 모세의 소명 장면 다음에 나온다(출 4:27-31). 모세와 아론은 백성의 장로들을 모았다. 대변자 아론은 하나님이 모세에게 말씀하신 것을 설명하고 (흥미롭게도) 백성이 보는 가운데 표적을 행한다. 그리고 나서 칠십인역의 설명에 따르면 "백성이 믿고 기뻐했다. 이는 하나님이 이스라엘 자손을 **방문하셨기**(ἐπισκέψατο) 때문이며, 그가 저들의 고통을 보셨기 때문이다. 이에 백성이 엎드려 경배했다"(4:31).[88] 바로 이러한 배경에서 우리는 예수가 나인 성 과부의 죽은 아들을 살리신 것을 목도한 무리의 반응을 이해해야 한다: "모든 사람이 두려워하며 하나님에게 영광을 돌려 말했다. '큰 선지자가 우리 가운데 일어나셨다.' 또한 '**하나님이 자기 백성을 방문하셨다**(ἐπισκέψατο)'"(눅 7:16). 우리는 여기서 누가 이야기 서두에서 사가랴에 의해 예기적으로 선언된 구원 사건이 내러티브적으로 시행되는 것을 보게 된다: "하나님이 **자기 백성을 방문하시고**(ἐπισκέψατο) 저들을 속량하

---

87. 또한 고침을 받은 시각장애인에 대한 비슷한 응답에 대해서는, 눅 18:41-43을 보라. 이 모든 예는 Rowe, Early Narrative Christology, 120-21n129에 간략히 언급돼 있다.
88. 다른 곳에서처럼 여기서도 동사 ἐπισκέπτομαι는 히브리어 פָּקַד를 번역한 것인데, "돌보다"(look after, take care of)를 포함하는 넓은 의미를 가지고 있다.

셨다"(1:68).

예수의 등장과 강력한 은혜 행위는 하나님이 마침내 시편—특히 칠십
인역 형태—기자들의 기도에 응답하기 시작하셨음을 보여준다. 예컨대,
칠십인역 시편 105:4(106:4 MT)에서 우리는 이러한 열렬한 기도를 듣는다:
"주여, 백성에게 베푸시는 은혜로 나를 기억하시며 주의 구원으로 우리를
방문하소서(ἐπίσκεψαι ἡμᾶς ἐν τῷ σωτηρίῳ σου)." 또는 다시 칠십인역 시편 79(80
MT)편에서 확장된 메타포는 하나님이 심었지만 이제는 침략군에 파괴되
고 멸망되도록 남겨진 포도나무에 이스라엘을 연결 짓는다. 시편 기자는
이렇게 호소한다: "오, 능력으로 행하시는 하나님이여, 돌아오소서. 하늘
에서 굽어보시고 이 포도나무를 **방문하소서**(ἐπίσκεψαι)"(79:15 LXX). 이 두 시
편은 이스라엘을 애굽에서 구원하신 하나님을 상기시키고 이와 비슷한
구원하시는 하나님의 자비를 다시금 요청한다. 하나님은 백성의 부르짖
음을 듣고 오셔서("방문하셔서") 저들을 다시 구원하실 것이다.

이와 동일한 형태의 기대는 또한 사가랴의 예언적 소망에서 나온다:
"우리 하나님의 긍휼을 통해 … 새벽(ἀνατολή)이 높은 곳에서부터 우리를
방문할 것이다(ἐπισκέψεται)"(눅 1:78). 우리는 이미 '아나똘레'(anatolē) 이미지와
새로운 다윗계 통치자를 향한 소망을 연결 지어 탐구했다. 하지만 이 '아
나똘레'가 "높은 곳에서부터" 올 것이라는 소망은 고대하는 메시아가 인
간적인 하늘 이상의 기원을 가질 수 있음을 말하는 듯 하다.[89] 그리고 누가
복음 1:78에서 동사 '에삐스껩세따이'(ἐπισκέψεται)를 선택한 것은 방문하시
어 구원하실 분이 이스라엘의 하나님이라는 1:76의 메시지를 재반향시킨
다. 이렇게 누가는 독자로 하여금 "주 앞에 앞서 가서 그의 길을 준비하

---

89. Gathercole, *Pre-existent Son*, esp. 231–42은 옳다; 참조, 또한 William Horbury, *Jewish
    Messianism and the Cult of Christ* (London: SCM Press, 1998), 86–108.

라"(1:76)는 요한의 소명이 사실상 어떤 대리인이 아닌 바로 이스라엘의 하나님의 오심과 방문을 준비하는 것임을 인지하게 한다.

그러나 하나님의 방문을 암울하게(ominous) 알리는 내용도 있다. 복음서 이야기가 전개됨에 따라 모든 이스라엘이 예수를 구원을 가져오는 분으로 인정하고 환영하는 것은 아니기 때문이다. 그래서 예수는 예루살렘에 거의 이르렀을 때 우시며 예루살렘의 멸망을 예언하셨다: "너희의 **방문의 때를**(τὸν καιρὸν τῆς ἐπισκοπῆς σου) 알지 못하기 때문이다"(눅 19:44). 이 장면에서 울고 있는 인물은 단순히 열왕기하 8:11-12에 나오는 엘리사와 같이 이스라엘에 닥칠 재앙을 예견하는 마음이 깨어진 선지자가 아니라, 하나님의 구원 방문을 몸소 행하실 분이다. 예수의 눈물은 저들이 예수의 참된 정체성을 하나님의 임재로 인지하지 못하기 때문에 자신이 거절받고 백성의 손에 고통을 받게 될 것을 내다보고 있다.

신적 임재 거부에 대한 동일한 모티프는 예수가 구부러진 여인을 고치신 앞에 나오는 기사에 미묘하게 전조되어 있다(눅 13:10-17). 예수는 여인을, 오랫동안 사탄에게 매여 있었지만 이제 "안식일에 속박으로부터 풀려난" "아브라함의 딸"로 선언하셨다. 여기서 4:18-19에 나타난 예수의 프로그램적 사명 묘사가 기억나는 것은 우연이 아닐 것이다. 하나님이 애굽의 속박에서 이스라엘을 해방시킨 것처럼 예수의 해방하는 치유 행위는 하나님이 자기 백성을 새로이 해방한 표지다. 그러나 무리를 예수로부터 뒤돌아서게 하려는 회당장은 이 안식일의 해방 행위를 반대했다(13:14). 예수가 13:15-16에서 단호하게 대답하시자(여기서 다시 한번 예수는 현저하게 ὁ κύριος로 묘사됨) 반대자들은 뒤로 물러난다. 누가가 저들의 침묵을 묘사하는 언어는 은연중에 이사야 45:16(LXX)을 반향으로 울린다.

눅 13:17   καὶ ταῦτα λέγοντος αὐτοῦ **κατησχύνοντο πάντες οἱ ἀντικείμενοι** αὐτῷ ("그가 이 말씀을 하시니, 그를 반대했던 모든 사람이 수치를 당했다.")

사 45:16a LXX   αἰσχυνθήσονται καὶ ἐντραπήσονται *πάντες οἱ ἀντικείμενοι*

αὐτῷ ("그를 반대하는 모든 사람이 수치와 멸시를 당할 것이다.")

이 반향을 듣는 것이 가합하다면 이로 인한 환용 효과(metaleptic force)는 누가복음 내러티브에서 상당하다. 칠십인역의 더 넓은 문맥을 고려해보자. 이는 마소라 텍스트와는 확연히 다르다.

> 당신은 하나님이시며 우리는 당신, 이스라엘의 하나님, 구원자를 알지 못했다. 그를 반대하는 모든 사람이 수치와 멸시를 당할 것이다. 너희 섬들아, 나에게 헌신하라. 이스라엘은 영원한 구원으로 주에 의해 구원 받았다. 영원히 그들은 수치나 멸시를 당하지 않을 것이다.

누가에 의해 명시적으로 울린 음정(note)은 마치 이사야가 이스라엘의 하나님을 반대하는 사람들이 수치를 당할 것이라고 예언한 것처럼 예수의 반대자들이 수치를 당했다는 것이다. 그러나 반향의 함축적인 배음(overtones)은 또한 이 반대자들이 알지 못했던 '퀴리오스'(κύριος) 예수가 이스라엘의 하나님, 구원자임을 살며시 울려낸다(참조, 눅 2:11). 섬들(더욱 넓은 이방 세계를 가리키는 이사야의 흔한 관용구)은 적절한 때에 그분에게 헌신하게 될 것이며 이스라엘—적어도 그분을 알게 된 이스라엘 사람들—은 누가복음 이야기에서 해방된 아브라함의 딸로 상징화된 것처럼 실제로 영원한 구원 약속을 받게 될 것이다. 이렇게 누가복음 13:10-17에서 이사야 45장(LXX)을 반향으로 듣는다면 우리는 이 간결한 본문이 결국 누가의 더욱 큰 이야기 전개를 암시하고 있음을 보게 될 것이다.

예수의 신적 정체성으로 수렴하는 또 다른 단서는 예수를 경배(예배)의 대상으로 삼는 모티프에서 발견할 수 있다. 이전 장에서 언급했듯 누가는 마태와 달리 '쁘로스뀌네인'(προσκυνεῖν) 동사를 특히 제한적으로 사용하는 것이 눈에 띈다. 누가는 복음서가 끝날 때까지 예수 경배에 관한 모든 언급을 미루어 두었다. 끝에 가서야 우리는 부활하신 예수가 하늘로 올려지셨고 제자들이 "그를 경배하고(προσκυνήσαντες αὐτόν) 큰 기쁨으로 예루살렘으로 돌아갔다"(눅 24:52)는 기록을 보게 된다. 이 결론적 묘사의 내러티브 효과는 누가 이야기에 한 경우를 제외하고 "경배/예배"에 대한 다른 언급이 전혀 나오지 않는다는 사실에 의해 강화된다. 곧, 예수의 광야 시험 기사에서 마귀는 예수를 설득하여 경배하게끔 하려 하지만, 예수는 성경 말씀으로 유혹을 단호하게 물리치셨다: "주 너의 하나님을 경배하고(προσκυνήσεις) 오로지 그만 섬길 것이다"(눅 4:8; 신 6:13에서 인용). 이 단 하나의 결정적 단서를 염두에 둘 때 우리는 누가의 결말을 어떻게 이해할 수 있는가? 여기에는 딱 세 가지 가능성이 존재한다: 부활하신 예수에 대한 제자들의 경배가 오도된 우상 숭배 행위거나 예수가 사실상 주 하나님이거나 누가가 부주의한 화자로 혼동했거나. 누가복음은 두 번째 선택지를 우리에게 끊임없이 들이미는 것 같다.[90]

아마도 이러한 이유로 누가는 내러티브의 몇몇 중요한 장면에서 당혹스럽게도 예수가 마치 신적인 입장에 있다는 듯이 서술한다. 이 극적인

---

90. 사도행전 본문은 독자를 비슷한 방향으로 계속 움직이도록 계속해서 압력한다. 거기에 나오는 베드로의 오순절 설교에서 우리는 욜 3:5(2:32 ET) 인용을 만나게 된다: "누구든지 주의 이름을 부르는 자는 구원을 얻을 것이다"(행 2:21). 누가의 이야기가 전개되면서 우리는 불확실한 용어로, "주"가 예수라는 사실(2:36; 참조, 2:39에 나오는 "주 우리 하나님"), 베드로의 메시지를 믿는 사람들이 예수의 이름으로 세례받아야 한다는 사실(2:38), 사람이 "어떤 다른 이름"으로는 구원받을 수 없다는 사실(4:12)을 알게 된다. 점들(dots)을 연결하는 독자는 주로서의 예수의 신적 정체성에 대한 함의를 놓치기 거의 어려울 것이다.

장치의 가장 두드러진 사례는 예루살렘으로 가는 여정 가운데 멸망할 예루살렘 성에 대한 예수의 탄식에 잘 드러난다: "예루살렘아, 예루살렘아, 선지자들을 죽이고 네게 파송된 자들을 돌로 치는 자여, 암탉이 제 새끼를 날개 아래에 모음 같이 내가 너희의 자녀를 모으려 한 일이 몇 번이냐? 그러나 너희가 원하지 아니했다"(눅 13:34). 이 이미지는 이스라엘의 하나님이 이스라엘을 보호하기 위해 날개를 펴는 새로 메타포적으로 묘사된 몇몇 구약 본문들과 공명할 때 특별히 날카로워진다. 신명기 32:10-12에서, 광야의 이스라엘(여기서는 "야곱"으로 인격화되어 나타남)에 대한 하나님의 돌보심은 독수리가 새끼를 돌보는 것에 비유된다.

> 주는 그를 황무지에서, 짐승이 부르짖는 광야에서 만나시고, 보호하시며, 돌보시며, 자기의 눈동자 같이 지키셨다. 마치 독수리가 자기의 보금자리를 어지럽게 하며, 자기의 새끼 위에 너풀거리며, 그의 날개를 펴서 새끼를 받으며, 그의 날개 위에 그것을 업는 것 같이, 주가 홀로 그를 인도하셨고 그와 함께 한 다른 신이 없었다.

이와 유사한 이미지는 시편 기자가 하나님을 이스라엘의 피난처로 신뢰한다는 확신에 찬 표현에도 나온다.

> 지극히 높은 분의 은밀한 곳에 거주하며
> 전능하신 분의 그늘 아래에 사는 자여,
> 나는 주를 향하여 말하기를,
> "그는 나의 피난처요, 나의 요새요,
> 내가 신뢰하는 하나님이시다."
> 이는 그가 너를 새 사냥꾼의 올무에서와

심한 전염병에서 건지실 것이기 때문이다.
그가 너를 그의 깃으로 덮으시리니
네가 그의 날개 아래에 피하리로다. (시 91:1-4a)

이스라엘이 하나님의 섭리적 돌보심을 이해하는 이러한 이미지를 가지고서 누가복음 13:34에서 예수의 탄식을 듣는 사람은 슬픔에 가득 찬 예수의 말이 가진 두 가지 두드러진 특징에 즉각 충격받게 될 것이다. 첫째, 예수는 임박한 폭력과 죽음에 직면했음에도 하나님에게 보호의 날개를 달라고 호소하지 않고, 오히려 적어도 메타포적으로 날개로 이스라엘을 보호하려는 하나님의 역할을 맡으셨다. 둘째, 신명기 32장에서 이스라엘이 자기를 낳은 하나님을 잊은 완고한 백성으로 묘사되듯(신 32:15-18) 예수의 탄식에서는 자신이 반복적으로 제공하려 했던 보호가 예루살렘에 의해 거부되는 것으로 묘사된다. (비록 누가 이야기에는 이전에 예수가 예루살렘을 방문한 기사가 언급되지 않지만 말이다!) 그렇다면 우리는 누가복음 13:34의 화자를 누구로 이해해야 하는가? 저 대담한 말은 단순히 거절받은 선지자의 불평일 수 없다. 이는 다름 아닌 이스라엘 하나님의 마음에서 나오는 부르짖음이다.

하나님의 '페르소나'(persona)로 이야기하는 예수의 경우보다 조금 덜 극적인 예는 누가의 묵시론적 담화에 나온다. 여기서 예수는 다가올 박해에 대해 제자들에게 경고하시면서 저들을 사로잡을 왕과 통치자에게 무엇이라 말할지 미리 염려하지 말라고 권고하신다. 왜 그러한가? "내가 너희에게 입과 지혜를 주어 너희를 대적하는 어느 누구도 능히 대항하거나 변박할 수 없게 할 것"(눅 21:14-15)이라고 안심시키셨기 때문이다. 예수는 이미 자기의 임박한 죽음을 예언하셨기에 이 보증의 약속은 죽음 이후에도 자신의 권세가 계속된다는 것과 더 나아가 마치 하나님이 모세에게 바로 앞에서 할 말을 주시겠다고 약속했던 것처럼 초자연적인 방식으로 말과 지혜를 수여할 수 있는 하나님의 권위를 전제하고 있는 것처럼 보인다: "누가 사람의 입을 지었느냐? 누가 말 못 하는 자나 못 듣는 자나 눈 밝은 자나 맹인이 되게 하였느냐? 나 주가 아니냐? 이제 가라. 내가 네 입과 함께 있어서 할 말을 가르칠 것이다"(출 4:11-12). 이것은 누가의 논리적인 내레이션 아래서 일관적인 모세 모형론이 깨지는 또 다른 사례가 된다. 곧, 예수는 여기서 단지 증언할 말을 받은 모세의 모습이 아니라 능력 있는 말의 수여자인 주(Lord)의 역할로 서 계신다.[91]

여기서 예수에 대해 주장되고 있는 권세는 예수가 하나님 외에 누구도 줄 수 없는 능력과 복을 주신다는 누가복음 내레이션의 더욱 큰 패턴에 속해 있다. 예수는 어떻게 제자를 임명하여 귀신과 병을 다스리는 권세를 주실 수 있는가(눅 9:1-2, 10:19)? 예수는 어떻게 부활 이후에 위로부터 능력("아버지가 약속하신 것")을 제자들에게 보내신다고 약속하실 수 있으며(24:49), 또한 사도행전의 극적인 서막에서 성령을 "부음으로" 저 약속을 성취하실 수 있는가(행 2:33)? 죄를 용서하거나 폭풍을 잠잠하게 하는 능력보다도 영을 보내시는 권세는 분명 전적으로 하나님에게 속한 특권이다.[92] 이 난제는 베드로의 오순절 설교에서 분명히 해결된다. 곧, 하나님의 영의 부어짐은 부활하신 예수가 시편 110:1에 신비스러운 말로 예표된 바 신적 권위를 가지고 하나님 우편에 앉아 계신 분임을 보여준다. 간략히 말해서 예수는 오래 전 다윗이 선언한 것처럼 "주" 시기에 영을 보낼 권세를 가지고 계시다. 이제 예수가 보내시는 영은 하나님이 요엘 3:1(2:28 ET)의 예언에서 "내 영"이라고 부르신 것이며 만민에게 부어주시기를 약속

91.　눅 12:11-12의 매우 유사한 위임 약속에서, 제자들이 적대적인 권세 앞에 서게 될 때 무슨 말을 해야 할지 가르쳐주는 분은 성령이라는 사실에 주목하라.

92.　Turner, "'Trinitarian' Pneumatology," 167-86.

하신 그 영이다(행 2:17). 여기서 아버지, 아들, 영 사이의 관계는 복잡하지만—여기서는 필리오케(filioque) 조항에 대한 이후 논쟁과 관련해 누가복음의 입장을 설명하지는 않을 것이다—다시금 우리는 예수가 영을 주실 때 예수의 정체와 신적 정체성을 밀접하게 **결합**(Verbindung)할 만한 가능성을 확인할 수 있다.

이 주해적 발견에 비추어 나는 다음과 같이 과감히 결론지으려 한다: 많은 20세기 비평가들이 누가복음에서 인지해온 "저"기독론은 더욱 넓은 정경적 증거, 특히 누가 이야기에 나타난 구약의 인유들을 통한 해석학적 가능성을 배제함으로써 세워진 인위적인 가설이다. 그러므로 바로 누가복음의 구약 인유에 더욱 충분히 주의를 기울임으로써 우리는 예수의 정체에 대해 전통적으로 확증되어온 바 누가복음의 증거와 교회의 교리적 전통 사이의 신학적 일관성을 더욱 깊고 확고하게 이해하게 될 것이다.

이스라엘을 구속할 자

이제 엠마오 도상의 글로바와 익명의 동행자에게로 돌아가서 예수의 정체에 대한 고찰을 마무리하려 한다. 저들은 낙담하며, "우리는 그가 이스라엘을 구속할 자(ὁ μέλλων λυτροῦσθαι τὸν Ἰσραήλ)이기를 바랐다"고 말했다 (눅 24:21a). 우리는 이 장 전체에서 저들의 소망에 잘못된 정보가 있기는 하지만 틀린 것은 아니라는 점을 살펴보았다. 예수는 과거 이스라엘을 속량한 분이셨고 지금도 그러한 분이시다—탄생과 유아기 이야기에서 약속되고 사도행전의 사도적 설교에서 회고적으로 설명된 것처럼 말이다. 예수는 앞을 제대로 보지 못했던 엠마오의 제자들이 상상할 수 있었던 것보다 더욱 많은 방식으로 그러하시다. 그분은 해방을 알리고 새 출애굽으로 인

도하는 성령의 기름 부음을 받은 종으로서 이스라엘을 구속하신다. 그분
은 자신의 고난과 신원으로 약속된 나라를 재정의하고 회복하는 다윗계
메시아로서 이스라엘을 구속하신다. 그분은 엘리야와 엘리사같이 치유의
기적을 행하고 부패한 권세자들을 동요하게 하는 선지자로서 이스라엘을
속량하신다. 이러한 설명들은 예수의 행동이 이스라엘의 복잡한 성경 이
야기를 성취하고 해석학적으로 재형성하는 여러 다양한 방식을 통해 계
속될 수 있다.

　그러나 엠마오의 길을 터벅터벅 걸어가는 자들의 탄식 섞인 말은 아
이러니하면서도 조금도 틀림없이 예수에 대한 가장 깊은 진리를 가리킨
다: 예수는 이스라엘의 구속주다. 그런데 성경의 증언에 따르면 누가 이
스라엘의 구속주인가? 답은 이사야 본문에 연속적으로 나온다. 이제 엠마
오 도상의 신비스러운 객(예수)의 주된 관심이 성경에 "자기에 관한 것들"
이 들어있음을 밝히는 데 있었다는 것을 상기하면서 이사야 본문들을 다
시 새롭게 살펴보도록 하자.

> 벌레 같은 너 야곱아, 너희 이스라엘 사람들아,
> 두려워하지 말라!
> 나 주가 말한다. 내가 너를 도울 것이다.
> 너의 구속자는(LXX: ὁ λυτρούμενος σε) 이스라엘의 거룩한 이다. (사 41:14)[93]

> 너희의 구속자(LXX: ὁ λυτρούμενος ὑμᾶς), 이스라엘의 거룩한 이 주가 말한다:
> 너희를 위하여 내가 바벨론에 사람을 보내어 모든 빗장을 부술 것이며

---

93. NRSV에 따르면 이 본문은 MT에서 번역된 것으로 인용됐다. LXX는 중요한 측면
　　에 있어서 다르지만, 둘 모두는 하나님을 이스라엘의 구속주로 언급하는 데 있어
　　일치한다. 나는 LXX에 나오는 관련된 신적인 칭호를 괄호로 처리했다.

갈대아 사람의 외침이 애곡이 될 것이다. 나는 주, 너희의 거룩한 이, 이스라엘의 창조자, 너희의 왕이다. (사 43:14-15)

네 구속자(LXX: ὁ λυτρούμενός σε), 모태에서 너를 지은 주가 말한다:

나는 만물을 지은 주다. 홀로 하늘을 폈으며 …

예루살렘에 대하여는 "거기에 사람이 살 것이다."

유다 성읍들에 대하여는 "그들이 중건될 것이며

내가 그 황폐한 곳들을 일으킬 것이다"라고 말씀하신다. (사 44:24, 26b)

이스라엘의 구속자(LXX: ὁ ῥυσάμενός σε ὁ θεὸς Ἰσραήλ), 이스라엘의 거룩한 이 이신 주가 사람에게 멸시를 당하는 자, 백성에게 미움을 받는 자, 관원들에게 노예 된 자에게 말씀하신다.

"왕들이 보고 일어서며 고관들이 경배할 것이다.

이는 이스라엘의 거룩하신 이 신실하신 주가

너를 택하였기 때문이다." (사 49:7)

누가복음 엠마오 도상 장면의 명석한 극적 아이러니는 독자들을 미묘하지만 압도적인 결론으로 가차 없이 몰아간다. 곧, 두 제자가 낙담한 것은 잘못됐지만 예수를 이스라엘을 구속할 분으로 바랐던 것은 옳다. 저들은 당혹스러운 실망감 속에 진정한 예수의 정체를 말하면서도 자신들이 말하는 바를 깨닫지 못했다. 이스라엘의 구속자는 다름 아닌 이스라엘의 하나님이셨기 때문이다. 그리고 진정으로 예수는 저들 자신도 모르고 바라던 분의 체화된 존재로서, 저들이 인지하지는 못했지만 성경적으로 입증되신 분이시다.

§14. 이방의 빛:
누가복음 내러티브에 나타난 교회의 증거

누가가 다른 복음서 기자들과는 달리 예수 이야기를 더 넓은 지중해 세계의 지도 위에 놓으려고 하는 비교적 범세계적(cosmopolitan)인 작가라는 점은 널리 받아들여진다. 누가의 두 번째 책에 나오는 아그립바 왕과 로마 총독 베스도에게 한 바울의 연설에서 자신이 증언하는 사건들은 사실상 공적인 기록의 문제라고 이야기한다: "왕께서는 이 일을 아시기로 내가 왕께 담대히 말하노니 이 일에 하나라도 아시지 못함이 없는 줄 믿나이다 이 일은 한쪽 구석에서 행한 것이 아니니이다"(행 26:26 개역). 누가가 기록하는 사건들은 팔레스타인의 지역 문화뿐 아니라 그리스-로마 '영향권'(oikoumenē)의 사회적·정치적 역사에 의해 구성된다. 이 역사적 구성(framing)의 가장 유명한 예는 물론 누가복음 2:1-2에서 "구레뇨(퀴리니우스)가 수리아(시리아) 총독이 되었을 때" 가이사 아구스도(카이사르 아우구스투스)가 명령한 인구조사에 관한 것으로서 매우 논쟁적인 기록이다.[1] 누가복음

---

1.   여기서 나는 누가 이야기의 세부 내용에 대한 사실적 정확성에 대해 어떠한 주장도 하지 않을 것이다. 그보다도 나는 그가 자신의 내러티브를 정치적 사건이라는 상징적 세계에 놓는 방식에 주의를 기울이고 있다. 눅 2:1-2에 대한 역사적 언급을 둘러

3:1-2은 마찬가지로 세례 요한의 선포의 시작을 "디베료 가이사(티베리우스 카이사르)가 통치한 지 15년"에 놓고 있으며, 본디오 빌라도(폰티우스 필라투스)를 포함하여 다른 지방 통치자와 장관을 열거한다. 하지만 누가의 문화적 범세계성에 대한 많은 증거는 실제로 누가복음보다도 누가의 두 번째 책에 나온다. 누가복음의 내러티브 세계는 "길"(Way)이 나중에 로마 제국으로 확장되는 무대를 설정하고 있으며 복음서에서 우리는 이 후대 발전에 관한 약간의 전조를 발견할 수 있다. 그럼에도 전체적으로 누가는 예수 시대 안에서 후속 역사(사도행전)의 예표를 읽을 때 대단히 조심스러워 한다.

실제로 몇몇 지점에서 누가는 사실상 후대 이방인 선교의 근원을 나사렛 예수의 말과 행동으로 둘 수 있는 자료들을 자신의 출처에서 제거했다. 예컨대, 일반적으로 누가는 여성 등장인물을 긍정적으로 묘사하고 있음에도 불구하고 마가복음에 나타나는 (이방인과의) 장벽을 허무는 수로보니게 여인과의 만남 이야기를 생략했다(막 7:24-30). 더더욱 놀라운 것은 성전에서 환전하는 자에 반박하는 예수의 행동을 재서술하면서 예수의 말씀을 축소시켰다. 곧, 마가복음의 예수는 이사야 56:7을 완전하게 인용한 반면, 누가의 예수는 "나의 집은 기도하는 집이 될 것"이라며 더욱 간명하게 말한다(막 11:17; 눅 19:46). 혹자는 누가가 이방 세계에 복음이 전파되는 것에 관심이 있었기에 마가 내러티브의 세부 내용이 누가에게 강하게 호

싼 어려움에 대한 논의를 위해서는 예를 들어 다음을 보라. Raymond E. Brown, *The Birth of the Messiah: A Commentary on the Infancy Narratives in the Gospels of Matthew and Luke* (rev. ed.; New York: Doubleday, 1993), 395-96, 412-18, 547-55, 666-68 [= 『앵커바이블 메시아의 탄생』, CLC, 2014]. 또한 다음을 보라. Fitzmyer, *Luke*, 1:392-94, 399-405; Marshall, *Gospel of Luke*, 98-104; François Bovon, *Luke 1: A Commentary on the Gospel of Luke 1:1-9:50* (trans. Christine M. Thomas; Hermeneia; Minneapolis: Fortress, 2002), 84.

소하리라고 생각할 것이다. 그런데 누가는 어째서 그것들을 생략했을까? 수로보니게 여인의 경우 예수가 기지 넘치는 대화 상대자에 의해 난처한 상황에 몰려 자신의 의견을 번복한 이야기에 누가가 당황했다고 추측하는 사람이 있을지 모르겠다. 하지만 성전에서 **"모든 민족을 위한"**이라는 예수의 어구를 삭제한, 저런 식의 이유는 더욱 상상하기 어렵다.[2] 그럴 듯한 것은 누가가 단순히 전승 안에 있는 이 요소들을 역사적으로 시대착오적인 것으로 간주했다고 보는 것이다. 이것들은 하나님의 은혜를 이방인에게 확장하기 위한 비전, 곧 누가 자신이 교회 안에서 오순절 이후 성경의 계시로 여기는 비전(행 10-15장)을 예수-전승에 거꾸로 투사한 것이기에 이야기를 "차례로/연속해서"(καθεξῆς, 눅 1:3) 서술하려는 누가의 프로그램에 적합하지 않다.

그러므로 **누가복음**이 이교 세계와 관련하여 예수 따르미 공동체의 위치를 확보하기 위해 이스라엘 성경을 이끌어내는 방식을 고려하려고 할 때 놀랍게도 우리는 자료의 부족함에 당면하게 된다. 마태는 예수 내러티브 전반에 걸쳐 이방인 선교를 정당화할 만한 요소들을 계속해서 흩뿌려 놓았다. 그러나 누가는 그러한 정당화를 사도행전으로 미루어 두었기에 이와 관련한 대부분의 성서 본문들은 거기에서 발견된다. 우리는 이 자료의 일부를 간단히 살펴볼 것이다. 이 (사도행전) 자료는 복음서의 특정 자료에 반사된 것이기 때문이다. 하지만 대부분의 경우 우리는 복음서 자체의 증거에 이 논의를 제한할 필요가 있다.[3] 우리가 찾을 제한된 자료는 두 가

---

2. 문체에 대한 확고한 감각을 가지고 누가는 이 삭제로 인해 생성되는 더 날카로운 수사학적 대조를 느꼈을 수 있다: "기록된 바, '내 집은 기도하는 집이 될 것이다.' 하지만 너희는 그것을 '강도의 소굴'로 만들었다." 이 설명이 선호된다면 이사야 인용구는 아마 명시적인 언급 없이 이방 민족들에 대한 관심을 넌지시 암시하면서 환용적 의미(metaleptic force)를 전달하는 것으로 이해되어야 할 것이다.
3. 누가의 더 넓은 영역의 비전에 대한 한 가지 가능한 표지는 누가판 예수 족보에서

지 일반적인 표제로 분류될 수 있다: (1) 제국의 위협스러운 권세와 대립, (2) 이방 세계에 대한 계시.

제국의 위협스러운 권세와 대립

이야기의 몇몇 핵심 지점에서 누가는 성경을 사용하면서 독자 공동체를 로마 권세에 저항하는 복잡한 반문화적 관계로 설정한다.[4] 저항의 입장은 천사가 목자들에게 예수의 탄생 소식을 알릴 때 담긴 정치적 의미에 이미 나타나 있다: "오늘 다윗의 동네에 너희를 위하여 구원자(σωτήρ)가 나셨으니, 곧 메시아(χριστός) 주(κύριος)시다"(눅 2:11). '소떼르'(σωτήρ, "구원자")와 '퀴리오스'(κύριος, "주")라는 칭호는 전형적으로 로마 황제의 호칭으로 사용됐다. 대표적인 하나의 사례를 인용하자면 1세기 소아시아의 한 비문은 "신의 아들, 땅과 바다의 황제, 세계의 보호자이자 구원자(σώτηρ), 신성한

발견할 수 있다. 여기서는 단지 이스라엘의 시조인 아브라함에게 거슬러 올라갈 뿐 아니라 첫 인간인 아담에게까지 거슬러 올라간다(3:23-38). 우리는 누가가 예수를 이스라엘의 국가적 운명의 정점일 뿐 아니라 모든 세계 역사의 정점으로 인지하고 있다고 추론할 수 있을까? 물론 마태복음 족보의 경우처럼, 누가의 목록에 있는 몇몇 이름들은 성경 이야기의 기억을 불러일으킨다. 하지만 세 부분으로 기간을 나누고 과거에 명료한 내러티브 구조를 부여하는 마태복음과는 달리 누가는 단순히 아담까지 확장하여 거슬러 올라가는 연속적인 부계 흐름을 제공한다. 끊기지 않는 이 연속성은 자체로서 하나님의 우주적 계획과 복음 사이의 연속성을 묘사하려는 누가의 관심을 암시할 수도 있다. (누가-행전의 "하나님의 계획"에 대한 자세한 것은, John T. Squires, *The Plan of God in Luke–Acts* [SNTSMS 76; Cambridge: Cambridge University Press, 1993], 198 [= 『사도행전』, 1-2권, 한국신학연구소, 1987-89]을 보라.)

4. 사도행전에서 이 현상에 대한 포괄적인 연구는, C. Kavin Rowe, *World Upside Down: Reading Acts in the Graeco-Roman Age* (New York: Oxford University Press, 2009)을 보라.

아우구스투스 카이사르"를 칭송한다.[5] 그리고 우리가 먼젓번에 언급했듯 "다윗의 도시"에서 '크리스또스'(χριστός)로 나신 예수는 약속된 다윗계 메시아, 이스라엘 왕좌의 정당한 상속자 등으로 정체가 확인되는 다양한 표지 중 하나다. 이처럼 천사의 도발적인 선언은 이 예수가 가이사에 의해 거짓으로 찬탈된 통치권을 되찾을 운명임을 누가의 독자에게 경고한다.

세례 후 예수의 시험 기사(눅 4:1-13)는 이 사안에 대해 더욱 많은 통찰을 제공한다. 누가가 전하는 이야기는 마태복음의 것과 유사하지만(마 4:1-11) 두 가지 현저한 차이가 존재한다. 하나는 잘 알려져 있고 다른 하나는 거의 주목되지 않는다. 잘 알려진 차이는 누가가 절정의 세 번째 시험을 예루살렘 성전 꼭대기에서 일어나도록 시험의 순서를 배열했다는 것이다. 이 내러티브 순서는 누가의 신학적 지리학에서 차지하는 성전의 중심성과 일치한다.[6] 우리의 당면한 목적에 더욱 중요하지만 덜 주목받는 차이는 누가가 마태복음에는 나오지 않는 한 마디의 중요한 말을 마귀에게 추가적으로 돌리고 있다는 것이다. 마귀는 세상의 모든 나라를 보여주면서 예수에게 말했다: **"이 모든 권위와 영광을 내가 네게 줄 것이다. 이것은 내게 넘겨 준(παραδέδοται) 것이므로 내가 원하는 자에게 준다"**(눅 4:6). 1세기 지중해 세계에서 이 주장은 오직 한 가지만 의미할 수 있다: 로마 황제가 가진 권위는 마귀로부터 받은 것이다.[7] 로마 제국의 권세 아래 있는 세상의 나

---

5. David C. Braund, *Augustus to Nero: A Sourcebook on Roman History, 31 BC–AD 68* (London: Crook Helm, 1985), 40 (no. 66)에서 인용함.
6. (내가 의심하듯) 누가가 마태의 설명을 알고 있었든지, 또는 Q에서 이 유혹 자료를 가져왔든지 간에, 누가 자신이 성전 유혹 기사를 절정에 두도록 재정렬한 것 같다. 예수가 높은 산에 서서 "세상의 모든 나라"를 제안받는 마지막 장면으로 이어지는 마태의 내러티브 흐름(마 4:1-11)이 아마도 더 자연스러울 것이다.
7. 아주 적절한 비교는 계 13:3b-4에서 발견된다: "온 땅이 놀랍게 여겨 짐승을 따랐다. 용이 짐승에게 권세를 주므로, 저들이 용에게 경배하고, 짐승에게 경배하며 말했다. '누가 이 짐승과 같으며, 누가 이와 더불어 싸우겠는가?'"

라들은 사탄에게 속했다는 말이다. 하나님에게 신실했던 예수는 스스로 이 권세를 쥐려는 유혹을 물리치셨는데, 정확히 신명기 말씀을 고수함으로 유혹을 극복하셨다: "주 너의 하나님을 경배하고 다만 그를 섬겨라"(신 6:13). 예수가 사용하신 성경의 메시지는 로마 제국의 우상 숭배적 권위에 대한 해독제로 기능한다. 예수는 마귀에 대한 응답으로 신명기를 세 차례 인용하면서(신 8:3, 6:13, 6:16) 순종하는 이스라엘의 역할을 받아들이셨기에 우상 숭배를 이기고 "영의 능력"으로 충만하게 되며 종국에는 참 영광과 권세를 받으셨다(행 2:23-36). 이런 방식으로 예수는 따르미들이 제국에 대해 요구받는 태도, 곧 우상 숭배에 저항하고 하나님만을 섬기는 태도의 본보기가 되신다.

시험 내러티브에 대한 이러한 읽기는 누가-행전이 로마 당국에 교회를 무해한 것으로 제시하려는 "정치적 변증"으로 해석되어야 한다는 더욱 오래되고 널리 영향을 미쳐왔던 입장과 극명한 대조를 이룬다.[8] 그러한 입장을 지지하는 많은 증거가 사도행전에 나오는데, 거기에서조차도 하나님의 말씀이 로마를 어지럽히는 힘으로서 상징적인 로마 세계와 단연코 조화되지 않는 새 공동체를 창조한다는 누가의 증거를 충분히 공정하게 다루지 않는 선택적인 읽기에 의존한다. 그러나 누가복음 자체 내에서 로마가 기독교에 호의적으로 나타난다는 주장을 지지하기는 어렵다.

---

8. Conzelmann, *Mitte der Zeit*, 117-28. "정치적 변증"으로서 누가-행전에 대해서는, Paul W. Walaskay, *And So We Came to Rome: The Political Perspective of St. Luke* (SNTSMS 49; Cambridge: Cambridge University Press, 1983)을 보라. Ernst Haenchen의 주석은 이 입장을 취하는 가장 학식 있고 널리 알려진 주석이다(*The Acts of the Apostles: A Commentary* [Louisville, Ky.: Westminster John Knox, 1971]). Richard J. Cassidy, *Jesus, Politics, and Society: A Study of Luke's Gospel* (Maryknoll, N.Y.: Orbis Books, 1978)는 이에 반대한다. 사도행전에 대한 이런 일방적인 견해는 이제 Rowe, *World Upside Down*으로 대체되어 왔다.

거라사의 귀신 축출 기사에서(눅 8:26-39)[9], 누가는 자료 출처에서(막 8:9) 예수가 이름을 묻고 남자는 대답하는 도발적인 세부 내용("레기온[Legion]이다. 이는 많은 귀신이 들렸기 때문이다", 눅 8:30)을 유지하고 있다. 로마 세계에서 로마 군대를 나타내는 이 이름의 정치적 상징성을 간과하거나 예수가 귀신의 군단을 부정한 이교의 짐승인 돼지 떼로 들어가게 하고 즉각 바다로 뛰어들게 하여 익사시켰다는 세부 내용의 중요성을 놓치기는 어렵다. 누가가 예수를 로마 권력에 거슬리지 않는 인물로 묘사하려고 의도했다면 (이런 기사를 삭제하지 않은 것으로 보아) 무능한 편집자였을 것이다.

누가복음에 나오는 예루살렘의 멸망에 관한 묵시론적 예언 기록에서 다음과 같은 독특한 표현 역시 주목할 만하다: "땅에 큰 환난과 이 백성에게 진노가 있을 것이다. 그들이 칼날에 죽임을 당하며 모든 이방에 사로잡혀 가겠고 예루살렘은 이방인의 때가 차기까지 이방인들에게 밟힐 것이다"(눅 21:23b-24). 이 전체 구절은 이스라엘 백성이 포로로 잡혀가고 성전이 파괴되며 예언이 미래의 "제 때"에 성취될 때까지 모든 것이 황폐한 상태로 남게 될 것을 말하는 토비트 14:4-5를 강하게 불러일으킨다. 토비트와 누가복음 모두의 주요한 초점은 이스라엘에 대한 하나님의 심판에 있지만 어느 본문도 이방 세력을 온화한 것으로 보지 않는다. 누가복음 21장에 나오는 예수의 예언은 예루살렘을 둘러싸고 짓밟는 이방 군대를 적대적이고 파괴적인 세력으로 분명하게 묘사한다(눅 21:20).[10] 그리고 "이방인의 때"라는 어구는 하나님에 의해 정해진 역사 안에서 하나님의 나라가 들어설 한정된 기간을 가리킨다. 미래를 향한 토비트의 비전에서 "그때

---

9. 누가는 막 5:1-20에 대해 축약된 설명을 편집자 입장에서 제공한다.
10. 21:20-24에서 누가가 예언을 구체적으로 서술한 것은 누가의 70년 이후의 역사적 관점으로부터 온 것 같다. 누가와 독자들은 성전이 실제 로마인들에 의해 파괴됐다는 것을 잘 알고 있는 듯이 보이기 때문이다.

땅에 사는 모든 민족이 마음을 돌이켜 진심으로 하나님을 경배할 것이다. 그들은 그들을 속여 그릇된 길로 인도하던 우상들을 버리고 올바른 길을 걸으며 영원하신 하나님을 찬송할 것이다"(토빗 14:6). 이것이 누가복음 21장이 분명히 속해 있는 유대 묵시론적 사상의 궤적이다. 로마의 통치자들은 하나님의 종말론적 심판에서 면제될 수 없다. 심판의 날이 "온 지면에 사는 모든 사람에게 임할 것"(눅 21:35)이기 때문이다.

하지만 그러는 사이에 로마는 번영하고 예수 자신은 로마의 십자가 처형의 희생양이 되셨다. 누가의 세 번째 수난 예고에 마가의 예언, 곧 인자가 "이방인의 손에 넘겨져" 조롱과 침 뱉음과 채찍질을 받고 결국 처형될 것이라는 내용이 보존되어 있다는 사실은 무의미하지 않다(막 10:33-34/ 눅 18:31-33). 십자가 아래서 "이 사람은 의롭다/무죄하다(δίκαιος; 눅 23:47)"라고 했던 백부장의 고백은 로마 당국을 무죄로 입증하는 것이 아니다. 오히려 폭력적이고 부당한 살인을 자행하면서 저들이 유대 지도자들과 공모했음이 강조된다.[11]

이 공모는 사도행전 4장의 한 단락에 생생하게 묘사되어 있다. 여기서는 아마도 누가의 두 책에 나오는 어떤 본문보다도 명료하게 누가의 수난 내러티브가 회고적으로 해석되는 방식 및 교회가 로마나 유대를 막론하고 압제적인 권력에 저항하는 반문화적 입장을 인지하도록 부름 받은 방식을 보여준다. 누가는 공동 기도에 모인 초기 예루살렘 교회를 두드러지게 서술한다. 베드로와 요한이 유대 당국의 감금으로부터 풀려난 후 공동체는 발생한 사건들에 대한 예언적 예표로서 시편 2편 본문을 상기하면서 하나님에게 감사를 드린다.

---

11.   이와 관련하여 주목할 만한 것은 헤롯과 빌라도가 갑작스레 동료로 묘사된 것(눅 23:12), 곧 행 4:27에 다시 반영된 모티프다.

그들이 듣고 한마음으로 하나님에게 소리를 높여 말했다. "대주재여, 하늘
과 땅과 바다와 그 가운데 만물을 만드신 분이여, 당신이 주의 종 우리 조
상 다윗의 입을 통해 성령으로 말씀하셨습니다":

어찌하여 **이방인들이**(ἔθνη) 분노하며

백성들이(λαοί) 헛된 일을 꾸미는가?

이 땅의 왕들이 나서며

통치자들이 서로 합하여(συνήχθησαν)

주와 그의 메시아를(χριστοῦ)를 대적한다'[시 2:1-2]

이 성에서 실제로 헤롯과 본디오 빌라도는 이방인들(ἔθνεσιν) 및 이스라엘
백성들(λαοῖς)과 합세하여(συνήχθησαν) 당신이 기름 부으신(ἔχρισας) 당신의
거룩한 종 예수를 거슬러, 당신의 손과 뜻대로 이루려고 예정하신 것을 행
하려고 이 성에 모였습니다. 주여, 이제도 그들의 위협함을 굽어보시고, 또
종들로 하여금 담대히 하나님의 말씀을 전하게 해주시며, 손을 내밀어 병
을 낫게 하시고, 표적과 기사가 거룩한 종 예수의 이름으로 이루어지게 해
주십시오." (행 4:24-30)

괄호 안 그리스어 단어들이 보여주듯 공동체의 기도는 사실상 **페쉐르**
(*pesher*: 성서에 나오는 인물·사물·사건 등을 현재[당면한] 시대의 실제 인물을 직접 가리키는
것으로 해석하는 사해문서 공동체의 해석 방식—역주) 양식으로서 시편 2:1-2에 대한
주해를 형성한다. 하나님은 다윗의 입을 통해 주의 기름 부음 받은 자가
이방인과 유대인 모두의 일치된 반대에 직면하게 될 것이라고 미리 선언
하셨고, 이제도(사도행전 시점—역주) 하나님의 종 공동체가 당하는 괴로움은
세상 통치자들이 하나님의 계획에 반대하여 결속하고 있다는 계속적인
증거가 된다. 흥미롭게도 이 해석은 칠십인역 시편 2:1에서 본래 '에트
네'(ἔθνη)와 동의어적 평행법으로 분명히 이해되어야 하는 '라오이'(λαοί, "백

성들")를 이스라엘을 지칭하는 데 사용함으로 이루어진다. 이 억지스러운 주석은 사도행전 4:27에서 일반적이지 않은 복수 형태 '라오이스 이스라엘'(λαοὶς Ἰσραήλ, "이스라엘 백성들")의 존재를 설명해낸다. 누가는 교회의 경험을 시편 2편의 지도 위에 배열했고, 마찬가지로 반대로도 했다. 이 상호텍스트적 융합은 하나님의 메시아에 반대하는 이방인과 유대인 세력의 악독한 동맹을 폭로하고, 동시에 인간 반대자들에 의해 좌초될 수 없는 하나님의 주권적 계획에 대한 누가의 서술을 보여준다.

따라서 누가의 시편 인용은 반문화적 증인의 입장에 서 있는 공동체에게 확신과 담대함(παρρησία, 행 4:29, 31)을 환용적으로 제공하는 역할을 한다. 시편을 아는 사람들은 이 땅의 왕들의 격렬한 반대가 헛되다는 것을 기억하게 된다. 곧, 하나님은 하늘에 앉아 그분의 계획에 반대하는 저들의 빈약한 저항을 비웃으신다(시 2:4). 하나님은 "철장으로 저들을 깨뜨리시고 질그릇 같이 부수실"(2:9) 것이다. 그러므로 예수의 따르미 공동체는 자신의 신원(vindication)이 이미 예수를 죽은 자로부터 일으키신 하나님의 손에 달려 있음을 알았고 평화롭고 담대하게 말하고 행동할 능력을 부여받았다. 이 예는 누가가 반문화적 사명 가운데 있는 공동체를 격려하기 위해 교회 이야기(베드로와 요한의 체포)를 어떻게 (시편 2편과 관련하여) 상호텍스트적으로 서술하는지 명확하게 보여준다.

하지만 공동체의 기도에 나타난 성서적 상호텍스트에 세심한 주의를 기울인다면 더욱 많은 것들이 드러난다. 기도의 시작부(행 4:24)에서는 하나님을 "대주재, 하늘과 땅과 바다와 그 가운데 모든 것을 만드신 분"(ὁ ποιήσας τὸν οὐρανὸν καὶ τὴν γῆν καὶ τὴν θάλασσαν καὶ πάντα τὰ ἐν αὐτοῖς)으로 부른다. 이 하나님 묘사는 출애굽기에서 공포된 십계명에서 비롯했다. 곧, 엿새 동안 "주가 하늘과 땅과 바다와 그 가운데 모든 것을 만드시고"(ἐποίησεν κύριος τὸν οὐρανὸν καὶ τὴν γῆν καὶ τὴν θάλασσαν καὶ πάντα τὰ ἐν αὐτοῖς) 일곱 째 날에 안식일로 쉬셨다(출 20:11). 누가는 이미 사로잡힌 자들의 해방 선포와 안식일을 연결시킨 바 있기에, 이는 지도자들이 감옥에서 풀려난 것을 축하하는 공동체에게 있어 하나님을 부르는 매우 적절한 방식이다. 저들의 새 자유는 아마도 안식일 사건, 곧 모든 것을 만드신 창조주 하나님의 능력의 표지로 이해되어야 한다.

그러나 두 번째 상호텍스트 층은 교회의 축하 기도 맥락에서 더더욱 중요할 것 같다. 즉, 저들은 하나님을 "하늘과 땅과 바다와 그 가운데 모든 것을 만든" 분으로 부름으로써 또 다른 시편을 자아내고 있다. 이 어구는 시편 146편에 나오는데 이 시편은 이미 예수의 치유 사역을 예표하는 데 중요하게 연결된 바 있다. 이 인유의 완전한 의미는 우리가 저 시편 전체를 염두에 둘 때에만 느낄 수 있다. (누가복음 내러티브 문맥과 특별히 관련이 있는 몇몇 행은 밑줄로, 공동체의 기도에 반향된 행은 고딕체로 되어 있다.)

주를 찬양하라! 내 영혼아, 주를 찬양하라!

내가 사는 날 동안 주를 찬양할 것이다.

나의 평생에 내 하나님을 찬송할 것이다.

필멸할, 도울 힘(LXX: σωτηρία)이 없는 군주들도 의지하지 말라.

저들의 호흡이 끊어지면 흙으로 돌아가서,

그날에 그의 생각이 소멸할 것이다.

야곱의 하나님을 자기의 도움으로 삼으며,

주이신 자기 하나님에게 자기의 소망을 두는 자는 복이 있다.

<u>주는 하늘과 땅과 바다와 그 가운데 모든 것을 만드시며</u>(LXX: τὸν ποιήσαντα τὸν οὐρανὸν καὶ τὴν γῆν, τὴν θάλασσαν καὶ πάντα τὰ ἐν αὐτοῖς);

영원히 진실함을 지키시며

억눌린 사람들을 위해 정의로 심판하시며,

주린 자들에게 먹을 것을 주시는 분이다.

주는 갇힌 자들에게 자유를 주신다.

주는 맹인들의 눈을 여시며

주는 꿇어 엎드린 자들을 일으키시며 주는 의인들을 사랑하신다.

주는 나그네들을 보호하시며 고아와 과부를 붙드시고

악인들의 길은 굽게 하신다.

시온아, 주는 영원히 다스리시고,

네 하나님은 대대로 통치하실 것이다. 주를 찬양하라!

예루살렘 교회에 울리는 이 시편의 공명은 인상적이다. 이는 갇힌 자의 해방을 축하할 뿐 아니라 **군주들의 무익함과 필멸성(mortality)을** 강조함으로 주와 기름 부음 받은 자를 거슬러 왕들과 통치자들의 저항을 말하는 시편 2편에 대한 공동체의 생각을 훌륭하게 소개한다(행 4:25-28). 이 시는 보지 못하는 자의 눈을 열고 꿇어 엎드린 자를 일으켜 세우는 것을 언급하면서 누가 이야기에 앞서 나왔던 예수의 은혜롭고 능력 있는 행동을 상기시키고, 또한 사도행전 3장에서 베드로와 요한이 걷지 못하는 자를 일으킨 사건, 처음에 저들을 체포하게끔 촉발한 사건을 향해 몸짓하기도 한다. 실제로 교회의 기도의 결론에서 상기되는 것은 정확히 그러한 치유 행위다(행 4:30). 그리고 시편 146편의 전반적인 주제—하나님의 능력 찬양과 일들을 바로잡으실 것에 대한 소망—는 사도행전 4:25-30에서 이어지는 전체 기도와 정확히 일치한다.

그러므로 누가복음과 사도행전 모두에서 누가는 예수와 따르미들을 복음서 서두에 있는 마리아의 노래에 예언된 전복(inversion)을 수행하는 것으로 묘사한다: "권세 있는 자를 보좌로부터 끌어내리셨고 낮은 자를 높이셨다"(눅 1:52). 이는 저들이 일반적 의미의 혁명가라는 뜻은 아니다. 오

히려 예수가 변화시킨 왕권과 권위에 관한 새로운 질서의 사자(emissaries)
다: "이방인의 왕들이 그들을 다스리며 그 집권자들은 보호자(benefactors)
라 칭함받지만 너희는 그렇지 않다." 예수가 친히 "섬기는 자"(눅 22:24-27)
가 된 것처럼 제자들도 종이 되어야 한다. 그럼에도 이 새로운 질서는 당
대 권위자들에게 여전히 심각한 위협이 되고 있다. 데살로니가에서 바울
과 실라의 유대인 반대자들이 불평하듯이 말이다: "세상을 어지럽게 하던
이 사람들이 여기도 왔다. … 이 사람들이 다 가이사의 명을 거역하고(ἀπέναντι
τῶν δογμάτων Καίσαρος) 다른 왕 곧 예수라 하는 이가 있다고 말한다"(행 17:6-7). 이
도전이 사실인가? 누가는 능숙한 극적 아이러니를 사용하여 우리로 하여
금 데살로니가의 적대자들이 자기 말하는 것을 완전히 이해하지 못했음
을 알려주고 있지만 이는 사실이다. 가난하고 주린 자에게 소망 가운데
기뻐하고 부자에게 애통하고 울도록 가르치신 이 새로운 왕에 의해 세상
은 완전히 전복됐다(눅 6:20-26).

이방인을 향한 계시의 빛

누가가 이스라엘 이야기와 예수의 정체에 대한 초상을 재서술한 것을
따라가면서 우리는 이미 이교 세계를 향한 후대 교회의 사명을 기대하는
약간의 본문들을 확인했다. 우리는 이제 이 본문들이 예수의 복음을 이방
인들에게 확장하기 위한 성경적 증거를 제시하는 방식을 전면에서 다루
려 한다.
예수의 부모가 성전에 아기 예수를 데리고 왔을 때 나이가 지극한 예
언자 시므온은 성령의 감동을 받아 하나님에게 감사하면서, 이 아기에게
서 하나님이 준비하신 구원(σωτήριον)의 여명을 보았음을 선언했다.

내 눈이 주의 구원을 보았다.

이는 **모든 사람들** 앞에서 준비된 것이며,

이방인들(ἐθνῶν)을 비추는 계시의 빛(φῶς)이요,

주의 백성 이스라엘의 영광이다. (눅 2:30-32)

　평행되어 나타나는 마지막 두 행은 예수 안에 있는 구원의 보편적 범위를 가리킨다. 이는 이방인과 유대인 모두를 위한 것이다. 시므온의 기대는 우리가 누가 내러티브 어딘가에서 이미 들었던 이사야서 반향과 동일한 본문에 기초하고 있다. 하나님은 영으로 기름 부음을 받은 종을 세워서 "모든 이방에 정의를 행하시고"(사 42:1) "이방의 빛"(φῶς ἐθνῶν, 사 42:6 LXX)이 되게 하셨다. 그리고 또다시 이사야 49장에서 하나님은 종에 대해 이렇게 말씀하신다.

네가 나의 종이 되어 야곱의 지파들을 일으키며

이스라엘 중에 보전된 자를 돌아오게 하는 것은

매우 쉬운 일이다.

내가 또 너를 이방의 빛(φῶς ἐθνῶν)으로 삼아

나의 구원을(σωτηρίαν) 베풀어

땅 끝까지(ἕως ἐσχάτου τῆς γῆς) 이르게 할 것이다. (사 49:6)[12]

　이렇게 누가의 유아기 내러티브에서 시므온은 아기 예수가 마침내 이

12.　여기에서 주어진 번역은 NRSV다. 괄호에 삽입된 그리스어 어구는 이 구절에 대한 LXX 번역과 언어적으로 상응하는 부분을 보여준다.

방에 빛을 비추는 이사야의 역할을 성취할 분이라는 사실을 기쁘게 예언
했다.

누가가 이 본문들을 염두에 두고 있었다는 사실은 복음서를 결론 맺
고 사도행전을 소개하는 경첩 본문(hinge texts)에도 암시된다. 누가복음 24
장에서 부활하신 주가 예루살렘에서 제자들에게 나타나시는 기록의 결론
에 이러한 가르침이 주어진다: 메시아의 이름으로 "회개와 죄 사함이 예
루살렘에서 시작하여 **모든 민족에게** 전파될 것이 **기록됐다**"(24:47). 누가복
음 24장 전체에서처럼 여기에서도 성경이 이 메시지를 지지한다는 공식
적인 주장이 주어졌지만 어디에 그것이 발견되는지 구체적인 본문은 나
오지 않는다. 이 답을 찾기 위해 우리는 두 번째 책의 내러티브를 계속 읽
어야 한다. 이방인 선교의 주제는 사도행전 1장에서 반복된다: "오직 성령
이 너희에게 임하시면 너희가 권능을 받고 예루살렘과 온 유대와 사마리
아와 땅 끝까지 이르러(ἕως ἐσχάτου τῆς γῆς) 내 증인이 될 것이다." 여기에 나
오는 직접적인 이사야 49:6 반향은 예수의 제자들을 통해 시므온이 처음
희미하게 본 바 이방인들이 이사야가 예언한 계시의 빛을 받게 될 것을
암시한다.

이 단서는 플롯이 전개되면서 충분하게 확인되었는데 마침내는 바울
과 바나바가 비시디아 안디옥의 유대인 비방자들에게 단호하게 대답할
때 완전하게 드러났다.

> 바울과 바나바가 담대히 말하여 이르되, "하나님의 말씀을 마땅히 먼저 너
> 희에게 전해야 했다. 너희가 그것을 버리고 영생을 얻기에 합당하지 않은
> 자로 자처했기에 우리가 이방인에게로 향한다. 주가 이같이 우리에게 명하
> 셨다.
>
>   '내가 너를 이방의 빛으로 삼아 너로 땅 끝까지 구원하게 할 것이다.'"

(행 13:46-47)

여기서 결국 우리는 누가가 이사야 49:6을 이교 세계 전체를 향한 선교 사역을 예고하는 본문으로 이해했다는 앞선 암시들을 확인시켜주는 직접 인용구를 발견하게 된다.

사도행전 13:46-47 같은 본문은 간혹 복음 전파의 가능성이 유대인들에게 닫혔음을 의미하는 것으로 이해되곤 하지만 누가 내러티브의 논리는 그러한 읽기에 반대한다.[13] 더욱 뒤에 나오는 이야기에서 우리는 바울이 여전히 유대인과 이방인 모두에 대한 보편적 선포 사명에 관해 이야기하는 것을 확인할 수 있다: "내가 오늘까지 서서 높고 낮은 사람 앞에서 증언하는 것은 선지자들과 모세가 반드시 되리라고 말한 것밖에 없다. 곧 그리스도가 고난을 받으실 것과 죽은 자 가운데서 먼저 다시 살아나셔서, **이스라엘과 이방인들에게 빛을 전하실 것** 말이다"(26:22-23). 유대인과 이방인 모두를 향한 이 두 갈래 사명은 이른바 이스라엘을 회복하고 땅 끝까지 빛을 비추라는 이사야 49장의 논리에 따라 복음 선포에 고정되어 있다.[14] 실제로 하나님의 이 두 가지 행동은 이사야가 "구원"이라고 부르는 단일한 실재의 서로 다른 양상이다.

바로 이 이사야적 토대는 또한 세례 요한의 공적 사역에 대한 누가의 소개를 떠받친다(눅 3:1-6). 주의 길을 예비하는 요한의 과업은 이사야 40:3-5 예언에 상응하는 것으로 그려진다. 그리고 누가의 이사야 인용구

---

13. 유대인을 향한 설교의 문이 닫혔다는 독법에 대해서는, Jack T. Sanders, *The Jews in Luke-Acts* (Philadelphia: Fortress, 1987)를 보라. 유대인을 향한 교회의 사명이 지속되고 있다고 보는 독법에 대해서는, Jervell, *Luke and the People of God*; idem, *Theology of the Acts*를 보라.

14. 참조, 롬 1:16: 복음은 "하나님을 믿는 모든 사람들에게 구원을 주시는 하나님의 능력이다. 먼저는 유대인에게며, 또한 그리스인에게다."

의 절정을 이루는 것은 다음 행이다: "**모든 육체**가 하나님의 구원(σωτήριον)
을 볼 것이다"(눅 3:6). 이렇게 무대를 마련하는 누가의 내레이션—누가복
음에서 매우 드물게 들리는 저자의 목소리—은 궁극적으로 이스라엘을
회복하고 축복할 새 출애굽에 대한 환상적인 소망과 더불어 신중한 독자
를 이사야 40장으로 돌아가게 하고, 또한 모든 민족이 이스라엘 하나님의
보편적인 통치를 인정하도록 이끈다. 바로 이러한 성경 이미지는 아마도
하나님 나라에서 아브라함, 이삭, 야곱과 함께 잔치하기 위해 사람들이 동
서남북에서 올 것이라는 예수의 이야기 배경에 놓여있을 것이다(눅 13:28-
29). 여기에는 이방인들에 대한 구체적인 언급이 나오지 않지만 이를 누
가-행전의 전체 플롯 내에서 회고적으로 읽는다면 가능할 해석이다.

나사렛 회당에서 예수가 처음으로 프로그램적 선포를 했던 삽화에서
도 우리가 본 바와 같이 하나님의 치유의 은혜가 외부의 비-이스라엘을
포함할 수 있다는 메시지를 내다보고 있다. 예수는 엘리야와 엘리사 이야
기에서(눅 4:22-30; 왕상 17:1-16 및 왕하 5:1-14를 되돌아봄) 이방인을-포함하는 삽
화, 곧 나중에 사도행전에서 전개될 이방인-포함 논쟁을 예표하는 삽화를
도발적으로 꺼내어 언급하신다.

그러나 모든 사안을 고려해볼 때 이 탐구의 가장 두드러진 특징은 누
가복음에서 이교 세계를 향한 복음 확장을 다룸에 있어 직접적으로 성경
에 기반한 논증이 거의 나오지 않는다는 것이다. 이 복음서의 내포 독자
(implied reader: 화자가 염두에 둔 독자—역주)는 이스라엘 전통의 직접적인 상속자
로서 스스로 이스라엘 이야기와의 연결점을 포착하도록 기대된다. 그러
한 독자는 이스라엘을 향한 하나님의 약속의 종말론적 완성이 한 분이신
참 하나님을 예배할 때 이방인들의 이스라엘에 참여—누가복음 2:30-32
에서 이미 신호를 울리고 있는 것처럼—를 수반한다는 몇 가지 결정적인
단서를 접하게 될 것이다. 누가에게 있어서 이스라엘의 종말론적 운명과

관련하여 이사야의 해석학적 중심성을 인지한 독자들은 이방인들이 하나님의 계획의 대본 어디엔가 반드시 출연해야 한다고 느끼게 될 것이다. 이는 "하늘과 땅과 바다와 그 가운데 모든 것을 만드신 대주재"가 분명 자신의 구원을 땅 끝까지 확장하기를 바라실 것을 확신하기 때문이다. 하지만 누가는 물러서서 자신의 두 번째 서사시적 내러티브에 이르기까지 이 주제를 발전시키지 않는다. 거기에서야 이 주제는 이야기의 중심 관심사로 나타나고, 수많은 성경적 주장과 증거를 동반하며, 비시디아 안디옥에서 바울과 바나바의 격분한 연설에서 추진력을 얻고, 마침내 사도행전 15장의 사도 회의에서 이방인 선교에 찬동하는 야고보의 결정에서 절정에 이른다.

> "선지자들의 말씀이 이와 일치한다. 기록된 바, '이 후에 내가 돌아와서 다윗의 무너진 장막을 다시 지으며 또 그 허물어진 것을 다시 지어 일으킬 것이다. 이는 모든 다른 사람들이—**심지어는 내 이름으로 일컬음을 받는 모든 이방인들이**—주를 찾게 하려 함이다. 즉, 예로부터 이것을 알게 하시는 주의 말씀이라 함과 같다.'" (행 15:15-18; 아모스 9:11-12 LXX을 [대강] 인용함)

야고보의 판단은 이사야 49:6의 내러티브 논리와 정확히 평행된다: 야곱의 지파들/다윗의 장막이 일으켜지고, 다른 사람들이 주를 찾을 것이며, 하나님의 구원의 복음에 응답한 이방인들은 환영을 받으며 종말론적으로 회복된 공동체 안으로 들어오게 될 것이다.

그러나 누가복음에서 우리는 이 완전한 발전 단계에 관한 약간의 예표만을 받게 되며 이야기의 등장인물, 예수의 제자들은 예수의 부활 이후에 성령의 인도를 받고 이방인 개종자들을 실질적으로 경험한 후에야 이것들을 이해하게 될 것이다. 성경의 특징적 기능은 예수를 따르는 공동체를 "주를 위하여 준비된 백성"(눅 1:17), 곧 하나님에게 순종하는 삶을 살면서, 따라서 세상의 유혹에 저항하고, 자원을 가난한 자들과 나누며 사랑과 자비의 일을 행하도록 준비된 특별한 백성으로 만들어내는 데 있다.

§15. 열린 눈과 마음:
누가의 성경 해석학

우리는 누가복음 및 사도행전에 있는 광범위한 자료로부터 누가가 이스라엘 안에서 성취하신 하나님의 일을 서술하기 위해 성경을 인용한 몇 가지 대표적인 사례를 조사했다. 이 사례에서 우리는 누가의 상호텍스트적 내레이션 전략에 대해 어떠한 결론을 내릴 수 있는가? 우리는 누가가 이야기를 전달하는 데 나타나는 몇 가지 주요한 주제를 요약하기 전에 먼저 누가의 해석 방법을 잠시 관찰하려 한다.

누가가 성경을 가져오는 방식

누가는 무엇보다도 이야기꾼이다. 누가의 내레이션 방식은 마태의 것처럼 교훈적이지(didactic) 않고, 또한 마가의 것처럼 신비스럽거나 파악하기 어려운 것도 아니다. 오히려 누가의 이야기 방식은 **드라마적 서사시**의 성격을 가지고 있다. 범위는 넓고 속도는 정돈되어 있다. 이야기의 전반적인 메시지는 결국에 명료하게 드러나지만 누가는 플롯을 거대한 규모로 전개하는 데 시간을 할애한다. 내러티브의 어조는 은혜롭고, 끈기 있으며, 확신에 가득 차 있어서, 여러 다양한 선과 이미지가 천천히 복잡한 단일체(unity)로 수렴할 때 독자들이 편안하게 이야기 전개를 즐길 수 있도록 안내한다. 이것은 이렇게 표현될 수 있을 것이다. 곧, 누가의 내러티브는 **교향곡**(*symphonic*)과 같다. 긴 멜로디 라인(melody lines)을 발전시키고 여러 악장에서 변주(variations)를 연주하지만, 결국 예술적으로 통합된 계획—누가가 주장하는 바 계획을 세우는 자는 하나님이시다—의 일부로서 이 모든 것들을 하나로 모은다.

누가 내러티브가 가진 드라마적 서사시의 성격은 자기 저작에 성경을 엮어 짜는 방식에 있어서 몇 가지 함의를 가지고 있다. 이야기에 명시적으로 나타나는 구약 본문은 거의 대부분 등장인물의 발화에서 발견된다. 두 권 각각의 서론부를 제외하고 화자(narrator) 누가는 극(action)을 해설하기 위해 막 뒤에서 걸어나오지 않는다.[1] 오히려 극중 인물들이 성서 본문들을 인용하고 해석하며 독자로 하여금 무대 위의 사건들이 서사시의 이전 사건들, 이전 장들(chapters)과 어떻게 연결되어 있는지 생각하게끔 촉구한다. 이러한 촉구는 역사와의 강한 연속감(sense of historical continuity)을 만들어내고, 화자가 저 옛 이야기들을 설명하거나 재진술하기 위해 멈추지 않더라도 누가의 이야기는 독자가 인지할 만한 일련의 옛 이야기에 완전히 속해 있다는 인상을 준다. 저 이야기들은 이미 어디에선가 읽은 것 같은 '데자 뤼'(*déjà lu*)로 기능한다.

이러한 이유로 누가복음에는 배경이 짙게 깔려 있고 성경에 대한 기

---

1. 물론 우리는 누가복음 전체 내내 전지적 시점의 화자, 누가의 목소리를 듣게 되고, 누가의 평가적인 관점은 이야기된 사건에 대한 독자의 인식을 전반적으로 형성한다. 내가 여기서 긋고 있는 구분선은 내레이션(narration)과 해설/논평(commentary) 사이에 있다. 누가는 우리에게 후자의 정보를 거의 주지 않는다.

억으로 두텁게 짜여 있다. 누가는 때로는 복음서 청중이 아브라함, 모세, 엘리야가 누구며 무엇을 했는지 이미 알고 있기를 바라면서 이들을 지나 가듯 언급한다. 그러나 더욱 자주는 저 성경 이야기를 전혀 명시적으로 언급하지 않고 단순히 연상시키듯 반향하는 방식으로 예수 이야기를 전한다. 우리는 이 내러티브 기법을 무대 앞에서 상연되는 극(action) 뒤의 배경막에 그림자 같은 이미지가 흘러가듯 투사되는 것에 비유했다. 예를 들어 누가는 나인 성에서 과부의 아들을 살리신 이야기를 "그가 어머니에게 그를 건네주었다"(눅 7:15)라는 자신의 내레이션으로 끝맺는다. 이 열왕기상 17:23 반향은 선지식을 가지고 있지 않는 독자들을 피해가겠지만 이를 들은 독자는 잠시 멈추어 미소를 지으며 생각하게 될 것이다. 누가는 이러한 식의 상호텍스트적 리프(riffs: 노래 안에서 반복되는 짧은 프레이즈—역주)를 반복적으로 연주한다. 인유와 반향이 이야기 전체에 축적된다. 이들 중 어떤 것들은 명시적 표상처럼 보여서 우리로 하여금 구약의 인물을 예수에 대한 직접적 예표로 읽도록 인도하며, 다른 것들은 더욱 간접적이기에 독자로 하여금 예수의 삶의 사건들을 대본으로 쓰고 계신(scripting) 하나님이 과거 이스라엘에게 알려졌던 바로 그 하나님이라는 사실을 기억하게끔 한다. 그리고 어떤 경우에 성경과 복음서 사이의 상호텍스트적 연결은 아이러니적인 역전을 형성한다. 예컨대, 저들은 독자로 하여금 성경적 '토포스'(topoi)의 역전을 인지하도록 엘리야와 예수 사이의 거리를 표시하게 한다. 예수는 죽은 과부의 아들을 살리실 것이지만 대적자들을 소멸하도록 하늘로부터 불을 내려주시지는 않을 것이다.

이러한 성경 이미지의 축적은 일종의 읽기 공동체의 형성을 장려하는 효과를 낳는다. 누가는 독자를 창조하고, 자신이 써내려가는 내러티브의 뉘앙스를 이해하는 데 필요한 상호텍스트를 읽어낼 수 있는 역량을 키우려고 노력한다. 독자들이 배운 바에 대해 확신(ἀσφάλεια)을 갖도록 안내할 뿐 아니라(눅 1:4) 자신들이 누구이며—이 이야기의 상속자—따라서 어떻게 읽어내야 하는지를 가르친다. 이렇게 복잡하고 미묘한 이야기는 인내하고 신중하고 섬세하게 읽는 독자를 길러내는 데 도움이 된다. 물론 그러한 역량이 자동으로 형성되는 것은 아니다. 개중에도 가르치는 도구, 해설(commentary)을 요구하는 이야기로 누가복음을 간주하는 것이 옳을 것이다. 이 필수적인 가르침은 이방인 개종자 공동체를 위해 본문을 상술하고 복잡한 상호텍스트를 어느 정도 설명했던 초기 교회 교사들이 제공했었던 것이다.

하지만 이 은혜롭고도 고상한 이야기를 가르치는 도구로 묘사함으로 누가의 문학적 기술과 영향력을 평가하는 것은 충분하지 않다. 누가의 이야기는 지도하는 것 이상의 역할을 한다. 저 이야기는 세상을 창조한다. 이 세계에 공감함으로 들어가는 사람들은 매력을 느끼고, 위로를 얻으며, 도전을 받고 심지어는 해방될 것이다. 그러나 부활하신 주 예수가 "모세의 율법과 선지자의 글과 시편에 나를 가리켜 기록된 모든 것이 반드시 이루어져야 한다"(눅 24:44)라고 선언할 때 의도했던 바를 더욱 깊이 이해하려고 추구하지 않는다면 우리는 누가의 세계에 오래 머무를 수 없다. 이제 우리는 마지막으로 이스라엘 성경을 예수에 대한 증거로 읽는다는 진술을 누가가 어떻게 실질적으로 보여주고 있는지 마지막으로 요약해볼까 한다.

누가의 상호텍스트적 내레이션 주제들

주제 1

구약 본문들을 자신의 드라마에 엮어 짜는 누가의 해석학적 전략은 내러티브의 연속성을 강하고 능숙하게 보여준다. 곧, 예수 이야기는 이스라엘을 향한 하나님의 약속이 담긴 더욱 거대한 내러티브에 단절감 없이 연결되어 "주를 위하여 준비된 백성"(눅 1:17)을 모으고 구속하려는 하나님의 행동을 보여주는 단일한 이야기를 형성한다. 이 해석학적 프로그램에 내포된 신학적 효과는 광범위한 의미를 지닌다. 누가는 교회를 이스라엘의 반대편에 세우기보다 연속되는 하나님의 백성 이야기로 제시한다. 선택받은 이스라엘은 늘 하나였다. 하나님의 구속 활동에 믿음으로 반응하는 사람들과 돌아서서 끊어진 자들은 저 이스라엘 안에 늘 있어 왔다. 누가는 이 패턴이 자신의 시대에 계속되고 있음을 본다.

주제 2

이 이스라엘 이야기 안에서, 누가의 성경 사용으로 인해 하나님은 언약적 약속에 신실한 분이자 해방하는 능력에 관대하신 분으로 강조된다. 이 이야기에는 신적인 작가가 대본으로 쓴 **플롯**이 들어 있고, 이는 승리와 기쁨의 결말로 이어진다. 이는 누가가 데오빌로에게 약속한 확신(ἀσφάλεια)의 근거가 된다. 누가복음을 읽는 독자는 이스라엘과 세상을 위한 하나님의 계획이 전적으로 믿을 만하다는 확신을 가지고 마지막 장(page)에 이르게 될 것이다. 누가가 사용한 성서 본문들은 하나님의 계획이 궁극적으로 이스라엘을 해방시켜 영광스럽고 평화로운 결말로 인도하는 것임을 거듭 확신하게 해준다.

주제 3

그러나 그 사이에 있는 고난은 예수와 따르미 모두에게 있어서 실제적인 현재 경험의 일부다. 따라서 누가는 고난이 성경적으로 드러난 하나님의 계획의 일부라는 사실을 확인하는 데 주의를 기울인다. 곧, 고난은 확고히 메시아의 정체성에 속한다. 메시아가 고난을 당해야만 한다고 "기록되었고"(눅 24:26-27, 46; 행 26:22-23에서 반복됨)—거의 확실히 다윗의 비탄시뿐 아니라 이사야의 종에 대한 언급—예수를 따르는 사람들도 십자가를 져야 한다고 권면을 받는다(눅 9:23-24, 14:27). 누가의 두 번째 책은 고난을 말하는 성서적 패러다임이 예수 따르미의 삶의 특징임을 지속적으로 보여준다: 예, 스데반(행 6:8-8:1), 바울(행 9:16, 20:17-24), 야고보와 베드로(행 12:1-5), 다른 이들(참조, 또한 행 8:1b-3). 이 핵심은 바울과 바나바가 안디옥의 제자들에게 전한 메시지에 잘 요약되어 있다: "제자들의 마음을 굳게 하여 이 믿음에 머물러 있으라 권하고 또 '우리가 하나님의 나라에 들어가려면 많은 환난(θλίψεων)을 겪어야만 한다(δεῖ)'고 말했다"(행 14:22). 여기에 직접적인 성서 인용구는 나오지 않지만 다른 곳에서 언급되는 누가의 그러한 필요성 표현(δεῖ)은 성경에 드러난 하나님의 신적 섭리를 어김없이 가리키는 데 사용된다. 또한 메시아의 운명을 예고하는 성경 본문들은 그를 따르는 사람들에게 예정된(foreordained) 신적 소명을 그리고 있다.

누가는 십자가가 어째서 하나님의 계획의 일부가 되는지 설명하지 않는다. 그러나 누가의 서사극(epic drama) 안에서 독자들은 폭넓은 시각을 갖도록 인도된다. 박해와 고난 이야기는 예수의 부활이 보여주는 바와 같이 하나님의 정당한 심판이 결국에 승리하게 될 것이라는 더욱 큰 이야기의 일부다. 이러한 이유로 공동체는 반대와 역경 가운데서도 인내하고 심지어는 기뻐할 수 있는 것이다.

주제 4

누가는 가난하고 힘없는 사람들에 대한 하나님의 관심을 강조하는 데 성경을 반복적으로 사용한다. 예수 이야기에 대한 누가의 독특한 공헌, 곧 예수의 사역 시작부(눅 4:16-19)에서 인용된 으뜸음(keynote)격인 이사야

61:1-2은 이어지는 모든 것에 대한 톤(tone)을 설정한다: 가난한 자에게는 복음이며 포로된 자에게는 해방이다. 우리가 여러 차례 확인했듯 누가는 모세와 선지자들이 사람들의 재물을 가난한 자들과 나누도록 요청하는 것을 강조한다. 더 나아가 예수의 치유와 하나님 나라 선포에서는 이미 하나님이 굶주린 자를 좋은 것으로 채우시고 부자를 빈손으로 쫓아내시는 종말론적 역전 상황이 드러나기 시작했다. 누가는 이 메시지를 새로운 것이 아닌 이스라엘 성경의 성취로 강조하여 소개한다. 또는 방향을 바꾸어서 모세와 선지자들이 예수 이야기를 렌즈 삼아 회고적으로 읽을 때 가난한 자와 억눌린 자를 위한 복음의 메시지로 더더욱 설득력 있게 이해될 수 있을 것이다.

주제 5

누가 내러티브에 나오는 성서적 인용과 인유는 또한 모든 민족에게 복음이 확장될 것을 예표한다. 우리가 주목한 바와 같이 이 주제는 누가복음에 전조되어 있지만 발전되지는 않는다. 완전한 설명을 보기 위해서는 누가의 두 번째 책을 기다려야 한다. 그러나 누가의 예표적 지시등(pointers)의 무게감은 등장 횟수보다 크다. 사도행전에서 우리가 마침내 이사야 49:6에 대한 직접적인 언급을 만나게 될 때(행 1:8, 13:47, 26:23) 이 본문들이 "이방인의 빛" 모티프를 더욱 이른 복음서 이야기에 반사하고 있음을 보게 된다. 여기서 다시금 우리는 서사극(epic drama) 전체를 읽는 것의 중요성을 알게 되고, 내러티브 뒷부분에 완전하게 등장하는 전개 상황이 앞부분의 단어와 사건을 회고적으로 비추고 있음을 보게 된다.

주제 6

누가는 성경을 사용함으로 선택된 하나님의 백성을 저들을 둘러싼 지배적인 상황, 곧 유대 세계 및 로마 제국 모두와 첨예하게 대립하는 반문화적 관계 안에 놓는다. 하나님이 약속하신 언약적 공동체의 실체가 세상에 드러나면서 세상은 정말로 전복됐다. 통치자들과 민족들이 주에 대해 반발하더라도, 주가 해방하시는 이야기에 새롭게 닻을 내린 데서 자기 정체성을 찾은 사람들은 하나님의 말씀을 담대히 말할 수 있고, 사도행전 5:29의 베드로와 더불어 "우리는 어떤 인간의 권세보다도 하나님에게 복종해야 한다"라고 이야기할 수 있다.[2] 따라서 누가의 눈으로 성경을 읽는다면 폭력적이고 강압적인 세상 나라에 대항할 확고한 입장을 갖게 된다. 누가의 내레이션을 면밀히 따라가는 사람들은 누가복음 1장의 사가랴처럼 혀가 풀려 소망 가득한 상호텍스트적 고백에 참여하게 되었음을 발견하게 될 것이다.[3]

> 우리 하나님의 부드러운 자비하심으로
> 새벽이 위로부터 우리에게 임하여
> 흑암과 죽음의 그늘에 앉은 자에게 비치고
> 우리 발을 평강의 길로 인도하실 것이다. (눅 1:78-79)

주제 7

마지막으로 누가 내러티브 안에서 사용된 성경은 독자가 이스라엘의 주(Kyrios)와 주(Kyrios) 그리스도 사이 정체성의 동일시를 점차적으로 인지하게끔 이끈다. 장차 오실 분은 이스라엘의 진정한 왕이실 뿐 아니라 이스라엘의 진정한 하나님이시다. 신비스러운 차원에서 예수는 신적인 해

---

2. 이것은 NRSV의 번역이다.
3. 이 본문에서 구약의 반향은 적어도 다음 구절들을 포함한다: 시 106:10, 14 LXX; 사 9:1, 42:7, 59:8, 60:1-2.

방 활동을 일으키는 분이시다. 우리가 본문을 회고적으로 재독할 때 성령 충만한 사가랴의 예언을 새로운 빛으로 이해하게 된다.

> 주(κύριος), 이스라엘의 하나님은 복되시다.
>
> 그 백성을 방문하시고(ἐπεσκέψατο) 저들을 위해 구속하셨기(λύτρωσιν) 때문이다. (눅 1:68)

누가의 전체 내러티브에 비추어 우리는 예수가 이스라엘을 방문하고 구속하는 '뀌리오스'(κύριος)이심을 이해하게 된다.

그러므로 누가의 신적 정체성 기독론은 우리로 하여금 "하나님" 개념을 근본적으로 재고하도록 요구한다. 예수는 주(Kyrios)며, 주(Kyrios)는 예수시다. 따라서 하나님은 일반적인 철학으로 해명되어야 할 대상의 **개념**이 아니라 내러티브가 복잡하게 펼쳐지면서—그리고 오로지 이렇게만—정체를 드러내게 되는 행위자(agent), 곧 한 "**인격**"이시다. 그리고 바로 이러한 이유로 인해 "고/저"기독론 범주는 완전히 무너진다. 하나님은 자신을 정확히 낮음(lowness) 가운데서 우리에게 계시하신다. 누가복음에서 **하나님의 정체**는 정확히 인간 예수의 모습을 서술하는 내러티브, 곧, 베들레헴에서 태어나 구유에 뉘이셨으며, 가난한 자들에게 복음을 전하기 위해 보냄을 받으시고, 본디오 빌라도에 의해 십자가에 달리셨으며, 참으로 부활하셨다는 내러티브를 통해/안에서—그리고 정확히 예수를 '뀌리오스 빤똔'(κύριος πάντων, "모든 것의 주")로 계시하는 이 사건들을 통해/안에서—구체적으로 주어진다.

제4장
요한복음:
자기 몸이 성전이신 분

"모세가 율법에 기록했고 여러 선지자가 기록한 그분을 우리가 만났다."

§16. "와서 보라": 성서 해석가, 요한

　요한복음 서두에 나오는 한 장면에서 예수는 갑자기 빌립이라 이름 하는 자를 불러 따르라고 요구하셨다. 그러고 나서 빌립은 친구 나다나엘 을 찾아서 어떤 증거나 설명을 덧붙이지 않고 이렇게 선언했다: "모세가 율법에 기록했고 여러 선지자가 기록한 그분을 우리가 만났는데, 요셉의 아들 나사렛 예수다"(요 1:45). 당연히 나다나엘은 냉소적으로 어떤 회의감 을 표출했다: "나사렛 같이 하찮은 동네에서 무슨 선한 것이 날 수 있는 가?" 빌립은 단순히 대답했다: "와서 보라"(1:46).

　"와서 보라"는 요구는 또한 네 번째 복음서 독자들을 향한 초대, 무엇 보다도 저들이 이 이야기에서 만나게 될 예수가 모세와 선지자들에 의해 정말 예표된 것인지를 분별하라는 초대로도 기능한다.[1] 요한은 내러티브

1.　도움이 될 만한 참고문헌과 더불어 요한의 성경 사용에 관한 다양한 문제를 개관 하는 최근 자료를 위해서는, Alicia D. Myers, "Abiding Words: An Introduction to Perspectives on John's Use of Scripture," in *Abiding Words: The Use of Scripture in the Gospel of John* (Alicia D. Myers and Bruce G. Schuchard; Atlanta: SBL Press, 2015), 1-20을 보라.

첫 장에서 기대치를 놀랍도록 높이 끌어올렸다. 이야기의 도입 단락들은 이미 갈릴리의 작은 마을에 사는 신비스러운 인물, 예수를 창조에 개입한 **로고스**(*Logos*)(요 1:1-18), "세상 죄를 지고 가는 하나님의 어린양"(1:29-36), 이스라엘의 메시아(1:41)로 인정한다. 그리고 독자들이 이유를 분명히 알 수는 없지만 빌립은 이제 예수—아직 아무것도 하지 않은 인물, 적어도 화자에 의해 아무것도 보도되지 않은 인물—를 이스라엘 성경, 곧 율법과 선지자들이 가리키고 있는 참 지시 대상(referent)으로 인정한다. 물론 빌립이 잘못된 추론으로 비약했을 가능성, 과열된 추종자들이 종종 그러한 것과 같이 과장되고 오도된 주장을 내뱉었을 가능성은 있다. 그러나 요한 내러티브의 진지한 서두는 그렇지 않다는 것을 제안한다. 곧, 내러티브는 우리로 하여금 빌립이 어떻게든 계시적인 통찰을 직관했다고 이해하도록 인도한다. 그렇다면, 이 텍스트의 독자는 빌립의 말에 의해 모세가 율법에 기록했고 여러 선지자가 기록한 분이 **어떻게** 나사렛 예수일 수 있는지 와서 보도록 요구받게 된다. 그러나 빌립은 실제로 어떤 본문도 인용하지 않았다. 빌립은 모세와 선지자들의 어떤 본문을 염두에 둔 것일까? 그리고 예수는 이 경이로운 정체 묘사를 받아들이고 어떻게든 빌립의 해석학적 기대를 충족시켜 주실 것인가? 답을 찾기 위해 우리는 이야기 속으로 더욱 깊이 들어가야 한다.

플롯이 전개되면서 예수는 안식일을 범했다는 혐의로 종교 지도자들과 갈등을 빚는다. 예수는 걷지 못하는 사람을 고쳐주시면서 자리를 들고 일어나라고 지시하셨다(요 5:2-9). 이 혐의는 병 고침 자체에 있었던 것이 아니라 자리를 들고 가라는 예수의 지시, 곧 안식일에 일을 금하는 명령을 기술적으로 위반한 행위에 있었다(요 5:10-16; 참조, 출 20:8-11; 신 5:12-15).[2] 그

---

2. 렘 17:21-22은 특히 안식일에 짐을 지는 것과 이를 예루살렘으로 가져오는 것을 금한다. 미쉬나 샤바트 7.2는 39개의 금지된 일의 범주를 열거한다. 이 목록의 마지

러나 예수가 자신의 행동을 하나님의 것과 동일시하면서 정당화할 때 이 분쟁은 할라크적(halakhic) 논의에서 기독론적 논쟁으로 빠르게 심화된다: "그러나 예수가 그들에게 말씀하셨다. '내 아버지가 이제까지 일하시니 나도 일한다.' 그러므로 유대인들이 이로 인해 예수를 더욱 죽이고자 했다. 이는 안식일을 범할 뿐만 아니라 하나님을 자기의 친 아버지라 하여 자기를 하나님과 동등하게 삼으셨기 때문이다"(요 5:17-18).

저들의 못마땅함은 네 번째 복음서의 독특한 특징인 예수의 긴 자기-지시 담론을 위한 발판이 된다. 그리고 이 담론의 절정부, 요한 내러티브 전체의 약 1/4 지점에서 우리는 마침내 요한의 이스라엘 성경 독법을 보여주는 근본적인 해석학적 주장—예수 자신의 말씀으로 진술되는—을 마주하게 된다. 예수는 하나님이 자신을 보냈다는 사실을 받아들이지 못하는 비방자들을 꾸짖으셨다.

"너희가 성경에서 영생을 얻는 줄 생각하고 성경을 연구한다. 그리고 이 성

막 항목은 "무언가를 한 영역에서 다른 영역으로 가져가는 것"이다. John P. Meier ("The Historical Jesus and the Historical Sabbath," in *Redefining First-Century Jewish and Christian Identities: Essays in Honor of Ed Parish Sanders* [ed. Fabian E. Udoh et al.; Notre Dame: University of Notre Dame Press, 2008], 297-307)는 양식-비평에 근거하여 이 이야기 및 요 9장의 치유 사건을 예수의 안식일 치유와 관련한 유효한 역사적 증거로 인정하지 않는다(302-3). 그리고 나서 그는 요 5장이 치유 활동이 아닌 짐을 옮기는 금지 규정에 관한 논쟁이라는 데 거의 덧붙이듯이 초점을 두지만, 이를 "안식일 논쟁을 더욱 그럴 듯하게 만들려는" 전통에 대한 후대의 부차적인 부록으로 간주한다(307n15). 이와는 달리, 안식일에 병 고침을 금하는 성서의 근거가 없음에도, 예수의 안식일 치유 활동이 논란이 되는지 이유를 우선적으로 설명하는 초기 전통이 5:9-10에 보존돼 있을 가능성을 적어도 고려할 필요가 있다. 어떤 경우든 간에, 요한복음 내러티브 이면에 있는 이 전통의 역사적 고대성과 신뢰성은 당면한 우리 논의에서 별로 중요하지 않다. 요 5장 내러티브 세계에서 논쟁은 안식일에 짐을 지는 금기에 초점을 두고 있으며, 이는 예수와 아버지의 관계에 대한 더욱 큰 논쟁과 담론으로 번져간다는 것이다.

경이 곧 내게 대하여 증언한다. 그러나 너희가 영생을 얻기 위하여 내게 오기를 원하지 않는다. … 내가 너희를 아버지에게 고발할 것이라고 생각하지 말라. 너희를 고발하는 이가 있으니, 곧 너희가 바라는 자 모세다. **모세를 믿었더라면 또 나를 믿었으리니 이는 그가 내게 대하여 기록하였기 때문이다. 그러나 그의 글도 믿지 않는데 어찌 내 말을 믿겠느냐?"** (요 5:39-40, 45-47)

그래서 빌립이 옳았다. 예수는 자신을 가리켜 "모세가 율법에 기록한 그분"이라고 묘사했던 빌립의 확신을 지지하셨다. 그러나 비극적인 전환점이 있다. 모세가 예수에 대해 기록했지만 모세를 해설하는 과업(office)을 가지고 있었던 사람들은 예수를 믿지 못하고 배척했다. 이 비통하고도 역설적인 결과는 이미 요한복음 서론에 전조되어 있다: 말씀(Word)이 "자기 집에 왔는데, 자기 백성은 영접하지 않았다"(요 1:11). 그러나 여기 요한복음 5장에서만 이 실패의 **해석학적** 차원이 완전하게 부각된다.

예수는 모세에게 항의하거나 폄하하지 않았다. 오히려 모세는 실제로 예수를 증거했다. 하지만 예수의 대적자들은 모세의 글을 진지하게 연구했음에도 예수가 모세의 말의 참되고 궁극적인 지시 대상이라는 놀라운 주장을 거부했기에 해석적 실패에 이르게 됐다. 여기에는 결정적으로 중요한 순환이 있다. 말하자면, 모세의 글을 읽는 것은 예수를 믿는 데로 이끈다. 그러나 모세의 말을 이해하기 위해서는 먼저 예수에게 와서 생명을 받아야 한다: "그의 말씀이(τὸν λόγον αὐτοῦ) 너희 속에 거하지 않는다. 이는 그가 보내신 이를 믿지 않기 때문이다"(요 5:38). 그래서 예수의 말씀을 믿지 않는 자는 무지와 사망에 머무르게 된다. 오직 예수를 믿고 이 해석학적 궤도에 들어선 사람만이 모세가 쓴 바를 바르게 이해할 수 있다.

그래서 요한복음에는 누가복음과 마찬가지로 이스라엘 성경을 회고적으로 재독하라는 요청, 곧 예수에 의해 주어진 새로운 계시에 비추어 성경을 재해석하고 예수 자신의 인격에 초점을 둔 **거꾸로 읽기**의 요구가 담겨 있다. 누가와 요한의 내러티브는 문체상 서로 다른 세계지만―요한 은 적어도 성경이 증거하는 바에 관해 **논쟁적으로** 구성했기에―저들의 해 석학적 토대는 서로 비슷하며 누가복음 24:27과 요한복음 5:46 사이의 신 학적 거리는 교회의 사중 복음 정경에서 궁극적으로 분리시키려는 다섯 개의 장보다 가깝다.

> 눅 24:27   이에 모세와 모든 선지자의 글로 시작하여 모든 성경에 쓴 바 자기 에 관한 것을 자세히 설명하셨다.
>
> 요 5:46   "너희가 모세를 믿었더라면 또 나를 믿었을 것이다. 이는 그가 내 게 대하여 기록했기 때문이다."

하지만 이러한 수렴점에도 불구하고 성서 본문들을 다루는 요한의 방 식은 우리가 공관복음에서 확인했던 것과는 현저히 다르다. 요한이 구약 을 직접 인용하는 경우는 상대적으로 적다. 암시/인유(allusions)를 포함하 여 요한의 구약 언급을 공관복음의 것과 비교하여 시각화하면 놀라운 결 과를 확인할 수 있다: 마태복음 124회, 마가복음 70회, 누가복음 109회, 요한복음 27회. 인용구의 수를 세는 것은 실제와 다소 다를 수 있지만 저 횟수는 요한 내러티브의 부인할 수 없는 특징을 보여준다.[3] 요한이 예수 의 치유와 기적 삽화를 (수효에 있어서) 소수만 선택하여 압축하고 (내용/분량 에 있어서) 공관복음 전통에서보다 더욱 확장하여 발전시키듯 구약 인용에 있어서도 더욱 적은 수에 집중한다. 요한의 구약 사용을 조사해보면 인용

---

3.   인용 횟수는 C. K. Barrett이 Westcott과 Hort의 신약 비평판에 나열된 (암시를 포함 한) 참조점을 단순히 계수하여 열거했다.

판별 기준에 따라 13개에서 17개의 명시적인 인용구를 확인할 수 있다.[4]
이렇게 비교적 적은 인용문이 있기 때문에, 요한의 경제적인(uncluttered) 내
러티브에 나오는 각각의 인용은 예수의 정체를 가리키는 표지판으로서
비례적으로 더욱 큰 무게감을 갖는다고 생각할 수 있다. 누가가 능숙하게
흘러지나가는 인유를 사용하는 대가(master)라면 요한은 어두운 화폭(canvas) 위
에 눈부시게 빛나고 상상 속에나 남아 있을, 세심하게 구성된 반짝이는(luminous)
이미지의 대가다. 이러한 관점에서 요한의 내러티브 기법은 렘브란트(Rem-
brandt) 초상화가 보여주는 시각적 예술성과 닮았다. 요한은 모세가 예수에
관해 어떻게 썼는지 최대한 많은 수의 실례를 모으려고 시도하지 않는다.
요한은 더욱 많은 이야기를 전할 수 있음을 알고 있었지만(참조, 요 21:25) 오
래 지속되는 묵상에 보답하는, 예술적으로 선별된 실례들에 집중하고자
했다.

그렇기에 적은 수의 인용문 외에도 요한복음에서 이스라엘 성경을 명
확히 자구적으로 암시하는 경우도 놀라울 정도로 적다.[5] 또는 요점을 더

---

4.   예를 들어 다음을 보라. Bruce G. Schuchard, *Scripture within Scripture: The
      Interrelationship of Form and Function in the Explicit Old Testament Citations in the
      Gospel of John* (SBLDS 133; Atlanta: Scholars Press, 1992), xiii–xiv (인용 13회);
      Andreas J. Köstenberger, "John," in Beale and Carson, *Commentary*, 415–21 (인용 14
      회); Margaret Daly-Denton, *David in the Fourth Gospel: The Johannine Reception of the
      Psalms* (AGJU 47; Leiden: Brill, 2000), 33–34 (인용 16회); Menken, Old Testament
      Quotations, 11–12 (인용 17회).

5.   Margaret Daly-Denton (*David in the Fourth Gospel*, 30)은 네 번째 복음서에 있는 공
      공연한 암시를 "매우 드문 것"으로 묘사하면서 암시로 인정할 만한 엄격한 기준을
      만족시키는 경우는 단지 두 번뿐이라고 제안한다: "인자 위에서 오르락내리락하는
      천사에 대한 언급(창 28:12를 암시하는 2:51[본래는 1:51이 맞음]과 그리스도가 다
      윗의 후손으로 베들레헴 출신일 것이라는 군중의 추측(삼하 7:12와 시 [88]89:3-4
      를 암시하는 7:42)." 이러한 판단은 분명 암시를 구성하는 것에 대해 과도하게 엄격
      히 정의 내린 것에서 비롯했다. 대조적으로, Andreas Köstenberger ("John," 419–20)
      는 이 복음서에서 명시적인 인용에 더하여 60개 이상의 "구약 암시 및 자구적 병

욱 정확히 말하자면 요한의 암시 방식은 일련의 단어와 구를 사용하는 데
의존하지 않는다. 오히려 이스라엘 성경으로부터 **이미지와 표상**(*figures*)을
자아내는 데 의존한다. 예를 들어, "모세가 광야에서 뱀을 든 것 같이 인
자도 들려야 한다"(요 3:14)라고 쓰면서 요한은 분명 민수기 21:8-9에 서술
된 삽화를 언급하고 있다. 하지만 두 본문 사이에 나오는 분명한 **언어적**
연결점은 "모세"라는 이름과 "뱀"(ὄφιν)이라는 단어뿐이다.[6] 요한의 상호텍
스트적 감각(sensibility)은 청각적이기보다는 시각적이다.

확실히 요한은 언어적 반향도 다룬다. 가장 잘 알려진 예는 요한복음
의 시작 문구, 곧 창세기 1:1을 반향하면서도 변형시킨 "태초에 말씀이 계
시니라"다. 이는 요한의 본문에 나오는 많은 사례 중 하나일 뿐이며 이들
중 몇몇은 매우 미묘하다. 예컨대, 모세와 놋뱀에 대한 요한의 인유에서
민수기 21장에 전혀 나타나지 않는 동사 "[높이] 들리다"(ὕψωσεν/ὑψωθῆναι)는
신비스러운 고난받는 종에 관한 이사야서 도입 행을 잘 반영할 수 있다:
"내 종이 형통하리니 받들어 높이 들려서(ὑψωθήσεται) 지극히 영광스럽게
될 것이다"(사 52:13 LXX). (단지 성서 자료에서 한두 단어만을 반향하는) 이 민수기와
이사야의 반향은 언어적으로는 희미하지만 상징적으로는 막강해서 네 번
째 복음서의 예수 소개가 이해되어야 하는 풍부한 신학적 모판을 불러일
으킨다.

그러나 요한은 또한 종종 저자의 논평 형태로서 명시적인 인용 표현

행"을 열거했다. Daly-Denton은 물론 요한복음의 더더욱 풍부한 상호텍스트적 성
격에 대해 알고 있었다. 그녀는 "네 번째 복음서에서 성경 참조가 빈번히 언급되지
않는다면 이는 매우 기만적인 것"이라고 말하면서 "[요한의] 저작의 대단히 암시적
인 성질"에 대해 말하기를 계속한다.

6. "광야에서"라는 어구는 민수기 본문 앞부분에도 나오는데, 이는 뱀을 든 모세의 행
동과 관련된 것이 아니라 백성이 불평하는 장면의 일부로서 나온다: "너는 어찌하
여 우리를 애굽에서 인도해내어 **광야에서** 죽이려 하는가?"(민 21:5 LXX)

을 동반한 직접 인용구를 상당히 많이 사용한다. 이러한 형식에 있어서 요한은 마가/누가보다는 마태와 더욱 닮았다. 이 도입 형식구는 내러티브의 구조적 설계를 반영하는 패턴을 따른다. 이야기기 시작할 때부터 12장 거의 끝까지—즉, 예수의 공적 활동 기사 전체에서, 때로는 "표적의 책"으로 지칭되는—요한은 "기록된 바", "선지자들의 글에 기록된 바", "성경이 말하는 것 같이", 또는 이러한 어구에 약간의 변화를 가하면서 인용을 소개한다(요 1:23, 2:17, 6:31, 45, 7:38, 42, 10:34, 12:14). 그러나 예수가 공적 선포와 활동에서 물러난 후에는(12:36b) 두드러진 변화가 생긴다. 플롯에 있어서 이 중추적인 지점 이후에 이어지는 거의 모든 인용구에는 '쁠레로오' (πληρόω)를 동반한 성취 형식이 도입된다: "성경이 성취되기 위하여."[7]

예외는 오직 요한복음 12:39("이사야가 다시 말했기 때문에")와 19:37("그리고 다시 성경이 말한다")다. 이 두 경우 모두에서, 도입된 인용문은 '빨린'(πάλιν) ("다시/또한")이 가리키듯 인용된 한 쌍의 구절 중 두 번째를 가리킨다. 이렇게 연결된 인용구의 쌍(요 12:38-40, 19:36-37)이 요한복음의 두 중심 내러티브 덩어리, 곧 "표적의 책"(1:19-12:50)과 "수난의 책"(13:1-19:42)의 마침표로 기능하는 것은 우연이기 어렵다.[8] 교향곡에서 한 악장의 종지부와 같이

7.   요 19:28에서 ἵνα τελειωθῇ ἡ γραφή ("성경이 성취되게 하려 하기 위해")라는 형식은 직접적인 성경 인용이 아니라 예수의 말씀을 소개한다. 이야기의 바로 이곳에서 이 독특한 문구(wording)를 선택한 요한의 시적 목적은 아래에서 논의될 것이다.
8.   후자의 표시의 경우 언급될 필요가 있다. "표적의 책"과 "영광의 책"이라는 제목은 Raymond Brown이 앵커바이블(Anchor Bible)의 네 번째 복음서 주석에서 제안한 것이다(The Gospel according to John [AB 29–29A; Garden City, N.Y.: Doubleday, 1966-1970] [= 『앵커바이블 요한복음』, 1-2권, CLC, 2013]). Brown의 분석에서는 20장이 영광의 책의 일부로 포함되어 있고(13:1-20:31) 21장은 후대 편집 단계에서 첨가된 에필로그(epilogue)로 간주된다. 위에서 채택한 "수난의 책"이라는 용어는 C. H. Dodd가 더욱 일찍이 제안한 것이다(The Interpretation of the Fourth Gospel [Cambridge: Cambridge University Press, 1953]). 내 판단이 옳다면, 이 용어는 Marianne Meye Thompson ("'They Bear Witness to Me': The Psalms in the Passion

이러한 이중적인 성취 인용문은 이야기의 한 부분이 끝나가고 있음을 의
미한다.[9]

복음서 후반부에 나오는 이와 같은 성경 인용 형식구의 변화는 어떤
의미를 가지고 있는가? 네 번째 복음서의 전체적인 문체적/신학적 통일
성은 단순한 자료-비평적 해명에 반대한다. 이 텍스트를 세심하게 제작한
저자가 어떤 자료를 사용했든지 간에 이를 예술적인 통일체로 형성해냈
기 때문이다. 성취 인용구와 같이 눈에 띄는 이러한 특징이 특정 도입 어
구에 대한 저자의 편집상 고려 없이 내러티브에 삽입되었을 가능성은 거
의 없다.

Narrative of the Gospel of John," in *The Word Leaps the Gap: Essays on Scripture
and Theology in Honor of Richard B. Hays* [ed. J. Ross Wagner, C. Kavin Rowe, and
A. Katherine Grieb; Grand Rapids: Eerdmans, 2008], 267-83)에 의해 선호됐는
데, 나는 12:38-40과 19:36-37에서 짝을 이루는 인용구의 구조적 역할에 대한 중
요한 관찰을 Thompson 에게 빚졌다. 추가적인 논의를 위해서는, Martin Hengel,
"The Old Testament in the Fourth Gospel," in *The Gospels and the Scriptures of Israel*
(ed. Craig A. Evans and W. Richard Stegner; JSNTSup 104; Sheffield: Sheffield
Academic, 1994), 380-95을 보라. 이러한 짝을 내러티브의 구조적 단서로 삼는
다면 우리는 19장 끝에서 두 번째 주요한 단락의 결말을 보면서 20-21장을 마지
막 분리된 내러티브 단위로 구성하게 될 것이다("부활의 책"?). 요 21장이 본래 내
러티브 설계에 속한다는 강력한 주장에 대해서는, Paul S. Minear, "The Original
Functions of John 21," *JBL* 102 (1983): 85-98을 보라. 이 견해에 대한 다른 옹호자
들은, Beverly Roberts Gaventa, "The Archive of Excess: John 21 and the Problem of
Narrative Closure," in *Exploring the Gospel of John: In Honor of D. Moody Smith* (ed.
R. Alan Culpepper and C. Clifton Black; Louisville, Ky.: Westminster John Knox,
1996), 240-53에서 인용된다. 요 21장을 복잡한 숫자 구성 이론에 따라 복음서 설
계의 일부로 보기를 옹호하는 매우 다른 주장에 대해서는, Richard Bauckham, *The
Testimony of the Beloved Disciple: Narrative, History, and Theology in the Gospel of John*
(Grand Rapids: Baker Academic, 2007), 271-84을 보라.

9. 흥미롭게도 요한복음의 매우 발전된 부활 기사(20-21장)에는 직접적인 성경 인용
구가 없다.

복음서 후반부에 등장하는 "성취" 강조에 대한 가장 가능성 있는 설명은 이러한 인용이 (성취 강조가 없었더라면) 이해하기 어려운 예수의 역경에 대한 요한의 신학적 반응을 제공한다는 것이다. "표적의 책"은 예수를 믿지 못하는 유대인에 대한 단호한 평가로 절정에 이른다: "그러나 이렇게 많은 표적을 저들 앞에서 행하셨으나 저들은 그를 끈질기게 믿지 않았다"(요 12:37; 참조, 1:11).[10] 이 안타까운 기록은 예수의 공적 사역의 결과를 애처롭게 요약하고 플롯의 분수령으로 기능한다. 그리고 나서 요한이 "수난의 책"에서 인용 도입구를 "성취" 언어로 전환한 것은 **변증적인** 동기가 있었음을 보여준다. 즉, 복음서 기자는 수난 이야기에 나오는 예수의 고난과 거절이 예견치 못했던 실패가 아니라, 예수가 완전히 인지하고 참여한 상태에서 하나님의 뜻을 성취하기 위해 작정되고 실행되었음을 설명하고 있다.[11] 이러한 견해는 "성경을 응하게 하려고" 일어났다는 사건의 목록으로 증명된다.

- 요 12:37-40: 그들은 그를 믿지 않았다(사 53:1, 6:10).
- 요 13:18: 제자 중 하나가 예수를 배반할 것이다(시 41:9).
- 요 15:24-25: 세상은 예수와 그의 아버지를 보고 미워했다(시 35:19, 69:5).
- 요 17:12: 한 제자가 멸망할 운명이었다(인용된 본문 없음: 아마도 시 41:9?).

---

10. "끈질기게(persistently) 믿지 않았다"는 나의 번역은 미완료 동사 ἐπίστευον의 의미를 강조하려고 한 것이다.
11. Thompson은 이렇게 설명한다: "요약하자면 12:38-42에서 인용된 성서들은 모두 예수에 대한 거부를 … 증거하고 있는데, 예수의 표적에 대한 주로 부정적인 반응을 요약한 이사야 인용구들도 마찬가지다. 성경이 예수를 이스라엘의 메시아로 증거한다는 믿음이 저 본문들 뒤에 놓여 있지만, 실제 인용구는 예수에 대한 부정적인 반응을 중요하게 다룬다. 이스라엘의 불신, 곧 예수를 향한 '자기 백성'(1:11)의 거절은 특히 요한복음 기자를 괴롭게 하면서 성경의 설명을 요구한다"("They Bear Witness," 268).

- 요 19:23-24: 군인들이 예수의 옷을 나누고 옷을 위해 제비를 뽑았다(시 22:19).

- 요 19:28-29: 예수는 십자가에서 "내가 목마르다"고 말씀하시고, 신 포도주를 받았다(시 69:21).

- 요 19:36-37: 십자가에 못박히실 때 예수의 다리는 부러지지 않았지만(출 12:10, 46; 민 9:12; 또는 시 34:21), 그의 옆구리는 찔렸다(슥 12:10).

이 모든 사건은 성서 인용문의 도움을 받아 예수의 죽음으로 완전히 수행된 신적 설계의 완성으로 해석된다(요 19:30: τετέλεσται, "다 이루어졌다"). 이 변증적 동기는 또한 네 번째 복음서의 성취 인용구가 어째서 마태복음에서처럼 이야기의 시작 부분이 아니라 마지막 부분에 몰려 있는지 설명해준다.

요한에 의해 인용된 구약 본문군 안에는 시편이 대거 집중되어 있다. 요한의 인용구 중 60% 이상이 시편에서 온 것이다.[12] 이 숫자가 약간 부

---

12. Daly-Denton은 실제로 76%라고 말하지만 이는 계산상 오류인 것 같다. 저 언급 바로 앞에서 "시편은 네 번째 복음서에서 발견되는 16개의 인용 중 10개의 출처다"라고 말하기 때문이다. Daly-Denton은 공관복음에 있어서 이와 대조적인 수치로서 마가복음 21%, 마태복음 18%, 누가복음 31%를 제시한다(Daly-Denton, *David in the Fourth Gospel*, 34). 내 추측에 76%라는 수치는 이렇게 도출된 것 같다. 즉, Daly-Denton은 요한복음에 "쉽게 인지할 수 있는" 13개의 성서 인용문이 있고, 거기에서 7개는 시편에서 온 것이라고 말한다. 그리고 나서 어떤 알려진 성서 구절들과 완전하게 일치하지 않는 세 개의 인용구가 더 있다는 점에 주목한다. 그녀는 이들을 "시편에 있는 문자적이지 않은 인용구"로 간주한다. 통계 분석을 할 때 이 세 인용구를 분자에는 추가했지만 분모에는 추가하지 않은 것 같다. 이로써 10/13, 76.9%가 나온다. 이 모든 계산(percentages)은 인용구를 분류하고 셈하는 방법에 따라 매우 달라진다. 그러나 통계를 아무리 생각한다 하더라도 요한복음에 있어서 "구약 신학의 중심은, 적어도 명백한 구약 인용만 셈에 넣는다 하더라도, 분명히 시편이라는 Köstenberger의 판단과 논쟁하기 어렵다"("John," 419).

풀려져 있다 하더라도 네 번째 복음서의 상호텍스트적 "발생 코드"(genetic code) 안에 있는 시편 본문의 중요성을 놓칠 수는 없다. 시편에 대한 이 강조는 필연적으로 내러티브의 무게중심인 예수의 수난과 죽음에 집중한 데서 비롯했다. 시편이 십자가에 못박히고/고양된 예수의 고난을 전조하기에—또는, (아마도 요한이 선호할 언어를 쓰자면) '**표현하기에**'—예수에 대한 증언으로 성경을 회고적으로 읽음에 있어서 이 본문들에 끌리는 것은 이해할 만하다.[13] 하지만 **모세**가 예수에 관해 썼다고 주장하는 복음서가 기독론적 예언으로서 오경을 설명하는 데 큰 노력을 기울이지 않았다는 점은 흥미롭다. 요한의 명시적 인용 가운데 모세의 다섯 가지 책에 속한 것으로 볼 수 있는 경우는 단 하나며(19:36, 유월절 어린 양의 뼈를 하나도 꺾지 말라는 지시[출 12:46; 민 9:12]), 이 경우조차도 요한복음에 인용된 문구(wording)는 출애굽기 12장에 주어진 지시보다는 실제로 시편 34:20에 더욱 가까우며, 또한 거기에서조차도 "모세"가 시편을 통해 중간에 끼어든—혹은 걸러진—것처럼 보인다.[14] 요한의 명시적인 구약 인용에 관한 이러한 관찰로 인해 우리는 잠시 멈추어 서서 "모세가 나에 대해 기록했다"(요 5:46)라는 요한복음 예수의 흥미로운 주장을 지지할 만한 더욱 미묘한 증거의 자취를 내러티브 어딘가에서 발견하도록 주의를 기울이게 된다.

주요한 해석학적 시험 사례는 요한복음 서론 거의 마지막 부분에 위치한 간명한 진술이다: "율법은 모세로 말미암아 주어졌고 은혜와 진리는 예수 그리스도를 통해 왔다"(요 1:17). 이 두 문장은 어떻게 서로 연관되어

---

13.   Hays, "Christ Prays the Psalms," 101-18을 보라. 나는 예수의 죽음과 부활이 "성경을 따라" 이루어진 것이라는 초기 기독교의 확신을 발생시킨 모체가 고난과 신원 시편이라고 제안한 바 있다. 요한복음의 증거는 이 테제(thesis)와 완전히 일치한다.

14.   이 인용구의 본문 출처(textual source)에 관한 논의는, Menken, *Old Testament Quotations*, 147-66을 보라. Menken은 시 33:21 LXX가 "기본 본문"을 제공하고 오경 본문은 "이를 변경하기 위한 자료를 제공"했다고 결론 내린다(165).

있는 것인가? (5:46가 가리키는 바와 같이) 모세를 통해 주어진 율법이 예수 그리스도의 은혜와 진리를 가리키며, 후자는 전자의 증거를 확증하고 완성하는 것인가? 아니면, 예수 그리스도의 은혜와 진리가 율법을 폐하고 대체하는 것인가?[15] 이는 요한복음 전체에 맴돌고 있는 질문이다.

　그런 경우라면 독자들은 여러 지점에서 요한의 이야기가 대체주의적(supersessionist)인 것인지 의문을 품게 될 것이다. 이는 유대교가 헛되고 무의미함을 선포하는 것인가? 유대교가 새롭고도 다른 종교, 기독교로 대체됐다는 것인가? 이스라엘의 율법과 이스라엘의 소망이 천상의 어떤 비-유대계 그리스도, 곧 하늘에서 잠시 이 땅에 내려와 자신을 계시하고 다시 세상을 떠나 복된 상태에 오른 분에 의해 근본적으로 대체된 기독교 말인가? 나는 문제를 이런 식으로 표현하는 것에 이미 요한복음이 우리에게 주려고 하는 답이 내포되어 있다고 생각한다: '아니다'(No). 우리가 요한복음에서 성경이 실제로 어떻게 기능하는지 주목하면 예수의 정체가 이스라엘의 문서와 전통—특히 성전과 이스라엘의 절기를 중심으로 한 전통들—에 깊이 심겨져 있다는 것을 보게 된다. 이것이 바로 요한의 상상이 잠겨있는 세계다. 이스라엘 이야기를 불러일으키고 재현해내는 이야기, 전례 축일, 상징 없이 요한복음의 예수를 이해하기는 불가능하다. 그렇기에 예수가 이스라엘의 토라와 이스라엘의 종교적 삶(worship life)을 폐하거나 대체했다고 말하는 것은 옳지 않다. 그보다도 예수는 그것들을 염두에 두고서 변형시켜낸다. 그러나 이 변형이 작동하는 방식을 이해하기 위해서 우리는 요한의 표상적 세계로 더욱 깊이 들어가 그 해석학적 논리를 고찰해야 한다.

---

15. 이 논의를 위해서는, Brown, *John*, 1:16을 보라.

§17. 구원은 유대인으로부터 온다: 요한복음 내러티브에 나타난 이스라엘 이야기

　시편의 무거운 비중과 더불어 요한복음에서 인용된 명시적인 오경 본문의 상대적 부재는 요한이 전례 자료(liturgical materials)에 초점을 두고 있다는 것과 이스라엘의 과거를 다루는 구약 내러티브에 관심이 덜하다는 것을 시사한다. 그리고 실제로 복음서 기자가 이스라엘 이야기를 서술하기 위해 성경을 사용하는 방식에 대해 우리의 경험적(heuristic) 질문을 제기하자면 요한복음이 공관복음보다 내러티브 연속성에 대해 관심을 더욱 적게 표명한다는 것을 발견하게 된다. 이 네 번째 복음서에는 마태복음에서와 같이(마 1:17) 아브라함, 다윗, 포로기, 메시아로 흐르는 족보의 궤적이 없다. 또한 하나님이 "우리 조상과 아브라함과 그 자손에게 영원히 약속하신 것과 같이 자비하심을 기억하시고 그의 종 이스라엘을 도우실 것"(눅 1:54-55)을 기념하는 환호도 없다. 네 번째 복음서를 적어도 초독(first reading)할 때에는 이 복음서가 이스라엘 자체에 어떤 관심을 가지고 있는지 파악하기 쉽지 않다. 더 나아가 "유대인"은 이야기에서 악당 역할을 맡은 것처럼 보인다. 그렇기에 이 복음서가 때로 반-유대교에 대한 기독교

의 해설[1] 또는 하나님 백성의 과거 역사에 대한 연속적 서술(linear narration)
이 거의 역할을 하지 않는 몰역사적 영성 형태로 놀랍도록 쉽게 치부되었
던 것은 전혀 놀라운 일이 아니다. 요한의 성경 읽기 탐구로 얻게 되는 한
가지 결과는 네 번째 복음서에 대한 그러한 반-유대적이고 반-역사적인
가현설적(docetic) 해석에 의문을 제기하고 도전하는 데 있다. 그러나 이 해
석학적 도전이 중요하다는 사실과 더불어 이 도전이 세심한 주의를 요하
는 본문에 내포된, 어떤 문제를 야기할 만한 특징들에 기초를 두고 있다
는 사실을 처음부터 인지하는 것이 좋다.

　　요한의 이스라엘 이야기 이해를 파악하는 것이 어려운 일부 이유는
요한복음이 기독론에 초점을 모으고 있기 때문이다. 어느 요한복음 읽기
에 있어서 이스라엘이 이상하게도 배경으로 물러난다면 이는 예수의 모
습이 카메라를 독차지하고 있기 때문이다. 복음서 기자는 중심 관심 인물
로서 예수를 확대하고(zooms in) 이야기 세계에서 다른 모든 인물과 모든
사물이 예수와 관련해서만 자기 자리를 찾아야 한다고 주장한다. 내러티
브의 등장인물과 독자 모두에게 주어지는 강렬하면서 유일한 질문은 진
리를 계시하고 이를 결정적으로 체현하는 아버지에 의해 세상에 보내진
분으로 예수를 받아들일지 하는 것이다. 이스라엘의 모든 과거와 성경 전
체의 증거는 예수의 인격 안에 흡수되어 있다.

　　그렇기에 요한복음에서는 다른 복음서보다 이스라엘에 대한 저자의
해석과 (등장인물) 예수의 해석을 구분하기 더욱 어렵다. 우리는 저 해석들
을 경험적 목적을 위해 잠정적으로만 구분할 수 있다. 요한에게 있어 이

1.　Adele Reinhartz, "The Gospel of John: How the 'Jews' Became Part of the Plot,"
　　in *Jesus, Judaism and Christian Anti-Judaism: Reading the New Testament after the
　　Holocaust* (ed. Paula Fredriksen and Adele Reinhartz; Louisville, Ky.: Westminster
　　John Knox, 2002), 99-116을 보라.

스라엘 이야기는 독립적으로 의미를 가지지 않는다. 이는 요한의 내러티브에서 예수의 초상을 위한 상징적 모체로 자리하고 있다. 그러나 이스라엘의 역할이 사소하다든지 부정적이지 않다는 점을 여기에 급히 덧붙여야 한다. 이와는 달리 이스라엘 성경은 요한의 내러티브가 이해될 수 있는 얼개(network)를 구성하기 때문에 하나님과 함께 했던 이스라엘의 이전 삶—텍스트의 생산과 적절한 수용 모두를 위해 전제된 **백과사전**—은 요한이 말하는 예수 이야기와 단절감 없이 통합된다. 이제 우리는 이스라엘 성경 이야기를 언급하는 요한의 내러티브를 몇 가지 방식으로 추적할 것이다. 이 장에서 우리의 관심을 대부분 차지할 저 파편적인 언급들이 요한의 예수 서술에서 통합적인 중심점을 가진다는 것을 항상 기억하면서 말이다.

이스라엘 이야기의 등장인물에 대한 회고적 언급

요한복음은 간혹 일반적인 직선적(linear) 시간관에 무관심을 표명하는 것 같다. 예수는 "아브라함이 있기 전부터 내가 있다"(요 8:58). 예수의 대화자들은 충격을 받았지만 요한복음 서론으로 준비가 된 독자는 이 놀라운 주장을 믿게 된다. 비슷하게 요한복음 기자는 이사야가 예수의 영광을 보고 이야기했다고 말할 수 있었다. 이 진술을 따로 살펴보자면 이는 미래 사건을 내다보는 이사야의 예언적 시각을 주장하는 것으로 해석될 수도 있겠지만, 예수의 선재를 명료하게 확증한 요한복음 이야기 맥락에서(1:1-18) 요한의 선언은 매우 다른 의미를 지닌다. 즉, 천상의 보좌를 본 이사야의 환상에서 자신이 직접 본 높으신 "주"는 다름 아닌 예수라는 것이다(사

6:1-13).[2] 이 지면에(pages)에 나오는 예수는 시간을 초월하여 내러티브의 현시점뿐 아니라 과거에도 존재하셨던 분이다. 이러한 이유로 우리는 민족의 역사를 통과하는 직선적인 연대기 발전 차원에서 요한복음의 '구속사'(Heilsgeschichte)를 논할 수 없다. 또한 요한은 약속과 성취 도식도 제시하지 않는다. 오히려 요한은 독자로 하여금 이스라엘 성경이 항상 신비스럽게 예수—복음서 이야기 세계로 분명하게 들어오신 분—의 임재로 가득 차 있는 방식을 인지하게끔 이끈다.

하지만 요점을 이렇게 말하는 것은 또한 이스라엘 성경의 모든 부분이 올바르게 이해된다면 예수의 모습이 명료해질 수 있음을 시사한다. 그러한 이유로 요한은 성경의 이야기를 재서사화하는 데(renarrating) 관심을 거의 내비치지 않지만 이에 대한 인유들을 지나가듯이 계속 만들어낸다. 바로 위에서 언급한 본문은 아브라함과 이사야를 가리키면서 독자로 하여금 이 인물들이 누구인지, 저들이 왜 중요한지 알고 싶게끔 만든다. 그리고 네 번째 복음서에 저들의 이름만이 등장하는 것이 아니다. 요한은 자신이 지명한 몇몇 성경 인물들을 고려하면서 이로써 상기되는 이야기의 특징에 주목하고 있는 것이 분명하다.

아브라함

요한복음 8:31-59에서 "유대인들"과 대립각을 세우는 예수의 논쟁은 아브라함이 이스라엘 민족의 조상이라는 기본 확신을 전제로 한다—따라서 창세기 12-22장, 아마도 특히 12:1-3과 15:1-6을 참조 삼아 이 족장의 전

---

2.   더 많은 논의를 위해, 그리고 "그가 그의 영광을 보았다"는 언급이 지상의 예수 안에 있는 신적 영광의 현시(manifestation)를 가리킨다는 주장을 위해서는, Catrin H. Williams, "Isaiah in John's Gospel," in *Isaiah in the New Testament* (ed. Steve Moyise and Maarten J. J. Menken; London: T&T Clark, 2005), 101-2을 보라.

체적인 이야기를 염두에 두었다. 예수와 적대자들은 모두 아브라함을 자유함(freedom)과 연결 짓고, 하나님 집에서의 합당한 위치와 연결 짓는다. 이 단락에는 갈라디아서 3장과 4장에서 아브라함의 참된 "씨"가 누구인지 거의 비슷하게 논쟁하는 바울의 주장과 흥미로운 유사점이 엿보인다. 이 본문들 사이의 연결점을 인지한다면 요한복음 8:31-59은 반-유대주의 수사(rhetoric)로 잘 이해되지 않는다. 그보다도 이는 유대인 내부 논쟁 역사에 속한다 [3]. 그러나 이들 중 어느 것도 복음서 저자에 의해 설명되지 않는다. "우리 조상 아브라함"은 텍스트의 생산 배경(encyclopedia of production)에 속하기에 아브라함 이야기에 무지한 독자는 여기서 명확히 얻을 것이 별로 없다.

"너희가 아브라함의 자손이었다면 아브라함의 일을 했을 것이다"(요 8:39)는 예수의 언급은 특히 모호하다. 이 비밀스러운 언급에서 "일"(works)은 무엇을 가리키는가? 창세기 이야기가 제공하는 상상은 몇 가지 흥미로운 가능성을 제공할 수 있다. 아브라함이 하나님의 말씀을 받았을 때 이를 믿고서 하나님의 부름을 따라 안정감을 주는 자기 민족을 떠났다. 마찬가지로 이 반향은 예수 안에서 하나님의 말씀을 듣는 사람이 이를 믿고 사회적 지위의 안정감을 버리고 자기 민족에 의한 거부를 감내해야 한다고 암시한다(참조, 9:22, 12:42-43, 16:2-3). 혹은 아브라함이 한 "일"에 관한

---

3. 갈 3장과 4장을 성서 해석에 대한 유대교-내적 논쟁이라고 해석하는 것에 대해서는, Richard B. Hays, "Galatians," in *New Interpreter's Bible* (vol. 11, Second Corinthians-Philemon; ed. Leander E. Keck; Nashville: Abingdon, 2000). 고대 유대교의 논쟁 담론에 대해서는, Luke Timothy Johnson, "The New Testament's Anti-Jewish Slander and Conventions of Ancient Rhetoric," *JBL* 108 (1989): 419-41 을 보라. 성서의 인물, 모세와 아브라함에 대한 요한의 양면적인 유대인과 유대성 묘사에 대한 논의를 위해서는, Raimo Hakola, *Identity Matters: John, the Jews and Jewishness* (NovTSup 118; Boston: Brill, 2005)를 보라.

언급은 신적인 방문자들을 환대한 아브라함의 유명한 이야기를 가리키는 것일 수도 있다(창 18:1-15). 만일 그럴 경우, 이 일이 요한복음 8장에 나오는 예수의 대화자들과 대조될 때 참혹한 결과를 빚어낸다. 저들은 신적인 방문자를 환영하기보다 죽이려 했던 것이다(요 8:40, 59).[4] 어떤 경우든 간에 요한복음 8장의 통렬한 논쟁 대화는 아브라함을 매우 중요한 인물, 이스라엘의 조상, 실제로 어떻게든 예수를 보고서 하나님의 계시를 환영했던 자(8:56)로 상정한다.

야곱

예수가 사마리아 여인을 만난 이야기(요 4:4-41)는 한 남자가 우물에서 여자를 만나는 잘 알려진 성경의 대표 장면을 놓칠 수 없도록 불러일으킨다.[5] 우리가 저 암시를 놓칠 수 없도록 요한은 만남의 장소를 "야곱의 우물"(4:6)이라고 명시적으로 지명한다. 지리적 배경("사마리아에 있는 수가라 하는 동네, 야곱이 그 아들 요셉에게 준 땅 가까이에 있는 터", 4:5)은 야곱이 미래의 라헬을 만나는 이야기 장소와 다르더라도, 야곱이 우물을 주어 무리로 하여금

---

4. 하지만 정확히 이러한 시도에서 저들은 아이러니하게도 아브라함의 또 다른 행위, 곧 자신의 아들을 죽이려는 시도(창 22장)를 잘못된 방식으로 반향하고 있을 수 있다. 만일 그렇다면, 저들은 이야기 끝에서 아브라함의 진정한 자손을 죽이려는 행위, 곧 하나님이 아브라함을 막으신 행위를 수행한 것이 된다(창 22:11-12). 하지만 요한이 어느 곳에서도 아케다 전승(Akedah tradition)을 언급하지 않기에 이렇게 제안된 읽기는 특히 공상일 수 있다. 그리고 게다가 요한은 예수를 결코 아브라함의 자손 내지, 아브라함의 σπέρμα ("씨")로 언급하지 않는다. 이는 아마도 요 8장과 갈라디아서 사이의 가장 두드러진 차이일 것이다.

5. 예, 창 24:10-61, 29:1-20; 출 2:16-22을 보라. 약혼 형태 장면을 포함한 성경의 대표 장면에 대해서는, Robert Alter, *The Art of Biblical Narrative* (New York: Basic Books, 1981), 55-78 [=『성서의 이야기 기술』, 아모르문디, 2015]; 요 4장의 약혼 이미지에 대해서는, Sandra M. Schneiders, *The Revelatory Text: Interpreting the New Testament as Sacred Scripture* (San Francisco: HarperCollins, 1991), 180-99을 보라.

마시게 했다는 여인의 언급(요 4:12)은 창세기 29:10을 강하게 불러일으킨다.

야곱/라헬 내러티브의 모형론적 반향은 표상적인 해석의 다양한 가능성을 열어준다. 예수는 종전에 메타포적으로 "신랑"(요 3:29-30)으로 묘사되었기에, 여기 우물에서 여인과의 만남은 일종의 "결혼"을 전조하는 것처럼 보인다―새 이스라엘의 중심적인 특징으로서 상징적으로 사마리아를 포함하는 것을 의미하든,[6] 모든 것을 알려주는 메시아로 자기를 드러냄으로써 그로부터 생수를 받는 개인 신자와 예수 사이의 연합을 의미하는 것이든 간에 말이다. 우리가 어떤 읽기를 선호하든, 통상적인 결혼과 출산을 통해 야곱의 육신적 혈통(즉, 이스라엘)이 지속된다는 점은 여기에서 의심의 여지가 없다. 더 정확히 말하자면 요한복음 4장에서 야곱/라헬 이야기는 예수의 자기-드러냄과 이전에는 이스라엘에서 소외되었지만 예수를 "세상의 구원자"(4:39-42)로 알고 고백하게 된 이들을 향한 여인의 사명을[7] 위한 표상적 배경이 된다. 이 경우 요한복음 4장 내러티브는 야곱에 대한 상호텍스트적 언급 없이도 이해 가능하지만 창세기의 반향을 들은 독자에게는 추가적인 의미의 층을 부여해준다.[8]

---

6. Schneiders, *Revelatory Text*, 187-89.

7. 사마리아 여인이 자기 백성에게 예수에 대해 알리려고 성으로 돌아온 행동은 라헬이 자기 아버지에게 야곱에 대해 알리려고 집으로 뛰어온 행동을 반영하고 있다(창 29:12).

8. 또한 요 1:51의 야곱 이야기에 대한 또 다른 중요한 암시가 있다. 거기서 "인자 위에 오르락내리락하는 천사들" 이미지는 창 28:10-17에 나오는 야곱의 꿈 이야기를 상기시키는데, 특히 12절을 보라. 요 4장의 야곱 전통에 대한 추가적인 논의는, Jerome H. Neyrey, "Jacob Traditions and the Interpretation of John 4:10-26," *CBQ* 41 (1979): 419-37을 보라.

모세

네 번째 복음서에는 모세에 대한 언급이 반복적으로 등장하며 이들 중 일부는 우리가 이미 살펴보았다. 요한 이야기 안에서 모세의 역할은 복잡하면서도 쉽게 범주화되지 않는다.[9] 어떤 본문에 예수는 모세와 대조되지만(요 9:28)[10] (우리가 1:45, 5:45-47에서 본 것처럼) 어떤 본문에서 모세는 예수를 가리키는 증인으로 묘사된다. 복음서 기자의 모세 인유는 오경 내러티브에 있는 모세 묘사의 여러 측면을 상기시킨다: 불평하는 이스라엘을 문독사에 의한 치명상을 막기 위해 놋뱀을 장대에 달아 들어올린 모세(요 3:14/민 21:4-9), 이스라엘에게 하늘의 만나를 받게 될 것이라고 선언하는 모세의 역할(요 6:30-33/출 16:1-36), 할례 관습을 포함하여(요 7:19/레 12:3; 창 17:9-14) 율법을 수여한 모세(요 1:17),[11] 하나님이 말씀하신 계시를 직접적으로 받은 모세(요 9:29/민 12:1-9). 여기서 어느 경우에도 요한은 이 전통들에 익숙하지 않은 독자를 위해 성경 이야기를 충분하게 상술하지 않는다. 요한은 단순하게 암시할 뿐이다: "… 모세가 광야에서 뱀을 든 것처럼 …"; "하늘로부터 오는 빵을 너희에게 준 것은 모세가 아니었다 …"; "모세가 너희에게 율법을 주지 않았는가?"; "… 하나님이 모세에게 말씀하셨다." 하지

---

9. 네 번째 복음서의 모세 전통의 넓고도 중요한 연구에 대해서는, Meeks, *Prophet-King*; 또한 John Lierman, "The Mosaic Pattern of John's Christology," in *Challenging Perspectives on the Gospel of John* (ed. John Lierman; WUNT 2/219; Tübingen: Mohr Siebeck, 2006): 210-34을 보라.

10. 하지만 여기서 모세와 예수 사이의 대조는 "바리새인"(9:13-17) 또는, 분명 동의어로 보이는 "유대인들"(9:18-22)의 입에 놓여 있음에 주목할 필요가 있다. 이 대조는 아마도 복음서 기자가 앞서서 모세를 예수의 증인으로 내세운 것을 볼 때 아이러니하고도 실질적인 실수로 여겨진다.

11. 창 17:9-14은 모세가 오경의 저자라는 전통적인 믿음으로 인해 여기에 포함됐다. 따라서 창 17장이 아브라함과의 할례 언약 제정을 기술하고 있더라도, 복음서 기자는 모세가 이 본문의 저자라는 의미에서 할례가 모세에 의해 "주어졌다"고 생각했을 수 있다. 모세에 의해 쓰인 본문으로 할례가 후대에 전달된 것이다.

만 이 이야기를 마음속에 담고 있던 독자들에게 있어서 이 간결한 인유들
은 지면(page)을 건너뛰어 출애굽기 전체 이야기에 담긴 모세의 역할을 상
기시킨다. 그리고 각각의 경우 예수에 대한 요한복음의 해석은 이러한 상
호텍스트적 회고(recollections)를 통해 조명된다. 하지만 예수가 요한에 의해
"새로운 모세"나 "모세와 같은 선지자"로 묘사되지 않는다는 점은 주목할
만하다. 더욱 자세히 말하자면 예수는 모세보다 더욱 크신 분이다. 모세
이야기를 표상적으로 자아내는 이 본문들에서도 예수 자신은 메타포적으
로 모세가 아닌 놋뱀이나 하늘에서 내려오는 빵과 동일시된다. 모세는 더
욱 도구적이고 예비적인 역할을 한다. 또는 더욱 정확히 요한의 묘사로
돌아가자면 증거하는 역할로 말할 수 있겠다.

엘리야

증언하는 역할과 관련해 우리는 또한 요한이 이스라엘의 예언자의 이
름을 언급한 몇몇 본문에 주목해야 한다. 요한복음에서 엘리야의 모습은
공관복음보다는 덜 눈에 띄지만 요한복음 1:21, 25에 나타나는데, 더 정확
히 말하자면 거기서 세례 요한은 자신이 엘리야일 수 있다는 제안을 거부
하고 있기 때문에 나타나지 않는다고 할 수 있겠다.[12] 제사장들과 레위인
들이 요한에게 제기한 질문에는 엘리야에 관한 성경 이야기뿐 아니라 메
시아 내지 메시아 시대의 예비자로 돌아올 엘리야의 종말론적 역할, 곧
제2성전 유대교의 기대에 대해 알고 있는 독자층이 전제되어 있다(말 4:5-

---

12. J. Louis Martyn, "We Have Found Elijah," in *The Gospel of John in Christian History:
    Essays for Interpreters* (Eugene, Ore.: Wipf & Stock, 2004), 9–54은 요한이 예수를 엘
    리야로 명백하게 인지한 표지, 곧 세례 요한이 (예수가 계셨다는 이유로) 자신의 엘
    리야 됨을 부인한 경우에도 여전히 확인될 수 있는 동일시의 출처를 제안한다.

6; 시락 48:4-12).[13] 동일한 일련의 질문에 대해 요한은 자신이 메시아 또는 "그 선지자"—즉, "모세와 같은 선지자", 기대되던 또 다른 종말론적 인물 (신 18:15-18)—가 아니라고 대답한다. 세례 요한 내러티브가 예수의 정체를 증언하는 자로서 엘리야의 위치를 건설적으로 설정하지 않는다는 점은 인상적이면서도 놀랍다. 하지만 세례 요한의 부인(denials)은 엘리야의 위치에 대한 폄하 또는 이스라엘의 종말론적 미래 소망에 대한 부정을 의미하는 것으로 이해돼서는 안 된다. 세례 요한의 부인은 오히려 세례 요한으로부터 주의를 돌리는 역할을 한다. 요한이 계속 이야기하듯 자신은 단지 "광야에서 외치는 자의 소리"이며 하나님의 백성을 불러 주의 오심을 준비하게 하는 자이자(요 1:23; 사 40:3에서 인용) 자신이 쇠함에 따라 흥해하게 되어야만 하는 예수를 대신해서 가리키고 있는 자일 뿐이다(요 3:30). 이스라엘의 종말론적 소망을 참으로 성취하는 분은 예수시다. 세례 요한을 직접적으로 엘리야로 인식하는 일은 아마도 그의 역할을 너무 강조하는 것이자 요한복음 기자의 생각에 따르자면 항상 무대 중앙을 차지해야 하는 예수로부터 주의를 빼앗는 것이다.

이사야

그러나 이사야의 경우는 다르다. 이사야는 요한복음에서 아브라함, 모세와 더불어 예수의 증인으로 묘사된다. 요한복음 1:23은 광야에서 외치는 목소리에 대한 이사야 예언을 언급하는데, 이는 요한이 이사야의 이름을 거론한 두 구절 중 하나다. 다른 하나는 요한복음 12장에서 예수의 공적 활동 결론부에 나오는데, 여기서 복음서 기자는 이사야 53:1과 6:10에

---

13. 참조, 예수가 세례 요한을 분명 엘리야로 인지한 막 9:11-13. 마태가 명시적으로 동일시한 경우—전형적으로 명료하게 하는 자신의 방식으로—는 마 17:10-13에 나온다. 요 1:21의 대조는 놀랍다.

서 성취 인용구를 연달아 인용하면서 "[이사야가 이렇게 말한 것은] 주의 영광을 가리켜 말한 것이다"(요 12:36b-41)라는 언급을 덧붙인다. 이 단락은 "이사야"를 예언적 신탁의 출처로 언급할 뿐 아니라 이스라엘 이야기의 특정 사건에 기초하여 예수에 대해 선포하는 등장인물로 다루기에 현재 우리의 목적에 중요하다. 위에서 다룬 것처럼 저 사건은 이사야 6장에 나타나는 바 "웃시야 왕이 죽던 해"(사 6:1) 있었던 보좌에 관한 환상이 거의 분명하다. 만약 그렇다면, 복음서 기자는 독자가 예언적 신탁의 내용뿐 아니라 이사야서가 제공하는 내러티브 틀, 곧 이사야의 환상과 소명까지도 회상해내기를 기대하고 있는 것이다. 바로 이렇게 서술된 사건은 이사야가 어떻게 예수의 신적 정체성에 대한 증인으로 설 수 있는지 설명해준다.

다윗

마지막으로 다윗에 모습에 주목할 필요가 있다. 네 번째 복음서에서 단 한 본문에서만 다윗의 이름이 거론된다. 요한복음 7:40-44에서 군중은 예수가 "그 선지자"인지 "그리스도(메시아)"인지 서로 논쟁한다. 후자의 추측은 그리스도(메시아)가 갈릴리에서 나올 수 없다는 몇몇 사람들의 반대를 야기한다: "다윗의 씨로 또 다윗이 살던 마을 베들레헴에서 나올 것이라고 하지 않았는가?"(요 7:42) 이는 요한의 **상호텍스트성**뿐 아니라 **극적인 아이러니**에 대한 흥미진진한 예다.

메시아가 베들레헴에서 올 것을 바라보는 성서의 증거는 미가 5:2(5:1 MT와 LXX)다: "베들레헴 에브라다야, 너는 유다 족속 중에 작을지라도 이스라엘을 다스릴 자가 네게서 내게로 나올 것이다. 그의 근본은 옛적, 고대로부터 있다." 마태는 이 구절을 예수 출생 서술에 대한 일부로서 (느슨

하지만) 명시적으로 인용했다.[14] 그러나 요한은 이상적인 독자가 가진 수용
배경(encyclopedia of reception)의 일부로서 약간의 이 메시아 지식을 전제한다.
직접적인 미가서 인용은 없으며 요한복음 7:42과 미가 5:2 사이를 연결
짓는 유일한 자구적인 연결점은 지명, "베들레헴"뿐이다. 따라서 이는 작
은 음량의 성서적 인유를 생산해내는 요한의 경향을 보여주는 또 다른 예
다. 그러나 요한이 미가 구절을 염두에 두었다면 베들레헴에서 오는 통치
자가 옛적에(from of old: LXX는 ἀπ᾽ ἀρχῆς, "태초에/처음에"; 참조, 요 1:1-2) 기원을 두
고 있다는 것은 특히 흥미롭다. 이 확언은 요한복음 서론과 요한의 로고
스-기독론과 흥미로운 공명을 일으킨다.

그러나 이는 요한복음 7:40-44이 해석되어야 하는 상호텍스트적 모
판의 한 차원일 뿐이다. 요한복음에는 출생 기사가 나오지 않기에 앞서서
예수의 기원이 베들레헴 마을과 연결된 바가 없다. 하지만 공관복음 전승
을 아는 독자들은 요한이 구성한 장면의 아이러니를 거의 눈치채지 못할
것이다: 마태복음과 누가복음에 따르면 예수는 다윗의 혈통에서 오셨고
베들레헴에서 태어나셨다(마 2:1; 눅 2:1-20). 그래서 군중 가운데서 의심하는
자들은 예수가 실제로 어디에서 왔는지 알지 못하기 때문에 예수의 메시
아 자격에 의문을 제기한다―"하나님이 모세에게는 말씀하신 줄을 우리
가 알지만, 이 사람은 어디서 왔는지 알지 못한다"(요 9:29)라고 말했던 바
리새인처럼 말이다. 그런데 요한복음 9장 논쟁에서 또한 아이러니하게
시사하듯, 예수는 어떤 인간 기원으로부터 온 것이 아니라 "하나님으로부
터"(9:33) 오셨고, 그러므로 "모든 것 위에"(3:31) 계신다. 그래서 예수를 메
시아로 받아들이지 않는 자는 예수의 인간적인 다윗 혈통 및(both) 하늘의
기원성에 대해 무지하다. 이 이중-차원의 극적 아이러니는 7:40-44이 정

---

14.   마태는 삼하 5:2과 융합함으로써 이 인용을 특징적으로 변화시켰다.

경적 상호텍스트 맥락에서 읽힐 때만 작동한다. 이 아이러니는 독자가 마태복음이나 누가복음을 자세히 또는 심지어는 기록된 형태로 알기를 요구하지 않는다—베들레헴에서 메시아가 탄생했다는 전통을 아는 것만으로도 충분하다.[15]

어쨌거나 네 번째 복음서 내내 예수를 "메시아"로 언급하는 몇 차례 경우(μεσσίας, 요 1:41, 4:25; χριστός, 몇몇 중요한 지점에서: 1:17, 7:31, 9:22, 11:27, 17:3, 20:31)는 예수가 이스라엘의 기름 부음 받은 왕의 원형(prototypical)인 다윗의 계승자임을 강하게 암시한다. 이는 요한이 시편—다윗은 많은 신성한 문서들의 저자로 간주된다—을 대거 인용한 이유 중 하나일 것이다.[16] 더 나아가 다윗은 특히 요한복음 10장에서 배음(overtones)으로 울리는데 거기서 예수는 자신을 "선한 목자"(10:11-18)로 선언하시면서 에스겔 예언에 나타

---

15. 이에 대한 대안적 읽기는 요한이 예수의 다윗 후손 됨 또는 베들레헴 출생을 몰랐거나 거부했다고 가정하는 것이다. 이 경우라면 일부 군중이 예수의 실제 하늘 기원과는 대조적으로 육체적 다윗 기원을 찾고 있었다는 것이 요점이 될 것이다. 이 읽기에 따르면 군중은 단순히 틀렸고, 요한은 사실상 급진적으로 예수의 메시아직에 대한 비-다윗적 해석을 전하고 있는 셈이 된다. 그래서 D. Moody Smith, *John* (Abingdon New Testament Commentaries; Nashville: Abingdon, 1999), 175은, 요한이 이러한 예수 출생 전승을 몰랐거나 예수의 메시아직 주장을 보증하는 데 적절하지 않다고 간주했다고 추정했다. C. K. Barrett, *The Gospel according to St. John: An Introduction with Commentary and Notes on the Greek Text* (2d ed.; Philadelphia: Westminster, 1978), 330-31은 요한이 이 전승들을 알고 있었음을 인정하지만, 요한의 아이러니는 예수의 하늘 기원에 비해 예수의 출생 장소는 사소한 문제라고 판단했다는 데 있다고 주장한다. Andrew T. Lincoln, *The Gospel according to Saint John* (Black's New Testament Commentaries; New York: Continuum, 2005), 258은 요한이, 이 문제에 대답할 수 있다고 생각하지 않았더라도, 성경으로부터 반론을 제기했을 것 같지는 않다고 적절히 언급했다. 참조, Brown, John, 1:330. 여기 나오는 증거에 비추어 볼 때 요한은 예수를 다윗계 메시아로 생각한 것 같다. 만일 그렇다면, 위에서 제시된 더욱 복잡한 아이러니적 읽기—어쨌거나 요한의 더욱 특징적인 감각/감수성—는 선호될 수 있다.

16. 더 충분한 논의는 Daly-Denton, *David in the Fourth Gospel*을 보라.

난 바 "한 목자, 나의 종 다윗"(겔 34:23-24)의 역할을 성취하는 분으로 암시한다. 이 본문들은 예수를 다윗계 메시아적 통치자에 대한 이스라엘의 소망/기대와 암시적으로 연결 지으면서 다윗에 대한 성경 이야기를 기억나게끔 한다. 그렇지만 다시 한번 우리가 고찰한 다른 예에서와 같이 이 이야기들은 요한에 의해 재서사화되기(renarrated)보다는 전제된다.

"우리는 우리가 아는 것을 예배한다"

이스라엘 이야기의 주요 등장인물에 대한 요한의 암시와 인유를 종합해보자면 이스라엘의 과거와 예수의 인격 안에 있는 성취 사이에 끈끈한 관계가 드러난다. 이스라엘 이야기가 무가치와 오류의 역사였다는 암시는 없다. 도리어 네 번째 복음서에서 언급하는 성경 인물은 예수의 진정한 증인 내지 예표로 서 있다. 특히 아브라함, 모세, 이사야 같은 인물은 복음을 미리 알린 자로 나타난다. 저들의 이야기는 이스라엘을 하나님의 구원 계시가 드러나는 모체로 제시하는 더욱 큰 내러티브 틀에 속해 있다.

하나님이 세상을 다루심에 있어서 이스라엘이 맡은 독특한 역할은 예수와 사마리아 여인과의 대화에 가장 인상적으로 드러난다. 이 여인의 물음에 대한 대답으로 예수는 자기 친족을 높이 사면서 사마리아인과 대조하신다: "너희는 알지 못하는 것을 예배하고 우리는 아는 것을 예배한다. 이는 구원이 유대인에게서 나기 때문이다"(요 4:22). 여기에 성서 본문이 구체적으로 인용되지는 않았지만 예수의 주장은 이스라엘의 예언 전통과 실질적인 연속성을 가진다. 이사야는 이스라엘 앞에 무릎을 꿇고 고백하면서 이방 민족을 다음과 같이 묘사했다: "하나님만이 홀로 계시고, 다른

이는 없다. 그 외에는 다른 하나님이 없다"(사 45:14). 이와 유사하게 스가랴
는 종말론적 성취의 때에 "말이 다른 이방 백성 열 명이 유다 사람 하나의
옷자락을 잡고 말하기를, '하나님이 너희와 함께 하심을 들었다. 우리가
너희와 함께 가고자 한다'"(슥 8:23). 분명 요한복음 4장은 이스라엘의 특별
한 구원 역할에 따라 이와 동일한 예언 전통의 궤도 위에 있다.

  예수가 사마리아 여인에게 선언하신 배경과 가장 직접적으로 맞닿는
본문은 아마도 이사야 2:3일 것이다.

> 많은 백성이 가며 말할 것이다.
> "오라, 우리가 여호와의 산에 오르며
> 야곱의 하나님의 전에 이르자.
> 그가 그의 길을 우리에게 가르치실 것이다.
> 우리가 그 길로 행할 것이다."
> 이는 가르침(תורה)이 시온에서부터 나올 것이요,
> 주의 말씀이 예루살렘에서부터 나올 것이기 때문이다.

  하지만 이 본문을 상기하는 것은 요한복음이 이스라엘 성경 전통과
연속선상에 있을 뿐 아니라 동시에 해석학적 변형을 수행하고 있음을 인
지하는 것이기도 하다. 예수는 이사야처럼 이스라엘의 하나님만 홀로 예
배되어야 한다는 것과 이스라엘은 하나님의 구원 지식, 곧 다른 민족들이
찾고 발견해야 하는 지식에 접근할 수 있는 특권을 가지고 있다고 확언하
셨다. 이것이 바로 "구원이 유대인에게서 난다"는 말의 의미다. 유대인 자
신이 구원의 원천도 아니며, 구원의 유일한 수혜자도 아니다. 그보다도 저
들은 하나님에 대한 구원의 진리와 가르침(토라)의 매개(mediators) 역할을
해야 한다. 그런데 예수는 이사야의 주장을 확증하는 바로 그 말씀 가운

데서 사마리아 여인에게 또한 "이 산에서도 말고 예루살렘에서도 말고 너희가 아버지를 예배할 때가 이를 것이다"(요 4:21)라고 말씀하시며, 시온 산을 주의 말씀이 거하고 발하는 성소의 중심으로 인정하는 이사야의 시온 신학을 수정하셨다. 여인은 하나님이 "이 산"(사마리아의 그리심 산)과 예루살렘 중 어디에서 예배를 받는 것이 합당한지 물었지만(4:19-20) 예수는 참된 예배가 그런 방식으로 지역화될 것이라는 전제를 무너뜨리면서 "영과 진리로"(4:23-24) 하나님을 예배해야 한다고 가르치신다. 이렇게 예수의 말씀은 하나님이 이스라엘을 세상 구원의 매개로 선택하신 것을 확증하면서 동시에 하나님이 임재하시는 지리적 위치로서 예루살렘의 중요성을 약화시킨다.

이러한 전환의 이유는 간단하다. 요한의 말씀 성육신 신학은 예수 자체가 세상에 있는 하나님의 임재 장소, 진정한 예배와 계시의 장소라고 주장할 것이기 때문이다.[17] 이는 요한복음 4장에 명시적으로 적혀 있지는 않지만 예수 자신이 영생을 주는 생수의 근원임을 선포하실 때 상징적으로 드러난다(요 4:10, 13-14).

어쨌든 요한복음 내러티브는 이스라엘 성경 이야기를 긍정적인 관점

---

17. 요한은 예수를 성전뿐 아니라 유대 절기, 관례(institutions), 심지어는 전체 희생 제도의 대체(replacement)로 제시하는 것으로 이해되곤 한다. 요한의 "대체 신학"(replacement theology)에 대한 다양한 설명을 위해서는, Brown, *John*, 1:104; Barrett, *John*, 191; James D. G. Dunn, *The Partings of the Ways: Between Christianity and Judaism and Their Significance for the Character of Christianity* (2d ed.; London: SCM Press, 2006), 93–95; Charles Talbert, *Reading John: A Literary and Theological Commentary on the Fourth Gospel and the Johannine Epistles* (New York: Crossroad, 1992), 92–93; 그리고 이 읽기와 관련된 몇몇 문제 논의를 위해서는, Marianne Meye Thompson, *John: A Commentary* (NTL; Louisville, Ky.: Westminster John Knox, 2015), 62–63을 보라. 그러나 '가정하다'(assume), '변형하다'(transform), 심지어 '체화하다'(embody)는 용어들은 예수의 성육신 신학 및 예수 안에서 맺어진 결실을 가리키는 표상적 성경 읽기에 더욱 적합하다.

으로 전제하면서, 세상을 위한 하나님의 구원 사역이 예수의 인격에 비추어 회고적으로 해석되는 이야기를 통해 전달된다는 사실을 확증한다. 예수 안에 있는 하나님의 계시가 이스라엘의 과거를 해석학적으로 변형시킨다는 사실이 하나님의 경륜에 있는 이스라엘의 특별한 영광의 지위를 부정하는 것은 아니다. 그보다도 이 해석학적 변형은 이스라엘의 과거를 새롭고도 첨예한 초점으로 가져온다.

요한복음에서 율법의 역할

네 번째 복음서에서 이스라엘의 율법에 대한 이와 비슷한 것을 발견할 수 있다. 우리가 이미 관찰한 것처럼 요한복음의 서문에는 모세의 율법과 예수 그리스도를 통해 온 은혜와 진리 사이의 아리송한 병치가 나온다(요 1:17). 기독교 해석가들은 때로 이 병치를 반제(antithesis)로 놓고 예수의 은혜와 진리가 율법에 반대된다고 해석한다.[18] 그러나 사실상 요한복음은 그러한 반제를 지지하지 않는다.

실제로 우리가 이 장(chapter) 서두에 관찰한 바와 같이 요한은 모세가 실질적으로 예수에 관하여 율법에 썼고 따라서 율법은 실질적으로 복음을 증언한다는 사실을 독자들에게 전한다(요 1:45, 5:45-47).[19] 이 복음서에서 수많은 구약 본문과 이미지는 예수를 전조하는 것으로 해석되며 이들 중 적어도 한 경우는 "율법"에서 나온 것으로 특정된다.

---

18. 예, Rudolf Bultmann, *The Gospel of John: A Commentary* (Philadelphia: Westminster, 1971) [= 『요한복음서 연구』, 성광문화사, 1993: 독-한역], 78-79; E. C. Hoskyns, *The Fourth Gospel* (ed. Francis N. Davey; London: Faber & Faber, 1947), 152을 보라.
19. 참조, 롬 3:21.

"내가 아무도 못한 일을 그들 중에서 하지 않았더라면 그들에게 죄가 없었

을 것이다. 그러나 이제 그들이 나와 내 아버지를 보고 미워했다. 그러나 이

는 그들의 율법에 기록된 바가 성취되게 하기 위함이다. '그들이 근거 없이

(gratuitously: 문자적으로 "값없이"—역주) 나를 미워했다.'"[20] (요 15:24-25; 시 35:19

과 시 69:5의 어구를 느슨하게 인용함)

　　그래서 예수를 거부한 백성은 이스라엘 율법의 성취와 확증이 된다.
요한복음 10:34과 12:34에 있는 유사한 언급과 더불어 이 시편 인용구는
요한이 '노모스'(νόμος, "율법")라는 용어를 넓은 의미로서 계명을 가리키는
본문 또는 오경뿐 아니라 성경 전체를 지칭하는 데 사용할 수 있었음을
보여준다.[21] 네 번째 복음서에 따르자면 율법은 넓은 의미에서 예수에 대
한 증거로 이해될 수 있다. 예를 들어, 유대인 무리는 "율법"에서 "그리스
도가 영원히 계시다"(12:34) 함을 들었다고 하지만 요한은 이 일반적인 믿
음을 뒷받침할 인용구를 명시적으로 제시하지 않는다. 분명히 이 사상은
오경에서 나온 것이 아니다. 그보다도 아마도 이 배경에는 하나님이 다윗
의 계승자를 일으키시고 다윗 왕국을 영원히 세우실 것이라는 시편 89편
과 사무엘하 7:12-14에 기록된 기대가 놓여 있을 것이다. 혹은 어쩌면 에
스겔 37:25 같은 좀 더 구체적인 예언을 염두에 두고 있었을 수 있다: "내
가 내 종 야곱에게 준 땅 곧 그의 조상들이 거주하던 땅에 그들이 거주하
되 그들과 그들의 자자손손이 영원히 거기에 거주할 것이요 **내 종 다윗이
영원히 그들의 왕이 되리라**"(개역). 어떤 경우든, 요한이 어떤 성경 구절을 염

20.　이는 부사 δωρεάν의 어원을 살리려고 시도한 나의 번역이다.

21.　바울서신에서 νόμος의 유사한 용법에 대해서는 또한 롬 3:19; 고전 14:21; 갈 4:21
　　을 보라.

두에 두었는지 상관없이 율법이 예수를 가리키고 있는 것으로 이해되어야 한다고 선언한다.

하지만 더욱 면밀히 관찰해보면 우리는 또한 공동체에서 정의롭고 자비로운 관습을 명하는 율법의 규범적인 역할을 제안하는 요한의 수많은 언급들을 발견한다. 요한복음 7:22-24에서 예수는 "모세의 율법을 범하지 않으려고" 안식일에 할례를 행하는 관습이 허용된다고 지적하면서 할라카(halakhic) 논쟁을 시작하신다. 이렇게 예수는 율법 규정들이 서로 충돌할 수 있고 한 계명이 다른 것보다 우선하는 경우가 있음을 관찰했다.[22] 따라서 이 원칙에 비추어 예수는 신랄하게 물으셨다: "내가 안식일에 사람의 전신을 온전하게 한 것으로 너희가 내게 화내는 것이냐?"[23] 이는 사람의 온전함과 유익함(flourishing)을 추구하는 율법의 근본적인 목적으로 인해 어떤 경우에 금지된 의식이 침해될 수 있음을 함의한다.[24] 이것이 율법을 부정하는 것은 분명 아니다. 그보다도 율법 자체의 내적 논리를 깊이 존중하고 있는 주장이자 잘 정립된 유대의 해석학적 선례 안에서 작동하는 주장이라 할 수 있다.

이는 예수를 비판하는 자들에게 던져진 미묘한 성서적 인유에 강조되어 있다: "겉모습으로 판단하지 말고 공의롭게 판단하라"(요 7:24). 무언의 기저 텍스트는 사무엘상 16:7("그러나 주가 사무엘에게 말씀하셨다. '그의 외모를 … 보지 말라. … 사람은 겉모습을 보지만 주는 중심을 보신다")과 이사야 11:3-4a("그의 기뻐함은 주를 경외함이며 그의 눈에 보이는 대로 심판하지 않으며 그의 귀에 들리는 대로 판단

---

22. 미쉬나 네다림 3:11의 경우가 잘 알려져 있다: "랍비 요세(Jose)는 '할례가 엄숙한 안식일보다 우세하다'라고 말했다."

23. "이는 랍비의 논증에서 상당히 일반적인 더더구나 논법(*a minori ad maius*: 덜한 것에서 더한 것으로의 논법)이다. 할례는 몸의 일부에만 영향을 미치는데, 할례가 허용된다면 온몸에 유익을 미치는 행위는 허용돼야 한다"(Brown, *John*, 1:313).

24. 더욱 광범위하게 발전된, 유사한 주장을 위해서는, 눅 13:10-17을 보라.

하지 않으며 공의로 가난한 자를 판단하며 정직으로 세상의 짓밟힌 자를 판단할 것이다")이
다. 흥미롭게도 여기서 전자는 사무엘이 다윗을 이스라엘 왕으로 기름 붓
는 기사에서 가져온 것이고, 후자는 이스라엘을 공의롭게 다스릴 것으로
기대되는 미래의 다윗계 왕에 관한 묘사다. 이러한 배음(overtones)은 우연
이 아닐 것이다. 예수는 표면적인 겉모습 너머를 보시는 진정한 메시아
왕으로 묘사되고 있으며, 따라서 가난한 자와 짓밟힌 자를 치유하는 방식
의 의로움으로 판단하실 것으로 묘사된다. 이것이 사실이든 아니든 간에,
요한복음 내러티브가 예수의 안식일 치유 행위를 율법에 반하는 것이 아
니라 일치하는 것으로 옹호하고 있는 것은 분명 사실이다. 실제로 예수를
비방하는 자는 모세에게 주어진 "율법을 행하지"(요 7:19) 않는 자다.

   이러한 역설은 요한복음 내러티브에 반복적으로 등장한다. 스스로 율
법의 수호자라 하는 자들은 실제로 율법을 어긴 반면 예수—율법을 어긴
것으로 고발된—는 실제로 율법의 편에 서신다. 바리새인들은 "율법을 알
지 못하는" 무리만이 미혹되어 예수를 믿으며 이들은 저주를 받은 것이라
며 경멸조로 헐뜯었다(요 7:45-49). 그러나 예수에게 사적으로 찬동했던 니
고데모는 단호하게 항거했다: "우리 율법은 사람의 말을 듣고 그 행한 것
을 알기 전에 심판하는가?"(7:50-51). 물론 니고데모가 옳았다. 모세의 율법
은 공동체의 기소된 구성원 반드시 공정한 청문회를 받아야 하며 판결이
피고인의 사회적 지위나 권력에 어떤 식으로든 좌우되어서는 안 된다고
확고하게 규정하고 있다(신 1:16-17; 참조, 신 19:16-18). 이렇게 바리새인들은 평
범한 대중 무리에 대한 엘리트주의적 경멸뿐 아니라 예수에 대한 단호한
판단으로, 요한복음에 묘사된 바와 같이, 아이러니하게도 자신들이 떠받
들고 있다는 바로 그 율법을 깨뜨리고 있는 셈이다.[25]

---

25. 나는 이 문장이 네 번째 복음서에 의해 서술된 상황에 대한 내러티브-비평적 관찰

　　네 번째 복음서는 율법이 예수를 정죄하기보다 예수의 메시지를 진실하게 들을 수 있는 적절한 조건을 형성한다고 반복적으로 주장한다. 율법은 두 사람의 증언으로 확증되어야 한다(신 17:6, 19:15). 그렇기에 예수는 자신을 증언하기 위해 두 증인을 세우셨다: 자기 자신(!)과 "자신을 보내신 아버지"(요 8:17-18). 여기에서 (요한의 이야기에) 동감하던 독자라도 저 주장의 신빙성에 주춤할 수 있다. 예수의 대화상대자가 "네 아버지가 어디에 있느냐?"(요 8:19)라고 묻는 것은 이유가 없지 않다. 그러나 요한 내러티브 세계에서 이러한 반응은 또 다른 차원의 극적 아이러니를 생산할 뿐이다. 저들의 반응은 유대 지도자들이 아버지를 알지 못했거나 또는 예수 말씀의 영적 의미를 이해하지 못했음을 증명해준다.

　　또 다른 예를 들면, 예수가 "아버지와 나는 하나다"(요 10:30)라고 거북하게 선언하셨을 때 반대자들은 신성모독으로 비난했다. 그러나 예수는 자기 주장의 정당성을 확보하기 위해 다시 한번 "율법"(이 경우에는 시 82:6)에 호소하셨다.

　　예수가 그들에게 대답하셨다. "'내가 너희를 신이라고 했다'라고 율법에 기록되지 않았느냐?[26] 하나님의 말씀을 받은 사람들이 '신들'이라면—성경은

이며, 1세기 바리새인들의 실제 견해나 관습에 관한 주장이 아니라는 점을 서둘러 언급해야겠다.

26. 네스틀레-알란트 27판(Nestle-Aland[27])은 필사본들의 독법을 ἐν τῷ νόμῳ ὑμῶν ("너희의 율법에")이라고 읽는다. 하지만 실제로 위에서 제안된 번역 같이 2인칭 복수 대명사가 없는 필사 전통(p[45] ℵ* D Θ 및 일부 역본)을 지지하는 강한 외적 증거가 있다. 이와 유사한 거리 대명사(distancing pronouns)가 8:17(ὑμετέρῳ)과 15:25(αὐτῶν)에 나오고 이를 생략한 다른 사본이 없다는 사실은 10:34에서 대명사의 생략이 필사자에 의해 의도적으로 수정된 것이 아님을 보여준다. 분명히 본래 있던 어구를 삭제하기보다, 후대 이방 기독교 필사자들이 아마도 8:17과 15:25과 유사하게 맞추려고 ὑμῶν을 삽입했을 가능성이 더욱 크다.

폐하여질 수 없다─하물며 너희는 아버지가 거룩하게 하셔서 세상에 보내
신 자에게, 내가 '나는 하나님의 아들이다'라고 했다는 이유로 '네가 신성
모독을 하고 있다'라고 말하고 있는 것인가?" (요 10:34-36)

예수는 여기서 자신의 선포를 율법으로 보증하고 있을 뿐 아니라 이
스라엘 성경이 폐하여질 수 없고 무마할 수 없도록 참되다는 매우 높은
관점을 견지하고 계신다. 논쟁은 덜 한 것에서 더 한 것으로 전개된다. 곧,
만일 (고대 하급신이든 또는 땅의 통치자든) 하나님의 말씀을 듣는 자들이 "신들"
로 불릴 수 있다면,[27] 더구나 하나님에 의해 세상에 보내진 유일한 천상
의 아들에게는 이것이 얼마나 참되겠는가? 논증은 이에 대해 어느 정도
순환성을 가지기에 우리가 여기서 주장의 설득력에 대해 판단할 필요는
없다. 중요한 것은 예수가 이스라엘 율법에 도전하기보다 자신의 주장을
변호하기 위해 율법에 호소하셨다는 것이다.

이 모든 것은 네 번째 복음서에 나오는 로마 총독의 재판 장면, 곧 빌
라도가 유대 지도자들에게 "그를 데려가서 너희 (율)법대로 재판하라"(요
18:31)라고 말할 때 생생한 극적 아이러니가 있음을 시사한다. 요한의 이야
기에는 저들이 만일 자신들의 (율)법대로 예수를 바르게 판단하면 자신들
의 증언이 참으로 드러나게 될 것이라는 주장이 일관적으로 나타난다.[28]

---

27. 현재의 목적에 있어서, 우리는 이스라엘의 한 분이신 하나님의 주권적 권위로
    심판하는 장면에 관한 신들의 천상 회의라는 신화적 그림을 자아내는 이 시편
    의 종교사적 배경을 탐구할 필요가 없다. Patrick D. Miller, *Interpreting the Psalms*
    (Philadelphia: Fortress, 1987), 120-24; James Luther Mays, *Psalms* (Interpretation;
    Louisville, Ky.: Westminster John Knox, 1994), 269-70. 요 10장의 논증 맥락에서
    이 시편은 필멸의 인간 존재, 아마도 인간 왕들과 통치자들을 가리키는 것 같다. 이
    들의 경우는 왕적인 "하나님의 아들" 칭호가 신성모독 없이 예수에게 적용될 수 있
    는 선례가 된다.
28. Lincoln, *John*, 460-61은 이 점에 대해 부정적으로 말한다. 즉, 율법은 "유대인"이 원

그래서 저들이 나중에 빌라도에게 "우리에게는 법이 있는데 이 법에 따라 그는 응당 죽어야 한다"(19:7)라고 말한 것은 예수를 잘못 판단하고 실제로 예수를 증거하고 있는 바로 그 율법을 제대로 이해하지 못했음을 보여주는 또 하나의 증거일 뿐이다. 하지만 또 다른 읽기에 따라 우리는 이것이 절묘하게 복잡한 아이러니를 보여주는 또 하나의 경우로 간주할 수 있을까? 가야바가 "한 사람이 백성을 위하여 죽어서 온 민족이 망하지 않게 되는 것이 너희에게 유익하다"(11:49-52)라고 자기도 모르는 새 예언을 한 것처럼, 빌라도 앞에 있는 유대 지도자들도 부지중에 진실을 말했다: 예수의 죽음은 율법이 예표한다는 차원에서 사실상 필연적으로 "율법에 따른" 것이었다—이야기의 시작부에서 요한이 우리에게 말해주고 있는 것처럼 말이다.[29]

요약하자면 네 번째 복음서 어디에서도 율법이 어떤 측면에서 잘못됐다든지 결함이 있다는 식의 암시는 없다. 요한복음 내러티브는 율법에 대한 비판이 아닌 율법을 오용하고 율법을 지키지 못했던 유대 지도자들을 향한 비판을 담고 있다(요 7:19). 하나님의 뜻을 행하기 바라는 사람은 예수의 가르침의 진리됨과 신적 기원을 인지하게 될 것이며, 이로써 모세 율법이 다양한 방식으로 예수를 율법의 성취로서 가리키고 있음을 보게 될 것이다. 1세기 후반에 복음서를 저작하고 있는 요한은 더 앞선 세대에 바울의 교회 선교를 괴롭혔던 논쟁들, 곧 (7:22-23에서 별다른 언급 없이 분명히 인정되고 있는) 할례, 음식법, 특별한 날 준수와 같은 관습 논쟁에 대해 구체적으로 언급한 적이 없다. 대신에 요한은 모세의 율법과 이스라엘 성경 말씀

하던 것, 곧 예수를 정죄하는 일을 할 수 없었다.

29. Hoskyns, *John*, 523; C. S. Keener, *The Gospel of John: A Commentary* (Peabody, Mass.: Hendrickson, 2003), 2:1125 [= 『키너 요한복음 2』, CLC, 2018]은 요한의 진술에 이중적인 의미가 담겨 있음을 제안한다.

을, 단순하고도 지속적으로, 예수에 관한 증거를 인지하고 이해하기 위한 본질적인 해석학적 모체로 삼았다.

이스라엘의 절기

이와 동일한 확신은 이스라엘의 주기적인 연중 예배와 공동체 제전 (celebration)을 형성하는 큰 절기에도 마찬가지다. 다른 어떤 복음서 기자들보다도 요한은 절기들을 예수 이야기에서 중대한 시간 표지, 내러티브 플롯을 조직하는 참조점으로 주의를 기울인다. 이러한 절기의 상징성에 관한 기독론적 해석에 대해서는 이 장 뒷부분에서 더욱 자세히 탐구할 것이다. 지금은 단순히 요한 내러티브의 시간축이 이스라엘의 전례력(liturgical calendar)의 리듬에 따라 구성되어 있다는 데 주목할 것이다.[30]

신명기 16:16-17에는 3대 순례 절기가 규정되어 있다: 무교절(유월절), 친칠절(오순절), 초막절(수코트[Sukkoth]). 이 각각의 경우에 모든 이스라엘 남자는 "주 앞에 나타나라"는 명령을 받았다.[31] 칠칠절(레 23:15-22)이 요한 내러티브에 언급되지 않는 것은 놀랍지만[32] 유월절과 초막절은 네 번째 절

---

30. 이 점에 대해서 Gale A. Yee, *Jewish Feasts and the Gospel of John* (Wilmington, Del.: Michael Glazier, 1989); 그리고 Michael A. Daise, *Feasts in John: Jewish Festivals and Jesus' "Hour" in the Fourth Gospel* (WUNT 2/229; Tübingen: Mohr Siebeck, 2007)을 보라. 대부분의 주석은 예수가 제시한 배경인 유대 절기의 중요성을 일반적으로 인정하면서 논의한다. 어떤 이들은 이스라엘의 전례력(liturgical calendar)이 요한 내러티브의 구조를 세워준다고 말한다(Brown, *John*; Thompson, *John*을 보라).

31. Sanders, *Judaism*, 130은 보통 사람들이 아마도 이 세 가지 연중 절기 중 하나에 참석했을 것이라고 추정한다.

32. 요 5:1에서 "유대인의 명절(절기)"에 대해 특정되지 않는다. 이는 때로 칠칠절일 수 있다고 제안되지만(Brown, *John*, 1:206의 논의를 보라), 본문은 어떤 특정 절기와

기인 성전봉헌절과 더불어 중요한 역할을 한다. 신약 학자들은 종종 요한 복음이 공관복음과는 달리 세 가지 다른 유월절을 포함하는 일정 기간에 한해 예수의 사역을 서술하고 있다는 점에 주목해왔다(요 2:13, 23, 6:4, 12:1, 13:1). 이러한 절기에 대한 언급에 비추어 예수의 공생애 연대를 측정하거 나 공관복음과 요한복음의 관계를 파악하는 일은 어려운 것으로 판명났 다. 그러나 요한이 여러 차례 유월절을 언급한 것의 효과는 예수와 따르 미들을 유대교의 상징적인 세계 안에 두고서 예루살렘이 여전히 서 있던 시대에 유대 종교의 관습과 정체성을 형성했던 순례 절기의 성실한 참여 자로 묘사하는 데 있다.

요한이 반복적으로 언급하는 유월절은[33] 물론 이스라엘이 애굽으로부 터 구원된 사건을 상기시킨다. 따라서 (이스라엘에게) 정체성을 부여했던 출 애굽 내러티브가 끊임없이 요한 이야기의 배경에 맴돌고 있는 것이다. 곧 다가올 유월절에 대한 요한복음 6:4의 언급은, 예수가 무리를 기적으로 먹이신 사건(6:5-14)과 바다 위를 걸은 삽화(6:16-21), 말하자면 이스라엘이 바다를 건넜던 일(출 14:1-31)과 광야에서 만나를 받았던 사건(6:16-21)을 내러 티브적으로 반영하고 있는 삽화를 인식할 때까지, 플롯의 논리에 부차적 인 정보로 보일 수 있다.[34] 그리고 물론 네 번째 복음서에 나오는 예수의

연결 짓지 않는다. 이 경우에 절기에 대한 언급은 단순히 예수가 예루살렘에 올라 온 이유를 설명하는 내러티브 기능을 하는 것처럼 보인다.

33. 적어도 다음을 참조하라. 2:13, 23; 4:45; 6:4; 11:55; 12:1, 12, 20; 13:1, 29; 18:28, 39; 19:14.

34. 요한의 내러티브는 이 병행점 중 후자(만나 사건)를 명시적으로 주제화하여 보여 주지만 전자(물 위를 걸은 사건)는 희미하게 반향할 뿐이다. 주석가들은 유월절, 만 나를 받음, 5,000명이 먹음, 잇따른 예수의 담화(6:35-58) 사이의 관계를 보통 자 세히 상술하지만, 이스라엘의 바다 건넘과 예수의 물 위를 걸은 일 사이의 연결에 주의를 기울이는 사람은 거의 없다. 그렇게 주의를 기울이는 사람은 애굽으로부터 이스라엘이 구원되는 과정에서 바다를 통과하는 하나님의 길(시 77:19-20)과 예수

마지막 유월절 기념은 체포, 십자가형, 부활과 더불어 폭넓은 상징적 공명을 만들어낸다.

초막절(수코트; 레 23:33-43을 보라)도 요한이 사건들을 다루는 데 중대한 역할을 한다. 이는 요한복음 7:2에 명시되어 있고, 이 절기의 핵심 상징인 물과 빛은 이어지는 담화, 특히 7:37-39과 8:12-20에서 중심적인 메타포 역할을 한다. 이 절기는 또한 이스라엘의 광야 여정—당시 광야에서 백성의 피난처 역할을 하던 임시적인 초막[35]—과 관련이 있기에 (약속된) 땅에 들어가기 위해 준비하고 하나님의 약속이 성취될 때를 상징하는 것으로 이해되곤 했다. 따라서 이 절기에는 메시아사상이 배음(overtones)으로 들어 있었다.[36] 이러한 내러티브 연관성은 요한이 이 절기와 관련하여 소개한 메시아에 관한 추측을 설명할 수 있을 것이다(7:25-31, 40-44): "무리 중 많은 사람이 예수를 믿고 말했다. '그리스도가 오더라도 이 사람이 행한 보다 더 많은 표적을 행하지는 못할 것이다'"(7:31).

요한에 의해 언급된 세 번째 주요한 절기는 성전봉헌절(τὰ ἐγκαίνια, 더 나

가 바다 위를 걸으신 것 사이에 병행을 발견하게 될 것이다(예, Brown, *John*, 1:255-56; Keener, *John*, 1:673 [= 『키너 요한복음 1』, CLC, 2018]; Lincoln, *John*, 218). 그러나 요한복음에 나오는 출애굽 전통에 대한 인유와 반향에 대한 더욱 자세한 연구는 Andrew C. Brunson, *Psalm 118 in the Gospel of John: An Intertextual Study on the New Exodus Pattern in the Theology of John* (WUNT 2/158; Tübingen: Mohr Siebeck, 2003)을 보라. 바다 건넘을 포함하여 유월절과 출애굽 모형론의 구체적인 논의를 위해서는 156-59을 보라.

35. "너희는 이레 동안 초막에 거주하되 이스라엘에서 난 자는 다 초막에 거주할지니 이는 내가 이스라엘 자손을 애굽 땅에서 인도하여 내던 때에 초막에 거주하게 한 줄을 너희 대대로 알게 함이니라 나는 너희의 하나님 여호와이니라"(레 23:42-43 개역).

36. Francis J. Moloney, S.D.B., *Signs and Shadows: Reading John 5–12* (Minneapolis: Fortress, 1996), 66-70; Thompson, *John*, 166-68; Seth Klayman, "Sukkoth from the Tanakh to Tannaitic Texts: Exegetical Traditions, Emergent Rituals, and Eschatological Associations" (Ph.D. diss., Duke University, 2008)을 보라.

은 표현으로 "개관일"[Inauguration])이다.[37] 이 축일은 성전이 셀레우코스(Seleucid) 왕조의 통치자 안티오코스 4세 에피파네스(Antiochus IV Epiphanes)에 의해 훼손된 후 유다 마카베오가 성전을 재봉헌한 것을 기념하는 날이다(마카비1서 4:36-59): "유다와 그의 형제들과 이스라엘의 온 회중들은 매년 기슬레우 월(유대력으로 9번째 달—역주) 25일부터 8일간 기쁜 마음으로 제단 봉헌 축일 을 지키기로 정했다"(마카비 1서 4:59 공동). 이는 외세의 압제 세력에 대한 해방군의 승리를 축하하는 것이었기에 불가피 메시아적/종말론적 함의와 소망으로 둘러싸여 있었다. 따라서 성전봉헌절은 요한 이야기에서 예수 가 바라던 메시아였는지에 대한 물음과 추측을 다시금 불러일으킨다(요 10:24).

　　이 각각의 절기는 이스라엘 성경에 나오는 내러티브의 핵심적인 순간 을 떠올리게끔 한다. 이스라엘 이야기의 주요 인물에 대한 요한의 인유와 같이 절기에 대한 언급에서도 마찬가지로 요한은 절기가 기념하는 사건 들을 재서사화하지(renarrate) 않는다. 하지만 요한의 언급들은 성서 내러티 브를 전제로 하기에, 기반이 되는 이러한 전례 전통과 이야기에 대한 정 보를 해석할 역량을 가진 독자들만이 저들의 중요성—요한 자신의 내레 이션에 나타난 상징적 취지(import)를 포함하여—을 파악할 수 있다. 또한 요한이 율법을 다룰 때와 같이 절기도 마찬가지로 절기 준수를 미신적이 거나 구시대적인 것으로서 무시하거나 거부하지 않는다. 오히려 요한은 절기들을 더욱 큰 태피스트리(tapestry) 안에 있는 패턴, 곧 예수를 절기의 진정한 의미를 드러내는 분으로 가리키고 있는 시간-형태 패턴(time-shaping patterns)으로서 자신의 복음서 안에 엮어 짠다. 요한복음 이야기가 아주 명

---

37. 용어에 대해서는 Bauckham, *Testimony of the Beloved Disciple*, 258-60을 보라. 이는 오늘날 히브리어로 하누카(Hanukkah)로 통상적으로 알려진 절기다.

료하게 보여주고 있듯, 분명 예수는 직접 논쟁이 될 만한 방식으로 절기의 전통적인 의미를 재형성한다. 그러나 이 재형성은 이스라엘의 내러티브와 전례 전통의 모체 없이는 존재 불가능하며 이해도 불가능하다.

'유다이오이'의 저항

하지만 바로 이러한 이스라엘 전통에 대한 재형성으로 인해 예루살렘의 종교 당국은 격렬히 저항하게 되고 예수를 십자가 처형으로 이끄는 갈등이 촉발하게 된다. 이 적대적 종교 지도자들은 네 번째 복음서에 다양하게 묘사되어 있지만, 대부분은 흔히 '유다이오이'(Ἰουδαῖοι, "유대인들")로 불리며, 이 용어는 요한복음에 70회 가량 등장한다. 요한의 당혹스러운 이 표현은 지속적으로 비평 연구의 대상이 되어 왔다.[38] 여기서 우리가 이 용어에 대한 모든 논쟁을 적절히 검토하기는 어렵겠지만[39] 몇 가지 기본적인 주안점은 들여다 볼 만하다.

첫째, 요한의 용어 "유대인들"은 유대 민족 전체를 지칭하는 것으로 이해되어서는 안 되고, 후대 역사를 통틀어 모든 유대인에게 적용될 수

---

38. 예, Reimund Bieringer, Didier Pollefeyt, and Frederique Vandecasteele-Vanneuville, eds., *Anti-Judaism and the Fourth Gospel* (Louisville, Ky.: Westminster John Knox, 2000).

39. 폭넓은 논의를 위해서는 다음을 보라. Shaye J. D. Cohen, *The Beginnings of Jewishness: Boundaries, Varieties, Uncertainties* (Berkeley: University of California Press, 2001); Daniel Boyarin, "The Ioudaioi in John and the Prehistory of 'Judaism,'" in *Pauline Conversations in Context: Essays in Honor of Calvin J. Roetzel* (ed. Janice Capel Anderson, Philip Sellew, and Claudia Setzer; JSNTSup 221; London: Sheffield Academic, 2002), 216-39; Steve Mason, "Jews, Judaeans, Judaizing, Judaism: Problems of Categorization in Ancient History," *JSJ* 38 (2007): 457-512.

있는 가능성은 더더욱 적다. 결국 예수 자신도 유대인이었고, 최초에 예수를 따랐던 사람들도 그러했다. 네 번째 복음서에서 이 용어는 (항상 그런 것은 아니지만) 자주 예수를 불쾌하게 여기고 메시지를 거부하며 예수 주변에 형성된 운동(movement)을 억누르려고 했던, 예루살렘에 집중된 특정 지도자 그룹을 가리키는 것 같다. 둘째, 요한복음의 몇몇 본문은 "유대인들"을 바리새인과 동일시하는 것처럼 보인다.[40] 예를 들어, 요한복음 9:13에서 예수에게 고침을 받은 시각장애인은 심문을 받도록 "바리새인들" 앞으로 끌려갔는데, 이때 의심하는 심문자는 9:18에서 "유대인들"로 불린다. 더 나아가 우리는 9:22에서 이 남자의 부모가 "유대인들을 두려워"했으며 "유대인들이 이미 누구든지 예수를 메시아로 시인하는 자는 회당에서 추방(개역성경에서 '출교'—역주)하는 데 동의했다"는 것을 듣게 된다. 그런데 12:42을 보면 이 추방 권리를 가지고 있었던 것은 "바리새인들"이다. 셋째, 공관복음이나 다른 어떤 고대 자료에도 예수 당시 회당에 그러한 정책이 있었다는 어떤 증거의 흔적도 나타나지 않기 때문에 회당에서 제외시키는 것에 관한 이러한 언급들은 이상하다.

요한이 용어상 "유대인들"과 "바리새인들"을 결합한 것은 성전 파괴 이후, 형성기 유대교에 지배적인 영향을 미친 바리새파의 출현 이후, 주로 1세기 후반의 역사적 관점을 반영하고 있는 것이 거의 확실하다. 회당에서 제외시킨다는 요한의 언급은 1세기 말, 복음이 기록될 때의 고통스러운 상황을 흐릿하게 암시하고 있다. 이 분명한 시대착오는 순진한 저자의 실수가 아니라 의도적으로 고안된 문학적·신학적 장치다. 요한은 저작 당시의 사건(예수 따르미들을 회당에서 추방한 것)이 어떻게 예수 이야기의 완성

---

40. 이 점에 대해서는 D. Moody Smith, *The Fourth Gospel in Four Dimensions: Judaism and Jesus, the Gospels and Scripture* (Columbia: University of South Carolina Press, 2008), 5을 보라.

(outworking)과 통합되어 있는지 보여주기 위해 "두 층 드라마"(two-level dra-ma)를 고안했다.[41] 혹은 요점을 반대로 표현하자면, 예수 당시 종교 당국이 예수를 배척한 일은 그를 메시아로 고백하는 공동체가 나중에 경험하게 될 배척과 추방을 전조하고 있다.

하지만 슬프게도 요한이 예수의 죽음을 초래한 도구적 역할로서 "유대인들"을 적대자로 언급한 것은 후대 이방 기독교 교회의 관점에서 유대인과 유대교를 싸잡아 비난하는 것으로 읽혔고, 이로써 후대 기독교인들이 권력을 가지게 되었을 때에는 파멸과 폭력의 결과를 낳게 됐다. 요한의 용어는 또한 비-유대인 예수와 비-유대인 따르미들을 함의하고 있는 것처럼 보인다. 빌라도에게 하셨던 예수의 말씀을 예로 들 수 있다: "만일 내 나라가 이 세상에 속했다면 내 종들이 싸워 나로 유대인들에게 넘겨지지 않게 했을 것이다"(요 18:36). 그러나 이는 역사적 사실의 사안뿐 아니라 요한 이야기의 내적 논리와 관련해서도 심각하게 오도될 만한 인상이다. 요한의 예수는 유대 성경과 전통에 깊이 뿌리내리고 있고 요한복음은 이스라엘 이야기를 부정하기보다 긍정한다.[42] 따라서 왜곡된 관점을 피하기

---

41. 이것은 1968년에 처음 출판된, J. Louis Martyn, *History and Theology in the Fourth Gospel* (3d ed.; Louisville, Ky.: Westminster John Knox, 2003) [=『요한복음의 역사와 신학』, 기독교문서선교회, 2020]에 있는 매우 영향력 있었던 주장이었다. Martyn의 논지와 이를 지지하기 위한 역사적 주장은 반복적으로 비판의 대상이 됐다. 긍정적 평가를 다루는 것은 다음을 보라. D. Moody Smith, "The Contribution of J. Louis Martyn to the Understanding of the Gospel of John," in *The Conversation Continues: Studies in Paul and John in Honor of J. Louis Martyn* (ed. Robert T. Fortna and Beverly R. Gaventa; Nashville: Abingdon, 1990), 275-94; Joel Marcus, "Birkat Ha-Minim Revisited," *NTS* 55 (2009): 523-51.

42. D. Moody Smith가 요약한 문장은 이 증거들을 정확히 포착했다: "요한이 성경의 역사, 유대인의 성경, 메시아에 대한 소망, 종말론적 기대를 알았고—이를 재해석하면서—확언하고 있기에 성전과 제의와 관련해 [유대 전통과] 유사한 입장을 견지하는 것은 놀라운 일이 아니다"(Smith, *Fourth Gospel in Four Dimensions*, 23).

위해 나는 이 장의 나머지 부분에서 '호이 유다이오이'(οἱ Ἰουδαῖοι)를 번역하지 않은 채 음역만하여 '유다이오이'라고 사용하려 한다. 이러한 실천이 요한의 '유다이오이'와 유대 민족 전체를 동일시하는 경솔함을 무마시켜주기를 바란다.

　그러므로 요한이 예수와 유대교 사이의 근본적인 갈등 양상을 상정하고 있지 않다면 우리는 유대인이 예수와 메시지에 대해 집요하게 저항하는 내러티브 묘사를 어떻게 해석해야 하는가? 이 문제는 이스라엘이 복음의 메시지를 받아들이지 않은 것에 대한 사도 바울의 고뇌에 표현된 것과 비슷하다: "그들이 하나님에게 열심히 있지만 지식을 따른 것이 아니다"(롬 10:2). 이것이 바로 네 번째 복음서에 나오는 예수의 대적자들이 겪은 곤경이며 요한 내러티브 내내 극적 아이러니의 사용으로 심화된 곤경이다. 예수에 대한 가장 격렬한 반대는 율법 지킴을 가장 열심히 옹호하려는 자들, 하나님의 거룩함을 가장 헌신적으로 지켜내려는 자들에게서 나온다. 저들은 예수가 위험한 죄인이라고 진정으로 확신했다(요 9:24). 저들은 예수가 안식일을 범하도록 다른 이들을 부추기는 것에 대해 염려했다(5:10). 저들은 예수가 끔찍하게 사람의 살과 피를 먹으라고 말씀하고(6:52) 자기가 아브라함보다 먼저 존재하고 있었다고 터무니없이 주장하며(8:56-59), 비난을 촉발한 가장 큰 사안은 하나님과 자기가 하나라고 주장함으로써 (저들의 시각에) 노골적으로 신성모독을 저지른 것에 치를 떨었다(5:16-17, 10:30-33). 이들의 우려는 교육받지는 못했지만 카리스마 있는 외부인 예수가 과대망상적으로 스스로 높은 지위를 주장하면서 자신을 모세의 율법 위에 두고, 계시된 하나님의 진리의 진정성과 신성함을 보호할 책임을 정당하게 맡은 권위자들을 경멸했다는 데 있었다.

　무엇보다도 심각했던 것은 예수가 열광적인 추종자 무리로 하여금 자신을 메시아로 추측하여 날뛰도록 미혹하고 있다는 것이다. 이러한 식의 대중적 열광주의는 로마 당국에 있어서 자칫 대중 질서에 대한 잠재적인 혁명 세력으로 간주될 수 있었기에 대단히 위험했다. 대제사장들과 바리새인들이 근심하며 서로 말했다: "만일 그를 이대로 두면 모든 사람이 그를 믿을 것이고, 그리고 로마인들이 와서 우리 땅과 민족을 빼앗아 갈 것이다"(요 11:48). 저들의 두려움에는 근거가 없다. 그렇게 예수를 죽일 공모를 함으로써 권위자들은 선의를 가지고 성전과 하나님 백성의 안전을 책임지는 신성한 직무를 수행한다고 생각했다. 예수가 자신의 마지막 기나긴 담화에서 제자들에게 경고했던 것처럼, "무릇 너희를 죽이는 자가 생각하기를 이것이 하나님을 섬기는 일이라고 생각할 때가 올 것이다"(16:2). 이 무시무시한 예언은 예수를 죽이려고 했던 '유다이오이'의 동기를 정확하게 묘사해준다.

이는 저들의 동기가 순수했음을 뜻하는 것이 아니다. 이 이야기는 예수의 대적들이 대중적 영향력을 시기하고 자신들의 권리를 보호하려 했음을 강하게 시사한다. 그래서 요한복음 12:43은 이렇게 말한다: "그들은 사람의 영광을 하나님의 영광보다 더 사랑했다." 저들은 결국 로마 당국과 타협—현실적이면서도 국가의 이익을 위해 필요하다고 간주하는—하면서 로마 총독 앞에서 비굴하게 선언했다: "가이사 외에는 우리에게 왕이 없습니다"(19:15). 이는 하나님이 유일한 왕권을 가지고 있다는 이스라엘의 고백, 곧 바로(파라오)의 왕 됨에 대한 하나님의 주권적 승리를 기념하는 유월절에 전형적으로 칭송되는 권세를 충격적으로 부인한 셈이다.[43]

---

43. 유월절의 하가다(Haggadah)에서 위대한 할렐(Great Hallel)에 뒤이은 축복은 하나님의 유일한 주권을 인정한다: "영원부터 영원까지 당신은 하나님이십니다. 우리는 당신 외에 왕도, 구속자도, 구원자도 없고, 해방자도 구출자도 공급자도 없습니다. [당신 외에] 고통과 환난의 때에 우리를 불쌍히 여기는 자도 없습니다. 우리에게는 당신 외에 어떠한 왕도 없습니다." 하지만 이 반복구가 언제 유월절 전례의 일부가 됐는지는 확실하지 않다. 이 축복 내지 노래는 페싸흐 118a에서 암시되고 있는 것으

'유다이오이'는 가이사를 왕으로 추켜세움으로써 사실상 이사야의 신실한 태도로부터 물러났다: "오, 주, 우리 하나님이여, 주 외에 다른 주들이 우리를 다스렸지만, 우리는 주의 이름만 인정합니다"(26:13).[44] 이 모든 것은 배교의 역학이 복잡하다는 것과 요한 내러티브가 경건의 동기와 조악한 동기가 서로 얽히면서 폭력적이고 무의식적인 배교를 낳고 있음을 보여주고 있다고 단순히 말할 수 있겠다.

그럼에도 요한에게 있어서 저 문제의 원인은 '유다이오이'가 예수를, 모세와 선지자가 기록한 분으로 인지할 수 없다는 데 있다: "그가 자기 집에 왔는데, 자기 백성이 그를 영접하지 않았다"(요 1:11). 요한이 무지 상태를 묘사하는 데 즐겨 사용하는 메타포는 시각장애 이미지다. 요한복음 9장에 나오는 시각장애인은 시력을 찾아 예수를 믿고 예배하게 되지만(9:38) 가장 잘 보는 위치에 있었어야 했을 지도자들은 그러지 못했다. 예수는 이 역설적인 사태를 한 경구로 요약하셨다: "내가 심판하러 이 세상에 왔으니, 이는 보지 못하는 자들은 보게 하고 보는 자들은 보지 못하는 자가 되도록 하기 위함이다"(9:39).

이러한 운명의 역전은 역사에서 일어난 어떤 우연의 아이러니가 아니라 성경에 예고된 하나님의 뜻이 이상하게 실현되고 있는 것이다. 예수의 공적 활동 말미에 요한은 막을 걷어 제치고, 예수가 직면했던 저항을 예표하는 핵심적인 이사야 예언을 보여준다.

> 그가 이렇게 많은 표적을 그들 앞에서 행하셨으나 그를 믿지 않았다. 이는 선지자 이사야의 말씀을 이루려 하심이다.
>
> "주여 우리에게서 들은 바를 누가 믿었으며

로 보인다.

44. 이사야의 인용은 Brown, *John*, 2:895에서 주목됐다.

주의 팔이 누구에게 나타났습니까?"

그들이 능히 믿지 못한 것은 이 때문이다. 이사야가 다시 말했다.

"그들의 눈을 멀게 하시고

그들의 마음을 완고하게 하셨으니,

이는 그들이 눈으로 보고

마음으로 깨닫고

돌이키지 않도록 하기 위함이다—그러면 내가 그들을 고칠 것이다."

이사야가 이렇게 말한 것은 주의 영광을 보고 주를 가리켜 말한 것이다. (요 12:37-41; 사 53:1과 6:10에서 인용).

이 내러티브가 드러내는 바는 '유다이오이'가 예수의 메시지에 반응하지 못한 이유를 이해하는 데 결정적이다. 요한의 내러티브에서 저들의 반대는 단순히 이기심에 가득 찬 고집의 문제가 아니다. 이는 진정 앞을 보지 못하는 사례며, "그들의 눈을 멀게 하신" 분은 하나님이시다. 왜 그러한가? 이 질문에 대한 답은 신비에 싸여있다. 그러나 당면한 목적에 있어서 여기에는 중요한 점이 있다. 곧, 예수에 대한 유대 권위자들의 저항은 이제 하나님에게 거절을 당했다든지 하나님과 함께 했던 저들의 삶이 무효화되었음을 의미하지 않는다. 오히려 이 신비하고도 완고한 저항은 광야 세대의 불평과 우상 숭배로부터 선지자 시대의 왕과 백성의 신실하지 못함 및 결국 포로 시대로 점철되는 언약적 배반에 이르기까지 이스라엘 이야기 전체에 흐르는 패턴에 속한다. 이 패턴은 변화되지 않는다. 요한은 이 패턴이 이사야에 분명하게 나타난 것을 보면서, 사람들이 예수를 거부한 데서 최고조로 반복됐다고 주장한다. 이렇게 요한 내러티브에 나오는 '유다이오이'의 비극적인 시각장애도 예언 전통에 깊이 뿌리를 두고 있다.

바울과 달리 요한은 하나님이 눈 멀고 완고한 자들까지도 회복시킴으로써 궁극적으로 언약적 약속을 성취하기 위한 길을 내실지에 대해 고민하지 않는 것으로 보인다. 실제로 어떤 구절에서 요한은 예수를 믿지 않는 자들을 완전한 멸망으로 몰아넣는 것처럼 보인다. 이와 관련하여 가장 유명한 요한복음 8장에서 예수는 대화자를 마귀의 자녀라고 꾸짖고(8:44) 저들의 불신을 존재론적 이원론으로 돌리셨다: "내가 진리를 말하는데도 어찌하여 나를 믿지 아니하느냐? 하나님에게 속한 자는 하나님의 말씀을 듣는다. 너희가 듣지 아니함은 하나님에게 속하지 않았기 때문이다"(8:46b-47). 네 번째 복음서에 나오는 이러한 진술은 1세기 후반의 모진 갈등을 반영하고 있다. 이때 적어도 일부 유대 기독교인들은 자신들을 끊임없이 기피하는 회당 공동체의 적대감에 직면했다. 그럼에도 요한복음 8장의 도발적인 진술이 요한 내러티브 내에서 결국 표적의 책 결말부, 요한복음 12장에서 인용된 이사야 성구를 통해 틀이 세워지고 재해석됨을 인지하는 것이 중요하다. 여기서 요한은 예수에 대한 유대인의 불신을 보편적인 이원론(cosmic dualism)의 표식으로 삼기보다, 이사야가 미리 선언한 것과 같이 자기 백성의 저항과 불신을 한 분이신 하나님의 신비한 주권 의지 산하에 둔다.

그리고 가장 인상적인 것은 요한복음의 이 단락이 믿지 않는 자들에 대한 정죄 선언이 아닌, 메시지를 받아들이지 않는 자들에 대한 소망에 찬 초대로 맺어진다는 점이다. 우리는 구조적으로 예수의 공적 활동 말미에 위치한 이 본문을 이전에 있었던 모든 일에 대한 해석학적 준거 틀로 삼을 필요가 있다. 심판이 여전히 기대되고 있지만, 이러한 담화의 방식은 청중으로 하여금 예수를 생명을 주도록 아버지가 보내신 분으로 믿게끔 호소하는 방식 중 하나다. 이는 요한복음 8장 논쟁의 중간 궤도 수정에 있어서 중요하다.

예수가 크게 외치셨다: "나를 믿는 자는 나를 믿는 것이 아니라, 나를 보내신 이를 믿는 것이다. 그리고 나를 보는 자는 나를 보내신 이를 보는 것이다. 나는 빛으로 세상에 왔다. 무릇 나를 믿는 자로 어둠에 거하지 않게 하기 위함이다. 사람이 내 말을 듣고 지키지 않더라도 내가 그를 심판하지 않는다. 내가 온 것은 세상을 심판하려 함이 아니라 세상을 구원하기 위함이다. 나를 저버리고 내 말을 받지 아니하는 자를 심판할 이가 있으니, 곧 내가 한 그 말이 마지막 날에 그를 심판할 것이다. 내가 내 자의로 말한 것이 아니라 나를 보내신 아버지가 내가 말할 것과 이를 것을 친히 명령하여 주셨다. 나는 그의 명령이 영생인 줄 안다. 그러므로 내가 이르는 것은 내 아버지가 내게 말씀하신 그대로다." (요 12:44-50)

요한복음을 단일한 내러티브로 주의 깊게 읽는다면, 우리는 예수의 이 절정에 이른 공적 선포가 바로 앞서 나온 이사야 성구 인용과 결합하여 '유다이오이'와 예수 사이의 날카로운 논쟁을 더욱 열려 있고 희망적인 준거 틀 안에 위치시킨다는 것을 알게 된다. 믿지 않는 자들의 눈을 어떻게든 멀게 하는 것이 하나님의 뜻이라 하더라도 예수는 저들을 심판하지 않을 것이라 선언하면서 희망적으로 하나님의 구원의 말씀을 제안하신다.

더 나아가 우리는 이스라엘의 눈이 멀게 되고 완고하게 될 것이라는 암울한 선언이 이사야 앞부분, 이사야의 예언자적 사명이 시작되는 부분에 나온다는 것을 기억할 필요가 있다. 그렇지만 우리가 정경으로서 이사야 전체를 읽는다면 회복, 소망, 새 창조의 메시지를 선포하고 있는 선지자를 발견하게 될 것이다. 이와 유사한 단서가 요한복음 12장의 예수의 공적 담화 절정부에서 발견될 수 있다. 이사야와 달리 요한은 "예루살렘의 마음에 닿도록(tenderly) 말하지"(사 40:2) 않았고, 또한 신실하지 못한 이스라엘에 형벌의 때가 도래했다고 선언했다. 하지만 예수의 메시지와 이사야서 사이의 상호텍스트적 연결은 구원을 통한 이스라엘의 회복이 불능하지 않음을 암시적으로 제안한다. 예수가 "세상을 구원하기 위해"(요 12:47) 오셨다면, 저 사명에는 반드시 하나님의 택하신 백성이 포함될 것이다.

네 번째 복음서의 결말부에 이르렀을 때 우리는 이 모든 이유로 이스라엘 이야기를 담고 있는 책을 덮을 수 없다. 요한은 이 이야기에 극적이고도 새로운 전환점, 예수의 모습에서 예상할 수 없었던 해결책을 제시한다. 이 예상치 못했던 성취에 대해 요한이 바라는 효과는 독자로 하여금 이스라엘 성경 이야기를 상기함으로써 예수를 이해하게끔 하고 동시에 예수가 세상에 가져온 명료한 빛 안에서 이전 장들을 재해석하게끔 하는 데 있다.

§18. 성전이신 분, 예수

말씀과 지혜인 예수

요한복음 도입은 이스라엘 성경의 첫 번째 말씀을 반향한다: "태초에
…." 이 반향이 단지 두 단어(ἐν ἀρχῇ)로 구성되어 있기는 하지만 창세기의
시작 단어가 내러티브의 시작부에 배치됨으로써 반향의 음량은 증폭된
다. 더더욱 중요한 것은 요한의 서론이 계속해서 창조 주제(요 1:3, 10)와 이
미지(빛/어둠[1:4-5, 7-9; 참조, 창 1:3-5])를 환기시킨다는 것이다. 창세기에 능통
한 독자라면 이 반향을 놓치기 어렵다. 요한복음 해석사가 보여주듯 말이
다.[1] 그리고 서론이 전개되면서 독자는 "태초에" 존재했던 신비스러운 '로

---

1. 예를 들어, 다음을 보라. Brown, *John*, 1:4; Lincoln, *John*, 94–95; J. Ramsey Michaels,
    The Gospel of John (NICNT; Grand Rapids: Eerdmans, 2010), 46– 57; Thompson,
    John, 27; Keener, *John*, 1:365, with ample documentation. Peder Borgen은 요 1:1-18
    을 창세기 도입부에 대한 설교(homily)로 보았다("Observations on the Targumic
    Character of the Prologue of John," *NTS* 16 [1969]: 288–95; "Logos Was the True
    Light: Contributions to the Interpretation of the Prologue of John," *NovT* 14 [1972]:
    115–30); 또한 Boyarin, "Gospel of the Memra," 243–84.

고스'(*Logos*)가 육신이 되어 예수 그리스도와 직접 동일시된다는 사실을 점
차로 알게 된다(1:14-18). 따라서 요한복음 서론의 효과는 예수를 최초 창조
행위에서 하나님과 함께 계셨던 인물(또는 하나님과 하나이신 분)로 인정하는
하는 데 있다: "만물이 그로 말미암아 지은 바 되었으니 지은 것이 하나도
그가 없이는 된 것이 없느니라"(1:3 개역).

이는 한 인간 존재, 저자가 경험한 가까운 역사적 과거 인물에 대한 놀
라운 주장이다. 물론 여기서 로고스에게 돌려진 역할에 성서적 선례가 없
는 것은 아니다. 이스라엘 성경 전통에는 세상 창조에 참여했던, 선재하는
지혜의 모습이 포함되어 있는데, 가장 두드러진 경우는 잠언 8:22-31에 나
온다. 지혜(חכמה, σοφία)가 창조됐다든지(LXX: κύριος ἔκτισέν με) 히브리 본문에
나오듯 하나님의 일 또는 길의 시작에 (지혜를) "얻었다"(קנני)고 하더라도(잠
8:22), 지혜는 "땅이 시작되기 전에" 하나님과 함께 있었고 세상을 형성할
때 "숙련된 일꾼"(אמון, master worker)으로 하나님 곁에 있었던 것으로 묘사
된다.[2] 잠언 본래 문맥에서 이 언어는 실제 유사-신적(quasidivine) 위격에 대
한 묘사라기보다 하나님의 속성, 지혜를 시적으로 인격화한 것이 거의 분
명하다.[3] 하지만 시간이 지나면서 어떻게 이 인격화된 지혜의 모습이 신
화적으로 간주되는 인물로 발전할 수 있게 되었는지 보는 것은 어렵지 않

---

2. 참조, 솔로몬의 지혜 8:4: "그녀[지혜]는 하나님을 아는 지식에 있어 시작(initiate)
이며, 그분의 행사(works)에 참여한 자입니다." 또는 다시 9:9: "당신과 함께 지혜가
있습니다. 그녀[지혜]는 당신의 행사를 알고, 당신이 세상을 만드실 때 존재했습니
다."

3. Larry Hurtado는 유대의 "신적 행위자" 모습을 연구하면서 지혜와 말씀 모두를 "신
적 행위자로서 인격화된 신적 속성"(*One God, One Lord*, 41-50)이라는 제하에 논한
다. Michael Willett, *Wisdom Christology in the Fourth Gospel* (San Francisco: Mellen,
1992), 23-26은 다양한 해석적 제안들을 평가한다. 또한 Craig A. Evans, *Word and
Glory: On the Exegetical and Theological Background of John's Prologue* (JSNTSup 89;
Sheffield: Sheffield Academic, 1993)을 보라.

다. (시락서 24:1-23과 바룩서 3:35-4:4에서처럼) 많은 후대 유대 문헌에서 발견할 수 있는 주요한 경향은 지혜의 인물을 토라의 인격화로 인정하고 있지만 이미 우리는 실제로 솔로몬의 지혜(특히 10장)에서 이러한 발전의 단서를 보게 된다. 하지만 요한에게 있어서 창조 활동의 행위자(agent)는 '소피아'(Sophia, "지혜")의 모습이 아니라 말씀(로고스)으로 동일시된다.[4] 여기에서 요한의 용어 선택은 하나님이 단순히 말씀하심으로 모든 존재를 창조해 내신 창세기 1장 기사에 영향을 받았을 것이다. 요한의 서술은 또한 시편 33:6 언어와 깊이 공명한다: "주의 말씀으로 하늘이 창조되었고(LXX: τῷ λόγῳ τοῦ κυρίου οἱ οὐρανοὶ ἐστερεώθησαν), 그 만상이 그 입의 기운으로 이루어졌다." 요한이 창조에 있어서 로고스의 역할을 강조하는 것은 필론의 저작에서 병행된다. 필론은 『누가 신적인 것을 상속하는가』(Quis rerum divinarum heres sit 205-6)의 유명한 구절에서처럼 하나님과 피조물 사이의 독특한 매개 역할을 유사-의인화된 인물, 로고스에게 부여했다.

> 만물의 아버지는 로고스, 최고 사자(chief messenger), 나이와 명예에 있어서 지고한 자에게 특별한 대권을 주셔서, 창조주와 피조물의 경계에 서서 이 둘 사이를 구분하도록 하셨다. 바로 이 로고스는 고통받는 필사자(mortality: "인간"을 의미—역주)를 위해 불멸하는 [하나님]에게 탄원하면서 저 대상에게 통치자의 대사로 활동한다. … [그는] 하나님에 의해 창조되지도, 너희처럼 창조되지 않고, 양극단의 중간, 양측의 대리자(surety)로 창조됐다.[5]

---

4. Peter Phillips는 지혜 전통과 요한복음 서두 구절 사이의 연결이 명제적(pro-positional)이라기보다는 상호텍스트적이며, 어휘 자체보다는 지혜(sophia)를 둘러싼 배경과 사상에 가까이 맞닿아 있다고 제안한다 (The Prologue of the Fourth Gospel: A Sequential Reading [LNTS 294; London: T&T Clark, 2006], 119).

5. F. H. Colson and G. H. Whittaker, Philo: Volume 4 (LCL; London: Heinemann, 1932), 385의 번역. 나는 느슨하게 번역된 영어 번역어 "말씀"(Word)을 그리스어

필론의 글에서 이 모든 것은 철학적 사변의 성격을 가진 것처럼 보인다. 필론에게 있어서 '로고스'(*logos*)는, 유사-실체화됐다(quasihypostatized) 하더라도, 신의 창조적 이성의 힘 같은 것을 상징하는 표상적이고도 어떤 실체가 없는 존재다. 그러나 요한복음의 서론(요 1:1-18)에서는 놀랍게도 '로고스'(*Logos*)가 육신이 됐다고 주장한다.

요한복음의 서론은 창세기 1장에 대한 미드라쉬(midrash), 곧 선재하는 창조의 신, 로고스 사상을 세상으로부터 집(home)을 찾아가려 하는 신적 지혜 모티프(예, 시락 24:3-8)와 연결하는 미드라쉬로 가장 잘 이해될 수 있다. 그렇지만 이스라엘 백성 가운데 또는 이스라엘 율법 안에 존재하는 지상적 지혜와 결부된 초기 유대 전통(시락 24:23; 바룩 3:35-4:4)과는 달리, 요한은 로고스/지혜가 세상에서, 심지어는 하나님 자기 백성 가운데서 배척당했을 뿐이라고 주장한다.

> 그가 세상에 계셨으며 세상은 그로 말미암아 지은 바 되었는데, 세상이 그를 알지 못했다. 그가 자기 땅에 왔지만 자기 백성이 영접하지 않았다. (요 1:10-11)

이는 에녹1서에 나타난 다소 암울한 설명과 매우 유사하다.

> 지혜는 자신이 거할 곳을 찾지 못했지만 한 장소가 하늘에서 발견됐다. 당시에 지혜는 백성들의 자녀들과 함께 거하기 위해 나갔지만 거할 곳을 찾지 못했다. 그래서 지혜는 자기 자리로 되돌아가 천사들 사이에 영원히 정

음역 '로고스'(Logos)로 바꾸었다.

착했다. (에녹1서 42:1-2)

그러나 요한복음은 이와 같이 애처로운 이야기에 완전히 다른 결말을
썼다.[6] 신적 말씀/지혜가 천사들 사이에 영원한 거처를 마련하기보다 이
스라엘의 저항을 이겨내기 위해 예수의 인격 안에서 육신이 됐다: "말씀
이 육신이 되어 우리 가운데 거하셨는데(ἐσκήνωσεν), 우리가 그의 영광을

---

6. 하지만 지혜가 거절당하고 사람들로부터 물러나 하늘로 돌아가는 모티프는 요한복
    음 다른 곳과 병행된다. 요 7:34에서 예수는 자신을 잡도록 성전 경비대를 보낸 바
    리새인들에게 이렇게 선언하심으로 반응하셨다: "내가 너희와 함께 조금 더 있다
    가 나를 보내신 이에게로 돌아갈 것이다. 너희가 나를 찾아도 만나지 못할 것이며,
    나 있는 곳에 오지도 못할 것이다"(7:34-35). 이는 놀랍게도 잠언의 의인화된 지혜
    에 대한 말씀을 기억나게 한다.

    > 내가 나의 생각을 너희에게 부을 것이며,
    > 내가 나의 말을 네게 알릴 것이다.
    > 내가 불렀어도 너희가 듣기를 거부하였고,
    > 내가 손을 폈으나 돌아보는 자가 없었기 때문에,
    > 너희가 나의 모든 교훈을 멸시하며
    > 나의 책망을 받지 아니하였기 때문에,
    > 너희가 재앙을 만날 때에 내가 웃을 것이며
    > 너희에게 두려움이 임할 때에 내가 비웃을 것이다. …
    > 그때 그들이 나를 부르겠지만, 내가 대답하지 않을 것이다.
    > 그들이 부지런히 나를 찾겠지만, 나를 발견하지는 못할 것이다. (잠 1:23b-26, 28)

    Martin Scott, *Sophia and the Johannine Jesus* (JSNTSup 71; Sheffield: JSOT Press,
    1992), 137-39과 Ben Witherington III, *John's Wisdom: A Commentary on the Fourth
    Gospel* (Louisville, Ky.: Westminster John Knox, 1995), 54은 지혜 전통 안에 포함
    된 심판과 거부의 요소 때문에 부분적으로 지혜 전통을 사용하고 있다고 주장한
    다. 하지만 John Ashton, *Studying John: Approaches to the Fourth Gospel* (Oxford:
    Clarendon, 1998), 16-17은 요한이, 지혜가 땅 위에서 거할 곳을 찾지 못했다는 비판
    적인 입장에 반대하고 있다고 주장한다. 곧, 지혜는 접근 불가능하기보다 이제 나
    사렛 예수 안에서 또는 예수로서 사용 가능하다.

보니 아버지의 독생자의 영광이며 은혜와 진리가 충만했다"(요 1:14).[7] 이렇게 네 번째 복음서의 서론은 **창조와 지혜**를 다루는 유대의 성서 전승에 예수를 직접 위치시키면서 동시에 모든 것을 창조한 말씀/지혜가 예수로[8] 육화됐다는 놀라운 주장을 통해 그러한 전승을 변형시켰다.

놀랍게도 예수를 모든 피조물의 대리자인 육신화된 말씀으로 인정하는 것은 요한이 이스라엘 성경과 이스라엘 예배 전통을 재해석하기 위해 **거꾸로 읽는 방식**에 광범위한 해석학적 함의를 부여한다. 곧, 요한은 하나님 말씀의 육신화로서 예수가 예전에 하나님이 이스라엘을 다루실 때 일어났던 모든 일의 의미를 짊어지셨다고 주장한다. 이 해석학적 장치의 가장 명료한 표현 중 하나는 예수가 성전에서 장사꾼과 환전상을 쫓아낸 후 나오는 이야기의 서두에서 확인할 수 있다. 이 본문은 요한의 예수 이야기가 읽혀야 하는 모판인 성서로 들어가는 데 결정적인 지점이다.

성경과 예수의 말씀을 기억하기

요한은 내러티브의 시작 어간에 성전의 상인과 환전상을 반박하는 예수의 극적인 항거 기사를 독특하게 서술한다(요 2:13-22). 이 이야기의 위치는 두 가지 측면에서 상징으로 가득하다. 하나는 예수의 수난과 죽음으로 이어질 갈등을 전조하고(시 69:9의 인용구로 신호를 울림: "주의 집을 사모하는 열심

---

7. 요한복음 서론의 분석에 대해서는 Boyarin, "Gospel of the Memra," 89–111을 보라. Boyarin의 날카로운 해석은 내가 서론의 이 단락에서 제공한 읽기를 알려준다.
8. Richard Bauckham은 이스라엘 성경 안에서 세상 창조의 작업이 오로지 한 분이신 이스라엘의 하나님의 활동에서 기인한다고 강조했다(*Jesus and the God of Israel*, 7–11). 이 신학적 틀 안에서 지혜의 역할에 대한 참조는 신적 속성의 시적인 의인화로 이해돼야 한다.

이 나를 삼킬 것이다"),[9] 또 다른 하나는 예수의 몸과 **성전**을 표상적으로 동일시하여 예수 부활시 성전이 일으켜질 것을 가리킨다—이는 예수의 불가사의한 말씀에 표시되어 있다: "이 성전을 무너뜨려라. 그러면 내가 사흘 안에 일으킬 것이다." 요한복음의 대화는 전형적이고도 극적인 아이러니로 구성되어 있는데 예수의 대화상대자들은 표면상 문자적 의미만을 인지하고 숨겨진 기독론적 의미를 포착하지 못하기에 예수의 말씀을 오해한다.

요한은 구약 본문과 예수의 말씀 모두를 오직 부활 사건 이후에 **회고적으로만** 이해할 수 있는 수수께끼로 제시한다.[10] 요한의 해석학적 사후 통찰(hindsight)에 대한 강조는 요한복음 2:17과 2:22 사이의 병행으로 강조된다.

요 2:17a   그의 제자들은 성경 말씀에 기록된 것을 기억했다. …

요 2:22a   … 그의 제자들은 그가 이 말씀 하신 것을 기억했다.

그리스어 본문에서는 이 두 형식구의 표현이 동일하다: ἐμνήσθησαν οἱ μαθηταὶ αὐτοῦ ὅτι. 두 경우 모두 요한은 제자들이 오직 나중이 되어서야, 곧 오직 저들이 패러다임을 깨뜨리는 예수의 부활 사건에 비추어 거꾸로 읽으면서 예수의 행동과 말씀을 해석했을 때 비로소 이해하게 됐다고 말한다. 이 점이 요한복음 2:22에서 강조됐다: "죽은 자 가운데서 살아

---

9.   요한의 시 69:9(68:10 LXX) 인용은 동사의 시제를 LXX의 부정과거 시제(κατέφαγεν)로부터 미래 시제(καταφάγεται)로 바꾼 것이며, 따라서 예수의 행동을 예표로 해석하기 용이하게 했다.

10. 여기에서 요약된 요 2장에 대한 관찰은 나의 앞선 논문 "Reading Scripture in Light of the Resurrection," in Davis and Hays, *Art of Reading Scripture*, 216-38; see esp. 221-24에서 더욱 충분하게 발전됐다.

나신 후에야 ⋯ 성경과 예수가 하신 말씀을 믿었다." 이는 기억하고 회고적으로 읽는 것의 결정적인 중요성에 대한 복음서 기자의 전반적인 관점과 일치한다. 요한복음 뒷부분, 예수의 고별 담화에서 우리는 제자들이 부활 사건 후에 '파라클레테'(Paraclete), 곧 성령의 도움을 받아 예수의 말씀을 회상하고 해석하게 될 것을 알게 된다(요 14:25-26, 16:12-15). 다른 복음서 기자들보다도 더더욱 요한은 명시적으로 예수의 정체를 드러내기 위한 본질적인 전략으로서 **거꾸로 읽기**를 지지한다.[11] 오직 성령의 인도 아래, 부활 사건에 비추어, 거꾸로 읽음으써만 우리는 이스라엘의 성경과 예수의 말씀을 이해할 수 있다.

부활 후 회고적 이해에 관한 정확히 같은 패턴이 예수가 나귀를 타고 예루살렘에 입성하신 요한복음 기사에 묘사되어 있다(요 12:12-16). 공관복음 기자들처럼 요한은 군중이 시편 118:25-26의 어구로 환호하는 장면을 그리며 마태복음 21:4-5과 동일하게 이 사건이 성경에 따른 것임을 보았다: "예수는 한 어린 나귀를 발견하고 타셨다. 이는 기록된 바와 같다. '보라, 너의 왕이 나귀 새끼를 타고 오신다'"(12:14-15; 슥 9:9에서 인용).[12] 그러고 나서 요한은 더욱 자세히 설명하기 위해 독특한 단어를 덧붙였다: "제자들은 **처음에** 이 일을 깨닫지 못했다. 그러나 예수가 영광을 얻으신 후에야 이것이 예수에 대해 기록된 것임과 사람들이 예수에게 이같이 한 것임이 **생각났다**"(12:16). 이후에 성경과 예수의 행동 사이에 형성된 회고적이고 상상적인 연결을 재차 강조하는 것은 요한복음 시작부터 끝까지 특징짓는 해석학적 기본 구조를 독자로 하여금 기억하게끔 한다.

요한복음 2:17-22에 따르면 시편 69편을 부활 후에 읽는 것은 본문 내

---

11. Marianne Meye Thompson, "Learning the Identity of Jesus from the Gospel of John," in Gaventa and Hays, *Seeking the Identity of Jesus*, 166-79을 보라.

12. 하지만 요한은 스가랴를 인용구의 출처로 인지하지 않았다.

에서 어떤 의미가 있는가? 이는 다른 무엇보다도 **예수 자신이 시편 69:9의** **화자**, 곧 "주의 집을 사모하는 열심히 나를 삼킬 것이다"라는 선언하는 기도 음성의 화자임을 알려준다. 그리고 이 통찰은 저 시편 전체―실제로는 아마도 모든 시편―를 예기적으로 감추어진 예수의 정체 계시로 새롭게 사용할 수 있는 창문을 차례로 열어준다. 우리는 실제로 다양한 증거로부터 초대 교회가 시편 69편을 바로 이러한 방식으로 읽었다는 것을 알고 있다. 수난 시편이 고난받는 의인 예수를 묘사하고 있다는 식으로 말이다.[13] 물론 시편을 이렇게 읽기 위해서는 표상적 상상력이 있어야 한다. 그래서 예수가 "성전 된 자기 육체를 가리켜 말씀하신 것"이라는 요한의 선언에 불이 반짝인다. 곧, 복음서 기자는 자신의 이야기 서두에서 독자에게 읽는 방법을 **가르치고** 있는 것이다. 요한은 우리가 **표상적으로** 읽도록 가르치고 있으며, 부활에 비추어 성경을 **회고적으로** 읽도록 가르치고 있다. 오로지 이러한 읽기에서만 우리는 예루살렘 성전을 읽을 때 이제 십자가에 못박히고 부활하신 예수 안에서 확고히 체현된 진리에 대한 **예표로** 이해하는 것이 가능하다.[14]

---

13. 요한의 기독론적 시편 읽기, 특히 비탄시 읽기는 초기 기독교의 다른 중요한 전통의 흐름과 완전히 일치한다. 시편 69편을 메시아 발화로 읽는 다른 읽기에 대해서는 롬 15:3; 마 27:48; 막 15:36; 눅 23:36; 요 19:29을 보라. C. H. Dodd (*According to the Scriptures: The Sub-structure of New Testament Theology* [London: Nisbet, 1952], 57-60, 96-97)는 여러 신약 저자들이 이 시편 인용구를 광범위하게 인용한 것을 보고 다음과 같이 결론 내렸다: "신약 저자들은 분명 [시 69편] 전체를 그리스도의 고난과 궁극적인 승리에 적용할 의도를 가지고 있었다"(97). 전체적인 질문에 대해서는 Hays, "Christ Prays the Psalms," 101-18을 보라. 이 주제에 대해 더욱 폭넓게 생각할 거리는 Brian E. Daley, "Is Patristic Exegesis Still Usable? Reflections on Early Christian Interpretation of the Psalms," in Davis and Hays, *Art of Reading Scripture*, 69-88을 보라.
14. 또다시 나는 구약 본문을 후대 인물이나 사건에 대한 표상적 전거로서 회고적으로 해석하는 것이 전거에 대한 역사적 실재성을 부정하거나 거부하는 것이 아니라고

그러므로 요한복음 2:13-22은 대단히 중요하다. 여기에서 우리는 예수에 대한 올바른 성경/전통이 오직 부활 이후에 **회고적으로만** 해석될 수 있음을 배운다. 또한 요한은 독자들을 **표상적으로** 읽도록 지시한다. 그리고 성전과 예수의 몸 사이의 연결이 명료해지면서 내러티브 전반에 등장하는 요한의 상징성(symbolism)을 해석하기 위한 열쇠가 주어진다. **이제 예수는 하나님과 인간 존재 사이를 매개하는 장소로서의 성전의 기능을 맡으셨다.**[15]

2:21에서 제공된 해석학적 계시는 예수가 이전에 나다나엘에게 하셨던 신비스러운 선언에 새로운 빛을 비춰준다: "하늘이 열리고 하나님의 사자들이 인자 위에 오르락 내리락 하는 것을 볼 것이다"(요 1:51). 예수는 하늘과 땅 사이에 연결점(nexus)—이전에는 하나님의 임재 장소인 성전이 하던 역할—이 되셨으며, 따라서 예수는 야곱이 꿈에서 환상을 본 장소를 **벧엘**이라고 명명한 바를 성취하신다: "이것은 다름 아닌 **하나님의 집**이며, 이는 하늘의 문이다"(창 28:17).[16] 그렇기에 예수는 나중에 사마리아 여인에

주장하는 바다. 구약의 모형(type)과 신약의 대형(antitype) 모두는 세상에서 하나님의 활동을 구체적으로 드러내기 위해 있었다. 따라서 해석학적 전류는 양방향으로 흐르고 모형론적 상관관계 안에서 양 극단의 "의미"는 상대편과의 관계에 의해 강화된다.

15. 요한복음에 만연한 성전 모티프에 대한 인유(allusions) 해설을 위해서는 Ulrich Busse, "Die Tempelmetaphorik als ein Beispiel von implizitem Rekurs auf die biblische Tradition im Johannesevangelium," in Tuckett, *Scriptures in the Gospels*, 395-428을 보라.

16. 이 읽기를 위해서는 다음을 보라. Knut Backhaus, "'Before Abraham was, I am': The Book of Genesis and the Genesis of Christology," in *Genesis and Christian Theology* (ed. Nathan MacDonald, Mark W. Elliott, and Grant Macaskill; Grand Rapids: Eerdmans, 2012), 74-84, 78; Witherington, *John's Wisdom*, 72-73; Mary L. Coloe, *God Dwells with Us: Temple Symbolism in the Fourth Gospel* (Collegeville, Minn.: Liturgical, 2001), 73, 215; John F. McHugh, *John 1-4* (ICC; London: T&T Clark, 2009), 169; Lincoln, *John*, 122; Keener, *John*, 1:489. 야곱의 꿈 내러티브, 요 1:51, 예수의 성전으로서의 동일시 사이의 연결점에 대한 더욱 광범위한 논의를 위해

게 "여자여, 나를 믿으라. 너희가 아버지를 예배할 때가 이를 것인데, 이 산에서도 아니고, 예루살렘에서도 아닐 것이다"(요 4:21)라고 말씀하실 수 있었던 것이다. 진정한 예배는 지리적 위치나 제의 장소에 중점을 두지 않는다. 오히려 이 예배는 아버지에게로 가는 길이자 하나님의 임재가 있는 곳으로 알려진 장소(14:6-7)—실제로 하나님의 임재가 거하시는 곳—인 예수 자신의 인격에 중점을 둔다.

성전이신 예수의 상징성은 요한복음 서론에 이미 전조되어 있다. 거기서 복음서 기자는 로고스가 "육신이 되어 우리 가운데 거하시며 (ἐσκήνωσεν), 우리가 그의 영광을(δόξαν) 보았다"(요 1:14)라고 선언한다. 여기에 나오는 동사(σκηνόω)는 어원학적으로 천막/장막(σκηνή)과 관련이 있는데, 요한복음에 있어서 이는 모세와 이스라엘 백성이 광야에 거할 때 하나님의 임재가 나타났던 성막을 가리키는 것이 거의 확실하다: "내가 그들 중에 거할 성소를 그들이 나를 위하여 지을 것이다. 무릇 내가 네게 보이는 모양대로 장막을(τῆς σκηνῆς) 짓고 기구들도 그 모양을 따라 지을 것이다"(출 25:8-9). 이 성막은 예루살렘 성전, 곧 하나님의 임재와 영광의 장소의 전거이자 원형이었다. 이 성서 이야기를 배경으로 비추어 볼 때 우리는 요한복음 1:14을 2:19-22에서 극적으로 드러나게 될 주제에 대한 미묘한 예고로 읽어야만 한다. 곧, 예수는 성전이 되셨고 세상에서 하나님의 영광이 거하는 곳이 되셨다.[17] 따라서 우리는 아마도 요한복음 1:14에서 또한 에스겔 37:26-27의 예언을 반향으로 듣게 될 것이다.

서는 Alan R. Kerr, *The Temple of Jesus' Body: The Temple Theme in the Gospel of John* (JSNTSup 220; Sheffield: Sheffield Academic, 2002), 150-56을 보라.
17. 이 주제에 대한 확장된 설명을 위해서는, Coloe, *God Dwells with Us*, 23-27, 31-63을 보라.

내가 그들과 화평의 언약을 세워서 영원한 언약이 되게 하고, 또 그들을 견고하고 번성하게 하며, 내 성소를 그 가운데에 세워서 영원히 이르게 할 것이다. 내 처소가(κατασκήνωσις) 그들 가운데에 있을 것이며, 나는 그들의 하나님이 되고 그들은 내 백성이 될 것이다.

예수와 성전 사이에 이러한 표상적인 상응은 성전에서 신 현현을 통해 예언적인 소명을 받은 이사야 이야기를 직접적으로 인유하는 요한복음 본문과 밀접하게 연결되어 있다(사 6:1-5). 요한은 이사야 53:1과 6:10을 인용한 후에 "이사야가 이렇게 말한 것은 [예수의] 영광을 보고 그에 대해 말한 것이다"(요 12:37-41)라고 설명한다. 요한은 거꾸로 읽으면서 하나님의 영광 중에 있는 성전-중심 환상을 예수, 거절받은 메시아, 하나님의 임재가 나타난 분에 대한 계시로 해석한다.[18]

수코트와 유월절의 체화이신 예수

이와 유사한 논리가 네 번째 복음서 내내 이스라엘 종교 절기의 의미에 대한 예수의 가정(assumption)과 변형에 적용된다. 성전이 의미하던 바의 체화였던 것처럼 예수는 이제 또한 이스라엘 절기와 규례가 가리키던 모든 것을 체현해내신다.

---

18. 또한 Larry W. Hurtado, "Remembering and Revelation: The Historic and Glorified Jesus in the Gospel of John," in *Israel's God and Rebecca's Children: Christology and Community in Early Judaism and Christianity, Essays in Honor of Larry W. Hurtado and Alan F. Segal* (ed. David B. Capes, April D. DeConick, Helen K. Bond, and Troy Miller; Waco, Tex.: Baylor University Press, 2007), 195-213을 보라.

예를 들어, 수코트(초막절 또는 장막절)에는[19] 스가랴의 묵시적 환상이 성취되기를 상징적으로 기대하면서 성전에 물을 붓고 등불을 켜는 의식이 있었다.

> (주에게 알려진 바) 낮이 계속되는 날이 있을 것인데, 낮도 아니며, 밤도 아니다. 이는 저녁에 빛이 있을 것이기 때문이다. 그날에 생수가 예루살렘에서 솟아나서 흐를 것이다. … (슥 14:7-8)[20]

그러므로 예수가 수코트 마지막 날에 "누구든지 목마르거든 내게로 오게 하고 나를 믿는 자로 마시게 하라"(요 7:37-38; 참조, 7:2)라고 외치실 때,[21] 그리고—동일한 때(occasion)에[22]—"나는 세상의 빛이다"(8:12)라고 말씀하실 때 이 절기(occasion)의 상징성을 스스로에게 부과하시면서 이를 성취하고 대체한다고 암묵적으로 주장하고 계신 것이다. 하나님의 영광스러

---

19. 이 제의 관습들에 대한 상세한 연구를 위해서는 다음을 보라. Klayman, "Sukkoth from the Tanakh to Tannaitic Texts"; 그뿐 아니라, Jeffrey L. Rubenstein, *The History of Sukkot in the Second Temple and Rabbinic Periods* (BJS 302; Atlanta: Scholars Press, 1995); Håkan Ulfgard, *The Story of Sukkoth* (BGBE 34; Tübingen: Mohr Siebeck, 1998).
20. 요한복음에 나오는 스가랴 사용에 대해서는 William Randolph Bynum, "Quotations of Zechariah in the Fourth Gospel," in *Myers and Schuchard, Abiding Words*, 47-74을 보라.
21. 생생한 동사 ἔκραξεν은 독자로 하여금 예수의 선언이 가진 극적이고도 공적인 성격에 주의를 기울이게끔 한다.
22. 이 읽기는 간음하다 붙잡힌 여인에 대한 예수의 은혜로운 응답 이야기(요 7:53-8:11)가 요한복음에서 후대에 추가됐다는 합의된 본문-비평적 판단을 전제하고 있다. 세상의 빛이라는 예수의 주장과 바리새인들의 반대(8:12-20)는 본래 7:40-52에 묘사된 논쟁에 바로 이어지면서, 예수의 초막절 활동 서술, 곧 앞서 7:2에서 시작된 내러티브 단위에 속하면서 "성전 헌금함 앞에"(8:20) 명백히 위치하고 있던 8:12의 선언을 명료하게 해줄 것이다.

운 임재로 인한 "계속되는 낮"을 상징하는 저 절기의 불타는 횃불은 사실
상 "세상에 오신 … 참 빛"(1:9)이신 예수를 가리킨다. 그리고 이때 부어지
는 풍부한 물은 앞서서 사마리아 여인에게 약속된 것처럼(요 4:7-15; 참조, 슥
14:8) 오로지 예수만이 주실 수 있는 **생수**를 가리킨다.

요한복음 7:37-38에 있는 예수의 외침을 수코트의 이미지에 비추어,
그리고 예수의 몸과 성전 사이의 명백한 동일시에 비추어 해석한다면 우
리는 이 본문과 관련된 주해상 악명 높은 문제 덩어리에 만족스러운 해결
책을 발견할 수 있다.[23]

여기서 사용된 요한의 구문 구조는 모호하다. 즉, 명사화된 분사구 '호
삐스떼우온 에이스 에메'(ὁ πιστεύων εἰς ἐμέ, "나를 믿는 자")가 바로 앞에 나오는
3인칭 명령 동사 '삐네또'(πινέτω, "마시게 하라")의 주어로 사용된 것인가? 그
럴 경우 다음과 같이 번역된다.

> "누구든지 목마르거든 내게 오게 하고 **나를 믿는 자로 마시게 하라.** 성경이
> 말하는 바와 같이, '그의 배(belly)에서 생수의 강이 흐를 것이다.'"

아니면, 이 분사구가 문장의 마지막 절에서 대명사 '아우뚜'(αὐτοῦ, "그
의")와 관계되어 문법적으로는 어색한 논리적 선행사로 기능하는가? 그
렇다면 다음과 같이 번역된다.

> "누구든지 목마르거든 내게 와서 마시게 하라. 나를 믿는 자는—성경이 말
> 하는 바와 같이—'배(belly)에서 생수의 강이 흐를 것이다.'"

---

23. 이 본문과 관련된 구문론적, 자료-비평적 문제에 관한 상세한 내용은 Menken, *Old
    Testament Quotations*, 187-203을 보라.

둘째, 이때 거의 모든 영역본에서처럼 "생수의 강"이 믿는 자에게서 흘러나올 것으로 상상하는 것이 정합한가?—아니면, 생수가 예수에게서 흘러나온다는 약속으로 이해해야 하는가? 셋째, 요한복음 7:38에서 명시적으로 인용된 성경의 출처는 어디인가?

이 모든 질문에 대한 해답은 요한이 예수와 성전을 강조하여 동일시한 데 있다. 절기 마지막 날이라는 배경을 고려하면 우리는 예루살렘에서 물이 흘러나오는 스가랴의 종말론적 이미지, 곧 수코트의 물 규례로 상징되는 이미지를 상기하게 된다. 이 이미지는 더욱 앞선 시기의 예언인 에스겔 환상을 연상시킨다.

> 그가 나를 데리고 성전 문에 이르렀다. 성전의 앞면이 동쪽을 향하였는데, 그 문지방 밑에서 물이 나와 (성전은 동쪽을 향하고 있기에) 동쪽으로 흘렀다. 그러고 나서 성전 오른쪽 제단 남쪽으로 흘러내렸다. 그가 또 나를 데리고 북문으로 나가서 바깥 길로 꺾여 동쪽을 향한 바깥 문에 이르렀다. 그리고 물이 그 오른쪽에서 스며나왔다. (겔 47:1-2)

에스겔 47장과 스가랴 14장의 이 이미지는 복음서 기자가 요한복음 7:38에서 언급한 "성경"의 가장 가능성 높은 출처다.[24] 만약 그렇다면, 요한이 언급한 "성경이 말하는 바"란 직접 인용구에 대한 신호가 아니라 수코트와 통상적으로 관련되어 있으면서 약속된 새 시대에 회복된 예루살렘의 종말론적 성전에 대한 소망을 가리키는 성서 본문들의 요약으로 이

---

24. 요한의 에스겔 인유를 충분히 다루기 위해서는, Gary T. Manning, *Echoes of a Prophet: The Use of Ezekiel in the Gospel of John and in Literature of the Second Temple Period* (JSNTSup 270; London: T&T Clark, 2004)을 보라.

해되어야 한다.[25] 따라서 예수가 제시하시는 바 종말론적으로 흘러나오는 물의 근원은 분명 (대부분의 역본이 제시하듯) "믿는 자"가 아니라 **예언 본문들에 예표된 상징적 성전인 예수 자신이다.** 그리고 요한복음 7:38에 있는 성경 언급은 예수의 외침의 일부가 아니라 복음서 기자가 독자에게 해설해주는 부분으로 이해되어야 한다. 이러한 식으로 결정된 해석은 다음과 같은 번역을 산출해낸다.

> [예수가] "누구든지 목마르거든 내게로 오게 하라. 그리고 나를 믿는 자로 마시게 하라"라고 외치셨다. 성경이 말하는 바와 같이 그의[즉, '예수의'] 배에서 생수의 강이 흘러나올 것이다. 이는 그를 믿는 자들이 받을 영을 가리켜 말씀하신 것이다. 예수가 아직 영광을 받지 않으셨기에 영이 아직 그들에게 계시지 않았다. (요 7:37-39)

이 본문에 나오는 구문론과 상징성 모두를 설명할 수 있는 이 해석은 수코트의 진정한 의미—그리고 이와 연관된 예언적 본문들—가 이제 예수 안에서 체현되었음을 확신 있게 시사한다.

마찬가지로 이스라엘 **유월절** 준수에 대한 언급이 요한복음에 반복적으로 나타난다. 이 언급은 먼저 상인과 환전상을 성전에서 쫓아낸 예수의 예언적 행동과 관련되어 나타나고(요 2:13, 23), 다음에는 굶주린 군중을 먹이기 위해 빵을 배가시키신 일과 관련해서(6:4), 그리고 나서 승리의 예루

---

25. 아마도 여기에 슥 13:1이 관련돼 있을 것이다: "그 날에 죄와 더러움을 씻는 샘이 다 윗의 족속과 예루살렘 주민을 위하여 열릴 것이다." 참조, 또한 렘 2:13: "내 백성이 두 가지 악을 행했다. 곧 그들이 생수의 근원되는 나를 버린 것과 스스로 웅덩이를 판 것인데 그것은 그 물을 가두지 못할 터진 웅덩이들이다."

살렘 입성을 앞두고서 나타난다(11:55, 12:1).[26] 핵심이 되는 극적 중추점은 예수의 공적 활동 내러티브 결론(12:36b를 보라) 이후인 13:1에 나온다: "유월절 전에 예수는 자기가 세상을 떠나 아버지에게로 돌아가실 시간이 이른 줄 아셨다." 유월절 기념과 관련하여 예수의 "시간"을 언급함으로 요한은 예수의 죽음/영광과 애굽의 속박으로부터 구원된 이스라엘 이야기 사이의 표상적인 관련성을 강하게 암시한다.

그리고 실제로 요한의 유월절 언급은 공관복음에서처럼 유월절 당일이 아니라 **유월절을 준비하는 날에**(요 19:14) 예수의 십자가 처형이 발생하면서 수난 기사의 절정을 이룬다. 이러한 시점 변환은 예수의 죽음을 유월절 양 도살과 일치시키는 효과가 있는데, 이는 로마 군인들이 십자가에서 예수의 다리를 꺾지 않았고, 따라서 예수의 죽음으로 유월절 양 준비에 대한 요구가 성취됐다는 요한의 서술에서 강조된 바 있다: "이 일이 일어난 것은 '그 뼈가 하나도 꺾이지 않을 것이다'라고 한 성경을 성취하려 하기 위함이다"(19:36). 이는 분명 유월절 양을 준비하고 먹으라는 하나님의 지시를 암시한다: "한 집에서 먹고 고기를 조금도 집 밖으로 내지 말고 **뼈도 꺾지 말라**"(출 12:46). 하지만 요한의 실제 인용구는 유월절 기념과 분명 관련 없는 시편의 한 구절과 출애굽 내러티브가 융합된 것처럼 보인다.

> 의로운 자들이 겪는 고난이 많지만
>
> 주는 모든 고난에서 저들을 건지신다.

---

26. 하지만 이 구절 중 어디에서도 요한이 유월절 및 이와 관련해 발생하는 예수의 행동 사이에 어떤 직접적이고도 상징적인 연관성을 암시하지 않는다는 점은 흥미롭다. 무리를 먹인 사건은 광야에서 하나님의 만나 공급 이야기를 반향하지만, 요한은 출 16장의 만나 이야기, 구체적으로 출 12장의 유월절 내러티브와 분명한 연결을 시도하지 않는다.

그분은 저들의 모든 **뼈**를 보호하신다.

그 중에서 하나도 꺾이지 않을 것이다. (시 34:19-20)

이 본문들 사이의 관계는 그리스어 본문을 나란히 놓고 볼 때 가장 잘
드러난다. 여기서 밑줄은 요한복음 인용구를 구성하는 요소를 보여준다.

요 19:36   ὀστοῦν οὐ συντριβήσεται αὐτοῦ.

출 12:46 LXX   καὶ <u>ὀστοῦν οὐ</u> συντρίψετε ἀπ᾽ αὐτοῦ.

시 34:20 (33:21 LXX) κύριος φυλάσσει πάντα τὰ ὀστᾶ αὐτῶν ἓν ἐξ αὐτῶν

                     <u>οὐ συντριβήσεται</u>.

요한의 인용문에서 단수 명사 '오스뚠'(ὀστοῦν, "뼈")은 출애굽기의 설명
과 일치하지만 3인칭 미래 수동태 직설법 동사 '쉰뜨리베세따이'(συντριβή-
σεται, "꺾일 것이다")는 시편의 언어와 일치한다.[27]

정교하게 조율된 귀를 가진 독자가 요한의 서술에서 이 두 본문이 융
합된 것을 듣는다면 이에 따른 해석은 복잡할 것이다. 한편으로 예수가
예비일에 못박히신 것은 유월절 규례의 표상적 의미의 성취를 나타내면
서 이스라엘을 구원하신 하나님의 행동을 불러일으킬 것이다. 그리고 동
시에 다른 한편으로 시편 34편에 대한 환용적 기억에 따르면 아주 훌륭한
의로운 분, 예수가 하나님에 의해 구출될 뿐 아니라 이 구출이 (시 34:19에서
처럼) 모든 의로운 자를 모든 고통으로부터 구해낼 것이라는 하나님의 구
출 예고가 제안된다. 두 기저 텍스트는 서로 다른 방식으로 십자가 처형

---

27. 본문 형태에 대한 더욱 자세한 분석에 대해서는, Menken, *Old Testament Quotations*,
    147-66을 보라.

을 불명예스러운 패배가 아니라 구원 사건으로 해석하도록 인도한다.

더욱이 십자가형과 유월절의 상징적 연결은 마침내 세례 요한이 처음에 예수를 "하나님의 어린 양"(1:29, 36)으로 신비스럽게 칭송한 것의 의미를 설명해준다. 요한복음 이야기의 시작부를 기억하는 독자는 복음서를 거꾸로 읽으면서 이제야 이 호칭을 해석할 수 있게 될 것이다. 곧, 복음서 기자 요한에게 있어서 "세상 죄를 짊어지고 가는 하나님의 어린 양" 예수는 자신의 죽음으로 유월절과 출애굽 사건의 진정한 의미를 체현해내셨다.

성전봉헌절의 선한 목자

이 모든 것은 요한의 독자에게 매우 친숙하다. 하지만 이제 우리는 요한복음에서 아마 덜 알려져 있을 상징적 의미를 담고 있는 또 하나의 절기, 성전봉헌절을 살펴보려 한다. 핵심 본문은 요한복음 10:22-30이다. 요한은 이렇게 썼다: "예루살렘에 성전봉헌절(수전절)이 왔는데, 때는 겨울이었다. 예수가 성전 안 솔로몬 행각을 거니셨다." 우리가 이것을 곧바로 읽는 일은 쉽지만 1세기의 모든 이스라엘 사람은 이 설정에 상징적으로 난해한 특징이 있음을 즉각 알아차렸을 것이다.

성전봉헌절(하누카[Hanukkah])은 시리아 통치자 안티오쿠스 에피파네스 4세(Antiochus Epiphanes IV)의 압제에 대한 마카베오 항쟁의 승리를 기념하는 날이다. 안티오쿠스는 이스라엘 땅을 점령하고서 유대인의 토라 준수를 단념시키기 위해 일단의 억압적인 정책을 폈다. 안티오쿠스의 목적은 저들이 할례 관습과 독특한 음식 법을 버리고 헬레니즘 문화에 적응하게끔 하는 것이었다. 또한 예루살렘 성전 안에 그리스의 신 제우스를 위한 제단을 쌓아 성전을 더럽히기까지 했다. 하지만 유다 마카베오가 이끄는 유대 저항군 무리가 무장 봉기를 일으켰고 모든 역경을 물리치고 결국 제국의 세력을 성공적으로 제압했다. 저들은 성전을 수복하고 한 분이신 이스라엘의 하나님을 예배하기 위해 재봉헌했다.[28] 이렇게 성전봉헌절은 성전 예배의 갱생과 민족 독립의 제정 모두를 상기시킨다.

그러나 예수 시대가 되면서 정치적 상황은 다시 변화했다. 마케베오 항쟁으로 다시 세워진 유대 독립국은 오래 가지 않았다. 예수 당시에 유대는 로마 총독, 본디오 빌라도에 의해 통치됐고, 유대 민족은 다시금 외세의 압력 아래 놓이게 됐다. 이러한 상황 아래서 하누카—성전봉헌절—를 기념하는 것은 향수에 젖어 유대 민족이 영광스러웠을 때를 돌아보면서 더욱 위험하게는 이스라엘 미래의 해방을 고대하며 내다보는 시간이었을 것이다.

이 경우 요한은 예수가 성전에서—그리고 단지 성전이 아니라 구체적으로 **솔로몬**의 행각(Portico)에서—걸으시는 장면을 묘사한다. 다윗의 자손 솔로몬은 물론 고대 이스라엘 왕조의 영역을 가장 영광스럽게 확장했던 왕이었다. 그리고 많은 유대인은 새로운 "다윗의 자손", 곧 이스라엘 왕국을 회복할 메시아를 고대하고 있었다.

그래서 예수가 솔로몬의 행각을 걸을 때 이 상징적 배경 위에서 어떤 말씀을 하실까? 자신을 새로운 솔로몬, 새로운 다윗의 자손, 이스라엘의 왕으로 선포하실까? 압제 세력에 대항하여 마카베오 반란과 같은 새로운 폭동을 일으킬 것인가? 그래서 사람들은 이렇게 질문한다: "언제까지 우리를 불안하게 하실 건가요? 당신이 메시아라면 밝히 알려주십시오"(요 10:24).

---

28.   자세한 설명은, Josephus, *Ant.* 12.316-26을 보라.

어떤 차원에서 예수는 이미 군중의 질문에 대답하셨다. 요한복음 10장 더 앞부분에서 예수는 "나는 선한 목자다"라고 선언하셨다. 솔로몬 행각에 모인 군중들에게 "선한 목자" 이미지는 명확한 **정치적** 의미를 가지고 있었다. 저들이 에스겔 34장 예언을 잘 알고 있었을 것이기 때문이다.[29] 하나님의 이름으로 말하는 이 예언자는 하나님의 양 떼를 제대로 돌보지 않은 이스라엘 지도자들을 꾸짖었다. 곧, 저들은 양들을 학대하고 흩어뜨린, 이기적이고 양들에 무관심한 목자였다. 그리고 에스겔 34장 말미에서 다음 진술을 발견할 수 있다.

> 내가 한 목자를 그들 위에 세워 먹이게 할 것이다. 그는 내 종 다윗이다. 그가 그들을 먹이고 그들의 목자가 될 것이다. 나 주는 그들의 하나님이 되고 내 종 다윗은 그들 중에 왕이 될 것이다. 나 주의 말이다. (겔 34:23-24)

그러므로 예수가 선한 목자라고 주장하심으로 메시아 추측을 자극했던 것은 놀랍지 않다. "선한 목자"는 믿는 자들의 영혼을 돌보겠다고 약속하는—후대의 감상적인 기독교 신앙에서처럼—단순한 위로자가 아니다. 그보다도 예수는 이스라엘의 회복자이자 통치자인 새로운 다윗임을 상징적으로 주장하고 계신 것이다. 그러나 예수는 이 모든 것을 **표상적인 언어**로 말씀하셨다. 그래서 군중은 예수에게 왕위 후보자임을 더욱 확실하게 선언하라고 압력을 가했다.

그러나 예수는 직접적인 대답을 회피하셨다. 예수는 자신이 하고 있는 일을 가리키면서 이것들이 자기 정체를 충분히 증명해줄 것이라고 말씀하실 뿐이다. 예컨대, 요한은 예수가 날 때부터 눈먼 사람을 고쳐주었고

---

29. Manning, *Echoes of a Prophet*, 100-135을 보라.

굶주린 군중을 기적으로 먹이셨다고 말해준다. 예수의 사역은 **치유하고 먹이는** 사역이었다. 이는 정확히 에스겔 34장의 선한 목자가 양 떼를 위해 할 것으로 약속된 것이다. 이러한 선과 자비에 대한 구체적 행위는 예수가 자신이 이야기하는 바로 그 대상이라는 충분한 증거가 될 것이다. 그러고 나서 이 본문은 약속의 말씀으로 맺어진다: "아무도 저들을 내 손에서 빼앗을 수 없다." 왜인가? 왜냐하면 예수가 "나는 아버지와 하나다"(요 10:30)라고 선언하시기 때문이다.

그리고 여기에서 예수는 놀랍게도 1세기 유대인이 기대할 수 없었던 메시아 상을 주장하신다: 하나님과 하나인 메시아. 이러한 이유로 예수는 아무도 자기 손에서 양들을 빼앗을 수 없다는 거창한 약속을 하실 수 있었던 것이다.

어떻게 그럴 수 있는가? 백성들이 알고 있었던 역사는 실패한 약속의 역사이자 깨어진 소망의 역사며 기껏해야 불명확한 역사였다. 다윗 왕조는 몰락했다. 마카비 혁명은 시들해졌고 손에서 권력을 잃었다. 더욱 후대에 윌리엄 버틀러 예이츠(William Butler Yeats)가 환멸을 느낀 세대에게 예언했던 것처럼, 중심이 지탱되지 않는다면(예이츠의 *The Second Coming* [1919]에 나오는 시구—역주)—질서를 창조하는 데 들이는 모든 노력이 타협과 배신으로 점철된다면, 우리가 죽음의 그늘을 계속해서 걷는다면—어떻게 예수는 성전(요한복음 기록 당시 이미 폐허가 된 성전)에 선 것으로 추정될 수 있으며, 자기 양들이 피로 물든 역사의 조류(tide)에 빼앗기지 않을 것이라고 약속하실 수 있을까?

그러한 특별한 약속은 예수와 아버지가 하나라는 주장이 참인 경우에만 유효하다. 양들은 누구도 **하나님의 손에서** 빼앗길 수 없기에 예수의 손 안에서 안전하다. 우리는 여기서 다시금 에스겔 34장을 기억해야 한다. 에스겔 예언에 따르면 양 치는 목자가 될 **다윗**뿐 아니라 **하나님** 자신도 목자가 되신다.

> 내가 친히 내 양의 목자가 되어 그것들을 누워 있게 할 것이다. 주 하나님이
> 말씀하신다. 그 잃어버린 자를 내가 찾으며 쫓기는 자를 내가 돌아오게 하
> 며 상한 자를 내가 싸매 주며 병든 자를 내가 강하게 하고 살진 자와 강한
> 자는 내가 없앨 것이다. 내가 정의대로 그것들을 먹일 것이다. (겔 34:15-16)

　그래서 겨울에 성전에서 예수는 여느 때처럼 정치에 대해 이야기하지
않으신다. 죽음과 부활 저편에서 세상의 구속을 약속하신다. 그리고 요한
복음 내러티브 세계에서 저 약속은 오로지 **예수가 곧 성전봉헌절이 가리키
는—유리를 투과하여 흐릿하게—진리**이기에 유효하다. 곧, 예수는 이스라엘
하나님의 인격적인 임재시자 결국 자기 백성을 구원하고 치유하며 싸매
어주고 정의롭게 먹이기 위해 오셨다.[30]

　이러한 식의 표상적 해석학에 비추어 볼 때 예수의 정체를 밝히는 데
구약이 표상적으로 이용 가능하다. 이는 예수의 삶 가운데 일어날 사건을
예고하는 몇 가지 증거 본문을 찾는 문제가 아니다. 그보다도 요한은 이스
라엘 성경이 예수 안에서 육화되신 분을 표상적으로 명료하게 가리키고 있다고
본다.

---

30. 때로 요한복음에는 정의에 대한 관심이 부족하다고 간주된다. 대조적으로 이 관심
은 요한복음 단어와 이미지에서 성서적 공명을 들을 귀를 가진 사람들에게 강하게
드러난다.

하늘에서 오는 양식

이스라엘 성경 전체가 육화된 말씀을 명료하게 비출 수 있다는 깨우침이 드리우게 되면 예수를 예표하는 것이 단지 성전이나 절기만이 아님을 알게 된다. 오히려 요한에게 있어서는 이스라엘을 은혜롭게 대하시는 하나님의 전체 이야기가 예수를 예표한다. 예를 들어, 출애굽기 16장에 나오는 광야의 만나 이야기를 생각해보자. 요한은 만나 사건이 "하늘에서 내려온 빵"(요 6:31-33)이신 예수를 예표한다고 주장한다.

요한복음 6:1-14에서 5,000명을 먹이신 예수의 기적 이후에 요한은 디베랴 바다 주변에서 예수를 좇는 군중에 관한 재미있는 이야기를 들려준다. 사람들이 가버나움에서 예수를 뒤좇았을 때 예수는 이들이 잘못된 것을 구한 것에 대해 꾸짖으셨다.

> "내가 진실로 진실로 너희에게 말한다. 너희가 나를 찾는 것은 표적을 보았기 때문이 아니라 빵을 먹고 배불렀기 때문이다. 썩을 양식을 위하여 일하지 말고 영생하도록 있는 양식을 위하여 하라. 이 양식은 인자가 너희에게 줄 것이다." (요 6:26-27)

군중에 대한 예수의 도전은 이스라엘을 향한 이사야 선지자의 긴박한 외침을 연상시킨다.

> 오호라, 너희 모든 목마른 자들아 물로 나오라[참조, 요 7:37-38].
> 돈 없는 자도 오라. 너희는 와서 사 먹으라!
> 오라, 돈 없이, 값없이 와서 포도주와 젖을 사라.
> 너희가 어찌하여 양식이 아닌 것을 위하여 은을 달아 주며

배부르게 하지 못할 것을 위하여 수고하느냐?

내게 주의 깊게 들으라. 그리하면 너희가 좋은 것을 먹을 것이며

너희 자신들이 기름진 것으로 즐거움을 얻을 것이다.

너희는 귀를 기울이고 내게로 나아와 들으라.

그리하면 네가 살 것이다. (사 55:1-3a)

예수의 말씀에는 이사야 55장의 직접적이고 자구적인 반향이 나오지는 않지만 실질적인 평행점은 흥미롭다. 이사야처럼 예수는 만족하지 못할 헛된 바람을 위해 수고하지 말고 참된 생명을 주는 양식을 구하라고 권면하신다.[31] 예수는 썩어버릴 물고기나 보리빵보다 더 좋은 것을 주고 계신다.

하지만 군중은 이해하지 못했다. 저들은 "그러면 우리가 보고 당신을 믿도록 행하시는 표적이 무엇입니까? … '그가 하늘에서 그들에게 양식을 주어 먹게 했다'라고 기록된 것처럼 우리 조상들은 광야에서 만나를 먹었습니다." 어떤 표적을 우리에게 주시겠는가? 바로 전날 예수가 광야의 만나 못지않게 놀라운 음식을 주셨다는 것을 기억할 때 저들의 질문은 이상하다. 저들에게 더 필요했을 표적은 무엇인가? 이들의 이상한 질문은 자신들이 이미 목도한 것을 더욱 깊이 이해하지 못했다는 데서 온 증상이다. 저들은 예수가 모세와 같은 새로운 선지자의 활동 묘사에 적합하기를 바라고 있었다. 결과적으로 미리 예상한 범주로 인해 저들은 바로 눈앞에 펼쳐진 것을 보지 못했다.

그래서 예수는 저들의 시각을 교정해주신다. 그리고 여기서 우리는

---

31. Diana Swancutt, "Hungers Assuaged by the Bread from Heaven: 'Eating Jesus' as Isaian Call to Belief: The Confluence of Isaiah 55 and Psalm 78(77) in John 6:22-71," in Evans and Sanders, *Early Christian Interpretation*, 218-51을 보라.

당면한 문제의 핵심에 이른다. 곧, 예수는 청중에게 성경 읽는 법을 가르치고 계신다. 군중은 올바른 본문—이들은 예수가 무리를 먹인 일을 출애굽기 16장의 광야의 만나 이야기와 연관 지었고, 또한 실제로 인용한 본문은 저 이야기를 회상하며 재서술하는 시편 78:24이었다—을 가지고 있었다. 저들은 올바른 본문을 가지고 있었지만 잘못 읽었다. 이들은 저 이야기가 카리스마로 기적을 행하는 모세에 관한 이야기라고 생각하는 것 같다. 그래서 예수는 이렇게 설명하셔야 했다: "내가 진실로 진실로 너희에게 말한다. 하늘에서 너희에게 양식을 내린 것은 **모세**가 아니다. 하늘에서 너희에게 참된 양식을 주시는 이는 나의 **아버지시다**"(요 6:32). 예수는 저들에게 기본적인 주해를 단순히 가르치고 계셨다. 구약의 본문이 "그가 하늘에서 그들에게 양식을 먹도록 주었다"라고 할 때 주어는 모세가 아니라 **하나님**이다.[32]

그러나 예수가 어떻게 읽어야 하는지 가르치실 때 단순한 교정을 넘어서신다. 하나님 아버지가 참된 수여자라는 사실을 주장할 뿐 아니라 예수는 또한 동사의 시제를 과거에서 현재로 바꾸면서 (과거의) 만나를, 아직 다가오고 있는 또 다른, 더욱 참된 하늘의 양식을 **예표**하는 것으로 읽어야 함을 제안하신다: "하늘에서 너희에게 참된 양식을 주는 분은 나의 아버지시다." 여기에 패러다임의 전환이 있다. 곧, 만나 이야기는 단순히 구원사의

---

32. Peder Borgen, *Bread from Heaven: An Exegetical Study in the Concept of Manna in the Gospel of John and the Writings of Philo* (NovTSup 10; Leiden: Brill, 1965), 61–67은 성경 읽는 방식에 대한 이 가르침이 랍비적인 패턴을 따른 것임을 보여준다: "x를 읽기보다, y를 읽으라." 하지만 Borgen은 그러한 읽기로 산출된 예수와 만나 사이의 대조를 강조하는 반면 Susan Hylen은 저들 사이의 연속성을 강조한다(*Allusion and Meaning in John 6* [BZNW 137; Berlin: De Gruyter, 2005]); 그래서 Thompson, *John*, 148 역시 보라. 요한의 이스라엘 이야기 및 성경 재독(rereading)은 이스라엘의 과거나 형성기 내러티브를 거부하는 것이 아니다. 그보다도 이것들은 요한의 관점에서 가정되고 변형된다.

과거 사건에 관한 것이 아니다. 만나 이야기는 그보다도 전적으로 다른 종류의 양식을 표상적으로 가리킨다. 만나는 하나님에 의해 주어진 것이지만 이는 여전히 "썩어버릴 양식"(또 다른 주해적 암시: 참조, 출 16:19-21)이었고 이것을 먹은 사람들도 여전히 죽었다(요 6:49). 요한은 독자에게 이스라엘 성경을 다시 읽는 방법을 다시 한번 가르치고 있다. 곧, 거꾸로 읽음으로써 예수는 만나 이야기를 자기에 대한 예표로 재해석하셨다.

명사 '아르또스'(ἄρτος, "빵/떡/양식")가 남성 명사라는 사실에 입각하여 요한은 6:33에 있는 예수의 말씀을 교묘하게 중의적으로 만들었다. 즉, 분사구 '호 까따바이논 에끄 뚜 우라누'(ὁ καταβαίνων ἐκ τοῦ οὐρανοῦ)는 수식적(attributive: "하나님의 양식은 하늘에서 내려오는 것이다"[the bread of God is that which comes down from heaven]) 또는 명사적(substantive: "하나님의 양식은 하늘에서 내려오는 분이다"[the bread of God is the One who comes down from heaven]) 용법 중 하나로 읽힐 수 있다. 후자의 해석을 명료한 배음(overtones)으로 듣는다면 우리는 분명 요한의 표상적 해석학에 충실한 독자일 것이다. 이것이 예수의 비밀스러운 진술에 숨겨진 의미다: "하나님의 양식은 하늘에서 내려오는 분이며 세상에 생명을 준다"(6:33)

예수의 선언에 대한 응답으로 군중은 결국 잘못된 질문을 넘어서 제대로 된 요청을 한다: "선생님, 이 빵을 저희에게 주십시오." 저들은 마치 조금 앞의 이야기에서 "선생님, 내가 영원히 목마르지 않도록 이 물을 내게 주십시오"(요 4:15)라고 했던 사마리아 여인과 같다. 그러자 예수는 더 이상 비밀스럽게 이야기하지 않으면서 사마리아 여인에게 주었던 대답과 비슷한, 극적인 대답을 주셨다: "나는(ἐγώ εἰμι)─나는 생명의 양식이다. 내게 오는 자는 누구든지 영원히 굶주리지 않을 것이며, 나를 믿는 자는 누구든지 영원히 목마르지 않을 것이다"(6:34-35).

그렇게 예수는 자신의 몸을 내어주심으로 세상에 생명을 주셨다. 예수 자신이 바로 하늘에서 내려온 참 양식, 이스라엘의 바람—실제로는 모든 인류의 바람—이 지향해야 할 양식이시다. 예수는 만나 이야기의 진정한 의미다. 하늘에서 내려오신 예수는 생명을 주는 분이며 오로지 우리가 그분에게 나아갈 때 우리는 죽음을 견디고 극복하는 생명을 얻게 될 것이다. 요한복음에 따르면 이것이 바로 모세가 썼던 진정한 의미다.

요한복음에서 계속해서 등장하는 "나는 ~이다"(I am) 담론을 이와 비슷하게 분석하면서, 예수가 어떻게 이스라엘 성경의 이미지를 이끌어내시는지, 어떻게 자신을 표상적으로 암호화된(encoded) 이 이미지들의 의미의 체현으로 선포하시는지 볼 수 있다. 예컨대, 요한복음 내러티브가 전개되면서 예수는 자신이 세상의 빛(8:12, 9:5)이고 선한 목자(10:11, 14)이며 참된 포도나무(15:1, 5)라고 선언하셨다. 이 각각의 자기-명칭은 성경과 깊이 공명하지만, 양식(빵/떡) 담화의 경우와는 달리 요한복음 저자는 독자를 위한 성경 본문을 실제로 구체화해주지 않는다. 추정컨대 2:17-22(성전이신 예수)과 6:25-40(하늘에서 내려오는 양식이신 예수)을 기독론적 표상으로 읽는 것의 필요성과 방법을 설명한 후에 저자는 이어지는 '에고 에이미'(ἐγώ εἰμι, "나는 ~이다") 발화에서 유사한 연결 작업을 독자들의 몫으로 남겨둔다.[33] 따라서 빛, 목자, 포도나무 이미지는 직접적인 인유가 아니라 독자로 하여금 성서의 출처들을 복기하도록 손짓하는 반향으로 기능한다.

---

33. 요한복음에는 또한 예수의 입에 담긴 몇 가지 다른, 유명한 ἐγώ εἰμι, 특히 "나는 부활이고 생명이다"(11:25)와 "나는 길, 진리, 생명이다"(14:6)라는 진술들이 나온다. 이 극적인 주장들이 요한 기독론에서 고도로 중요한 표현들이지만, 이것들은 성전, 빵, 빛, 목자, 포도나무 이미지가 그러하듯 구체적인 성서 기저 텍스트들을 명료하게 불러일으키지는 않는다.

다른 기독론적 명칭들

왕

요한은 이스라엘 성경으로부터 이끌어낸 구체적인 기독론 이미지에 더하여 자신의 내러티브 안에서 예수에 대해 수많은 명칭을 사용한다. 이 중에서 두드러진 것으로는 왕, 메시아, 하나님의 아들, 인자(사람의 아들)가 있다. 이 호칭들은 요한 이야기 안에서 밀접하게 얽혀있다. 이 모든 칭호가 구약에 뿌리를 두고 있기는 하지만 요한은 놀랍게도 이에 대한 성서의 특정한 기저 텍스트를 추적하는 일에 적극적이지 않았다. 오실 메시아에 대해 이스라엘이 기대하는 모습은 내러티브 내내 깊은 곳에서 유동하고 있지만 대부분 명시적인 주장으로 나타나기보다 텍스트에 함축적이고도 문화적인 배경(encyclopedia) 차원에 감추어져 있다.

'바실레우스'(βασιλεύς, "왕")라는 용어는 요한 이야기에 단 네 차례 등장한다. 처음으로는 나다나엘의 갑작스러운 외침에 나온다: "랍비여, 당신은 하나님의 아들입니다! 당신은 이스라엘의 왕입니다!"(요 1:49). 이 두 칭호의 동의어적 평행은 "하나님의 아들"이 시편 2:7과 사무엘하 7:12-14의 경우와 같이 왕에 대한 경칭(royal honorific designation)으로 인식해야 함을 보여준다. 하지만 나다나엘의 열성적인 외침에는 요한 내러티브의 전형적인 아이러니가 작동하고 있다. 곧, 나다나엘이 말한 것은 진실이지만 본인은 자기 발언의 의미를 완전히 이해하지 못했다. 그러나 네 번째 복음서에서 독자들은 "하나님의 아들"이란 이스라엘이 고대하던 다윗계 왕을 칭송하는 고상한 방식 그 이상이라는 것을 이해한다—또는 이야기가 전개되면서 이해하게 될 것이다. 곧, 이 명칭은 예수의 정체에 대한 더욱 형이상학적인 함의를 가지고 있다.

"왕"이라는 용어는 두 번째로 예수가 5,000명을 먹이신 후 열광하는 무리에 대한 응답에 나온다: "예수가 그들이 와서 자기를 억지로 붙들어 왕으로 삼으려는 줄 아시고, 다시 혼자 산으로 떠나셨다"(요 6:15). 여기서 예수의 행동은 "왕" 칭호를 거부한 것이 아니라 예수의 정체와 사명에 대한 몰이해로 인해 자신을 억지로 통치자로 삼으려는 군중의 시기적절하지 않은 시도로부터 회피한 것이다.[34] 저들의 이해 부족은 가버나움 회당에 있었던 문답식 대화에 분명히 묘사된다(6:25-59).

"왕" 용어의 세 번째 등장은 예수가 예루살렘에 승리의 모습으로 입성하는 이야기에 나온다(요 12:12-16). 이 단락에서 요한은 마태의 병행본문에서처럼(마 21:1-9) 시편 118:26과 스가랴 9:9을 모두 상징을 담은 예수의 입성에 대한 성경적 예표로 인용한다. 그러나 요한은 시편 인용문에 자신의 해석을 덧입힌 어구를 추가했다. 군중은 이렇게 노래한다.

> 복이 있도다. 주의 이름으로 오시는 이—
> 곧 이스라엘의 왕이여. (요 12:13)

주의 이름으로 오시는 이가 곧 왕이라는 요한의 구체화는 누가복음 19:38의 해설과 병행하는데, 공관복음에 전혀 등장하지 않는 "이스라엘의 왕"이라는 전체 어구는 요한복음 도입부에 나오는 나다나엘의 예언적 외침을 반향한다(요 1:49). 그리고 나서 요한복음 저자는 스가랴 9:9 인용을 더하여 예수의 행동이 성경의 성취임을 가리키면서 메시아적 왕으로서의 정체를 확증한다: "보라, 너의 왕이 나귀 새끼를 타고 오신다"(요 12:15). 특징적으로 요한은 구약 본문과의 표상적 상응에 대한 제자들의 인식이 회

---

34. Wayne Meeks, *Prophet-King*, 87–91에 의해 바르게 주목된 바 있다. Meeks의 연구는 전체적으로 요한복음의 "선지자"와 "왕" 칭호 사이의 연관성을 강조하며, 모세를 다루는 유대 전통에서 이 직분들이 서로 밀접하게 관련되어 있음을 보여준다.

고적인 것이라는 해석학적 해설을 덧붙였다.

> 제자들은 처음에 이 일을 깨닫지 못하였지만, 예수가 영광을 얻으신 후에
> 이것이 예수에 대해 기록된 것임과 사람들이 예수에게 이같이 한 것임이
> 생각났다. (요 12:16)

다시 한번 요한은 독자들에게 거꾸로 읽기를 가르치고 있다.

놀랍게도 12:12-16은 요한복음에서 "왕"과 "메시아"라는 예수의 칭호를 구체적인 성서 기저 텍스트와 명시적으로 연결하고 있는 유일한 단락이다. 이 핵심 본문에서 요한은 예수에게 왕권을 부여하는 것이 옳음을 독자에게 주지시키지만, 또한 이 왕권의 특징이 오직 예수를 계시하는 복음서 내러티브에 비추어 거꾸로 읽으면서 "왕"의 의미를 재정의함으로써만 이해될 수 있다는 신호를 보낸다.

"왕" 용어를 둘러싼 모호함은 요한이 이 단어를 반복적으로 사용하는 마지막 내러티브 단위에서 주제상의 절정에 이른다: 빌라도 앞에서 예수의 심문 이야기(요 18:33-40)와 이어지는 고문과 십자가 처형 기사(19:1-22). 여기서 요한복음 저자는 로마 총독, 예수를 기소한 대제사장들, 예수 자신에 의해 이해되고 오해되는 용어의 다양한 의미를 교묘하게 활용한다. 이 단락의 극적 아이러니의 핵심은 예수가 빌라도에게 대답한 데 놓여 있다: "내 나라는 이 세상에 속한 것이 아니다. 만일 내 나라가 이 세상에 속했다면, 내 종들이 싸워 나로 유대인들에게 넘겨지지 않게 하였을 것이다. 그렇지만 내 나라는 여기에 속한 것이 아니다"(18:36). 예수는 암묵적으로 "왕" 칭호를 수용하시지만 이 왕권은 다른 세상의 권위에 근거하고 있으며 군사력이 아닌 자신의 진리에 대한 증언을 통해 왕권을 행사한다고 주

장하셨다(18:37).[35]

이어서, 요한의 극 안에서 특징적으로 풍성하게 나타나는 바 예수를 고발하는 아이러니는 십자가 위에 여러 언어로 새겨진 빌라도의 팻말과 대제사장의 무용했던 반박에 대한 복음서 저자의 확장된 설명으로 강조된다. 저들의 불평은 빌라도에게 "가이사 외에 우리에게 왕이 없다"(19:15)라고 아첨하는 발언에 비통한 아이러니를 강화한다.

하지만 현재 우리의 연구 목적에 있어서 눈에 띄는 통찰은 이것이다. 요한복음에서 끝까지 전개된 재판과 십자가형 드라마 어느 곳에서도 성서 증거들에 비추어 왕권을 기독론적으로 재정의하기 위해 어떤 제스처도 취하지 않는다는 것이다. 왕권은 엄격히 말해 예수의 말씀과 행동이 가진 권위로 재정의된다.

하지만 요한은 수난 내러티브에서 왕의 비탄시 성취를 두 차례 명시적으로 언급하면서 예수의 십자가 사건과 왕권 사이의 암시적인 연결점을 만들어낸다. 첫째는 시편 22:18의 직접 인용이다.

> 내 겉옷을 나누며
> 속옷을 제비 뽑습니다[요 19:24에서 인용].

두 번째 언급은 시편 69:21의 느슨한 인유다.

> 그들이 쓸개를 나의 음식물로 주며
> 목마를 때에는 초를 마시게 했다[참조, 요 19:24에서 인용].

---

35. 여기서 특히 Andrew Lincoln, *Truth on Trial: The Lawsuit Motif in the Fourth Gospel* (Peabody, Mass.: Hendrickson, 2000)을 보라.

두 시편 모두 표제에 다윗의 시편으로 기록되어 있고,[36] 둘 모두 신약 다른 곳에서—특히 우리가 요한복음 2:17에서 보았듯이—예수의 죽음의 방식을 가리키는 예표로 회자된다.[37] 거기에는 예수가 정확히 다윗의 비탄시에 묘사된 극도의 고통에 순응함으로 다윗 왕위의 역할을 역설적으로 성취했다고 하는 암시적인 제안이 담겨 있다.[38]

요한복음에서 또 하나의 덜 주목되는 바 고난받는 다윗의 모습에 대한 예수의 표상적 상응은 예수의 공적 활동이 거의 끝날 무렵, 예수의 고뇌에서 발견할 수 있다.

> "지금 나의 영혼이 괴롭습니다. 내가 무슨 말을 할 수 있겠습니까?—'아버지, 이때 나를 구원해주십시오'라고 해야 할까요? 아닙니다. 내가 이를 위하여 이때 왔습니다." (요 12:27)

이 인용문에서 고딕체로 표기된 단어들은 칠십인역 시편 6:3-4(6:4-5 ET)와 밀접하게 일치한다. 아래 그리스어 본문에는 밑줄로 표시했다.

---

36. 이 표제의 연대는 여전히 논쟁되고 있지만, 이 시편들의 다윗 저자권은 "주어져 있다"(Daly-Denton, *David in the Fourth Gospel*, 318을 보라).

37. 요 2:17 외에도, 요 15:25; 롬 11:9-10, 15:3; 그리고 십자가 위에서 예수에게 신 포도주를 제공하고 있는 세 공관복음 수난 기사(마 27:48; 막 15:36; 눅 23:36)를 보라. 참조, 또한 행 1:20에서도 같은 시편이 인용됐다.

38. 수난 내러티브에 나오는 시편들이 왕(또는 메시아)의 고난과 죽음을 불러일으킨다는 주장을 위해서는, Martin Hengel, *The Atonement: The Origins of the Doctrine in the New Testament* (Philadelphia: Fortress, 1981); Juel, *Messianic Exegesis*, 102-3; Daly-Denton, *David in the Fourth Gospel*, 238-39; Thompson, "'They Bear Witness'"를 보라. 요한이 이 시편들을 사용하여 예수를 고난받고 죽는 왕으로 묘사한다는 견해는 이 시편들이 "고난받는 의인"의 전형적인 탄식이라는 해석과 모순되는 것으로 해석될 필요가 없다.

καὶ ἡ ψυχή μου ἐταράχθη σφόδρα

καὶ σύ κύριε ἕως πότε

ἐπίστρεψον κύριε ῥῦσαι τὴν ψυχήν μου

σῶσόν με ἕνεκεν τοῦ ἐλέους σου (시 6:3-4 LXX)

Νῦν ἡ ψυχή μου τετάρακται, καὶ τί εἴπω; πάτερ,

σῶσόν με ἐκ τῆς ὥρας ταύτης;

ἀλλὰ διὰ τοῦτο ἦλθον εἰς τὴν ὥραν ταύτην. (요 12:27)[39]

이는 공공연한 인유 차원까지 올라가지 않는 반향의 훌륭한 예가 된다. 하지만 수난 내러티브에 나오는 다른 다윗의 비탄시 인유와 더불어 시편 6편의 이 반향은 예수가 다윗 왕의 역할을 맡으시고 재형성하신 것을 강화해준다. 예수는 시련의 때에 영혼의 괴로움을 느꼈던 다윗을 반향하고 있지만(시 6:3 LXX), 계속해서 구원을 요청하는 다윗의 기도("나를 구원해주십시오", 시 6:4 LXX)에 편승하여 다윗의 대사를 내뱉으실지 숙고하신다. 사실 요한복음의 예수는 이 선택지를 거부하시고, 오히려 세상에 보내진 이유, 고난의 소명을 받아들이기로 선택하셨다.[40]

---

39. 요한의 인용구는 반향이 위치된 내러티브 배경에 적합하도록 LXX의 부정과거 동사 ἐταράχθη를 완료시제 τετάρακται로 바꾸었다.

40. 요한복음에서 드물게 관찰되는 예수의 또 다른 시편 반향은 예수가 나사로를 무덤으로부터 불러내기 직전에 드린 공개적인 기도에 나타난다. 이 기도는 "아버지여, 내 말을 들으신 것으로 인해 감사를 드립니다"(πάτερ, εὐχαριστῶ σοι ὅτι ἤκουσάς μου [요 11:41])로 시작한다. 이는 승리의 기도인 시 118:21을 매우 유사하게 반향한 것이다: "당신이 내 말을 들으신 것으로 인해 감사를 드립니다(ἐξομολογήσομαί σοι ὅτι ἐπήκουσάς μου). 그리고 당신이 나의 구원이 되신 것으로 인해 감사를 드립니다"(시 118:21[117:21 LXX]). 예수의 기도와 시편 기자의 (승리) 기념 기도 사이의 자

메시아적 다윗 왕의 역할에 대한 예수의 표상적 상응—그리고 성취—은 예수가 스스로를 "선한 목자"(요 10:11-18, 27)라고 지칭하신 데서도 드러난다. 이 이미지는 에스겔 34장뿐 아니라 예레미야 23:1-6, 곧 미래에 백성을 위해 일어날 신실한 목자에 대한 유명한 예언도 상기시킨다. 이 본문은 다가오는 왕/메시아를 전조하는 신탁으로 읽혀야 한다고 외친다.

> 내가 내 양 떼의 남은 것을 그 몰려갔던 모든 지방에서 모아 다시 그 우리로 돌아오게 할 것이며, 그들은 생육하고 번성할 것이다. 내가 그들을 기르는 목자들을 그들 위에 세울 것이며, 그들이 다시는 두려워하거나 놀라거나 잃어버리지 않을 것이다.[41] 주의 말씀이다. 보라, 때가 이를 것이다. 주의 말씀이다. 내가 다윗에게 한 의로운 가지를 일으킬 것이다. 그가 왕이 되어 지혜롭게 다스리고 세상에서 정의와 공의를 행할 것이며, 그의 날에 유다는 구원을 받겠고 이스라엘은 평안히 살 것이다. 그리고 이것은 그가 불리게 될 이름일 것이다: "주는 우리의 공의시다." (렘 23:3-6)

구적인 일치성은 정확하지 않지만, 이 반향은 특별히 (요 12:13을 포함하여) 신약에서 바로 이 동일한 시편이 빈번하게 인용된다는 점에 비추어 볼 때, 그리고 이 시편 구절 바로 다음에 "건축자들이 버린 돌이 머릿돌이 됐습니다. 이는 주가 하신 일이며 우리 눈에 기이한 일입니다"(시 118:22-23[117:22-23 LXX])에 비추어 볼 때—요한복음에서 나사로의 일으킴과 병행되는 바 삼중 공관복음 전승에서는 예수의 부활에 대한 전조로 기능하는 본문—특별히 흥미롭다. 나는 이 반향의 주의를 기울이게 해준 나의 학생 Hans Arneson에게 감사의 마음을 전한다. 유대 배경과 절기 안에서의 시편 118편 역할에 대한 상세한 논의를 위해서는, Brunson, *Psalm 118 in the Gospel of John*을 보라.

41. 양을 한 마리도 잃지 않을 것이라는 예레미야의 예언은 "나에게 주신 아버지의 이름으로 그들을 보호하고 지켰습니다. 그들 중 하나도 잃지 않았습니다. … 이는 성경이 성취되게 하려 함입니다"(요 17:12)라는 예수의 나중 진술 이면에 놓인 본문일 수도 있다.

하지만 다시 한번 복음서 기자 요한에게 있어서 이 반향은 자신이 말
하고 있는 이야기의 배경에 남는다. 곧, 요한은 어디에서도 에스겔 34장
이나 예레미야 23장을 인용하지 않았다. 선한 목자 이미지에 내포된 왕적
메시아의 의미는 요한복음 10장 본문의 해석학적 잠재성 영역에 놓여 있
으며, 들을 귀를 가진 사람들에 의해 밝혀질 것을 고대하고 있다.

메시아/그리스도

요한은 신약에서 히브리어 '마쉬아흐'(משיח)의 "헬레니즘화된 번역어"
인 '메시아스'(Μεσσίας, "메시아")를 사용한 유일한 저자다.[42] 메시아는 요한복
음에 단 두 차례 등장하며(1:41, 4:25), 저자는 두 차례 모두 이 칭호가 그리
스어 '크리스또스'(χριστός, "기름 부음 받은 자" 또는 그리스도)와 동일하다고 즉시
해설한다. 두 번째 경우, 먼젓번에 '메시아스'(Μεσσίας)가 올 것이라고 말했
던 사마리아 여인은 자신의 도시로 돌아가자마자 동의어인 '호 크리스또
스'(ὁ χριστός, 4:29)로 바꾸어 사용했다. 이후로 요한은 내러티브 내에서 일
관되게 후자의 용어를 사용했다.

하지만 요한이 이 용어들을 사용한 경우가 상대적으로 얼마나 적은지
안다면 놀랄 것이다. "메시아"와 "그리스도"가 사용된 대부분의 경우 예수
의 정체를 추측하거나 궁금해하는 등장인물 내지 군중의 입에서 발견된
다. 한 가지 예외는 안드레다. 안드레는 예수에 대한 세례 요한의 증언을
듣고(요 1:29-36) 자신의 형제 시몬에게 자신 있게 전했다: "우리가 메시아를
발견했다"(1:41). 그러나 요한복음에서 이 용어가 나오는 대다수의 경우는
확언이나 신앙고백이 아니라 다양한 형식의 담화에서 나타난다—이때 어
김없이 "메시아" 내지 "그리스도"는 고유명사가 아닌 칭호로 사용된다.

---

42. BDAG, 635.

- 부정: 세례 요한은 "나는 그리스도가 아니다"라고 말한다(요 1:20, 3:28; 참조, 1:25).

- 의문문: "이는 그리스도가 아니냐?"(요 4:29); "그리스도가 오더라도 이 사람보다 더 많은 표적을 행하겠느냐?"(요 7:31; 참조, 7:26, 27, 40-42).

- 기대하던 메시아에 대한 추측: "우리는 그리스도가 영원히 계신다 함을 들었다"(요 12:34; 참조, 7:40-42).

- 해명 요구: "네가 그리스도라면 우리에게 분명히 말해라""(요 10:24).

- 고백 금지: "유대인들은 누구든지 예수를 그리스도로 시인하는 자를 회당에서 내보내기로 이미 결의했다"(요 9:22)

요한복음 전체에서 예수를 명료하고 확고하게 '호 크리스또스'(ὁ χριστός)로 지칭한 경우는 단 네 차례다. 참조 구절의 수는 적지만 이들은 복음서 내러티브 내에서 두드러진 위치에 존재하기에 비중 자체는 크다. 첫 번째는 요한복음 서론의 끝 부분에 나온다: "율법은 모세를 통해 주어진 것이며, 은혜와 진리는 예수 그리스도를 통해 온 것이다"(요 1:17). 여기서 '크리스또스'(χριστός)는 예수의 이름(proper name)의 일부거나, 아니면 더욱 가능성 있는 것으로서 다른 유명한 고대 인물들을 지칭하는 데 부여된 에피파네스(Epiphanes)나 아우구스투스(Augustus)와 같은 경칭(honorific epithet)으로 사용되었을 것이다.[43] 만일 그렇다면, 가장 좋은 번역은 "은혜와 진리는 예수 메시아를 통해 왔다"일 것이다.[44] 바로 이 '크리스또스'(χριστός)

---

43. 바울서신에서 χριστός라는 경칭 사용을 밝혀주는 논의를 위해서는 Matthew V. Novenson, *Christ among the Messiahs: Christ Language in Paul and Messiah Language in Ancient Judaism* (Oxford: Oxford University Press, 2012)을 보라.
44. 확실함과는 거리가 있지만 "은혜와 진리"라는 표현은 출 34:6에서 자기 계시로서 모세에게 선포된 하나님의 속성을 반향할 가능성이 있다. 여기서 주는 "인자와 진실이 많은"(steadfast love and faithfulness) 분으로 묘사된다. 그러나 문제는 이 구절

라는 경칭 사용은 예수의 "대제사장적 기도"의 흥미로운 행에 나타난다: "영생은 곧 유일하신 참 하나님과 그가 보내신 자 예수 그리스도를 아는 것이다"(17:3). 여기서 이상한 부분은 요한복음이 묘사하는 바 예수가 자신을 3인칭으로 "예수 그리스도"라고 어색하게 칭하고 있다는 점이다. 이 독특한 형태는 아마도 예수의 음성과 화자의 음성 사이의 경계가 흐려져 이를테면 등장인물 예수가 복음서 저자의 시점에 서서 말하게 되었음을 보여준다.

요한이 '크리스또스'(χριστός) 용어를 사용한 두 가지 가장 결정적인 경우는 요한복음 중간 지점 어간, 극적인 절정부와 이야기 끝날 무렵 요한복음 저술 목적을 요약 진술하는 부분에 나온다. 전자의 장면에서 베다니의 마르다는 남매 나사로를 살려달라고 예수에게 간청하며 담대하게 고백했다: "그렇습니다. 주여, 나는 당신이 메시아, 하나님의 아들, 세상에 오실 이라는 것을 믿습니다"(ὁ χριστὸς ὁ υἱὸς τοῦ θεοῦ ὁ εἰς τὸν κόσμον ἐρχόμενος, 요 11:27).[45] 이것이 바로 요한복음 기자가 독자들로부터 이끌어내기를 바라는 고백이었다: 요한복음에 기록된 것들은 "예수가 그리스도, 하나님의 아들(ὁ χριστὸς ὁ υἱὸς τοῦ θεοῦ)이심을 믿게 하기 위함이다. 그리고 너희가 믿고서 그분의 이름으로 생명을 얻게 하기 위함이다"(20:31).

이 구절들을 탐구하면서 우리는 두 가지 중요한 관찰에 이르렀다. 첫째, 요한은 어디에서도 예수가 그리스도라는 것을 증명하기 위해 어떤 성서를 가지고 논증하려 하지 않는다. 요한은 단순히 예수의 메시아적 정체

에서 LXX의 언어가 요한의 단어 선택과 아주 밀접하게 상응하지 않는다는 것이다. 요한이 출 34:6을 암시하고 있음을 주장하기 위해서는 요한의 어구 ἡ χάρις καὶ ἡ ἀλήθεια가 히브리어 본문 ואמת וחסד으로부터 독자적으로 번역한 것이라고 가정해야 한다.

45. 메시아 명칭으로서 ὁ ἐρχόμενος에 대해서는 Hays, *Conversion of the Imagination*, 119-42을 보라.

성을 선포하고 또한 예수를 그리스도로 알고 고백하는 자는 생명을 얻을
것이라고 약속했다. 그렇지만 요한복음 기자는 예수에 대한 이 칭호의 정
당성을 확보하려고 구약 증거 본문을 파헤치지는 않았다. "메시아"와 "그
리스도"라는 용어는 요한 이야기 전개의 틀이 되는 더 넓은 성경에 속해
있다. 둘째, 요한복음 11:27과 20:31에 있는 절정의 고백 표현은 '호 크리
스또스'(ὁ χριστός)를 '호 휘오스 뚜 테우'(ὁ υἱὸς τοῦ θεοῦ)와 직접 연결 짓는다.
예수는 "그리스도"이면서 "하나님의 아들"이신데, 이 두 용어는 사실상
동의어로 보인다.

하나님의 아들

이와 같은 등가성(equivalence)은 놀라운 일이 아니다. 이스라엘 성경 안
에서 이스라엘을 다스리는 왕은 이따금 하나님의 아들—실제로나(시 2:7)
미래의 소망으로나(삼하 7:12-14; 시 89:19-37, 특히, 시 89:26)—이라는 경칭으로
불리기 때문이다. 이는 나다나엘이 칭송한 예수, "하나님의 아들"의 의미
가 거의 확실하다: "랍비여, 당신은 하나님의 아들이십니다! [즉] 당신은
이스라엘의 왕이십니다!"(요 1:49). 하지만 네 번째 복음서에서 위 구약 본
문들은 예수를 하나님의 아들로 언급하는 증거로 사용되지 않는다. 메시
아/그리스도 칭호에서와 마찬가지로 "하나님의 유일한 아들[독생자]"(3:18;
참조, 1:18)로서 예수의 정체는 단순히 인정되어야 하는 진리로 전제된다.[46]

---

46. 요 1:18 주해는 요한의 아버지-아들 언어 의미에 관한 더욱 큰 문제처럼 대단히 어
   렵고 논쟁적인 주제다. (이 구절에 대한 상세한 주해 및 이에 대한 도전에 대해서
   는, McHugh, John 1–4, 69–77, 97–103을 보라.) 요한이 의도했을 아버지-아들 언
   어 출처에 대해서는, John Ashton, *Understanding the Fourth Gospel* (2d ed.; Oxford:
   Oxford University Press, 2007), esp. 211–32을 보라. 그리고 그 언어의 더욱 넓은 신
   학적 함의에 대해서는 다음을 보라. C. K. Barrett, "Christocentric or Theocentric?
   Observations on the Theological Method of the Fourth Gospel," in *Essays on John*

요한복음에서 "하나님의 아들"의 의미는 크게 확장되어 예수의 천상 기원(heavenly origin)과 신적 정체성에 대한 주장을 망라하게 됐다(요 3:18, 31-36). 이것이 예수의 비범한 권세 주장의 근거가 된다. 곧, 신적인 하나님의 아들은 죽음의 권세를 넘어서는 권위—분명 이스라엘의 통상적인 인간 군주의 권위를 훨씬 넘어서는—를 가지고 계시다. 예수가 죽은 자를 무덤에서 불러내는 능력이 있다고 주장하실 때(11:4를 전조하는 5:25) 스스로 "하나님의 아들" 칭호를 부여하신 것은 우연이 아니다. 마찬가지로 나사로를 살리신 이야기의 극적 구성에는 요한이 이 칭호를 명확히 사용한 두 사례가 포함되어 있다: 예수가 나사로의 죽음과 생명의 회복을 통해 영광 받으실 하나님의 아들로 스스로 지칭하신 경우(11:4)와 예수가 "메시아, 하나님의 아들"(11:27)이므로 오라버니를 되살리실 수 있다는 마르다의 고백(11:27).

예수에 관한 이러한 식의 확언은 대제사장들의 고발의 증거가 된다.[47] 예수가 하나님의 아들로 주장했다는 이유로 죽어야 한다는 말이다(요

<hr>

1–18 (Philadelphia: Westminster, 1982); Marianne Meye Thompson, *The God of the Gospel of John* (Grand Rapids: Eerdmans, 2001). 이러한 문제들은 일반적으로 요한의 기독론보다도 성경 해석에 초점을 두고 있는 현재 연구의 범위를 넘어선다. 마찬가지로 Augustus Caesar를 필두로 로마 황제들에 대해 "신의 아들"이라는 칭호가 로마 제국 선전(propaganda)에 사용됐음을 인지할 필요가 있다. (이에 대해서는 Hans-Josef Klauck, *The Religious Context of Early Christianity: A Guide to Graeco-Roman Religions* [Edinburgh: T&T Clark, 2000], 250-330 [=『초기 기독교의 종교적 배경』, 알맹e, 2023]을 보라.) 예수와 로마 제국 사이의 상징적 충돌은 18:33-38에 나오는 빌라도와 예수 사이의 긴장감 있는 대화의 기초가 되지만, 신적 아들 됨 문제는 저 시점에 요한 내러티브에서 다루어지지 않는다. 수난 기사에서 로마 권위자들이 아니라 대제사장들이야말로 예수의 하나님의 아들 됨 주장이 유대의 법에 반하는 것이라고 불평한다(19:7; 아마도 10:33-38을 되돌아보면서 말이다).

47. 요 19:7 본문에서는 "유대인들"이 비난하고 있지만, 문맥은 불평을 선동하는 자들이 대제사장들 및 경비대라는 점을 보여준다(19:6). 이는 요한의 '유다이오이'가 유대 민족 전체를 지칭하는 것으로 해석되는 것이 얼마나 문제가 많은지를 보여주는 본문들 중 하나다.

19:7). 단순히 이스라엘의 새로운 왕이라고 주장했던 것이라면 유대 당국은 이 주장을 터무니없고 정치적으로 위험한 것으로 여겼을 테지만(참조, 11:47-48), 거기에 사형을 요구할 적법한 증거는 없었을 것이다. 저들은 예수가 사실상 신적 정체성을 주장—저들이 보기에 자명하게 신성모독적인—하고 있음을 정확히 이해했기에 죽이기를 요구했던 것이다.

실제로 요한복음에서 예수에게 신성모독 죄가 겨누어진 곳은 요한복음 10:31-39인데, 이는 예수가 하나님의 아들로 불릴 수 있다는 주장을 정당화하거나 변호하기 위해 특정 구약 본문을 제시한, 이 복음서에서 유일한 본문이다. 그러나 거기에 나오는 주장은 분명 대부분의 독자에게 기이하거나 기껏해야 설득력이 없는 것처럼 느껴질 것이다. "네가 사람이면서 스스로 하나님이라 하는구나"라는 '유다이오이'의 비판에 대한 응답으로 예수는 흥미롭게 변호하신다.

"'내가 너희를 신이라 했다'라고 율법에 기록되어 있지 않느냐? 하나님의 말씀을 받은 사람들을 신이라 하셨다면—성경은 폐할 수 없다—하물며 아버지가 거룩하게 하셔서 세상에 보내신 자가 '나는 하나님의 아들이다'라고 하는 것으로 너희가 어찌 신성모독이라 하느냐?" (요 10:34-36; 시 82:6을 인용함)

시편 82편이 언급하는 "신"(gods)은 적어도 표층적 의미에서 인간 존재를 가리키는 것이 아니라는 점에서 이 논증은 특이하다. 이 시편 첫 행에 나와 있는 것처럼 저들은 다른 고대 근동의 국가신이다.

하나님은 신들의 모임 가운데에 서시며
하나님은 그들 가운데에서 재판하신다. (시 82:1)

하나님은 약하고 궁핍한 자들에 대한 저들의 불의와 태만을 비판하시고, 그러고 나서 예수에 의해 인용된 구절에서 저들이 "신"이지만 사실상 권세를 박탈당하고 "사람처럼 죽을 것"(시 82:6-7)이라고 선포하신다. 이 시편은 다른 국가의 통치자들에 대한 예언적 비판으로 해석될 수도 있다. 신적 지위나 권리를 주장하면서도 실상은 이스라엘의 하나님에게 심판받고 다른 인간 존재와 동일한 운명을 맞게 될 통치자들 말이다. 하지만 어떤 경우에도 모든 인간—또는 모든 이스라엘 사람—이 사실 "신"이라는 주장을 정당화하기는 어렵다. 그리고 심지어 시편이 (본래) 그러한 의미라 하더라도 요한복음 내에서 주장되는 아주 독특한 의미로서 예수의 하나님 아들 주장을 정당화해주지는 못할 것이다.

예수의 논증을 이해할 만하게 받아들일 수 있는 유일한 방법은 저 구절을 실제 신적 정체성의 증거라기보다 더더구나 논법(*a minori ad maius*)으로 작동하는 다소 가벼운 공격(plaful gambit)으로 간주하는 것이다. 그렇다면 의미는 이러할 것이다: "심지어 이렇게 허세로 가장한 이교의 통치자들 또는 거짓된 신화적 존재들도 (의심의 여지없을 만큼 권위 있는) 하나님의 말씀에 '신'으로 불리는데, 하물며 (실제로 신인) 내가 자신을 하나님의 아들로 부르는 것이 적법하지 않겠는가?[48] 이는 수사학적으로는 명석한 응대지

---

48. 유대 미드라쉬에서 이 본문을 다루는 방식과 "신들"이란 이스라엘 사람들이 시내산에서 율법을 받았을 때의 이스라엘 사람들을 가리키고 "하나님의 말씀을 받은 사람들"로 여길 가능성에 대해서는 Jerome H. Neyrey, "'I Said: You Are Gods': Psalm 82:6 and John 10," *JBL* 108 (1989): 647-63; Thompson, *John*, 235-37; Anthony Tyrrell Hanson, *The Prophetic Gospel: A Study of John and the Old Testament* (Edinburgh: T&T Clark, 1991), 144-49을 보라. Hanson은 다양한 해석 목록을 작성했다. 그럼에도 그 주장은 특히 유대 해석적 관습에 능통하지 않는 독자들에게 '더더구나 논법'(*a minori ad maius*)으로 기능한다.

만 예수가 실제로 자신이 주장하고 있는 그 존재라는 전제를 이미 받아들인 청중에게만 사실상의 설득력을 가질 것이다. 실제로 이야기가 계속되면서 우리는 예수의 대화자들의 마음이 움직이지 않고 이 단원이 막을 내릴 때까지 어떤 성과 없이 예수를 잡기 위해 노력하는 사람들을 보게 된다(요 10:39).

다시 말하지만 이렇게, 우리가 이전에 살펴본 경칭들(ascriptions)과 마찬가지로 하나님의 아들 칭호는 이스라엘 성경 전통에 뿌리를 두고 있는데, 이러한 뿌리는 여전히 요한 내러티브의 땅 속에 전적으로 들어 있다. 이 용어는 이스라엘 왕에 대한 환호뿐 아니라 장차 오실 메시아에 대한 이스라엘의 소망과도 밀접하게 연결되어 있다. 하지만 요한이 이 언어를 사용하는 방식은 성경을 반향으로 자아내는 것에 달려 있기보다 자증(self-attesting)으로 제시되는 노골적인 진리 선포에 달려 있다. 요한복음 전체 이야기는 세례 요한의 증언—"내가 직접 보고 그가 하나님의 아들이심을 증언했다"(요 1:34)—과 다른 이들로부터 이와 유사한 행동을 이끌어내기 위해, 곧 "너희로 예수가 메시아, 하나님의 아들이심을 믿게 하기 위해"(20:31) 자기 복음서를 기록했다는 요한복음 저자의 다급한 해설로 (앞뒤로) 틀이 세워져 있다. 이 마지막 요약 진술은 예수가 인간적이면서 동시에 신적인 정체성을 가졌다는 신비를 표현하기 위한 것이 거의 분명하다. 바로 저 신비는 복음서 기자가 "인자"(사람의 아들)라는 칭호를 사용한 곳에도 감추어져 있다.

인자

네 번째 복음서 기자의 독특한 "인자" 칭호(ὁ υἱὸς τοῦ ἀνθρώπου) 사용은 요한의 복잡하고도 아이러니적인 기독론을 지지하기 위해 구약 반향들을 자아낸다.[49] 우리가 공관복음을 읽을 때 살펴보았듯 "인자" 표현은 다니엘 환상의 종말론적 인물, 곧 구름과 함께 올라가 하나님 곁에 앉으시고 "모든 백성, 나라, 언어"(단 7:13-14)를 영원히 통치하실 분을 넌지시 가리킨다. 다니엘 7장의 본래 문맥에서 인자는 억압적인 외세에 대한 이스라엘의 최종 신원과 승리를 상징한다. 공관복음에서 예수는 이 칭호를 자기-지시를 위한 에두른 형태로 사용하시면서 고통받는 백성 이스라엘을 대표하고 또한 최종적인 신원과 우주적 권위의 위치, 곧 열방을 심판하는 위치로 승귀(exaltation)하실 것을 표방한다.[50]

요한은 이 묵시적인 인자 전통을 전제하고 있다.[51] 해설이나 논증 없이, 다니엘서의 핵심 자료를 명시적으로 인용하는 것 없이 "인자" 칭호를 예수에게 적용한다. 다시금 요한은 왕과 메시아 칭호를 사용할 때와 같이 이 전통을 독자에게 이미 친숙한 것으로 여긴다. 하지만 또한 여러 가지 방식으로 이를 변형시키기도 한다.

무엇보다도 요한은 다니엘의 인자 전승에서 **올라가는**(ascent) 이미지를 강조하면서 인자의 행동의 양상으로서 **내려오는**(descent) 이미지를 추가로 삽입하고 있다.[52] 이 두 요소는 모두 예수와 니고데모의 비밀스러운 대화

---

49. 인자에 관한 해석적 제안 조사를 위해서는, *"Who Is This Son of Man?": The Latest Scholarship on a Puzzling Expression of the Historical Jesus* (ed. Larry W. Hurtado and Paul L. Owen; Edinburgh: T&T Clark, 2011)에 있는 논문들을 보라.
50. 요한복음에서 "들릴 것"(lifted up)에 대한 약속은 항상 인자로서의 예수에게 적용된다(요 3:14, 8:28, 12:34); 바로 인자로서 예수는 심판하는 모든 권세를 가지고 계신다(요 5:27).
51. *The Apocalyptic Son of Man in the Gospel of John* (WUNT 2/249; Tübingen: Mohr Siebeck, 2008)에서 Ben Reynolds는 요한의 인자에 대한 이러한 읽기를 옹호한다.
52. Francis J. Moloney, *The Johannine Son of Man* (2d ed.; BSRel 14; Rome: Libreria Ateneo Salesiano, 1978)는 "인자"가 예수의 인성을 가리키며 예수에 대한 이 칭호는 성육신으로 적용될 가능성이 있다고 주장한다. Joel Marcus는 아담을 위대한 영광의 인물, 심지어는 신과 같은 인물로 생각하는 유대 전승을 이끌어내고, "'인자'

에 드러난다.

> "내가 땅의 일을 말하여도 너희가 믿지 않는다면 하물며 하늘의 일을 말하면 어떻게 믿겠느냐? 하늘에서 내려온 자, 곧 인자 외에는 하늘에 올라간 자가 없다." (요 3:12-13)

인자가 하늘에서 내려온 후 다시 올라가는 양방향 이미지는 요한의 독특한 성육신 기독론에 상응하는데, 이는 아마도 다니엘서 환상에 있는 언어의 잠재적 모호성에 의해 발생했을 것이다. 다니엘은 "인자 같은 이가 하늘에서 구름과 함께 오고(ἤρχετο: '오다' 또는 '가다'. 이 단어는 개역성경을 따랐음—역주) 계셨다"(단 7:13 LXX)라고 보도했다. 이는 저 상징적 인물이 하늘에서부터 땅으로, 또는 반대로 가셨다는 것을 의미하는가? 문맥을 염두에 두지 않는다면 저 문장은 둘 중 하나를 의미할 수 있겠지만 환상의 더 완전한 문맥은 "인자 같은 이"가 하늘 보좌로 올라가고 있음을 분명히 한다. 그럼에도 인자의 양방향 움직임에 대한 요한의 묘사는 의미에 있어 모호한 단어를 선택한 다니엘서를 활용한 것이다.

요한은 다니엘의 서술에 나오지 않는 요소를 소개하기 위해 표상적인 시나리오를 사용했다. 말하자면, 먼저 땅에 내려온 인자가 "하늘의 것"의 계시자가 될 수 있다는 것이다. 정확히 이 역할로 인자는 하늘 세계와 땅의 인간 세계 사이의 다리 또는 연결 고리가 될 수 있다. 이는 아마도 예수가 나다나엘에게 하신 이상한 약속의 의미일 것이다: "진실로 진실로 너희에게 이르노니 하늘이 열리고 하나님의 사자들이 인자 위에 오르락 내

표현에서 신과 같은 자는 인간이며, 이 두 측면이 함축적으로 결합된 그 칭호는 본질적으로 성육신적"이라고 주장한다("Son of Man as Son of Adam," *RB* 110 [2003]: 38-61, 370-86, citation from 384).

리락 하는 것을 보리라"(요 1:51 개역). 이 신비스러운 발화에서 인자가 두 영역 사이를 이동하는 인물이 아니라 오히려 천사들이 하늘의 사자이며, 반면 예수는 이 연결을 가능하게 하는 중개자다.

이야기가 조금 흐른 후에 예수는 자신이 하늘에서 내려온 양식이라고 주장하시는 것을 불편해하는 무리의 "수군거림"을[53] 직면했을 때(요 6:33, 41-42, 51, 58) 과거에 니고데모를 책망하실 때와 별반 다르지 않는 도전적인 반론을 펴신다: "이 말이 너희에게 걸림이 되느냐? 그러면 너희는 인자가 이전에 있던 곳으로 올라가는 것을 본다면 어떻게 하겠느냐?"(6:61b-62 개역). 여기서 우리는 다시 하강/상승 패턴을 만나게 되는데, 이번에는 예수가 자기 자신—심지어 자신의 살까지도(6:27, 51-58)—을 내어주기 위해 이 땅에 오셨음을 강조하고 또한 이후에 고양되어 자신의 기원이 있는 하늘로 돌아가게 된다는 주장으로 청중은 더더욱 불편하게 될 것이 암시된다.

올라감에 대한 요한의 강조에는 다니엘의 인자 및 공관복음의 인자 해석과 공명하는 두 가지 요소가 있다. 요한의 예수는 정확히 인자로서 "심판하는 권세"(요 5:27)를 받았다고 선언하신다. 하지만 다니엘 7:14에서 높이 올려진 "인자 같은 이"에게 "권세와 영광과 나라"가 주어지는 것처럼 요한의 인자 역시 영광을 얻으신다(요 12:23, 13:31). 그러나 이 본문들에는 요한의 특징적인 난제가 있다. 곧, 예수는 이미 권위를 받은 분으로 말씀하시며 영광스럽게 되는 때는 더 이상 종말의 묵시론적 시나리오에 속해 있지 않다.

요한복음 기자는 다니엘의 인자 이미지와 또 다른 두 성서적 반향, 이번에는 민수기와 이사야 예언을 교묘하게 융합함으로 이 시간상의 변화

---

53. 또 다른 구약 반향: 예수의 생명의 빵 담화에 대한 반응인 군중의 "수군거림"(요 6:61)은 광야에서 하나님의 백성의 수군거림(murmuring: 개역성경에서는 "원망함"—역주)을 반향한다(출 16장).

를 낳는다. 그리고 이 반향들을 통해 역설적인 반전을 창출해낸다. 요한은
예수가 영광을 얻을 "때"가 정확히 십자가에서 처형당하는 때라고 명시
한다. 이 두드러진 움직임에 대한 해석학적 열쇠는 올라감/내려감 패턴을
처음으로 완전하게 표현하신 직후 니고데모에게 하신 예수의 말씀에서
발견된다.

> 하늘에서 내려온 자, 곧 인자 외에는 하늘에 올라간 자가 없다. 모세가 광야
> 에서 뱀을 든 것(ὕψωσεν) 같이 인자도 들려야(ὑψωθῆναι) 한다. 이는 그를 믿
> 는 자마다 영생을 얻게 하기 위함이다. (요 3:13-15)

이 발화에서 예수는 인자의 "들림"을 모세가 광야에서 놋뱀을 세워
독사에게 물려 죽는 것을 막는 이상한 이야기와 연결한다(민 21:4-9). 이 표
상적 연결은 두 가지 거대한 신학적 함의를 가진다. 이는 놋뱀이 하나님
에게 불평하고 반영한 이스라엘에 대한 처벌을 막아준 것처럼 인자를 "들
림"으로써 죄 사하는 분으로 묘사한다. 그리고 인자가 구름 가운데로 올
라가는 "들림"의 이미지는 예수가 십자가에 고정되어 들려지는 잔혹한
시각적 이미지로 변형된다.

갑작스럽게, 인자는 더 이상—더 정확히 말하자면 단순히(not only)—하
늘의 빛나는 보좌에 앉아 세상을 심판하는 영광스러운 인물이 아니다. 그
보다도 예수의 "고양"(exaltation)은 종교/정치 지도자들을 거부하는 자들에
게 어떤 일이 일어나는지에 대한 본보기로서 나무로 된 가로대에 못박혀
서 높이 들리게 되는 일로 구성되어 있다. 그런데 요한은 정확히 이 십자
가형의 운명을 예수가 영광을 얻게 되는 순간으로 끈덕지게 묘사한다. 어
떻게 요한은 이 상징적 변형을 만들어낸 것일까?

한 가지 단서는 요한이 "들리다"라는 동사를 역설적으로 사용한 데

있다. 민수기 21장의 이야기를 신중하게 읽으면 이 동사가 오경 서술에 등
장하지 않는다는 것을 알게 된다. 하나님은 모세에게 뱀 이미지를 장대
위에 "두라"고 말씀하셨고 본문은 모세가 "장대 위에 두었다"(민 21:9 MT:
ויעש משה נחש נחשת וישמהו על סנה; LXX: καὶ ἐποίησεν Μωυσῆς ὄφιν χαλκοῦν καὶ ἔστησεν
αὐτὸν ἐπὶ σημείου)라고 말한다.[54] 그런데 어째서 요한은 예수가 뱀처럼 "들려
야" 한다고 강조하고 있는가? 이에 대한 대답은 또 다른 성서적 반향, 이
번에는 주의 고난받는 종에 대한 이사야의 묘사를 듣는 데 있다(사 52:13-
53:12). 이 서술은 종의 고양(들려짐)에 대한 명백한 묘사로 시작한다: 종은
"받들어 높이 들려져서[LXX: ὑψωθήσεται καὶ δοξασθήσεται—'들려져서 영화롭게 되다']
매우 높아질 것이다"(52:13). 그러나 이사야 예언은 종이 많은 사람들의 허
물과 죄악을 담당하도록 버림받고 끔찍한 육체적 고통을 겪게 될 것이라
는 묘사로 빠르게 전환된다. 요한복음 기자는 인자가 놋뱀처럼 들리는 것
과 관련하여 이 예언을 인용하지는 않았지만, 나중에 이사야 53:1을 (자기
주장에 대한) 증언으로서 명시적으로 인용한 바 있다: 이사야는 "그의 영광
을 보고 그를 가리켜 말했다"(요 12:37-41). 따라서 요한이 사용한 한 단어
'휘프소테나이'(ὑψωθῆναι, "들려지다")는 이사야서 종의 노래의 절정부를 반향
하고 불러일으키면서 이사야가 본 "영광"은 십자가에 달린 예수에 대한
환상이라는 것을 암시해낸다(사 52:13-53:12).[55]

---

54. 덧붙이자면, 그리스어 본문에서 놋뱀과 명사 σημεῖον("신호 장대/신호 기둥"[signal
    pole] 또는 "표적/신호"[sign])의 연관성이 요한의 표상적 읽기에 활력을 불어넣었
    는지 물을 수 있을 것이다.

55. 특히, Bauckham, *Jesus and the God of Israel*, 46-50; Lincoln, *John*, 153는 인자의 "들
    려짐"에 대한 요한복음의 삼중적인 언급(요 3:14, 8:28, 12:32-34)이 하나님의 아들
    에 관한 삼중 수난 예고와 상응한다고 제안한다. 또한 Craig A. Evans, "Obduracy
    and the Lord's Servant: Some Observations on the Use of the Old Testament in the
    Fourth Gospel," in *Early Jewish and Christian Exegesis: Studies in Memory of William
    Hugh Brownlee* (ed. Craig A. Evans and William F. Stinespring; Atlanta: Scholars

이 복잡한 상호텍스트적 중첩(overlay)은 예수의 십자가 처형 이야기를 권세를 얻는 영광스러운 고양 사건(단 7장)이면서 동시에 다른 이들의 죄를 위해 겪는 대리 고난 사건(민 21:4-9 + 사 52:13-53:12)으로 해석하게 하는 효과가 있다. 세 이미지, 곧 인자, 놋뱀, 고난의 종 이미지는 서로 겹겹이 투사되고 모아져서 예수의 죽음과 부활에 대한 요한복음의 예표로 해석된다. 그리고 결국에 예수의 죽음의 의미는 복잡하게 얽힌 성서의 이미지에 비추어서 굴욕적인 비하이자 동시에 세상에 대한 승리로 요한복음 저자에 의해 재해석된다.

이 읽기는 나중에 예수와 예루살렘에 있는 믿지 않는 군중 사이의 마지막 공개적인 상호 작용을 통해 요한복음 내러티브 안에서 확증된다.

> "이제 이 세상에 대한 심판이 이르렀으니 이 세상의 통치자가 쫓겨날 것이다. 그리고 내가 땅에서 들리면 모든 사람을 내게로 이끌 것이다." 이렇게 말씀하심은 자기가 어떠한 죽음으로 죽을 것을 보이신 것이다. (요 12:31-33; 참조, 8:28)

요한은 다니엘 7:13-14, 민수기 21장, 이사야 52:13을 놀랍게 상호텍스트적으로 융합했을 것이다. 상호텍스트적 융합은 이 세 가지 구약 전거에 대한 어떠한 명시적인 인용 없이 전적으로 감추어진 채 인유와 반향의 영역 안에서 발생한다. 하지만 이 융합의 신학적인 결과는 폭발적이다. 이는 십자가 위 예수의 죽음을 승리한 인자의 승귀로 해석하게 한다.

Press, 1987), 221–36을 보라; 그리고 가장 최근에는, Daniel J. Brendsel, *"Isaiah Saw His Glory": The Use of Isaiah 52–53 in John 12* (BZNW 208; Boston: De Gruyter, 2014), 123–34.

§19. 포도나무와 가지:
요한복음 내러티브에 나타난 교회의 하나 됨

요한은 세상과 관련한 교회의 위치를 점하기 위해 성경을 어떻게 사용하는가? 우리가 이 문제를 다루기 위해 요한복음에 나타난 이스라엘 성경 인용을 검토해보면 사실상 예수의 제자들이 더욱 넓은 정치적·문화적 세계와 관련하여 어떤 입장을 가지고 있는지 설명하기 위해 어떤 성경 본문도 명시적으로 인용하지 않는다는 것을 발견하게 된다. 이 사실은 요한이 "세상"(ὁ κόσμος)을 말씀의 육화된 무대(theater)로서—주로 예수와 따르미들에 대한 불신과 적대가 가득한 장소로—반복해서 언급한 것을 기억할 때 놀라운 일이다. 우리는 요한이 세상에 대한 제자들의 사명 또는 이 사명에 대한 세상의 저항에 대해 성서에 근거한 어떤 설명을 제공하리라 기대할 수도 있을 것이다. 그러나 요한복음 기자는 그러한 설명을 내어놓지 않는다. 더욱 정확히 말하자면 성경을 직접 인용하는 형식으로 설명하지 않는다고 할 수 있겠다.

그러나 요한은 더 넓은 세상 안에서 교회의 위치를 성경적으로 상정하기 위한 교회의 상상을 보여주는, 몇 가지 흥미로운 성경의 반향을 제공한다. 특징적으로 요한에게 있어서 이러한 반향들은 전거 본문의 문구

(wording)를 그대로 반복하는 데 의존하기보다 이스라엘 성경의 이미지를 상기시키는 데 의존한다. 우리가 이미 언급했듯 요한의 상상은 자구적이기보다는 시각적이다. 요한이 창조하는 반향은 말하자면 시각적 반향이다. 그럼에도 이 반향은 실제적이고 사실상 더더욱 생생하다. 요한은 세상과 교회의 관계를 그리는 것과 관련하여 두 가지 핵심적인 이미지를 성경으로부터 불러일으킨다: 하나는 포도나무와 가지며 다른 하나는 "이 우리에 속하지 않은 다른 양들"이다. 이제 각각을 차례로 다루어보고자 한다.

포도나무와 가지

제자들을 향한 고별 담화에서 예수는 포도나무와 가지 이미지를 소개하신다(요 15:1-8). 이 메타포는 요한의 대부분의 다른 기독론적 이미지와는 다르다. 이는 번성하고 열매를 맺기 위해 포도나무에 붙어 있어야만 하는 가지(τὰ κλήματα, 요 15:5)로 묘사되는 예수의 제자들을 명시적으로 포함하고 있기 때문이다. 이 표상은 수많은 구약 본문, 특히 이스라엘을 주가 심으신 포도나무(ἄμπελος)로 묘사하는 예언 신탁을 반향으로 불러일으킨다(사 27:2-6, 렘 2:21, 겔 15:2, 17:6-10, 19:10-14; 호 10:1).[1] 여기서 이사야 27:2-6을 제외한 모든 본문은 포도나무를 신실하지 못하고 열매 맺지 못하는 포도나무로 묘사하면서 임박한 멸망을 알리는 심판 신탁이다. 특히 에스겔 본문에서는 이스라엘이 열매 없는 포도나무가 되어 말라버리고 불태워질 것이라는 엄정한 선언이 나온다(겔 17:9, 19:12-14)—이는 예수의 경고를 통해 직접

---

1. 밀접하게 관련된 본문은 사 5:1-7인데, 여기의 심판 신탁에서도 이스라엘을 포도원 상징으로 가리킨다(ἀμπελών, 사 5:7).

연상되는 상징적 요소다: "사람이 내 안에 거하지 아니하면 가지처럼 밖에 버려져 말라버린다. 그러한 가지들은 모아서 불에 던져 태워질 것이다"(요 15:6; 참조, 사 27:4-5에 나오는 유사한 권면).

하지만 요한복음 15장의 또 다른 적절한 전거 본문은 시편 80편인데, 거기서 포도나무의 이미지는 결이 다르다. 저 통렬한 기도는 심판 신탁이 아니라, 원수에 의해 지금 황폐해진 포도나무를 굽어보시고 회복시켜달라는 하나님—포도나무를 심으시고 돌보셨던—을 향한 다급한 간청이다. 실제로 포도나무는 찍혀 불태워졌다(시 80:16; 참조, 요 15:6). 예언적 심판 신탁과 같이 시편 기자의 이미지는 "포도나무"인 이스라엘이 어려운 시기에 쓰러진 것으로 묘사하지만, 여기에서는 주(Lord)의 우편에 있는 자, "사람의 아들"(son of man: 시 80:18 MT: בֶן־אָדָם; 시 79:18 LXX: υἱὸν ἀνθρώπου)을 일으켜 강하게 하심으로써 민족의 회복을 간구하는 기도가 나온다: 그렇게 되면, "우리가 주에게서 물러가지 않을 것입니다. 우리를 소생하게 해주십시오. 우리가 주의 이름을 부를 것입니다"(시 80:17-18). 이는 시편 본래 맥락에서 이스라엘 왕을 회복하여 강하게 해달라는 탄원의 외침이 분명하다.[2]

하지만 복음서 저자 요한은 이 포도나무 이미지를 기독론적 상징으로 변형시킨다. 예수가 이스라엘 성전과 종교 절기의 참된 의미를 체현해내신 것처럼, 이제 또한 "참된 포도나무"(요 15:1)가 되심으로 민족의 정체와 소망을 표상적으로 성취하신다. 예수가 또한 시편 80:17-18에서처럼 민족을 구하기 위한 왕 내지 "인자"를 향한 소망을 체화하신 것은 우연이 아니다.[3] 우리가 검토한 요한복음의 다른 기독론적 상징과 마찬가지로 여기

---

2. 아쉽지만 NRSV는 왕적 모습 언급을 약화시키고, 해석학적으로 흥미로운 "사람의 아들"(son of man) 언급을 완전히 지우는 식으로 시 80:17을 번역한다.
3. 요 15장에 나오는 시 80편의 기독론적 상징주의를 유용하게 설명한 것으로는 특히, Andrew Streett, *The Vine and the Son of Man: Eschatological Interpretation of Psalm 80*

서 예수는 이스라엘의 신성한 전통을 부정하거나 거부하지 않으셨다. 그러기보다도 예수는 저 전통에 내재된 표상적 의미를 계시하신다.

그러나 요한복음 15장의 새로운 반전은 이 본문 내에서 우리가 주목하는 초점이 참된 포도나무이신 예수에게서 **제자들의 역할**로 옮겨진다는 것이다. 저들의 생명 자체는 포도나무와 결합하여 유지되는 것에 달려 있고, 예수와 연합하여 거하는 자들은 "많은 열매를 맺을 것"(요 15:5)이라는 약속을 받는다. 실제로 예수의 약속은 또한 제자들이 부름을 받는 소명 묘사가 된다: "너희가 나를 택한 것이 아니라 내가 너희를 택하여 세웠다. 이는 너희로 가서 열매를 맺게 하고 또 너희 열매가 항상 있게 하여 내 이름으로 아버지에게 무엇을 구하든 다 받게 하기 위함이다"(15:16). 가서 열매를 맺게 하는 과업(ἵνα ὑμεῖς ὑπάγητε καὶ καρπὸν φέρητε)은 **선교의** 언어다. 이는 제자들이 세상에 나가 예수에게 받은 말씀을 증거해야 하는 임무라는 것을 시사한다(15:7).[4]

하지만 세상으로 보냄을 받는 것은 고된 과업으로 부름을 받는 것이다. 담화가 계속되면서 예수는 따르미들—이제는 더 이상 종이 아니라 예수가 아버지에게 들은 모든 것을 받은 친구(요 15:15)—에게 저들이 세상의 미움과 거절을 마주하게 될 운명에 처했다고 경고하신다.

> "세상이 너희를 미워하면 너희보다 먼저 나를 미워한 줄을 알라. 너희가 세상에 속했으면 세상이 자기의 것을 사랑할 것이나 너희는 세상에 속한 자가 아니며, 도리어 내가 너희를 세상에서 택하였기 때문에 세상이 너희를 미워한다. 내가 너희에게 '종이 주인보다 더 크지 못하다' 한 말을 기억하

---

in Early Judaism (Minneapolis: Fortress, 2014), 209–22을 보라.

4.   사도적 설교의 결과를 가리키는 메타포로서 열매 맺는 이미지를 위해서는, 롬 1:13, 15:28; 빌 1:22을 보라.

라. 사람들이 나를 박해하였으니 너희도 박해할 것이며, 그들이 내 말을 지켰다면 너희 말도 지킬 것이다. 그러나 그들이 내 이름으로 인해 이 모든 일을 너희에게 행할 것이다. 이는 그들이 나를 보내신 이를 알지 못하기 때문이다." (요 15:18-21)

그리고 이 지점에서 우리는 마침내 제자들이 경험할 것으로 예상되는 반대를 간접적으로 설명하거나, 또는 적어도 예표하는 성서 본문을 만나게 된다. 세상이 예수와 아버지를 미워한 이유는 무엇인가? 예수는 말씀하셨다: "이는 그들의 율법에 기록된 바, '그들이 이유 없이 나를 미워했다' 한 말을 성취하도록 하기 위함이다"(요 15:25). "율법"이라는 단어를 이스라엘 성경 전체에 대한 포괄적인 서술자(descriptor)로 사용하고 있는 이 인용 형식구는[5] 두 시편 본문에 느슨하게 상응한다. 이들 중 가장 중요한 것은 시편 69:4(68:5 LXX)이다.

> 까닭 없이 나를 미워하는 자가(LXX: οἱ μισοῦντές με δωρεάν)
> 나의 머리털보다 많고
> 나를 파괴하려 하고
> 나를 거짓으로 비난하는 자가 많다.

시편 35:19에도 유사한 어구가 나오지만 시편 69편과의 연결이 특별히 중요하다. 이는 요한이 독자로 하여금 이 시편을 예수의 수난과 죽음의 예표로 해석하도록 이미 경고한 바 있기 때문이다(요 2:17-22). 따라서 거

---

5. "율법"이 비슷하게 확장되어 사용된 경우로서, 또한 요 10:34, 12:34; 롬 3:19; 참조, 고전 13:21; 갈 4:21을 보라.

절과 고난에 대한 시편의 쉴 새 없는 묘사는 15:25에서 재확증된 바와 같이 예수 자신을 가리키고 있지만, 바로 그 본문은 표상의 전이성(transitivity) 과정에 따라 예수의 제자들에게도 적용된다. 가지가 포도나무에 연합되어 있는 것처럼 저들은 예수와 유기적으로 연합되어 있기에 예수와 아버지에 대한 세상의 분별없고 악의적인 반응 역시 저들에게—그리고 우리가 추측할 수 있듯이 나중에 이 복음서를 읽는 교회에도—퍼지게 된다.

그렇지만, 세상의 미움을 전조하는 이 그림에도 불구하고 제자들은 세상으로 보냄을 받았다. 저들의 사명은 "가서 열매를 맺게 하라"(요 15:16)는 요구에 이미 내포되어 있지만, 독자들은 요한복음 17장에 있는 예수의 최고조에 이른 기도 맥락에서 제자들이 받은 소명의 어려움을 확실하게 인지하게 된다. 거기에서 예수는 아버지로부터 보냄을 받은 자로서 자신의 일을 요약하고 제자들이 부여받은 과업에 직면할 때 저들을 위해 기도하신다.

"내가 아버지의 말씀을 그들에게 주었사오매 세상이 그들을 미워하였사오니 이는 내가 세상에 속하지 아니함 같이 그들도 세상에 속하지 아니함으로 인함이니이다. 내가 비옵는 것은 그들을 세상에서 데려가시기를 위함이 아니요, 다만 악에 빠지지 않게 보전하시기를 위함이니이다. 내가 세상에 속하지 아니함 같이 그들도 세상에 속하지 아니하였사옵나이다. 그들을 진리로 거룩하게 하옵소서 아버지의 말씀은 진리니이다. **아버지께서 나를 세상에 보내신 것 같이 나도 그들을 세상에 보내었고.**" (요 17:14-18 개역)

이 기도는 복음서 기자 요한이 유대 환경과 이교 세계 둘 모두 내에서 교회의 정체성을 이해하는 방식을 요약해서 보여준다. 시간을 가로질러 교회를 대표하는 제자들은 동일한 사랑과 정체성으로 예수와 서로서로 결속된 "가지"다. 세상은 "악한 자"—요한복음 다른 곳에서는 "이 세상의 통치자"로 불리는[6]—의 권세가 지속적으로 위협하는 적대적인 장소다. 예수는 따르미들을 내보내시면서 이들이 보호받도록, 그리고 말씀을 계속 거스르는 소란한 세계에서 자신의 말씀 계시 사역이 계속되도록 기도하신다.

요한은 제자들이 맡게 될 위험한 사명에 대해 직접적이거나 명시적인 성경 증거를 제시하지 않는다—예를 들어, 이사야 49:6 인용("내가 너를 이방의 빛으로 세웠다")도 없다. 그 대신에 저들의 부름을 지지하는 증거는 성경적으로 영감 받은 포도나무와 가지 표상과 연결된 예수의 명령뿐이다. 저들의 소명은 예수가 경험한 배척과 더불어 예수의 것들과 유기적인 통일성을 가진다. 가지가 포도나무에 붙어있는 것처럼 그리스도 안에 거하기에 이들은 하나님이 반역한 세상을 **사랑하심으로** "저를 믿는 모든 자는 멸망하지 않고 영원한 생명을 얻는다"(요 3:16)는 소망을 선포하기 위해 자기 삶을 내어주는, 기독론적으로 정의된 패턴에 참여하게 된다. 이것이 정확히 시편 80편에 전조된 소망이다. 거기서 하나님이 심으신 포도나무는 "그 가지가(LXX: τὰ κλήματα) 바다까지, 그 새싹이 강까지 뻗게 된다"(80:11 [79:11 LXX]). 이렇게 요한복음 기자는 죽음(mortality)의 상황과 세상의 저항 속에서도 교회가 이스라엘과 더불어 기도하면서 세상에 나가 말씀을 전할 수 있기를 간절히 염원한다.

> … 우리에게 생명을 주십시오.
>
> 그러면 우리가 주의 이름을 부를 것입니다.
>
> 오, 주, 만군의 하나님이여, 회복시켜주십시오.

---

6. 요 12:31, 14:30, 16:11. 요 18장에서 예수가 빌라도와 말로 씨름했지만, 이 복음서에는 "이 세상의 통치자"가 로마 황제를 가리킨다는 표시가 나오지 않는다.

주의 얼굴의 광채를 우리에게 비추시면

우리가 구원을 받을 것입니다. (시 80:18-19)

이 우리에 속하지 않은 다른 양들

마태와 누가에게 있어서 중요한 관심 주제였던 이방인에 대한 사도의 선교 문제는 요한복음에서 배경으로 물러간다. 그렇지만 네 번째 복음서에는 예수의 메시지가 이스라엘을 넘어 더 넓은 세계로 확장될 것에 대한 구상을 보여주는 몇 가지 암시가 나온다. 이러한 암시는 또한 성서와 미묘하게 공명하는데, 요한의 내러티브는 이 공명들을 매우 작은 음량으로 유지한다.

더욱 넓은 세계와 교회 사이의 관계를 개념화하는 데 필요한 핵심 본문은 요한복음 10장에 나오는 예수의 선한 목자 담화다. 예수는 자신을 선한 목자로 소개하셨다. 예수의 양들은 낯선 사람들의 목소리에는 반응하지 않겠지만 예수의 목소리는 인지하고 따를 것이다. 이 담화는, 날 때부터 보지 못하는 자는 믿음으로 반응하는 반면 바리새인과 같은 다른 이들은 믿고 따르기를 거부하는 기사(요 9장)가 나오는 일련의 논쟁적인 대화 가운데 놓여 있다. 이 내러티브 맥락에서 예수는 "나는 선한 목자다. 나는 내 소유[양]를 알고 내 소유는 나를 안다"라고 선언하신다. 이는 예수를 따르기를 거부하는 자들은 사실상 예수의 양 무리에 속하지 않았음을 의미할 것이다—마치 앞선 내러티브에서 예수가 믿지 않는 '유다이오이'는 하나님을 아버지로 여기지 않고 "하나님으로부터"(8:42-47)나지도 않았다고 선언한 것처럼 말이다. 예수의 존재와 가르침은 예수의 양과 양이 아닌 자가 공존하는 유대 동족 사이에서 분열을 만들어냈다.

하지만 예수는 갑자기 자신의 담론을 요한복음 1:16에서 새로운 조성(key)으로 전조하신 것처럼 보인다: "이 우리에 들지 않은 다른 양들이 내게 있어, 내가 인도해야 하는데, 그들도 내 음성을 듣고 한 무리가 되어 한 목자에게 있을 것이다." "한 무리, 한 목자"가 있을 것이라는 약속은 땅에 정의를 가져오고 긍휼로 백성을 돌볼 다윗 왕의 도래를 이야기하는 에스겔의 두 본문을 반향한다.

> 내가 **한 목자**를 그들 위에 세워 먹이게 할 것이니, 그는 내 종 다윗이다. 그가 그들을 먹이고 그들의 목자가 될 것이다. 나 주는 그들의 하나님이 되고 내 종 다윗은 그들 중에 왕이 될 것이다. 나 주의 말이다. (겔 34:23-24)

이 에스겔 본문에 후에 얼마 지나지 않아 동일한 예언이 나온다: "나 주는 그들의 하나님이 되고 내 종 다윗은 그들 중에 왕이 될 것이다. 나 주의 말이다"(겔 37:24). 이 두 번째 "한 목자" 모티프는 하나님이 이스라엘 집의 마른 뼈들에 생기를 불어넣으시고(37:1-14), 분단된 남/북 왕국을 다시 연합시키실 것(37:15-23)이라는 예언 맥락에 등장한다. 그러므로 예수의 선한 목자 이미지 사용은 자신이 이스라엘 백성을 연합하고 종말론적 정의를 가져올 고대하던 왕이라는 주장을 확고히 하는 것이 분명해 보인다. 그렇다면 "이 우리에 속하지 않은 다른 양들"에 대해 말씀하신 것은 무엇을 의도한 것일까?

요한은 예수가 더욱 큰 그림을 마음에 그리고 있다는 몇 가지 단서를 던진다. 이는 곧 이스라엘의 국가적·민족적 경계를 넘어 확장되는 "한 무리"의 창조다. 한 가지 결정적인 단서는 냉소적인 어조로 예수의 사형이 이스라엘 민족 전체에게 유익을 대리한다는 제사장 가야바의 무의식적 예언, 매우 아이러니한 본문에 나온다. 이때 요한은 해석학적인 빛을 비추어주는 한 가지 내레이션을 삽입한다.

> 이는 스스로 말한 것이 아니라, 그 해에 대제사장으로서 예수가 그 민족을
> 위하시고 또 그 민족만 위할 뿐 아니라 흩어진 하나님의 자녀를 모아 하나
> 가 되게 하기 위하여 죽으실 것을 예언한 것이다. (요 11:51-52)

유대 민족이 아닌 하나님의 흩어진 자녀를 모으는 것에 관한 요한의
언급은 예루살렘이라는 내러티브의 직접적인 배경을 완전히 넘어선 것이
며 이는 예수의 죽음이 보편적 차원에서 구원하는 의미가 있음을 암시한
다.[7] 요약하자면, 이는 "이 우리에 속하지 않은 다른 양들"을 되돌아보게
하면서 저자 요한이 이 발화를 예수의 음성을 듣고 한 무리에 인도될 이
방인을 가리키는 것으로 이해하고 있음을 알려준다.

요한복음 11:52에 대한 이러한 해석은 요한 내러티브 구조(fabric)의 또
다른 신비스러운 단편에 의해 강조된다. 예수가 예루살렘에 승리의 메시
아로 입성하신 직후(12:12-19) 몇몇 정체불명의 새로운 등장인물이 이야기
에 나온다: "명절에 예배하러 올라온 사람 중 헬라인이 몇몇 있었는데, 그
들이 갈릴리 벳새다 사람 빌립에게 가서 청하여 말했다. '선생이여, 우리
가 예수를 뵙고자 합니다'"(12:20-21). 요한은 이 헬라인들이 누구인지 또는
이들이 왜 유월절에 예루살렘으로 예배하러 왔는지 설명하지 않는다. 저
들은 아마도 완전한 개종 과정을 거치지 않고 유대 공동체의 삶과 신앙에

7.　하나님을 다른 나라에 있는 백성 중 흩어졌던 양을 찾고 구출하는 목자로서 그리
　　고 있는 에스겔 이미지(겔 34:11-16)는 아마도 이방인이 아닌 디아스포라로 외국에
　　흩어진 이스라엘 백성을 가리키고 있을 것이다. 요한은 이 본문을 인용하지 않았지
　　만, 겔 34장 이미지에 대한 요한의 선호도를 염두에 둘 때, 예수의 죽음 목적이 "흩
　　어진 하나님의 자녀를 한 데로 모으는 것"이라는 요한의 진술에 대한 상호텍스트
　　로 들을 수 있을 것이다.

참여하고 있는 이방의 "하나님을 경외하는 자들" 그룹에 속할 것이다. 그러나 저들은 내러티브에서 즉각, 완전히 사라지기에 이들의 정체와 동기는 추측의 영역에 남겨지게 된다. 빌립과 안드레가 이 헬라인들에 대해 예수에게 가서 알렸을 때, 예수는 예상치 못한 선언을 하신다: "인자가 영광을 받을 때가 이르렀다"(12:23). 이는 내러티브의 합당하지 않은 흐름처럼 보이지만 예수는 땅에 떨어진 밀알이 죽어서 더 많은 열매를 맺는다는 메타포를 사용하면서 자신의 죽음에 대해 말씀하시기를 계속하신다 (12:24). 우리가 이미 다루었듯, "열매 맺는" 이미지는 세상을 향한 복음 선포 사명의 성공을 암시할 수 있다. 만약 요한이 이를 염두에 두고 있다면 예수의 응답에 암호화된(coded) 의미는 헬라인들을 향한 열매 맺는 선교를 위해, 그리고 "모든 백성을 자신에게로 이끌기 위해"(12:32) 예수의 죽음이 필요하다는 것이리라.

그렇다면 이 맥락에서 빌립과 안드레에 대한 예수의 응답의 결론은 헬라인/이방인이 예수 따르미 공동체에 접근할 수 있음을 직접 말하고 계신 것이다: "누구든지 나를 섬기려면 나를 따르라. 내가 있는 곳에 나를 섬기는 자도 거기 있을 것이다. 누구든지 나를 섬기면 내 아버지가 그를 귀히 여기실 것이다"(요 12:26). 이러한 해석이 맞다면 요한복음 12:26은 그리스도 안에는 유대인도 없고, 헬라인도 없다는 바울의 선포(갈 3:28)에 대응하는 요한식 표현일 것이다. 요한에게 있어서 예수를 따르려는 헬라인들은 예수의 음성을 듣고 따르는 "다른 양들" 가운데 속할 것이다.

이는 한 무리로 통합해낼 "한 목자"에 대한 에스겔서 비전의 해석학적 변형과 확장을 만들어낼 것이다. 이는 요한의 교회론이 회복된 민족적 이스라엘을 향한 비전에 제한되는 것이 아니라 보편적인 차원을 가지고 있음을 시사한다. 그러한 비전은 요한이 예수를 로고스, 곧 모든 피조물이 그를 통해 존재하게 되었고, 모든 것이 그 안에서 생명과 빛을 발견하게 된다고 묘사한 것과 완전히 일치할 것이다.

이러한 읽기가 올바른 노선 위에 있다는 사실은 요한복음 17장에 나오는 예수의 대제사장적 기도 결론부에서 확인된다. 예수는 자신과 제자들을 위해 기도하신 후 중보기도의 범위를 "저들의 말로 인해 나를 믿는 사람들"까지 놀랍도록 확장하면서 **이들 모두가 "하나 되기를"** 기도하셨다 (요 17:20-21a). 이들의 하나 됨은 예수와 아버지의 하나 됨을 반사한 것이자 거기에 참여한 것이다. 그리고 이 하나 됨은 예수의 말씀과 영광의 참됨을 확고하게 증언하는 효과가 있다. 예수는 모든 따르미가—10:16에서처럼 "다른 양들"을 포함하여—하나가 되어서 **"아버지가 나를 보내신 것을 세상으로 믿게"** 하고 또한 **"아버지가 나를 보내신 것과 또 나를 사랑하심 같이 그들도 사랑하신 것을 세상으로 알게 하려"** 하셨다(요 17:21, 23).

그렇기에 요한복음에 따르면 세상을 향한 교회의 증언 능력은 요한에게 있어서 예수 따르미 공동체의 단일성에 달려 있다. 이는 저들과 예수 사이의 연합, 그리고 예수를 통한 아버지와의 연합의 외적이고 가시적인 표지로 기능한다. 이 모든 것은 두 가지 핵심 이미지를 통해 전달된다. 곧, 포도나무에 붙어 있는 가지와 선한 목자를 따르기 위해 열방 가운데서 모여든 한 무리 말이다. 이 이미지가 가진 힘은 장차 정의롭고 자애로운 한 왕을 통해 이스라엘 민족의 통합과 치유하시겠다는 하나님의 바람이 담긴 과거 성서로부터 흘러나온다. 그런데 복음서 기자 요한은 세상에서 교회의 위치를 재정립하는 데 이 이미지들을 활용했다. 요한은 이 성서 이미지들을 변형시키고 확장했다. 이미지를 이렇게 변형하면서 요한복음은 두려움으로 모인 교회의 암울한 모습을 넘어 온 세상에 부어지는 은혜 가득한 삶으로 백성들을 인도하려는 신적 목자의 음성을 반향해낸다.

§20. 표상적 얼개:
요한의 성경 해석학

요한은 자신의 표상적 해석을 통해 이스라엘의 성경이 실제로 예수를 증언한다고 하는 독특한 (그리고 논쟁적인) 주장을 설명한다: "모세를 믿었다면 또 나를 믿었을 것인데, 이는 그가 내게 대해 기록했기 때문이다"(요 5:46). 이처럼 요한은 구약을 다른 복음서보다도 더더욱 광범위하게 예수를 예표하는 방대한 상징의 모체로 이해한다. 누가가 성경을 시간에 따른 하나님의 약속의 시행을 보여주는 플롯으로 된 대본으로 이해하는 것과는 달리, 요한은 성경을 선-시간적이며 영원한 로고스가 창출하는 기독론적 기표(signifiers)—하나님의 진리와 영광을 통고(intimations)하는—의 거대한 얼개(web)로 이해한다.

요한은 이스라엘 성경을 주로 상징의 출처로 사용하기에 본문의 직접적인 인용보다는 인유와 반향을 통해 성경 이야기를 참조하곤 한다. 요한복음은 구약의 등장인물들과 이야기에 대한 상당한 지식을 전제하고 있지만 요한의 상호텍스트적 참조는 단어 꾸러미를 인용하고 상술하기보다 성서의 배경을 자아내는 생생한 시각적 이미지에 초점을 두는 경향이 있다. 이러한 해석학적 전략—아마도 우리는 이를 전략이라기보다는 감수성/감각(sensibility)이라고 불러야 할 것이다—은 요한의 내러티브에 단순성, 직관성(immediacy), 놀라운 상상력을 부여한다.

요한은 구약 전체를 예수 및 예수가 제공하는 삶에 대한 표상적 기표(figural signifiers)로 이해되어야 하는 상징의 얼개로 읽는다.[1] 요한의 내러티브에서 성전은 예수의 몸을 가리키는 표상적 표지(sign)가 된다. 결과적으로 예수는 사실상 성전이 되신다. 요한은 복음서를 예루살렘의 위대한 성전이 로마에 의해 파괴된 지 10년 내지 20년이 지난 시점에 썼다. 하지만 헤롯이 돌로 만든 한때 주목받았던 건물이자 당시 폐허가 된 장소 대신에, 하나님이 거하시는 장소, 속죄가 일어나는 장소, 하나님과 인간의 분리가 극복된 장소는 이제 예수의 몸이다. 요한은 이스라엘 성경을 거부함으로써 이 비범한 주장을 하는 것이 아니라, 이스라엘 성경을 재독함으로써 우리가 성경을 바르게 읽는다면 성경이 어떻게 예수를 가리키고 있는지 보여주려 했다.

마찬가지로 이스라엘의 예배 절기를 회고적으로 읽는다면 우리는 여기에 예수에 대한 표지와 상징으로 가득 차 있음을 보게 된다: 물을 붓는 것, 불을 켜는 것, 성전을 다시 봉헌하는 것, 유월절 어린양, 하나님의 백성을 진정으로 먹이고 치유하는 선한 목자. 출애굽시 이스라엘의 구원을 담은 성서 내러티브조차도 광대한 표상적 모체가 된다. 말하자면 하늘에 내리는 만나는 예수의 살을 가리키는 이야기가 된다.

같은 방식으로 장차 모든 것을 바로잡을 의롭고 자비로운 왕/메시아

---

1. 요한 해석학의 집요한 기독론적 초점은 흥미롭게도 바울의 확고한 교회론적 해석학과 병치된다. 바울은 주로 교회의 정체성과 소명을 해석하기 위해 성경을 불러일으키는 경향이 있다. (Hays, *Echoes of Scripture*를 보라.) 이와는 달리 요한에게 있어 성서 해석의 강조점은 주로 예수 자신의 정체를 상상력을 가지고 제시하는 데 놓여 있다.

에 대한 이스라엘의 소망은, 예기치 못하게, 자기 나라가 이 세상에 속한 것이 아니라고 선언하지만(요 18:36) 그럼에도 이스라엘의 참 왕이신 예수의 모습을 가리킨다. 그리고 이스라엘의 종말론적 승리와 신원을 상징하는 인자의 모습은, 역설적으로, 실제로 높이 들리신—그러나 모든 백성을 자신에게로 이끌기 위해 십자가에 달리신—인자, 곧 예수 안에서 만개한 성취를 드러낸다.

오랫동안 이스라엘은 하나님이 정성스럽게 심으시고 보호하신 포도나무로서 자기 정체성을 이해해왔다. 이제 요한복음에서는 이스라엘 자체조차도 참된 포도나무로 드러난 예수를 가리키는 표상적 지시체(antici-pation)가 된다. 예수는 이스라엘이 요구받는 모든 것을 받아들이시고, 예수 따르미들은 가지가 되어 오로지 예수와 연합함으로 저로부터 생명을 흘려 받는다.

이 모든 것은 해석학적으로 작동한다. 이는 예수가 그날(the day: 창조의 때를 뜻함—역주)의 처음과 끝에 계신 로고스, 창조 이전에 존재하던 말씀이시기 때문이다. 모든 피조물은 예수의 생명으로 숨 쉰다. 예수는 존재 자체가 모든 실체의 청사진이 되는 신적 지혜시다. 따라서 요한복음 저자에게 있어서 이스라엘 성경의 모든 부분은 예수—그분 없이 어느 것도 존재할 수 없다—에 대한 잠재적인 예표를 담고 있는 표상적으로 얽힌 그물과 같다. 그래서 요한이 이야기를 시작하면서 해석학적 열쇠로서 제시했던 것을 예를 들자면, 예수는 단순히 성전—우리가 하나님을 만나는 장소—이실 뿐 아니라, 우리를 모아 그분과 연합되게 함으로써 우리를 만나시고 구원하시는 하나님이시다. 이러한 이유로 성경을 표상적으로 읽는 것—예수 이야기에 비추어 거꾸로 읽는 것—은 세상을 향한 자기-계시 안에서 말씀이신 하나님의 예기적인(anticipatory) 자취를 분별하는 본질적인 수단이 된다.

결론:
우리의 마음이 뜨겁지 아니하더냐?

회고적으로 성서를 해석한 네 복음서의 기자

우리는 요한복음 5장에 있는 예수의 말씀을 반추함으로써 복음서 저자들의 이스라엘의 성경 읽기에 대해 연구하기 시작했다: "모세를 믿었더라면 또 나를 믿었으리니 이는 그가 내게 대하여 기록하였음이라"(요 5:46 개역). 이 놀라운 주장은 여러 가지 심각한 문제를 불러일으켰다. 복음서 저자 요한은 이와 같은 대담한 주장을 함으로써 무엇을 의도하려고 했는가? 모세가 예수에 관해 기록했다는 것은 어떤 의미인가? 그러한 주장이 사실일 수 있다고 생각하는 것은 우리에게 어떤 의미인가? 그리고 우리가 현대 비평 방법론의 여광기(filtering lenses: 특정한 빛만 통과시키는 렌즈―역주)뿐 아니라 요한과 다른 정경복음서 저자들의 눈을 통해서 이스라엘 성경 읽기를 배운다면 어떠한 종류의 해석학적 경관이 우리 앞에 열리게 될까?[1]

1.　독자는 "단지 … 아니라, … 역시도"(not only ... but also)라는 문장의 구조에 주의를

앞선 장들 내내 우리는 복음서 저자들이 성경을 사용하는 해석학적 열쇠가 바로 **표상적 읽기**(figural reading)의 시행이라는 사실을 확인했다. 표상적 읽기란, 연속적인 시간의 흐름 내에서 이전 사건/인물과 이후 사건/인물 사이의 예상치 못했던 상응 패턴을 식별하는 것을 뜻한다. 표상적인 해석에서 상호텍스트적 의미 효과는 양방향으로 흐를 수 있다. 곧, 앞선 텍스트는 이후 텍스트를 조명해줄 수 있고, 이 반대의 경우도 마찬가지라는 말이다. 그러나 표상적으로 상응하는 양극단 사이의 시간적 순열(ordered sequence)에 있어서 표상의 **이해**(comprehension of the figure)—에리히 아우어바흐(Erich Auerbach)가 **정신적 개념/이해**(intellectus spiritualis)로 묘사한 이해 행위—는 반드시 회고적이어야 한다. 구약의 표상적-기독론적 읽기는 오직 예수의 삶, 죽음, 부활에 비추어 회고적으로만 이해 가능하다. 따라서 표상적 해석 관점에서 율법과 선지자들이 예수의 삶에서 일어날 사건을 주지하고 예언했다는 것은 타당하지 않은 해석학적 가정일 것이다. 그러나 전개되는 예수 이야기에 비추어 볼 때 거꾸로 읽으면서 율법과 선지자들 안에서 예상치 못한 나중 이야기의 전조를 발견하는 일은 옳으면서도 유용하다(illuminating).[2]

기울여야 한다. 나는 현대의 비평적 읽기에 대한 거부가 아니라 수정과 보완을 제안하고 있는 것이다.

2. Auerbach의 표상적 해석(figural interpretation) 이해를 위한 간결한 설명을 위해서는 이 책의 서론을 보라. *Christian Figural Reading*에서 John David Dawson은 Hans Frei가 John Calvin을 가져와서 "뒤를 돌아보는 것은 과거(prior) 표상(figure)에서 성취를 향하는 앞으로 읽기를 통해서만 얻어질 수 있음"을 암시하는 Auerbach의 '피구라'(figura) 분석을 재해석하려는 시도를 주의 깊게 상술한다. 이는 "성경을 표상적으로 읽기 위해 기독교인이, 마치 고대 이스라엘인들이 인물 및 사건에 대한 표상 차원을 식별하려고 노력하듯이, 고대 표상(figure)으로부터 이후의 성취를 향해 진행되는 읽기 방식을 세워야 한다는 것을 의미할 것이다"(Dawson, *Christian Figural Reading and the Fashioning of Identity* [Berkeley: University of California Press, 2001], 155-56; 고딕은 원문의 강조). 내 생각에 여기서 Frei는 Auerbach 위에

이 책에서 우리는 각각의 네 복음서 저자가 어떻게 거꾸로 읽기를 시행하는지 살펴보았다. 우리는 각 복음서 저자의 독특한 목소리에 귀를 기울이려고 했고 각각이 예수 이야기를 재서술하면서 성경을 어떻게—명시적으로, 암시적으로—끌어오는지 윤곽을 그리려 했다. 이 과정에서 나는 각각의 저자가 신학적 해석학에 있어서 독특한 공헌뿐 아니라 독특한 도전 역시 제공한다고 제안했다.

이 마지막 장에서는 몇 가지를 비교하고 평가하려 한다. 우리는 네 명의 복음서 저자가 제시하는 서로 다른 해석학적 접근 방법을 복구하여 따를 때 기대되는 이점과 잠재적인 함정이 무엇인지 물을 것이다. 저들 사이에 긴장하는 지점이 있는가? 저들이 공유하고 있는 지점은 무엇인가? 우리도 저들이 읽었던 바로 그 방식으로 성경을 읽을 수 있는가? 또는 그렇게 읽어야 하는가? 우리는 복음서 저자들이 성서에 입각하여 형성한 비전을 이스라엘 이야기와 교회의 관계에 대한 이해 및 세상에서 교회의 사명에 대한 그림의 원형으로 삼아야 하는가?

가장 중요한 점으로서, 이스라엘 성경을 회고적으로 읽는다면 신비스러운 신적 정체성 기독론이 드러날 것이라는 저들의 확신을 우리가 공유할 수 있을까? 우리는 "구약은 예수 그리스도에 대해 침묵한다"라는 우도 슈넬레(Udo Schnelle)에게 동의해야 하는가? 아니면, 우리가 발견한 증거들이 구약을, 구도자들에게 발견될 수 있는 아기 그리스도의 강포로 보는 마르틴 루터(Martin Luther)를 따를 만큼 충분한가?

Calvin의 신학을 겹쳐놓은 것 같다. 하지만 우리는 본서의 복음서 읽기를 통해 복음서 저자들이 자기 독자들을 이야기 내 등장인물과 다양한 식으로 상상적으로 동일시하게끔 하고 있음을 보게 된다. 곧, 우리는 마치 우리가 예수의 초기 따르미 가운데 있다는 듯이 읽어서, 예수에 대한 우리의 기억이 기대치 못했던 이스라엘 성경의 반향으로 어떻게 일깨워질 수 있는지를 그분의 죽음과 부활 이후에 놀라워하며 발견해야 한다.

마지막으로 신약성경 저술을 "수 세기에 걸쳐 작업"한 "이스라엘 종교 언어의 재구성"(reorganization of Israel's religious language)으로 묘사한 로완 윌리엄스(Rowan Williams)가 옳다면 우리는 이 과제가 이제 끝난 것으로 간주해야 하는가? 아니면, 우리는 여전히 현시대에도 복음서 저자들이 시작한 해석학적 과업에 계속 참여할 것을 기대해야 하는가?

물론 이것은 방대한 질문이다. 이 결론 장에서 이 문제들을 확실하게 해결하기를 기대하기는 어렵다. 그러나 나는 그럼에도 이스라엘 성경의 독자인 네 복음서 저자들에게 배울 만한 몇 가지 건설적인 해석학적·신학적 제안을 제시해보고자 한다. 이 제안들은 다른 독자들을 대화—기독교의 성서 해석의 순전함(integrity)과 장래에 대해 염려하는 모든 이들에게 있어 다급한 관심사를 다루는 대화—의 장으로 초대하는 데 목적이 있다.

몇 가지 종합적인 결론과 건설적인 해석학적 반성을 다루기 전에, 앞 장들을 상세히 살펴보고 간략한 개요와 (앞 장에서) 발견한 사항들을 제공하는 것은 도움이 될 것이다.

우리가 살펴보았듯 네 복음서는 우리에게 네 가지 독특한 목소리를 들려준다. 저들은 구약의 해석자로서 단일한 목소리(unison: '유니즌' 또는 제주[齊奏]로 불림. 여러 악기로 동시에 연주하는 것을 뜻함—역주)로 말하지 않는다. 그렇기에 우리는 저들의 증언을 다성부(polyphony)로 노래하는 네 개의 독특한 음성으로 들어야 한다. 이것이 옳다면, 복음서를 읽는 기술은 합창을 듣는 기술과 같다. 합창단에서 각각의 파트(section)는 자기 부분을 듣고 노래하는 법을 배워야만 한다. 합창단 지휘자는 모든 사람이 단일한 목소리로 멜로디를 노래하기를 바라지 않는다. 만일 그러한 일이 발생한다면 다성부와 화성의 질감(harmonic texture)이 손상된다. 신약 정경의 사중 복음 증언 역시 마찬가지다. 복잡한 합창 작업에서 서로 다른 파트 사이에 불협화음이 생기는 순간이 분명 있을 수 있다. 견식 있는 청중이라면 불협화음을 제거하려고 하지 않는다. 오히려 감상의 과제는 불협화음들이 더욱 큰 예술적 설계(design) 안에 속하는 방식을 들을 수 있는 미묘한 능력을 개발하는 데 있다. 이와 같은 메타포를 염두에 두고 네 파트, 곧 네 복음서의 증인들을 간략하게 살펴보며 저들이 이스라엘 성경을 다성적으로(polyphonic) 자아내는 데 궁극적인 일관성이 있는지를 물어보도록 하자.

마가복음: 하나님 나라의 신비를 표상하다

마가는 감추어져 있고, 간접적인 인유를 좋아한다. 마가에게 있어서 이스라엘 성경의 메시지는 놀라운 '뮈스테리온'(μυστήριον, "비밀")으로서 예수의 모습 안에서 역설적이면서도 최고조로(climactic) 체현됐다. 마가는 성경을 가차 없이 기독론적 방식으로 읽으면서 예수의 정체를 인지한다면 십자가를 지고 예수의 죽음으로 정의된 패턴을 따르게끔 인도하는 값비싼 제자도와 분리될 수 없다고 주장한다. 들을 귀와 볼 눈이 있는 사람은 예수 안에서 하나님의 능력이 세상에 들어왔고 이사야가 약속한 새 출애굽이 상연되고 있음을—그러나 인간의 기대를 철저하게 뒤집는 방식으로—인지할 것이다. 반직관적으로 침입해 들어오는 하나님 나라는 이스라엘 지도자들의 눈먼 저항에 직면하고, 따라서 예수와 제자들은 폭력적인 반대를 마주하게 된다.

마가는 메시아에 대한 명시적인 예고(predictions)의 저수지(repository)로서의 성경에 비교적 적은 관심을 보인다. 그보다도 마가에게 있어서 성경은 예수의 신적 정체성에 대해 놀랄 만한 진리를 개요할 수 있도록 돕는 풍부하고도 상징적인 어휘들을 제공한다. 인간 예수는 어떻게든—이해를 무시하면서—이스라엘의 하나님이시자 바람과 바다로 복종하게 하시는 분으로 우리 가운데 드러내시지만 결국에는 십자가에 달리신 분이다. 이 묵시론적 비밀을 받은 사람들의 공동체는 오로지 단서, 속삭임, 성서적 인유로만 이 장엄한 신비에 대해 감히 이야기할 수 있다. 저들은 경외함과 기대함 속에 살면서 감추인 것이 드러날 때를 기다리며 바라보라는 요구를 받는다(막 4:21-25, 13:37). 이들은 미래에 놓여 있는 완전한 계시의 비밀을 소유한 자들이다. 그렇기에 마가의 해석학적 전략은 분별력 있는 독자를 종말론적 신비의 심장부로 이끄는 비밀스러운 성서적 지시등(pointers)을 제공하는 데 있다. 마가의 증언에 나타난 이 신비스러운 양상으로 인해 그리스 정교회 전통은 마가를 "하늘의 신비스러운 전령"(τῆς οὐρανίου μυστα- γωγίας τὸν κήρυκα)으로 적절히 특징지어 칭송했다.

그렇다면 예수 이야기를 진술함에 있어서 구약에 결부시키는 마가의 독특한 전략이 가진 이점과 잠재적인 함정에 대해 우리는 무엇을 말할 수 있을까?

마가 해석학의 가장 큰 장점은 억제하는 힘과 연상하는 힘의 조합에 있다. 마가는 계시의 신적인 신비의 감추어짐과 계시의 역설적인 특징을 적절하게 존중한다. 바로 이 존중감이 마가로 하여금 실재하는 고난, 어려운 제자도, 아직 극점에 이르지 못한 종말론을 온전히 인정하게끔 한다. 마가의 예수는 정확히 이스라엘 하나님의 체화로서 인간의 고통의 영역에 완전히 들어가 현시대에 신실함의 값진 대가를 치르셨다. 종말론을 절제하여 유보하는 마가의 태도 또한 인간 언어의 한계를 절실히 인지하게 하고 베일에 싸인 완곡한 몸짓을 통해 간접적으로 전달하는 진리를 확고히 선호하게끔 한다.

부주의한 독자가 예수의 정체에 대한 마가의 교묘한 설명을 복음 이해의 패턴으로 삼으려고 할 때 어떠한 함정이 있을 수 있을까? 가장 중요한 점은 마가의 미묘한 간접성으로 인해 많은 독자들이 예수의 신적 정체 메시지를 놓칠 수 있다는 것이다—실제로 현시대 많은 신약 비평가들이 그랬던 것처럼 말이다. 가려진 전달 수단으로 많은 이들이 무지한 외부인 영역에 놓일 수 있다는 위험성 외에도(막 4:10-12) 마가의 해석학은 묵시론적 공동체가 가진 특징적인 함정에도 취약하다. 곧, "내부자"의 지식을 소유했을 때 느끼는 과도한 만족감에 대한 유혹 말이다. 마가의 전체 내러티브는 '뮈스테리온'(μυστήριον, "비밀")을 알아야 할 사람들이 어떻게 계속 실패하고 오해하는지 보여줌으로써 내부자를 끊임없이 전복시킨다. 반면 "외부인"이야말로 예수에 대한 올바른 반응을 보인다. 그러나 우리가 마가의 해석학적 전략, 곧 간접적인 인유 전략을 따르려 한다면 거만한 미학적/인식론적 우월성에 빠지지 않도록 각성할 필요가 있다. 이 인식론적 거만함이라는 함정은 마가의 본래 독자였을 공동체와 같은, 고난을 겪는 소수 공동체에게는 위험하지 않았을 수 있다. 그러나 더욱 큰 특권을 가진 사회적 위치에 있는 자들에게 이 경고는 결코 잉여적인 것이 아니다.

마태복음: 변형된 토라

반대로 마태는 예수의 삶이 어떻게 구약을 성취하게 되었는지 가능한 한 명시적으로 설명하는 데 관심을 가진다. 이 성취에는 (인용 형식구에서처럼) 예언적 발화의 실현 및 예수/이스라엘 사이의 표상적 상응에 대한 내러티브적 재현 모두가 포함되어 있다. 후자는 마태복음 해석에 있어서 종종 제기되는 것보다 더 많은 주의를 기울일 가치가 있다. 심지어 형식적인 인용구조차도 환용(metalepsis) 장치가 가진 완전한 힘을 필요로 할 만큼 때로는 대단히 인유적이다. 이러한 인용구들은 독자가 본래의 문맥을 회복할 수 있게 이끌도록 의도됐다. 마태는 이스라엘 이야기—아브라함에서 다윗까지, 다윗에서 바벨론 포로까지, 바벨론 포로에서 메시아 예수의 오심까지(마 1:17) 흐르는 족보로 개요되는 이야기—를 전하면서 예수가 이스라엘과 토라를 어떻게 재설정하고 있는지 보여주려 한다. 예수는 (탄생/유아기 내러티브 자료에서 애굽에서 돌아오는 것으로 묘사된) 이스라엘 포로 생활의 종식을 알리시고 마음에서부터 토라의 참된 본의에 복종하는 새로운 제자 공동체를 창조하셨다—그리고 이는 예수 가르침의 신적·주권적 권위에 의해 드러났다. 그러므로 예수가 토라—이제 예수를 중심으로 재설정된—를 어떻게 해석하고 예증하는지 명료하게 설명해내는 것이 마태의 해석학적 전략이다.

그러나 동시에 마태에게 있어 예수는 메시아와 율법 수여자 그 이상이시다. 예수를 보좌에 앉아 하늘과 땅의 권세를 가진 인자로 묘사하는 것(단 7장)은 열방에 대한 이스라엘의 새로운 사명과 이를 정당화하는 교정된(revisionary) 해석학을 인정하는 데 특별히 중대하다. 마태복음의 인자 기독론은 부활하신 예수를 하늘 보좌에 앉히고 모든 시공간에 걸쳐 권력과 권세를 가진 분으로 묘사한다.

마지막으로 예수의 정체에 관한 마태의 서술 중심에는 예수가 임마누엘, 곧 이스라엘 하나님의 인격적 임재의 체현이라는 선포가 자리잡고 있다. 예수는 세상 끝 날까지 모여 있는 제자 공동체와 함께하시겠다 약속하셨다. 이에 따라 예수가 따르미들의 경배를 받으시는 것은 정당하다. 예수는 저들 가운데 하나님이 임재하시는 장소기 때문이다.

마태복음 해석학의 이점과 또한 발생 가능한 함정은 무엇인가? 어떤 면에서 마태의 해석학은 마가의 것과 극명하게 대조된다. 마가와 완전히 달리 마태는 독자에게 성경 읽기에 어떻게 접근해야 하는지 아주 명료하게 제시하면서, 해석학적 여과기(filters)가 본문 표면 위에서 명시적으로 작동하게끔 한다. 마태는 이스라엘 이야기와 연속되는 노선을 분명히 이끌어내고 예수를 "우리와 함께하신 하나님", 곧 모든 권세를 쥐신 분이자 마땅히 경배받아야 할 하나님의 살아계신 임재로 공공연하게 묘사한다. 동시에 공동체의 삶에 지침을 주는 분이자 이방인 선교를 향한 확고한 성서적인 변증을 이스라엘 이야기의 논리적 확장과 성취로서 가르치는 교사로 예수를 그려낸다. 따라서 마태의 신적 정체성에 대한 마태의 견고한 기독론은 교회의 삶에서 하나님의 지속적인 임재와 인도에 대해 깊이 확신할 수 있는 토대를 마련해준다.

예수의 정체에 대한 마태의 내러티브 묘사에 잠재적인 어떤 결점이 있는가? 세 가지 우려를 언급할 수 있을 것 같다. 첫째, 마태복음 23장에서 서기관들과 바리새인들을 향한 독설에서 볼 수 있듯 마태가 확고히 주장하는 기독론적 입장은 간혹 다른 패러다임으로 토라를 해석하는 여타 유대 그룹에 대해 극심히 반대하는 입장으로 번질 수 있다. 둘째, 마태는 다른 많은 성서 모티프를 이끌어내고 이 모든 것의 성취를 예수의 인격 안에 투사하지만, 이때 마태가 결론적인 그림을 통합해내는 방식에 대해 체계적으로 또는 일관적으로 고찰하고 있는지는 확실하지 않을 때도 있다. 포로에서 돌아온 이스라엘의 표상적 성취, 토라를 해설하는 새로운 모세, 자기 백성과 영원토록 함께하시는 이스라엘 하나님의 실제적인 체화가 예수에게 있어서 어떻게 한꺼번에 가능한가? 그렇지만 마태가 이를 깊이 생각했는지는 분명하지 않다. 마지막으로, 몇몇 경우에 (성서를) 공개적으로 진술하기 좋아하는 마태의 성향은 신적인 신비 앞에서 경건하게 묵묵하는 마가복음과 모종의 긴장 상태에 놓여 있다. 부주의한 마태복음 독자는 때로 변화산에서 실수를 유발했던 베드로의 열심을 답습하려는 유혹을 받을 수 있다(마 17:1-18). 경외로움과 기이함을 단순히 듣고 반응하기보다 율법과 선지자들과 더불어 예수를 위해 고정된 거처(마 17:4를 의미함 —역주)를 건축하기를 바랄 수 있다는 말이다.

누가복음: 이스라엘 구속 이야기

마태의 예고-성취 도식과는 달리 누가복음은 **약속과 성취**를 강조한다. 누가는 이스라엘 성경을 주로 언약 백성에 대한 하나님 약속의 보고(treasury)로 읽어낸다. 예수 안에서 약속이 성취되는 것은 이스라엘 하나님의 신실하심을 드러내는 것, 곧 하나님이 "우리 조상에게, 아브라함에게, 그 자손에게 영원히 약속하신 바"(눅 1:55)를 잊지 않겠다는 증거다. 이스라엘이 압제 가운데 시달렸기 때문에 성경의 성취는 "가난한 자에게 좋은 소식", "포로된 자에게 해방"(눅 4:18; 사 61:1에서 인용) 및 부자/권세자의 멸망을 수반한다. 누가에게 있어 성경 메시지에 대한 올바른, 특징적인 반응은 순종이라기보다는 기쁨이다. 이스라엘 이야기 전반에 걸쳐 나오는 바 하나님이 행하시는 강력한 구원 역사를 기쁘고 감사한 마음으로 수용하는 것 말이다. 예수의 삶, 죽음, 부활 사건에서, 그리고 교회 안에서 계속되는 영의 역사 안에서!

누가가 이러한 구원 행위를 하나님 자신이 행하시는 것으로 여겼음을 인지하는 것은 대단히 중요하다. 누가는 예수를 '뀌리오스'(Kyrios), "모든 것의 주"이신 분, 이스라엘의 구속주(Redeemer)로 행할 하나님에 대한 이사야의 기대를 성취하는 분으로 미묘하게 인정하고 있다. 그렇게 누가의 내러티브는 현대 신약 비평이 인지하는 것보다 더더욱 풍성한 신적 정체성 기독론의 특징을 산출해내고, 예수의 특징 안에 신적 정체성과의 역설적인 연결점(Verbindungsidentität)을 창조해낸다.

누가는 성경 이야기와 '엑끌레시아'(교회) 사이의 연속성을 확고하게 강조한다. 영(Spirit)은 하나님 나라 메시지가 제국의 주장에 대해 분명하고도 급진적으로 평화로운 대안을 제시하면서 "세상을 뒤집고" 있다(눅 17:6). 하나님의 은혜와 자비는 이스라엘만을 위한 것이 아니라 이방을 위한 것이기도 하다. 그러나 또한 이스라엘을 위한 좋은 소식에는 주(Kyrios)가 방문하실 때를 알지 못하는 자, 모세와 같은 선지자인 예수를 듣기 거부한 자는 하나님의 백성에서 끊길 것이라는 귀결이 뒤따른다(행 3:22-23; 신 18:15-20에서 인용; 레 23:29; 참조, 눅 2:34-35). 따라서 이스라엘 이야기를 재서사화하면서(renarrate) 예수와 교회 이야기가 이스라엘과 온 세상을 위한 신적 구원 계획의 성취로 확고히 인지되게끔 하는 것이 누가의 해석학적 전략이다. 이 재서술에 있어서 누가는 예수와 구약 전거 사이의 모형론적 동등성 주장을 보통 회피한다. 그 대신 구약의 모티프와 내러티브 패턴을 미묘하게 반향하면서 성경에 푹 담겨 있는 상징적 세계를 창조하여 예수 이야기를 그려낸다.

누가의 해석학적 전략의 장점은 상당히 주목해볼 만하다. 누가는 이스라엘의 과거, 현재, 미래 사이의 역사적 연속성을 담대히 서술한다. 누가의 비전은 "모든 성경에", 곧 "모세의 율법과 선지자들과 시편에"(눅 24:44) 예수에 관한 것들이 담겨 있음을 포괄적으로 허용한다. 누가는 예수가 바로 가난하고 억눌린 자를 구속하기를 열렬히 바라는 이스라엘의 주라는 사실을 보여준다. 그리고 또한 이방인을 향한 선교가 어떻게 이방의 빛인 이스라엘을 향한 하나님의 오랜 계획의 시행일 수 있는지 보여준다. 누가의 성경 사용은 암시의 풍부함을 특징으로 하는 동시에 외부인에 대한 변증과 이스라엘 성경의 의미에 대한 합리적인 논쟁에 유용한 유연한 개방성을 특징으로 한다.

누가의 해석학에 잠재된 함정이 있는가? 많은 20세기 독일 비평가들은 누가가 구속사(Heilsgeschichte)의 연속성, 곧 묵시적으로 단절된 십자가의 영향을 적절히 고려하지 못한 채 부드러운 직선성(linearity)을 잠재적으로 찬미하는 읽기(triumphalist reading)에 과도한 자신감을 내보였다고 주장했다. 나는 이것이 오도된 비평, 누가에게 공감하지 못한 읽기라고 생각하는 바다. 누가는 결국 메시아가 고난을 받아야 한다는 성서에 예표된 필연성을 강조하고, 바로 이 주제를 사도행전에 나오는 초대 교회에 관한 내러티브에서 이어간다. 그럼에도 누가는 하나님의 계획에 있어서 확고한 섭리와 영의 풍성한 능력을 강하게 강조하기 때문에 독자들은 순진하게 과신하

는 함정에 빠지지 않도록 주의해야 한다. 이것이 바로 잠재적인 승리주의
에 대한 균형추로서 우리가 누가복음과 나란히 정경에 있는 마가복음을
필요로 하는 이유다. 그렇지만 다른 측면에서 누가와 마가는 밀접히 연관
되어 있다. 둘 모두 마태와 요한에 의해 선호되는 명시적인 고백적 주장
보다 더욱 미묘한 상호텍스트적 암시에 의존하면서 예수의 신적 정체성
을 서술해나간다.

요한복음: 이스라엘 성전과 예배의 재설정

요한은 공관복음 저자들보다 적은 수의 구약 본문에 초점을 두고 있
지만 이를 더욱 예술적으로 다듬은 방식으로 발전시킨다. 요한은 배경을
어둡게 만들고 이에 대비해 밝고 선명한 각각의 성서 이미지를 렘브란트
(Rembrandt) 초상화의 중심인물들처럼 구성한다. 요한에게 있어서 시편은
예수의 정체를 드러내는 데 지배적인 역할을 하는 반면, 오경은—모세가
예수에 관해 썼다는 요한의 주장에도 불구하고—자주 인용되지 않는다.
놀랍게도 요한은 성경이 오로지 부활 이후에만 회고적으로 이해될 수 있
다고 명시하여 말한다. 그렇게 독자는 예수가 떠나신 후에 오게 될 성령
의 조명으로 "거꾸로 읽으라"는 지시를 받게 된다. 그리고 이 회고적 읽기
는 특징에 있어서 분명 표상적이라고 말할 수 있다.

요한은 구약 전체가 예수 및 예수가 제공하는 생명을 표상하는 기표
(figural signifiers)로 해석되도록 이를 광범위한 상징적 얼개(web)로 읽어낸다.
성전은 예수의 몸에 대한 예기적 표지다. 이스라엘의 제의적 관습과 이스
라엘 전례력에 따른 대절기들은 예수에 대한 수많은 표징과 상징을 잠재
적으로 암호화(encode)하고 있다: 초막절(수코트)에 물을 붓고 불을 켜는 것,
이스라엘 백성을 진정으로 먹이고 치유하는 선한 목자에 의한 성전 재봉
헌, 유월절에 뼈가 꺾이지 않은 어린양, 광야에서 이스라엘에게 내려오는

하늘의 양식. 이 모든 사건과 상징은 이것들이 표징하고 있는 바를 체현해내신 예수를 끊임없이 가리키고 있다. 광야에서 장대 위에 뱀을 달아 올리는 모세의 이야기를 읽을 때 우리는 이것이 십자가 위에서 인자가 들리는 것에 대한 예표라는 것을 이해해야 한다. 이렇게 모세의 말과 행동은 부활 이후 시각으로 회고하면서 예수에 대한 표상적 전조로 이해되어야 한다.

요한에게 있어서 이렇게 상징적으로 변형된 해석학은 하나의 강력한 신학적 이유로 인해 가능하다. 곧, 예수는 창조 이전에 계셨던 '로고스'의 육화(incarnation)이며 모든 것은 그분을 통해 창조됐기 때문에 가능하다. 예수는 모든 창조 질서의 기초가 되는 신적 지혜시다. 그래서 예수는 이스라엘의 '쉐마'(Shema)를 자아내고 또한 변형시키면서 "나와 아버지는 하나다"(요 10:30)라고 선언하실 수 있었던 것이다.[3] 그래서 요한에게 있어 이러한 표상적/상징적 방식으로 성경을 읽는 것은 무엇보다도 예수 안에서 영광스럽고 완전하게 계시된 말씀이 육화되기 이전의 흔적을 밝히는 한 방식일 뿐이다.

요한의 아주 두드러진 성경 읽기 방식의 장점은 무엇인가? 요한은 본문에 대한 심오하고 시적인 읽기를 제공한다. 그리고 회고적이고 표상적인 해석 프로그램을 제시하는 데 상당히 직설적이다. 이 거침없는(sweeping) 해석학적 전략은 모든 피조물을 떠받치고 지탱하는 말씀(Word)을 메타포적으로 명쾌하게 가리키고 있는 이스라엘의 신성한 문서들을—그리고 논리적으로 다른 모든 것들도—포괄적으로 재사용할 수 있게끔 해준다. 따라서 요한복음 몇몇 구절에 나타나는 분명한 이원론에도 불구하고 요

---

3. '쉐마'(Shema)에 대한 변형적 암시로서 요 10:30에 대해서는 Lori Ann Robinson Baron, "The Shema in John's Gospel against Its Backgrounds in Second Temple Judaism" (Ph.D. diss., Duke University, 2015), 348–52을 보라.

한의 성서 해석학적 논리는 창조 안에 있는, 또한 창조를 통한 **육화**(incarna-
tion) 및 하나님의 신비로운 임재에 대한 직관적인(mystical) 확신으로 몰아
간다. 요한의 해석학적 전략은 또한 성전 파괴의 역사적인 여파로 초래된
이스라엘 예배 생활의 위기 안에서 심오한 **변증적** 영향력을 가질 수도 있
을 것이다. 말하자면, 표상적 읽기는 성전이 가리켰던 영적인 실체가 이제
온 세상에 생명과 온전함을 줄 수 있는 예수의 몸으로 흡수되게끔 한다.

　구약을 읽기 위한 요한의 해석학적 전략에 담긴 잠재적인 함정이나
위험은 무엇인가? 요한의 해석학은 경쟁 관계에 있는 해석가들에 반박하
는 형태로 구성된 것처럼 보인다. 요한의 읽기를 거부하는 사람들은 본문
안에서 극악한 자라든지 존재론적으로 하나님과 멀리 떨어져 있는 자로
규정된다(요 8:39-47). 그러므로 이 복음서의 구약 해석 방식은 반-유대주의
그리고/또는 독단적인 대체주의(supersessionist) 신학들에 너무 쉽게 적용될
수 있다. 본문의 명백한 이원론은 또한 몰역사적인(ahistorical) 유사-영지주
의적 영성 형태에 문을 열어줄 수 있다. 이러한 이유로 이레네우스(Irenae-
us)는 요한복음이 자신들의 신학적 목적에 적합하다고 생각했던 발렌티누
스 영지주의파(Valentinian gnostics)에 대항해 정통적인, 초기 가톨릭의 요한
복음 해석을 지키기 위해 격렬히 싸워야 했다.[4] 이에 반해 나는 요한복음
을 단순한 대체주의적이거나 이스라엘과의 연속성에 적대적인 문서로 읽
어서는 안 된다고 제안한 바 있다. 요한복음에 대한 이원론적/영지주의적
해석은 이스라엘 성서의 문자적 의미를 부정하거나 폄하하는 실수를 하
게 한다─반면, 요한이 수행하는 **표상적** 읽기는 성서의 문자적 의미를 부
정하지 않고, 성서를 모형론적으로 예수 내러티브와 연결 지음으로써, 그
리고 육신적이고, 문자적이고, 역사적인 의미 안에서 더욱 깊은 예표적 진

4.　Irenaeus, *Against Heresies* I.viii.5; I.ix.1-3; III.xi.7을 보라.

리를 드러냄으로써 문자적 의미를 완성해낸다.

다양성이 주는 도전과 선물

이 네 가지 서로 다른 해석학적 전략은 어떤 중요한 측면에 있어서 상호보완적일 수 있겠지만—실제로 이들이 신약 정경 안에 함께 포함됐다는 사실은 그렇게 이해되어야 한다는 기독교 전통의 판단을 보여준다[5]—분명히 다른 스타일과 감수성/감각(sensibilities)을 드러낸다. 어떤 하나의 신앙 공동체가 동시에 네 가지 성경 접근 방식을, 동등하게 강조하면서, 구현해낼 수 있을지는 상상하기 어렵다. 다양한 저작 모음집인 교회 정경은 하나님의 말씀을 충실하게 받아들이고 선포하는 방법을 모아놓은 저수지 역할을 한다. 사중 복음 증거는 하나님의 뜻에 따라 주어진 교회를 위한 선물이다. 이는 경직된 독백 담론의 위험으로부터 공동체를 보호하고 서로 다른 상황을 위한 폭넓은 신학적 자원을 제공한다. 교회가 직면한 문화적 상황과 성경 사이에서 중요한 교차점을 식별해낼 때, 정경 내 독특한 목소리들은 서로 다른 시대와 장소에서 다소간에 유용할 것이다.[6] 그리고 아마도 그러한 다양한 본문의 정경화(canonization)란 사실상 결과적

5.　3년 주기 성구집은 각 공관복음 증거를 정당화하려고 시도하는 해석의 한 분야를 대변한다.

6.　2015년 9월 프란치스코 교황(Pope Francis)의 미국 방문 기간 중, 나는 이 결론부의 초고를 마무리하고 있었는데, 관련하여 한 가지 실례가 머리를 스친다. 관용, 평화, 가난한 자를 향한 하나님의 사랑을 강조하는 프란치스코 교황은 분명히 누가복음의 감각/감수성을 구현했고, 이와는 달리 이전 교황 베네딕토 16세(Benedict XVI)는 명료한 가르침, 도덕적 질서, 교회에 맡겨진 권위적인 메시지에 대한 마태복음의 관심을 더욱 구현했다. 분명 이 두 강조점 모두는 시대를 막론하고 잠정적으로(bene esse) 교회를 위해 필요하다. 그러나 이 교황 각각은 자신의 특정한 역사적 순간에 가장 필요한 것으로 생각되는 말을 했던 것이다. 이 책의 범위를 넘어서지만, 이 두 교황의 감수성이 각각의 저작물과 공개 연설에서 실제로 인용한 어떤 구체적인 성서 본문들에 반영돼 있는지 분석하는 것은 흥미로운 작업이 될 것이다.

으로 다양한 원칙의 정경화를 뜻할 것이다. 사중 복음 정경 내에 있는 바로 그 다양성은 우리 자신의 목소리로 이야기하면서 이스라엘 성경에 참여하는 신선한 방법을 이끌어내도록 자극하고 격려한다. 적어도 우리는 성서의 증거를 사용함에 있어서 결국 어디에 강조 노선을 두어야 하는지에 대해 불가피 몇 가지 선택을 해야만 한다. 그러나 네 복음서 기자의 해석학적 다양성을 충분히 인정하더라도 또 다른 질문이 우리 앞에 떠오른다. 이 네 증인의 목소리를 **일종의 복합적인 통일감**을 가진 다성부 합창의 서로 다른 파트로 여전히 들을 수 있는가? 아니면—필요한 만큼의 많은 중요성을 전달해왔을 음악 메타포에서 벗어나자면—**사중 복음으로 형성된 해석학**은 어떠한 모습인가? 성경 해석자로서 복음서 저자들은 한데 모아져서 서로를 보충해주는가? 복음서를 함께 읽을 때, 그리고 사중 증언의 **공통성**이 우리로 하여금 어떻게 더욱 훌륭하고 충실한 독자가 되도록 가르치는지 물을 때 우리는 무엇을 배울 수 있을까?

복음서 안에서 형성된 해석학?

복음서 저자들에 **따라** 성경 읽는 작업을 수행한다는 것은 무엇을 의미하는가? 이것은 무엇보다도 구약 본문에 대한 깊은 지식을 배양하고 이 본문들을 우리의 살과 뼈 안에 흐르도록 하는 것을 의미한다. 이는 본문을 가장 충만한 의미에서 마음으로 배우는 것을 의미할 것이다. 우리가 복음서에서 발견하는 널리 퍼져있고, 복잡하며, 다각적인 성경 사용은 오로지 성경 언어와 이미지에 잠겨 있는 공동체 안에서/위해서만 발생할 수 있다. 성경은 예수 이야기에 대한 복음서 기자들의 내레이션을 위한 "생산 백과사전"(encyclopedia of production: 다른 말로 '저술 배경'—역주)이 된다. 우리가 "신학 함"이라고 부르는 것을 추구하는 저들의 방식은 예수의 의미를 풍부한 상호텍스트적 내러티브 서술로 제공하는 것이었다. 성경 언어는 복음서 저자들이 가진 순수한 표현 매체였기에 하나님에 대한 저들의 성찰은 이 언어적 매체의 미묘한 전용과 각색을 통해 상술됐다.[7] 그러나 안타깝게도 많은 기독교 공동체는 자신들이 복음 이야기를 설교하고 재서사화함(renarration)에 있어서 능숙하게 성경을 사용하는 것은 차치하고 복음서 저자들이 성경 인유/반향으로 전달하는 메시지를 인지하게끔 해 줄, 성경—특히 이스라엘 성경—에 대한 일종의 깊고도 기본적인 지식과 접촉하기를 상실했다.

그렇다면 우리는 이 언어를 어떻게 배울 수 있는가? 우리는 부분적으로는 예배에 푹 잠김으로써 이를 배울 수 있을 것이다. 교회의 예전 전통은 이 이스라엘 성서 본문들로 구성되어 있기 때문이다. 하지만 그러한 전통에 뒤늦게 들어온 사람들은 어렵고도 의도적인 작업이 필요할 수도 있다. 극작가 아서 밀러(Arthur Miller)는 셰익스피어(Shakespeare)의 언어를 섭렵하기 위한 자신의 고된 노력을 이렇게 묘사했다.

> 당신은 제가 몇 년 전에 무엇을 하곤 했는지 아시는지요? 저는 셰익스피어의 아무 희곡을 가져다가 그냥 베껴 썼지요—제가 마치 그인 양 말입니다. 아시다시피 그것은 엄청난 연습입니다. 극중 발화를 그대로 베껴 쓰다보면 귀로만 들을 때에는 경험하기 어려운 간명함, 곧 경험이 모여 압축되어 있는 것을 점차로 깨닫게 됩니다. 그러나 당신이 펜이나 종이 쪼가리로 작업해야 한다면 소리와 의미의 강렬한 내적 연결점 안에서 재료가 한데로 모

---

7. 더욱 최근의 것으로 유비하자면, Charles Wesley의 찬송가를 생각해볼 수 있겠다. Wesley의 찬송가 다수는 성서 참조와 암시를 덧이어 꿰맨 것(patchwork quilts)이다.

아지는 것을 보게 되지요. 이는 생각만 해도 지쳐버리는 작업입니다.[8]

물론 밀러가 이 "지쳐버리는" 연습을 수행했던 목적은 단지 셰익스피어의 희곡을 필사하는 데 있었던 것이 아니라 자신의 작품을 쓰고 계속하게끔 해주는 언어를 획득하고 소유하는 데 있었다. 마찬가지로 마음으로 성경을 배우고자 하는 우리 노력의 목적은 자신의 말과 글을 통해 예수이야기를 재서사화함(renarrating)으로써 하나님의 말씀을 전할 수 있는 역량을 갖추는 데 있다.

바로 이 지점에서 우리는 네 복음서 저자로부터 많은 것을 배울 수 있다. 네 복음서는 어떻게 성서 이야기를 받아들이고 재서술해야 하는지 전형적인 본보기를 제공해준다. 이들의 고상한 상호텍스트적 내러티브에 대한 본서의 연구에 비추어 나는 복음서의 공통된 증언과 모범이 우리로 하여금 복음서 안에서 형성된 해석학을 품을 수 있게 해주고, 그럼으로써 더욱 지혜롭고 통찰력 있는 성경의 독자가 되도록 가르쳐주는 다섯 가지 방법을 제안해보려 한다.

거꾸로 읽기

복음서 안에서 형성된 해석학은 필연적으로 거꾸로 읽기, 곧 예수 이야기에 비추어 이스라엘 성경을 재해석하는 것을 수반한다. 그러한 읽기는 필연적으로 표상적 읽기, 곧 시간적으로 차이 나는 사건들 사이의 상응 패턴을 파악하여 이 사건들이 서로를 새롭게 조명하게끔 하는 읽기다. 이는 복음서 저자들에게 있어 구약의 (본래) "의미"가 본래 인간 저자의 역사적 배경 내지 본래 독자에 의해 파악될 수 있었을 의미에 국한되지 않

---

8.   Richard Eyre가 *The Crucible*, 2001을 브로드웨이(Broadway) 작품으로 제작할 때 *Playbill*에 실은 감독자의 노트에서 인용한 Arthur Miller의 언급.

았음을 의미한다. 오히려 복음서 저자들은 성경을 복합적인 의미가 내포
되도록 전체 성경 드라마의 대본을 쓰신 하나님이 공동체에 주신 복합체
로 이해했다.[9] 이러한 의미 중 몇몇은 감추어져 있기에 오직 **회고적으로** 살
펴볼 때만 초점이 생성될 수 있다.

　만일 우리가 복음서 저자들을 모본으로 삼는다면 성경이 십자가와 부
활에 비추어 재해석되어야 함을 인지하게 될 것이다. 저자들은 예수의 삶,
죽음, 부활이 사실상 **계시적인** 사건이라고 생각했다. 저들은 지나간 모든
과거를 이해하는 열쇠를 쥐고 있었다. 이 열쇠를 돌리면 물론 재평가와
변형의 문이 열린다. 부활 이후에 예수 따르미 공동체는 돌아와 영의 인
도 아래 성경을 다시 읽고, 거듭 "아하!" 하는 반응을 경험했다. 저들의 눈
은 새롭게 열려 모세와 선지자들이 예수를 어떻게 **예표하는지** 보게 됐다.
요한복음은 파괴된 성전을 다시 일으키겠다는 예수의 말씀을 해석하면서
이 해석학적 실체를 가장 명시적으로 진술했다: "죽은 자 가운데서 살아
나신 후에야 제자들이 이 말씀하신 것을 기억하고 성경과 예수가 하신 말
씀을 믿었다"(요 2:22). 누가는 부활 현현 내러티브에서 비슷한 그림을 그린
다. 거기서 오직 부활하신 주가 제자들의 마음을 열어 성경을 깨닫게 하
셨다. 그리고 가장 절제하고 있는 화자 마가조차도 예수의 죽음 이후에야
비로소 어떤 등장인물—이 경우에 로마의 백부장—이 처음으로 하나님의
아들로서 예수의 정체를 인지하게 됐다는 것을 보여준다(막 15:39).

　이 지점에서 복음서 저자들을 모본으로 삼는다는 것의 함의를 분명하

9.　Davis and Hays, "Nine Theses on the Interpretation of Scripture," in *Art of Reading
　Scripture*, 2-3에 나오는 '주장 4'를 보라: "성경 본문은 본래 저자의 의도에 국한되
　는 단일한 의미를 갖지 않는다. 유대 전통과 기독교 전통에 부합하게 우리는 성경
　이 전체 드라마의 작가, 하나님에 의해 주어진 복합적이고 복잡한 의미를 가지고
　있음을 확인하게 된다."

게 해보자. 만일 정당한 이스라엘 성경 해석이 (역사적으로 재구성된) 고대 히브리 저자의 의도 또는 구약 본문의 본래 역사적 배경에 있었던 독자들의 이해에 엄격하게 국한되어야 한다고—많은 현대 비평가들이 해왔던 것처럼—주장한다면, 이는 복음서 저자들이 틀렸고 오도되었으며 저들의 계시적·회고적 읽기가 그릇됐다고 선험적으로(a priori) 주장하는 셈이다. 이상하게도 회의적인 현대 비평가들과 견실한 복음주의 변증가들 모두 자신을 정확히 이 해석학적 구석(corner)에 몰아넣고서 바로 그 좁은 권역 안에서 서로 싸운다—구약에 대한 복음서의 해석을 깎아내리거나 또는 구약 내러티브/시 저자가 실제로 예수의 세부적인 삶의 모습을 의식적으로(intentionally) 예측했다고 주장하면서 말이다. 이 오도된 논쟁은 고도의 근대성에 속한 합리주의적 역사주의에 의해—양 진영 모두에서—발생한다. 그러나 정경 복음서 저자들은 교묘한 내레이션을 통해, 신약의 변형적 구약 수용을 패러다임-전복이자, "세상이 놓일 때부터 감추어졌던"(마 13:35; 시 78:2을 느슨하게 인용) 것들에 대한 진실한 폭로로 이해하는 다른 방식을 우리에게 제공해준다. 이러한 해석학적 감수성은 이스라엘 성경과 복음서 사이에 있는 상호텍스트적 연결의 깊은 논리를 인간의 의도성이 아닌, 하나님의 신비한 섭리 안에 두도록 한다. 하나님은 이 텍스트와 사건에 짜여 있는 상응, 곧 오로지 회고적으로만 인지될 수 있는 상응을 만들어낸 궁극적인 저자시기 때문이다. 요약하자면 **표상적 해석은 성경 내러티브의 사건과 등장인물 내에서 하나님에 의해 주조된 패턴의 일관성을 식별하는 것이다.** 아우어바흐(Auerbach)가 관찰한 것처럼 표상적 해석에서 "사건 사이의 연결은 연대기적 또는 인과적 발전 관계로 간주되기보다 주로 **신적인 계획** 안에 있는 **통일감**(oneness), 모든 사건을 이루는 부분이자 모든 사건을 반영하고 있는 통일감으로 간주된다."[10]

합리주의적 비평은 그러한 일관성을 처음부터 배제하거나 또는 복음서 이야기를 역사화된 예언, 곧 더욱 앞선 성경 본문의 도움(extrapolation)을 받아 신화적인 이야기를 지어내는 허구적인 돌연변이로 간주한다. 이와는 달리 복음서 저자들은 바로 예수의 실제 가르침과 행동이 공동체의 기억 속에 살아 존재하면서 이후에 이스라엘 성경과의 뜻밖인·신적인 표상적 연결을 회고적으로 인식하도록 촉진했다고 끈기 있게 주장했다.

상상력의 전환

따라서 복음서 저자들의 다양한 상상력의 사용과 구약 본문의 변형은 우리에게 **상상력의 전환**을 요구한다. 우리는 저들의 상호텍스트적 수행이 독자로서 우리의 감수성을 재교육(retrain)하고 실재하는 것에 대한 우리의 인식을 재형성할 때에만 저들의 선포를 들을 수 있다. 저들에게서 읽는 법을 배운다면 우리는 이야기, 메타포, 예표, 인유, 반향, 반전과 아이러니에 대해 고양된 인식(heightened awareness)을 가지고 성경 읽기에 접근하게 될 것이다. 성경을 잘 읽기 위해서는 **복잡한 시적 감수성**을 수용할 수 있도록 하나하나를 따지는 문자주의(plodding literalism) 및 합리주의와 작별해야 한

---

10. Auerbach, *Mimesis*, 555; 강조는 추가됨. Dawson은 다음과 같이 유용하게 상술했다: "Auerbach는 성경 본문에 대한 기독교의 표상적 독자에게 있어서 하나님이 본문에 묘사된 사건들의 제정자(enactor)이자 해석자라는 사실을 관찰했다. 저 사건들은 하나님이 행동하시고 말씀하시는 표현 방식(idiom)이기에 의미와 중요성을 가지고 있다. 누군가가 그 성취를 '알려주는' 표상(figure)을 언급할 수 있겠지만, 궁극적으로 하나님이야말로 어떤 인물 내지 어떤 사건이 표상임(figura)을 가르쳐주는 분이시다. 그러한 인물 내지 사건이 후속 인물들과 사건들을 포함하는 확장된 신적 발화를 시작하기 때문이다. … 만일 그렇게 예수가 여호수아의 성취라면, 이는 여호수아와 예수가 단일한 신적 수행 의도(performative intention)를 제정하게끔 하기 때문이다"(*Christian Figural Reading*, 85).

다.[11] 복음서 저자들은 우리가 더욱 흥미를 갖게끔 가르치려 노력한다—우
리가 더욱 흥미를 갖고 읽도록 가르치면서 말이다. 저들의 본문을 잘라내
고 우리가 미리 정한 범주 안에 붙여넣기 하기보다 우리는 저들이 가리키
는—〈이젠하임 제단화〉(Isenheim Altarpiece: 665쪽 그림 참고—역주)에서 세례 요한
이 긴 손가락으로 십자가에 달린 예수를 향해 가리키고 있듯이—곳을 봄
으로써 마음과 생각을 새롭게 만드는 법을 배워야 한다. 그뤼네발트
(Grüne-wald)가 오른손으로는 예수를 가리키면서 왼손으로는 성경을 펼쳐
들고 있는 것으로 세례 요한을 묘사한 것은 우연이 아니다.

복음서 기자들에게 있어 이스라엘 성경은 세상의 진실된 이야기를 전
해준다. 성경은 단순이 중요한 법칙이나 사상, 명제를 담고 있는 고대 저
작물의 보고(repository)가 아니었다. 그보다도 성경은 창조에서부터, 택함
받은 이스라엘을 통한, 하나님의 세상 구원 목적(telos)에 이르기까지 일관
된 이야기를 따라가고 있다.[12] 이 이야기는 누가의 서술에 특별한 의미로
나타나지만 마가와 마태 역시 비슷한 비전을 공유한다. 심지어 요한도 아
브라함, 야곱, 모세, 이사야, 이스라엘의 유월절, 광야 전승에 대한 언급에
서 볼 수 있듯 이 내러티브 구조를 전제하고 있다. 이 이야기로 형성된 세
계에서 사는 법을 배우는 것의 한 가지 중요한 함의는 복음서의 해석학이
성경을 신탁, 증거 본문, 할라카(halakhic) 규정으로 다루기보다도 구약에

---

11. 복음서는 Rowan Williams가 "압박 아래 있는 언어"(language under pressure)라고
    부른 것으로 가득하다. 이는 "특정 종류의 패턴을 발전시키도록 주장함으로써 …
    보통 결합되지 않는 것을 결합함으로써(메타포[metaphor], 패러독스[paradox]), 표
    면적 의미를 약화시킴으로써(아이러니[irony]), 말하거나 인지하는 것을 다시 배
    우게 함으로써[분열되고 혼란스러운 언어, 거리가 멀거나[alienating] 당황스러운
    묘사] 작동한다"(The Edge of Words: God and the Habits of Language [London:
    Bloomsbury, 2014], 150).

12. Richard Bauckham, "Reading Scripture as a Coherent Story," in Davis and Hays, Art
    of Reading Scripture, 38–53을 보라.

The Crucifixion, from *the Isenheim Altarpiece*, c. 1512–1515 (oil on panel), Grünewald, Matthias (Mathis Nithart Gothart) (c.1480–1528) / Musee d'Unterlinden, Colmar, France / Bridgeman Images

있는 큰 내러티브 흐름/패턴에 주요 관심을 기울인다는 사실에 있다. 이 야기꾼(storyteller)인 복음서 저자들은 예언이나 율법보다도 이야기로서의 구약에 더더욱 관심이 있다.

더 나아가 복음서 저자들은 이스라엘 성경에 아주 깊이 잠겨있기에 저들의 성경 언급/암시는 특징적으로 **환용적이다**(metaleptic). 말하자면, 저들은 분별력 있는 독자로 하여금 상호텍스트적 언급이 도출한 본래 맥락을 인지하고 복원하도록 재촉한다. 정말 많은 경우에 있어서 더욱 완전한 본래 맥락을 복원하는 일은 복음서 저자들이 전해주는 이야기에 빛을 비추어주고 그렇지 않은 경우라면 밋밋한 표면적 읽기에 중요한 뉘앙스를 더해줄 것이다.

예컨대, 누가복음에서 읽었던 하나의 예를 생각해보자. 누가는 예수가 몸이 굽어 불편한 여인을 고치신 이야기를 맺으며 "모든 반대하는 자들은 수치를 당했다"(눅 13:17)라고 언급한다. 이 어구에서 우리가 칠십인역 이사야 45:16의 분명한 반향을 듣는다면 누가의 단순한 내러티브는 더욱 큰 기독론적 함의로 폭발하게 된다. 이사야에서 수치를 당하신 분은 바로 "이스라엘의 하나님, 구주"의 원수이기 때문이다.

이처럼 성서를 불러일으키는 단서는 복음서 청중이 이를 읽어낼 역량을 갖출 것을 진지하게 요구하지만 또한 들을 귀를 가진 사람들에게는 진중한 해석학적 보상을 제공한다. 만일 우리가 복음서 내러티브에서 구약의 반향을 주의 깊게 들을 수 있는 하나의 수양을 쌓을 수 있다면 우리의 목회적 상상력과 설교에 지대한 영향을 가져올 것이다.

성경의 통일성과 연속성

복음서 저자들이 이스라엘 이야기를 회고적으로 재해석한 것은 어떤 의미에서 저 이야기를 부정하거나 거부하는 것이 아니다. 그보다도 이스라엘 이야기의 연속이자 변형(transfiguration)이라 할 수 있다. 이는 이스라엘과 이스라엘의 하나님을 무시하거나 부인하는 후대의 정경 외 저작들과 정경 복음서 사이를 구분 짓는 특징 중 하나다.[13] 정경 복음서 저자들은 이스라엘이 아브라함, 이삭, 야곱과의 언약적 관계 안에서 여전히 전개되고 있는 내러티브 궤적 위에 서 있다고 이해했다. 이는 저들의 이야기가 후대 마르키온주의 변이(Marcionite mutation)를 단호히 배격할 뿐 아니라 예수의

---

13. 예를 위해, 성서를 굴절시킨 마가의 악한 소작인 비유 이야기(막 12:1-12)와 바로 이 이야기에 대해 성서의 암시를 제거한 도마복음의 이차적인 재서술 사이의 대조를 다루는 나의 설명을 참고하라(Richard B. Hays, Reading Backwards: Figural Christology and the Fourfold Gospel Witness [Waco, Tex.: Baylor University Press, 2014], 9-12).

정체가 온 땅에 한 분이신 하나님에 대한 이스라엘의 열렬한 충성이라는 틀 안에서—아래 지면에서 다시 다룰 부분—이해되어야 함을 의미한다.

교회의 많은 영역에서 이스라엘 이야기에 있는 복음의 뿌리를 간과하거나 심지어는 잘라내버리는 비극적인 역사가 있었기에 복음서 내러티브를 생성했던 모판의 유대성은 강조되어 마땅하다. 너무나도 자주 교회의 성서적 토대를 무시함으로 기독교의 설교는 얄팍하고도 초세속적인 추상적 개념으로 약화됐다. 혹은 더욱 심하게는 유대 민족에 대한 혐오와 폭력이라는 부끄러운 행위로 이어졌다. 이 책에서 제공된 해석이 부디 기독교 독자들로 하여금 예수 그리스도를 통해 자신들이 이스라엘 이야기에 접붙임을 받은 방식(참조, 롬 11:11-24)에 대해 보다 진중하고 적극적으로 반성하게끔 하는 계기가 되기를 바라본다. 요약하자면 **이 연구의 결과는 순진한 마르키온파적 해석학을 거부하고 기독교의 성경으로서 구약과 신약의 통일성을 새로이 평가하도록 요청한다.**

네 복음서 저자들은 성경을 하나의 통일된 전체로 접근하지만 저들의 읽기 방식이 획일적인 것은 아니다. 각각의 저자는 성경 내 어떤 부분에 더 많은 주의를 기울이면서 사실상 정경 내 정경을 가지고 작업하는 것처럼 보인다. 한 가지 면에서 이는 특정 책들, 무엇보다도 오경, 이사야, 시편에 집중하고 있는 것을 포함한다. 각 복음서 저자는 녹음실(recording studio)에서 서로 다른 트랙(tracks)의 볼륨을 조율하는 레코딩 엔지니어와 같이 구약의 다양한 증인에게 주어지는 관심을 서로 다르게 "믹스"(mix)한다. 예를 들어, 마태는 선지서의 음량을 키우고, 요한은 시편을 믹스 전면에 놓는다. 어떤 경우 이러한 식의 정경 내적(intracanonical) 초점은 전체 구약성서가 아니라 더욱 간결하게 선택된 본문, 이를테면 이스라엘 포로의 종식을 선언하는 이사야 40장이나 인자가 영광스럽게 보좌에 앉는 장면이 나오는 다니엘 7:13-14에 집중된다. 이러한 본문들은 복음서 저자가 전체 성경을 조망하게끔 하는 특별한(privileged) "관점"을 제공할 수 있다.

하지만 이러한 강조점의 차이에도 불구하고 네 복음서 저자들은 모두 예수 이야기가 이스라엘 성경에 원천을 두고 있다는 확고한 논증으로 연합되어 있다. 이 공통된 해석학적 확신에 함축된 한 가지 의미는 사복음서가 간혹 신약 학계에서 인정되는 것보다도 더욱 서로 밀접한 신학적 관계 위에 서 있다는 것이다. 네 저자가 모두 구약의 반향들을 통해 어떻게 예수 이야기를 전하고 있는지 주의를 기울인다면 우리는 공관복음의 기독론이 실제로 요한의 신적 정체성 기독론과 밀접히 관련되어 있음을 깨닫게 된다. 성서에 기초해 예수의 정체를 상술하는 **시학**(poetics)은 흥미롭게도 방법에 있어서 저마다 다르기는 하지만 말이다.

이스라엘의 하나님이신 예수

마지막 관찰은 복음서 저자로부터 성경 읽는 방법을 배우고자 할 때 표면으로 떠오르는 중심 주제로 우리를 인도한다. 복음서 내러티브의 유대적 뿌리와 구약의 뿌리를 더욱 깊이 탐사할수록 우리는 네 저자가 각각 다양한 묘사로 예수를 이스라엘의 하나님의 체화로 인지하고 있음을 더욱 분명하게 보게 된다.

이 발견의 결과는 최초기 대부분의 "유대적" 기독론이 "저"(low)기독론이라고 추정하는 경향이 있는 신약학의 여러 결(grain)에 반대된다. 거기서 예수는 예언자, 지혜의 교사, 장차 올 하나님 나라 선포자이기는 하지만 신적인 인물은 아니다. 바트 어만(Bart Ehrman)은 최근 저서에서 이러한 전형적인 입장을 표출했다: "예수가 신성하다는 생각은 후대 기독교의 발명품이며 우리가 가진 복음서들 중 오직 요한복음에서만 발견됐다."[14] 적

---

14. Bart D. Ehrman, *Jesus, Interrupted: Revealing the Hidden Contradictions in the Bible (and*

어도 19세기 이래로 요한복음의 "고"기독론은 후대 헬레니즘으로부터 발전된 것이라는 가설이 비평 학자들 사이의 공리와 같았다―그리고 공관복음에 초점을 둘수록, 예수를 유일신론 유대교/구약 문맥에 놓을수록 그를 신적인 존재로 인정하는 것은 그만큼 더 불가능한 것처럼 보였다.[15]

그러나 우리가 이 연구를 통해 확인한 바, 사복음서 모두, 정확히 구약의 이미지를 가져와서 때로는 미묘하게, 때로는 공공연하게 예수의 정체를 하나님의 정체와 신비롭게 융합해낸다. 이는 심지어 "최저"기독론 또는 "원시"기독론을 가진 것으로 통상 간주되곤 하는 마가복음과 누가복음에도 해당한다. 이는 복음서의 예수가 인간 존재임을 부정하는 것이 아니다. 이와는 반대로 예수를 이스라엘의 하나님으로 인정하는 바로 이 복음서들은 동시에 그를 굶주리고 고통당하고 십자가에서 죽으신 분으로 묘사한다. 그럼으로써 저들은 복음서를 통해 불가피 제기된 내러티브의 긴장을 존중하는 적절한 신학적 문법을 형성하기 위해 후대 교회가 교리 논쟁에서 다루려 했던 놀라운 역설을 창출해낸다.

바로 예수의 정체를 밝히는 구약성서 읽기를 통해 복음서 내러티브는 우리로 하여금 "하나님"이라는 단어를 내뱉을 때 의미하는 바가 무엇인지 재고하게끔 요구한다.[16] 이 점을 카를 바르트(Karl Barth)는 『교회교의학』(IV/1)에서 가장 확고하게 표현했다.

Why We Don't Know about Them) (New York: HarperCollins, 2009), 249 [= 『예수 왜곡의 역사』, 청림출판, 2010]. 또한 가장 최근에 인기를 끌고 있는, 이와 유사한 주장을 담고 있는 Ehrman, *How Jesus Became God*을 보라.

15. 그러한 견해에 대한 고전적인 신술은 Bousset, *Kyrios Christos*다. Bousset의 설명이 가진 몇 가지 문제를 간략하게 비판한 것으로는, Hurtado, *Lord Jesus Christ*, 19-24을 보라.

16. 다시 한번 나는 독자들의 주의를 중요한 작품인 Bauckham, *Jesus and the God of Israel*로 이끌고자 한다.

우리는 하나님이 상대적인 모든 것과는 대조적으로 오직 절대적인 분일 수 있고 또 그러한 분이어야만 한다고 믿는 것 같다. 또한 낮은 것들과는 대조적으로 높으신 분, 모든 유혹과는 대조적으로 불가침한 분, 모든 내재하는 것과는 대조적으로 초월적인 분이기에, 모든 인간과는 대조적으로 신적인 분일 수 있고 또 그러한 분이어야만 한다고 믿는 것 같다. 간단히 말하자면 그분은 "완전한 타자"일 수 있고, 또 그러한 분이어야만 한다는 것이다. 그러나 그러한 믿음은 하나님이 사실상 예수 그리스도 안에 계시고, 그분 안에서 행하고 계신다는 사실로 인해, 전혀 변호할 수 없고 부패한 것이자 이교적인 것으로 드러난다.[17]

바르트의 선언에 대해 네 정경 복음서 기자들은 모두 "아멘"으로 화답할 것이다. 복음서는 이스라엘의 하나님이 어떻게 예수 안에 체화되어 나타나시는지에 관한 이야기를 들려준다. 이는 특히 우리가 네 정경 복음서를 특징짓는 데 "고"기독론과 "저"기독론이라는 용어를 사용하기를 멈추어야 한다는 것을 의미한다. 바로 이러한 범주들은 복음서 내러티브가 반박하는, 선험적이고 철학적인 "하나님" 서술을 전제로 한다.

증언이자 위임 명령인 복음서

마지막으로 복음서 저자들은 구약 이야기가 전하는 바 하나님이 살아 계시고 활동하신다는 전제를 가지고 일관성 있게 성경에 접근한다. 이러한 이유 때문에—그리고 오로지 이러한 이유 때문에—내가 서술하고 있는 해석학이 **참된 것**으로 받아들여질 수 있는 것이다. 이는 영화 〈반지의 제

---

17.   Barth, *Church Dogmatics* IV/1, 186.

왕〉(*Lord of the Rings*) 삼부작 또는 〈스타워즈〉(*Star Wars*)의 상상력 넘치는 세계 안에 살고자 노력하듯이, 문학적 판타지 안에서 행하는 것이 아니다. 오히려 내가 여기에서 열거하고 있는 모든 해석학적 권고(recommendations)는 하나님이 성경 이야기 안에서/통해서 일하시는 주요 행위자(agent)시라는 유일한 이유 때문에—그리고 실제로 하나님이 어떤 궁극적인 차원에서 이스라엘 이야기의 저자시라는 유일한 이유 때문에—의미를 갖는다. 이스라엘의 쉐마(Shema) 안에서 고백된 한 분이신 주(Lord)는 예수 그리스도의 죽음과 부활 안에서 역동적으로 활동하셨던 바로 그 하나님이시다. 저 주장의 진실성을 받아들이지 않는다면 구약과 신약의 통일성에 대한 어떠한 이야기도 허튼소리에 불과하다.

　복음서 저자들의 기독론적 구약 해석이 이스라엘의 신성한 문서들을 훔치거나 왜곡하는 것이 아닌 이유는 단 하나다. 곧, 복음서가 증언하는 하나님, 예수 안에서 성육신하신 하나님은 아브라함, 이삭, 야곱의 하나님과 동일한 하나님이시다. 이것은 사실이거나, 사실이 아니거나 양자택일의 문제다. 이것이 사실이 아니라면, 복음서는 이스라엘 이야기에 대한 위험한 망상과 왜곡이다. 이것이 사실이라면, 구약과 신약 모든 성경의 표상적·문학적 단일성은 다름 아닌 최고조에 이른 하나님의 자기-계시의 결실이 된다. 우리는 독자로서 이 해석학적 갈래 중 어느 한 가지를 선택해야만 한다.

　우리에게 이를 선택하도록 강요함으로써 복음서 저자들은 우리로 하여금 복음서를 단순히 역사적 정보 자료 또는 재미있거나 교육적인 이야기로 읽지 않게끔 한다. 대신에 저들은 우리가 복음서를 진리에 대한 증언, 곧 스스로 참여하여 대답하도록 요청하는 일종의 증언으로 읽게끔 한다. 예컨대, 우리는 예수가 베드로에게 하셨던 질문을 직접 우리에게 하시는 질문으로 듣지 않고서는 마가복음을 제대로 읽어낼 수 없다: "그러나 너는 나를 누구라고 말하느냐?"(막 8:29). 그런데 이에 대한 대답이 마가의 구약 인유와 반향이 모여 엮인 고백의 질감(texture)에 어떻게 연루되어 있는지 이해하지 못한다면 우리는 저 질문에 마가가 바라는 대로 대답할 수 없다.

그리고 더 있다. 네 복음서 저자들의 증언은 모두 독자들을 압박해서 예수에 대한 저들의 고백적 주장에 지적으로 동의하게 할 뿐 아니라 네 이야기에 상술된 바 제자로 부르는 요청에 대답하게끔 한다. 여호수아가 이스라엘 모든 지파에게 하나님의 은혜롭고도 능력 있는 행동 이야기를 들려주고서 피할 수 없는 선택에 마주하게 했던 것과 마찬가지로 복음서 저자들도 우리에게 이야기한다: "너희가 섬길 자를 오늘 택하라!"(수 24:15). 저들이 성서에 입각해 예수를 이스라엘의 하나님의 체화로 증언한 것이 참되다면, 우리는 복음서가 독자들에게—명시적이든, 암시적이든—불러 일으키고 있는 부름을 피할 수 없다.

> "누구든지 나를 따라오려거든 자기를 부인하고 자기 십자가를 지고 나를 따를 것이니라 누구든지 자기 목숨을 구원하고자 하면 잃을 것이요 누구든지 나와 복음을 위하여 자기 목숨을 잃으면 구원하리라." (막 8:34-35 개역)

> "그러므로 너희는 가서 모든 민족을 제자로 삼아 아버지와 아들과 성령의 이름으로 세례를 베풀고 내가 너희에게 분부한 모든 것을 가르쳐 지키게 하라." (마 28:19-20a)

> "또 그의 이름으로 죄 사함을 받게 하는 회개가 예루살렘에서 시작하여 모든 족속에게 전파될 것이 기록되었으니." "오직 성령이 너희에게 임하시면 너희가 권능을 받고 예루살렘과 온 유대와 사마리아와 땅 끝까지 이르러 내 증인이 되리라 하시니라" (눅 24:47; 행 1:8)

"너희에게 평강이 있을지어다 아버지가 나를 보내신 것 같이 나도 너희를
보내노라." (요 20:21)

사복음서 모두에 동의하는 독자에게 있어서 위임 명령의 수용은 불가
피하다.[18]

이 증언들로 구성된 이야기가 참이라면, 우리는 사중 복음서의 프리
즘(prism)을 통해 걸러지고 수 세기를 거쳐 우리에게 전달되어 여전히 흐
르고 있는 이스라엘 성경 이야기 안에 사로잡히는 것 외에 다른 선택지가
없다. 이스라엘, 예수, 초대 교회를 단일한 거대 내러티브로 묶어내신 하
나님의 섭리가 이제 우리까지도 품고 있다. 이는 우리의 상상력을 변화시
키고 우리를 보내어 저 이야기를 다시 이야기하도록 하신다.

만일 **우리가** 복음서 저자들의 성경 읽기 안내를 따를 수만 있다면 일
관된 소망의 표징을 긴급히 모색하는 파편화된 세상에서, 다시금 복음을
설명해야만 하는 시대에, 예수 이야기를 재서사화하는 데(renarrating) 필요
한 중대한 자원을 얻게 될 것이다. 복음서 저자들의 눈으로 성경을 볼 때
우리는 거꾸로 읽도록 독려를 받을 것이다—그리고 예수 이야기를 새로
운 자유함과 신실함으로 전달할 수 있는 능력을 부여 받을 것이다. 만일
그렇게 된다면, 우리는 우리의 공동체들 내에서 엠마오 제자들이 길을 따
라 터벅터벅 걸으며 예수의 종전 가르침을 돌아보고 회상했던 바를 표상
적 반향으로 듣게 될 것이다. 또한 저들처럼 우리는 서로에게 이렇게 말

---

18. Auerbach—엄격하게 문학 비평가로서 썼던—가 마가복음에 대해 관찰했던 것처럼
    말이다: "이야기는 모든 사람에게 말한다. 그리고 모든 사람은 그것에 대해 편을 들
    거나 반박하는 입장을 취하도록 인도되고 실제로 그러도록 요구받는다. 이를 무시
    하는 것조차도 편을 들고 있음을 함의한다"(*Mimesis*, 48).

하게 될 것이다: "우리에게 성경을 풀어주실 때에 우리 속에서 마음이 뜨겁지 아니하더냐?"(눅 24:32).

Aboth de-Rabbi Nathan. English. *The Fathers According to Rabbi Nathan.* Translated by J.
    Goldin. Yale Judaica Series 10. New Haven: Yale University Press, 1955.

Achtemeier, Paul J. *Mark.* Proclamation Commentaries. Philadelphia: Fortress, 1986.

Adams, Edward. *The Stars Will Fall from Heaven: Cosmic Catastrophe in the New Testament
    and Its World.* LNTS 347. London: T&T Clark, 2007.

Ahearne-Kroll, Stephen P. *The Psalms of Lament in Mark's Passion: Jesus' Davidic Suffering.*
    SNTSMS 142. Cambridge: Cambridge University Press, 2007.

Albl, Martin C. *"And Scripture Cannot Be Broken": The Form and Function of the Early
    Christian "Testimonia" Collections.* NovTSup 96. Leiden: Brill, 1999.

Alkier, Stefan. "Intertextuality and the Semiotics of Biblical Texts." Pages 3–21 in Hays,
    Alkier, and Huizenga, *Reading the Bible Intertextually.*

———. "Zeichen der Erinnerung—Die Genealogie in Mt 1 als intertextuelle Disposition."
    Paper presented at the annual meeting of the SNTS. Durham, England, 2002.
    Published as Stefan Alkier, "From Text to Intertext: Intertextuality as a Paradigm for
    Reading Matthew." *HvTSt* 61 (2005): 1–18. Allison, Dale C., Jr. "The Embodiment of
    God's Will: Jesus in Matthew." Pages 117–32 in Gaventa and Hays, *Seeking the Identity
    of Jesus.*

———. *The Intertextual Jesus: Scripture in Q.* Harrisburg, Pa.: Trinity Press International,
    2000.

———. *The New Moses: A Matthean Typology.* Minneapolis: Fortress, 1993.

———. "The Son of God as Israel." *IBS* 9 (1987): 74–81.

Alter, Robert. *The Art of Biblical Narrative.* New York: Basic Books, 1981. Anderson, A.
    A. *2 Samuel.* WBC. Dallas: Word Books, 1989. Anderson, Bernard W. "Exodus
    Typology in Second Isaiah." Pages 177–95 in *Israel's Prophetic Heritage: Essays in
    Honor of James Muilenburg.* Edited by Bernhard W. Anderson and Walter Harrelson.
    New York: Harper, 1962.

Anderson, Gary A. "Joseph and the Passion of Our Lord." Pages 198–215 in Davis and
    Hays, *Art of Reading Scripture.*

Ashton, John. *Studying John: Approaches to the Fourth Gospel.* Oxford: Clarendon, 1998.

———. *Understanding the Fourth Gospel.* 2d ed. Oxford: Oxford University Press, 2007.

Auerbach, Erich. "Figura." Pages 65–113 in *Time, History, and Literature: Selected Essays of
    Erich Auerbach.* Edited by James I. Porter. Translated by Jane O. Newman. Princeton:
    Princeton University Press, 2014.

———. *Mimesis: The Representation of Reality in Western Literature.* Translated by Willard

R. Trask. Princeton: Princeton University Press, 2013.

Backhaus, Knut. "'Before Abraham was, I am': The Book of Genesis and the Genesis of Christology." Pages 74–84 in *Genesis and Christian Theology*. Edited by Nathan MacDonald, Mark W. Elliott, and Grant Macaskill. Grand Rapids: Eerdmans, 2012.

Bacon, Benjamin W. *Studies in Matthew*. London: Constable, 1930. Baron, Lori Ann Robinson. "The Shema in John's Gospel against Its Backgrounds in Second Temple Judaism." Ph.D. diss., Duke University, 2015

Barrett, C. K. *Essays on John*. Philadelphia: Westminster, 1982.

———. *The Gospel according to St. John: An Introduction with Commentary and Notes on the Greek Text*. 2d ed. Philadelphia: Westminster, 1978.

———. "The Old Testament in the Fourth Gospel." *JTS* 48 (1947): 155–69.

Barth, Karl. *Church Dogmatics* IV/1. Edited by G. W. Bromiley and T. F. Torrance. Translated by G. W. Bromiley. Edinburgh: T&T Clark, 1975.

Bauckham, Richard. *God Crucified: Monotheism and Christology in the New Testament*. Grand Rapids: Eerdmans, 1999.

———. *The Gospels for All Christians: Rethinking the Gospel Audiences*. Grand Rapids: Eerdmans, 1998.

———. *Jesus and the God of Israel: God Crucified and Other Studies on the New Testament's Christology of Divine Identity*. Grand Rapids: Eerdmans, 2009.

———. "Reading Scripture as a Coherent Story." Pages 38–53 in Davis and Hays, *Art of Reading Scripture*.

———. "Tamar's Ancestry and Rahab's Marriage: Two Problems in the Matthean Genealogy." *NovT* 37 (1995): 313–29.

———. *The Testimony of the Beloved Disciple: Narrative, History, and Theology in the Gospel of John*. Grand Rapids: Baker Academic, 2007.

Bauer, W., F. W. Danker, W. F. Arndt, and F. W. Gingrich, eds. *Greek-English Lexicon of the New Testament and Other Early Christian Literature*. 3d ed. Chicago: University of Chicago Press, 1999. [= BDAG]

Beale, G. K. *We Become What We Worship: A Biblical Theology of Idolatry*. Downers Grove, Ill.: InterVarsity, 2008.

Beale, G. K., and D. A. Carson, ed. *Commentary on the New Testament Use of the Old Testament*. Grand Rapids: Baker Academic, 2007.

Beaton, Richard. *Isaiah's Christ in Matthew's Gospel*. SNTSMS 123. Cambridge: Cambridge University Press, 2002.

Begbie, Jeremy S. *Music, Modernity and God*. Oxford: Oxford University Press, 2013.

Ben-Porat, Zvi. "The Poetics of Allusion." *Poetics and Theory of Literature* 1 (1976): 105–28.

Betz, H. D. "Logion of the Easy Yoke and of Rest (Matt 11:28-30)." *JBL* 86 (1967): 10–24.

Bieringer, Reimund, Didier Pollefeyt, and Frederique Vandecasteele-Vanneuville, eds. *Anti-Judaism and the Fourth Gospel*. Louisville, Ky.: Westminster John Knox, 2000.

Black, Matthew. "The Throne-theophany Prophetic Commission and the 'Son of Man': A Study in Tradition-History." Pages 57–73 in *Jews, Greeks and Christians: Religious Cultures in Late Antiquity: Essays in Honor of William David Davies*. Edited by Robert Hamerton-Kelly and Robin Scroggs. Leiden: Brill, 1976.

Bloom, Harold. *The Anxiety of Influence: A Theory of Poetry*. New York: Oxford University Press, 1973 [=『시적 영향에 대한 불안』, 고려원, 1991; 본문에 직접 인용 없음—편주].

Bock, Darrell L. *Proclamation from Prophecy and Pattern: Lucan Old Testament Christology*. JSNTSup 12. Sheffield: JSOT Press, 1987.

Bockmuehl, Marcus. *Seeing the Word: Refocusing New Testament Study*. Studies in Theological Interpretation. Grand Rapids: Baker Academic, 2006.

———. "Why Not Let Acts Be Acts? In Conversation with C. Kavin Rowe." *JSNT* 28 (2005): 163–66.

Bonhoeffer, Dietrich. *Widerstand und Ergebung: Briefe und Aufzeichnungen aus der Haft*. Edited by Christian Gremmels, Eberhard Bethge, and Renata Bethge, in collaboration with Ilse Tödt. Gütersloh: Chr. Kaiser, 1998.

Borgen, Peder. *Bread from Heaven: An Exegetical Study in the Concept of Manna in the Gospel of John and the Writings of Philo*. NovTSup 10. Leiden: Brill, 1965.

———. "Logos Was the True Light: Contributions to the Interpretation of the Prologue of John." *NovT* 14 (1972): 115–30.

———. "Observations on the Targumic Character of the Prologue of John." *NTS* 16 (1969): 288–95.

Boring, Eugene. *Mark: A Commentary*. NTL. Louisville, Ky.: Westminster John Knox, 2006.

Bousset, Wilhelm. *Kyrios Christos: Geschichte des Christusglaubens von den Anfangen des Christentums bis Irenaeus*. Göttingen: Vandenhoeck & Ruprecht, 1913; rev. ed., 1921. ET: *Kyrios Christos: A History of the Belief in Christ from the Beginnings of Christianity to Irenaeus*. Nashville: Abingdon, 1970. Repr., Waco, Tex.: Baylor University Press, 2013.

Bovon, François. *Luke 1: A Commentary on the Gospel of Luke 1:1–9:50*. Translated by Christine M. Thomas. Hermeneia. Minneapolis: Fortress, 2002.

Boyarin, Daniel. *Border Lines: The Partition of Judaeo-Christianity*. Philadelphia: University of Pennsylvania Press, 2004.

———. "The Gospel of the *Memra*: Jewish Binitarianism and the Prologue to John." *HTR*

94 (2001): 243–84.

———. "The *Ioudaioi* in John and the Prehistory of 'Judaism.'" Pages 216–39 in *Pauline Conversations in Context: Essays in Honor of Calvin J. Roetzel*. Edited by Janice Capel Anderson, Philip Sellew, and Claudia Setzer. JSNTSup 221. London: Sheffield Academic, 2002.

———. *The Jewish Gospels: The Story of the Jewish Christ*. New York: New Press, 2012.

Braund, David C. *Augustus to Nero: A Sourcebook on Roman History, 31 BC–AD 68*. London: Crook Helm, 1985.

Brawley, Robert L. "Evocative Allusions in Matthew: Matthew 5:5 as a Test Case." Pages 127–48 in *Literary Encounters with the Reign of God*. Edited by Sharon H. Ringe and H. C. Paul Kim. New York: T&T Clark, 2004.

———. *Text to Text Pours Forth Speech: Voices of Scripture in Luke–Acts*. Bloomington: Indiana University Press, 1995.

Brendsel, Daniel J. *"Isaiah Saw His Glory": The Use of Isaiah 52–53 in John 12*. BZNW 208. Boston: De Gruyter, 2014.

Brodie, Thomas L. *The Crucial Bridge: The Elijah-Elisha Narrative as an Interpretive Synthesis of Genesis-Kings and a Literary Model for the Gospels*. Collegeville, Minn.: Liturgical, 2000.

———. "Towards Unravelling Luke's Use of the Old Testament: Luke 7:11–17 as an Imitatio of 1 Kings 17:17–24." *NTS* 32 (1986): 247–67.

Brown, Raymond E. *The Birth of the Messiah: A Commentary on the Infancy Narratives in the Gospels of Matthew and Luke*. Rev. ed. New York: Doubleday, 1993.

———. *The Gospel according to John*. AB 29–29A. Garden City, N.Y.: Doubleday, 1966–1970.

Brueggemann, Walter. *Isaiah*. WBC. Louisville, Ky.: Westminster John Knox, 1998.

Brunson, Andrew C. *Psalm 118 in the Gospel of John: An Intertextual Study on the New Exodus Pattern in the Theology of John*. WUNT 2/158. Tübingen: Mohr Siebeck, 2003.

Buckwalter, H. Douglas. *The Character and Purpose of Luke's Christology*. SNTSMS 89. Cambridge: Cambridge University Press, 1996.

Bultmann, Rudolf. *The Gospel of John: A Commentary*. Philadelphia: Westminster, 1971.

———. *The History of the Synoptic Tradition*. Translated by John Marsh. Rev. ed. New York: Harper & Row, 1968.

Burkett, Delbert. *The Son of Man Debate: A History and Evaluation*. SNTSMS 107. Cambridge: Cambridge University Press, 1999. Buse, Ivor S. "The Markan Account of the Baptism of Jesus and Isaiah LXIII." *JTS* 7 (1956): 74–75.

Busse, Ulrich. "Die Tempelmetaphorik als ein Beispiel von implizitem Rekurs auf die biblische Tradition im Johannesevangelium." Pages 395–428 in Tuckett, *Scriptures in the Gospels*.

Bynum, William Randolph. "Quotations of Zechariah in the Fourth Gospel." Pages 47–74 in Myers and Schuchard, *Abiding Words*.

Callaway, Mary. *Sing, O Barren One: A Study in Comparative Midrash*. SBLDS 91. Atlanta: Scholars Press, 1986.

Cargal, T. B. " 'His Blood Be Upon Us and Upon Our Children': A Matthean Double Entendre?" *NTS* 37 (1991): 101–12.

Carlson, Stephen C. "The Davidic Key for Counting the Generations in Matthew 1:17." *CBQ* 76 (2014): 665–83.

Carter, Warren. "Evoking Isaiah: Matthean Soteriology and an Intertextual Reading of Isaiah 7–9 and Matthew 1:23 and 4:15–16." *JBL* 119 (2000): 503–20.

Cassidy, Richard J. *Jesus, Politics, and Society: A Study of Luke's Gospel*. Maryknoll, N.Y.: Orbis Books, 1978.

Chancey, Mark A. *The Myth of a Gentile Galilee*. SNTSMS 118. Cambridge: Cambridge University Press, 2002.

Charlesworth, James H., ed. *The Old Testament Pseudepigrapha*. 2 vols. Garden City, N.Y.: Doubleday, 1983–1985.

Childs, Brevard S. *Introduction to the Old Testament as Scripture*. Philadelphia: Fortress, 1979.

———. *Isaiah*. OTL. Louisville, Ky.: Westminster John Knox, 2001.

———. "Psalm Titles and Midrashic Exegesis." *JSemS* 16 (1971): 137–50. Chilton, Bruce D. "Jesus Ben David: Reflection on the Davidssohnfrage." *JSNT* 14 (1982): 88–112.

Christensen, Duane L. *Deuteronomy*. WBC 6, revised. Nashville: Thomas Nelson, 2001.

Clements, R. E. *Isaiah 1–39*. NCBC. Grand Rapids: Eerdmans, 1980. Coggins, R. J., and J. L. Houlden, eds. *A Dictionary of Biblical Interpretation*. London: SCM Press, 1990.

Cohen, Shaye J. D. *The Beginnings of Jewishness: Boundaries, Varieties, Uncertainties*. Berkeley: University of California Press, 2001.

Collins, Adela Yarbro. *Mark: A Commentary*. Hermeneia. Minneapolis: Fortress, 2007.

Collins, John J. *The Apocalyptic Imagination: An Introduction to Jewish Apocalyptic Literature*. 2d ed. The Biblical Resource Series. Grand Rapids: Eerdmans, 1998.

———. *Apocalypticism in the Dead Sea Scrolls*. New York: Routledge, 1997.

———. *The Scepter and the Star: The Messiahs of the Dead Sea Scrolls and Other Ancient Literature*. ABRL. New York: Doubleday, 1995.

Coloe, Mary L. *God Dwells with Us: Temple Symbolism in the Fourth Gospel*. Collegeville, Minn.: Liturgical, 2001.

Colson, F. H., and G. H. Whittaker. *Philo: Volume 4*. LCL. London: Heinemann, 1932.

Conzelmann, Hans. *Die Mitte der Zeit: Studien Zur Theologie Des Lukas*. BHT 17. Tübingen: Mohr Siebeck, 1954. ET: *The Theology of St. Luke*. Translated by Geoffrey Buswell. New York: Harper, 1961.

Cope, O. Lamar. *Matthew, a Scribe Trained for the Kingdom of Heaven*. CBQMS 5. Washington, D.C.: Catholic Biblical Association, 1976.

Cranfield, C. E. B. *The Gospel according to Saint Mark: An Introduction and Commentary by C.E.B. Cranfield*. CGTC. Cambridge: Cambridge University Press, 1959 (1974 printing).

Crossan, John Dominic. "Form for Absence: The Markan Creation of Gospel." *Semeia* 12 (1978): 41–55.

———. *The Historical Jesus: The Life of a Mediterranean Peasant*. San Francisco: HarperCollins, 1991.

Dahl, Nils Alstrup. *Jesus in the Memory of the Early Church*. Minneapolis: Augsburg, 1976.

———. *Studies in Paul: Theology for the Early Christian Mission*. Minneapolis: Augsburg, 1977.

Daise, Michael A. *Feasts in John: Jewish Festivals and Jesus' "Hour" in the Fourth Gospel*. WUNT 2/229. Tübingen: Mohr Siebeck, 2007.

Daley, Brian E. "Is Patristic Exegesis Still Usable? Reflections on Early Christian Interpretation of the Psalms." Pages 69–88 in Davis and Hays, *Art of Reading Scripture*.

Daly-Denton, Margaret. *David in the Fourth Gospel: The Johannine Reception of the Psalms*. AGJU 47. Leiden: Brill, 2000.

Davies, W. D., and Dale C. Allison, Jr. *A Critical and Exegetical Commentary on the Gospel according to Saint Matthew: In Three Volumes*. ICC. Edinburgh: T&T Clark, 1988–1997.

Davis, Ellen F., and Richard B. Hays, eds. *The Art of Reading Scripture*. Grand Rapids: Eerdmans, 2003.

———. "Nine Theses on the Interpretation of Scripture." Pages 1–8 in Davis and Hays, *Art of Reading Scripture*.

Dawson, John David. *Christian Figural Reading and the Fashioning of Identity*. Berkeley: University of California Press, 2001.

Denova, Rebecca I. *The Things Accomplished among Us: Prophetic Tradition in the Structural Pattern of Luke–Acts*. JSNT 141. Sheffield: Sheffield Academic, 1997.

Deutsch, Celia. *Hidden Wisdom and the Easy Yoke: Wisdom, Torah, and Discipleship in Matthew 11.25–30*. Sheffield: JSOT Press, 1987. Dittenberger, Wilhelm. *Sylloge*

Inscriptionum Graecarum, a Guilelmo Dittenbergero Condita et Aucta, Nunc Tertium Edita. Lipsiae: Apud S. Hirzelium, 1915–1924.

Doble, Peter. "Luke 24. 26, 44—Songs of God's Servant: David and His Psalms in Luke–Acts." *JSNT* 28 (2006): 267–83.

―――. "The Psalms in Luke–Acts." Pages 83–117 in *The Psalms in the New Testament.* Edited by Steve Moyise and Maarten J. J. Menken. London: T&T Clark, 2004.

Dodd, C. H. *According to the Scriptures: The Sub-structure of New Testament Theology.* London: Nisbet, 1952.

―――. *The Interpretation of the Fourth Gospel.* Cambridge: Cambridge University Press, 1953.

Donaldson, Terence L. *Jesus on the Mountain: A Study in Matthean Theology.* JSNTSup 8. Sheffield: JSOT Press, 1985.

Dowd, Sharyn Echols. *Prayer, Power, and the Problem of Suffering: Mark 11:22-25 in the Context of Markan Theology.* SBLDS 105. Atlanta: Scholars Press, 1988.

Driver, S. R. *Notes on the Hebrew Text and the Topography of the Books of Samuel: With an Introduction on Hebrew Palaeography and the Ancient Versions and Facsimiles of Inscriptions and Maps.* Oxford: Clarendon, 1960.

Drury, John. "Luke, Gospel of." In *A Dictionary of Biblical Interpretation.* Edited by R. J. Coggins and J. L. Houlden. London: SCM Press, 1990.

Duling, Dennis C. "Solomon, Exorcism, and the Son of David." *HTR* 68 (1975): 235–52.

Dunn, James D. G. *The Partings of the Ways: Between Christianity and Judaism and Their Significance for the Character of Christianity.* 2d ed. London: SCM Press, 2006.

Eco, Umberto. *A Theory of Semiotics.* Bloomington: Indiana University Press, 1979.

Edwards, James R. "Markan Sandwiches: The Significance of Interpolations in Mark's Narratives." *NovT* 31 (1989): 193–216.

Ehrman, Bart D. *How Jesus Became God: The Exaltation of a Jewish Preacher from Galilee.* New York: HarperOne, 2014.

―――. *Jesus, Interrupted: Revealing the Hidden Contradictions in the Bible (and Why We Don't Know about Them).* New York: Harper-Collins, 2009.

―――. *The Orthodox Corruption of Scripture: The Effect of Early Christological Controversies on the Text of the New Testament.* New York: Oxford University Press, 1993.

Eliot, T. S. "The Dry Salvages." In *The Complete Poems and Plays.* New York: Harcourt, Brace & World, 1962.

Epp, Eldon Jay. "The 'Ignorance Motif' in Acts and Anti-Judaic Tendencies in Codex Bezae." *HTR* 55 (1962): 51–62.

Eubank, Nathan. "A Disconcerting Prayer: On the Originality of Luke 23:34a." *JBL* 129 (2010): 521–36.

Evans, Craig A. "The Beginning of the Good News and the Fulfillment of Scripture in the Gospel of Mark." Pages 83–103 in Porter, *Hearing the Old Testament in the New Testament*.

———. "Obduracy and the Lord's Servant: Some Observations on the Use of the Old Testament in the Fourth Gospel." Pages 221–36 in *Early Jewish and Christian Exegesis: Studies in Memory of William Hugh Brownlee*. Edited by Craig A. Evans and William F. Stinespring. Atlanta: Scholars Press, 1987.

———. *Word and Glory: On the Exegetical and Theological Background of John's Prologue*. JSNTSup 89. Sheffield: Sheffield Academic, 1993.

Evans, Craig A., and James A. Sanders, eds. *Early Christian Interpretation of the Scriptures of Israel*. JSNTSup 148. Sheffield: Sheffield Academic, 1997.

———. *Luke and Scripture: The Function of Sacred Tradition in Luke–Acts*. Minneapolis: Fortress, 1993.

Fernández Marcos, Natalio. *The Septuagint in Context: Introduction to the Greek Versions of the Bible*. Translated by Wilfred G. E. Watson. Leiden: Brill, 2000.

Fitzmyer, Joseph A. *The Gospel according to Luke: Introduction, Translation, and Notes*. AB 28–28A. Garden City, N.Y.: Doubleday, 1981–1985.

Fletcher-Louis, Crispin H. T. "Jesus Inspects His Priestly War Party (Luke 14:25-35)." Pages 126–43 in *The Old Testament in the New Testament: Essays in Honour of J.L. North*. Edited by Steve Moyise. JSNT 189. Sheffield: Sheffield Academic, 2000.

Foley, John Miles. *Immanent Art: From Structure to Meaning in Traditional Oral Epic*. Bloomington: Indiana University Press, 1991.

Foster, P. "Why Did Matthew Get the Shema Wrong? A Study of Matthew 22:37." *JBL* 122 (2003): 309–33.

Fowler, Robert M. *Let the Reader Understand: Reader-Response Criticism and the Gospel of Mark*. Minneapolis: Fortress, 1991.

France, R. T. *The Gospel of Mark: A Commentary on the Greek Text*. NIGTC. Grand Rapids: Eerdmans, 2002.

Frei, Hans W. *The Eclipse of Biblical Narrative: A Study in Eighteenth and Nineteenth Century Hermeneutics*. New Haven: Yale University Press, 1974.

———. *The Identity of Jesus Christ: The Hermeneutical Bases of Dogmatic Theology*. Philadelphia: Fortress, 1975.

Frost, Robert. "Education by Poetry." Speech delivered at Amherst College and subsequently revised for publication in the *Amherst Graduates' Quarterly* (February

1931).

Funk, Robert W., Roy Hoover, et al. *The Five Gospels: The Search for the Authentic Words of Jesus*. New York: Macmillan, 1993.

Furnish, Victor Paul. *The Love Command in the New Testament*. Nashville: Abingdon, 1972.

García Martínez, Florentino. "Messianic Hopes in the Qumran Writings." Pages 159–89 in *The People of the Dead Sea Scrolls: Their Writings, Beliefs, and Practices*. Edited by Florentino García Martínez and Julio Trebolle Barrera. Translated by Wilfred G. E. Watson. Leiden: E. J. Brill, 1993.

Gathercole, Simon J. *The Pre-existent Son: Recovering the Christologies of Matthew, Mark, and Luke*. Grand Rapids: Eerdmans, 2006.

Gaventa, Beverly Roberts. *The Acts of the Apostles*. ANTC. Nashville: Abingdon, 2003.

———. "The Archive of Excess: John 21 and the Problem of Narrative Closure." Pages 240–53 in *Exploring the Gospel of John: In Honor of D. Moody Smith*. Edited by R. Alan Culpepper and C. Clifton Black. Louisville, Ky.: Westminster John Knox, 1996.

———. "Learning and Relearning the Identity of Jesus from Luke– Acts." Pages 148–65 in Gaventa and Hays, *Seeking the Identity of Jesus*.

Gaventa, Beverly Roberts, and Richard B. Hays, eds. *Seeking the Identity of Jesus: A Pilgrimage*. Grand Rapids: Eerdmans, 2008.

Gench, Frances Taylor. *Wisdom in the Christology of Matthew*. Lanham, Md.: University Press of America, 1997.

Gerhardsson, Birger. *The Testing of God's Son: (Matt. 4: 1–11 & par.): An Analysis of an Early Christian Midrash*. ConBNT 2:1. Lund: Gleerup, 1966.

Gnilka, Joachim. *Das Evangelium nach Markus*. 2 vols. EKKNT 2. Zürich: Benziger, Neukirchen Neukirchener Verlag, 1978–1979.

Goodacre, Mark. *The Case against Q: Studies in Markan Priority and the Synoptic Problem*. Harrisburg, Pa.: Trinity International, 2002.

Gray, Timothy C. *The Temple in the Gospel of Mark: A Study in Its Narrative Role*. WUNT 2/242. Tübingen: Mohr Siebeck, 2008.

Green, Joel B. *The Gospel of Luke*. NICNT. Grand Rapids: Eerdmans, 1997.

———. "The Problem of a Beginning: Israel's Scriptures in Luke 1–2." *BBR* 4 (1994): 61–85.

———. "Witnesses of His Resurrection: Resurrection, Salvation, Discipleship, and Mission in the Acts of the Apostles." Pages 227–46 in *Life in the Face of Death: The Resurrection Message of the New Testament*. Edited by Richard N. Longenecker. Grand Rapids: Eerdmans, 1998.

Gregory, Andrew F., and C. Kavin Rowe, eds. *Rethinking the Unity and Reception of Luke and Acts*. Columbia: University of South Carolina Press, 2010.

Grohmann, Marianne. "Psalm 113 and the Song of Hannah (1 Samuel 2:1-10): A Paradigm for Intertextual Reading?" Pages 119–35 in Hays, Alkier, and Huizenga, *Reading the Bible Intertextually*.

Grundmann, Walter. *Das Evangelium Des Markus: Includes Bibliographical References and Index*. 3d ed. THKNT 7. Aufl. Berlin: Evangelische Verlagsanstalt, 1977.

Haenchen, Ernst. *The Acts of the Apostles: A Commentary*. Louisville, Ky.: Westminster John Knox, 1971.

Hakola, Raimo. *Identity Matters: John, the Jews and Jewishness*. NovTSup 118. Boston: Brill, 2005.

Hamerton-Kelly, R. G. *Pre-existence, Wisdom, and the Son of Man: A Study of the Idea of Pre-existence in the New Testament*. SNTSMS 21. Cambridge: Cambridge University Press, 1973.

Hamilton, Catherine Sider. "'His Blood Be Upon Us': Innocent Blood and the Death of Jesus in Matthew." *CBQ* 70 (2008): 82–100. Hanson, Anthony Tyrrell. *The Prophetic Gospel: A Study of John and the Old Testament*. Edinburgh: T&T Clark, 1991.

Harris, Rendel. *Testimonies*. 2 vols. Cambridge: Cambridge University Press, 1916–1920.

Hatina, Thomas R. *In Search of a Context: The Function of Scripture in Mark's Narrative*. JSNTSup 232. London: Sheffield Academic, 2002.

Hays, Richard B. "Christ Prays the Psalms: Israel's Psalter as Matrix of Early Christology." Pages 101–18 in Hays, *Conversion of the Imagination*.

———. *The Conversion of the Imagination: Paul as Interpreter of Israel's Scripture*. Grand Rapids: Eerdmans, 2005.

———. "The Corrected Jesus." *First Things* 43 (1994): 43–48.

———. *Echoes of Scripture in the Letters of Paul*. New Haven: Yale University Press, 1989.

———. "Galatians." Pages 181–348 in *Second Corinthians–Philemon*. Vol. 11 of *New Interpreter's Bible*. Edited by Leander E. Keck. Nashville: Abingdon, 2000.

———. *The Moral Vision of the New Testament: Community, Cross, New Creation: A Contemporary Introduction to New Testament Ethics*. San Francisco: HarperSanFrancisco, 1996.

———. *Reading Backwards: Figural Christology and the Fourfold Gospel Witness*. Waco, Tex.: Baylor University Press, 2014.

———. "Reading the Bible with Eyes of Faith: Theological Exegesis from the Perspective of Biblical Studies." Pages 82–101 in *Sharper than a Two-Edged Sword: Preaching, Teaching, and Living the Bible*. Edited by Michael Root and James J. Buckley. Grand Rapids: Eerdmans, 2008.

———. "Reading Scripture in Light of the Resurrection." Pages 216–38 in Davis and Hays,

Art of Reading Scripture.

———. "'Who Has Believed Our Message?' Paul's Reading of Isaiah." Pages 25–49 in Hays, *Conversion of the Imagination.*

Hays, Richard B., Stefan Alkier, and Leroy A. Huizenga, eds. *Reading the Bible Intertextually.* Waco, Tex.: Baylor University Press, 2009. Translation of *Die Bibel Im Dialog der Schriften: Konzepte Intertextueller Bibellektüre.* Tübingen: Francke, 2005.

Heil, John Paul. *Jesus Walking on the Sea: Meaning and Gospel Functions of Matt. 14:22-33, Mark 6:45-52, and John 6:15b-21.* AnBib 87. Rome: Biblical Institute, 1981.

Hengel, Martin. *The Atonement: The Origins of the Doctrine in the New Testament.* Philadelphia: Fortress, 1981.

———. *Between Jesus and Paul: Studies in the Earliest History of Christianity.* Philadelphia: Fortress, 1983. Repr., Waco, Tex.: Baylor University Press, 2013.

———. "The Old Testament in the Fourth Gospel." Pages 380–95 in *The Gospels and the Scriptures of Israel.* Edited by Craig A. Evans and W. Richard Stegner. JSNTSup 104. Sheffield: Sheffield Academic, 1994.

———. *The Septuagint as Christian Scripture: Its Prehistory and the Problem of Its Canon.* OTS. Edinburgh: T&T Clark, 2002.

Hoffman, Lawrence A., ed. *The Amidah.* Vol 2, *My People's Prayer Book: Traditional Prayers, Modern Commentaries.* Woodstock, Vt.: Jewish Lights, 1997.

———. *Studies in the Gospel of Mark.* Translated by John Bowden. Philadelphia: Fortress, 1985.

Hollander, John. *The Figure of Echo: A Mode of Allusion in Milton and After.* Berkeley: University of California Press, 1981.

Hood, Jason B. *The Messiah, His Brothers, and the Nations: Matthew 1.1-17* LNTS 441. New York: T&T Clark, 2011.

Hooker, Morna D. *The Gospel according to Saint Mark.* BNTC. London: A&C Black, 1991.

———. *Jesus and the Servant: The Influence of the Servant Concept of Deutero-Isaiah in the New Testament.* London: SPCK, 1959.

Horbury, William. *Jewish Messianism and the Cult of Christ.* London: SCM Press, 1998.

Horsley, Richard A. *Hearing the Whole Story: The Politics of Plot in Mark's Gospel.* Louisville, Ky.: Westminster John Knox, 2001.

Hoskyns, E. C. *The Fourth Gospel.* Edited by Francis N. Davey. London: Faber & Faber, 1947.

Huizenga, Leroy. *The New Isaac: Tradition and Intertextuality in the Gospel of Matthew.* NovTSup 131. Leiden: Brill, 2009.

Hurtado, Larry W. "The Binitarian Shape of Early Christian Worship." Pages 187–213 in

The Jewish Roots of Christological Monotheism: Papers from the St. Andrews Conference on the Historical Origins of the Worship of Jesus. Edited by Carey C. Newman et al. Leiden: Brill, 1999.

———. *Lord Jesus Christ: Devotion to Jesus in Earliest Christianity*. Grand Rapids: Eerdmans, 2003.

———. *One God, One Lord: Early Christian Devotion and Ancient Jewish Monotheism*. 2d ed. London: T&T Clark, 2003.

———. "Remembering and Revelation: The Historic and Glorified Jesus in the Gospel of John." Pages 195–213 in *Israel's God and Rebecca's Children: Christology and Community in Early Judaism and Christianity, Essays in Honor of Larry W. Hurtado and Alan F. Segal*. Edited by David B. Capes, April D. DeConick, Helen K. Bond, and Troy Miller. Waco, Tex.: Baylor University Press, 2007.

Hurtado, Larry W., and Paul L. Owen, eds. *"Who Is This Son of Man?": The Latest Scholarship on a Puzzling Expression of the Historical Jesus*. Edinburgh: T&T Clark, 2011.

Hylen, Susan. *Allusion and Meaning in John 6*. BZNW 137. Berlin: De Gruyter, 2005.

Instone-Brewer, David. "TheEighteenBenedictionsand the Minim before 70 CE." *JTS* 54 (2003) 25–44.

Irvine, Stuart A. *Isaiah, Ahaz, and the Syro-Ephraimitic Crisis*. SBLDS 123. Atlanta: Scholars Press, 1990.

Iverson, Kelley R. *Gentiles in the Gospel of Mark: "Even the Dogs under the Table Eat the Children's Crumbs."* LNTS 339. London: T&T Clark, 2007.

Jervell, Jacob. *Luke and the People of God*. Minneapolis: Augsburg, 1972.

———. *The Theology of the Acts of the Apostles*. Cambridge: Cambridge University Press, 1996.

———. *The Unknown Paul: Essays on Luke–Acts and Early Christian History*. Minneapolis: Augsburg, 1984.

Jobes, Karen H., and Moisés Silva. *Invitation to the Septuagint*. 2d ed. Grand Rapids: Baker Academic, 2015.

Johnson, Luke Timothy. *The Gospel of Luke*. SP 3. Collegeville, Minn.: Liturgical, 1991.

———. "Literary Criticism of Luke–Acts: Is Reception-History Pertinent?" *JSNT* 28 (2005): 159–62.

———. *Luke–Acts: A Story of Prophet and People*. Chicago: Franciscan Herald, 1981.

———. "The New Testament's Anti-Jewish Slander and Conventions of Ancient Rhetoric." *JBL* 108 (1989): 419–41.

———. *Septuagintal Midrash in the Speeches of Acts*. The Père Marquette Lecture in

Theology. Milwaukee: Marquette University Press, 2002.

Juel, Donald. *A Master of Surprise: Mark Interpreted*. Minneapolis: Fortress, 1994.

———. *Messiah and Temple: The Trial of Jesus in the Gospel of Mark*. SBLDS 31. Missoula, Mont.: Scholars Press, 1977.

———. *Messianic Exegesis: Christological Interpretation of the Old Testament in Early Christianity*. Philadelphia: Fortress, 1988.

Keck, Leander E. "Toward the Renewal of New Testament Christology." *NTS* 3 (1986): 362–77. Reprinted in Leander E. Keck, *Why Christ Matters: Toward a New Testament Christology*. Waco, Tex.: Baylor University Press, 2015.

Kee, Howard Clark. "The Function of Scriptural Quotations and Allusions in Mark 11–16." Pages 165–85 in *Jesus und Paulus: Festschrift f. Werner Georg Kümmel z. 70. Geburstag*. Edited by E. Earle Ellis and Erich Grässer. Göttingen: Vandenhoeck & Ruprecht, 1975.

Keener, C. S. *The Gospel of John: A Commentary*. 2 vols. Peabody, Mass.: Hendrickson, 2003.

Kermode, Frank. *The Genesis of Secrecy: On the Interpretation of Narrative*. The Charles Eliot Norton Lectures. Cambridge, Mass.: Harvard University Press, 1979.

Kerr, Alan R. *The Temple of Jesus' Body: The Temple Theme in the Gospel of John*. JSNTSup 220. Sheffield: Sheffield Academic, 2002.

Klayman, Seth. "Sukkoth from the Tanakh to Tannaitic Texts: Exegetical Traditions, Emergent Rituals, and Eschatological Associations." Ph.D. diss., Duke University, 2008.

Klauck, Hans-Josef. "Die Frage der Sündenvergebung in der Perikope von der Heilung Des Gelählmten (Mk 2, 1-12 Parr)." *BZ* 25 (1981): 223–48.

———. *The Religious Context of Early Christianity: A Guide to Graeco-Roman Religions*. Edinburgh: T&T Clark, 2000.

Knowles, Matthew P. "Scripture, History, Messiah: Scriptural Fulfillment and the Fullness of Time in Matthew's Gospel." Pages 59–92 in Porter, *Hearing the Old Testament in the New Testament*.

Köstenberger, Andreas J. "John." Pages 415–512 in Beale and Carson, *Commentary*.

Kramer, Werner. *Christ, Lord, Son of God*. Translated by Brian Hardy. SBT 50. London: SCM Press, 1966.

Kupp, David D. *Matthew's Emmanuel: Divine Presence and God's People in the First Gospel*. SNTSMS 90. Cambridge: Cambridge University Press, 1996.

Kurz, William S., S.J. *Reading Luke–Acts: Dynamics of Biblical Narrative*. Louisville, Ky.: Westminster John Knox, 1993.

Lagrange, M. J. *Evangile Selon Saint Marc*. Etudes Bibliques. Paris: J. Gabalda, 1911.

Lane, William L. *The Gospel according to Mark: The English Text with Introduction,*

Exposition, and Notes. NICNT. Grand Rapids: Eerdmans, 1974.

Leim, Joshua E. *Matthew's Theological Grammar: The Father and the Son.* WUNT 2/402. Tübingen: Mohr Siebeck, 2015.

———. "Worshiping the Father, Worshiping the Son: Cultic Language and the Identity of God in the Gospel of Matthew." *JTI* 9 (2015): 65–84.

Levenson, Jon D. *The Death and Resurrection of the Beloved Son: The Transformation of Child Sacrifice in Judaism and Christianity.* New Haven: Yale University Press, 1993.

Levine, Amy-Jill. "Matthew's Advice to a Divided Readership." Pages 22–41 in *The Gospel of Matthew in Current Study: Studies in Memory of William G. Thompson, S.J.* Edited by David E. Aune. Grand Rapids: Eerdmans, 2001.

———. *The Social and Ethnic Dimensions of Matthean Salvation History.* Studies in the Bible and Early Christianity 14. Lewiston, N.Y.: Edwin Mellen, 1988.

Lierman, John. "The Mosaic Pattern of John's Christology." Pages 210–34 in *Challenging Perspectives on the Gospel of John.* Edited by John Lierman. WUNT 2/219. Tübingen: Mohr Siebeck, 2006.

Lincoln, Andrew T. *The Gospel according to Saint John.* Black's New Testament Commentaries. New York: Continuum, 2005.

———. *Truth on Trial: The Lawsuit Motif in the Fourth Gospel.* Peabody, Mass.: Hendrickson, 2000.

Lindbeck, George A. *The Church in a Postliberal Age.* Edited by James J. Buckley. Radical Traditions. London: SCM Press, 2002.

Litwak, Kenneth Duncan. *Echoes of Scripture in Luke–Acts: Telling the History of God's People Intertextually.* JSNTSup 285. London: T&T Clark, 2005.

Lord, George deForest. *Classical Presences in Seventeenth-Century English Poetry.* New Haven: Yale University Press, 1987.

Luther, Martin. "Preface to the Old Testament." In vol. 35 of *Luther's Works.* Edited by E. Theodore Bachmann. Philadelphia: Muhlenberg, 1960.

Luz, Ulrich. "Der Antijudaismus im Matthäusevangelium als historisches und theologisches Problem: Eine Skizze." *EvTh*53 (1993): 310–27. Reprinted as Ulrich Luz, "Anti-Judaism in Matthew." Pages 243–61 in *Studies in Matthew.* Translated by Rosemary Selle. Grand Rapids: Eerdmans, 2005.

———. *Matthew: A Commentary.* Translated by Wilhelm C. Linss. 3 vols. Hermeneia. Minneapolis: Augsburg, 1989–2005.

Macaskill, Grant. *Revealed Wisdom and Inaugurated Eschatology in Ancient Judaism and Early Christianity.* JSOTSup 115. Leiden: Brill, 2007.

Mallen, Peter. *The Reading and Transformation of Isaiah in Luke–Acts.* LNTS 367. London:

T&T Clark, 2008.

Mann, Jacob. *The Bible as Read and Preached in the Old Synagogue: A Study in the Cycles of the Readings from Torah and Prophets, as well as from Psalms, and in the Structure of the Midrashic Homilies.* The Library of Biblical Studies. New York: KTAV, 1971.

Manning, Gary T. *Echoes of a Prophet: The Use of Ezekiel in the Gospel of John and in Literature of the Second Temple Period.* JSNTSup 270. London: T&T Clark, 2004.

Manson, T. W. "The Cleansing of the Temple." *BJRL* 33 (1951): 271–82.

Marcus, Joel. "*Birkat Ha-Minim* Revisited." *NTS* 55 (2009): 523–51.

———. "Crucifixion as Parodic Exaltation." *JBL* 125 (2006): 73–87.

———. "Identity and Ambiguity in Markan Christology." Pages 133–47 in Gaventa and Hays, *Seeking the Identity of Jesus.*

———. "The Jewish War and the *Sitz im Leben* of Mark." *JBL* 111 (1992): 441–62.

———. *Mark 1–16: A New Translation with Introduction and Commentary.* 2 vols. AB 27–27A. New York: Doubleday, 2000, 2009.

———. "No More Zealots in the House of the Lord: A Note on the History of Interpretation of Zech 14:21." *NovT* 55 (2013): 22–30.

———. "The Old Testament and the Death of Jesus: The Role of Scripture in the Gospel Passion Narratives." Pages 204–33 in *The Death of Jesus in Early Christianity.* Edited by John T. Carroll et al. Peabody, Mass.: Hendrickson, 1995.

———. "Son of Man as Son of Adam." *RB* 110 (2003): 38–61, 370–86.

———. *The Way of the Lord: Christological Exegesis of the Old Testament in the Gospel of Mark.* Louisville, Ky.: Westminster John Knox, 1992.

Marshall, I. Howard. *The Gospel of Luke: A Commentary on the Greek Text.* NIGTC. Grand Rapids: Eerdmans, 1978.

Martyn, J. Louis. *History and Theology in the Fourth Gospel.* 3d ed. Louisville, Ky.: Westminster John Knox, 2003.

———. "We Have Found Elijah." Pages 9–54 in *The Gospel of John in Christian History: Essays for Interpreters.* Eugene, Ore.: Wipf & Stock, 2004.

Mason, Steve. "Jews, Judaeans, Judaizing, Judaism: Problems of Categorization in Ancient History." *JSJ* 38 (2007): 457–512.

Matera, Frank J. *The Kingship of Jesus: Composition and Theology in Mark 15.* SBLDS 66. Chico, Calif.: Scholars Press, 1982.

Mays, James Luther. *Psalms.* Interpretation. Louisville, Ky.: Westminster John Knox, 1994.

McCasland, S. Vernon. "Matthew Twists the Scriptures." *JBL* 80 (1961): 143–48.

McHugh, John F. *John 1–4: A Critical and Exegetical Commentary.* ICC. London: T&T Clark, 2009.

Meeks, Wayne A. *The Prophet-King: Moses Traditions and the Johannine Christology.* NovTSup 14. Leiden: Brill, 1967.

Meier, John P. "The Historical Jesus and the Historical Sabbath." Pages 297–307 in *Redefining First-Century Jewish and Christian Identities: Essays in Honor of Ed Parish Sanders.* Edited by Fabian E. Udoh et al. Notre Dame: University of Notre Dame Press, 2008.

Menken, Maarten J. J. "Deuteronomy in Matthew's Gospel." Pages 42– 62 in *Deuteronomy in the New Testament.* Edited by Maarten J. J. Menken and Steve Moyise. LNTS 358. London: T&T Clark, 2007.

———. *Matthew's Bible: The Old Testament Text of the Evangelist.* BETL 173. Leuven: Leuven University Press, 2004.

———. *Old Testament Quotations in the Fourth Gospel: Studies in Textual Form.* Kampen: Kok Pharos, 1996.

Metzger, Bruce M. *A Textual Commentary on the Greek New Testament.* 2d ed. Stuttgart: German Bible Society, 1994.

Meyers, Carol L., and Eric M. Meyers. *Zechariah 9–14: A New Translation with Introduction and Commentary.* AB 25C. New York: Doubleday, 1993.

Michaels, Ramsey. *The Gospel of John.* NICNT. Grand Rapids: Eerdmans, 2010.

Miller, Patrick D. *Interpreting the Psalms.* Philadelphia: Fortress, 1987. Minear, Paul S. *The Good News according to Matthew: A Training Manual for Prophets.* St. Louis: Chalice, 2000.

———. "The Original Functions of John 21." *JBL* 102 (1983): 85–98.

Mitchell, Margaret M. "Patristic Counter-evidence to the Claim that 'The Gospels Were Written for All Christians.'" *NTS*51 (2005): 36–79.

Mittmann-Richert, Ulrike. *Magnifikat und Benediktus: Die Ältesten Zeugnisse der Judenchristlichen Tradition von der Geburt Des Messias.* WUNT 2/90. Tübingen: Mohr Siebeck, 1996.

Moberly, R. W. L. *The Bible, Theology, and Faith: A Study of Abraham and Jesus.* Cambridge Studies in Christian Doctrine. Cambridge: Cambridge University Press, 2000.

Moessner, David P. *Lord of the Banquet: The Literary and Theological Significance of the Lukan Travel Narrative.* Minneapolis: Fortress, 1989.

———. "The 'Script' of the Scriptures in Acts: Suffering as God's 'Plan' (βουλή) for the World for the 'Release of Sins.'" Pages 218–50 in *History, Literature, and Society in the Book of Acts.* Edited by Ben Witherington III. Cambridge: Cambridge University Press, 1996.

———. "*Two* Lords 'at the Right Hand'? The Psalms and an Intertextual Reading of Peter's

Pentecost Speech (Acts 2:14-36)." Pages 215– 32 in *Literary Studies in Luke–Acts: Essays in Honor of Joseph B. Tyson*. Edited by Richard P. Thompson and Thomas E. Phillips. Macon, Ga.: Mercer University Press, 1998.

Moffitt, David M. "Righteous Bloodshed, Matthew's Passion Narrative, and the Temple's Destruction: Lamentations as a Matthean Intertext." *JBL* 125 (2006): 299–320.

Moloney, Francis J., S.D.B. *The Johannine Son of Man*. 2d ed. BSRel 14. Rome: Libreria Ateneo Salesiano, 1978.

———. *Signs and Shadows: Reading John 5–12*. Minneapolis: Fortress, 1996.

Moule, C. F. D. "The Christology of Acts." Pages 159–85 in *Studies in Luke–Acts: Essays Presented in Honor of Paul Schubert*. Edited by J. Louis Martyn and Leander E. Keck. Nashville: Abingdon, 1966.

Moyise, Steve. *Jesus and Scripture: Studying the New Testament Use of the Old Testament*. London: SPCK; Grand Rapids: Baker Academic, 2010.

Myers, Alicia D. "Abiding Words: An Introduction to Perspectives on John's Use of Scripture." Pages 1–20 in Myers and Schuchard, *Abiding Words*.

Myers, Alicia D., and Bruce G. Schuchard. *Abiding Words: The Use of Scripture in the Gospel of John*. Atlanta: SBL Press, 2015.

Myers, Ched. *Binding the Strong Man: A Political Reading of Mark's Story of Jesus*. Repr., Maryknoll, N.Y.: Orbis Books, 2008.

Nelson, Richard D. *Deuteronomy: A Commentary*. OTL. Louisville, Ky.: Westminster John Knox, 2002.

Newman, Carey C. *Paul's Glory-Christology: Tradition and Rhetoric*. NovTSupp 69. Leiden: Brill, 1992.

Neyrey, Jerome H. " 'I Said: You Are Gods': Psalm 82:6 and John 10." *JBL* 108 (1989): 647–63.

———. "Jacob Traditions and the Interpretation of John 4:10-26." *CBQ* 41 (1979): 419–37.

Novenson, Matthew V. *Christ among the Messiahs: Christ Language in Paul and Messiah Language in Ancient Judaism*. Oxford: Oxford University Press, 2012.

Overman, J. Andrew. *Church and Community in Crisis: The Gospel according to Matthew*. The New Testament in Context. Valley Forge, Pa.: Trinity International, 1996.

———. *Matthew's Gospel and Formative Judaism: The Social World of the Matthean Community*. Minneapolis: Fortress, 1990.

Pao, David W. *Acts and the Isaianic New Exodus*. WUNT 2/130. Tübingen: Mohr Siebeck, 2000.

Pao, David W., and Eckhard J. Schnabel. "Luke." Pages 251–414 in Beale and Carson, *Commentary*.

Parry, Donald W., Emanuel Tov, et al., eds. *The Dead Sea Scrolls Reader*. Leiden: Brill, 2004–
   2005.

Parsons, Mikeal C. "Narrative Closure and Openness in the Plot of the Third Gospel: The
   Sense of an Ending in Luke 24:50–53." Pages 201–23 in *SBL Seminar Papers, 1986*.
   Edited by K. H. Richards. SBLSP 25. Atlanta: Scholars Press, 1986.

Pesch, Rudolf. *Das Markusevangelium*. 2 vols. HTKNT 2. Freiburg: Herder, 1976.

———. "Der Gottessohn im matthäischen Evangelienprolog (1-2)." *Biblica* 48 (1967): 395–
   420.

Peterson, Dwight N. *The Origins of Mark: The Markan Community in Current Debate*.
   BibInt 48. Leiden: Brill, 2000.

Phillips, Peter. *The Prologue of the Fourth Gospel: A Sequential Reading*. LNTS 294. London:
   T&T Clark, 2006.

Porter, Stanley E., ed. *Hearing the Old Testament in the New Testament*. McMaster New
   Testament Studies. Grand Rapids: Eerdmans, 2006.

———. "Scripture Justifies Mission: The Use of the Old Testament in Luke–Acts." Pages
   104–26 in Porter, *Hearing the Old Testament in the New Testament*.

Prabhu, George M. Soares. *The Formula Quotations in the Infancy Narrative of Matthew: An
   Enquiry into the Tradition History of Mt 1–2*. AnBib 63. Rome: Biblical Institute, 1976.

Ratzinger, Joseph (Pope Benedict XVI). *Jesus of Nazareth: From the Baptism in the Jordan to
   the Transfiguration*. Translated by Adrian J. Walker. New York: Doubleday, 2007.

Reinhartz, Adele. "The Gospel of John: How the 'Jews' Became Part of the Plot." Pages 99–
   116 in *Jesus, Judaism and Christian Anti-Judaism: Reading the New Testament after the
   Holocaust*. Edited by Paula Fredriksen and Adele Reinhartz. Louisville, Ky.:
   Westminster John Knox, 2002.

Repschinski, Boris. " 'For He Will Save His People from Their Sins' (Mt 1:21): A
   Christology for Christian Jews." *CBQ* 68 (2006): 248–67.

Reynolds, Ben. *The Apocalyptic Son of Man in the Gospel of John*. WUNT 2/249. Tübingen:
   Mohr Siebeck, 2008.

Rhoads, David, Joanna Dewey, and Donald Michie. *Mark as Story: An Introduction to the
   Narrative of a Gospel*. 2d ed. Philadelphia: Fortress, 1999.

Riches, John. *Conflicting Mythologies: Identity Formation in the Gospels of Mark and
   Matthew*. Edinburgh: T&T Clark, 2000.

Ricoeur, Paul. *Oneself as Another*. Chicago: University of Chicago Press, 1995.

Ringe, Sharon H. *Jesus, Liberation, and the Biblical Jubilee: Images for Ethics and Christology*.
   Philadelphia: Fortress, 1985.

Ritter, Christine. *Rachels Klage Im Antiken Judentum und Frühen Christentum: Eine*

Auslegungsgeschichtliche Studie. AGJU 52. Leiden: Brill, 2003.

Robinson, James M., and Helmut Koester. *Trajectories through Early Christianity.* Philadelphia: Fortress, 1971.

Rösel, Martin. "Die Psalmüberschriften des Septuaginta-Psalters." Pages 124–48 in *Der Septuaginta Psalter: Sprachliche und theologische Aspekte.* Edited by Erich Zenger. HBS 32. Freiburg: Herder, 2001.

Rowe, C. Kavin. "Acts 2:36 and the Continuity of Lukan Christology." *NTS* 53 (2007): 37–56.

———. *Early Narrative Christology: The Lord in the Gospel of Luke.* BZNW 139. Berlin: De Gruyter, 2006.

———. "History, Hermeneutics, and the Unity of Luke–Acts." *JSNT* 28 (2005): 131–57.

———. "Luke and the Trinity: An Essay in Ecclesial Biblical Theology." *SJT* 56 (2003): 1–26.

———. "Luke–Acts and the Imperial Cult: A Way through the Conundrum?" *JSNT* 27 (2005): 279–300.

———. *World Upside Down: Reading Acts in the Graeco-Roman Age.* New York: Oxford University Press, 2009.

Rubenstein, Jeffrey L. *The History of Sukkot in the Second Temple and Rabbinic Periods.* BJS 302. Atlanta: Scholars Press, 1995.

Ruppert, Lothar. *Jesus Als der Leidende Gerechte? Der Weg Jesu Im Lichte Eines Alt- und Zwischentestamentlichen Motivs.* SBS. Stuttgart: KBW Verlag, 1972.

Rusam, Dietrich. *Das Alte Testament bei Lukas.* BZNW 112. Berlin: De Gruyter, 2003.

Saldarini, Anthony U. *Matthew's Christian-Jewish Community.* Chicago Studies in the History of Judaism. Chicago: University of Chicago Press, 1994.

Sanders, E. P. *Jesus and Judaism.* Philadelphia: Fortress, 1985.

———. *Judaism: Practice and Belief, 63 BCE–66 CE.* Philadelphia: Trinity International, 1992. .

Sanders, Jack T. *The Jews in Luke–Acts.* Philadelphia: Fortress, 1987. Sanders, James A. "A Hermeneutic Fabric: Psalm 118 in Luke's Entrance Narrative." Pages 140–53 in Evans and Sanders, *Luke and Scripture.* ———. "Isaiah in Luke." Pages 14–25 in Evans and Sanders, *Luke and Scripture.*

Schaberg, Jane. "Feminist Interpretations of the Infancy Narrative of Matthew." Pages 15–36 in *A Feminist Companion to Mariology.* Edited by Amy-Jill Levine and Maria Mayo Robbins. Feminist Companion to the New Testament and Early Christian Writings. London: T&T Clark, 2005.

Schneck, Richard. *Isaiah in the Gospel of Mark, I–VII.* Bibal Dissertation Series 1. Vallejo, Calif.: Bibal, 1994.

Schneider, G. "Das Bildwort von der Lampe." *ZNW* 61 (1970): 183–209. Schneiders, Sandra
M. *The Revelatory Text: Interpreting the New Testament as Sacred Scripture.*
San Francisco: HarperCollins, 1991. Schnelle, Udo. *Theology of the New Testament.* Grand
Rapids: Baker, 2009.

Schuchard, Bruce G. *Scripture within Scripture: The Interrelationship of Form and Function
in the Explicit Old Testament Citations in the Gospel of John.* SBLDS 133. Atlanta:
Scholars Press, 1992.

Schüssler Fiorenza, Elisabeth. *Jesus: Miriam's Child, Sophia's Prophet: Critical Issues in
Feminist Christology.* New York: Continuum, 1994.

Schweizer, Eduard. *Das Evangelium nach Markus.* NTD. Göttingen: Vandenhoeck &
Ruprecht, 1967.

Scott, James M., ed. *Exile: Old Testament, Jewish, and Christian Conceptions.* JSJSup 56.
Leiden: Brill, 1997.

Scott, Martin. *Sophia and the Johannine Jesus.* JSNTSup 71. Sheffield: JSOT Press, 1992.

Segal, Alan F. *Two Powers in Heaven: Early Rabbinic Reports about Christianity and
Gnosticism.* Leiden: Brill, 2002. Repr., Waco, Tex.: Baylor University Press, 2012.

Seitz, Christopher R. *Word without End: The Old Testament as Abiding Theological Witness.*
Grand Rapids: Eerdmans, 1998. Repr., Waco, Tex.: Baylor University Press, 2005.

Senior, Donald. "The Lure of the Formula Quotations: Re-assessing Matthew's Use of the
Old Testament with the Passion Narrative as a Test Case." Pages 89–115 in Tuckett,
Scriptures in the Gospels.

Shively, Elizabeth E. *Apocalyptic Imagination in the Gospel of Mark: The Literary and
Theological Role of Mark 3:22-30.* BZNW 189. Berlin: De Gruyter, 2012.

Sievers, Joseph. " 'Where Two or Three . . .': The Rabbinic Concept of Shekhinah and
Matthew 18:20." Pages 47–61 in *The Jewish Roots of Christian Liturgy.* Edited by
Eugene J. Fisher. New York: Paulist, 1990.

Sim, David C. *The Gospel of Matthew and Christian Judaism: The History and Social Setting
of the Matthean Community.* Studies of the New Testament and Its World. Edinburgh:
T&T Clark, 1998.

Smith, Charles W. F. "No Time for Figs." *JBL* 79 (1960): 315–27.

Smith, D. Moody. "The Contribution of J. Louis Martyn to the Understanding of the Gospel
of John." Pages 275–94 in *The Conversation Continues: Studies in Paul and John in
Honor of J. Louis Martyn.* Edited by Robert T. Fortna and Beverly R. Gaventa.
Nashville: Abingdon, 1990.

———. *The Fourth Gospel in Four Dimensions: Judaism and Jesus, the Gospels and Scripture.*
Columbia: University of South Carolina Press, 2008.

―――. *John*. Abingdon New Testament Commentaries. Nashville: Abingdon, 1999.

Smith, Stephen H. "The Function of the Son of David Tradition in Mark's Gospel." *NTS* 42 (1996): 523–39.

Spiegel, Shalom. *The Last Trial: On the Legends and Lore of the Command to Abraham to Offer Isaac as a Sacrifice: The Akedah*. Translated by J. Goldin. New York: Pantheon, 1967.

Squires, John T. *The Plan of God in Luke–Acts*. SNTSMS 76. Cambridge: Cambridge University Press, 1993.

Stanton, Graham N. "The Fourfold Gospel." *NTS* 43 (1997): 317–46.

―――. *A Gospel for a New People: Studies in Matthew*. Louisville, Ky.: Westminster John Knox, 1993.

―――. *The Gospels and Jesus*. 2d ed. Oxford Bible Series. Oxford: Oxford University Press, 2002.

Steinmetz, David C. "Uncovering a Second Narrative: Detective Fiction and the Construction of Historical Method." Pages 54–65 in Davis and Hays, *Art of Reading Scripture*.

Stendahl, Krister. *The School of St. Matthew and Its Use of the Old Testament*. 2d ed. ASNU 20. Lund: Gleerup, 1968.

Strauss, Mark. *The Davidic Messiah in Luke–Acts: The Promise and Its Fulfillment in Lukan Christology*. JSNTSup 110. Sheffield: Sheffield Academic, 1995.

Strecker, Georg. *Der Weg der Gerechtigkeit: Untersuchung Zur Theologie Des Matthäus*. Göttingen: Vandenhoeck & Ruprecht, 1966.

Streett, Andrew. *The Vine and the Son of Man: Eschatological Interpretation of Psalm 80 in Early Judaism*. Minneapolis: Fortress, 2014.

Suggs, M. Jack. *Wisdom, Christology, and Law in Matthew's Gospel*. Cambridge, Mass.: Harvard University Press, 1970.

Suhl, Alfred. *Die Funktion der alttestamentliche Zitate und Anspielungen im Markusevangelium*. Gütersloh: Gütersloher Verlagshaus Gerd Mohn, 1965.

Swancutt, Diana. "Hungers Assuaged by the Bread from Heaven: 'Eating Jesus' as Isaian Call to Belief: The Confluence of Isaiah 55 and Psalm 78(77) in John 6:22-71." Pages 218–51 in Evans and Sanders, *Early Christian Interpretation*.

Swartley, Willard M. *Israel's Scripture Traditions and the Synoptic Gospels: Story Shaping Story*. Peabody, Mass.: Hendrickson, 1994.

―――. *Mark: The Way for All Nations*. Scottdale, Pa.: Herald, 1979. Schweitzer, Albert. *The Quest of the Historical Jesus*. Minneapolis: Fortress, 2001. German original: *Die Geschichte der Leben—Jesu—Forschung*. Tübingen: Mohr, 1913.

Talbert, Charles H. *Reading Acts: A Literary and Theological Commentary on the Acts of the Apostles*. Rev. ed. Reading the New Testament. Macon, Ga.: Smyth & Helwys, 2005.

———. *Reading John: A Literary and Theological Commentary on the Fourth Gospel and the Johannine Epistles*. New York: Crossroad, 1992. Tannehill, Robert C. "Disciples in Mark: The Function of a Narrative Role." *JR* 57 (1977): 386–405.

Taylor, Vincent. *The Gospel according to St. Mark: The Greek Text with Introduction, Notes, and Indexes*. 2d ed. Grand Rapids: Baker, 1966.

Telford, William R. *The Barren Temple and the Withered Tree: A Redaction-Critical Analysis of the Cursing of the Fig-Tree Pericope in Mark's Gospel and Its Relation to the Cleansing of the Temple Tradition*. JSNTSup 1. Sheffield: JSOT Press, 1980.

Thompson, Marianne Meye. *The God of the Gospel of John*. Grand Rapids: Eerdmans, 2001.

———. *John: A Commentary*. NTL. Louisville, Ky.: Westminster John Knox, 2015.

———. "Learning the Identity of Jesus from the Gospel of John." Pages 166–79 in Gaventa and Hays, *Seeking the Identity of Jesus*.

———. "'They Bear Witness to Me': The Psalms in the Passion Narrative of the Gospel of John." Pages 267–83 in *The Word Leaps the Gap: Essays on Scripture and Theology in Honor of Richard B. Hays*. Edited by J. Ross Wagner, C. Kavin Rowe, and A. Katherine Grieb. Grand Rapids: Eerdmans, 2008.

Tov, Emanuel. *The Text-Critical Use of the Septuagint in Biblical Research*. 3d ed. Winona Lake, Ind.: Eisenbrauns, 2015.

Trilling, Wolfgang. *Das wahre Israel: Studien zur Theologie des Matthäusevangeliums*. Erfurter Theologische Studien 7. Leipzig: St. Benno-Verlag, 1959.

Tuckett, Christopher M. "The Christology of Luke–Acts." Pages 133–64 in *The Unity of Luke–Acts*. Edited by Joseph Verheyden. Leuven: Leuven University Press, 1999.

———. "Matthew: The Social and Historical Context—Jewish Christian and/or Gentile?" Pages 99–129 in *The Gospel of Matthew at the Crossroads of Early Christianity*. Edited by Donald Senior. BETL 243. Leuven: Uitgeverig Peeters, 2011.

———, ed. *The Scriptures in the Gospels*. BETL 131. Leuven: Leuven University Press, 1997.

Turner, Max. "'Trinitarian' Pneumatology in the New Testament? Towards an Explanation of the Worship of Jesus." *AsTJ* 57–58 (2003): 167–86.

Ulfgard, Håkan. *The Story of Sukkoth*. BGBE 34. Tübingen: Mohr Siebeck, 1998. *The United Methodist Hymnal*. Nashville: United Methodist Publishing House, 1989.

Vermes, Geza. *The Dead Sea Scrolls in English*. 4th ed. Sheffield: Sheffield Academic, 1995.

Waard, J. de. *A Comparative Study of the Old Testament Text in the Dead Sea Scrolls and in the New Testament*. STDJ 4. Leiden: Brill, 1965.

Wacholder, Ben Zion. *Essays on Jewish Chronology and Chronography*. New York: KTAV,

1976.

Wagner, J. Ross. *Heralds of the Good News: Isaiah and Paul " in Concert" in the Letter to the Romans*. NovTSup 101. Leiden: Brill, 2002.

———. "Psalm 118 in Luke–Acts: Tracing a Narrative Thread." Pages 154–78 in Evans and Sanders, *Early Christian Interpretation*.

———. *Reading the Sealed Book: Old Greek Isaiah and the Problem of Septuagint Hermeneutics*. FAT 88. Tübingen: Mohr Siebeck; Waco, Tex.: Baylor University Press, 2013.

Walaskay, Paul W. *And So We Came to Rome: The Political Perspective of St. Luke*. SNTSMS 49. Cambridge: Cambridge University Press, 1983.

Watson, Francis. *Paul and the Hermeneutics of Faith*. London: T&T Clark, 2004.

Watts, John D. W. *Isaiah 34–66*. WBC 25. Waco, Tex.: Word Books, 1987.

Watts, Rikki E. *Isaiah's New Exodus and Mark*. WUNT 2/88. Tübingen: Mohr Siebeck, 1997.

Weaver, Dorothy Jean. "'Thus You Will Know Them by Their Fruits': The Roman Characters of the Gospel of Matthew." Pages 107– 27 in *The Gospel of Matthew in Its Roman Imperial Context*. Edited by John Riches and David C. Sim. JSNTSup 276. London: T&T Clark, 2005.

Weeden, Theodore J. *Mark-Traditions in Conflict*. Philadelphia: Fortress, 1971.

Wildberger, Hans. *Isaiah: A Continental Commentary*. Translated by Thomas H. Trapp. Continental Commentaries. Minneapolis: Fortress, 1991 (c2002).

Willett, Michael. *Wisdom Christology in the Fourth Gospel*. San Francisco: Mellen, 1992.

Williams, Catrin H. "Isaiah in John's Gospel." Pages 101–16 in *Isaiah in the New Testament*. Edited by Steve Moyise and Maarten J. J. Menken. London: T&T Clark, 2005.

Williams, Rowan. *Christ on Trial: How the Gospel Unsettles Our Judgment*. London: Fount, 2000.

———. *The Edge of Words: God and the Habits of Language*. London: Bloomsbury, 2014.

———. *The Wound of Knowledge: A Theological History from the New Testament to Luther and St. John of the Cross*. Eugene, Ore.: Wipf & Stock, 1998.

Witherington, Ben, III. *The Christology of Jesus*. Minneapolis: Fortress, 1990.

———. *Jesus the Sage: The Pilgrimage of Wisdom*. Minneapolis: Fortress, 1994.

———. *John's Wisdom: A Commentary on the Fourth Gospel*. Louisville, Ky.: Westminster John Knox, 1995.

———. *Matthew*. Smyth & Helwys Bible Commentary. Macon, Ga.: Smyth & Helwys, 2006.

Wood, James. "Victory Speech." *New Yorker*, November 17, 2008. Wrede, Wilhelm. *Das*

Messiasgeheimnis in Den Evangelien. Göttingen: Vandernhoeck & Ruprecht. 1901. ET: *The Messianic Secret.* Translated by J. C. G. Greig. Cambridge: J. Clarke, 1971.

Wright, N. T. *How God Became King: The Forgotten Story of the Gospels.* New York: HarperOne, 2012.

―――. *Jesus and the Victory of God.* Christian Origins and the Question of God 2. Minneapolis: Fortress, 1996.

―――. *The New Testament and the People of God.* Christian Origins and the Question of God 1. Minneapolis: Fortress, 1992.

―――. *Paul and the Faithfulness of God.* Christian Origins and the Question of God 4. Minneapolis: Fortress, 2013.

Yee, Gale A. *Jewish Feasts and the Gospel of John.* Wilmington, Del.: Michael Glazier, 1989.

Yoder, John Howard. *The Politics of Jesus: Vicit Agnus Noster.* 2d ed. Grand Rapids: Eerdmans, 1994.

Martyn, J. Louis, 422, 547, 568

Marxsen, Willi, 201

Mason, Anita, 209

Mason, Steve, 566

Matera, Frank J., 127

Mays, James Luther, 560

McCasland, S. Vernon, 220

McHugh, John F.,586, 615

Meeks, Wayne A., 117, 546, 606

Meier, John P., 527

Menken, Maarten J. J., 45, 218, 220, 230, 233, 234, 241, 242, 261, 288, 298, 299, 300, 338, 343, 344, 442, 530, 536, 542, 590, 594

Metzger, Bruce M., 113, 263, 270

Meyers, Carol L., 173

Meyers, Eric M., 173

Michaels, J. Ramsey, 577

Michie, Donald, 361

Miller, Arthur, 659, 660

Miller, Patrick D., 560

Miller, Troy, 588

Milton, John, 41, 386, 387

Minear, Paul S., 217, 533

Mitchell, Margaret M., 183

Mittmann-Richert, Ulrike, 376, 435

Moberly, R. W. L., 239, 240

Moessner, David P., 2, 385, 386, 436, 440, 443, 456

Moffitt, David M., 20, 281

Moloney, Francis J., S.D.B., 564, 620

Moule, C. F. D., 422

Moyise, Steve, 33, 242, 398, 442, 542

Myers, Ched, 193, 525, 589

N

Nelson, Richard D., 414

Newman, Carey C., 15, 322

Newman, Jane O., 25

Neyrey, Jerome H., 545, 618

Novenson, Matthew V., 613

O

Obama, Barack, 42, 43

Oden,T.C., 154, 158

Origen, 26, 65, 217

Overman, J. Andrew, 219

Owen, Paul L., 620

P

Pao, David W., 375, 380, 385, 409, 413, 464, 467

Parsenios, George, 211

Parsons, Mikeal C., 417

Pesch, Rudolf, 145, 150, 156, 160, 161, 185, 207, 232

Peterson, Dwight N., 183

Phillips, Peter, 579

Phillips, Thomas E., 436

Philo, 228, 356, 579, 602

Pollefeyt, Didier, 566

Pope Francis, 657

Porter, James I., 25

Porter, Stanley E., 191, 218, 457

Pseudo-Philo. 356

R

Rabbi Akiba, 138

Rabbi Nathan 256

Ratzinger, Joseph (Pope Benedict XVI), 461

Reinhartz, Adele, 540